§ 25 Einstweilige Verfügung

Zur Sicherung der in diesem Gesetze bezeichneten Ansprüche auf Unterlassung können einstweilige Verfügungen erlassen werden, auch wenn die in den §§ 935, 940 der Zivilprozeßordnung bezeichneten Voraussetzungen nicht zutreffen.

Übersicht

Alphabetische Übersicht

Literatur

Ahrens Wettbewerbsverfahrensrecht, 1983; *Baumbach/Hefermehl* Wettbewerbsrecht, 16. Auflage, 1990; *Baur* Arrest und einstweilige Verfügung in ihrem heutigen Anwendungsbereich, BB 1964, 607ff; *ders.* Studien zum einstweiligen Rechtsschutz, 1967; *Borck* Abschied von der Aufbrauchsfrist?, WRP 1967, 7ff; *ders.* Prinzipielles Befriedigungsverbot und obligatorische mündliche Verhandlung, WRP 1972, 238ff; *ders.* Obliegt es dem Opfer, den Täter zu warnen?, WRP 1974, 541ff; *ders.* Grenzen richterlicher Formulierungshilfe bei Unterlassungsverfügungen, WRP 1977, 457ff; *ders.* Über die Vollziehung von Unterlassungsverfügungen, WRP 1977, 556ff; *ders.* Kostenfestsetzung aufgrund von Schutzschrift-Hinterlegung?, WRP 1978, 262ff; *ders.* Die Zeit und ihr Vergehen im Hinblick auf die Vorschriften der §§ 21, 25 UWG und 935ff ZPO, WRP 1978, 519ff; *ders.* Zur Zurückverweisung des Verfügungsantrags ohne mündliche Verhandlung, WRP 1978, 641ff; *ders.* Zur Glaubhaftmachung des Unterlassungsanspruches, WRP 1978, 776ff; *ders.* Kunstfehler und kalkulierte Risiken beim Umgang mit Unterlassungsverfügungen, WRP 1979, 274ff; *ders.* Rückwärtsgewandte Feststellungsklage und Fristsetzung nach „Erledigung der

Hauptsache"?, WRP 1980, 1 ff; *ders.* Die Erstbegehungsgefahr im Unterlassungsprozeß, WRP 1984, 583 ff; *ders.* Das rechtliche Gehör im Verfahren auf Erlaß einer einstweiligen Verfügung, MDR 1988, 908 ff; *Bork* Ab wann ist die Zuwiderhandlung gegen eine Unterlassungsverfügung sanktionierbar gem. § 890 ZPO?, WRP 1989, 360 ff; *Bülow* Zur prozeßrechtlichen Stellung des Antragsgegners im Beschlußverfahren von Arrest- und einstweiliger Verfügung, ZZP 98 (1985) 274 ff; *Burchert/Goerl* Die Wahrung der Frist des § 926 ZPO im Wettbewerbsverfahren, WRP 1976, 661 ff; *Castendiek* Die Amtszustellung als Vollziehung von Urteilsverfügungen mit Unterlassungsgebot, WRP 1979, 527 ff; *Deutsch* Die Schutzschrift in Theorie und Praxis, GRUR 1990, 327 ff; *Dittmar* Die Verjährungsunterbrechung wettbewerbsrechtlicher Unterlassungsansprüche durch Urteil und einstweilige Verfügung, GRUR 1979, 288 ff; *Doepner* Urteilsanmerkung zu OLG Karlsruhe (WRP 1974, 691 ff) WRP 1974, 693 ff; *Drettmann* Die Berücksichtigung „öffentlicher" Interessen bei Prüfung der Eilbedürftigkeit des einstweiligen Verfügungsverfahrens nach § 25 UWG, GRUR 1979, 602 ff; *Ehlers* Die Aufbrauchsfrist und ihre Rechtsgrundlage, GRUR 1967, 77 ff; *Eichmann* Die Durchsetzung des Anspruchs auf Drittauskunft, GRUR 1990, 575 ff; *Engelschall* Änderung der Verfahrensvorschriften bei Erwirkung einstweiliger Verfügungen, GRUR 1972, 103 ff; *Fritze* Fehlerhafte Zustellung von Arresten und einstweiligen Verfügungen, Festschrift für Gerhard Schiedermair, 1976, S. 141 ff; *ders.* Bemerkungen zur einstweiligen Verfügung im Bereich der gewerblichen Schutzrechte und im Wettbewerbsrecht, GRUR 1979, 290 ff; *Fürst* Einseitige Antragsrücknahme nach Erlaß einer einstweiligen Verfügung ohne mündliche Verhandlung, BB 1974, 890 ff; *v. Gamm* § 93 ZPO und die Abmahnung im gewerblichen Rechtsschutz, NJW 1961, 1048 ff; *ders.* Vermutung der Dringlichkeit in Wettbewerbssachen, WRP 1968, 312 ff; *Glücklich* Die sachliche Zuständigkeit der Amtsgerichte für einstweilige Verfügungen in Wettbewerbssachen, GRUR 1966, 301 ff; *v. Goetze* Zurückweisung eines Antrages auf Erlaß einer einstweiligen Verfügung durch Beschluß ohne mündliche Verhandlung?, WRP 1978, 433 ff; *v. Gravenreuth* Entwurf eines Gesetzes zur Bekämpfung der Produktpiraterie, BB 1989, 1614 ff; *Gruber* Der wettbewerbsrechtliche Unterlassungsanspruch nach einem „Zweitverstoß", WRP 1991, 279 ff; *ders.* Die tatsächliche Vermutung der Wiederholungsgefahr als Beweiserleichterung, WRP 1991, 368; *ders.* Grundsatz des Wegfalls der Wiederholungsgefahr durch Unterwerfung, WRP 1992, 71 ff; *Grunsky* Grundlagen des einstweiligen Rechtsschutzes, JuS 1976, 277 ff; *Hadding* Zur einstweiligen Verfügung im Recht der Wettbewerbsbeschränkungen, ZHR 130 (1968), 1 ff; *Hartisch/Nacken* Produktpiraterie bei ungeprüften Schutzrechten, WRP 1989, 1; *Hase* Verjährung von wettbewerbsrechtlichen Unterlassungsansprüchen und Erledigung der Hauptsache im einstweiligen Verfügungsverfahren, WRP 1985, 254 ff; *Hegmanns* Die funktionelle Zuständigkeit der Berufungsgerichte zum Erlaß von Arrest und einstweiliger Verfügung bei versäumter Vollziehungsfrist, WRP 1984, 120 ff; *Herr* Vom Sinn und Unsinn der Schutzschriften, GRUR 1986, 436 f; *Hilgard* Die Schutzschrift im Wettbewerbsrecht, 1985; *Hirtz* Darlegungs- und Glaubhaftmachungslast im einstweiligen Rechtsschutz, NJW 1986, 110; *Jestaedt* Der Streitgegenstand des wettbewerbsrechtlichen Verfügungsverfahrens, GRUR 1985, 480 ff; *Kisseler* Die Aufbrauchsfrist im vorprozessualen Abmahnverfahren, WRP 1991, 691 ff; *Klaka* Die einstweilige Verfügung in der Praxis, GRUR 1979, 593 ff; *Klette* Zur (regelmäßig nicht zulässigen) einstweiligen Einstellung der Zwangsvollstreckung aus Unterlassungs-Urteilsverfügungen, GRUR 1982, 471 ff; *Krieger* Zur Dringlichkeit von einstweiligen Verfügungen im Wettbewerbsrecht, GRUR 1975, 168 ff; *Krüger* Das Privatgutachten im Verfahren der einstweiligen Verfügung, WRP 1991, 68 ff; *Kunath* Zur Auslegung des Begriffs „dringender Fall" iSd. § 942 Abs. 1 ZPO, WRP 1991, 65 ff; *Kur* Irreführende Werbung und Umkehr der Beweislast, GRUR 1982, 663 ff; *Leipold* Grundlagen des einstweiligen Rechtsschutzes, 1971; *Lindacher* Gesicherte Unterlassungserklärung, Wiederholungsgefahr und Rechtsschutzbedürfnis, GRUR 1975, 413 ff; *ders.* Praxis und Dogmatik der wettbewerbsrechtlichen Abschlußerklärung, BB 1984, 639; *ders.* Der „Gegenschlag" des Abgemahnten, Festschrift für v. Gamm 1990, 83 ff; *Mädrich* Das Verhältnis der Rechtsbehelfe des Antragsgegners im einstweiligen Verfügungsverfahren, 1980; *May* Die Schutzschrift im Arrest- und einstweiligen Verfügungsverfahren, 1983; *Meier-Beck* Die einstweilige Verfügung wegen Verletzung von Patent- und Gebrauchsmusterrechten, GRUR 1988, 861 ff; *Meister* Das Phänomen Produktpiraterie, WRP 1989, 559 ff; *Melullis* Zur Bestimmung des Zustellungsempfängers bei Beschlußverfügungen, WRP 1982, 249 ff; *ders.* Handbuch des Wettbewerbsprozesses 1991, zitiert mit Rdn.; *v. Nerée* Die Heilung von Zustellungsmängeln (§ 187 ZPO), WRP 1978, 524 ff; *Nieder* Aufbrauchsfrist via Unterwerfungserklärung?, WRP 1976, 289 ff; *ders.* Der Kostenwiderspruch gegen wettbewerbliche einstweilige Verfügungen, WRP 1979, 350 ff; *Nirk/Kurtze* Wettbewerbsstreitigkeiten, NJW-Schriftenreihe, Heft 34, 1980; *Pastor* Die Schutzschrift gegen wettbewerbliche einstweilige Verfügungen, WRP 1972, 229 ff; *ders.* Die Vollziehung von Urteilsverfügungen (§ 929 ZPO) und deren Amtszustellung nach § 317 ZPO, WRP 1978, 639 ff; *ders.* Der Wettbewerbsprozeß, 3. Auflage, 1980, zitiert als „WbProzeß"; *Piehler* Einstweiliger Rechtsschutz und materielles Recht, 1988; *Roth* Die Kosten des Abschlußschreibens bei Wettbewerbsstreitigkeiten, DB 1982, 1916 ff; *Scherf* Wettbewerbliche Unterlassungsverfügung als „Hauptsache"?, WRP 1969, 393 ff; *Schmidt-v. Rhein* Die Vollziehung der auf Unterlassung gerichteten einstweiligen Verfügung, NJW 1976, 792 f; *Schütze* Zur Zustellung nach § 176 ZPO im einstweiligen Verfügungsverfahren, BB 1978, 589 ff; *Schneider* Verspätungsrecht im Eilverfahren MDR 1988, 1024 f; *Schultz-Süchting* Einstweilige Verfügungen in Patent- und Gebrauchsmustersachen, GRUR 1988, 571 ff; *Spehl* Abschlußschreiben und Abschlußerklärung im Wettbewerbsverfahrensrecht, 1987; *Stolz* Einstweilige Verfügung und Schadensersatz, 1989; *Teplitzky* Wettbewerbsrechtliche Ansprüche 6. Auflage, 1992, zitiert mit „Kap. Rdn."; *ders.* Erfaßt die Vermutung des § 25 UWG auch den „dringenden Fall" im Sinn des § 937 Abs. 2 ZPO?, GRUR 1978, 286 ff; *ders.* Zur (fehlerhaften) Berücksichtigung der Öffentlichkeits- oder Verbraucherinteressen bei der Prüfung des Verfügungsgrundes, WRP 1978, 117 ff; *ders.* Schutzschrift, Glaubhaftmachung und „besondere" Dringlichkeit bei § 937 Abs. 2 ZPO – drei Beispiele für Diskrepanzen zwischen Theorie und Praxis, WRP 1980, 373 ff; *ders.* Die „Schutzschrift" als vorbeugendes Verteidigungsmittel gegen einstweilige Verfügungen, NJW 1980, 1667 f; *ders.* Arrest und einstweilige Verfügung, JuS 1980, 882 ff; 1981, 122 ff; 435 ff; *ders.* Streitfragen beim Arrest und bei der einstweiligen Verfügung, DRiZ 1982, 41 ff; *ders.* Zur Bindungswirkung gerichtlicher Vorentscheidungen im Schadensersatzprozeß nach § 945 ZPO, NJW 1984, 850 ff; *ders.* Zur Unterbrechung und Hemmung der Verjährung wettbewerbsrechtlicher Ansprüche, GRUR 1984, 307 ff; *ders.* Das Verhältnis des objektiven Beseitigungsanspruchs zum Unterlassungsanspruch im Wettbewerbsrecht, WRP 1984, 365 ff; *ders.* Ist die den Verfügungsanspruch verneinende summarische Entscheidung im Schadensersatzprozeß nach § 945 ZPO bindend?, DRiZ 1985, 179 ff; *ders.* Die Durchsetzung des Schadensersatzzahlungsanspruchs im Wettbewerbsrecht, GRUR 1987, 215 ff; *ders.* Zu Meinungsdifferenzen über Urteilswirkungen im Verfahren der wettbewerblichen einstweiligen Verfügung, WRP 1987, 149 ff; *ders.* Besprechung von Spehl (siehe oben) WRP 1989, 349 f; *ders.* Unterwerfung und „konkrete Verletzungsform", WRP 1990, 26 ff; *Thesen* Eintritt und Einrede der Verjährung im Verfügungsverfahren als Erledigung der Hauptsache, WRP 1981, 304 ff; *Tilmann* Der Schutz gegen Produktpiraterie nach dem Gesetz von 1990, BB 1990, 1565 ff; *Traub* Eilverfahren und Verjährung nach § 21 UWG, WRP 1979, 186 ff; *ders.* Wettbewerbliche Verfahrenspraxis, 2. Auflage, 1991; *Traumann* Zum Einfluß des Vertrages von Rechtsaussichten auf die Verjährung wettbewerbsrechtlicher Unterlassungsansprüche, DB 1986, 262 f; *Ulrich* Die Erledigung der Hauptsache im Wettbewerbsprozeß, GRUR 1982, 14 ff; *ders.* Die Beweislast in Verfahren des Arrestes und der einstweiligen Verfügung, GRUR 1985, 201 ff; *ders.* Die Aufbrauchsfrist in Verfahren der einstweiligen Verfügung, GRUR 1991, 26 ff; *ders.* Die Befolgung und Vollziehung einstweiliger Unterlassungsverfügungen sowie der Schadensersatzanspruch gem. § 945 ZPO, WRP 1991, 361 ff; *ders.* Der Streit um den Titelfortfall – und ein Ende?, WRP 1992, 147 ff; *Ullmann* Die Antragsrücknahme im Eilverfahren, BB 1975, 236 ff; *Vinck* § 25 UWG – gesetzliche oder tatsächliche Vermutung für das Bestehen des Verfügungsgrundes?, WRP 1972, 292 ff; *ders.* Sachgerechtes Verhalten des Antragsgegners im wettbewerblichen Verfügungsverfahren, WRP 1975, 80 ff; *Völp* Änderung der Rechts- oder Sachlage bei Unterlassungstiteln, GRUR 1984, 486 ff; *Vogt* Abmahnung – Eilbedürfnis – Wiederholungsgefahr, NJW 1980, 1499 ff; *Weber* Die Vollziehung einstweiliger Verfügungen auf Unterlassung, DB 1981, 877 ff; *ders.* Gegenverfügungen im Eilverfahren, WRP 1985, 527 ff; *Wedemeyer* Vermeidbare Klippen des Wettbewerbsrechts, NJW 1979, 293 ff; *Wenzel* Die einstweilige Verfügung in Wettbewerbssachen, GRUR 1959, 414 ff; *Wilke* Verbraucherverbände und Dringlichkeit, WRP 1972, 245 ff; *Winkler* Das Schicksal der einstweiligen Verfügung bis zur Rechtskraft des aufhebenden Urteils, Festschrift W. v. Stein 1961, 153 ff.

A. Einführung: Sinn des § 25 UWG

§ 25 UWG enthält **keine positive Bestimmung** darüber, **wann** und unter welchen 1
Voraussetzungen eine **einstweilige Verfügung** beantragt bzw. erlassen werden kann.

Seinem Wortlaut nach erschöpft sich der Regelungsgehalt dieser Vorschrift vielmehr darin zu bestimmen, daß die in §§ 935, 940 ZPO bezeichneten Voraussetzungen nicht erfüllt sein müssen, wenn es um die Sicherung von Unterlassungsansprüchen aus dem UWG geht. Einerseits bietet also § 25 UWG die Möglichkeit, die Unterlassungsansprüche aus dem UWG als die primären Reaktionen auf unzulässiges Wettbewerbsverhalten durch eine einstweilige Verfügung zu sichern. Andererseits aber enthält die Vorschrift **keinerlei Hinweise darüber, was an die Stelle der Regelungen in §§ 935/940 ZPO** treten soll, wenn deren „Voraussetzungen nicht zutreffen". Daher ist zunächst zu fragen, unter welchen Voraussetzungen die Regelungen der §§ 935/940 eingreifen. Danach ist zu prüfen, wann darüber hinaus einstweilige Verfügungen im UWG-Bereich sollen erlassen werden können.

I. § 25 UWG als Verweisungsnorm

2 Es besteht in der Lehre Einigkeit darüber, daß in § 935 ZPO die **sichernde** und in § 940 ZPO die **regelnde** bzw. zeitweilige befriedigende **einstweilige Verfügung** normiert sei. Im Rahmen der Erörterung zu § 25 UWG erscheint diese **Klassifizierung nicht hilfreich,** da § 25 UWG einerseits von „Sicherung" spricht, also eher in den Rahmen des § 935 ZPO hineinzugehören scheint; andererseits aber die angesprochenen Unterlassungsansprüche nur dadurch gesichert werden können, daß man sie vorläufig regelt, indem man sie einstweilen befriedigt, was eher dem Normzweck des § 940 ZPO zu entsprechen scheint.

3 1. Nach seinem Wortlaut paßt **§ 935 ZPO** für den Normalfall der **Unterlassungsansprüche** als Anknüpfungsnorm für **eine einstweilige Verfügung nicht:** Durch die sichernde Verfügung des § 935 ZPO soll einer Veränderung des bestehenden Zustandes entgegengewirkt werden. Es wird also eine **Veränderungssperre** verfügt. Regelmäßig setzen aber die Unterlassungsansprüche voraus, daß ein anderer eine Norm – im Rahmen des § 25 UWG: eine Norm des UWG – verletzt; dies soll ihm gerade verboten werden. Also soll zur Sicherung von Unterlassungsansprüchen nicht der bestehende – wettbewerbswidrige – Zustand aufrechterhalten, sondern **derjenige** – wettbewerbsgemäße – **Zustand wieder hergestellt** werden, der **vor** der wettbewerbswidrigen Handlung bestand. Der Erkenntnis, daß § 935 ZPO für die Unterlassungs-eV des § 25 UWG in der Regel nicht paßt, steht nicht entgegen, daß in § 938 ZPO als denkbare Fälle der Maßnahmen für einstweilige Verfügungen gemäß § 935 ZPO Gebots- und Verbots-Verfügungen vorgesehen werden. Auch Gebots- und Verbots-eV'en können auf Verhinderung von Veränderungen des bestehenden Zustandes gerichtet sein. Mit dem Verbot können z. B. Fälle betroffen sein, wo der Gegner sich etwas zu tun anschickt, was den bisherigen Zustand verändern könnte. Und mit dem Gebot können etwa Fälle betroffen sein, wo der Gegner bisher regelmäßig bestimmte Handlungen vorgenommen hat, sich nun aber anschickt, diese einzustellen. Eine Gebotsverfügung im Sinne des § 938 ZPO kommt also zur Sicherung vor Veränderungen des bestehenden Zustandes gemäß § 935 ZPO dann in Betracht, wenn das Tun der Vergangenheit aufrechterhalten werden soll; eine Verbotsverfügung kommt dagegen dann in Betracht, wenn einem bevorstehenden Tun entgegengewirkt werden soll.

4 Eine wettbewerbsrechtliche Unterlassungs-eV im Sinne von § 25 UWG ist folglich im Anwendungsbereich von § 935 ZPO – nämlich als **sichernde** einstweilige Verfügung – dann denkbar, wenn die wettbewerbswidrige Handlung noch nicht begangen ist, gleichwohl aber **Begehungsgefahr** besteht, ihr also bereits vorbeugend begegnet werden soll. Eine einstweilige Verfügung gemäß § 25 UWG in Verbindung mit § 935

ZPO trifft also nur den (seltenen) Fall der Sicherung vorbeugender Unterlassungsansprüche.

2. Ist dagegen die **wettbewerbswidrige Handlung**, gegen die der Unterlassungsanspruch geltend gemacht wird, **bereits** – wie regelmäßig – **begangen**, kommt im Rahmen von § 25 UWG als Verweisungsnorm nicht § 935 ZPO, sondern nur § 940 ZPO in Betracht. Danach sind einstweilige Verfügungen auch zum Zwecke der **Regelung eines einstweiligen Zustandes** in bezug auf ein streitiges Rechtsverhältnis zulässig. Ihrem Wortlaut nach paßt die Vorschrift für die einstweiligen Verfügungen gemäß § 25 UWG, mit welchen wettbewerbsrechtliche Unterlassungsansprüche **gegenüber** einem **bereits ins Werk gesetzten Wettbewerbsverstoß** durch ein vorläufiges Verbot gesichert werden sollen. 5

Gegen dieses einfache Wortlaut-Verständnis des § 940 ZPO im Rahmen des § 25 UWG wendet sich *Leipold*[1] und sagt, der Gesetzgeber habe im Jahre 1909, als er § 25 UWG formuliert habe, gewisse Zweifel daran haben können, ob die wettbewerblichen Unterlassungsansprüche ein „Rechtsverhältnis" im Sinne des § 940 ZPO seien. Diese Zweifel habe er deswegen haben können, weil das Reichsgericht in der Entscheidung RGZ 35, 166, gemeint habe, daß ein Wettbewerbsverhältnis kein „Rechtsverhältnis" im Sinne des § 940 ZPO sei. *Leipold* meint, es sei geradezu der **Sinn des § 25 UWG** gewesen klarzustellen, daß **auch wettbewerbsrechtliche Unterlassungsansprüche** im Wege der **einstweiligen Verfügung gesichert** werden könnten, und zwar eben unabhängig von rechtsdogmatischen Überlegungen, ob ein Rechtsverhältnis im Sinne des § 940 ZPO vorliege oder § 935 ZPO einschlägig sei. *Leipold* folgert, daß § 25 UWG nicht dazu diene, im UWG-Bereich einstweilige Verfügungen erleichtert gegenüber den Voraussetzungen der §§ 935, 940 zu erlassen. Diese **Auffassung Leipold's** ist nicht haltbar: Abgesehen davon, daß es für eine aktuelle Gesetzesinterpretation nicht primär darauf ankommt, welche Befürchtung der Gesetzgeber des Jahres 1909 angesichts einer reichsgerichtlichen Entscheidung gehabet haben mag, war diese Befürchtung eines Fehlverständnisses des § 940 ZPO (damals § 819) durch das Reichsgericht auch völlig ungerechtfertigt. Das Reichsgericht hatte in der genannten Entscheidung nämlich deswegen bei Vorliegen eines Wettbewerbsverhältnisses kein „Rechtsverhältnis" im Sinne des § 940 ZPO angenommen, weil nach der damaligen Gesetzeslage, wie das Reichsgericht sie verstand, keine Unterlassungsansprüche aus wettbewerbswidrigem Verhalten hergeleitet werden konnten. Fehlte es aber an einem im Hauptklageverfahren judizierbaren Rechtsverhältnis, so war klar, daß das Reichsgericht dann auch keinen Anlaß für eine entsprechende vorläufige Regelung im Wege einstweiliger Verfügung sehen konnte. Das Reichsgericht hatte also nicht etwa das Wort „streitiges Rechtsverhältnis" im Wortlaut des § 940 ZPO in einem eingeschränkten Sinne ausgelegt – was allein eine Befürchtung im Sinne *Leipold's* hätte rechtfertigen können –, sondern es hatte lediglich gemeint, über **eine einstweilige Verfügung könne nicht mehr zuerkannt werden als denkbarerweise in einem Hauptverfahren**[2]. Wenn nun aber der Gesetzgeber des UWG die Unterlassungsansprüche als Primäransprüche des Wettbewerbsrechts normierte, machte er damit unmißverständlich klar, daß die aus dem Wettbewerbsverhältnis folgenden Unterlassungsansprüche insoweit „Rechtsverhältnisse" auch im Sinne 6

[1] *Leipold* Grundlagen des einstweiligen Rechtsschutzes, S. 136 ff.

[2] Diese Vorstellung des Reichsgerichts war in gleicher Weise zutreffend, wie auch nach der heutigen Rechtslage im Wege der einstweiligen Verfügung nicht mehr zugesprochen werden kann als dasjenige, was Gegenstand eines Tenors einer entsprechenden Hauptklage sein kann. Vgl. dazu C III 1 Rdn. 102.

des § 940 ZPO sind. *Leipold* ist also entgegenzuhalten: Der Regelung des § 25 UWG hätte es nicht bedurft, wenn der Gesetzgeber nur die Vorschrift des § 940 ZPO hätte für anwendbar erklären wollen.

7 Es ist auch nicht der Auffassung *Wenzel*'s[3] zuzustimmen, daß die Formulierung „... können erlassen werden, auch wenn ..." in § 25 UWG nichts anderes bedeute als die Formulierung in § 940 ZPO: „... sind auch zulässig ...". Denn gerade **auch die relativ leichten Zulässigkeitsvoraussetzungen in § 940 ZPO sind in § 25 UWG nochmals wieder als nicht notwendig angesehen** worden. Auch der Hinweis *Wenzel*'s, die §§ 935, 940 ZPO hätten bei Schaffung des UWG eine andere Bedeutung gehabt, ändert an dem Verständnis des § 25 UWG gegenüber den jetzt geltenden §§ 935, 940 ZPO nichts; denn das Gesetz ist so zu verstehen, wie es sich zur Zeit darstellt. Im übrigen macht § 61 Abs. 6 Satz 2 UrhG deutlich, daß der Gesetzgeber auch zu einem Zeitpunkt, da §§ 935, 940 ZPO so lauteten wie heute, gerade von diesen Regelungen Ausnahmen zulassen wollte. Er hat dort 1965 sich gerade an der Regelung des § 25 UWG orientiert.

8 *Pastor*[4] erörtert die Frage, ob mit § 25 UWG gemeint sein könne, daß Unterlassungsverfügungen auch auf **volle Befriedigung** des Gläubigers gehen könnten, also insoweit eine Freistellung von der sonst in § 940 ZPO vorgesehenen Begrenzung auf Sicherungsmaßnahmen in Betracht komme. Auch diese Auffassung erscheint nicht zutreffend: **§ 25 UWG** spricht nämlich **nicht** davon, daß über die Rechtsfolgen, die in § 940 ZPO vorgesehen sind, hinausgehend **dauerhaftere Rechtsfolgen** angeordnet werden könnten – das wäre auch kaum sinnvoll, weil in § 940 ZPO gar keine fest fixierten Rechtsfolgen genannt sind, sondern es schlicht heißt, eV'en seien auch zur Regelung eines einstweiligen Zustandes zulässig, und weil insbesondere über die Länge der „Einstweiligkeit" und über den Umfang der „Regelung" nichts gesagt wird –; sondern es ist in **§ 25 UWG von den „Voraussetzungen"** des § 940 ZPO die Rede, **die nicht zuzutreffen brauchten.** Die „Voraussetzungen" des § 940 ZPO sind nun aber in dem „Sofern"-Satz des § 940 ZPO enthalten, der sogleich nachfolgend erörtert wird und der eine bestimmte für den Erlaß einer eV notwendige Situation beschreibt. An dieser Situation der eV-Voraussetzung, also am Tatbestand, rüttelt § 25 UWG, nicht aber an der Rechtsfolge.

9 Gäbe es § 25 UWG nicht, wäre also **§ 940 ZPO** für die regelmäßige **einstweilige Verfügung im Wettbewerbsrecht einschlägig,** wenn diese – wie in den meisten Fällen durch einen bereits praktizierten Wettbewerbsverstoß des Gegners (**Wiederholungsgefahr**) veranlaßt wird[5]. Danach ist die einstweilige Verfügung zulässig, „sofern diese Regelung ... zur Abwendung wesentlicher Nachteile oder zur Verhinderung drohender Gewalt oder aus anderen Gründen nötig erscheint." Diese Formulierung ist durch die Begriffe **„wesentlich"**, „andere Gründe" und **„nötig"** so flexibel, daß sie angemessener Berücksichtigung der Interessen der Parteien hinreichend Raum läßt. Für die einstweilige Regelung von Unterlassungsansprüchen wegen Körperverletzung, Freiheitsberaubung, Besitzstörung, Persönlichkeitsrecht etc. hat sich § 940 ZPO als praktikabel und genügend erwiesen.

II. § 25 UWG als eV-privilegierende Norm

10 Wenn nun aber einerseits §§ 935 und 940 ZPO für die einstweilige Sicherung von Unterlassungsansprüchen wegen wettbewerbswidrigen Verhaltens passende Regelun-

---

[3] GRUR 1959, 414, 416.
[4] WbProzeß S. 246 f.
[5] *Baumbach/Hefermehl* § 25 Rdn. 2; *Mädrich* S. 3; *Grunsky* JuS 1976, 277, 284.

gen zur Verfügung stellen, andererseits § 25 UWG sagt, im UWG-Bereich sollten einstweilige Verfügungen auch dann erlassen werden können, wenn die Voraussetzungen der §§ 935, 940 ZPO nicht zutreffen, dann macht dies zum einen eine **vertiefende Betrachtung,** ob auf die wettbewerbsrechtliche Unterlassungs-eV „an sich" **§ 935 ZPO oder § 940 ZPO** anwendbar sei, **überflüssig;** und die Regelung in § 25 UWG kann zum anderen nur so verstanden werden, daß **einstweilige Verfügungen hier erleichtert werden sollen**[6]. Mit Recht wird gefragt[7], warum das Gesetz diese Erleichterung der einstweiligen Verfügung im Wettbewerbsrecht zur Verfügung stellt. Denn natürlich erscheint es im Einzelfall in mindestens gleichem Maße wie im Wettbewerbsrecht geboten, daß demjenigen, der von einem anderen bedroht wird oder der von der Regenbogen-Presse übel in seiner Ehre beschmutzt wird oder dessen Bäume vom Nachbarn abgesägt werden sollen, etc., schnell im Wege einer einstweiligen Verbots-Verfügung geholfen wird. Dennoch erlebt man stets aufs Neue, daß Letzterem vom Gericht mit Vorbehalt und zögerlicher Zurückhaltung begegnet wird, während im Wettbewerbsrecht, insbesondere von den „professionellen" Wettbewerbskammern der großen Landgerichte, einstweilige Verfügungen täglich, und gelegentlich auch mit lockerer Hand, erlassen werden.

1. **Verfehlt** ist allerdings die weit verbreitete Annahme, einstweilige Verfügungen müßten im UWG-Bereich deswegen so **erleichtert** sein, **weil die auf Unterlassung gerichtete Tenorierung im Hauptsacheprozeß regelmäßig zu spät** komme; und die stets vorhandenen aber meist nicht nachweisbaren Schäden aus der Wettbewerbshandlung könnten dann später nicht mehr kompensiert werden[8]. Zum einen ist nämlich auch dem sonst am Rechtsverkehr teilnehmenden Rechtssubjekt, das Gläubiger einer auf Unterlassung gerichteten einstweiligen Verfügung sein könnte, mit einer solchen regelmäßig mehr geholfen als mit einem späteren Unterlassungsurteil im Hauptverfahren und einem – in der Regel recht unvollkommenen – Ersatzanspruch wegen der inzwischen erlittenen Schäden. Insoweit spricht also nichts für Ungleichbehandlung der Wettbewerbs-Unterlassungsansprüche gegenüber den „normalen" zivilrechtlichen Unterlassungsansprüchen. Zum anderen kann nicht nur der Gläubiger eines gerechtfertigten Unterlassungsanspruches seinen Schaden später oft nur unvollkommen realisieren, sondern es kann auch regelmäßig der Schuldner, wenn die einstweilige Verfügung zu Unrecht erlassen und durchgesetzt sein sollte, den ihm entstandenen und nach § 945 ZPO vom Gläubiger zu ersetzenden Schaden nicht auf Heller und Pfennig beweisen. Ein bevorzugtes Bedenken des dem Gläubiger bei nichterlassener, aber gerechtfertigter einstweiliger Verfügung entstehenden Schadens gegenüber dem dem Schuldner bei erlassener, aber nicht gerechtfertigter einstweiliger Verfügung entstehenden Schaden erscheint nicht ohne weiteres gerechtfertigt; ganz abgesehen davon, daß eben dieselbe Problematik auch bei anderen Parteien der „normalen" zivilrechtlichen einstweiligen Verfügung eine vergleichbare Rolle spielen kann. **11**

2. Die **Rechtfertigung der Ungleichbehandlung** der einstweiligen Verfügung im UWG-Bereich gegenüber derjenigen nach dem sonstigen Zivilrecht ergibt sich vielmehr aus folgendem: **12**

---

[6] In Wettbewerbsstreitigkeiten ist die einstweilige Verfügung eindeutig in der Praxis das primäre Mittel, um Wettbewerbsverstößen zu begegnen, vgl. *Pastor* WbProzeß, S. 323 ff. Auf die bei *Engelschall* GRUR 1972, 103, 104; bei *Borck* WRP 1972, 242, 243; und bei *Ulrich* GRUR 1985, 201, 202 veröffentlichten Statistiken, wonach etwa 75% bis 80% der Wettbewerbsstreitigkeiten im eV-Verfahren abschließend erledigt werden – davon die allermeisten ohne vorherige oder nachträgliche mündliche Verhandlung – wird hingewiesen.

[7] *Baur* BB 1964, 607 ff; *Leipold* S. 136 ff. Zur Rechtfertigung der Regeldringlichkeit eingehend *Ahrens* S. 310 ff, 352 ff.

[8] So aber *Baumbach/Hefermehl* § 25 Rdn. 1; *Pastor* WbProzeß, S. 242, 1004; vgl. auch *v. Gamm* WRP 1968, 312, 313; *Wilke* WRP 1972, 245.

13 a) Wer am Wettbewerbsgeschehen teilnimmt und damit als Schuldner eines wettbewerbsrechtlichen Unterlassungsanspruches bzw. einer Wettbewerbs-Unterlassungs-eV gemäß § 25 UWG potentiell in Betracht kommt, tritt regelmäßig an, um durch **planmäßiges Handeln** Gewinn zu erzielen, das heißt in unserer Wirtschaftsordnung: besser, schneller oder aus anderen Gründen leistungsstärker zu sein als seine Wettbewerber. Alles spricht dafür, daß, wenn eine Wettbewerbshandlung sich bei Kunden oder Lieferanten als erfolgreich erweisen sollte, diese wiederholt wird. Und da nahezu jede Wettbewerbshandlung Geld kostet – Werbung ist bekanntlich enorm teuer –, wird das wettbewerbtreibende Unternehmen alles daransetzen, daß die Wettbewerbshandlung ein Erfolg ist und sich dann also gemäß dem vorstehenden Satz wiederholt. Jede **Wettbewerbshandlung** hat also die **Tendenz** in sich, eine **Dauerhandlung** zu sein oder möglicherweise geringfügig modifiziert wiederholt zu werden. Diese bei jeder Wettbewerbshandlung zu vermutende und nach völlig einheitlicher Lehre und Rechtsprechung[9] bis zur Abgabe einer mit Vertragsstrafeversprechen versehenen Unterlassungsverpflichtungserklärung oder bis zu einer auf Unterlassung gerichteten gerichtlichen Entscheidung – nahezu unwiderlegbar – **vermutete Wiederholungsgefahr** ist der entscheidende Unterschied zu der „normalen" unerlaubten Handlung, die regelmäßig ohnehin nur fahrlässig und daher nicht planmäßig begangen wird, oder, sollte sie vorsätzlich/planmäßig begangen sein, in aller Regel aus einer bestimmten Konstellation nicht ständig wiederkehrender Umstände erwachsen ist. Eine dauernde planmäßige Wiederholung z. B. einer Beleidigung, Besitzstörung, Bedrohung, nachbarschaftlicher Streitigkeit etc. ist nicht ohne weiteres zu vermuten. Aus dieser **Wiederholungsgefahr** folgt die **innere Berechtigung** für das Gericht, das als unrechtmäßig erkannte Wettbewerbsverhalten **möglichst alsbald** zu unterbinden, während es bei einer „normalen" unerlaubten Handlung oder Vertragswidrigkeit sich zunächst eine gewisse Überzeugung verschaffen muß, daß (weitere) Verletzungshandlungen unmittelbar bevorstehen und die Sache keinen Aufschub duldet, im ordentlichen Hauptverfahren behandelt zu werden. Dort wird dann zumeist der erlittene Schaden kompensiert, deutlich seltener aber auf Unterlassung erkannt.

14 b) Ein weiteres Argument für die Unterschiedlichkeit der Wettbewerbshandlung gegenüber der „normalen" zivilrechtlichen unerlaubten Handlung besteht darin, daß letztere in aller Regel sich nur gegenüber einem oder einer bestimmten Gruppe von Geschädigten auswirkt. **Wettbewerbsverhalten** zeitigt dagegen sehr häufig **Auswirkung bei einer unbestimmten Vielzahl** von Wettbewerbern, die sich um dieselbe Gruppe von Kunden bzw. Lieferanten bemühen, und erst recht bei der meist überhaupt nicht mehr einschätzbaren Personenzahl der umworbenen Marktbeteiligten selbst. Die sich daraus ergebende **mangelnde Verfolgbarkeit und Eingrenzung von schädlichen Auswirkungen** erfordern es, schnell die Quelle des Übels verstopfen zu können[10]. Und sie läßt es gerechtfertigt erscheinen, eine andere gesetzliche Regelung für regelmäßig schnelleres gerichtliches Eingreifen vorzusehen als dort, wo das Übel nur bei einem einzelnen oder jedenfalls nur einer beschränkten Anzahl von Kontrahenten Auswirkungen zeitigt[11].

---

[9] Vgl. BGH GRUR 1989, 445 – Professorenbezeichnung in der Arztwerbung I, GRUR 1990, 617, 624 – Metro III; *Köhler* vor § 13 B Rdn. 27 ff in diesem Kommentar; *Gruber* WRP 1991, 368 ff.

[10] Vgl. *Borck* WRP 1972, 238, 240.

[11] Im Prinzip ist diese für wettbewerbswidriges Verhalten oft typische Streuwirkung ein maßgebliches Argument dafür, neben den betroffenen Wettbewerbern auch die Gewerbe- und Verbraucherverbände sowie die Industrie-, Handels-, und Handwerkskammern gemäß § 13 Abs. 2 Ziffer 2 bis 4 UWG zu Aktivlegitimierten maßgeblicher UWG-Unterlassungsansprüche (und damit auch der auf die Unterlassungs-Sicherung gerichteten einstweiligen Verfügungsanträge) zu bestimmen.

c) Als weiteres Argument für die Unterschiedlichkeit der wettbewerbsrechtlichen Unterlassungsansprüche (und deren Sicherung durch einstweilige Verfügung) einerseits und der Ansprüche wegen „normaler" unerlaubter Handlung andererseits ist folgendes zu beachten: Während Körperverletzung, Sachbeschädigung, Diebstahl, Unterschlagung, Beleidigung, Nötigung, Freiheitsberaubung etc. – also die „üblichen" Fälle unerlaubter Handlung – zugleich als **Straftatbestände** ausgebildet sind, ist wettbewerbliches Unrecht im UWG-Bereich nur in eklatanten Ausnahmefällen unter Strafe gestellt, nämlich in §§ 4, 6 c, 12, 15, 17, 18 und 20 UWG – alles Tatbestände, die im Verhältnis zu den üblichen Wettbewerbswidrigkeiten des täglichen Geschäftsverkehrs extrem selten vorkommen. Die Präventionswirkung, die Straftatbestände schon kraft ihrer Existenz, insbesondere aber durch ihre Realisierung im gerichtlichen Strafverfahren, haben, gibt es also im UWG-Bereich fast gar nicht. Staatsanwaltschaftliches Handeln und damit rasches polizeiliches Eingreifen findet im UWG-Bereich regelmäßig nicht statt[12]. Es gehört zum **marktwirtschaftlichen Konzept** des UWG, daß alles auf die **Selbstreinigungskräfte der Wirtschaft** ausgerichtet ist, sich also die am Wettbewerb beteiligten Unternehmen – gegebenenfalls unter Zuhilfenahme ihrer Verbände und Kammern bzw. der Verbraucherschutzorganisationen oder Wettbewerbsvereine[13] – selbst gegen wettbewerbswidriges Handeln der Konkurrenz wehren sollen[14]. Die überwiegende Zahl der Betroffenen aber kann sich gegenüber wettbewerbswidrigem Verhalten nicht in gleicher Weise „wehren" wie häufig gegenüber „normalem" zivilrechtlichen Unrecht: Man kann nämlich nicht Selbsthilfe, Notwehr, Besitzwehr üben oder sich der Öffentlichkeit entziehen oder um sein Grundstück einen Zaun ziehen oder einfach „weglaufen"; vielmehr ist man dem Handeln der Wettbewerber recht schutzlos ausgeliefert[15]. Dann aber ist es geboten, wettbewerbsrechtliche Unterlassungsansprüche rasch durchsetzen zu können: § 25 UWG ist dementsprechend der gebotene **gesetzliche Ausgleich für die Polizeifreiheit und die mangelnde Möglichkeit von Selbsthilfeverhalten** im wettbewerblichen Bereich. 15

III. Ergebnis

§ 25 UWG ist dahingehend zu verstehen, daß regelmäßig die im Hauptklageverfahren erhebbaren Unterlassungsansprüche durch eine **einstweilige Verfügung** gesichert werden können, – und zwar **unabhängig davon, ob eine „wesentliche Erschwerung"** (§ 935 ZPO) der Rechte des Unterlassungsklägers (Verfügungsgläubigers) vorliegt, wenn keine einstweilige Verfügung ergeht und also nur im Hauptklageverfahren prozessiert wird, und **unabhängig davon, ob die einstweilige Regelung „nötig"** ist, insbesondere um „wesentliche Nachteile" auszugleichen (§ 940 ZPO). Das **Gericht** ist vielmehr **frei** darin – die einstweilige Verfügung **kann** erlassen werden –, ob es die einstweilige Eilmaßnahme sinnvoll und angemessen findet. Selbstverständlich kann dabei nicht freie Willkür herrschen, sondern es sind nach pflichtgemäßem Ermessen die Interessen der beteiligten Parteien gegeneinander abzuwägen. Die Vorschrift enthält 16

---

12 Vgl. *Pastor* WbProzeß, S. 237 f.

13 Zu Recht weist *Wilke* WRP 1972, 245, 246, auf eine gewisse Scheu eines Teils der Kaufmannschaft vor Prozessen, auch Wettbewerbsprozessen, hin, so daß diese Verbände die Selbstreinigungskräfte der Wirtschaft mit repräsentieren.

14 Auf dieses für die Erleichterung der eV in Wettbewerbssachen maßgebliche Argument weist zutreffend *Wenzel* hin, GRUR 1959, 414, 416.

15 Man erkennt das exemplarisch schon daran, wie schwierig es nach der Rechtsprechung ist, die Voraussetzungen eines zulässigen Abwehrvergleiches, vgl. *Baumbach/Hefermehl* § 1 Rdn. 369 ff zu belegen oder mit dem Einwand der „unclean hands" durchzudringen, vgl. *Baumbach/Hefermehl* Einl. UWG Rdn. 448 ff sowie § 3 Rdn. 442.

aber **keinerlei Vorgaben** darüber, **welche Kriterien** für das Gericht als schlechterdings **beachtlich** oder schlechterdings **unbeachtlich** zu behandeln sind. Es ist davon auszugehen, daß die ungewöhnliche Freiheit, die dem Gericht bei der „Kann-Vorschrift" des § 25 UWG gegeben ist, gewollt ist, um stets den Einzelfall-Besonderheiten gerecht werden zu können.

17 Die verschiedenen zur „Dringlichkeit" bzw. zum „Verfügungsgrund" vertretenen **Lehrmeinungen,** die der **Ermessensfreiheit** des Gerichts im Rahmen des § 25 UWG mit feststehenden **Beurteilungskriterien** begegnen wollen – etwa dahingehend, die Dringlichkeit werde gesetzlich oder tatsächlich widerleglich vermutet[16]; sie müsse zwar vorliegen, brauche aber nicht glaubhaft gemacht zu werden[17]; Eilbedürftigkeit sei immer gegeben[18]; – erscheinen dann **nicht unproblematisch,** wenn ihnen die Gefahr innewohnt, die Vorschrift des **§ 25 UWG** in eine solche mit **positiven Kriterien,** deren Vorhandensein für eine einstweilige Verfügung bejaht werden müßte, **umzuwandeln,** obwohl die Vorschrift mit Bedacht negativ gefaßt ist, indem sie lediglich sagt, daß keine besonderen Voraussetzungen für den Erlaß einer einstweiligen Verfügung gegeben sein müssen[19].

18 Von den im Rahmen des § 25 UWG entscheidenden Gerichten wird wegen dieser Beurteilungsfreiheit ein besonders hohes Maß an **Verantwortungsbewußtsein** und Einfühlungsvermögen in Abläufe in einem Wirtschaftsunternehmen verlangt, um die Einflüsse einer Eilmaßnahme beim Verfügungsschuldner und einer verweigerten Eilmaßnahme beim Verfügungsgläubiger bei der **Interessenabwägung** beurteilen zu können[20].

19 Vielleicht erweist es sich gerade im Rahmen des § 25 UWG als nicht nur für die Rechtseinheitlichkeit problematisch[21], sondern auch für die Ermessensfreiheit der entscheidenden Gerichte förderlich, daß gemäß § 545 Abs. 2 ZPO im einstweiligen Verfügungsverfahren eine **Revisionsinstanz fehlt.** BGH-Entscheidungen wird nämlich häufig von den Instanzgerichten ein Gewicht beigemessen, welches unangemessen über den auch vom BGH nur entschiedenen Einzelfall hinausreicht. Wie in der gerichtlichen Praxis oft zu beobachten ist, führt das häufig dazu, daß die unteren Gerichte bei nachfolgenden Sachverhalten den Besonderheiten des Einzelfalles nicht mehr hinrei-

---

[16] *Pastor* WbProzeß, S. 224; *Teplitzky*[6] Kap. 54 Rdn. 18; *Melullis* Rdn. 80; *Wenzel* GRUR 1959, 414, 416; *v. Gamm* WRP 1968, 312; *Vinck* WRP 1972, 292 ff; aus der Fülle der Rechtsprechung vgl. OLG Düsseldorf GRUR 1963, 490; OLG Frankfurt GRUR 1970, 48; OLG Stuttgart WRP 1970, 403; OLG Celle WRP 1977, 718.

[17] So *Teplitzky*[6] Kap. 54 Rdn. 18; *Ahrens* S. 318 ff; *Baumbach/Hefermehl* § 25 Rdn. 6; aus der Fülle der Rechtsprechung vgl. z. B. OLG Hamburg WRP 1976, 483; OLG Köln WRP 1977, 426; OLG Frankfurt WRP 1977, 804; OLG Koblenz GRUR 1978, 718; OLG München GRUR 1980, 1017; OLG Hamm WRP 1981, 224.

[18] Vgl. dazu *Wilke* WRP 1972, 245; weitere Nachweise bei *Wenzel* GRUR 1959, 414 f; vgl. auch *Melullis* Rdn. 80.

[19] Im Ansatz zutreffend *Krieger* GRUR 1975, 168, der sagt, die Dringlichkeit sei als gegeben zu unterstellen; vgl. auch *Vogt* NJW 1980, 1499, 1500.

[20] Entgegen der Darstellung *Teplitzky*[6]'s Kap. 54 Rdn. 18, insbesondere Fn. 47, findet auch bei Zugrundelegung der herrschenden Auffassung, daß die Dringlichkeit vermutet werde, eine Interessenabwägung statt, nämlich bei der Frage, ob die Dringlichkeitsvermutung widerlegt wird, während hier danach gefragt wird, ob das Sicherungsinteresse für die eV als Ausprägung des allgemeinen Rechtsschutzinteresses für das eV-Verfahren besteht. Allein der Umstand, daß in den meisten eV'en erlassenden oder bestätigenden Urteilen keine ausdrückliche Interessenabwägung vorgenommen wird, sondern das Gericht sich auf dogmatische Floskeln beschränkt, spricht nicht gegen eine gleichwohl vorgenommene Interessenabwägung des Gerichts: die Entscheidungsgründe ummanteln häufig nur die Erwägungen, die in der richterlichen Urteilsbildung mitgeschwungen haben aber nicht einzeln ausgebreitet werden sollen.

[21] So *Baumbach/Hefermehl* § 25 Rdn. 1; *Melullis* Rdn. 77 u. – mit besonderem Nachdruck – *Teplitzky*[6] Kap. 53 Rdn. 8 u. Kap. 54 Rdn. 22.

chend gerecht werden, weil sie sich verallgemeinernden Ausführungen des BGH in als Präzedenzfälle empfundenen früheren Verfahren unterworfen fühlen. Die **folgende Kommentierung** ist daher einerseits unter dem **Aspekt** zu betrachten, ob **für den Einzelfall Beurteilungskriterien aus früheren Entscheidungen und Ansichten** bedacht werden sollten; andererseits aber auch mit der Maßgabe zu verstehen, daß **im Einzelfall die Dinge gerade anders liegen können** und stets vom Gericht eine Einzelfallentscheidung unter Abwägung der beiderseitigen Partei-Interessen verlangt wird[22].

IV. Gang der Darstellung

Es wird **zunächst aus der Sicht des Gerichtes** dargestellt, was bei einer Entscheidung über einen eV-Antrag im Bereich des § 25 UWG zu beachten ist (nachfolgend B und C Rdn. 21 ff, 81 ff). Alsdann wird **aus der Sicht des Antragstellers** (im folgenden: **Verfügungsgläubiger**) dargestellt, welche Erwägungen er vor und nach einer einstweiligen Verfügung anzustellen hat und welche Maßnahmen er im Zusammenhang mit der einstweiligen Verfügung ergreifen muß bzw. sollte (nachfolgend D Rdn. 129 ff). Es wird dann weiter behandelt, welche **rechtlichen Möglichkeiten der Antragsgegner** (im folgenden: **Verfügungsschuldner**) im einstweiligen Verfügungsverfahren bzw. vor Erlaß einer einstweiligen Verfügung bzw. im Anschluß daran hat (nachfolgend E Rdn. 165 ff). Danach wird das auf die **Abschlußerklärung** ausgerichtete Bemühen dargestellt, aus der eV eine endgültige Regelung zu machen (nachfolgend F Rdn. 285 ff). Schließlich werden der **Schadensersatzanspruch** gemäß § 945 ZPO, die **Anwendbarkeit** des § 25 UWG auf Unterlassungsansprüche aus anderen Gesetzen, die Frage des **Streitwertverhältnisses** zwischen der einstweiligen Verfügung und der Hauptklage und schließlich der **Notwendigkeit einer Anwaltszuziehung** behandelt (nachfolgend G bis K Rdn. 316 ff). Dabei kann es nicht der Sinn dieser Kommentierung sein, sämtliche für das eV-Verfahren anwendbaren Vorschriften der ZPO zu erörtern – dafür wird auf die ZPO-Kommentare verwiesen – oder Grundlagen des Unterlassungsanspruches zu behandeln – dafür wird auf die Erläuterungen in den Vorbemerkungen B und C vor § 13 UWG in diesem Kommentar verwiesen. Die Kommentierung beschränkt sich vielmehr darauf, die maßgeblichen Vorschriften insoweit zu erläutern, als es um die **typischen Fragestellungen und Besonderheiten des wettbewerbsrechtlichen eV-Verfahrens geht.** Hinsichtlich der örtlichen Besonderheiten in den verschiedenen OLG-Bezirken betreffend eine Vielzahl von eV-Verfahrensfragen wird auf die vorzügliche Zusammenstellung in *Traub*, Wettbewerbsrechtliche Verfahrenspraxis, hingewiesen. Diese Besonderheiten der Rechtsprechung der verschiedenen westdeutschen OLG's – Rechtsprechung aus den östlichen Teilen der Bundesrepublik Deutschland ist bisher naturgemäß noch nicht ergiebig und aus der Vergangenheit zur Auslegung des § 25 UWG unerheblich – ergibt sich zwar auch aus den nachfolgenden Ausführungen, ist aber bei *Traub* übersichtlicher zusammengestellt. Die nachfolgenden Ausführungen sollen primär dem Praktiker eine zusammenfassende Übersicht über das eV-Verfahren im Wettbewerbsrecht geben. 20

[22] Es ist zwar richtig – was *Klaka* GRUR 1979, 593 f moniert –, daß das Verfahrensrecht der Wettbewerbs-eV selbst für Spezialisten kaum überschaubar ist; dies würde aber auch dann, wenn der BGH an dieser Rechtsprechung mitwirken würde, nicht wesentlich anders ausfallen. Die Entscheidungspraxis des BGH zum Wettbewerbsverfahrensrecht – außerhalb des Gebietes der eV – ist für den Nicht-Spezialisten auch kaum zu überschauen und auf den konkreten Einzelfall nur mit gewisser Aussicht auf vorhersehbaren Erfolg zu übertragen; aA insoweit allerdings *Teplitzky*[6] Kap. 53 Rdn. 8.

B. Verfahren bis zur Entscheidung

I. Zuständigkeit des Gerichts

1. Sachliche Zuständigkeit

21 a) **Primär: Landgericht.** In aller Regel ist für die eV-Anträge gemäß § 25 UWG das Landgericht zuständig. Der **Streitwert** liegt bei wettbewerbsrechtlichen Unterlassungsansprüchen selten im Bereich, für den die Amtsgerichte originär zuständig sind. Das für die Festsetzung des Streitwerts maßgebliche **Interesse des Verfügungsgläubigers** besteht nämlich darin, **für die Zukunft** durch Unterlassungsverfügung **dem Verfügungsschuldner** eben denjenigen **geschäftlichen Erfolg,** von dem der Verfügungsgläubiger meint, er beruhe auf wettbewerbswidrigem Verhalten, **zu verbieten.** Die sachliche Zuständigkeit des Landgerichts ergibt sich auch dann, wenn ein Gericht – entgegen umstrittener, hier aber unter Rdn. 350 für den Regelfall der Wettbewerbs-eV vertretenen Auffassung – der Meinung sein sollte, der Streitwert des eV-Verfahrens im UWG-Bereich liege wesentlich unter dem Streitwert der auf Unterlassung gerichteten Hauptklage, und wenn es unter Berücksichtigung dieser Bruchteilsbildung auf einen Wert bis zu DM 6.000,– gelangen sollte. Denn das Landgericht ist dann zwar nicht originär zuständig, wohl aber als Gericht der Hauptsache gemäß § 937 ZPO. Gericht der Hauptsache im Sinne von § 937 ZPO ist nämlich nicht nur dasjenige Gericht, bei dem die Hauptsache schon anhängig ist oder etwa zugleich mit dem eV-Antrag anhängig gemacht wird, sondern – wenn noch keine Hauptsache anhängig ist – jedes Gericht, bei dem potentiell die Hauptsache erhoben werden könnte[23].

22 b) **Amtsgericht.** Danach kann das **Amtsgericht** allenfalls bei wettbewerbsrechtlichen **Streitigkeiten zwischen Kleinstunternehmen** von Haus aus zuständig sein. Eine etwa zwischen den Parteien vereinbarte Zuständigkeit des Amtsgerichts kann im Hinblick auf § 802 ZPO nur dann in Betracht kommen, wenn die Parteien etwa für das Hauptverfahren die amtsgerichtliche Zuständigkeit vereinbart haben. Das dürfte so gut wie nie vorkommen.

23 Es fragt sich allerdings, ob es eine amtsgerichtliche Eilzuständigkeit gemäß § 942 ZPO gibt. Danach ist in dringenden Fällen[24] das Amtsgericht, in dessen Bezirk sich der Streitgegenstand befindet, für den Erlaß einer einstweiligen Verfügung zuständig. Hierfür sind folgende Erwägungen maßgeblich: Im früher geltenden, 1969 gestrichenen § 25 Satz 2 UWG hieß es, daß auch das Amtsgericht des Begehungsortes für einstweilige Verfügungen zuständig sei, im übrigen finde die Vorschrift des § 942 ZPO Anwendung. Man könnte meinen, daß damit die Zuständigkeit des Amtsgerichts der belegenen Sache im Sinne des § 942 ZPO ersetzt war durch die Zuständigkeit des Amtsgerichts des Begehungsortes. Das würde bedeuten, daß durch die Streichung des § 25 Satz 2 UWG die gesamte amtsgerichtliche Zuständigkeit gemäß § 942 ZPO für das UWG-Verfahren entfallen wäre. Man könnte aber auch daran denken, daß der frühere § 25 Satz 2 UWG neben der amtsgerichtlichen Zuständigkeit des Begehungsortes (als zweite Regelzuständigkeit neben dem Landgericht als dem Gericht der Hauptsache) auch noch die Zuständigkeit des Amtsgerichts der belegenen Sache für dringende Fälle gemäß § 942 ZPO offenhalten wollte. In diesem Falle würde die Streichung des § 25 Satz 2 UWG an der Zuständigkeit des § 942 ZPO – Zuständigkeit des Amtsgerichts, in dessen Bezirk sich der Streitgegenstand befindet – nichts geändert haben. **Maßgeblich für die Streichung des § 25 Satz 2 UWG** dürfte gewesen sein, daß die **wettbewerbs-**

---

[23] Vgl. *Teplitzky*[6] Kap. 54 Rdn. 7.

[24] Zur Frage, wann im Sinne des § 942 ZPO ein dringender Fall vorliegt, vgl. *Kunath* WRP 1991, 65, 66 f.

rechtlich geschulten Richter regelmäßig **nicht bei den Amtsgerichten** tätig sind und auch bis 1969 die amtsgerichtliche Zuständigkeit für Unterlassungsansprüche aus dem UWG kaum in Anspruch genommen wurde[25]. Sicherlich hat der Gesetzgeber 1969 die Amtsgerichte von wettbewerbsrechtlicher Zuständigkeit entlasten wollen, um dort nicht in nennenswertem Umfang spezialisierte Richter vorhalten zu müssen. Dementsprechend pflegen (und pflegten) Parteien und Anwälte als Verfügungsgläubiger bzw. Verfügungsgläubiger-Vertreter auch regelmäßig einstweilige Verfügungsanträge in UWG-Sachen beim Landgericht einzureichen. Ein **gesetzlicher Ausschluß des § 942 ZPO** ist damit allerdings gemäß § 25 UWG **nicht normiert.** Deswegen gilt:

Wenn ein wettbewerbsrechtlicher eV-Antrag beim Amtsgericht angebracht wird **24**
und die Sache wirklich **in hohem Maße dringlich** erscheint, sollte auch das Amtsgericht[26] sich nicht scheuen, eine einstweilige Verfügung gemäß § 942 ZPO zu erlassen. Regelmäßig vergeht auf dem Dienstweg zwischen Amts- und dem nächsten Landgericht bei Verweisung mindestens ein Tag, und die Gerichtsvollzieher als zuständige Organe für die Zustellungen der einstweiligen Verfügungen (vgl. unten Rdn. 143 ff) sind ohnehin bei den Amtsgerichten funktionell angebunden. Dementsprechend wird bei Erlaß der einstweiligen Verfügung durch das Amtsgericht dann auch der Weg vom Landgericht als die eV erlassendes Gericht zurück zum Amtsgericht, nämlich zur Gerichtsvollzieherverteilungsstelle, gespart. In wirklich dringenden Fällen können diese ersparten Zeiten durchaus relevant sein[27].

2. Örtliche Zuständigkeit und Beziehung zur Hauptklage

Die **örtliche Zuständigkeit** des danach regelmäßig sachlich zuständigen Landgerichts **25**
richtet sich nach **§ 24 UWG.** Auf die Erläuterungen von *Erdmann* zu dieser Vorschrift in diesem Kommentar wird verwiesen. Demgemäß gibt es also regelmäßig bei überregionalem Wettbewerbsverhalten des Verfügungsschuldners eine Reihe von Gerichten, die örtlich zuständig sein könnten.

a) **Grundsatz-Verhältnis zur Hauptklage.** Ist die **Hauptsache noch nicht anhängig,** **26**
ist **jedes Gericht,** welches als Hauptsachegericht örtlich in Betracht kommen könnte, auch für die einstweilige Verfügung zuständig[28]. Ist dagegen die **Hauptsache bereits anhängig** – nur auf die Anhängigkeit der Hauptsache-Klage beim Gericht, nicht aber auf die durch Zustellung der Klage an den Beklagten begründete Rechtshängigkeit kann es ankommen, da auch eine zugleich mit dem eV-Antrag erhobene Hauptsache-Klage zuständigkeitsbegründend ist und diese zu diesem Zeitpunkt des Eingangs des eV-Antrags bei Gericht noch nicht zugestellt sein kann[29] –, ist **nur das Hauptsachegericht** für eine einstweilige Verfügung über denselben Streitgegenstand zuständig, § 919 in Verbindung mit § 936 ZPO[30]. Das einmal im einstweiligen Verfügungsverfahren

---

[25] Vgl. dazu *Glücklich* GRUR 1966, 301, 302.

[26] Der Streitgegenstand befindet sich immer dann im Sinne von § 942 ZPO im Bezirk des Amtsgerichts, wenn dort Belegstücke des wettbewerbswidrigen Verhaltens des Verfügungsschuldners vorhanden sind oder vorhanden zu sein drohen, vgl. *Teplitzky*[6] Kap. 54 Rdn. 9.

[27] Für den weiteren Ablauf des extrem seltenen Verfahrens gemäß § 942 ZPO im Bereich wettbewerbsrechtlicher eV'en wird auf die ZPO-Kommentare verwiesen, vgl. auch *Kunath* WRP 91, 65, 66 ff; *Glücklich* GRUR 1966, 301, 302 f; *Mädrich* S. 30 ff; *Teplitzky*[6] Kap. 54 Rdn. 9; *Baumbach/Hefermehl* § 25 Rdn. 21. Das Rechtfertigungsverfahren entspricht in etwa dem Widerspruchsverfahren gemäß §§ 924, 925, 936 ZPO; dementsprechend wird auch auf die Ausführungen E III 2 und 4 verwiesen, siehe unten Rdn. 179 ff.

[28] Vgl. *Teplitzky*[6] Kap. 54 Rdn. 7.

[29] Vgl. *Teplitzky*[6] Kap. 54 Rdn. 2; *Melullis* Rdn. 92; *Stein/Jonas/Grunsky* § 937 ZPO Rdn. 3.

[30] Das in § 919 ZPO für den Fall des Arrestes als Regel-Alternative örtlicher Zuständigkeit vorgesehene Amtsgericht, in dessen Bezirk sich der mit Arrest zu belegende Gegenstand befindet, ist für das eV-Verfahren nicht zuständig, da § 942 ZPO insoweit für das eV-Verfahren eine Sonderregelung darstellt, § 936 ZPO.

zuständige Gericht bleibt für das weitere eV-Verfahren auch dann zuständig, wenn die Hauptsache-Klage später an einem anderen Gericht erhoben wird[31]. Es wird also nur durch die vor oder gleichzeitig mit dem eV-Antrag erhobene auf Unterlassung gerichtete Hauptsacheklage die Gerichtswahl für das eV-Verfahren beschränkt, nicht aber durch ein eV-Verfahren die Gerichtswahl für die Hauptsacheklage[32].

27 Ist die dem eV-Antrag entsprechende und demgemäß für das eV-Verfahren zuständigkeitsbegründende Hauptsacheklage in der **zweiten Instanz** anhängig[33], ist diese gemäß § 943 Abs. 1 ZPO auch für eine etwa nunmehr beantragte einstweilige Verfügung zuständig[34]. Der Umstand, daß den Parteien des eV-Verfahrens dadurch eine Instanz des eV-Verfahrens verlorengeht, ist unschädlich, da es einen Rechtsanspruch auf ein mehr-instanzliches Verfahren nicht gibt[35].

28 Ist die **Hauptsache beim BGH** anhängig und will nunmehr der Kläger eine einstweilige Verfügung beantragen, so ist entgegen § 937 Abs. 1 ZPO für das eV-Verfahren nicht der BGH zuständig, sondern wiederum das Landgericht[36], und zwar dasjenige, bei dem die Hauptsacheklage erstinstanzlich anhängig war. Diese Konstellation ist keineswegs praxisfern: Man denke nur an den Fall, daß der Kläger im Hauptklageverfahren in der ersten Instanz obsiegt, in der zweiten Instanz aber unterliegt, und während des Revisionsverfahrens nimmt nunmehr der Beklagte, der möglicherweise während der ersten oder zweiten Instanz die beanstandete Werbung vorläufig eingestellt hatte, diese verstärkt wieder auf, so daß eine nach der Verkehrsanschauung neue (gleichartige) Verletzungshandlung vorliegt[37], vgl. dazu B II 2 h, h 2, unten Rdn. 58. Das zuständigkeitsbegründende Streitverhältnis bleibt gleichwohl dasselbe, das zur Zeit beim BGH anhängig ist. Denn das neu begründete Sicherungsinteresse begründet keinen neuen materiellen Anspruch: Es geht stets um denselben Sachverhalt und die Sicherung eben desjenigen Unterlassungsanspruchs, der im Hauptklageverfahren verfolgt wird.

29 b) **Sonderfall: Negative Feststellungsklage.** Erhebt derjenige, der wegen wettbewerbswidrigen Verhaltens außergerichtlich abgemahnt worden ist, gegen diese Abmahnung seinerseits negative Feststellungsklage, siehe unten E II Rdn. 177, so handelt es sich bei dieser „verneinenden" Klage umgekehrten Rubrums zwar nicht um die Klage zur „Hauptsache" im förmlichen Sinne – nämlich die Klage auf Unterlassung des angeblich wettbewerbswidrigen Verhaltens. Jedoch ist die Streitfrage dieser negativen

[31] Vgl. *Teplitzky*[6] Kap. 54 Rdn. 7; *Stein/Jonas/Grunsky* § 919 ZPO Rdn. 10; wenn sich allerdings die Zuständigkeit des eV-Gerichts daraus ergab, daß die Hauptsache-Klage bei diesem Gericht bereits anhängig war, und wenn dann während des eV-Verfahrens die Hauptsache an ein anderes Gericht verwiesen wird, entfällt damit auch die Zuständigkeit des eV-Gerichts zugunsten der Zuständigkeit des nunmehr zuständigen Hauptsachegerichts, *Teplitzky*[6] Kap. 54 Rdn. 5; *Pastor* WbProzeß, S. 280.

[32] OLG Karlsruhe NJW 1973, 1509; *Teplitzky*[6] Kap. 54 Rdn. 8; *Zöller/Vollkommer* § 35 ZPO Rdn. 2. Mit dem eV-Antrag, der vor Erhebung der Hauptklage anhängig gemacht wird – wie üblich –, wird das Wahlrecht des § 35 ZPO nur für das eV-Verfahren, nicht aber auch für das Hauptklageverfahren ausgeübt; a.A. *Pastor* WbProzeß, S. 282.

[33] Von der Einlegung der Berufung bis zur rechtskräftigen Entscheidung im Berufungsrechtszug oder Revisionseinlegung, OLG Köln GRUR 1977, 220, und zwar auch dann, wenn das Berufungsgericht in der Hauptsache, z. B. bei Vorlage zum EuGH oder zur Entscheidung einer kartellrechtlichen Vorfrage, den Rechtsstreit ausgesetzt hat, vgl. *Teplitzky*[6] Kap. 54 Rdn. 6.

[34] Vgl. OLG Köln GRUR 1977, 221; OLG Hamm GRUR 1989, 924; *Teplitzky*[6] Kap. 54 Rdn. 6; *Mädrich* S. 36; *Melullis* Rdn. 92.

[35] Vgl. BVerfG NJW 1966, 339, 340; OLG Köln GRUR 1977, 220; *v. Goetze* WRP 1978, 433, 434.

[36] *Teplitzky*[6] Kap. 54 Rdn. 6 Fn. 8.

[37] Gerade in einem solchen Fall kann dann auch die Frage des Sicherungsinteresses eher großzügiger gehandhabt werden, weil der Sachverhalt beiden Parteien hinreichend bekannt und eingehend ausgebreitet ist, so OLG Köln GRUR 1977, 220.

Feststellungsklage, nämlich die Frage der Berechtigung des mit der Abmahnung geltend gemachten Unterlassungsanspruches, trotz abweichenden förmlichem Streitgegenstandes – der Unterlassungsanspruch selbst ist im negativen Feststellungsverfahren nicht gestellt – der Sache nach derselbe wie in derjenigen Unterlassungsklage, die im förmlichen Sinne „Hauptklage" zum einstweiligen Verfügungsverfahren wäre. Dementsprechend erscheint es sachgerecht, daß **durch** eine solche **negative Feststellungsklage** des abgemahnten Verfügungsschuldners die **Zuständigkeit** dieses Gerichtes der negativen Feststellungsklage auch **für die einstweilige Verfügung** begründet wird[38]. Dieser Zuständigkeitsbindung für ein geplantes eV-Verfahren kann aber der Abmahnende durch Erhebung der der Abmahnung entsprechenden Hauptsacheklage den Boden entziehen. Denn diese „primäre" Unterlassungsklage ist, auch wenn sie später als die negative Feststellungsklage des Abgemahnten erhoben wird, als Hauptsache-Verfahren für das eV-Verfahren vorgreiflich zuständigkeitsbegründend, vgl. eingehend E II und E VII Rdn. 177 und 237 ff.

c) **Sonderfall: Erschleichung der örtlichen Zuständigkeit.** Grundsätzlich hat das **30**
eV-Gericht, bei dem die Hauptsacheklage schon rechtshängig oder anhängig ist oder bei dem zugleich mit dem eV-Antrag die Hauptklage von dem Verfügungsgläubiger anhängig gemacht wird, im eV-Verfahren nicht zu prüfen, ob es für das Hauptsacheverfahren örtlich zuständig ist; vielmehr begründet der Umstand, daß die Hauptklage anhängig ist, zugleich die Zuständigkeit für das eV-Verfahren[39]. Drängt sich allerdings dem Gericht der Eindruck geradezu auf, daß es für die bei ihm erhobene Hauptsacheklage örtlich eindeutig unzuständig ist und daß die Hauptsacheklage bei ihm ausschließlich deswegen erhoben worden ist, um dadurch die Zuständigkeit als Hauptsachegericht für das eV-Verfahren rechtsmißbräuchlich zu erschleichen, wird dieses Gericht, obwohl es formell das Gericht der Hauptsache und damit zuständig ist, seine örtliche Zuständigkeit verneinen können[40]. Der Verfügungsgläubiger kann dann bei einem anderen Gericht den eV-Antrag nur dann einreichen, wenn er zunächst die Hauptsacheklage zurücknimmt oder diese an ein anderes – örtlich zuständiges – Gericht verweisen läßt, bei welchem alsdann auch die Zuständigkeit für das eV-Verfahren begründet ist.

d) **Sonderfall: Anderweitig anhängiger eV-Antrag.** In diesem Zusammenhang ist **31**
auch folgende häufige Konstellation zu behandeln: Ein an sich sachlich und örtlich zuständiges Gericht hat dann seine Zuständigkeit wegen anderweitig ausgeübter Gerichtsstandswahl abzulehnen, wenn der Verfügungsgläubiger bereits bei einem anderen Gericht einen denselben Streitgegenstand betreffenden eV-Antrag gestellt und diesen nicht zurückgenommen hat[41]. Der Verfügungsgläubiger muß also, wenn er bei einem Gericht einen eV-Antrag gestellt hat, dort aber nicht erfolgreich gewesen ist – etwa weil das Gericht den Antrag (durch formell nicht rechtskräftig gewordene Entscheidung) zurückgewiesen oder gegen seine Begründetheit Bedenken geäußert hat –, den **eV-Antrag zurücknehmen, ehe** er bei einem anderen nach § 24 UWG zuständigen Gericht einen **(weiteren) Antrag auf Erlaß einer gleichen einstweiligen Verfügung** stellen kann. Das gilt nach m. E. zutreffender, aber höchst umstrittener

[38] Vgl. *Teplitzky*[6] Kap. 54 Rdn. 3; *Melullis* Rdn. 92; *Stein/Jonas/Grunsky* § 919 ZPO Rdn. 3.

[39] Vgl. OLG Hamburg WRP 1981, 325; *Teplitzky*[6] Kap. 54 Rdn. 3; *Pastor* WbProzeß, S. 279 f.

[40] Vgl. OLG Hamburg aaO; *Erdmann* § 24 Rdn. 2 in diesem Kommentar mwN; *Teplitzky*[6] Kap. 54 Rdn. 4.

[41] Dem zweiten (oder weiteren) eV-Antrag steht die durch den ersten eV-Antrag begründete Rechtshängigkeit entgegen, OLG Koblenz GRUR 1981, 91; *Teplitzky*[6] Kap. 55 Rdn. 1; dagegen OLG Frankfurt WRP 1983, 212.

Meinung auch dann, wenn im (ersten) eV-Verfahren der Antrag endgültig, also z. B. nach Beschwerde des Verfügungsgläubigers gegen einen abweisenden erstinstanzlichen Beschluß, zurückgewiesen worden ist, da nach dieser Meinung die eV nicht in materielle Rechtskraft erwächst[42]. Dieses in der Praxis häufig betriebene Verfahren, das „günstigste" Gericht zu suchen[43], entfällt natürlich, wenn die Hauptsacheklage bereits anhängig ist. Dann ist nämlich das Hauptsachegericht unter den verschiedenen nach § 24 UWG denkbaren zuständigen Gerichten das allein zuständige Gericht.

32 e) **Verweisung.** Hält das angerufene Gericht sich **nicht** für **zuständig,** so hat es auf Antrag des Verfügungsgläubigers die Sache an das zuständige bzw., soweit gemäß § 24 UWG mehrere Gerichte zuständig sein könnten, an ein zuständiges Gericht nach Wahl des Verfügungsgläubigers zu **verweisen, § 281 ZPO.** Stellt der Verfügungsgläubiger den Verweisungsantrag nicht, ist der Antrag auf Erlaß der einstweiligen Verfügung wegen Unzuständigkeit des angerufenen Gerichts zurückzuweisen – und zwar ohne mündliche Verhandlung per Beschluß, nach mündlicher Verhandlung durch Prozeßurteil. Stellt der Verfügungsgläubiger zwar einen Verweisungsantrag, wählt er aber unter verschiedenen denkbaren Gerichtsständen keinen aus, ist an das primär zuständige Gericht, nämlich dasjenige des Sitzes des Verfügungsschuldners, zu verweisen, § 12 ZPO. Hat der Verfügungsschuldner keinen allgemeinen Gerichtsstand, – weil es sich etwa um ein ausländisches Unternehmen handelt, welches aber in Deutschland, nicht jedoch am Ort des angerufenen Gerichts, Werbung betreibt –, so ist der Verweisungsantrag des Verfügungsgläubigers nicht vollständig. In diesem Fall ist der Antrag ebenfalls wegen Unzuständigkeit des Gerichts zurückzuweisen.

33 Ob es geboten ist, über die Zuständigkeits- und Verweisungsfrage mündliche Verhandlung anzuberaumen bzw. den Verfügungsschuldner dazu durch schriftliche Stellungnahme anzuhören, oder ob das Gericht den Verfügungsgläubiger von sich aus im einseitigen Verfahren zum Verweisungsantrag auffordert und dann ohne Anhörung des Verfügungsschuldners verweist, hängt davon ab, ob hinsichtlich des materiellen Teils des Antrages das Gericht eine mündliche Verhandlung oder eine schriftliche Stellungnahme des Verfügungsschuldners für geboten erachtet. Ist dies nicht der Fall, weil ein „dringender Fall" vorliegt, vgl. C I 2 e Rdn. 90, würde eine **lediglich zum Zwecke der Stellungnahme zur Zuständigkeitsfrage** erfolgende **Zustellung** des eV-Antrages an den Verfügungsschuldner die gebotene Dringlichkeit **gefährden**[44].

34 Ergibt sich die **Unzuständigkeit** erst nach Erlaß einer Beschluß-eV aufgrund des Vortrages des Verfügungsschuldners **im Widerspruchsverfahren,** hat das Gericht, wel-

---

[42] Vgl. OLG Frankfurt NJW 1968, 2112; OLG Stuttgart WRP 1981, 668 (allerdings nur in einem in den abgedruckten Gründen nicht behandelten Leitsatz); OLG Düsseldorf DB 1981, 1926; *Baumbach/Hefermehl* § 25 Rdn. 41; *Hegmanns* WRP 1984, 120, 121; a.A. die hM, die eine begrenzte Rechtskraft annimmt und nach Zurückweisung des ersten Antrags einen neuen Antrag auf eine gleiche eV nur bei Vorliegen neuer Tatsachen und/oder neuer Glaubhaftmachungsmittel zuläßt (vgl. OLG Karlsruhe GRUR 1978, 116, 117 aE; *Stein/Jonas/Grunsky*, vor § 916 ZPO Rdn. 13 f u. vor § 935 ZPO Rdn. 15; *Zöller/Vollkommer* vor § 916 ZPO Rdn. 13 – beide mwN –; MünchKomm ZPO/*Gottwald* § 322 ZPO Rdn. 31.

[43] *Teplitzky*[6] Kap. 54 Rdn. 45 Fn. 102 sieht es allerdings insoweit als rechtswidrig an, als dabei ein wegen Rechtshängigkeit oder wegen begrenzter Rechtskraft unzulässiger neuer Antrag gestellt und der andere gleichzeitig oder früher gestellte Antrag dabei verschwiegen wird.

[44] Nach der Neufassung des § 281 Abs. 2 ZPO zum 1. 4. 1991 durch Artikel 1 Ziffer 17 des Rechtspflege-Vereinfachungsgesetzes vom 17. 12. 1990 BGBl. I, 2847 ff, 2848 bedarf es zur Verweisung grundsätzlich nicht mehr einer mündlichen Verhandlung.

ches die eV erlassen hatte, sich nunmehr aber für unzuständig hält, die eV nicht etwa zunächst aufzuheben, sondern auf entsprechenden Antrag das gesamte Verfahren mit der einstweilen bestehenbleibenden eV an das zuständige Gericht zu verweisen[45]. Denn wenn das verweisende Gericht vorher die Beschluß-eV aufhebt, würde es als erkannt unzuständiges Gericht eine Sachentscheidung treffen, die der gebotenen Sachentscheidung durch das zuständige Gericht, welches die eV möglicherweise bestätigen würde, vorgreift. Das Gericht, an welches verwiesen wird, kann aber Eilmaßnahmen gemäß § 924 Abs. 3 ZPO anordnen, vgl. dazu E III 4 c Rdn. 188.

3. Funktionelle Zuständigkeit

Gemäß § 95 Abs. 1 Nr. 5 GVG sind **Streitigkeiten aufgrund des UWG Handelssachen,** gehören also gemäß § 94 GVG vor die Kammern für Handelssachen der Landgerichte. Das bedeutet indessen nicht, daß ein bei der Zivilkammer anhängiger eV-Antrag von Amts wegen an die Kammer für Handelssachen zu verweisen wäre, § 98 Abs. 3 GVG, – wie es in § 97 GVG für den umgekehrten Fall der ursprünglichen Anrufung der KfH, die die Zivilkammer für zuständig hält, geregelt ist. Vielmehr hat die Zivilkammer an die KfH nur auf Antrag des Verfügungsschuldners zu verweisen, § 98 Abs. 1 GVG, bleibt aber ohne einen solchen Antrag auch für solche Sachen, die gemäß § 95 GVG Handelssachen sind, zuständig. Daraus folgt, daß die Zuständigkeit der Zivilkammer die übergreifende ist[46]. Will also die Zivilkammer ohne mündliche Verhandlung über den eV-Antrag entscheiden, hat sie keinen Anlaß, über ihre Zuständigkeit gegenüber der KfH nachzudenken. Erst recht hat sie keinen Anlaß, den Antrag dem Verfügungsschuldner eigens zu dem Zweck zuzustellen, damit dieser etwa einen Verweisungsantrag stellen kann. Damit würde auch der Dringlichkeit entgegengewirkt. Stellt der Verfügungsschuldner den Verweisungsantrag an die KfH gemäß § 98 Abs. 1 GVG – beispielsweise nach Erlaß der eV per Beschluß im Widerspruchsverfahren vor Eintritt in die mündliche Verhandlung –, verweist die Zivilkammer, falls es sich um eine Handelssache handelt, an die KfH, ohne zuvor eine etwa bereits erlassene eV wieder aufzuheben, siehe oben 2 e Rdn. 34. Ist die Hauptsacheklage allerdings zum Zeitpunkt der Entscheidung über den eV-Antrag bei der Zivilkammer anhängig, verbleibt es bei deren Zuständigkeit[47], siehe auch für den vergleichbaren Fall der örtlichen Zuständigkeit oben 2 a Rdn. 26. Zu Fragen der funktionellen Zuständigkeit wird im übrigen auf die Kommentierung des § 27 UWG von *Köhler* in diesem Kommentar verwiesen. **35**

II. Verfügungsgrund

1. Ausgangspunkt

Die einstweilige Verfügung gemäß §§ **935, 940 ZPO** setzt neben einem Verfügungsanspruch einen **Verfügungsgrund** voraus (§ 935 ZPO: „... wenn zu besorgen ist, daß durch eine Veränderung des bestehenden Zustandes die Verwirklichung des Rechts einer Partei vereitelt oder wesentlich erschwert werden könnte"; § 940 ZPO: „... sofern die Regelung ... zur Abwendung wesentlicher Nachteile ... oder aus anderen Gründen nötig erscheint"). Vorstehend in der Einführung ist dargestellt worden, daß es im **36**

[45] KG NJW 1969, 1816; *Zöller/Stephan* § 281 ZPO Rdn. 9; **a.A.** *Teplitzky*[6] Kap. 55 Rdn. 20; *ders.* DRiZ 1982, 41, 42.

[46] Vgl. *Zöller/Gummer* § 98 GVG Rdn. 1.

[47] Vgl. OLG Zweibrücken JZ 1989, 103; *Melullis* Rdn. 92.

Bereich des § 25 UWG gerade darauf, ob die Voraussetzungen der §§ 935, 940 ZPO vorliegen, nicht ankommt, Rdn. 16 ff.

37 Man kann darüber streiten, ob diese Regelung bedeutet, daß im Rahmen des § 25 UWG **überhaupt kein Verfügungsgrund** vorliegen muß – worauf der Wortlaut des § 25 UWG hindeutet[48] –; oder ob der herrschenden Lehre und Rechtsprechung zuzustimmen ist, wonach zwar ein Verfügungsgrund im Sinne von **Dringlichkeit bzw. Eilbedürftigkeit** vorliegen müsse, diese aber **vermutet** werde oder jedenfalls nicht glaubhaft gemacht zu werden brauche[49]. Dogmatisch zutreffend dürfte nach dem eindeutigen Wortlaut des § 25 UWG, wonach die Voraussetzungen der §§ 935, 940 ZPO nicht vorzuliegen brauchen – diese Voraussetzungen aber gerade den Verfügungsgrund beschreiben –, die Auffassung sein, daß es in der Tat im Rahmen des § 25 UWG keines Verfügungsgrundes bzw. keiner Eilbedürftigkeit bzw. Dringlichkeit als Zulässigkeitsvoraussetzung für eine eV im wettbewerbsrechtlichen Bereich bedarf[50]. Die herrschende Meinung, vgl. oben A III Rdn. 17, erscheint demgegenüber zu ängstlich an der dogmatischen Vorstellung zu haften, es bedürfe für jedes Eilverfahren eines entsprechenden Verfügungsgrundes[51].

---

[48] So richtig *Borck* WRP 1978, 519, 522. Wenn *Wenzel* GRUR 1959, 414, 415, 416, demgegenüber darauf hinweist, aus den Regelungen in §§ 885 Abs. 1 Satz 2, 899 Abs. 2 Satz 2 BGB folge, daß es nur um die nicht notwendige Glaubhaftmachung des Verfügungsgrundes, nicht aber um den nicht notwendigen Verfügungsgrund selbst bei diesen genannten mit § 25 UWG vergleichbaren eV-erleichternden Vorschriften gehe, was für § 25 UWG selbst ebenfalls zu gelten habe, so überzeugt das nicht: Dort wird nämlich gerade ausdrücklich gesagt, daß eine Gefährdung des Grundbuchrechts nicht glaubhaft gemacht zu werden brauche. In § 25 UWG ist dagegen gerade die allgemeinere Formulierung gewählt, die es nicht nur auf die mangelnde Glaubhaftmachung, sondern schlechterdings darauf abstellt, daß die Voraussetzungen der §§ 935, 940 ZPO nicht zuzutreffen brauchen, gleichwohl aber eV'en erlassen werden können. Auf diesen Formulierungsunterschied weist *Pastor* WbProzeß, S. 246 zu Recht hin.

[49] Vgl. oben A III Rdn. 16 ff; KG WRP 1981, 211; OLG Karlsruhe Entsch. v. 22. 6. 1983, zit. bei *Traub* S. 219; *Teplitzky*[6] Kap. 54 Rdn. 18; *Melullis* Rdn. 80; *Baumbach/Hefermehl* § 25 Rdn. 9. *V. Gamm* WRP 1968, 312 spricht davon, es sei in Rechtsprechung und Literatur unstreitig, daß es sich bei § 25 UWG um eine Tatsachenvermutung für das besondere Interesse am Verfügungsverfahren handele und daß diese Tatsachenvermutung auch widerlegbar sei. Streitig seien dagegen nur die jeweils maßgeblichen Kriterien. Richtig ist daran, daß es in jedem Einzelfall auf eine Interessenabwägung ankommt, wobei ein Rechtsschutzinteresse an einer Sicherungsverfügung kraft der ausdrücklichen gesetzlichen Regelung in § 25 UWG grundsätzlich besteht und nur in Sonderfällen entfällt. Geht man mit *Pastor* WRP 1972, 229, 232 ff – entgegen der hM, auf die noch bei der Schutzschrift einzugehen sein wird – davon aus, daß aus einer Schutzschrift nur der Vortrag zur Dringlichkeit gemäß § 937 ZPO beachtlich sei, dieser aber vom Gericht bei der Interessenabwägung intensiv berücksichtigt werden müsse, führt dies dazu, daß der Verfügungsgläubiger in Erwartung einer Schutzschrift gerade zur Dringlichkeit besonders eingehend vortragen und Glaubhaftmachungsmittel vorlegen wird, siehe *Pastor* WRP 1972, 229, 235. Dies kann dann leicht dazu führen, daß die Dringlichkeitsvermutung in der Praxis beseitigt wird und in Ansehung einer Schutzschrift Dringlichkeit oder jedenfalls die besondere Eilbedürftigkeit des § 937 ZPO vom Gericht nicht angenommen wird, wenn der Verfügungsgläubiger dazu nicht dezidiert vorgetragen hat. Diese gedankliche Umkehrung der Darlegungslast erscheint nicht zutreffend.

[50] So vor allem ältere Literatur und Rechtsprechung, vgl. Nachweise bei *Leipold* S. 131, Fn. 1; *Wenzel* GRUR 1959, 414; im Ansatz zutreffend auch *Krieger* GRUR 1975, 168: Die Dringlichkeit ist als gegeben zu unterstellen; *Pastor* WbProzeß, S. 247: Das Verfügungsgericht habe von dem Antragsteller ohne besonderen Anlaß, das heißt in den Normalfällen, keinerlei Darlegung oder Glaubhaftmachung zur Dringlichkeit zu fordern; vgl. auch *Doepner* WRP 1974, 693.

[51] *Teplitzky* GRUR 1978, 286 f; *Baumbach/Hefermehl* § 25 Rdn. 6 sagen, wenn der Verfügungsgrund entbehrlich wäre, würde das Gericht willkürlich handeln, vgl. auch *Wenzel* GRUR 1959, 414, 415. Pflichtgemäßes Ermessen verantwortlicher Richter auch ohne Ausprägung eines besonderen Verfügungsgrundes als Zulässigkeitsvoraussetzung ist aber nicht gleichbedeutend mit Willkür; und Willkür ist auch nicht ausgeschlossen, wenn ihr das einfache Wort „Verfügungsgrund" als Rechtfertigung beigestellt wird.

In der praktischen Handhabung macht es indessen keinen großen Unterschied, ob man einen gesonderten Verfügungsgrund (Dringlichkeit) als Prozeßvoraussetzung[52] als notwendig ansieht oder ob man dort, wo der Verfügungsgläubiger das Ermessen des Gerichts bei der Interessenabwägung im Rahmen des § 25 UWG allzusehr in seinem Sinne überstrapazieren will, ihm **mangelndes allgemeines Rechtsschutzinteresse** entgegenhält[53]. Ein berechtigtes Sicherungsinteresse des Verfügungsgläubigers ist nämlich dann nicht gegeben, wenn der Verfügungsgläubiger voraussichtlich **im Hauptklageverfahren** im Zeitpunkt seines eV-Antrages **schon ein** – wenn auch nur gegen Sicherheitsleistung vollstreckbares[54] – **Unterlassungsurteil** hätte erzielen können[55], wenn er sich in angemessener Frist nach Kenntnisnahme – bzw. seit einem Kennenmüssen, siehe unten 2 i Rdn. 60 – vom Verletzungsfall und der Durchsetzbarkeit seines Unterlassungsanspruchs zur Hauptklage entschlossen hätte[56]. Ein Rechtsschutzinteresse für eine einstweilige Verfügung kann auch dann nicht anzunehmen sein, wenn aus anderen Gründen für das Gericht als glaubhaft gemacht anzusehen ist, daß der Verfügungsgläubiger **kein ernsthaftes Sicherungsinteresse** hat[57], sondern er mit dem gleichwohl gestellten eV-Antrag im Grunde andere Zwecke verfolgt als die Sicherung des Unterlassungsanspruches[58], etwa bei Anträgen gegen Wettbewerbsverhalten, von dem sich aus den 38

---

[52] Vgl. *Teplitzky*[6] Kap. 54 Rdn. 15; *ders.* JuS 1981, 122, 123; DRiZ 1982, 41; *v. Gamm* WRP 1968, 312; *Piehler* S. 28; *Pastor* WbProzeß, S. 240; aus der Rechtsprechung vgl. OLG Hamburg GRUR 1977, 161; KG WRP 1978, 49; OLG Köln WRP 1980, 503; OLG Koblenz WRP 1978, 835, 836.

[53] So zutreffend *Wenzel* GRUR 1959, 414, 416.

[54] Dieses ist als gleichwirkend mit einer eV anzusehen, weil auch bei einer eV kein Anspruch auf Freistellung von einer Sicherheitsleistung besteht, vgl. C III 3 Rdn. 105 ff; KG Entsch. v. 20. 6. 1980, zit. bei *Traub* S. 24; OLG Stuttgart Entsch. v. 24. 6. 1983, zit. bei *Traub* S. 398; **a.A.** *v. Gamm* WRP 1968, 312, 313; zu Differenzierungen vgl. HdbWbR/*Spätgens* § 83 Rdn. 14 f.

[55] Liegt ein solcher Titel bereits vor, hat der Gläubiger erst recht kein Rechtsschutzinteresse an einer eV, vgl. OLG Hamburg WRP 1978, 909; KG WPR 1981, 211; OLG München WRP 1987, 694; OLG Frankfurt GRUR 1989, 227; OLG Düsseldorf Entsch. v. 26. 10. 1989, zit. bei *Traub* S. 83; *Klaka* GRUR 1979, 593, 596; *Melullis* Rdn. 85; ist dagegen das Hauptverfahren z. B. gemäß § 96 GWB ausgesetzt, kann dies eine eV gerade ganz besonders rechtfertigen, vgl. OLG Köln GRUR 1977, 220. Zur Möglichkeit der Bejahung des Rechtsschutzinteresses nach einstweiliger Einstellung der Zwangsvollstreckung vgl. BGH GRUR 1957, 506 – Doppelexport; *Stein/Jonas/Münzberg*, vor § 704 ZPO Rdn. 95; HdbWbR/*Spätgens* § 83 Rdn. 15; *Teplitzky*[6] Kap. 57 Rdn. 41.

[56] Vgl. *Wilke* WRP 1972, 245, 246; *Borck* WRP 1978, 519, 522; *Baumbach/Hefermehl* § 25 Rdn. 13 und die dort exemplarisch mitgeteilte Rechtsprechung.

[57] *V. Gamm* WRP 1968, 312, 313: Zeitlich überholte und nur aus diesem Grund wettbewerbswidrige Anzeige, die ersichtlich versehentlich nochmals geschaltet worden ist; vgl. auch OLG Hamm BB 1978, 271: Kein Rechtsschutzinteresse an eV, wenn Verfügungsgläubiger (Bierbrauerei) gegen Verfügungsschuldner (Bierhandel) wegen Unter-Preis-Weiterverkaufs vorgeht, die gewünschte Rechtsfolge (Einstellung dieses Unter-Preis-Verkaufs) aber auch auf andere Weise, nämlich durch Beendigung der Lieferung, erreichen kann. Diese Situation objektiv mangelnden Sicherungsinteresses kann in Ausnahmefällen auch einmal gegeben sein, wenn der zu erwartende Schaden des Verfügungsgläubigers bei Nicht-Erlaß der eV gering erscheint, der Verfügungsschuldner aber bei Erlaß der eV einen ganz exzeptionellen Schaden erleiden würde, vgl. OLG Frankfurt WRP 1973, 225; LG Hamburg WRP 1974, 174. Richtiger erscheint allerdings auch in solchen Situationen, die eV zu erlassen und dem Interesse des Verfügungsschuldners durch Anordnung einer Sicherheitsleistung oder Gewährung einer Aufgebrauchsfrist zu entsprechen, vgl. C III 3 und 6 Rdn. 105 ff, 112 ff.

[58] Der bei *Baumbach/Hefermehl* § 25 Rdn. 7 genannte Fall OLG Hamburg GRUR 1974, 108 ist kein Fall mangelnden Rechtsschutzinteresses für eine eV, sondern ein Fall mangelnden Verfügungsanspruches wegen fehlender Wiederholungsgefahr: Wenn ein unvermeidlicher Auslauffall nach einer Unterwerfungserklärung vorliegt, dann fehlt es an einem Verstoß gegen dieselbe, so daß die Wiederholungsgefahr nicht wieder auflebt. Das Rechtsschutzinteresse für eine eV entfällt z. B. dann, wenn der angegriffene Wettbewerbsverstoß – z. B. Jubiläumswerbung – erst nach einem gewissen Zeitraum wiederholbar ist und bis dahin der Verfügungsschuldner bereits mit einer Hauptklage zum Erfolg gelangen könnte, vgl. OLG Saarbrücken WRP 1979, 76; KG WRP 1981, 211; OLG Frankfurt WRP 1984, 413; OLG Hamm WRP 1985, 435; *Borck* WRP 1978, 519, 522; *Baumbach/Hefermehl* § 25 Rdn. 18; **a.A.** OLG Koblenz Entsch. v. 2. 3. 1978, zit. bei *Traub* S. 237; OLG Karlsruhe WRP 1981, 113; OLG Hamburg WRP 1981, 326.

Gesamtumständen ergibt, daß es gar nicht wiederholt werden wird. Ist allerdings eine eV hier erst einmal vor oder während dieses Wettbewerbsverstoßes beantragt, kann das Rechtsschutzbedürfnis für die Sicherungs-eV nicht nachträglich wegfallen[59].

39 Als solche das **Sicherungsinteresse an einer eV ausschließenden anderen Interessen** des Verfügungsgläubigers können z. B. die Erlangung einer Verhandlungsposition gegenüber dem Verfügungsschuldner oder die Erreichung eines strategischen Wettbewerbsvorteils im Wettbewerbskampf in Betracht gezogen werden, falls das Gericht zu der Überzeugung gelangt, daß es dem Verfügungsgläubiger überhaupt nicht um die Beseitigung einer wettbewerbswidrigen Handlung geht, sondern ausschließlich darum, dem Verfügungsschuldner Kosten zu verursachen. Mangels Rechtsschutzinteresses unzulässig ist es z. B., wenn ein Verfügungsgläubiger mehrere Wettbewerbsverstöße des Verfügungsschuldners in einer einheitlichen Wettbewerbsmaßnahme ausschließlich aus Kostengründen in mehreren selbständigen eV-Verfahren angreift oder etwa zunächst nur einen Aspekt dieser Wettbewerbshandlung zum Gegenstand einer eV macht und dann, wenn der Verfügungsschuldner die Wettbewerbsmaßnahme weitgehend abgeändert hat, einen zweiten Aspekt mit einer neuen eV herausgreift[60]. Es hieße, die Augen zu verschließen, wollte man verkennen, daß solche Überlegungen, des Konkurrenten Arbeitskraft mit unproduktiver Tätigkeit zu binden oder ihm möglichst viel Kosten aufzubürden, im Wettbewerbsverfahrensrecht eine ganz maßgebliche Rolle spielen. Solange solche Überlegungen bei eV-Anträgen lediglich mitschwingen und nicht offenkundig die dominierende Rolle spielen, wird dadurch das Rechtsschutzinteresse allerdings noch nicht beseitigt, vgl. im einzelnen die Kommentierung zu § 13 Abs. 5 UWG. Ebenfalls entfällt das Rechtsschutzinteresse in der Regel noch nicht dann, wenn bereits ein anderer Gläubiger wegen derselben Wettbewerbshandlung eine eV gegen den Verfügungsschuldner erwirkt hat. Die lediglich inter partes bestehende Rechtskraftswirkung schließt eine solche Drittwirkung grundsätzlich aus[61].

40 Der Unterschied zwischen der hier vertretenen und der herrschenden Auffassung liegt also lediglich darin, daß hier **tendenziell eher für die Zulässigkeit** einer Sicherungs-eV gemäß § 25 votiert und nur das allgemeine mangelnde Rechtsschutzinteresse in Form der Ausprägung als eV-Sicherungsinteresse als Korrektiv gegenüber „mißbräuchlichem" Verhalten des Verfügungsgläubigers verwendet wird. Die herrschende Auffassung verlangt dagegen mit dem Verfügungsgrund ein spezielles Rechtsschutzinteresse für die Sicherungs-eV, welches lediglich vermutet bzw. in der Regel nicht dargelegt oder

---

[59] Vgl. OLG Karlsruhe WRP 1976, 713; OLG Hamburg WRP 1981, 326; OLG Düsseldorf Entsch. v. 28. 4. 1988, zit. bei *Traub* S. 83; *Melullis* Rdn. 85; insoweit strenger gegen ein (fort-)bestehendes Rechtsschutzinteresse OLG Düsseldorf WRP 1974, 94; OLG Karlsruhe WRP 1974, 691; OLG Stuttgart WRP 1976, 54; undeutlich KG, zit. bei *Traub* S. 24 „Fälle zeitgebundener Werbung".

[60] Vgl. dazu nachstehend 2 g Rdn. 53 f; vgl. auch OLG Hamburg WRP 1982, 161. Das mangelnde allgemeine Rechtsschutzinteresse konnte schon früher einem so mißbräuchlich handelnden Verfügungsgläubiger entgegengehalten werden; daß eine entsprechende Regelung 1986 in § 13 Abs. 5 UWG aufgenommen worden ist, hat lediglich das bereits vorher von der Rechtsprechung judizierte Recht bestätigt.

[61] Vgl. *Klaka* GRUR 1979, 593, 596. Ob man an dieser Auffassung uneingeschränkt festhalten kann, nachdem der BGH die Wiederholungsgefahr als durch eine Unterwerfungserklärung gegenüber einem Dritten möglicherweise entfallen betrachtet (vgl. BGH GRUR 1983, 186 – Wiederholte Unterwerfung I; GRUR 1987, 640 – Wiederholte Unterwerfung II; GRUR 1989, 758 – Gruppenprofil; vgl. dazu auch *Köhler* Vor § 13 B Rdn. 54 ff in diesem Kommentar; vgl. auch OLG Hamm WRP 1988, 334; WRP 1991, 125; OLG Karlsruhe WRP 1991, 595 zur Drittwirkung einer Abschlußerklärung), erscheint allerdings zweifelhaft; gegen jegliche Drittwirkung einer eV jedoch mit Nachdruck *Teplitzky*[6] Kap. 7 Rdn. 14.

glaubhaft gemacht zu werden brauche[62]. Vom mentalen Ansatz her, wie ein Gericht einem eV-Antrag entgegentritt, kann diese unterschiedliche Sichtweise in den Randbereichen eines gerade noch zulässigen bzw. gerade schon unzulässigen Antrages (im Sinne von: vom Rechtsschutzinteresse desVerfügungsgläubigers noch oder nicht mehr gedeckt) eine gewisse Rolle spielen.

2. Man darf die Frage, ob ein Sicherungsinteresse für eine eV gemäß § 25 gegeben sei, **niemals starr nach feststehenden Regeln** oder Kriterien vornehmen, sondern muß immer die **Einzelfall-Umstände abwägen.** Insoweit und hinsichtlich des Grundsatzes, daß der Verfügungsgläubiger nicht seinen Unterlassungsanspruch ohne sachlichen Grund verzögerlich behandeln und also nach Kenntnis des Verstoßes durch den Verfügungsschuldner nicht unziemlich lange mit seinem eV-Antrag warten darf, besteht in Rechtsprechung und Literatur jedenfalls im Ansatz Einigkeit[63]. Die Einzelfallbehandlung kann demgemäß nicht durch eine Kommentierung vorbestimmt werden. Gleichwohl gibt es natürlich bestimmte immer wiederkehrende Fragestellungen und Fallgruppen, die jedenfalls nach vergleichbaren Rastern behandelt werden sollten, um zu einer gewissen Voraussehbarkeit der gerichtlichen eV-Entscheidung zu gelangen. Im einzelnen ist zu den Fallgruppen mangelnden Rechtsschutzbedürfnisses (bzw. mangelnden Verfügungsgrundes der Dringlichkeit/mangelnder Eilbedürftigkeit) folgendes zu bemerken: 41

a) **Verfehlt** ist die Auffassung, die Eilbedürftigkeit/Dringlichkeit – gemeint ist: das Sicherungsinteresse für die eV – sei bereits dann weggefallen, wenn seit Kenntnis vom Verletzungsfall **ein oder zwei Monate** verstrichen sind, ehe der eV-Antrag gestellt wird[64]. Binnen so kurzer Frist läßt sich häufig gar nicht eine angemessene Entscheidung über die Frage, ob man einen Unterlassungsanspruch überhaupt verfolgen will, herbeiführen[65]. Außerdem gibt es in der Praxis kein Gericht, bei dem binnen so kurzer Zeit ein Urteil im Hauptklageverfahren erzielbar wäre[66]. Also bleibt das Interesse an der 42

[62] Daß es sich dabei um eine Prozeßvoraussetzung für den Erlaß einer eV handelt, siehe Fn. 52 zu Rdn. 38, unterscheidet dagegen die hier dargestellte von der herrschenden Auffassung nicht: Denn auch das allgemeine Rechtsschutzinteresse, welches nach den vorstehenden Ausführungen für eine eV gegeben sein muß, ist eine Prozeßvoraussetzung, und sein Fehlen macht den eV-Antrag unzulässig.

[63] Vgl. OLG Frankfurt WRP 1970, 29; WRP 1978, 467; OLG Hamburg WRP 1974, 641; WRP 1987, 480; OLG Karlsruhe WRP 1977, 419; OLG Koblenz GRUR 1978, 718; OLG Stuttgart WRP 1978, 232; OLG Köln WRP 1979, 392; KG WRP 1981, 462; OLG Hamm WRP 1981, 473; OLG Braunschweig Entsch. v. 12. 5. 1989, zit. bei *Traub* S. 51; KG Entsch. v. 23. 11. 1989, zit. bei *Traub* S. 25; *Pastor* WbProzeß, S. 254; *Teplitzky*[6] Kap. 54 Rdn. 24ff; *Baumbach/Hefermehl* § 25 Rdn. 15; *Melullis* Rdn. 81ff; *v. Gamm* WRP 1968, 312; *Krieger* GRUR 1975, 168; *Klaka* GRUR 1979, 593, 597.

[64] So aber OLG München WRP 1971, 533; WRP 1981, 49; WRP 1983, 643; WRP 1984, 644; OLG Oldenburg WRP 1971, 181; OLG Köln WRP 1978, 556; OLG Stuttgart WRP 1978, 232: 1½ oder 2 Monate widerlegen die Dringlichkeitsvermutung nur dann nicht, wenn sonstige Voraussetzungen gegeben sind, die für ein noch fortbestehendes Sicherungsinteresse sprechen; OLG Hamm Entsch. v. 11. 7. 1985, zit. bei *Traub* S. 186: 5 Wochen Untätigkeit kann die Vermutung der Eilbedürftigkeit widerlegen.

[65] Zu Recht weist *Krieger* GRUR 1975, 168, 170f, darauf hin, daß bei solch restriktiver Auffassung gegen Wettbewerbsverstöße oft nur die Hauptklage bleibe, was bei den beteiligten Unternehmen dann leicht zu Unverständnis führe, warum Wettbewerbswidrigkeiten nicht schnell wirkend unterbunden werden könnten. Auf die eV zur schnellen Durchsetzung wettbewerbsrechtlicher Unterlassungsansprüche dürfe aber zur Aufrechterhaltung wettbewerbskonformen Verhaltens nicht verzichtet werden. Die Verpflichtung zum Schadensersatz biete dem wettbewerbswidrig Handelnden in der Regel keinen Anlaß, der Verlockung zu widerstehen, durch rücksichtslosen Wettbewerb einen Vorsprung vor seinen Konkurrenten zu erlangen.

[66] *Melullis* Rdn. 85 gibt diesen Zeitraum mit etwa 6 bis 8 Monaten an. Es gibt zwar durchaus Landgerichte mit großer Erfahrung in Wettbewerbssachen, bei denen wesentlich schneller ein erstinstanzliches Urteil im Hauptklageverfahren erzielbar ist (z.B. Hamburg), aber unter 2 bis 3 Monaten ist auch bei diesen meist nicht mit einem Urteil zu rechnen.

Sicherung des Unterlassungsanspruches erhalten, selbst wenn der Verfügungsgläubiger sofort nach Kenntnis vom Verletzungsfall Hauptsache-Unterlassungsklage erhoben hätte.

43 b) Nach **drei bis vier Monaten** kann man üblicherweise bei den in der Regel zügig terminierenden und verhandelnden Gerichten, die in Wettbewerbssachen die meisten Erfahrungen haben – und bei anderen Gerichten wird vergleichsweise selten ein eV-Antrag gemäß § 25 gestellt – mit einem erstinstanzlichen Urteil rechnen, falls nicht eine Beweisaufnahme geboten ist. Erst bei dieser Zeitspanne ist es in aller Regel angemessen, darüber nachzudenken[67], ob das Rechtsschutzinteresse des Verfügungsgläubigers an einer den wettbewerbsrechtlichen Unterlassungsanspruch sichernden eV nicht besteht, weil er als Kläger im Hauptklageverfahren bereits ein erstinstanzliches Unterlassungsurteil hätte erzielen können. Jedoch kann nicht davon ausgegangen werden, daß der Verfügungsgläubiger sofort nach Kenntnis von dem beanstandeten Wettbewerbsverhalten des Verfügungsschuldners eine definitive Entscheidung für eine Reaktion auf dieses Wettbewerbsverhalten des Verfügungsschuldners trifft oder auch nur treffen muß. In die Entscheidung, ob ein Unterlassungsanspruch geltend gemacht werden soll, ist nämlich eine Fülle von Erwägungen einzubeziehen:

44 Üblicherweise hängt die Entscheidung durchaus mit davon ab, ob die Verletzungshandlung **fortgesetzt** betrieben wird oder nur ein **einmaliges** Ereignis ist; und ferner davon, ob von diesem Verletzungsfall eine merkbare Marktrelevanz ausgeht, ob es sich also lohnt, diese Verletzungshandlung überhaupt zum Gegenstand eines wettbewerbsrechtlichen Angriffes zu machen[68] und in welchem Maße ein etwaiges gerichtliches Vorgehen – und bevor man sich zu solchem entschlossen hat, sollte man gar nicht erst abmahnen – geschäftliche Interessen berühren kann[69]. Der Wettbewerber bzw. die anderen nach § 13 UWG für wettbewerbsrechtliche Unterlassungsansprüche Aktivlegitimierten sind nicht mit der Staatsanwaltschaft zu verwechseln, die nach dem Legalitätsprinzip zur Verfolgung von Straftatbeständen angehalten ist. Und man darf

---

[67] Nochmals: Jede Schematisierung im Sinne, daß bis zu einer bestimmten Zeitdauer nach einer Wettbewerbshandlung des Verfügungsschuldners und Kenntnis des Verfügungsgläubigers von dieser Wettbewerbshandlung eine eV erlassen werden müsse, danach aber unter keinen Umständen mehr erlassen werden dürfe, ist abzulehnen, vgl. Rdn. 41, Fn. 63. *Klaka* GRUR 1979, 593, 597, plädiert für 6 bis 10 Wochen, *v. Gamm* WRP 1968, 312, 313 spricht von grundsätzlich 2 bis 3 Monaten, aber mit Ausnahmen, *Krieger* GRUR 1975, 168 ff von grundsätzlich 6 Monaten, aber mit Ausnahmen, als „Regelzeitdauer" für fortbestehende Eilbedürftigkeit; OLG Karlsruhe spricht davon, je nach den Einzelfallumständen sei eine Frist von 6 Wochen bis 6 Monaten zu tolerieren, WRP 1977, 419; OLG Hamm WRP 1981, 224, spricht von 2 bis 3 Monaten als bereits unangemessen langer Zeitdauer; OLG Koblenz GRUR 1978, 718 von mehr als 3 Monaten als zu lang, um noch Dringlichkeit annehmen zu können. OLG Celle Entsch. v. 15. 12. 1982, zit. bei *Traub* S. 73, lehnt es bewußt ab, eine feste zeitliche Grenze zu ziehen, hat jedoch im Einzelfall einen Wartezeitraum von 6 Monaten als zu lang angesehen, um noch Dringlichkeit annehmen zu können. OLG Düsseldorf Entsch. v. 15. 8. 1985, zit. bei *Traub* S. 83, vermeidet bewußt jede feste zeitliche Fixierung, hält aber einen Zeitraum von mehr als 6 Monaten nach den Einzelfallumständen für durchaus als die Eilbedürftigkeit nicht ausschließend noch für denkbar. Ebenso lehnt OLG Frankfurt eine Festlegung des Zeitraumes ab, nach dem die Dringlichkeit entfällt, vgl. GRUR 1979, 325, über 6 Monate wird aber als zu lang angesehen, $2^1/_2$ Monate dagegen als unschädlich, vgl. Ziffer 3.7.1. bei *Traub* S. 103; nur das OLG München (GRUR 1992, 328) hält im Prinzip an der Einmonatsfrist fest.

[68] Ein derartiges sinnvolles kurzfristiges Abwarten erlaubt auch *Melullis* Rdn. 86; vgl. auch OLG Hamburg WRP 1972, 582; KG WRP 1978, 888.

[69] Vgl. OLG Stuttgart WRP 1973, 667; zutreffend sieht daher OLG Stuttgart Entsch. v. 29. 9. 1984, zit. bei *Traub* S. 398, die Dringlichkeit nicht als entfallen an, wenn man zunächst mit dem Verfügungsschuldner auf kollegial-freundschaftlicher Basis zu einer Verständigung zu gelangen versucht.

auch aus häufig bis zum BGH geführten Grundsatzprozessen wegen „Lappalien" – die durchaus rechtspolitisch oft von gewisser Bedeutung sein mögen – nicht den Schluß herleiten, daß Unternehmer etwa im Wettbewerbsrecht eine besonders große Prozeßbegeisterung kennzeichnet. Erfahrungsgemäß ist eher das Gegenteil einer flexiblen Reaktion auf Wettbewerbsverstöße zu beobachten.

Nach der **Beobachtungsphase** bis zur Entscheidung, ob überhaupt mit einem Unter- **45**
lassungsanspruch auf einen erkannten Wettbewerbsverstoß reagiert werden soll, muß eine **Aufklärungsphase** berücksichtigt werden – und zwar zum einen für die Sachaufklärung, um dem Gericht gegenüber die Wettbewerbswidrigkeit des „Verletzungsfalls" substantiiert darlegen und gegebenenfalls glaubhaft machen zu können[70]; zum anderen für die Rechtsberatung, die erfahrungsgemäß und sinnvollerweise der Verfügungsgläubiger in Anspruch nimmt, ehe er sich zu eigenem Handeln (Geltendmachung des Unterlassungsanspruchs) entschließt. Rechtsanwälte haben nicht immer von einem Tag auf den anderen Zeit. Oft liegt die rechtliche Beurteilung auch nicht ganz klar auf der Hand, und es müssen Nachforschungen in Literatur und Rechtsprechung angestellt werden; auch muß der denkbare **Schadensersatzanspruch gemäß § 945 ZPO** für den Fall, daß die einstweilige Verfügung erlassen, später aber wieder aufgehoben werden sollte, erörtert, **kalkuliert** und alsdann in die unternehmenspolitische Entscheidung miteinbezogen werden. Auch das **Kostenrisiko** muß bedacht werden, da sich durch Verteidigungsmöglichkeiten des Verfügungsschuldners (Erzwingung der Hauptklage) ein eV-Verfahren zu einem umfangreichen mehrinstanzlichen Hauptklageverfahren mit den Problemen einer Beweisaufnahme und möglicherweise einer ungewünschten Öffentlichkeitsrelevanz entwickeln kann.

Hat man sich dann zum wettbewerbsrechtlichen Tätigwerden entschlossen, führt **46**
der Weg zumeist nicht sofort zum Gericht, sondern in aller Regel wird der vermeintliche Wettbewerbsverletzer zunächst **abgemahnt.** Dies geschieht zum einen deswegen, um etwaige Argumente des Gegners kennenzulernen, dementsprechend die eigene Sachverhaltssicht und Rechtsauffassung zu überprüfen und gegebenenfalls abzusichern bzw. sich auf eine durch die Antwort des Gegners etwa veränderte Beurteilung einzurichten. Zum anderen wird die vorherige Abmahnung auch deswegen ausgesprochen, weil es nach einhelliger Rechtsprechung für den Verfügungsgläubiger im Regelfall mit Kostennachteilen verbunden ist, wenn er nicht vor Beginn des gerichtlichen Verfahrens seinen Kontrahenten abmahnt und ihm dadurch Gelegenheit zur außergerichtlichen Beseitigung des aufgetretenen Streitverhältnisses gibt, und wenn der Verfügungsschuldner dann die ohne Abmahnung erwirkte eV sofort anerkennt, vgl. D I 1 Rdn. 129 ff. In dieser **Abmahnungsphase** wird häufig auch noch über einige Wochen korrespondiert[71] bzw. mit dem Gegner über eine Unterlassungsverpflichtungserklärung, über Umstellungsfristen, die Art und Höhe der Vertragsstrafe, Schadensersatz oder ähnliche Positionen **verhandelt,** ehe der Verfügungsgläubiger dann feststellt[72], daß

---

[70] Auch in einem solchen Fall der Beschaffung von Glaubhaftmachungsmaterial – dort: Identität des Antragsgegners – verlangt OLG Hamm GRUR 1988, 717 alsdann allerdings ein alsbaldiges Vorgehen, um die Dringlichkeit zu wahren.

[71] Zu Recht weist *Krieger* GRUR 1975, 168, 169, darauf hin, daß die Abmahnung geradezu zur Farce erstarren würde, wenn man dem Abmahnenden durch Fristdruck die Möglichkeit nehmen würde, mit dem Wettbewerber über die Rechts- oder Besonderheiten der Sachlage zu korrespondieren.

[72] KG Entsch. v. 24. 11. 1987, zit. bei *Traub* S. 25, geht davon aus, daß sich solche Verhandlungen und Feststellungen dann, wenn Verfügungsschuldner die öffentliche Hand sei, länger hinziehen könnten als bei einem privaten Wettbewerbsverletzer. Grundsätzlich erscheint eine abweichende Behandlung der am Wettbewerb teilnehmenden „öffent-

eine Einigung nicht erzielbar erscheint und sich dann zum gerichtlichen Vorgehen entschließt[73].

47 Im übrigen ist die oben angenommene Zeitspanne von 3 bis 4 Monaten zwischen Einreichung einer wettbewerbsrechtlichen Unterlassungs-Klage und dem erstinstanzlichen Urteil nur deswegen häufig so kurz, weil eben durch die eV-Verfahren und deren meist **sachgerechte Parteivorbereitung** die für Wettbewerbsverfahren zuständigen Kammern vergleichsweise weniger Hauptklagen als die „ordentlichen" Kammern zu behandeln haben[74]. Hinzu kommt: Auch die relativ geringe Anzahl an Beweisaufnahmen, die bei Wettbewerbsverfahren zu beobachten ist und die zu der Gesamtbeschleunigung der gerichtlichen Abwicklung wettbewerbsrechtlicher Unterlassungsansprüche ganz erheblich beiträgt, ist nicht nur eine Folge dessen, daß oft unstreitige Sachverhalte vorliegen. Vielmehr ist dieser Beschleunigungs-Effekt auch eine Folge dessen, daß häufig durch die vorangegangene eV und die darin vorgelegte Glaubhaftmachung die Parteien wissen, was sich wohl wird erweisen lassen und was nicht, und daß dementsprechend in Wettbewerbsprozessen weit weniger Falsches oder Unsinniges vorgetragen wird als in vielen anderen Zivilverfahren. Es besteht daher auch aus praktischen Erwägungen keinerlei Veranlassung, in das System des zeitlichen Verhältnisses zwischen einstweiliger Verfügung und denkbarer Hauptklage durch **unnötigen Fristendruck** einzugreifen.

48 c) Wird gemäß vorstehend b Rdn. 43 ff. von einem Zeitraum von drei bis vier Monaten ausgegangen, der zwischen Kenntnis des Verfügungsgläubigers vom Verletzungsfall des Verfügungsschuldners und gerichtlichem Vorgehen gegen den trotz Abmahnung unnachgiebigen Verletzer vergehen darf, ohne daß das Sicherungsinteresse an der eV gemäß § 25 wegfiele, ist das Argument der **Zeitdifferenz zwischen eV und denkbarem erstinstanzlichen Hauptklageurteil** noch kaum berücksichtigt. Denn die vorstehend als relevant geschilderten Vorbereitungsmaßnahmen wären bei rechtlich oder tatsächlich komplizierten Sachverhalten auch für eine Hauptklage notwendig bzw. jedenfalls angemessen. Unter Berücksichtigung der Auffassung, daß ein Sicherungsinteresse nur dann nicht gegeben ist, wenn der Verfügungsgläubiger bereits ein erstinstanzliches Hauptklage-Urteil zum Zeitpunkt seines eV-Antrages hätte erstreiten können[75], siehe oben 1 Rdn. 38, läßt sich also gut die Auffassung vertreten, das Sicherungsinteresse für das eV-Verfahren gemäß § 25 UWG sei jedenfalls bei **kompli-**

lichen Hand" gegenüber privaten Wettbewerbshandelnden zwar ungerechtfertigt; indessen liegt der Erwägung des KG die wohl zutreffende Auffassung zugrunde, daß bei Behörden die Korrespondenz oft länger dauert als bei Privatunternehmen in vergleichbaren Situationen und außerdem ein Angreifer der öffentlichen Hand gegenüber eher etwas vorsichtiger agieren wird als gegenüber einem privaten Wettbewerbsverletzer. Ähnliche Erwägungen spielen in der täglichen anwaltlichen Beratungspraxis eine Rolle, wenn es um die Frage geht, ob sich ein Betroffener gegenüber einem Presse-Artikel zur Wehr setzen will. Auch hier ist der Unternehmer oft eher bereit, nicht mit der Presse zu streiten – um den Vorgang nicht noch weiter hochzuspielen –, als bei einem Angriff seitens eines Konkurrenten.

[73] In einem solchen Fall, der allerdings der Regel entspricht, nehmen auch *v. Gamm* WRP 1968, 312, 313; *Klaka* GRUR 1979, 593, 598; *Melullis* Rdn. 86; KG WRP 1972, 143; WRP 1980, 491; WRP 1980, 502; OLG Stuttgart GRUR 1978, 539, einen Verfügungsgrund an, auch wenn die Dringlichkeitsfrist ohne eine solche Verhandlung bereits weggefallen wäre.

[74] Es besteht also ein wechselbezügliches Verhältnis zwischen der Anzahl der im eV-Verfahren zu erledigenden Unterlassungsverfahren und der Zahl der (verbleibenden) Hauptklagen und deren Zeitdauer, die wiederum Einfluß haben auf das eV-Sicherungsinteresse.

[75] Eine Abhängigkeit des für die Eilbedürftigkeit nicht schädlichen Warte-Zeitraums von der hypothetischen Zeitdauer eines Hauptklage-Prozesses sieht auch OLG Stuttgart WRP 1973, 667.

zierten Verfahren nach 6 Monaten nicht weggefallen, bei einfachen Sachverhalten, die keiner intensiven Aufbereitung bedürfen, dagegen nach 3 bis 4 Monaten[76].

d) Ein längerer Zeitraum als der in a bis c Rdn. 42 ff behandelte Zeitraum hindert **49** dann das Sicherungsinteresse für das eV-Verfahren (Verfügungsgrund/Eilbedürftigkeit) nicht, wenn zur **ordnungsgemäßen Vorbereitung** des eV-Verfahrens – in aller Regel nur ein mündlicher Verhandlungstermin, siehe C II 2 Rdn. 97 f – Sachverständigengutachten eingeholt werden müssen oder sonst **ungewöhnlicher Aufwand** betrieben werden muß[77] [78]. Dies ist z. B. denkbar in Form von Meinungsforschungsgutachten über Verkehrsgeltung – z. B. im Rahnen von § 16 UWG – oder über das Verständnis einer Werbeaussage durch die Verkehrsbeteiligten im Rahmen von § 3 UWG; ferner bei Sachverständigengutachten über Laborversuche – z. B. bei Streit über die Verkehrsfähigkeit eines Produktes – oder bei Geschehensabläufen nach wissenschaftlichem Kenntnisstand – z. B. bei der Würdigung von Arzneimittel-Werbeaussagen, die sich zwar den Anstrich wissenschaftlicher Seriosität geben, nach Auffassung des Verfügungsgläubigers aber nicht dem Stand medizinischer Wissenschaft entsprechen; oder aber auch z. B. dann, wenn Testkäufe durchgeführt werden müssen oder bei einem sehr beschränkten von der Werbung angesprochenen Personenkreis ermittelt werden muß, was genau die Mitarbeiter des Verfügungsschuldners in mündlichen Gesprächen (z. B. als Pharma-Referenten bei Ärzten) über die Produkte des Verfügungsgläubigers gesagt haben. Auch dann, wenn ein **Ausländer** Verfügungsgläubiger ist, erscheint eine etwas großzügigere Annahme fortbestehenden Sicherungsinteresses angemessen, weil hier sowohl sprachliche wie auch insbesondere Probleme hinsichtlich des Rechtsverständnisses zu berücksichtigen sind[79].

Gegen die Annahme, auch ein **über 6 Monate** währender Zeitraum zwischen Kennt- **50** nis vom Verletzungsfall und eV-Antrag führe **nicht zum Wegfall des Rechtsschutzinteresses** an einer Sicherungs-eV nach § 25 UWG, wird gelegentlich geltend gemacht, damit sei bereits der **Verjährungszeitraum** des § 21 UWG überschritten[80]. Diese gesetzliche

---

[76] Vgl. wohl am ehesten in diese Richtung tendierend OLG Hamburg GRUR 1977, 175; WRP 1981, 326; WRP 1986, 290; diese Rechtsauffassung ändert natürlich nichts daran, daß aufgrund besonderer Einzelfallumstände ein Sicherungsinteresse bereits früher weggefallen sein kann, vgl. OLG Hamburg WRP 1983, 101; WRP 1984, 418; WRP 1987, 480. Ähnlich auch *Krieger* GRUR 1975, 168, 169 f; *Vogt* NJW 1980, 1499, 1500. *Baumbach/Hefermehl* § 25 Rdn. 15 sprechen als Regelfall von drei Monaten, nach welchen die Dringlichkeit entfallen sei, betonen aber – ebenso wie *Teplitzky*[6] Kap. 54 Rdn. 26 f, – daß es stets auf die Umstände des Einzelfalls ankomme. Maßgeblich sei dabei insbesondere der Grund des Wartens, vgl. dazu auch OLG Frankfurt GRUR 1979, 325; OLG Köln WRP 1979, 392; OLG Celle Entsch. v. 15. 12. 1982, zit. bei *Traub* S. 73; OLG Stuttgart WRP 1981, 668 (bei einfachen Sachen werden auch bei einem ausländischen Verfügungsgläubiger keine 5 Monate akzeptiert). Nach der hier vertretenen Auffassung kommt es auf den Grund des Wartens regelmäßig erst nach Ablauf von 3 bis 4 Monaten an.

[77] Bei längerer Frist für die Beschaffung von Glaubhaftmachungsmaterial ist auch nach Auffassung von KG WRP 1980, 262; OLG Hamm GRUR 1988, 717; *Baumbach/Hefermehl* § 25 Rdn. 14 eine trotz „normalen Fristablaufs" gesondert zu prüfende Dringlichkeit zu beachten, vgl. auch *Teplitzky* Kap. 54 Rdn. 33. Zutreffend erscheint es allerdings, wenn das KG einen Zeitraum von über 3 Jahren für Aufklärungsmaßnahmen als zu lang betrachtet, um noch Dringlichkeit annehmen zu können, vgl. WRP 1980, 262.

[78] Zu solchem „Sonder"-Aufwand, der den Zeitraum des aufrechterhaltenen Sicherungsinteresses verlängert, gehören aber nicht Maßnahmen, die zunächst der potentielle Verfügungsgläubiger ergreift, um seine Werbung von Wettbewerbswidrigkeiten zu bereinigen, die er bei dem Konkurrenten dann mit einer eV angreifen will, wodurch er etwaige „Gegenangriffe" des Verfügungsschuldners ausschließen möchte (vgl. E V 1 Rdn. 205); so zutreffend LG Frankfurt GRUR 1991, 787.

[79] Vgl. OLG Stuttgart WRP 1973, 667.

[80] Vgl. dazu OLG Hamburg GRUR 1977, 175; OLG Frankfurt WRP 1979, 207; WRP 1983, 101; OLG Hamm WRP 1981, 473 (dagegen GRUR 1988, 717: bei ausreichendem Bemühen um Beschleunigung kann auch ein Zeitraum von 12 Monaten das Sicherungsinteresse nicht entfallen lassen); vgl. dazu auch *Krieger* GRUR 1975, 168, 169; *Borck* WRP 1978, 519, 520; *Melullis* Rdn. 88; *Baumbach/Hefermehl* § 25 Rdn. 15.

Regelung der kurzen Verjährungsfrist von 6 Monaten zeige an, daß spätestens nach 6 Monaten der Gläubiger eines wettbewerbsrechtlichen Unterlassungsanspruches reagieren müsse. Daran ist richtig, daß man sicherlich einen über der 6-monatigen Verjährungsgrenze des § 21 UWG liegenden Zeitraum nicht zur Regel-Zeitspanne erheben sollte zwischen Kenntnis eines Verletzungsfalls und eV-Antrag[81]. Damit würde man dem sich aus § 21 und § 25 UWG ergebenden Anliegen des Gesetzes, wettbewerbsrechtliche Unterlassungsansprüche beschleunigt zu erledigen, nicht entsprechen. Jedoch ist der Einwand aus der Verjährungsregelung des § 21 UWG dann mißverständlich, wenn er dahingehend aufgefaßt wird, zwischen der Kenntnis eines Verletzungsfalls und seiner Verfolgung im eV-Verfahren dürfe grundsätzlich nicht länger als 6 Monate gewartet werden. Diese Auffassung ist nur für einen Wettbewerbsverstoß, der nicht mehr fortgesetzt wird, zutreffend. Denn es ist sicherlich richtig, daß **kein Rechtsschutzinteresse** an einer Anspruchs-Sicherung mehr besteht, wenn der Anspruch selbst auch im Hauptklageverfahren im Hinblick auf die Erhebung der Verjährungseinrede des Beklagten nicht mehr durchgesetzt werden kann[82]. Jedoch ist der Regelfall wettbewerbswidrigen Verhaltens nicht ein einmaliges Tun – welches zwar die Wiederholungsgefahr begründet, aber tatsächlich nicht wiederholt wird –, sondern ein langfristig angelegtes und **planmäßig** über einen längeren Zeitraum **fortgesetztes Verhalten** (Aushängen eines Plakates, welches mehrere Wochen hängt; Anbringung eines Firmenschildes; Schalten eines Werbespots in verschiedenen Medien für eine Saison; Herausgabe eines Prospekts, der mehrere Monate maßgeblich sein und verteilt werden soll; Hinweise auf der Verpackung für die Produkte des nächsten Jahres, etc.). Hier beginnt zwar die halbjährliche Verjährung des § 21 UWG, zum Beispiel für den Schadensersatzanspruch, mit jedem Tag des gleichbleibenden Tuns für eben das Wettbewerbsverhalten an diesem Tag. Da jedoch das Verhalten am nächsten Tag fortgesetzt wird, beginnt für dieses die Verjährung am nächsten Tag erneut zu laufen, usw. Für den Unterlassungsanspruch, um dessen Sicherung es im eV-Verfahren primär geht, kommt es nun nicht darauf an, ob etwa Schadensersatzansprüche für Wettbewerbs-Verhalten in vergangenen Zeiträumen bereits verjährt sind oder zu verjähren drohen, sondern ausschließlich darauf, bis wann das angegriffene Wettbewerbs-Verhalten fortgesetzt worden ist. **Solange die Wettbewerbshandlung fortgesetzt** wird, tritt Verjährung des in die Zukunft gerichteten Unterlassungsanspruchs **nicht ein,** weil jeweils an jedem Tag die 6-Monatsfrist des § 21 für eben das Verhalten dieses Tages neu beginnt. Die Verjährungsfrist für Unterlassungsansprüche beginnt also nicht mit dem erstmaligen Erscheinen der anzugreifenden Wettbewerbsmaßnahme, sondern erst bei deren Beendigung[83]. Dementsprechend kann mit dem Rechtsinstitut der Verjährung bei solchen (nämlich den regelmäßigen) eV-Anträgen, bei denen zwar die angegriffene Wettbewerbshandlung schon seit längerer Zeit vom Verfügungsschuldner betrieben wird, sich aber nach wie vor wiederholt, nicht argumentiert werden, um eine Zeitspanne zwischen Kenntnis vom Verletzungsfall und eV-Antrag als Maximal-Zeitspanne für das fortbestehende Sicherungsinteresse festzulegen[84].

---

[81] Dies gilt unabhängig davon, ob der Verfügungsschuldner die Einrede der Verjährung erhebt oder nicht.

[82] Es wäre auch verfehlt, wenn man stets an die Stelle des (verjährten) Unterlassungsanspruchs aus dem Blickwinkel der Wiederholungsgefahr den (nicht verjährten) Unterlassungsanspruch wegen fortbestehender Begehungsgefahr setzen würde. Dann würde nämlich Verjährung schlechterdings nie eintreten; vgl. dazu BGH GRUR 1987, 125, 126 – Berühmung; ferner *Teplitzky*[6] Kap. 16 Rdn. 31 f sowie *Borck* WRP 1978, 519 f mwN.

[83] Vgl. BGH GRUR 1984, 820 – Intermarkt II (dort auch zur Abgrenzung zwischen „fortgesetzter Handlung" und „Dauerhandlung"); *Messer* § 21 Rdn. 71 f in diesem Kommentar; *Krieger* GRUR 1975, 168, 169; *Borck* WRP 1978, 519 ff; *Wedemeyer* NJW 1979, 293, 295.

[84] Vgl. OLG Düsseldorf Entsch. v. 15. 8. 1985, zit. bei *Traub* S. 83; OLG Hamm GRUR 1988, 717.

e) **Keine Verlängerung wegen öffentlichen Interesses.** Es gibt keinen Grund, die genannte Regelzeitdauer von etwa 3 bis 6 Monaten zwischen Kenntnis vom Wettbewerbsverstoß und eV-Antrag, die vergehen darf, ohne daß das Sicherungsinteresse des Verfügungsgläubigers grundsätzlich wegfällt, für Fälle besonderen öffentlichen Interesses regelmäßig zu verlängern. Es wird zwar die Auffassung vertreten, **schwere Fälle von irreführender Werbung gemäß § 3 UWG** müßten so schnell wie möglich beseitigt werden, um die Verkehrsbeteiligten zu schützen[85]; und auch wenn ein **Verbraucherschutzverband** gegen sonstige schwere Wettbewerbswidrigkeiten vorgehe, sei damit das Verbraucherinteresse berührt, und dieses sei besonders schützenswert[86]. Deswegen müsse – so die Argumentation der Befürworter dieser Ansicht –, auch wenn der Verfügungsgläubiger den Wettbewerbsverstoß schon länger, möglicherweise über Jahre, kenne, solchenfalls die unzulässige Wettbewerbshandlung sofort, d.h. per eV, also nicht durch Hauptklage-Urteil, verboten werden[87] bzw. – etwas milder – die Frage der Schwere der Rechtsverletzung und der Schädigung der Allgemeinheit in eine Gesamt-Interessenabwägung einbezogen werden[88]. Damit wird aber verkannt, daß der Unterlassungsanspruch, der durch die einstweilige Verfügung gemäß § 25 gesichert werden soll, in jedem Falle ein zivilrechtlicher Anspruch ist, also nur eine **Rechtsbeziehung zwischen Verfügungsgläubiger und Verfügungsschuldner** betrifft. Die durch das vom Gericht ausgesprochene Verbot über diese Zweier-Beziehung hinausgehende „öffentliche" Wirkung ist lediglich ein Reflex, aus dem für das Rechtsschutzinteresse des Verfügungsgläubigers an einer schnellen Sicherung nichts hergeleitet werden kann[89]. Auch der **Verbraucherschutzverband** gemäß § 13 Abs. 2 Nr. 3 UWG ist keine **„Ersatz"-Staatsanwaltschaft,** bei der etwa wegen des Legalitätsprinzips andere Sicherungsinteressen bestehen könnten[90]. Der Verbraucherschutzverband ist ein von Gesetzes wegen mit den anderen Aktivlegitimierten des § 13 UWG gleichstehender Verfügungsgläubiger[91]. Und das über UWG-Sachen urteilende Gericht bleibt auch dann, wenn öffentliche Interessen berührt sind, ein Zivilgericht und kann **nicht von Amts wegen** zugunsten 51

[85] OLG Hamburg WRP 1976, 483; WRP 1977, 109; WRP 1977, 811; WRP 1979, 733; LG Hamburg WRP 1980, 362; zustimmend *Melullis* Rdn. 81; dagegen OLG Karlsruhe WRP 1977, 419; OLG Köln WRP 1977, 426; OLG Frankfurt WRP 1978, 467; *Teplitzky*[6] Kap. 54 Rdn. 16 und 32; *ders.* WRP 1978, 117f.

[86] Vgl. OLG Frankfurt WRP 1972, 532; WRP 1975, 678; GRUR 1979, 325 (allerdings in WRP 1988, 744 deutlich machend, daß nicht das Öffentlichkeitsinteresse das maßgebliche Leitmotiv dieser Rechtsprechung sei, sondern die Verhandlungsbereitschaft; diese kann aber bei einem „normalen" Antragsteller auch nicht einfach in Abrede genommen werden); LG Berlin WRP 1976, 336; KG WRP 1979, 305; OLG Hamburg WRP 1977, 811; OLG Stuttgart GRUR 1970, 613 (aber aufgegeben in WRP 1986, 177); zweifelnd *Melullis* Rdn. 83. Auch diese genannten Gerichte sind allerdings zum Teil der Meinung, auch der Verband dürfe nicht für längere Zeit untätig bleiben, vgl. KG WRP 1979, 305; OLG Frankfurt WRP 1978, 467.

[87] Richtig ist in der Tat – worauf *v. Gamm* WRP 1968, 312, 313 und *Borck* WRP 1978, 519, 521 hinweisen –, daß objektiv betrachtet eine dringliche Angelegenheit durch Zeitablauf nur immer dringlicher wird.

[88] Vgl. OLG Hamburg Entsch. v. 30. 3. 1989, zit. bei *Traub* S. 156; *Melullis* Rdn. 81.

[89] Zutreffend OLG Karlsruhe WRP 1977, 419; OLG Köln WRP 1977, 426; OLG Hamm Entsch. v. 20. 12. 1985, zit. bei *Traub* S. 187; *Wilke* WRP 1972, 245, 246; *Teplitzky*[6] Kap. 54 Rdn. 16 und 32f sowie WRP 1978, 117f; *Borck* WRP 1978, 519, 522; *Fritze* GRUR 1979, 290, 292f; *Vogt* NJW 1980, 1499, 1502; undeutlich auf die Einzelfallumstände abstellend, aber eine grundsätzlich andere Dringlichkeitsvermutung bei einem Verbraucherschutzverein als bei anderen Verfügungsgläubigern ablehnend, OLG Celle Entsch. v. 8. 1. 1980, zit. bei *Traub* S. 73.

[90] *Drettmann* GRUR 1979, 602, 604, spricht mit Recht davon, daß hier keine Popularklage in Rede stehe.

[91] Genauso verfehlt wie die Auffassung, der Wettbewerbsverband könne sich besonders lange Zeit mit dem eV-Antrag lassen, ist auch die gegenteilige, vom OLG München GRUR 1980, 329, vertretene Auffassung, beim Wettbewerbsverband sei die Dringlichkeit besonders schnell entfallen; vgl. *Borck* WRP 1978, 519, 522.

von irregeführten Verbraucherinteressen mit einem sofortigen Verbot tätig werden[92]. Damit würde das notwendige Sicherungsinteresse des Verfügungsgläubigers, daß zu seinen Gunsten – und auch nur von ihm vollziehbar – eine eV erlassen wird, unberücksichtigt gelassen[93]. Wenn der Verfügungsgläubiger in solchem Falle nach vielen Monaten oder Jahren duldender Hinnahme des Wettbewerbsverstoßes dagegen vorzugehen sich entschließt, muß er Klage erheben, nicht einen eV-Antrag stellen[94].

52 f) **Fristenausschöpfung.** Es wird die Auffassung vertreten, die Dringlichkeit – nämlich das Rechtsschutzinteresse für die Fortsetzung des eV-Verfahrens – falle dann weg, wenn der Verfügungsgläubiger die ihm vom Gesetz eingeräumte **Frist zur Berufungsbegründung** verlängern lasse[95] oder auch nur ausschöpfe[96]. In ähnlicher Weise wird die Meinung vertreten, bei Verlängerung der vom Gericht gesetzten Berufungsbeantwortungsfrist oder bei nach Erwirken der eV aufgenommenen **Verhandlungen** mit der Gegenseite, die sich unziemlich lange hinziehen, oder bei **Zustimmung zu Vertagungsanträgen** des Verfügungsschuldners oder etwa dann, wenn der Verfügungsgläubiger zum Widerspruchstermin nicht erscheine, entfalle die Eilbedürftigkeit bzw. – richtiger – das Sicherungsinteresse für die weitere Verfolgung des einstweiligen Verfügungsantrags bzw. die Aufrechterhaltung der eV[97]. Beides überzeugt dem Grundsatz nach nicht[98], wobei auch hier jedoch vieles von den Einzelfallumständen abhängt[99]. Zwar kann man nicht argumentieren, das Ausnutzen gesetzlicher Fristen dürfe nicht mit Rechtsnachteilen verbunden sein[100]. Denn die Fristen sind primär für das Hauptkla-

---

[92] Wenn überhaupt kein Wettbewerber oder sonst gemäß § 13 UWG Aktivlegitimierter Unterlassungsansprüche geltend macht, ist der Verbraucher selbst schutz- und das Gericht machtlos gegenüber auch einem noch so haarsträubenden Wettbewerbsverstoß.

[93] Es kommt auf das subjektive Sicherungsinteresse, nicht auf die objektive Dringlichkeit an, vgl. *Borck* WRP 1978, 519, 521.

[94] Vgl. OLG Karlsruhe, WRP 1977, 419; OLG Köln WRP 1977, 426; OLG Köln WRP 1979, 392; *Pastor* WbProzeß, S. 248; *Teplitzky*[6] Kap. 54 Rdn. 16 und 32; *Baumbach/Hefermehl* § 25 Rdn. 19; *Klaka* GRUR 1979, 593; *Wilke* WRP 1972, 245 ff.

[95] OLG München WRP 1972, 398; OLG Koblenz Entsch. v. 28. 4. 1977, zit. bei *Traub* S. 237; KG WRP 1978, 49; KG Entsch. v. 11. 3. 1988, zit. bei *Traub* S. 26 (dagegen KG Entsch. v. 25. 6. 1985, zit. bei *Traub* S. 25); OLG Köln WRP 1980, 503; OLG Braunschweig Entsch. v. 5. 7. 1985, zit. bei *Traub* S. 51.

[96] OLG München GRUR 1976, 150 f; GRUR 1980, 329; vgl. ferner auch das bei *Krieger* GRUR 1975, 168, 170 zit. Urteil des OLG München v. 12. 12. 1974, wo das Gericht sogar die Einlegung der Berufung verlangt, ehe das erstinstanzliche Urteil vorliegt. Das OLG München hat diese Rechtsprechung allerdings inzwischen aufgegeben, vgl. Urteil v. 8. 10. 1987 und v. 14. 1. 1988, zit. bei *Traub* S. 314, sowie GRUR 1992, 328; vgl. dazu und zum folgenden auch *Teplitzky*[6] Kap. 54 Rdn. 27.

[97] OLG München WRP 1971, 533; KG WRP 1978, 49; OLG Köln Entsch. v. 9. 3. 1979, zit. bei *Traub* S. 267; OLG Frankfurt NJW 1991, 49; OLG Düsseldorf GRUR 1992, 189; vgl. auch KG Entsch. v. 23. 7. 1986 (Einverständniserklärung des Verfügungsgläubigers mit schriftlicher Entscheidung im Widerspruchverfahren), zit. bei *Traub* S. 26.

[98] Vgl. OLG Hamburg WRP 1977, 109; GRUR 1983, 436; OLG Stuttgart WRP 1982, 604; OLG Celle Entsch. v. 29. 7. 1981, zit. bei *Traub* S. 73; OLG Hamm GRUR 1991, 480; *Krieger* GRUR 1975, 168, 169; *Borck* WRP 1978, 519, 521; *Fritze* GRUR 1979, 290, 293; *Klaka* GRUR 1979, 593, 598; *Vogt* NJW 1980, 1499, 1501 f. Speziell zum fortbestehenden eV-Sicherungsinteresse des Verfügungsgläubigers nach eV trotz verzögerlichen Verhaltens des Verfügungsgläubigers vgl. *Ahrens* in Anmerkung zu OLG Düsseldorf GRUR 1992, 191.

[99] Wenn z. B. der Verfügungsgläubiger keinen Anwalt für die zweite Instanz bestellt und deswegen auf die Berufung des Verfügungsschuldners das zweitinstanzliche Gericht mit Versäumnisurteil zum Nachteil des Verfügungsgläubigers entscheidet und also die eV aufhebt, kann für eine weitere eV wegen derselben Wettbewerbshandlung das Sicherungsinteresse fehlen, vgl. OLG Hamm Entsch. v. 5. 5. 1987, zit. bei *Traub* S. 187. Und wenn der Verfügungsgläubiger mit etwa gegenüber dem eV-Antrag nachgereichten substantiierten Darlegungen oder Glaubhaftmachung länger als denjenigen Zeitraum zuwartet, der üblicherweise bei diesem Gericht bis zur Stellung eines eV-Antrages vergehen würde, dürften Zweifel am Fortbestehen des Sicherungsinteresses begründet sein.

[100] So aber *Krieger* GRUR 1975, 168, 169; *Fritze* GRUR 1979, 290, 293.

geverfahren geregelt, und der Gesetzgeber könnte sie auch für das eV-Verfahren ohne Verstoß gegen übergeordnetes Recht verkürzen. Dann aber erscheint es auch nicht dogmatisch unzulässig, die Fristausnutzung oder -verlängerung als für das Sicherungsinteresse des eV-Verfahrens schädlich anzusehen[101]. Richtigerweise hat auch hier eine Abwägung der **Interessenlage nach den Einzelfallumständen** stattzufinden[102], wobei folgendem Argument häufig entscheidendes Gewicht zukommt: **Der Verfügungsschuldner ist kaum schutzwürdig,** da er sowohl bei Verlängerung oder Ausnutzung der Fristen in der Rechtsmittelinstanz durch den Verfügungsgläubiger wie auch bei Durchführung von Verhandlungen vor oder während des Verfahrens weiß, daß gegen ihn ein Unterlassungsanspruch geltend gemacht wird[103]. Er kann also sein Wettbewerbsverhalten, seine Verhandlungsführung und seine etwaige Zustimmung zu Fristverlängerungsanträgen entsprechend einrichten. Liegt bereits eine eV gegen ihn vor, gegen die er selbst Widerspruch oder Berufung eingelegt hat, braucht er sich mit hinhaltendem Verhalten des Verfügungsgläubigers nicht zufriedenzugeben und kann auf baldiger Entscheidung durch das Berufungsgericht bestehen.

g) **Tätigwerden zur Unzeit.** Die hier dargestellte regelmäßige 3- bis 6-Monatsfrist **53**
kann im Einzelfall zu lang und also bereits innerhalb dieser Frist das Sicherungsinteresse des Verfügungsgläubigers entfallen sein, wenn der Verfügungsgläubiger innerhalb dieser Frist zwischen Kenntnis vom Verletzungsfall und eV-Antrag deutlich gemacht hat, daß er den nachträglich im einstweiligen Verfügungsantrag als wettbewerbswidrig angesehenen „Verletzungsfall“ nicht als wettbewerbsstörend ansieht[104]. Dann hat er nämlich nach außen **verdeutlicht,** daß er jedenfalls **keinen Anlaß für sicherndes Vorgehen** sieht[105]. Er mag sich dann zwar umentschließen – etwa durch rechtliche Beratung entsprechend veranlaßt – und eine Unterlassungsklage erheben, aber für eine vorläufige Sicherung besteht dann kein Anlaß mehr. Allerdings wird man eine solche Situation nur in Ausnahmefällen annehmen können, da sie voraussetzt, daß der Verfügungsgläubiger früher nicht nur nichts gegen die später als „Verletzungsfall“ angesehene Wettbewerbshandlung unternommen hat, sondern ausdrücklich seine Billigung hat erkennen lassen[106]. Eine solche Situation kann z. B. auch dann vorliegen, wenn die später angegriffene

---

[101] *Teplitzky*[6] Kap. 54 Rdn. 27; *Melullis* Rdn. 89 weisen zutreffend darauf hin, daß die Fristausschöpfung bzw. -verlängerung dogmatisch nichts, sondern allenfalls indiziell mit der Frage der Dringlichkeit bzw. des eV-Sicherungsinteresses zu tun hat.

[102] Vgl. OLG Köln WRP 1975, 745 u. GRUR 1979, 172, 173; OLG Hamburg WRP 1977, 109; OLG Karlsruhe WRP 1979, 811; WRP 1986, 232. Wenn KG Urt. v. 21. 7. 1987 bzw. 24. 11. 1987, zit. bei *Traub* S. 26, sagt, die Verschleppung von gerichtlichen Auflagen über 3 Monate oder das Ergehenlassen eines Versäumnisurteils durch den Verfügungsgläubiger gegen sich, um über den Einspruch dagegen eine neue Frist zu neuem Vortrag zu haben, führe zum Wegfall des eV-Sicherungsinteresses (vgl. dazu auch OLG Hamm Entsch. v. 5. 5. 1987, zit. bei *Traub* S. 187), ist dagegen nichts einzuwenden.

[103] Zutreffend weist *Borck* WRP 1978, 519, 521, darauf hin, daß in der Mehrzahl der Fälle der durch die Verzögerung auftretende Zeitverlust zulasten des Verfügungsgläubigers gehe, so daß insoweit der Verfügungsschuldner kaum schutzwürdig sei.

[104] So z. B. dann, wenn aus einem einheitlichen Prospekt gewissermaßen scheibchenweise erst eine Aussage, dann eine andere etc., stets mit neuem eV-Antrag gesondert angegriffen wird; vgl. OLG Hamburg WRP 1982, 161; OLG Hamburg Entsch. v. 27. 3. 1986, zit. bei *Traub* S. 156; *Baumbach/Hefermehl* § 25 Rdn. 15. Vgl. auch KG Entsch. v. 19. 2. 1982, zit. bei *Traub* S. 25: Werbung unter zwei unterschiedlichen Aspekten angreifbar, mit dem zweiten Aspekt tritt aber Verfügungsgläubiger erst in der Berufungsinstanz im Hilfsantrag hervor; vgl. auch OLG Stuttgart WRP 1983, 708. Das Hinnehmen einer identischen Wettbewerbshandlung eines Dritten nimmt allerdings das Sicherungsinteresse gegen einen anderen Verletzer nicht: Es kann sehr wohl sein, daß im Verhältnis zum Dritten Geschäftsinteressen Gewicht haben, die im Verhältnis zum Verfügungsschuldner irrelevant sind, vgl. OLG Hamm GRUR 1991, 480.

[105] *Melullis* Rdn. 82 will auch in diesem Fall noch eine Interessenabwägung zulassen; vgl. auch OLG Bremen WRP 1987, 250.

[106] Deswegen liegt eine solche Situation dann nicht vor, wenn mehrere vergleichbare Wettbewerbs-

Werbung des Konkurrenten zunächst als nachahmenswerte Aktion positiv gewertet worden ist. In einem solchen Fall fehlt dann später – auch wenn noch keine 6 Monate seit der ersten Kenntnisnahme von der Konkurrenten-Wettbewerbshandlung vergangen sind – das Sicherungsinteresse für eine eV, wenn der Verfügungsgläubiger sich in Umkehrung seiner bisherigen Interessenlage zum Vorgehen entschließt.

54 Eine vergleichbare Situation kann vorliegen, wenn der Verfügungsgläubiger mehrere Monate verstreichen läßt und kurz vor Ablauf der unter b bis d Rdn. 43 ff dargestellten Frist eine einstweilige Verfügung beantragt, diese aber womöglich auch noch zeitlich zusammenfällt mit einer Messe oder Ausstellung. Wenn sich dem Gericht in solchem Fall der Eindruck aufdrängt, hier habe der Verfügungsgläubiger **bewußt mehrere Monate zugewartet,** nicht um Vorbereitungen für eine Abmahnung, Verhandlungen oder sonstige Klärungen zu treffen, sondern nur, um den Gegner **in Sicherheit zu wiegen,** sein Wettbewerbsverhalten werde nicht beanstandet, um ihn dann unmittelbar vor der Messe – möglicherweise nun auch noch ohne Abmahnung – anzugreifen, liegt auch hier ein verwirkungsähnlicher Tatbestand des Angriffs **„zur Unzeit"** vor, der das Sicherungsinteresse für eine einstweilige Verfügung entfallen läßt[107].

55 h) **Fristbeginn.** Im Vorstehenden ist stets die maßgebliche Frist zwischen Kenntnisnahme des Verletzungsfalles und dem Antrag auf Erlaß der eV erörtert worden. Dies wirft die Frage auf, was unter **„Verletzungsfall"** zu verstehen ist, und zwar in zwei Richtungen: Muß der spätere Verfügungsgläubiger bereits reagieren – beginnt also bereits die „Frist für den Zeitraum" bis zum eV-Antrag –, wenn er von der **bevorstehenden** Wettbewerbshandlung Kenntnis erlangt, oder kann er warten, bis die Wettbewerbshandlung **konkret begangen und durch Unterlagen nachweisbar** ist? Und: Kann eine unbedeutende (etwa nur örtlich beschränkte) Wettbewerbshandlung ohne „Anrechnung auf den Zeitraum" hingenommen werden, und dann das Einsetzen einer bundesweiten Aktion des Konkurrenten als Kenntnisnahme und also als „Fristbeginn" angesehen werden, oder ist der Fristbeginn von der Intensität der **gegnerischen Wettbewerbshandlung** abhängig[108]?

56 **h. 1) Begehungs-Wiederholungsgefahr.** Es kommt durchaus nicht selten vor, daß der Verfügungsgläubiger sofort, wenn der Wettbewerber eine Handlungsweise **ankündigt,** gegen diese eine eV beantragt, damit aber **keinen Erfolg** hat, weil das Gericht meint, man wisse ja nicht genau, wie die Aktion im **Detail** ablaufen werde, diese Details seien

---

handlungen des Verfügungsschuldners hingenommen worden sind, dann aber eine besonders gravierende weitere Störung zum Gegenstand eines eV-Antrages gemacht wird, vgl. OLG Hamm Entsch. v. 24. 9. 1987, zit. bei *Traub* S. 186. Bedenklich daher OLG Stuttgart Entsch. v. 19. 12. 1979, zit. bei *Traub* S. 396, welches schon bei einem Zeitraum von weniger als 3 Wochen (vor Weihnachten), in welchem die Aktion vom späteren Verfügungsschuldner angekündigt war und der spätere Verfügungsgläubiger dies auch gewußt hatte, ein Tätigwerden zur Unzeit angenommen hat, weil die eV dann eine Woche vor Weihnachten beantragt wurde.

[107] Vgl. OLG Düsseldorf WRP 1969, 41; OLG Hamburg GRUR 1965, 547; OLG Frankfurt WRP 1986, 485; GRUR 1989, 227; OLG Düsseldorf GRUR 1963, 490 (zu Unrecht annehmend, daß einem Wettbewerbsverein ein solches Handeln zur Unzeit eher nachzusehen sei als einem Wettbewerber). Insbesondere geht es nicht an, daß in einer solchen Situation dann auch noch ohne mündliche Verhandlung und ohne Abmahnung des Verfügungsschuldners eine eV erlassen wird, vgl. *Klaka* GRUR 1979, 593, 598.

[108] Vergleichbar dieser Fragestellung ist folgende Konstellation: Zunächst wird ein eV-Sicherungsinteresse abgelehnt, weil der Verfügungsschuldner längst im Hauptklageverfahren ein Urteil hätte erlangen können, dann erhebt er tatsächlich Hauptklage, aber diese zieht sich aus Gründen, die er nicht zu vertreten hat, außerordentlich lange hin, z. B. wegen Aussetzung im Hinblick auf kartellrechtliche Vorfragen. Hier kann das zunächst abgelehnte Sicherungsinteresse alsdann wieder aufleben, vgl. OLG Köln WRP 1976, 714 = GRUR 1977, 220, 221 f; vgl. auch *Teplitzky*[6] Kap. 54 Rdn. 37.

aber beispielsweise für die Beurteilung des angegriffenen Verletzungsfalls gemäß § 1 UWG maßgeblich[109]. Wird die Aktion dann einige Monate später tatsächlich vom Verfügungsschuldner durchgeführt und greift nun der Verfügungsgläubiger erneut mit einem eV-Antrag den **konkreten Verletzungsfall** an und gelangt damit an ein Gericht, welches „Dringlichkeit" stets nur für einen ganz kurzen Zeitraum akzeptiert, kann es ihm passieren, daß die „Dringlichkeit" vom Gericht abgelehnt und der eV-Antrag mangels Verfügungsgrundes zurückgewiesen wird, weil der eV-Antrag früher bei der Ankündigung habe gestellt werden können[110]. Daß dieses Ergebnis völlig unbefriedigend ist, liegt auf der Hand.

Richtig ist, daß es für die Beurteilung der Wettbewerbswidrigkeit einer Wettbewerbshandlung nicht immer, aber doch oft auf die Umstände des Einzelfalls ankommt. **57**
Deswegen genügt grundsätzlich allein die **Ankündigung** einer Maßnahme wie beispielsweise eine Titelschutzanzeige[111] oder Ankündigung eines Gewinnspieles, noch nicht, um eine abschließende wettbewerbsrechtliche Beurteilung zu erlauben. Also kann Kenntnisnahme im Sinne des „Fristenlaufs" für das Sicherungsinteresse an einer einstweiligen Verfügung in der Regel erst angenommen werden, wenn der **konkrete Verletzungsfall** vorliegt[112]. Es kann zwar in Ausnahmefällen auch schon einmal vorher eine hinreichende Beurteilung möglich sein, die die geplante Wettbewerbshandlung als Wettbewerbsverstoß erscheinen läßt. Dann ist damit bereits die Begehungsgefahr begründet, die einen auf das Verbot gerichteten Antrag rechtfertigen mag. Das hindert aber nicht, daß bei tatsächlicher Durchführung des wettbewerbswidrigen Verhaltens dann eine neue „Dringlichkeitsfrist" im Sinne der vorstehenden Ausführungen beginnt[113].

h. 2) Veränderung der Handlungsintensität. Ähnlich ist die Konstellation, wenn zu- **58**
nächst nur in ganz unbedeutendem Umfang, z. B. regional auf einem Testmarkt, eine Wettbewerbshandlung stattfindet, die den späteren Verfügungsgläubiger aber gar nicht

---

109 Vgl. zur Notwendigkeit der „konkreten Tatumstände" und der „drohenden Verletzungshandlung" als Voraussetzung, Begehungsgefahr anzunehmen, OLG Hamburg WRP 1982, 478; *Borck* WRP 1984, 583, 585 mN; vgl. auch *Köhler* Vor § 13 B Rdn. 76 ff in diesem Kommentar. Sehr großzügig KG Entsch. v. 5. 1. 1990, zit. bei *Traub* S. 19. BGH GRUR 1990, 678 – Anzeigenpreis II verlangt „greifbare Anhaltspunkte" dafür, daß sich der Wettbewerber in naher Zukunft der näher bezeichneten wettbewerbswidrigen Maßnahme bedienen werde.

110 Vgl. z. B. OLG Frankfurt WRP 1986, 485. Eine ähnliche Fallkonstellation kann sich ergeben, wenn konkrete Wettbewerbshandlungen erst in ihrer Gesamtschau ein wettbewerbswidriges Gesamtverhalten des Werbenden erkennen lassen. Man kann sich dann als „Angreifer" entweder darauf beschränken, die einzelnen konkreten Verletzungsfälle anzugreifen in der Annahme, daß man mit einem abstrakten Verbot des komplexen Gesamtverhaltens bei Gericht (noch) nicht durchdringt, oder man kann gleich ein abstraktes Verbot – also losgelöst vom konkreten Verletzungsfall – beantragen. Es wäre unbefriedigend, würde im ersteren Fall bei einem späteren abstrakten Gesamt-Verbots-Antrag gegen die sich durch Gesamtschau einzelner konkreter nacheinander begangener Wettbewerbshandlungen als sittenwidrig darstellende komplexe Werbemaßnahme mangelnde Dringlichkeit angenommen werden, im letzteren Falle aber das beantragte abstrakte Verbot zurückgewiesen werden mit dem Hinweis, es könne jeweils nur der konkrete Verletzungsfall angegriffen werden; vgl. dazu exemplarisch *Wilke* WRP 1972, 245, 247 gegen KG WRP 1972, 143.

111 A.A. OLG Frankfurt GRUR 1991, 72; beachtenswert im Hinblick auf die weitgehenden Wirkungen, die neuerdings auch der BGH einer Titelschutzanzeige bereits beimißt (vgl. BGH GRUR 1989, 760, 761 ff – Titelschutzanzeige).

112 Vgl. *Borck* WRP 1984, 583, 585.

113 Angesichts dessen, daß nach überwiegender Auffassung die Begehungsgefahr im Gegensatz zur Wiederholungsgefahr auch ohne eine strafbewehrte Unterlassungsverpflichtungserklärung, nämlich durch oft nicht jedermann sichtbaren actus contrarius wieder entfallen kann, vgl. BGH GRUR 1987, 125 – Berühmung sowie *Köhler* Vor § 13 B Rdn. 84 in diesem Kommentar, wird der vorsichtige Verfügungsgläubiger mit einem eV-Antrag bis zum Vorliegen der Wiederholungsgefahr, also auf den ersten Verletzungsfall, warten, dann aber auch unverzüglich handeln.

betrifft, weil er z. B. in eben diesem regionalen Markt gar nicht im Wettbewerb mit dem späteren Verfügungsschuldner steht. Er könnte die Wettbewerbshandlung zwar bereits dort, wo sie tatsächlich schon stattgefunden hat, wegen Wiederholungsgefahr, und dort, wo sie – z. B. überregional – noch droht, wegen Gefahr der Begehung wettbewerbswidrigen Verhaltens angreifen – vorausgesetzt, daß eine solche bevorstehende Begehungsgefahr tatsächlich glaubhaft gemacht werden kann, vgl. dazu h. 1 Rdn. 56 f. Daß er dies nicht tut, sondern abwartet, bis eine Intensität erreicht ist, die ihn erkennbar tangiert, darf ihm aber dann nicht zum Nachteil gereichen, wenn **im Wettbewerbsverhalten des Verfügungsschuldners eine echte Zäsur** – z. B. wesentliche Änderung in Art und Umfang der Werbung[114] – für den neutralen Betrachter deutlich ist, die die vom Verfügungsgläubiger vorgenommene Differenzierung verständlich erscheinen läßt[115]. Handelt es sich dagegen um einen **schleichenden Übergang,** darf der „Fristbeginn" nicht von der subjektiven Duldungsbereitschaft des Verfügungsgläubigers oder sonstigen wettbewerbsrechtlich nicht relevanten Umständen abhängig gemacht werden[116].

59 **h. 3) Änderung der Wettbewerbslage.** Fraglich kann sein, ob eine vergleichbare Situation auch dann vorliegt, wenn ein Wettbewerber einen anderen wegen einer Wettbewerbshandlung nicht angegriffen hat, dann aber seinerseits wegen eines vergleichbaren Sachverhaltes von einem dritten Wettbewerber oder einem Verbraucherschutzverband angegriffen wird und wegen einer gegen ihn erwirkten einstweiligen Verfügung sofort die entsprechende Wettbewerbshandlung unterlassen muß. Ist dadurch das **Wettbewerbsverhalten des bisher nicht angegriffenen Konkurrenten** durch die Veränderung der Umstände qualitativ ein anderes geworden, begründet dieses also nun einen **neuen Verletzungsfall?** (Beispiel: Nahezu alle Anbieter auf den gängigen deutschen Bootsausstellungen geben ihren Kunden einen Messerabatt von etwa 10%. Wer das nicht tut, erleidet einen erheblichen Wettbewerbsnachteil. Obwohl diese Rabatt-Praxis offenkundig – jedenfalls für Boote mittlerer Art und Güte und also nicht für „Superyachten" – wettbewerbswidrig ist, greifen die Konkurrenten sich seit Jahren untereinander nicht an. Unterstellt, es erwirkt nun ein neuer Wettbewerber, der also erstmals von solchem Messerabatt Kenntnis erlangt, eine einstweilige Verfügung gegen einen der Alt-Anbieter auf Verbot eines Messerabatts von mehr als 3% gegenüber seinem „Normalpreis": Kann nun dieser so Angegriffene gegen die gesamte Konkurrenz mit einstweiligen Verfügungen vorgehen, um **Wettbewerbsgleichheit** wieder herzustellen?) Die gesamte **Konkurrenzsituation zwischen allen Wettbewerbern** hat sich hier so geändert, daß man in solchem Fall wohl eine völlig neue „Verletzungs"-Situation annehmen muß, die erstmals das bisher friedliche Nebeneinander einer Vielzahl von Wettbewerbern zu einem „Verletzungsfall" gemacht hat. Demgegenüber

---

[114] Vgl. OLG Frankfurt WRP 1978, 467; WRP 1984, 618; *Teplitzky*[6] Kap. 54 Rdn. 37 mwN in Fn. 86.

[115] Vgl. OLG Koblenz WRP 1973, 484; WRP 1978, 835; OLG Stuttgart WRP 1976, 54; WRP 1981, 668; OLG Karlsruhe WRP 1976, 713; OLG Köln GRUR 1977, 220; WRP 1978, 556; KG WRP 1978, 888; OLG Hamburg Entsch. v. 21. 5. 1987, zit. bei *Traub* S. 155; OLG Hamburg angegeben bei *Traub* S. 157, Ziffer 3.7.4; OLG Hamm Entsch. v. 24. 9. 1987, zit. bei *Traub* S. 186. Besonders instruktiv OLG Köln WRP 1978, 556: Unterbindung einer seit langem ohne besondere Intensität betriebene Werbung, die unmittelbar vor einer in einem anderen Verfahren gerichtlich angeordneten Meinungsumfrage stark forciert wird. Zutreffend geht LG München MDR 1992, 251 davon aus, daß ein Arzneimittel-Zulassungsantrag insoweit eine andere Handlungsintensität im Sinne einer Begehungsgefahr signalisiere als eine davor vorgenommene Warenzeichenanmeldung.

[116] Vgl. OLG Frankfurt WRP 1984, 692; OLG Hamm Entsch. v. 18. 5. 1989, zit. bei *Traub* S. 187; vgl. auch OLG Celle Entsch. v. 8. 1. 1980, zit. bei *Traub* S. 73 (für dieselbe Verletzungshandlung kann die einmal entfallene Dringlichkeit nicht wieder aufleben).

ist ein **„verschobener Fristbeginn"** zu verneinen, wenn nicht die Wettbewerbslage einer ganzen Branche geändert ist sondern nur in einer **Zweier-Beziehung** zwischen zwei Wettbewerbern eine Beurteilungsveränderung eintritt. Wird ein Wettbewerber von einem Konkurrenten angegriffen und z. B. ein neuer Werbeprospekt durch eV verboten, ist es ganz üblich, daß der so von dem Verbot betroffene Verfügungsschuldner zur Erlangung einer Verhandlungsposition mit dem Verfügungsgläubiger dessen Werbung daraufhin durchsieht, ob diese nicht irgend etwas wettbewerbsrechtlich Angreifbares enthält. Kann er diesem gegenüber ebenfalls eine einstweilige Verfügung erwirken, gibt dies – unterstellt, beide Verbote seien einigermaßen gleichgewichtig – eine gute **Ausgangsbasis für einen Vergleich**. Ist nun aber die Werbung des Konkurrenten schon älter, fehlt das Sicherungsinteresse für eine Gegen-eV, vgl. dazu auch II 1 Rdn. 39. Hier wird man auch nicht sagen können, daß sich durch das erste eV-Verbot des Konkurrenten die Wettbewerbslage verändert habe und die alte, lange Zeit nicht angegriffene, Werbung des Konkurrenten gewissermaßen in einem neuen Licht und erstmals als Verletzungsfall erscheint. Denn nicht die Wettbewerbslage aller oder einer Vielzahl der am Markt Beteiligten hat sich geändert, sondern lediglich das Interesse, in einer **bestimmten Prozeßlage strategische Positionen** zu erlangen. Durch früheres Nichtangreifen des Konkurrenten ist deutlich geworden, daß dessen Werbung im Grunde nicht als störend empfunden wird.

i) **Kennenmüssen nicht Kenntnis.** Die vorstehend behandelten Fristen beginnen **60**
stets mit der beim Verfügungsgläubiger vorhandenen Kenntnis des Wettbewerbsverstoßes des Verfügungsschuldners[117]. Denn das Sicherungsinteresse entfällt nur dann, wenn der Verfügungsgläubiger sich nicht hinreichend zügig um die mögliche Sicherung gegenüber dem Verfügungsschuldner gekümmert hat. **Der Kenntnis ist das Kennenmüssen vom Wettbewerbsverstoß des Konkurrenten nicht gleichgestellt**[118]. Der Unternehmer hat grundsätzlich keine Veranlassung, den Markt auf Wettbewerbsverstöße seiner Konkurrenten zu überwachen[119]. Solche Recherche-Tätigkeit ist nicht nur nicht gewinnorientiert, sondern kann sogar, wenn sie systematisch betrieben wird, sehr aufwendig sein. Stellt ohne eine solche Marktbeobachtung der Unternehmer einen Wettbewerbsverstoß fest, der ihm im Markt begegnet, kann ihm innerhalb seines Wettbewerbsverhältnisses zu seinem Konkurrenten, um welches es im zivilrechtlichen Unterlassungsverfahren ausschließlich geht, aus seiner **mangelnden Marktbeobachtung kein Vorwurf** gemacht werden[120] in dem Sinne, daß ihm nunmehr sein Sicherungsinteresse gegen dieses Wettbewerbsverhalten abgesprochen wird[121]. Eine ganz andere Frage ist, ob dem Verfügungsgläubiger seine **mangelnde Kenntnis geglaubt** wird, wenn es sich um ein Wettbewerbsverhalten handelt, welches für **jedermann offenkundig** seit langer Zeit

---

[117] Dabei kommt es auf die zuverlässige Kenntnis aller Umstände an, die für ein erfolgreiches Vorgehen maßgeblich sind, d. h. auch aller tatsächlichen Umstände, die die Wettbewerbswidrigkeit begründen, vgl. OLG München WRP 1984, 644; OLG Hamburg WRP 1986, 290; GRUR 1987, 899.

[118] Vgl. OLG Frankfurt WRP 1977, 804; WRP 1985, 83; WRP 1986, 396; OLG Hamm WRP 1981, 473; GRUR 1988, 717; OLG Koblenz Entsch. v. 6. 8. 1980 und 26. 11. 1981, zit. bei *Traub* S. 238; OLG München WRP 1983, 643; KG WRP 1984, 478; WRP 1986, 290; OLG Düsseldorf WRP 1985, 266; OLG Stuttgart WRP 1986, 177; *Klaka* GRUR 1979, 593, 596; *Piehler* S. 53. A.A. *v. Gamm* WRP 1968, 312, 313 f; vgl. auch OLG Köln WRP 1979, 392. Wenn man aber das „Kennenmüssen" für „eV-schädlich" hält, muß die Frist bis zum Ende der Dringlichkeitsvermutung wohl etwas länger bemessen sein als bei Kenntnis, so zutreffend *Klaka* GRUR 1979, 593, 596; differenzierend *Teplitzky*[6] Kap. 54 Rdn. 28 f.

[119] Vgl. *Teplitzky*[6] Kap. 54 Rdn. 29; *Baumbach/Hefermehl* § 25 Rdn. 12; das gilt auch für Verbraucherschutzvereine, vgl. OLG Köln WRP 1980, 502.

[120] Vgl. *Melullis* Rdn. 86; einschränkend *Teplitzky* aaO Rdn. 28 f.

[121] So aber OLG Koblenz WRP 1973, 484; *v. Gamm* WRP 1968, 312, 313.

stattfindet[122]. Dabei kommt es **nicht** auf die **Kenntnis des Inhabers, Geschäftsführers, Vorstands** etc. an sondern auf die Kenntnis eines **jeden Sachbearbeiters,** von dem man nach seiner Funktion erwarten darf, daß er eine gewisse Wettbewerbsrelevanz des Verhaltens der Konkurrenz erkennen und seine Kenntnis auch an diejenigen Personen seines Unternehmens weitergeben kann, die zu Entscheidungen über das Einleiten entsprechender Reaktionen befugt sind[123, 124].

61 k) **Endfrist.** Im Vorstehenden ist stets davon ausgegangen worden, daß die „Frist" für das Sicherungs-Rechtsschutzinteresse ab Kenntnisnahme vom Verletzungsfall zu berechnen sei. Es wird mit Recht die Frage diskutiert, ob es nicht auch irgendwelche Fristen gibt, ab deren Ablauf der am Wettbewerb beteiligte Unternehmer eine gewisse Sicherheit im Sinne eines „Quasi-Verwirkungseinwandes" gegen jedermann erlangen kann, daß er wegen seines **gleichbleibenden Wettbewerbsverhaltens nicht mehr mit einer einstweiligen Verfügung überzogen** werden kann. Kann also jeder Unternehmer, der neu auf dem fraglichen Marktsegment als Wettbewerber erscheint, oder auch jeder neue Wettbewerbsverein, der sich etabliert, neu „Kenntnis nehmen" und also dann mit einer einstweiligen Verfügung gegen langanhaltend betriebenes Wettbewerbsverhalten vorgehen, weil für ihn die Frist für das Sicherungs-Rechtsschutzinteresse neu zu laufen beginnt[125]? Man wird die Frage letztlich[126] verneinen müssen; es ist vielmehr anzunehmen, daß regelmäßig ab einem gewissen Zeitraum gleichbleibendes Wettbewerbsverhalten von niemandem mehr mit einer einstweiligen Verfügung angegriffen werden kann[127] – vorausgesetzt, daß das **Wettbewerbsverhalten nicht** so **versteckt** betrieben wurde, daß davon Wettbewerber nur mit äußerster Mühe Kenntnis erlangen können, und daß nicht eine Konstellation, wie oben unter h. 3) Rdn. 59 behandelt, vorliegt[128]. Diese Frist dürfte mit etwa 2 bis 3 Jahren angemessen angenommen sein[129];

---

122 Vgl. OLG Köln WRP 1977, 660; WRP 1979, 392; OLG Düsseldorf WRP 1985, 266; *Klaka* GRUR 1979, 593, 596f; *Baumbach/Hefermehl* § 25 Rdn. 12. Ähnlich *Teplitzky*[6] Kap. 54 Rdn. 29, der aus einem bewußten Desinteresse gegenüber Wettbewerbsverstößen ein Indiz für mangelnde Dringlichkeit ableitet. Die Glaubhaftmachungslast kann sich bei längerer offenkundiger Wettbewerbsverletzung des Verfügungsschuldners zu Lasten des Verfügungsgläubigers umdrehen mit der Folge, daß der Verfügungsgläubiger dann in aller Regel mit seinem eV-Antrag zurückgewiesen wird, weil man eigene Unkenntnis über Tatsachen schwer glaubhaft machen kann, vgl. OLG Hamm Entsch. v. 28. 9. 1984, zit. bei *Traub* S. 186.

123 Vgl. KG WRP 1984, 478, und Entsch. v. 30. 5. 1986, zit. bei *Traub* S. 25; OLG Frankfurt WRP 1984, 692.

124 Zur anrechenbaren Kenntnis des Informanten eines Wettbewerbsverbandes bei einem eV-Antrag des Letzteren vgl. OLG Hamburg WRP 1987, 682; OLG München WRP 1990, 719; OLG Hamm WRP 1990, 786; OLG Frankfurt GRUR 1989, 375; GRUR 1991, 471 gegen die gegenteilige frühere Annahme desselben Gerichts in WRP 1985, 271; vgl. auch *Melullis* Rdn. 82.

125 Vgl. dazu OLG Hamburg GRUR 1977, 161; *Melullis* Rdn. 82 und 86a; *Baumbach/Hefermehl* § 25 Rdn. 13.

126 Für eine gewisse Übergangsfrist von etwa 2 bis 3 Jahren ist dagegen bei der Interessenabwägung von einem stets stärker werdenden Interesse des Verfügungsschuldners auszugehen, welches der Verfügungsgläubiger umso eher kompensieren kann, je stärker der Wettbewerbsverstoß des Verfügungsschuldners ist.

127 Vgl. OLG Koblenz WRP 1985, 578; a.A. OLG München WRP 1981, 340 (auch ein über 30 Jahre andauerndes wettbewerbswidriges Verhalten durch ein und denselben Werbeslogan widerlegt die Dringlichkeitsvermutung gemäß § 25 nicht).

128 Ist das Wettbewerbsverhalten erst zwischenzeitlich durch veränderte Umstände rechtswidrig geworden, gilt natürlich nur der Zeitraum, ab dem die Rechtswidrigkeit eingetreten ist, vgl. OLG Hamburg WRP 1986, 107. Dasselbe gilt, wenn die Wettbewerbswidrigkeit zwar vorlag, für Außenstehende aber gar nicht erkennbar war (z. B. bei irreführender Werbung über Betriebsinterna), vgl. KG Urt. v. 3. 11. 1981, zit. bei *Traub* S. 25; verfehlt erscheint demgegenüber die Auffassung des OLG Frankfurt WRP 1984, 284, wonach die Dringlichkeit auch dann fehlen soll, wenn eine ursprünglich wahre Alleinstellungsbehauptung nachträglich unwahr wird und der Verfügungsgläubiger mit Recht meint, eine gewisse Zeit lang die Marktentwicklung im Hinblick auf die Alleinstellung abwarten zu müssen, ehe er einen Unterlassungsanspruch geltend machen kann.

129 LG Hamburg WRP 1979, 824: 5 Jahre.

dies entspricht etwa dem Zeitraum, ab welchem unter Umständen auch die Verwirkungseinrede im Hauptklageprozeß schon relevant sein kann[130]. Würde man eine solche Endfrist für Vorgehen im Wege der eV dagegen ablehnen, hätte dies die Konsequenz, daß ein Wettbewerber, der selbst wegen früherer Kenntnis vom Wettbewerbsverhalten seines Konkurrenten keine einstweilige Verfügung mehr erwirken kann, einen Verbraucherschutzverband einschalten würde, der regelmäßig keine eigenen Marktbeobachtungen vornimmt. Dieser könnte mit Überzeugungskraft glaubhaft machen, er habe erst jetzt – nämlich durch seinen nicht-genannten Informanten – Kenntnis erlangt. Damit würden die Verbraucherschutzverbände noch mehr, als dies ohnehin schon ihre Funktion ist, in die Funktion eines „Staatsanwalt-Ersatzes" hineinwachsen[131].

l) **Fristvereinbarung unter den Parteien.** Es fragt sich, ob die vorstehend behandelten **Fristen,** die für das Sicherungsinteresse des Verfügungsgläubigers am eV-Verfahren relevant sind, Gegenstand von **Parteivereinbarungen** sein können. Kann also ein als angeblich Verletzter in Anspruch Genommener sich verpflichten, in einem etwaigen späteren eV-Verfahren das Sicherungsinteresse des späteren Verfügungsgläubigers, mit dem er jetzt noch verhandeln möchte, nicht zu bestreiten? Und ist das Gericht dann daran gebunden? **Grundsätzlich** sind **Vereinbarungen über** von Amts wegen zu prüfende **Prozeßvoraussetzungen** für das Gericht **unverbindlich.** Und im Grundsatz handelt es sich bei dem hier in Rede stehenden Sicherungsinteresse an einer wettbewerbsrechtlichen eV gemäß § 25 nach den obigen Ausführungen B II 1 Rdn. 38 um eine solche Prozeßvoraussetzung. Allerdings ist sie nicht in dem Sinne schroff und unflexibel, als daß nicht im Einzelfall im Rahmen der Interessenabwägung und des richterlichen Ermessens, vgl. A III Rdn. 16, auf diese Prozeßvoraussetzung verzichtet werden kann. Wird berücksichtigt, daß nach ZPO schon „normale" einstweilige Verfügungen erlassen werden können, auch wenn kein Verfügungsgrund vorliegt oder glaubhaft gemacht ist (§ 921 Abs. 2 ZPO), kann es die richterliche Freiheit im Rahmen des § 25 erlauben, daß das Gericht dem Verfügungsschuldner nicht mehr Schutz angedeihen läßt als er selbst – wie in der „Dringlichkeitsvereinbarung" zum Ausdruck gebracht – verlangt[132]. Allerdings ist nicht bereits in jeder Korrespondenz zwischen den Parteien über eine vorgerichtliche Abmahnung eine „Stillhaltevereinbarung" und damit eine 62

130 Vgl. BGH GRUR 1989, 449 – Maritim mwN; *Baumbach/Hefermehl* Einl. UWG Rdn. 428 ff, 433.

131 Mit Recht ist die Rechtsprechung bei eV-Anträgen eines Wettbewerbsverbandes, bei dem der Eindruck entsteht, er sei von einem Informanten, der selbst keinen eV-Antrag mehr stellen kann, vorgeschoben, besonders streng beim Überprüfen des eV-Sicherungsinteresses, vgl. OLG Hamburg WRP 1987, 682; OLG Frankfurt GRUR 1991, 471; *Melullis* Rdn. 82; zur Behandlung solcher Fälle als mißbräuchlich iS des § 13 Abs. 5 vgl. *Erdmann* in diesem Kommentar § 13 Rdn. 139; *Baumbach/Hefermehl* § 13 Rdn. 54 a und *Teplitzky*[6] Kap. 13 Rdn. 62.

132 So wohl auch KG WRP 1980, 502; *Baumbach/Hefermehl* § 25 Rdn. 13. Es erschiene nicht sinnvoll, wenn man z. B. im Rahmen einer eV-Verhandlung eine Vereinbarung in Form eines Zwischenvergleiches, wonach der Verfügungsschuldner die Aufgabe seiner angegriffenen Wettbewerbshandlung ankündigt, jedoch keine förmliche und schon gar nicht eine strafbewehrte Unterlassungsverpflichtungserklärung abgeben möchte, verhindern müßte, weil später für den Fall einer Fortsetzung dieser Wettbewerbsmaßnahme für eine neue eV das Sicherungsinteresse fehlen sollte. Auch das Gericht kann an der Unterbindung einer solchen Fristen-Vereinbarung – wenn später ein Verstoß gegen die (unverbindliche) Erklärung wider Erwarten stattfindet, kann mit eV vorgegangen werden – kein Interesse haben, weil es sonst im anhängigen Verfahren ein Urteil erlassen müßte, obwohl sich der Verfügungsschuldner aller Wahrscheinlichkeit nach an die Erklärung halten wird. Wenn schon der Gläubiger sich mit einem Verzicht auf ein Urteil einverstanden erklärt – was voraussetzt, daß er an die Einhaltung der Erklärung des Verfügungsschuldners glaubt und bei einem wider Erwarten stattfindenden Verstoß erneut mit einem eV-Antrag reagieren kann –, sollte das Gericht einer solchen vernünftig erscheinenden Lösung des (ersten) eV-Verfahrens nicht im Wege stehen, nur weil in dem denkbaren späteren Verfahren die „Dringlichkeit" als Prozeßvoraussetzung in Frage stehen könnte.

Aufhebung der „Dringlichkeitsfrist" enthalten. Die Abgrenzung zu der „Abmahnungskorrespondenz", die zwar die „Dringlichkeitsfrist" beeinflußt, vgl. b Rdn. 46, sie aber nicht gleichzeitig aussetzt, ist fließend.

63 m) **Glaubhaftmachung.** Ist zwischen den Parteien streitig, ob das Rechtsschutzinteresse des Verfügungsgläubigers für die Sicherungs-eV gegeben ist, hat der **Verfügungsgläubiger** die **Glaubhaftmachungslast für seine Kenntniserlangung**[133], bzw. dafür, daß er **trotz längeren Zuwartens noch ein Sicherungsinteresse** habe[134]; der **Verfügungsschuldner** dagegen die Glaubhaftmachungslast für alle Umstände, die eine **abweichende Beurteilung von der üblichen Fristberechnung** hinsichtlich des Sicherungsinteresses im Sinne ihrer **Verkürzung** rechtfertigen sollen.

III. Verfügungsanspruch

1. Begründetheit des Unterlassungsanspruchs

64 § 25 läßt einstweilige Verfügungen zur Sicherung von wettbewerbsrechtlichen Unterlassungsansprüchen zu. Die Vorschrift geht damit davon aus, daß eine einstweilige Verfügung nur dann in Betracht kommt, wenn das Gericht den **zu sichernden Unterlassungsanspruch für begründet** hält[135]. Das Gericht ist nicht gehalten, eine strenge Prüfungsreihenfolge in dem Sinne einzuhalten, daß es zunächst den „Verfügungsgrund", also das eV-Sicherungs-Rechtsschutzinteresse, prüft (im Sinne der Zulässigkeit der eV) und erst dann sich dem Verfügungsanspruch zuwendet. Dies ist zwar die übliche und in der Regel auch gebotene Reihenfolge. Ergibt sich aber, daß der geltend gemachte Unterlassungsanspruch leicht begründbar nicht durchgreift, kann das Gericht die eV zurückweisen, ohne sich mit möglicherweise schwierigen Fragen des Sicherungsinteresses beschäftigen zu müssen[136].

2. Glaubhaftmachung

65 **Grundsatz:** Ist im eV-Verfahren der Sachverhalt streitig[137] – das betrifft primär den materiellrechtlichen Anspruch, kann aber auch die Prozeßvoraussetzungen, also

---

[133] A.A. *Baumbach/Hefermehl* § 25 Rdn. 13: Kenntnis des Verfügungsgläubigers hat der Verletzer glaubhaft zu machen; vgl. auch OLG München Entsch. v. 18. 1. 1990, zit. bei *Traub* S. 315.

[134] Vgl. *Teplitzky*[6] Kap. 54 Rdn. 36; *Klaka* GRUR 1979, 593, 599.

[135] Allgemeine Meinung: vgl. z. B. *Baumbach/Hefermehl* § 25 Rdn. 6. A.A. nur *Leipold* S. 138, der eV'en auch dann für geboten hält, wenn nur die Möglichkeit eines Unterlassungsanspruches dargetan ist und die Interessenlage den Erlaß einer einstweiligen Verfügung rechtfertigt (interessengerechte Zwischenregelung); allerdings ist *Leipold* prinzipiell ein vehementer Gegner derjenigen Auslegung des § 25, die die eV'en quasi als Regel-Verfahren des wettbewerblichen Unterlassungsanspruches ansieht, S. 136 ff, so daß die von ihm angeregte Erleichterung der Durchsetzung des Verfügungsanspruches nach Interessen-Abwägung ohne Rücksicht auf die Begründetheit des Anspruches keineswegs zu einer Vermehrung von eV'en nach § 25 führen würde. Die Auffassung *Leipold*'s hat keine Befürworter gefunden; vgl. jedoch neuerdings, offenbar bei schwierigen Fällen in diese Richtung tendierend, *Melullis* Rdn. 107.

[136] Vgl. OLG Stuttgart WRP 1981, 668; OLG Saarbrücken WRP 1987, 571; OLG Koblenz Entsch. v. 11. 3. 1982 und 17. 2. 1983, zit. bei *Traub* S. 238; *Teplitzky*[6] Kap. 54 Rdn. 15; *Stein/Jonas/Grunsky* § 917 ZPO Rdn. 2; *Drettmann* GRUR 1979, 602, 603. Da abweisende eV'en keine Rechtskraftwirkung in dem Sinne haben, daß damit etwa verbindlich unter den Parteien geklärt wäre, daß der vom Verfügungsgläubiger geltend gemachte Anspruch nicht besteht – es geht schließlich bei der eV nur um die Sicherung, nicht aber um die endgültige Klärung der Ansprüche –, und da das eV-Urteil auch hinsichtlich der Entscheidung über das Sicherungsinteresse (Verfügungsgrund) keine Bindungswirkung im Rahmen des § 945 ZPO hat, vgl. G I 2 c Rdn. 323, bleibt es letztlich auch gleichgültig, ob die eV mangels Sicherungsinteresse als unzulässig oder im Tenor ohne eine entsprechende Qualifikation – also: einfach nur – zurückgewiesen wird.

[137] Was offenkundig ist oder wofür die Lebenserfahrung oder ein Anscheinsbeweis spricht, bedarf keiner Glaubhaftmachung, vgl. OLG Köln WRP 1977, 660; OLG Koblenz WRP 1986, 301; *Teplitzky*[6] Kap. 54 Rdn. 47 f; *Melullis* Rdn. 100.

insbesondere das eV-Sicherungsinteresse[138] betreffen –, und will das Gericht, statt einen eV-Antrag möglicherweise bereits wegen mangelnder Glaubhaftmachung seitens des Verfügungsgläubigers zurückzuweisen, vgl. nachfolgend a Rdn. 66, über die streitigen Punkte Beweis erheben, so geschieht dies in der Form der **Glaubhaftmachung,** §§ 936, 920, 294 ZPO[139]. Das bedeutet, daß im Gegensatz zu der nach wie vor bei den meisten Landgerichten trotz § 278 ZPO bestehenden Üblichkeit im Hauptverfahren hier neben einem Verhandlungstermin **kein gesonderter Beweisaufnahme-Termin** stattfindet, § 294 Abs. 2 ZPO, vgl. unten C II 2 Rdn. 97 ff. Neben den sonstigen Beweismitteln, die die ZPO zuläßt, kann der Beweisführer „auch zur **Versicherung an Eides Statt** zugelassen werden", § 294 Abs. 1 ZPO. Nach dem Wortlaut der Vorschrift entsteht der Eindruck, daß danach nur der Beweisführer selbst eine eidesstattliche Versicherung vorlegen kann, im übrigen aber auf „normale" Beweisführung, insbesondere also Zeugeneinvernahme, daneben aber auch z. B. Sachverständigengutachten und Augenscheinseinnahme, angewiesen ist. Dazu müßten alle vorgesehenen Beweismittel zum Gericht zum Termin mitgebracht werden, um eine „sofort" (§ 294 Abs. 2 ZPO) durchzuführende Beweisaufnahme zu ermöglichen. Das würde bedeuten, daß bei streitigem Sachverhalt das Gericht stets mündliche Verhandlung anberaumen müßte und also nie im Beschlußwege ohne mündliche Verhandlung entscheiden könnte. In der Praxis hat sich indessen das Verständnis des § 294 ZPO durchgesetzt und bewährt[140], daß auch von den Zeugen eidesstattliche Versicherungen[141] und von den von der Partei vorgerichtlich etwa befragten Sachverständigen Gutachten vorgelegt werden können[142]. Für die Glaubhaftmachung ist es nicht notwendig, daß etwa ein Sachverständiger allgemein beeidigt ist (vgl. § 410 Abs. 2 ZPO) oder konkret auf sein vorgelegtes Gutachten bezogen erklärt, er habe dieses unparteiisch und nach bestem Wissen und Gewissen erstattet (vgl. § 410 Abs. 1 ZPO).

Speziell für die **einstweilige Verfügungs-Praxis in Wettbewerbssachen** sind folgende Probleme zu erörtern:

a) Zeitpunkt der Glaubhaftmachung. Der Verfügungsgläubiger hat mit der Antrags- **66**
schrift sämtliche Tatsachen, die für die wettbewerbsrechtliche Beurteilung relevant sind, vorzutragen. Soweit sich nicht aus dem vom Verfügungsgläubiger vorgetragenen Sachverhalt – etwa aus einem mit der Antragsschrift vorgetragenen Antwortschreiben

---

138 Vgl. *Teplitzky*[6] Kap. 54 Rdn. 42 und 43.

139 Entgegen dem Wortlaut des § 920 Abs. 2 ist im eigentlichen Sinne nicht der Anspruch glaubhaft zu machen, sondern die diesem zugrundeliegenden Tatsachen, vgl. *Borck* WRP 78, 776.

140 *Teplitzky*[6] Kap. 54 Rdn. 49 sowie JuS 81, 122, 125 und *Ahrens* S. 292, stehen den eidesstattlichen Versicherungen kritisch gegenüber. Gleichwohl ist die eidesstattliche Versicherung für das eV-Verfahren unentbehrlich und – wenn die nachfolgend unter c Rdn. 72 dargestellten Anforderungen beachtet werden – in vergleichbarer Weise wie eine Zeugenaussage glaubhaft und verwertbar; vgl. dazu auch *Melullis* Rdn. 98. Seitdem der Gesetzgeber mit der Änderung des § 377 ZPO durch das Rechtspflege-Vereinfachungsgesetz vom 17. 12. 1990 (BGBl. I 1990, 2847 ff) selbst für das ordentliche Verfahren die Möglichkeit eröffnet hat, die Zeugen in Form von schriftlichen Erklärungen zu vernehmen (in dieser Allgemeinheit erscheint dies bedenklich!), dürfte die Skepsis gegen eidesstattliche Versicherungen jedenfalls nicht mehr die Billigung des Gesetzgebers finden.

141 Grundsätzlich wird man einer eidesstattlichen Versicherung eines Zeugen mehr Gewicht beimessen als derjenigen einer Partei. Dieser Satz gilt aber nicht ausnahmslos, sondern auch hier sind die Einzelfallumstände entscheidend, so richtig OLG Köln WRP 1966, 416.

142 Wenn der den eV-Antrag stellende Anwalt aus eigener Kenntnis einen Sachverhalt versichert, geschieht dies in Form einer anwaltlichen Versicherung, die sogleich in den Antrag mit aufgenommen werden kann, vgl. OLG Köln GRUR 1986, 196, *Zöller/Stephan* § 294 ZPO Rdn. 5; *Melullis* Rdn. 97; *Baumbach/Hefermehl* § 25 Rdn. 8. Es ist aber geboten, daß der Anwalt in seinem Schriftsatz die anwaltliche Versicherung von dem sonstigen Vortrag deutlich absetzt.

des Verfügungsschuldners, wie sehr häufig – ergibt, daß dieser unstreitig ist, sollte er die Tatsachen auch **sogleich** in der Antragsschrift durch entsprechende eidesstattliche Versicherungen, Gutachten, Urkunden – wie zum Beispiel die angegriffene Werbung – **glaubhaft** machen, um dem Gericht die Möglichkeit zu geben, auch ohne mündliche Verhandlung zu entscheiden, woran der Verfügungsgläubiger in aller Regel interessiert ist, vgl. C I Rdn. 81 ff. Deswegen wird in der Praxis sehr viel Glaubhaftmachungsmaterial bei Gericht vorgelegt, auf welches es letztlich nicht ankommt, weil die glaubhaftgemachten Tatsachen sich als unstreitig erweisen. Es erscheint zwar auch dogmatisch vertretbar, daß die Glaubhaftmachungsmittel – soweit es sich nicht um Urkunden handelt, § 420 ZPO, – zunächst nicht mit eingereicht werden, sondern deren Vorlage bzw. Anwesenheit für die mündliche Verhandlung angekündigt wird[143]. Das ist aber in der Praxis aus doppeltem Grund unüblich: einmal weil der Verfügungsgläubiger in aller Regel möglichst schnell, möglichst also ohne mündliche Verhandlung, die eV erwirken möchte und er deswegen dem Gericht die hinreichende Überzeugung, siehe dazu Rdn. 74, sogleich mit der Antragsschrift verschaffen sollte; zum anderen deswegen, weil das Risiko entsteht, daß das Gericht, wenn es den Unterlassungsanspruch schon nach dem eigenen Vortrag des Verfügungsgläubigers und den von ihm vorgelegten Beweismitteln nicht für hinreichend glaubhaft hält, gar nicht erst Termin anberaumt, sondern den eV-Antrag zurückweist – und zwar auch dann, wenn etwa der Verfügungsgläubiger selbst mündliche Verhandlung beantragt haben sollte. Denn an einen solchen Antrag ist das Gericht nicht gebunden, vgl. Rdn. 90 und 92. Sinnvoll kann dieses Verfahren, mit der Vorlage **ergänzender Glaubhaftmachungsmittel** bis zur – möglicherweise sogleich in der Antragsschrift zu beantragenden – mündlichen Verhandlung zuzuwarten, allerdings dann sein, wenn der Verfügungsgläubiger bei einem erkennbar streitigen Sachverhalt, bei dem es für die wettbewerbsrechtliche Beurteilung auf Nuancen der Einzelfallumstände ankommt – z. B. mündliche Abwerbung, mündliche vergleichende Werbung in bestimmten Wettbewerbssituationen –, den Verfügungsschuldner jedenfalls für die erste Instanz überraschen und für die mündliche Verhandlung im Unklaren lassen will, welche ergänzenden Beweismittel er in der mündlichen Verhandlung präsentieren wird. Reicht nämlich der Verfügungsgläubiger z. B. schon sämtliche eidesstattlichen Versicherungen seiner Zeugen mit der Antragsschrift ein, kann der Verfügungsschuldner mit seinen Beweismitteln auf die schon in der Akte befindliche Glaubhaftmachung des Verfügungsgläubigers für die mündliche Verhandlung, die vor der Entscheidung des Gerichts über den Antrag stattfindet oder die der Verfügungsschuldner nach einer Beschlußverfügung durch Widerspruch gemäß § 924 ZPO recht schnell herbeiführen kann, besser reagieren, als wenn die Glaubhaftmachung des Verfügungsgläubigers erst in der mündlichen Verhandlung komplettiert wird. Das theoretische Risiko, daß das Gericht etwa eine nachträglich vorgebrachte Glaubhaftmachung als rechtsmißbräuchlich zurückweist[144], erweist sich in der Praxis als gering: Eher wird das Gericht in aller Regel – gegebenenfalls durch kurze Unterbrechung der mündlichen Verhandlung, vgl. Rdn. 97 – dem Gegner Gelegenheit zur Stellungnahme

[143] Es erscheint zwar zulässig, daß das Gericht zum Termin Zeugen, die in der Antragsschrift genannt sind, zur mündlichen Verhandlung lädt, vgl. *Teplitzky*[6] Kap. 54 Rdn. 49; und es würde zur Wahrheitsfindung auch in eV-Verfahren sicherlich beitragen, wenn die Gerichte mehr Zeugen vernehmen würden und gegebenenfalls auch zum Termin laden würden, als es in der Praxis bisher geschieht. Gleichwohl kann aber als überwiegende Praxis in Wettbewerbs-eV-Verfahren festgestellt werden, daß die Gerichte davon ausgehen, die Parteien würden von den von ihnen genannten Zeugen eidesstattliche Versicherungen zum Verhandlungstermin mitbringen oder die Zeugen selbst sistieren.

[144] Vgl. *Teplitzky*[6] Kap. 55 Rdn. 19 mN.

geben als der die Glaubhaftmachungsmittel nachreichenden Partei Rechtsmißbrauch vorzuwerfen. Dem Hinweis dieser Partei, sie habe nicht wissen können, wie der Gegner auf ihren primären Vortrag reagiert, wird das Gericht in aller Regel nur schwer entgegentreten können.

b) **Gegenstand der Glaubhaftmachung. Werbemittel** des Verfügungsschuldners, um die gestritten wird, sollten zur besseren Beurteilung des Gerichts im **Original** vorgelegt werden. Notwendig ist dies aber nicht; es genügt, daß die Unterlagen in Kopie vorgelegt werden. Ob diese einzeln beglaubigt werden müssen oder ob das Gericht auch so glaubt, daß die eingereichte Kopie dem Original entspricht, hängt von der Marktkenntnis des Gerichts und dem Vertrauen ab, welches es dem Verfügungsgläubiger oder seinem Prozeßbevollmächtigten – möglicherweise aus früheren Verfahren – entgegenbringt. **67**

In welchem Maße es notwendig ist, das Wettbewerbsverhältnis der Parteien untereinander oder die sonstige **Aktivlegitimation** – z. B. bei Verbraucherschutz- oder Wettbewerbsverbänden die Satzung und deren tatsächliche Geltung im Vereinsleben – im einzelnen darzustellen, hängt davon ab, in welchem Maße das angerufene Gericht mit den wirtschaftlichen Verhältnissen und den Aktivitäten der Beteiligten vertraut ist. Im Zweifelsfall ist hier eher zuviel als zu wenig vorzutragen. **68**

Soweit zur wettbewerbsrechtlichen Beurteilung des angegriffenen Verhaltens das **wettbewerbliche Umfeld** relevant ist, also etwa eine Einbeziehung von Marktübersicht, Verkaufszahlen oder etwa Fernsehsendefolgen oder Rundfunkspots geboten ist, muß der Verfügungsgläubiger dem Gericht anhand der vorgelegten Anlagen die Möglichkeit geben, sich ein eigenes Bild zu machen. Es müssen also z. B. Videokassetten, Wettbewerbsprodukte, Tabellen von Marktbeobachtungsinstituten, Abschriften von Rundfunkspots etc. vorgelegt werden. Eidesstattliche Versicherungen des Verfügungsgläubigers oder von Mitarbeitern, die über die gegebenen **Marktverhältnisse** eine Bewertung abgeben, können zur Glaubhaftmachung ergänzend mit vorgelegt werden, genügen aber nicht, da sich das Gericht regelmäßig ein eigenes Bild machen muß, um anhand der vorgelegten Unterlagen deren Bewertung selbst vornehmen und daran gemessen die wettbewerbsrechtliche Zulässigkeit der angegriffenen Wettbewerbshandlung selbst beurteilen zu können. Denkbar ist auch, daß das Gericht eine Augenscheinseinnahme bei einem **Ortstermin** vornimmt, in welchem die eV-Verhandlung durchgeführt wird. Wenn es auf das Verständnis eines nicht transportablen Gegenstandes in einem nicht fotografierbaren Wettbewerbsumfeld ankommt (Beispiel: als Abwerbung verstehbares großes Werbeplakat in unmittelbarer örtlicher Nähe eines Konkurrenzgeschäftes), erscheint ein Ortstermin durchaus opportun, in der bisherigen Praxis der Wettbewerbsgerichte allerdings selten. **69**

Wenn es um Fragen wissenschaftlicher oder sonstiger **fachlicher Bewertung** geht, zu der das Gericht allein nicht in der Lage ist, sind sachverständige Beurteilungen vorzulegen[145], die sich natürlich nicht in der Darstellung eines Resümees beschränken sollten, sondern den Weg der Erkenntnis des Sachverständigen, möglicherweise seiner vorgenommenen Befunde, und die in der Literatur in der umstrittenen Frage vertretenen Auffassungen aufzuzeigen haben[146] – vergleiche z. B. § 3 HWG: Keine Werbung mit Aussagen, die nicht wissenschaftlich abgesichert sind. Das Gericht kann **Sachverstän-** **70**

---

[145] Vgl. OLG Köln LRE 1981, 118.

[146] Vgl. eingehend – auch zur Frage, inwieweit solche Gutachten als Parteivortrag oder als Beweismittel zu werten sind – *Krüger* WRP 1991, 68 f. Sollten beide Parteien insoweit divergierende Privatgutachten vorlegen, die für das Gericht vergleichbar glaubhaft oder nicht glaubhaft erscheinen, ist nach Beweislastregeln zu entscheiden.

dige auch **zum Verhandlungstermin** zur Anhörung **laden.** Auch von dieser Möglichkeit wird in der bisherigen Wettbewerbspraxis der Gerichte wenig Gebrauch gemacht.

71 Ist die Verkehrsgeltung oder auch nur erhöhte **Verkehrsbekanntheit** einer Kennzeichnung relevant – z. B. bei Fragen der vermeidbaren Herkunftstäuschung gemäß § 1 UWG oder bei Ansprüchen aus § 16 UWG –, oder ist das **Verständnis der beteiligten Verkehrskreise** von Bedeutung – z. B. bei der Ermittlung, wie im Rahmen des § 3 UWG ein nicht unbeachtlicher Teil des Verkehrs eine Werbeaussage versteht[147] –, sollte eine **Meinungsumfrage** eines anerkannten Meinungsforschungsinstitutes vorgelegt werden[148]. Damit kann dem Gericht am besten die Verkehrsauffassung oder die Verkehrsbekanntheit glaubhaft gemacht werden, die zur Begründetheit des Antrages führt[149 150]. Während üblicherweise in Hauptklageprozessen Meinungsumfragen unter Einbeziehung von etwa 2000 Personen des maßgeblichen Verkehrskreises vorgenommen werden, sollten für die Zwecke des eV-Verfahrens solche bei etwa 1000 Befragten, mindestens aber 500 genügen.

72 c) **Inhalt eidesstattlicher Versicherungen.** Bei eidesstattlichen Versicherungen, die dem Gericht zur Glaubhaftmachung vorgelegt werden[151], genügt es nicht, daß dem Gericht – wie es leider sehr häufig geschieht – ein Papier vorgelegt wird, in

---

[147] Keiner Glaubhaftmachung bedarf es, wenn sich aus dem dargelegten Sachverhalt die Irreführung nach eigenem richterlichen Verständnis ergibt, vgl. OLG Bremen WRP 1974, 340; OLG Frankfurt WRP 1976, 561; *Baumbach/Hefermehl* § 25 Rdn. 8.

[148] Vgl. z. B. KG WRP 1978, 373; OLG Frankfurt GRUR 1980, 179; OLG Hamburg WRP 1980, 272; OLG Koblenz WRP 1986, 301. Das bedeutet nicht, daß nicht auch durch andere Glaubhaftmachungsmittel eine Beweisführung über ein Verkehrsverständnis oder eine Verkehrsgeltung möglich ist, vgl. OLG Köln WRP 1983, 355.

[149] Die von *Melullis* Rdn. 99 dargestellten Bedenken gegen die übertrieben häufige Berücksichtigung von Meinungsforschungsgutachten in eV-Verfahren sind zwar beachtlich, erscheinen jedoch eher etwas übertrieben. In aller Regel hat das Gericht ohnehin eine gewisse Vorstellung von der Verkehrsauffassung und nutzt das vorgelegte Gutachten nur zur Stützung seiner Auffassung.

[150] Gehören die Richter nicht zu den angesprochenen Verkehrskreisen – z. B. Werbung ausschließlich gegenüber Fachkreisen –, könnte es die Entscheidung des BGH GRUR 1990, 607 – Meisterkaffee – nahelegen, daß die Vorlage eines Meinungsforschungsgutachtens ganz besonders geboten erscheint, wenn man nicht gegenüber einem hinsichtlich des Verkehrsverständnisses der beteiligten Verkehrskreise abweichenden Vortrag des Verfügungsschuldners auf eine einstweilige Verfügung mangels Glaubhaftmachung der eigenen Auffassung verzichten will. Es erscheint aber zweifelhaft, ob man den BGH aaO so zu verstehen hat, daß man bei einer Werbung, die sich an Fachkreise wendet, ohne die Glaubhaftmachung durch ein Meinungsforschungsgutachten schlechterdings nicht auskommt, vgl. *Teplitzky*, Die jüngste Rechtsprechung des Bundesgerichtshofs zum wettbewerblichen Anspruchs- und Verfahrensrecht, GRUR 1991, 709, 712. Eine solche Auffassung des BGH wird von den Instanzgerichten erfahrungsgemäß nicht mitgetragen: Erfahrungsgemäß haben die Fachkreise auch keine entscheidend andere Auffassung von einer Werbeaussage als die (eigentlich nicht angesprochenen) Richter, vgl. z. B. OLG Bremen Entsch. v. 15. 1. 1987, zit. bei *Traub* S. 59, sowie deutlich jetzt BGH GRUR 1992, 406 – Beschädigte Verpackung. Differieren in solchem Falle die Auffassungen der Richter zwischen den Instanzen, hat zwar die Auffassung des Obergerichts, weil es nun einmal das höhere ist, Vorrang, vgl. OLG Frankfurt WRP 1977, 804; jedoch fragt es sich dann doch, ob hinsichtlich einer Verkehrsauffassung eine hinreichende Glaubhaftmachung vorliegt.

[151] Die von *Teplitzky*[6] Kap. 54 Rdn. 49 und *Ahrens* S. 292 herausgestellte Skepsis gegenüber eidesstattlichen Versicherungen erscheint in ihrer Allgemeinheit ungerechtfertigt. Wenn die eidesstattlichen Versicherungen hinreichend ausführlich und deutlich sind, ist ihnen gegenüber keine größere Skepsis geboten als gegenüber Zeugenaussagen, denen man gelegentlich auch nur mit Vorsicht begegnen kann, aber ohne die das Gericht nicht auskommt. Vgl. dazu auch *Melullis* Rdn. 98 und oben Rdn. 65 Fn. 139. Im übrigen ist in aller Regel zu beachten, daß die (Wettbewerbs-)Gerichte Zeugenvernehmungen äußerst ungern durchführen und sich lieber mit eidesstattlichen Versicherungen begnügen. Nichts spricht dagegen, daß das Gericht auch diejenigen Zeugen, die eine eidesstattliche Versicherung abgegeben haben, noch einmal zur Absicherung des persönlichen Eindrucks vernimmt, vgl. OLG Karlsruhe bei *Traub*, Ziffer 3.9.4, S. 220. In der gerichtlichen Praxis ist dieses Verfahren aber bisher ungewöhnlich.

welchem z. B. der Verfügungsgläubiger selbst erklärt, er habe bei dem Diktat seines Rechtsanwalts dabeigesessen oder den Antragsschriftsatz gelesen, die darin enthaltenen Angaben seien richtig, und dieses versichere er an Eides Statt[152]. Es erscheint schon zweifelhaft, ob aus einer solchen lediglich global bezugnehmenden eidesstattlichen Versicherung eine Strafbarkeit gemäß § 156 StGB hergeleitet werden könnte, wenn einzelne Daten der Antragsschrift sich letztlich als falsch erweisen, weil sich allzuleicht der Versichernde als Angeklagter mit dem Argument wird herausreden können, er habe bei der Bezugsverbindung zwischen Schriftsatz und eidesstattlicher Versicherung die einzelnen Details und ihre Relevanz nicht recht verstanden. Jedenfalls zur Überzeugungsbildung des Gerichtes, welches über den eV-Antrag zu entscheiden hat, ist eine solche **pauschale eidesstattliche Versicherung ungeeignet**[153]: Es ist ein Unterschied, ob eine Person mit eigenen Worten einen Sachverhalt mit den dazugehörigen Tatumständen darstellt und diese Darstellung mit dem ausdrücklichen Hinweis bekräftigt, sie wisse um die Strafbarkeit einer falschen eidesstattlichen Versicherung; oder ob die Person lediglich lapidar auf ein anderes Schriftstück Bezug nimmt[154]. Nichts spricht allerdings dagegen, daß die eidesstattliche Versicherung mit dem Anwalt, der diese mit seiner Antragsschrift dem Gericht vorlegt, vorher erörtert wird. Entgegen gelegentlich zu beobachtenden Hinweisen von Richtern bestehen auch keine Bedenken dagegen, daß der Anwalt nach entsprechender Befragung und Aufklärung des Zeugen die eidesstattliche Versicherung in dessen Anwesenheit diktiert – auch nach dem anwaltlichen Standesrecht bestehen insoweit keine Bedenken – und der Zeuge oder der Verfügungsgläubiger sie danach unterschreibt und das vom Anwalt Diktierte zum Inhalt seiner eigenen eidesstattlichen Versicherung macht.

d) **Mittelbare Glaubhaftmachung.** In aller Regel lassen die Gerichte zu Recht **73**
mittelbare Glaubhaftmachung nicht genügen, also Erklärungen der Partei oder von Zeugen darüber, was Dritte bekundet haben. Diese Problematik tritt regelmäßig dann auf, wenn es um lediglich **mündliche Werbebekundungen des Verfügungsschuldners** bzw. derjenigen Personen geht, deren Aussagen dieser sich gemäß § 13 Abs. 4 UWG zurechnen lassen muß. Oft, z. B. bei Abwerbungsgesprächen oder bei Aussagen von Außendienstmitarbeitern bei Kunden, liegen keine Schriftstücke vor, sondern die als wettbewerbswidrig anzusehende Aussage fällt lediglich im persönlichen Gespräch. Der Verfügungsgläubiger erfährt von diesen Äußerungen über einen vom Verfügungsschuldner bzw. seinen Mitarbeitern angesprochenen **Dritten.** Kann der Verfügungsgläubiger von diesem Dritten eine eidesstattliche Versicherung vorlegen, die das Gespräch bzw. den Erklärungsgehalt, den er in Erinnerung behalten hat, genau darstellt, und erweist sich danach diese Aussage – beurteilt nach dem Empfängerhorizont – als wettbewerbsrechtlich unzulässig, kann darauf gestützt eine einstweilige Verfügung erlassen werden. Regelmäßig ist aber dieser angesprochene Dritte eine Person, die sowohl vom Verfügungsgläubiger als auch vom Verfügungsschuldner umworben wird. Solche Personen sind regelmäßig nicht bereit, sich in den Streit zweier Wettbewerber mit einer

---

[152] In gleicher Weise zu Recht weist *Melullis* Rdn. 98 darauf hin, es sei bedenklich, wenn wortgleiche Erklärungen von mehreren Personen als eidesstattliche Versicherung eingereicht werden; vgl. auch OLG Frankfurt WRP 1984, 281: Bedenken gegen eidesstattliche Versicherungen auf vorbereiteten Formularen, die die Zeugen lediglich an einigen Stellen auszufüllen und dann zu unterschreiben haben.

[153] Vgl. auch OLG Köln WRP 1982, 364: Eine eidesstattliche Versicherung, die so unbestimmt ist, daß eine Widerlegung mangels Tatsachensubstanz praktisch unmöglich ist, ist wertlos.

[154] Nach BGH NJW 1988, 2045 und OLG Köln MDR 1986, 152 ist eine derart pauschale Versicherung zumindest dann wertlos, wenn der Schriftsatz auch rechtliche Schlußfolgerungen enthält. So auch *Melullis* Rdn. 98.

eidesstattlichen Versicherung hineinziehen zu lassen[155]. Der Versuch, die mangelnde schriftliche Bekundung des Dritten durch eine eidesstattliche Versicherung dessen zu ersetzen, dem der Dritte von dem Gespräch mit dem Verfügungsschuldner bzw. dessen Beauftragten berichtet hat, muß in aller Regel scheitern[156]. Hier ist nämlich nicht mehr hinreichend sicher, ob der Dritte, auf dessen Verständnis es ankommt, von demjenigen, der schließlich die eidesstattliche Versicherung abgibt, richtig verstanden oder gar seinerseits bei der Darstellung dessen, was er aus dem Gespräch mit dem Verfügungsschuldner bzw. dessen Beauftragten verstanden hat, beeinflußt worden ist. In solchen Situationen muß der Verfügungsgläubiger, um den Verfügungsschuldner „überführen" zu können, eine Person seines Vertrauens inkognito in den Kreis der vom Verfügungsschuldner Angesprochenen einschleusen und von diesem dann eine eidesstattliche Versicherung über Bekundungen des Verfügungsschuldners bzw. dessen Beauftragten vorlegen. Auch bei der Bewertung einer solchen eidesstattlichen Versicherung eines **agent provocateur** ist aber eine gewisse Vorsicht geboten, weil dieser dazu neigen wird, dem Verfügungsschuldner bzw. dessen Beauftragten provozierende Fragen zu stellen, wodurch dessen Bekundungen wettbewerbsrechtlich in einem anderen Licht erscheinen können als Aussagen, die unprovoziert gegenüber Kunden oder sonstigen Dritten gemacht werden.

74 e) **Grad der Überzeugungsbildung.** Anhand sämtlicher vorgelegten Unterlagen muß sich das Gericht entscheiden, ob es die Tatsachen als glaubhaft gemacht ansieht, die ein Verbot der angegriffenen Wettbewerbshandlung rechtfertigen. Das **Maß der Überzeugung** über die relevanten Tatsachen, welches das Gericht gewinnen muß, ist **bei der Glaubhaftmachung geringer als beim Vollbeweis**[157]. Das bedeutet aber nicht, daß etwa das Gericht nur die Auffassung gewinnen muß, der Tatsachenvortrag des Verfügungsgläubigers sei plausibel und glaubwürdig, es könne aber auch anders sein[158]. Es muß vielmehr für das Gericht nach Würdigung des vorgelegten Glaubhaftmachungsmittel **überwiegend wahrscheinlich** sein, daß derjenige streitige Vortrag, den das Gericht bei seiner Entscheidung für die Rechtsfolge zugrunde legt, zutreffend ist[159]. Dieses etwas geringere Maß der Überzeugungsbildung als beim Vollbeweis ist aber in der Praxis nicht sehr erheblich: Nach aller Erfahrung sind die Fälle außerordentlich selten, bei denen in einem späteren Hauptklageverfahren aufgrund einer durch ausführliche Beweisaufnahme gewonnenen Überzeugung des Gerichts ein anderes Ergebnis erzielt wird als im vorangegangenen Verfügungsverfahren[160]. In der Praxis erweist sich damit die Glaubhaftmachung als ein Überzeugungsmittel, welches nahezu gleichwertig an die Stelle des Vollbeweises tritt, allerdings eine schnellere Überzeugungsbildung des Gerichts verlangt.

75 f) **„Glaubhaftmachung" der rechtlichen Beurteilung?** Die Aussage des gemäß § 936 ZPO anwendbaren § 920 Abs. 2 ZPO, der Anspruch sei glaubhaft zu machen, darf nicht dazu verleiten anzunehmen, das Gericht müsse sich keine **sichere Überzeugung**

---

155 Vgl. *Hirtz* NJW 1986, 110, 112.

156 Undeutlich insoweit *Baumbach/Hefermehl* § 25 Rdn. 14. Jedenfalls wäre es verfehlt, einem wenn auch späteren eV-Antrag mit ordentlichen eidesstattlichen Versicherungen von Zeugen mit dem Hinweis zu begegnen, der Verfügungsgläubiger hätte schließlich früher mit einer eigenen mittelbaren Glaubhaftmachung eine eV beantragen können, jetzt sei daher Dringlichkeit nicht mehr gegeben, so aber KG WRP 1980, 491.

157 Vgl. *Stein/Jonas/Grunsky* § 920 ZPO Rdn. 14; *Baumbach/Hefermehl* § 25 Rdn. 8; *Hirtz* NJW 1986, 110, 111; *Ulrich* GRUR 1985, 201, 207; *Borck* WRP 1978, 776.

158 Vgl. *Borck* WRP 1978, 776 f; besonders eindrucksvoll sein Rechenbeispiel auf S. 778 bei einem mehrgliedrigen Tatbestand.

159 BGH VersR 1976, 928; *Melullis* Rdn. 107; *Zöller/Vollkommer* § 921 ZPO Rdn. 8; *Zöller/Stephan* § 294 ZPO Rdn. 1 u. 6.

160 Vgl. *Borck* WRP 1978, 776, 778.

über die Rechtsfrage verschaffen, ob der vom Gericht aufgrund Glaubhaftmachung angenommene oder unstreitige Sachverhalt das Verbot der eV rechtfertigt. Es ist nämlich nicht „der Anspruch glaubhaft" zu machen, also das Recht, von einem anderen ein Tun oder Unterlassen zu verlangen (Definition des § 195 BGB), sondern die **Tatsachen,** die eine Rechtsfolge nach sich ziehen[161], z. B. ein Verkehrsverständnis oder tatsächlich im Geschäftsverkehr vorgekommene Verwechslungen, die als Indiz gelten[162], aus der das Gericht auf eine Verwechslungsgefahr schließen kann. Bei der Prüfung der **rechtlichen Beurteilung** darf also das Gericht **nicht summarisch** vorgehen, sondern muß in gleicher Weise gründlich die Rechtsfolge prüfen wie im Hauptklageverfahren[163]. Falls das Gericht sich hier in der im eV-Verfahren zur Verfügung stehenden Zeit keine eindeutige Meinung über die wettbewerbsrechtliche Beurteilung des feststehenden oder als glaubhaft gemacht angesehenen Sachverhaltes bilden kann, darf es den geltend gemachten Unterlassungsanspruch, um dessen Sicherung es geht, nicht als bestehend ansehen. Allerdings ist – soweit ersichtlich – noch keine wettbewerbsrechtliche Entscheidung bekannt geworden, in der ein Gericht in einem eV-Verfahren etwa die Auffassung vertreten hätte, die wettbewerbsrechtliche Beurteilung sei so schwierig und die notwendige Abwägung müsse so eingehend erörtert werden, daß das Gericht in der Kürze der für ein eV-Verfahren zur Verfügung stehenden Zeit sich nicht habe entscheiden können. Wenn derartige Schwierigkeiten in der Entscheidungsfindung bestehen, kommt das jedenfalls in den Entscheidungsgründen eines eV-Urteils nicht zum Ausdruck. Gelegentlich liest man allerdings in Urteilen, die Sache **eigne sich nicht für das eV-Verfahren**[164]. Dies ist **keine zutreffende Begründung:** Entweder ist der Anspruch glaubhaft gemacht, dann ist die eV auch zu erlassen; oder er ist es nicht, dann ist die eV deswegen abzulehnen[165]. Eine Hilfe bietet dem Gericht bei schwieriger Entscheidung § 921 Abs. 2 ZPO: Das Gericht kann eine Sicherheitsleistung vor der Vollziehung der einstweiligen Verfügung anordnen, siehe C III 3 Rdn. 105 ff.

g) **Glaubhaftmachungslast.** Fraglich ist, ob der Verfügungsgläubiger auch diejenigen **76**
Tatsachen glaubhaft machen muß, bei denen in einem Hauptklageverfahren nicht der Kläger, sondern der Beklagte die Beweislast hätte[166].

g. 1) **Anspruchsbegründende Tatsachen.** Grundsätzlich trägt jede Partei für diejeni- **77**
gen Tatsachen, die vorliegen müssen, damit sich die beantragte Rechtsfolge ergibt, die Darlegungs-, Beweis- und folglich auch Glaubhaftmachungslast[167]. Die Rechtsprechung hat im wettbewerbsrechtlichen Bereich häufig dann eine Beweiserleichterung für denjenigen Wettbewerber oder sonst Aktivlegitimierten angenommen, der gegen Werbeaussagen vorgehen will, die Vorgänge betreffen, welche im betriebsinternen Bereich des angegriffenen Unternehmens liegen. Da diese folglich von diesem allein oder jedenfalls leichter als von jedem anderen dargelegt und bewiesen werden können, und es ihm auch zuzumuten ist, diese dem Gericht vorzutragen, obliegt es nach Treu und Glauben

---

161 Vgl. *Melullis* Rdn. 107; *Borck* WRP 1978, 776; *Hirtz* NJW 1986, 110, 111.

162 Vgl. BGH GRUR 1960, 296 – Reiherstieg; GRUR 1989, 684 – Commerzbau; GRUR 1992, 48 – frei öl.

163 Vgl. *Melullis* Rdn. 107.

164 Vgl. z. B. OLG Frankfurt GRUR 1991, 947, bedenklich in der Begründung (nicht im Ergebnis) z. B. OLG Koblenz Entsch. v. 31. 7. 1980, zit. bei *Traub* S. 239.

165 Vgl. zutreffend OLG Frankfurt bei *Traub* S. 107 Ziffer 3.22; vgl. auch *Melullis* Rdn. 107.

166 Vgl. OLG Karlsruhe WRP 1983, 170; *Ulrich* GRUR 1985, 201 ff; *Hirtz* NJW 1986, 110 ff; *Kur* GRUR 1982, 663; *Teplitzky*[6] Kap. 54 Rdn. 45; *ders.* WRP 1980, 373, 374; JuS 1981, 122, 124; DRiZ 1982, 41, 44.

167 So die klassische Rosenberg'sche Normenlehre, Beweislast, 5. Auflage, S. 98/99, die die gerichtliche Praxis beherrscht, vgl. *Ulrich* GRUR 1985, 201, 203.

diesem, die Tatsachen aus seinem betriebsinternen Bereich darzulegen, die seine Werbeaussage rechtfertigen sollen. Das gilt z. B. dann, wenn mit Aussagen wie „neu", „Marktführer", „größter", „besser als ..." geworben wird, oder z. B. dann, wenn von „Rezept aus Ostpreußen" oder „patentiert" gesprochen wird. In solchen Fällen liegt im Hauptklageverfahren die Substantiierung- und Beweisführungslast für die Betriebsinterna beim Beklagten[168].

78 Anders ist es zunächst in eV-Verfahren[169]: Traut der Konkurrent oder ein sonst gemäß § 13 UWG Aktivlegitimierter einer solchen Aussage nicht und möchte sie durch eV verboten sehen, liegt die **Glaubhaftmachungslast zunächst** beim Verfügungsgläubiger: Sein schlichter Negativ-Vortrag, die Angabe des Gegners sei falsch, genügt für den Erlaß einer eV nicht[170]. Ohne substantiierte Darlegungen ist der Vortrag nicht glaubhaft. Will der Verfügungsgläubiger eine eV im einseitigen Verfahren erwirken, muß er glaubhaft machen, daß die Werbeaussage des Verfügungsschuldners nicht zutrifft, bzw. – allgemeiner gesagt – die notwendigen Tatsachen vortragen und glaubhaft machen, aus denen hergeleitet werden kann, daß das Wettbewerbsverhalten des Verfügungsschuldners wettbewerbswidrig ist[171]. Kann er dies nicht und kann er auch keine Hilfstatsachen vortragen, aus denen das Gericht im Wege der Schlußfolgerung mit überwiegender Wahrscheinlichkeit Tatsachen ableiten kann, die die Wettbewerbswidrigkeit des angegriffenen Verhaltens ergeben, wird in der Regel eine einstweilige Verfügung im einseitigen Verfahren durch Beschluß nicht ergehen können. Allerdings ist es nicht selten, daß sich aus der durch vorherige Abmahnung entstandenen Vorkorrespondenz, die dem Gericht mit eingereicht wird – oder auch aus einer Schutzschrift, vgl. E I 2 b Rdn. 168 – ergibt, daß der Verfügungsschuldner selbst gar keine Tatsachen vortragen kann, die seine Werbeaussage rechtfertigen, sondern sich lediglich mit einer (falschen) Rechtsauffassung verteidigt. In solchem Fall ist der Sachverhalt als unstreitig anzusehen, so daß es einer Glaubhaftmachung nicht bedarf. Dann kann also eine einstweilige Verfügung auch ohne vorherige mündliche Verhandlung erlassen werden[172]. Im übrigen aber beruht es bei fehlender Glaubhaftmachung auf pflichtgemäßem Ermessen des Gerichts, ob es den Antrag zurückweist oder dem Verfügungsschuldner Gelegenheit zur Stellungnahme gibt, vgl. C 12 e Rdn. 90. Erfahrungsgemäß wird dieser häufig diejenigen Tatsachen vortragen, die dem Gericht eine wettbewerbsrechtliche Beurteilung seines angegriffenen Wettbewerbsverhaltens ermöglichen.

79 Kommt es zur schriftlichen Anhörung des Verfügungsschuldners oder zur **mündlichen Verhandlung,** obliegt dem **Verfügungsschuldner die Glaubhaftmachungslast** lediglich für die Tatsachen, für die er auch im Hauptklageverfahren die Beweislast zu tragen hätte.[173] Danach ist es in einem solchen nunmehr zweiseitigen Verfahren dem

[168] Vgl. z. B. BGH GRUR 1985, 140 – Größtes Teppichhaus der Welt BGH GRUR 1991, 848 – Rheumalind II; *Baumbach/Hefermehl* § 3 Rdn. 80 und 120 mN aus der weiteren Rechtsprechung. Die dogmatische Diskussion, ob es sich bei der maßgeblichen Rechtsprechung um eine echte Beweislastumkehr oder um eine Beweiserleichterung durch Umkehr der Darlegungslast handelt, ist praktisch irrelevant und bedarf insbesondere im vorliegenden Zusammenhang keiner Erörterung. Vgl. dazu *Teplitzky*[6] Kap. 47 Rdn. 30–32; *Ulrich* GRUR 1985, 201, 204 f.

[169] Vgl. dazu eingehend *Kur* GRUR 1982, 663 ff; *Ulrich* GRUR 1985, 201 ff.

[170] Vgl. *Hirtz* NJW 1986, 110, 111 f.

[171] Vgl. OLG Karlsruhe WRP 1983, 170; *Borck* WRP 1978, 776, 778; *Teplitzky* DRiZ 1982, 41, 44; *Ulrich* 1985, 201, 202 f; *Hirtz* NJW 1986, 110, 112.

[172] Vgl. *Deutsch* GRUR 1990, 327, 328.

[173] HM; vgl. OLG Frankfurt WRP 1974, 559; OLG Stuttgart WRP 1978, 316; Entsch. v. 17. 10. 1983 und 26. 10. 1989, zit. bei *Traub* S. 398; OLG Celle WRP 1977, 718; KG WRP 1978, 819; OLG Koblenz WRP 1979, 387; OLG Karlsruhe GRUR 1980, 314;

Verfügungsgläubiger auch nicht zuzumuten, solche streitigen Tatsachen glaubhaft zu machen, die überwiegend in der Sphäre oder in der ausschließlichen Kenntnis des Verfügungsschuldners liegen und für die nach den in Rdn. 77 erwähnten Grundsätzen dem Gläubiger auch im Hauptsacheverfahren die Beweisführung erleichtert ist[174]. Obläge auch im Falle eines zweiseitigen eV-Verfahrens dem Verfügungsgläubiger die Glaubhaftmachungslast für die in der Sphäre des Verfügungsschuldners liegende Tatsachen[175], so hätte dies die Konsequenz, daß bei vielen besonders werbewirksamen superlativisch wirkenden Werbeaussagen die vorläufige Durchsetzung des Unterlassungsanspruches durch eV praktisch ausgeschlossen, mindestens aber unzumutbar erschwert wäre.

g. 2) **Anspruchsausschließende Tatsachen.** Handelt es sich bei den streitigen Tatsa- 80
chen um solche, die nicht zur Anspruchsbegründung gehören, sondern dem Verfügungsschuldner eine Einwendung gegen den an sich bestehenden Anspruch geben würden, so braucht der Verfügungsgläubiger auch im einseitigen Verfahren nicht glaubhaft zu machen, daß diese Tatsachen nicht vorliegen[176]. Insoweit **folgt** also die **Glaubhaftmachungslast im eV-Verfahren der Beweislast im Hauptklageverfahren**[177]. (Beispiel für Einwendungen des Verfügungsschuldners: Grundsätzlich ist vergleichende Werbung

---

WRP 1983, 170; GRUR 1987, 845; OLG Köln WRP 1980, 504; *Teplitzky*[6] Kap. 54 Rdn. 45 mwN; *Melullis* Rdn. 100; *Zöller/Vollkommer* vor § 916 ZPO Rdn. 6a mwN; *Baur* BB 1964, 607, 611; *Ulrich* GRUR 1985, 207. Wenn demgegenüber *Hirtz* NJW 1986, 110, 112, das Eingreifen der Beweislastnormen im eV-Verfahren sei sachlich nicht zu rechtfertigen, weil der Zustand der Beweislosigkeit dort vom Zufall abhängig sei, so ist dem entgegenzuhalten, daß unter diesem Zustand beide Parteien in gleicher Weise leiden und im übrigen auch im Hauptklageverfahren häufig die Beweisbarkeit einer Tatsache vom Zufall abhängig ist. Außerdem lehrt die tägliche Praxis, wonach das Ergebnis von Hauptklage- und eV-Verfahren fast nie aus Beweisgründen auseinanderfällt, daß die Befürchtung von *Hirtz* in der Praxis keine Rechtfertigung findet. Wie *Hirtz* aber wohl auch *Baumbach/Lauterbach/Hartmann* § 920 ZPO Fn. 2.

[174] Vgl. dazu näher *Jacobs* Vor § 13 D Rdn. 358ff in diesem Kommentar sowie *Teplitzky*[6] Kap. 47 Rdn. 31f.

[175] So aber OLG Düsseldorf GRUR 1959, 550; *Hirtz* NJW 1986, 110, 112; undeutlich *Pastor* WbProzeß, S. 298f.

[176] OLG Hamburg *Traub* Ziffer S. 157 Nr. 3.9.1; *Borck* WRP 1978, 776, 778; *Ulrich* GRUR 1985, 210, 211. **A.A.**: Glaubhaftmachungslast im einseitigen Verfahren auch für das Fehlen solcher Einwendungen beim Verfügungsgläubiger *Hirtz* NJW 1986, 110, 112f; *Stein/Jonas/Grunsky* § 920 ZPO Rdn. 11; *Baumbach/Hefermehl* § 25 Rdn. 8. Da die verschiedensten Einwendungen des Verfügungsschuldners denkbar sind, die bei unterschiedlichsten Fallkonstellationen dem Anspruch des Verfügungsgläubigers nahezu sämtliche in der bisherigen Rechtsprechung schon einmal diskutierten Fallgestaltungen von Einwendungen in der Antragsschrift abhandeln und – was er fast nie kann – deren Nichtvorliegen glaubhaft machen müßte, obwohl derartige Umstände im konkreten Fall möglicherweise gar nicht in Betracht kommen. Es erscheint auch nicht sinnvoll, den Verfügungsgläubiger nur solche Prozeßhindernisse und Einrede-Tatsachen glaubhaft entkräften zu lassen, die „naheliegend" sind, so aber *Teplitzky*[6] Kap. 54 Rdn. 44; DRiZ 1982, 41, 44; vgl. auch *Stein/Jonas/Grunsky* § 920 ZPO Rdn. 11; *Melullis* Rdn. 98; (ähnlich auch OLG Celle WRP 1974, 277, 279: wenn sich aus dem Vortrag des Verfügungsgläubigers Hinweise darauf ergeben, daß dem Verfügungsschuldner möglicherweise eine Einwendung zusteht, muß der Verfügungsgläubiger auch glaubhaft machen, daß sein Anspruch einwendungsfrei ist.) Es ist nämlich schwer auszumachen, wo eine Grenze zwischen den „naheliegenden" und den „nicht naheliegenden" Einwendungen gezogen werden könnte.

[177] Es trifft zwar zu, daß dem Verfügungsschuldner, der von dem eV-Antrag häufig überrascht wird und der – wenn das Gericht zügig mündliche Verhandlung anberaumt – wenig Zeit zur Vorbereitung und also insbesondere zur Glaubhaftmachung hat, durch diese Verteilung der Glaubhaftmachungslast ein gewisser Nachteil droht, worauf *Hirtz* NJW 1986, 110, 113 zutreffend hinweist. Aber immerhin ist er auch derjenige, der mit in aller Regel gut vorbereiteten Wettbewerbshandlungen den Anlaß für das Verfahren geboten hat. Außerdem kann er – wenn ohne mündliche Verhandlung die eV erlassen wird – nach seinem zeitlichen Belieben und also nach entsprechender Vorbereitung Widerspruch einlegen; darüber hinaus steht ihm der Weg über § 926 ZPO offen. Und schließlich kann das Gericht, wie hier vorgeschlagen, von der Möglichkeit der Sicherheitsleistung, vgl. C III 3 Rdn. 105ff, und der Einstellung der Vollstreckung gemäß § 924 Abs. 3, § 707 ZPO Gebrauch machen, vgl. E III 4c Rdn. 188.

unzulässig, jedoch dann nicht, wenn der Unternehmer durch Nachfrage des Kunden zu einem Vergleich ausdrücklich aufgefordert wird oder eine sonstige berechtigte Veranlassung besteht. Oder: Eine an sich bestehende Verwechslungsfähigkeit im Rahmen von § 16 UWG kann deswegen ausgeschlossen sein, weil Drittbenutzungen ähnlicher Kennzeichnungen den Schutzumfang der Kennzeichnungsrechte, aus dem der Verfügungsgläubiger seinen Unterlassungsanspruch herleitet, schmälern. Oder: Ein Verbraucherschutzverein nützt seine Aktivlegitimation gemäß § 13 UWG mißbräuchlich aus[178].) Es ist also Sache des Verfügungsschuldners, die **Besonderheiten der Fallgestaltung** vorzutragen und glaubhaft zu machen, die dem mit der einstweiligen Verfügung gesicherten oder zu sichernden Unterlassungsanspruch entgegenstehen. Allerdings wird das Gericht auch in solchen Fällen, bei denen es nach dem vorgetragenen Lebenssachverhalt und der Erfahrung über wirtschaftliche Abläufe annehmen bzw. aus der vom Verfügungsgläubiger eingereichten Vorkorrespondenz oder etwa einer Schutzschrift des Verfügungsschuldners entnehmen kann, daß sich der Verfügungsschuldner auf eine dem Unterlassungsanspruch entgegenstehende Ausnahmesituation als Einwendung beruft, diese Argumente des Verfügungsschuldners bereits in seine Abwägung einbeziehen, ob es eine einstweilige Verfügung im einseitigen Verfahren erlassen oder den Verfügungsgläubiger oder beiden Parteien zu einer Nachreichung von Glaubhaftmachungsmitteln auffordern will oder mündliche Verhandlung anberaumt.

C. Entscheidung des Gerichts

I. Beschluß- oder Urteils-eV

81 Das Gericht hat zunächst zu entscheiden, ob es über den eV-Antrag ohne mündliche Verhandlung durch Beschluß oder nach mündlicher Verhandlung durch Urteil entscheiden will.

1. Grundsatz gemäß § 937 Abs. 2 ZPO

Gemäß § 937 Abs. 2 ZPO kann eine einstweilige Verfügung in dringenden Fällen ohne mündliche Verhandlung ergehen. Da dies eine Ausnahmeregelung gegenüber den gemäß § 936 ZPO im Grundsatz für anwendbar erklärten Arrestvorschriften – hier: § 921 ZPO – ist, wonach die Entscheidung auch in nicht dringenden Fällen ohne mündliche Verhandlung ergehen kann, ist der vom Gesetz vorgesehene Regelfall derjenige, daß das Gericht nach mündlicher Verhandlung durch Urteil über den eV-Antrag entscheidet. Ob ein im Sinne des § 937 Abs. 2 ZPO dringender Fall vorliegt, ist eine Frage **richterlichen Ermessens**[179]. Bei der demgemäß vorzunehmenden Abwägung ist primär auf die sich aus dem vorgetragenen Sachverhalt ergebende **Eilbedürftigkeit** abzustellen. Sekundär darf aber auch berücksichtigt werden, ob nach der Lebenserfahrung im weiteren Verfahrensablauf wohl zweifelhafte Beweis- bzw. Glaubhaftmachungs-Fragen eine maßgebliche Rolle spielen werden. Bei Ansprüchen aus Individualrechten erscheint tendenziell eher eine Entscheidung für die mündliche Verhandlung geboten als bei Ansprüchen aus § 3 UWG oder sonstigen Ansprüchen, bei denen Allgemeininteressen betroffen sind. Soweit die Auffassung vertreten wird, das Gericht könne nur dann ohne mündliche Verhandlung entscheiden, wenn der Verfügungsgläubi-

---

178 Vgl. dazu OLG Koblenz GRUR 1979, 496; zu weiteren Fallgestaltungen vgl. z. B. *Ulrich* GRUR 1985, 201, 204.

179 Vgl. *Deutsch* GRUR 1990, 327, 328; *Melullis* Rdn. 101 spricht von einer notwendigen Interessenabwägung, was im Ergebnis dasselbe ist.

ger einen entsprechenden Antrag stelle[180], erscheint dies nicht ausnahmslos zutreffend: Allerdings sollte das Gericht, wenn der Verfügungsgläubiger schon selbst ausdrücklich mündliche Verhandlung beantragt, eine solche regelmäßig auch stattfinden lassen, weil häufig dies ein Indiz dafür ist, daß die Sache hinsichtlich Sicherungsinteresse (Verfügungsgrund) oder Verfügungsanspruch keineswegs eindeutig erscheint. Und wenn durch einen Antrag auf mündliche Verhandlung der Verfügungsgläubiger selbst demonstriert, daß ihm die Sache gar nicht so sehr eilig ist, kann das Gericht argumentieren, es sei keine „besondere Dringlichkeit" im Sinne des § 937 Abs. 2 ZPO gegeben. Das Gericht ist aber keineswegs in allen Fällen an einen solchen Antrag zur mündlichen Verhandlung gebunden. Wenn zum Beispiel der Sachverhalt nach der vom Verfügungsgläubiger mit vorgelegten Korrespondenz unstreitig erscheint und wegen Irreführung des Verfügungsschuldners auch das Öffentlichkeitsinteresse berührt ist, kann der Fall sehr wohl „dringend" im Sinne des § 937 Abs. 2 ZPO sein, obwohl der Verfügungsgläubiger mündliche Verhandlung – möglicherweise gar nur aus anwaltlichem Gebühreninteresse – beantragt hat. Schon gar nicht erscheint es geboten, einen ausdrücklichen Antrag zur Entscheidung ohne mündliche Verhandlung zu verlangen, wenn das Gericht durch Beschluß die beantragte eV erlassen will. Vielfach wird nämlich vom Verfügungsgläubiger insoweit gar kein Antrag gestellt und also die Entscheidung über die mündliche Verhandlung allein dem Gericht überlassen. Wenn dann das Gericht zur Entscheidung nach mündlicher Verhandlung gebunden wäre, wäre das richterliche Ermessen grundlos eingeschränkt.

2. Verhältnis § 937 ZPO zu § 25 UWG

a) **Dogmatische Erwägung.** Da § 937 ZPO für alle Fälle der eV gilt, fragt es sich, **82**
ob § 25 UWG mit der hier vorgesehenen Erleichterung des eV-Verfahrens auch § 937 Abs. 2 ZPO in seinem Gewicht für Wettbewerbs-eV'en abändert, also die eV **ohne mündliche Verhandlung** in diesem Rechtsgebiet **zur Regel** werden läßt. Man könnte die Auffassung vertreten[181], aus § 25 UWG ergebe sich, daß Wettbewerbs-eV's immer dringend seien[182], folglich könne das Gericht hier stets ohne mündliche Verhandlung, also durch Beschluß (§ 922 Abs. 1 in Verbindung mit § 936 ZPO), entscheiden. Wenngleich praktisch sehr viel für diese Auffassung spricht, siehe unten e, ist sie in ihrer dogmatischen Begründung nicht haltbar: In §§ 935, 940 ZPO wird für eine einstweilige Verfügung grundsätzlich das Erfordernis aufgestellt, sie dürfe nur erlassen werden, wenn eine eilige Maßnahme geboten ist (vgl. im einzelnen A I 1 u. 2 Rdn. 3 ff). Es wird also eine gewisse Dringlichkeit für jede eV nach der ZPO verlangt. Gleichwohl soll im Regelfall gemäß § 937 Abs. 2 ZPO nach mündlicher Verhandlung entschieden werden. Es muß also **ganz besonders dringend** sein, wenn **ohne mündliche Verhandlung** entschieden werden soll[183]. Wenn § 25 UWG die allgemeinen Dringlichkeitserfordernisse der §§ 935, 940 ZPO (Verfügungsgrund) oder jedenfalls deren Darlegung und Glaubhaftmachung nicht für notwendig erachtet (vgl. oben B II 1 Rdn. 36 ff), folgt aus dieser Vorschrift überhaupt nichts dafür, daß die wettbewerbsrechtlichen eV'en stets besonders dringlich seien[184].

---

180 *Melullis* Rdn. 93.

181 Diese Auffassung ist in der gerichtlichen und anwaltlichen Wettbewerbs-Praxis weit verbreitet, sie findet z. B. Ausdruck bei *Wilke* WRP 1972, 245; *Pastor* WbProzeß S. 247; *Doepner* WRP 1974, 693, 695; vgl. auch KG WRP 1970, 144; *Borck* WRP 1978, 519, 522 f bezeichnet diese Auffassung als herrschende Praxis.

182 So ausdrücklich *Pastor* WbProzeß S. 257.

183 Vgl. *Teplitzky*[6] Kap. 55 Rdn. 2; *ders.* GRUR 1978, 286; *Klaka* GRUR 1979, 593, 599; *Ahrens* S. 174; OLG Karlsruhe WRP 1989; 265.

184 Vgl. OLG Karlsruhe NJW-RR 1987, 506; *Melullis* Rdn. 80.

83 b) **Praktische Erwägungen.** Der Umstand, daß im Bereich des § 25 UWG die meisten eV'en ohne mündliche Verhandlung ergehen[185], liegt wohl auch weniger daran, daß die so im Beschlußwege erkennenden Gerichte den § 937 Abs. 2 ZPO für nicht anwendbar oder eingeschränkt oder durch § 25 UWG ausgeschlossen halten, sondern überwiegend an Praktikabilitätsüberlegungen[186]. Die **Gerichtspraxis** der regelmäßig über Wettbewerbssachen entscheidenden Gerichte zeigt nämlich, daß ein **großer Prozentsatz** der eV-Beschlüsse gar nicht **angefochten wird**: Widersprüche gemäß § 924 ZPO oder Hauptklagen, die vom Verfügungsschuldner gemäß § 926 ZPO erzwungen werden, sind nach eV-Beschlüssen, die ohne Anhörung des Verfügungsschuldners erlassen wurden, in Wettbewerbssachen durchaus nicht die Regel[187]. Hier setzt sich die Erkenntnis fort, daß viele Wettbewerbsfälle bereits durch vorgerichtliche Abmahnung und Unterlassungsverpflichtungserklärung ihre Erledigung finden. Wer sich dem abmahnenden Gegner nicht freiwillig unterwerfen möchte und lieber ein etwaiges gerichtliches Verbot hinnimmt – zumal bei einem späteren etwaigen Verstoß das eV-Verbot für den Schuldner durchaus günstiger sein kann als eine Unterlassungs-Verpflichtungs-Erklärung mit Vertragsstrafe-Versprechen (Haftung nach § 278 BGB; Gericht als Gläubiger eines Ordnungsgeldes statt Vertragsstrafe-Schuld gegenüber einem Wettbewerber; Auslegung des Schutzumfangs des Unterlassungsgebotes)[188] –, oder wer vielleicht noch einige Zeit gewinnen will oder hofft, daß der Gegner schließlich doch nicht ein gerichtliches Verfahren betreibt, oder abwarten möchte, wie ein Gericht entscheidet, ist an einer weiteren Eskalierung und also an der Durchführung einer mündlichen Verhandlung oder gar an einem Hauptklageverfahren gar nicht interessiert[189]. Dies zumal dann, wenn der Verfügungsschuldner aus der von ihm eingesehenen eV-Antragsschrift des Verfügungsgläubigers entnimmt, daß dem Gericht ein vollständiger und unstreitiger Sachverhalt bei der Entscheidung über den Erlaß der eV zugrunde gelegen hat.

84 Zur Sicherheit, häufig eV'en im Beschlußwege wegen unstreitigen Sachverhalts erlassen zu können, trägt bei Gericht gelegentlich der Umstand bei, daß **Schutzvorschriften** vorliegen, aus deren Inhalt sich ergibt, daß der Verfügungsschuldner nichts

---

185 Vgl. *Engelschall* GRUR 1972, 103, 104; *Deutsch* GRUR 1990, 327; *Melullis* Rdn. 80, 101; *Baumbach/Hefermehl* § 25 Rdn. 26; kritisch dazu *Teplitzky* WRP 1980, 373, 374f.

186 Vgl. *Melullis* Rdn. 101. Wenn *Teplitzky* GRUR 1978, 286f u. WRP 1980, 373, 374f die Auffassung vertritt, es bestehe kein für ein Hinwegsetzen über den Wortlaut des § 937 Abs. 2 ZPO hinreichendes dringendes Bedürfnis für die eV ohne mündliche Verhandlung, so ist dem aus der Erfahrung der Fülle täglicher eV'en an den „großen Wettbewerbs"-Gerichten zu widersprechen, vgl. *Deutsch* GRUR 1990, 327. Wenn *Teplitzky* aaO weiter sagt, an die Darlegung und Glaubhaftmachung der besonderen Dringlichkeit seien keine übertriebenen Anforderungen zu stellen, und es gäbe im Wettbewerbsrecht sehr häufig Fälle, in denen die Umstände für eine besondere Dringlichkeit sprechen, dann nähert er sich damit wieder der hier vertretenen Auffassung eines praktischen richterlichen Ermessens. *Borck* WRP 1978, 519, 523 schließt sogar aus dem Umstand, daß der Gesetzgeber 1972 die vorgesehene Gesetzesänderung zu einer nahezu obligatorischen mündlichen Verhandlung wegen der aus der Praxis geäußerten Bedenken nicht in die Tat umgesetzt habe, im Umkehrschluß, daß der Gesetzgeber damit diese Praxis gesetzgeberisch sanktioniert habe. So weit wird man wohl nicht gehen können.

187 Vgl. *Engelschall* GRUR 1972, 103; *v. Götze* WRP 1978, 433; kritisch gegenüber diesem Argument allerdings *Teplitzky* WRP 1980, 373, 375.

188 Vgl. *Teplitzky* WRP 1990, 26, 28; speziell zur Frage der Auslegung von Unterwerfungserklärungen BGH GRUR 1992, 61 – Preisvergleichsliste.

189 Die bei *Engelschall* GRUR 1972, 103, 104 mitgeteilte (sicherlich nicht repräsentative, aber auch nicht gänzlich aus dem Rahmen fallende) „Statistik" der Zivilkammer 15 des LG Hamburg legt darüber ebenso beredtes Zeugnis ab wie die bei *Borck* WRP 1972, 238, 243 mitgeteilte Statistik des Verbraucherschutzvereins. *Deutsch* GRUR 1990, 327 weist zutreffend darauf hin, daß der Verfügungsschuldner auch deswegen häufig an einer mündlichen Verhandlung gar kein Interesse habe, weil diese zusätzliche Kosten verursacht.

vorzutragen hat, was über den Tatsachenvortrag des Verfügungsgläubigers hinausgeht[190]; oder daß sich aus der vom Verfügungsgläubiger mit dem eV-Antrag miteingereichten Antwort des Verfügungsschuldners auf eine vorgerichtliche Anmahnung ergibt, daß der Verfügungsschuldner keine erheblichen Tatsachen oder Argumente vorzubringen hat. Es drängt sich dem Gericht dann die Frage auf, welchen Sinn die mündliche Verhandlung haben soll, wenn der **Sachverhalt unstreitig** ist und die Rechtsfolge für das Gericht eindeutig erscheint.

c) **Überraschungseffekt.** Gegen die Entscheidung durch Urteil nach mündlicher **85**
Verhandlung – statt ohne mündliche Verhandlung durch Beschluß – wird in der Praxis häufig ins Feld geführt, der Überraschungseffekt der einstweiligen Verfügung sei nach mündlicher Verhandlung nicht mehr gegeben, der **Verfügungsschuldner** werde nämlich **vor Erlaß der einstweiligen Verfügung gewarnt**[191]. Er könne die Zeit nutzen, um wettbewerbswidriges Material schnell noch vor dem zu erwartenden Urteil aus seinem Verantwortungsbereich zu bringen[192]. Daran ist richtig, daß **Sequestrationen** beim Verfügungsschuldner in aller Regel erschwert sind, wenn dieser ein böswilliger Wettbewerbsverletzer ist und durch die Existenz des eV-Antrages und vor Erlaß der eV darüber informiert wird, daß nunmehr „Gefahr im Verzuge" ist. Dasselbe Argument der notwendigen Überraschung gilt auch, wenn sich dem Gericht der Eindruck aufdrängt, daß bis zur mündlichen Verhandlung noch Anzeigen mit der wettbewerbswidrigen Werbung in Auftrag gegeben werden könnten, die dann nach Erlaß der eV und deren Zustellung nicht mehr gestoppt werden können und deren Erscheinen dementsprechend dann mangels Rückrufmöglichkeit nicht als Verstoß gegen die einstweilige Verfügung geahndet werden kann. Auch hier ist dringliches Einschreiten – also per Beschluß ohne mündliche Verhandlung – geboten.

Auf der anderen Seite ist das gerichtliche eV-Verfahren auch in Wettbewerbssachen **86**
kein sportlicher Wettkampf – wenn auch in der täglichen Praxis sich dieser Eindruck durchaus gelegentlich aufdrängen kann. Jedenfalls muß ein Gericht sich stets fragen, ob es Argumenten des Verfügungsgläubigers die Hand reichen will wie denjenigen, der Gegner solle überrascht werden, man wolle noch mit dem Gegner verhandeln und wolle zunächst vorher die Rechtsauffassung des Gerichts kennenlernen, oder man brauche für ein Vergleichsgespräch mit dem Gegner noch als Ausgleich für eine vom Gegner erwirkte eV schnelle Verhandlungs-„Munition". Alles dies sind Denkkategorien, die im Wettbewerbsverfahren zu den Regelüberlegungen gehören – und ein Anwalt würde sich möglicherweise schadensersatzpflichtig machen, wenn er solche Überlegungen nicht bei seiner Beratung berücksichtigen würde. Aber es fragt sich, ob man daraus den Schluß ziehen kann, einstweilige Verfügungen sollten in Wettbewerbssachen regelmäßig ohne Anhörung des Gegners durch Beschluß ohne mündliche Verhandlung erlassen werden.

Zu beachten ist dabei: Würde man bei **Sequestrations-eV'en** regelmäßig **ohne** **87**
mündliche Verhandlung durch Beschluß die eV erlassen, sonst aber in den **Regel-**

---

[190] Vgl. *Deutsch* GRUR 1990, 327, 328; *Engelschall* GRUR 1972, 103, 104. Wenn man der Auffassung *Pastors* WRP 1972, 232, 235 folgt, daß zulässiger Inhalt einer Schutzschrift nur sei, was sich mit der Frage der besonderen Dringlichkeit einer Beschluß- (statt einer Urteils-)Verfügung beschäftige, kann man dieses Argument allerdings nicht berücksichtigen, weil die Schutzschrift dann zum Sachverhalt keine Ausführungen enthalten darf. Gegen *Pastor* vgl. unten E I Rdn. 167.

[191] Vgl. dazu Nachw. bei *Teplitzky*[6] Kap. 55 Rdn. 2.

[192] Diese keineswegs seltenen Fälle waren sogar in dem Änderungsentwurf 1971 zur ZPO, der die eV ohne mündliche Verhandlung noch mehr einschränken wollte, als „Sonderfälle" für Beschluß-eV'en erwähnt und in der Begründung eingehend behandelt, vgl. *Engelschall* GRUR 1972, 103.

Fällen wettbewerbswidrigen Verhaltens nur **nach mündlicher Verhandlung** durch Urteil entscheiden, würden die Verfügungsgläubiger, die an einer schnellen Entscheidung interessiert sind, stets eine Sequestrations-Notwendigkeit darzulegen versuchen und durch die Vollziehung einer etwa angeordneten Sequestration den Verfügungsschuldner in seiner Integrität mehr belasten als durch das dem Verfügungsschuldner zugestellte Verbot ohne Sequestration. Es gibt aber wenig Sinn, die schwererwiegende eV – mit Sequestration – ohne mündliche Verhandlung wegen des gebotenen Überraschungsmoments durch Beschluß zu erlassen, die weniger schwerwiegende eV – ohne Sequestration – aber erst nach mündlicher Verhandlung.

88 d) **Grundsatz des rechtlichen Gehörs.** Bei der Abwägung der verschiedenen Kriterien für und gegen die Beschluß-eV ohne mündliche Verhandlung und die Urteils-eV nach mündlicher Verhandlung ist wesentlich die Frage zu berücksichtigen, wie der Grundsatz des rechtlichen Gehörs in eV-Verfahren zur Geltung kommt. Das gemäß Art. 103 Abs. 1 GG gebotene rechtliche Gehör, auf welches jedermann vor Gericht Anspruch hat, ist regelmäßig zu gewähren, bevor die gerichtliche Entscheidung ergeht. Dieser an sich selbstverständliche und keiner näheren Begründung bedürftige Grundsatz gilt aber nicht ausnahmslos. Das **rechtliche Gehör** kann also **ausnahmsweise auch nachträglich** gewährt werden[193], und als solche Ausnahme-Regelung ist das Widerspruchsverfahren gemäß §§ 936, 924 f ZPO zu verstehen, wonach dasselbe Gericht, welches den eV-Beschluß erlassen hat, auf Widerspruch hin nach mündlicher Verhandlung über dieselbe Streitfrage noch einmal durch Urteil zu entscheiden hat[194]. Wann ein solcher Ausnahmefall vorliegt, der die nachträgliche Gewährung des rechtlichen Gehörs genügen läßt, ist nach denselben Dringlichkeitskriterien zu entscheiden wie in § 937 Abs. 2 ZPO. Der Grundsatz des rechtlichen Gehörs gibt also der Dringlichkeit als Voraussetzung dafür, das rechtliche Gehör zurückzustellen und nachträglich zu gewähren – wenn der Verfügungsschuldner dies beantragt –, ein verfassungsrechtliches Gewicht. **Im Lichte dieses Grundrechts** darf also die **Dringlichkeit nicht** gewissermaßen **als Regel** angenommen werden[195], Gleichwohl bleibt die Frage für oder gegen besondere Dringlichkeit und also mündliche Verhandlung gemäß § 937 ZPO, demgemäß also für oder gegen vorheriges rechtliches Gehör, eine solche des – selbstverständlich pflichtgebundenen und nicht leichtfertig auszuübenden – richterlichen Ermessens. In diesem steht auch, ob dem Verfügungsschuldner die Möglichkeit zu schriftlicher Stellungnahme zu geben ist, ehe das Gericht abschließend beurteilt, ob es vor oder nach mündlicher Verhandlung über den eV-Antrag entscheidet.

89 Auch die Regelung des **§ 922 Abs. 3 ZPO** läßt erkennen, daß das **rechtliche Gehör im eV-Verfahren nicht dominierendes Interesse** des Gesetzes ist: Nicht nur, daß der Verfügungsgläubiger bei einem stattgebenden eV-Beschluß allein darüber entscheiden kann, ob und wann er diesen dem Verfügungsschuldner zustellt – einer optimalen von vornherein gleichberechtigten Beteiligung des Verfügungsschuldners entspricht diese Regelung nicht –; der abweisende Beschluß wird sogar dem Verfügungsschuldner überhaupt nicht mitgeteilt. Zwar wird der Verfügungsschuldner durch eine den eV-

[193] Nach BVerfGE 9, 89, 98 dann, wenn der sofortige Zugriff unabweisbar erscheint. Auch diese Formulierung läßt einen gewissen Ermessensspielraum zu, weil es durchaus als unabweisbar angesehen werden kann, eine Wettbewerbshandlung, auch wenn sie schon einige Wochen oder Monate gehandhabt worden ist, durch sofort vollziehbare eV – also im Beschlußweg – zu unterbinden.

[194] Deshalb ist es zutreffend, wenn *Stein/Jonas/Grunsky* § 924 ZPO Rdn. 9; *Mädrich* S. 17; *Spehl* S. 18 f sagen, der Widerspruch sei die Erklärung, die bisher unterbliebene mündliche Verhandlung zu verlangen.

[195] Vgl. *Stein/Jonas/Leipold* Vor § 128 ZPO Rdn. 46; *Teplitzky* WRP 1980, 373, 374 f; *Borck* MDR 1988, 908 ff.

Antrag zurückweisende Entscheidung gegen den Verfügungsgläubiger nicht negativ betroffen. Aber es wäre ja durchaus im Interesse des Verfügungsschuldners, sich am Verfahren zu beteiligen, ehe der Verfügungsgläubiger mit der Beschwerde gegen den abweisenden Beschluß in die 2. Instanz geht, vgl. D III 1 Rdn. 138, und dort – möglicherweise erneut ohne Beteiligung des Verfügungsschuldners – die beantragte eV erwirkt. Stattdessen geht das Gesetz davon aus, der bei Gericht abgewiesene Verfügungsgläubiger könne die Zurückweisung seines Antrags für sich behalten und, ohne daß der Verfügungsschuldner davon etwas erfährt, mit der Beschwerde die 2. Instanz anrufen. Diese gesetzliche Regelung rückt offenkundig nicht den Grundsatz des rechtlichen Gehörs in den Vordergrund[196].

e) **Ergebnis.** Als Resümee vorstehender Überlegungen ist festzuhalten: Das Gericht **90**
hat **pflichtgemäß** sein **Ermessen** auszuüben, ob es einen Sachverhalt als hinreichend **dringlich** ansieht, um darüber ohne mündliche Verhandlung entscheiden zu können; an einen **Antrag** des Verfügungsgläubigers, mündliche Verhandlung anzuberaumen, ist das Gericht **nicht gebunden**; es kann ihn aber als Indiz dafür, daß der Sachverhalt auch aus der Sicht des Verfügungsgläubigers streitig sein könnte, berücksichtigen. Das Gericht kann bei seiner Entscheidung durchaus Praktikabilitätsüberlegungen mit einfließen lassen[197], wenn es in seiner Terminierungspraxis auf Widerspruch innerhalb kürzester Frist Termin anberaumt und dann also dem **Grundsatz des (nachgereichten) rechtlichen Gehörs** entspricht. Es sollte bei dieser gerichtlichen Entscheidung ein wichtiges Kriterium sein, ob der Sachverhalt nach der Lebenserfahrung wohl streitig sein könnte – dann sollte eher an eine mündliche Verhandlung gedacht werden – oder ob aller Wahrscheinlichkeit nach sich der Verfügungsschuldner „nur" mit Rechtsausführungen verteidigen wird – dann erscheint eine vorherige mündliche Verhandlung weniger wichtig[198]; denn: Iura novit curia. Und das Gericht sollte schließlich bedenken, daß es dem Grundsatz des unter Berücksichtigung des Sicherungsinteresses des Gläubigers bestmöglich zu gewährenden rechtlichen Gehörs auch ohne mündliche Verhandlung dadurch jedenfalls teilweise entsprechen kann, daß dem Verfügungsschuldner die **Antragsschrift zur Stellungnahme zugeleitet** wird[199] und dann das Gericht die Entscheidung, ob es mündlich verhandeln will, vom Inhalt der Stellungnahme abhängig machen kann. Gleichwohl darf der dem verfassungsrechtlichen Grundsatz des rechtlichen Gehörs Rechnung tragende § 937 Abs. 2 ZPO bei all diesen Erwägungen

---

196 Wenn man in die Erwägungen noch mit einbezieht, daß auch der Arrest gemäß § 921 Abs. 1 ZPO ohne mündliche Verhandlung ergehen kann – und also nicht nur dann, wenn besondere Dringlichkeit, wie gemäß § 937 Abs. 2 ZPO für die eV vorgeschrieben, gegeben ist – und auch der Arrest in die wirtschaftliche Bewegungsfreiheit in mindestens gleicher Weise eingreifen kann wie eine einstweilige Verfügung, dann wird deutlich, daß der Gesetzgeber in den Regelungen über vorläufige Sicherungsmaßnahmen gemäß § 916 ff ZPO das vorherige rechtliche Gehör des Schuldners vor einer ihn belastenden Maßnahme als Grundsatz zugunsten eines Sicherungsinteresses des Gläubigers und eines schnell nachzuholenden rechtlichen Gehörs des Schuldners zurückgedrängt hat.

197 Wenn *Klaka* GRUR 1979, 593, 599 demgegenüber darauf hinweist, man dürfe auch auf dem Gebiet des gewerblichen Rechtsschutzes kein Sonderrecht einführen, auch dort sei das Gericht an die ZPO gebunden, so ist dies zweifellos zutreffend. Nur gilt: Die Besonderheit liegt hier darin, daß eine ganz große Fülle der zur Beurteilung anstehenden Sachverhalte offensichtlich unstreitig ist, wodurch sich die UWG-Sachen von den „normalen" Verfahren des Zivilprozesses erheblich unterscheiden.

198 Vgl. *v. Götze* WRP 1978, 433.

199 Vgl. *Engelschall* GRUR 1972, 103, 104 f; *Klaka* GRUR 1979, 593, 599; *Stein/Jonas/Grunsky* § 922 ZPO Rdn. 1 i. V. m. § 936 ZPO Rdn. 4; *Teplitzky*[6] Kap. 55 Rdn. 3; a.A. *Pastor* WbProzeß S. 307. Zu Recht weist *Teplitzky* darauf hin, daß von dieser Möglichkeit viel zu selten Gebrauch gemacht wird. *Zöller/Vollkommer* § 922 ZPO Rdn. 1 halten die schriftliche Anhörung des Gegners immer dann für geboten, wenn der Warneffekt dem nicht entgegensteht. Das erscheint an sich vertretbar, schränkt aber wiederum die richterliche Ermessensfreiheit allzusehr ein.

nicht zurückstehen: Hat der Verfügungsgläubiger seinerseits Monate lang zugewartet, ehe er einen eV-Antrag gestellt hat, ist ihm damit zwar nicht das Recht auf eine Sicherungs-eV gemäß § 25 UWG verlorengegangen (siehe B II 2 b und c Rdn. 43 ff), aber das Gericht hat dann keine Veranlassung, die Sache noch als „dringend" im Sinne des § 937 Abs. 2 ZPO anzusehen, und sollte solchenfalls also erst nach mündlicher Verhandlung entscheiden[200].

3. Dringlichkeit gemäß § 944 ZPO

91 Außer in § 937 Abs. 2 wird ferner noch in § 944 ZPO[201] danach differenziert, ob eine Entscheidung „dringend" ist: Dann nämlich, wenn eine mündliche Verhandlung nicht erforderlich ist – das Gericht also durch Beschluß entscheiden kann –, kann „in dringenden Fällen" der **Vorsitzende anstatt des Gerichts** entscheiden[202]. Schon für die (normale) eV gemäß §§ 935, 940 ZPO gibt die Regelung des § 944 ZPO keinen rechten Sinn, da hier ohnehin nur „in dringenden Fällen" gemäß § 937 Abs. 2 ZPO ohne mündliche Verhandlung entschieden werden darf. Für die einstweilige Verfügung gemäß § 25 UWG ist die Vorschrift noch weniger relevant, weil die Dringlichkeit nach den vorstehenden Ausführungen unter B II 1 Rdn. 36 ff in Wettbewerbssachen nur von untergeordneter Bedeutung ist. Es ergibt sich jedoch aus § 944 ZPO, daß über eV-Anträge in Wettbewerbssachen sowohl die Kammer wie auch der Vorsitzende im Beschlußverfahren entscheiden kann. Üblich ist bei den Kammern für Handelssachen die Entscheidung durch den Vorsitzenden allein[203]; bei den Zivilkammern kann nicht von einer Üblichkeit gesprochen werden: Hier wird die Frage, ob der Vorsitzende oder die Kammer entscheidet, von Gericht zu Gericht unterschiedlich behandelt. Der Erlaß der Beschlußverfügung durch den Vorsitzenden allein hat den Vorteil, daß im Widerspruchsverfahren das Gericht in der Dreier-Besetzung weniger durch einen vorherigen

---

[200] Vgl. *Borck* WRP 1978, 519, 523; *Klaka* GRUR 1979, 593, 599. Zu eng erscheint es, wenn OLG Karlsruhe 1989, 265; *Teplitzky* GRUR 1978, 286 f u. NJW 1980, 1668 sowie *Baumbach/Hefermehl* § 25 Rdn. 26 u. 27 die Meinung vertreten, ohne mündliche Verhandlung dürfe nur dann eine eV erlassen werden, wenn sie sich nicht bis zur mündlichen Verhandlung aufschieben läßt, ohne die Belange des Verfügungsgläubigers in einer nicht zumutbaren Weise zu beeinträchtigen. Denn eine mündliche Verhandlung kann theoretisch unter Abkürzung sämtlicher Fristen innerhalb von ein oder zwei Tagen stattfinden; und so eilig, als daß dieser Zeitverzug nicht zu ertragen wäre, ist fast keine Wettbewerbssache, vgl. zutreffend *Engelschall* GRUR 1972, 103.

[201] Zur Problematik, ob eine Sache im Sinne von § 942 ZPO „dringend" ist, vgl. oben B I 1 b Rdn. 23 f.

[202] Ebenso wie es nur wenige Fälle gibt, bei denen die Eilbedürftigkeit so groß ist, daß eine eilig stattfindende mündliche Verhandlung nicht abgewartet werden kann, gibt es erst recht nur wenige Fälle, bei denen nicht einmal das Zusammentreten der Kammer abgewartet werden kann und das Abwarten dieser kurzen Zeit für den Verfügungsgläubiger unzumutbar erscheint. Dies aber verlangt OLG Karlsruhe WRP 1989, 265 bei Entscheidung gemäß § 944 ZPO; vgl. *Borck* WRP 1978, 641. Bei den Zivilkammern dürfte regelmäßig mindestens einmal am Tag eine Beratung stattfinden, in der dann auch ein eV-Antrag bis zur Entscheidungsfindung beraten werden kann. Und auch bei den KfH's dürften spätestens nach 24 oder 48 Stunden – und solange kann nahezu jeder eV-Antrag liegenbleiben, wenn er vom Gläubiger rechtzeitig gestellt wird – die Kammer vollständig zusammentreten. Die Regelung des § 944 ZPO zeigt also, daß das Gesetz gewissen Praktikabilitätsüberlegungen Raum gibt.

[203] Allerdings gilt dies nur für Entscheidungen ohne mündliche Verhandlung. Im eV-Urteils-Verfahren sollten dagegen die Handelsrichter stets einbezogen werden, wenn die Parteien sich nicht mit der Entscheidung durch den Vorsitzenden allein einverstanden erklären. Weder ist der Ansicht von *Pastor* WbProzeß S. 574, zuzustimmen, daß im Urteilsverfahren nach mündlicher Verhandlung der Vorsitzende einer Kammer für Handelssachen stets ohne seine Handelsrichter entscheiden könne; noch ist angesichts § 349 Abs. 3 ZPO einzusehen, warum die Entscheidung durch den Vorsitzenden allein nach mündlicher Verhandlung unzulässig und die Entscheidung durch die besetzte Kammer obligatorisch sein soll, wie OLG Koblenz 1981, 115 meint.

Dreier-Beschluß gedanklich festgelegt ist. Für den Erlaß durch die komplette Kammer spricht, daß bei einer Entscheidung ohne vorherige mündliche Anhörung des Verfügungsschuldners dem Kammerprinzip der Beratung besonderes Gewicht zukommen könnte.

4. Zurückweisung des eV-Antrages

Die früher häufig vertretene Auffassung, die Zurückweisung eines eV-Antrages durch das Gericht sei niemals dringlich im Sinne des § 937 Abs. 2 ZPO, folglich müsse das Gericht, wenn es den eV-Antrag zurückweisen wolle, stets mündliche Verhandlung anberaumen[204], ist nicht mehr vertretbar: Durch Art. 1 Ziff. 67 des Rechtspflege-Vereinfachungs-Gesetzes vom 17. 12. 1990 (BGBl. I 1990, S. 2847 ff, 2853) ist mit Wirkung vom 1. 4. 1991 der § 937 Abs. 2 ZPO dahingehend geändert worden, daß die Entscheidung nicht nur in dringenden Fällen, sondern auch dann, **wenn der eV-Antrag zurückgewiesen** wird, **ohne mündliche Verhandlung** ergehen kann[205]. Der Gesetzgeber ist damit der bereits vorher überwiegend vertretenen und zutreffenden Auffassung[206] gefolgt: Es kann nämlich sehr wohl geboten sein, daß durch einen abweisenden Beschluß besonders schnell der Weg zum zweitinstanzlichen Gericht eröffnet wird, um dem Verfügungsgläubiger die Möglichkeit zu geben, durch Beschwerde eine Entscheidung des OLG herbeizuführen[207]. **92**

5. Entscheidung zweiter Instanz

Entscheidet das zweitinstanzliche Gericht **primär** über einen eV-Antrag, weil das Hauptverfahren, in welchem derselbe Unterlassungsanspruch geltend gemacht wird, bei ihm anhängig ist, vgl. B I 2 a Rdn. 27, gelten dieselben Regeln wie vorstehend C I 1 bis 3 Rdn. 81 ff dargelegt. In diesem Fall gibt es **keine Rechtsmittelinstanz im eV-Erlaßverfahren** mehr[208]. Entscheidet also das OLG durch Urteil, ist das eV-Verfahren damit abgeschlossen. Entscheidet es durch abweisenden Beschluß, ist das eV-Verfahren ebenfalls abgeschlossen. Entscheidet es durch einen die eV erlassenden Beschluß, findet das Widerspruchsverfahren gemäß § 924 ZPO ebenfalls bei dem OLG statt. **93**

Entscheidet dagegen das OLG als **Beschwerdeinstanz** gegen einen eV-abweisenden Beschluß des Landgerichts und erläßt es nunmehr unter Abänderung des erstinstanz- **94**

---

204 Vgl. OLG München NJW 1975, 1569, und zwar auch dann, wenn die eV zum Teil (durch Beschluß) erlassen, zum Teil aber – und zwar dann durch Urteil – zurückgewiesen werde, vgl. OLG München Entsch. v. 8. 7. 1985, zit. bei *Traub* S. 314; OLG Frankfurt MDR 1978, 315; KG WRP 1979, 201; WRP 1988, 736; OLG Schleswig WRP 1982, 430; OLG Stuttgart Entsch. v. 13. 12. 1983, zit. bei *Traub* S. 395; grundsätzlich auch OLG Düsseldorf Entsch. v. 21. 10. 1987, zit. bei *Traub* S. 84 (a.A. für den Fall ganz besonderer Eilbedürftigkeit, um dem Verfügungsgläubiger in diesen Fällen den schnellen Weg zum Beschwerdegericht zu ermöglichen); aus der Literatur vgl. *Stein/Jonas/Grunsky* § 937 ZPO Rdn. 8 mwN.

205 Das bedeutet allerdings nicht, daß das Gericht in jedem Fall, wenn es den eV-Antrag für unbegründet hält, ohne mündliche Verhandlung entscheiden kann. Vielmehr bleibt das Gericht zu einer Abwägung, ob es mündlich verhandeln will oder nicht, verpflichtet; vgl. KG GRUR 1991, 944.

206 Vgl. OLG Koblenz WRP 1981, 40; OLG Hamburg WRP 1981, 156; OLG Köln GRUR 1981, 147; NJW-RR 1988, 254; OLG Karlsruhe WRP 1989, 265; *v. Götze* WRP 1978, 433 f; *Borck* WRP 1978, 641; *Klaka* GRUR 1979, 593, 599; *Teplitzky* DRiZ 1982, 41, 44 f; Kap. 55 Rdn. 5; *Deutsch* GRUR 1990, 327.

207 Vgl. *Teplitzky* Kap. 55 Rdn. 6; *Baumbach/Hefermehl* § 25 Rdn. 27; *Borck* WRP 1978, 641, 643; *v. Götze* WRP 1978, 433 f.

208 § 567 Abs. 4 ZPO; da es keinen Anspruch auf mehrinstanzliches Verfahren gibt, vgl. oben Fn. 35, ist dies unerheblich, vgl. OLG Köln GRUR 1977, 220.

lichen Beschlusses die eV ohne mündliche Verhandlung[209], gelangt durch Widerspruch gemäß § 924 ZPO gegen diese **Beschluß-eV der zweiten Instanz** das Verfahren wieder zum erstinstanzlichen Landgericht[210], weil die im Beschwerdeverfahren erlassene eV als abgeänderte Entscheidung des Landgerichts gilt; das OLG hätte nämlich, statt selbst über die Beschwerde zu entscheiden, auch gemäß § 575 ZPO die Akte an das Landgericht mit der Anordnung, die eV zu erlassen, zurücksenden können. Von dieser Möglichkeit wird in den Fällen des § 25 UWG in der Praxis kaum Gebrauch gemacht[211]. Die gesetzliche Regelung zeigt aber, daß nach wie vor eine erstinstanzliche Entscheidung in Rede steht, zumal das Landgericht aufgrund der Beschwerde gemäß § 571 ZPO die angefochtene Entscheidung – Abweisung des eV-Antrages – auch selbst hätte abändern können. **Weist** das OLG die Beschwerde ohne mündliche Verhandlung durch Beschluß **zurück**, ist das eV-Verfahren damit beendet. In Betracht kommt auch, daß das OLG auf die Beschwerde über eine Erledigungserklärung oder über die Kosten des Verfahrens gemäß § 91 a ZPO entscheiden muß, wenn vor oder nach Beschwerde-Einlegung der Verfügungsschuldner eine Unterwerfungserklärung abgegeben hat[212]. **Entscheidet das OLG** auf die Beschwerde, so daß über den Antrag **mündlich** zu **verhandeln** ist[213], so kann es entweder mit dieser Maßgabe die Akte wieder an das Landgericht zurückgeben, welches alsdann, an diese Entscheidung des OLG gebunden, mündliche Verhandlung anzuberaumen und alsdann durch Urteil zu entscheiden hat[214]. Oder das OLG kann die mündliche Verhandlung selbst durchführen und entscheidet dann selbst abschließend durch im eV-Verfahren nicht mehr anfechtbares[215] Urteil[216]. Das OLG kann auch, wie das erstinstanzliche Gericht, vgl. 2 d und e Rdn. 88, 90, den

[209] Das OLG als zweite Instanz hat die Problematik des § 937 Abs. 2 ZPO in gleicher Weise zu bedenken und sich für Beschluß oder Urteil zu entscheiden, wie das Landgericht als erste Instanz, vgl. *Teplitzky*[6] Kap. 55 Rdn. 6 f; *v. Götze* WRP 1978, 433, 434. Das OLG kann selbstverständlich auch nach schriftlicher Anhörung des Verfügungsschuldners über die Frage entscheiden, ob es durch Beschluß entscheiden oder mündliche Verhandlung anberaumen will, *Teplitzky*[6] Kap. 55 Rdn. 6 f; **a.A.** (stets ist Anhörung des Verfügungsschuldners geboten) OLG Frankfurt Zif. 3.5 bei *Traub* S. 102; OLG Karlsruhe NJW-RR 1987, 1206; wieder anders (mündliche Verhandlung ausgeschlossen) *Melullis* Rdn. 102.

[210] Vgl. *Baumbach/Hefermehl* § 25 Rdn. 66; *Mädrich* S. 22 ff.

[211] Warum diese Möglichkeit allerdings unzulässig sein soll, wie *v. Götze* WRP 1978, 433, 434 u. OLG Karlsruhe GRUR 1978, 116 (gegen OLG Koblenz Entsch. v. 16. 2. 1984 u. 6. 11. 1986, zit. bei *Traub* S. 240) meinen, ist nicht recht nachvollziehbar. *Klaka* GRUR 1979, 593, 599 hält sie für geboten, um nicht einen Instanzenverlust für die Parteien herbeizuführen. Dieser tritt aber dann nicht ein, wenn die eV ohne mündliche Verhandlung erlassen wird und über den Widerspruch die Sache zum erstinstanzlichen Gericht zurückgelangt.

[212] Auch wenn eine Unterwerfungserklärung des Verfügungsschuldners vorliegt, kann der Verfügungsgläubiger – eben mit dem Ziel einer Kosten- oder einer Erledigungsentscheidung – gegen den eV-abweisenden Beschluß Beschwerde einlegen, vgl. OLG Frankfurt NJW-RR 1992, 483; *Baumbach/Hefermehl* § 25 Rdn. 40; *Teplitzky*[6] Kap. 55 Rdn. 6; wegen § 99 Abs. 1 ZPO ablehnend dagegen OLG Hamm WRP 1985, 227.

[213] Das hält *Melullis* Rdn. 102 – entgegen der hM, vgl. Fn. 216 – für unzulässig, weil im Beschwerdeverfahren nur durch Beschluß entschieden werden könne, nach streitiger Verhandlung aber durch Urteil entschieden werden müsse. Demgegenüber hält OLG Karlsruhe WRP 1980, 222 u. NJW-RR 1987, 1206 die mündliche Verhandlung im Beschwerdeverfahren sogar für obligatorisch, jedenfalls dann, wenn der Verfügungsschuldner in erster Instanz eine Schutzschrift hinterlegt hatte; dagegen OLG Köln Entsch. v. 4. 11. 1988 u. 10. 5. 1989, zit. bei *Traub* S. 266.

[214] So OLG Stuttgart Entsch. v. 13. 12. 1983, zit. bei *Traub* S. 395, wenn die erste Instanz zu Unrecht nicht mündlich verhandelt, sondern den eV-Antrag durch Beschluß zurückgewiesen hat.

[215] Deswegen sollte wegen eines Instanzenverlustes das OLG von dieser Möglichkeit nur Gebrauch machen, wenn der Sachverhalt unstreitig erscheint, vgl. *Pastor* WbProzeß S. 319; kritisch auch *Stein/Jonas/Grunsky* § 922 Rdn. 9.

[216] Vgl. KG WRP 1970, 144; OLG Nürnberg WRP 1971, 281; OLG Frankfurt Ziff. 3.24 bei *Traub* S. 107; *Stein/Jonas/Grunsky* aaO; *Zöller/Vollkommer* § 922 Rdn. 14; **a.A.** *Pastor* WbProzeß S. 319 (auch nach mündlicher Verhandlung durch Beschluß).

Verfügungsschuldner schriftlich anhören, § 573 Abs. 2 ZPO, und dann entscheiden, ob es ohne mündliche Verhandlung oder nach mündlicher Verhandlung entscheiden will[217]. Ist das erstinstanzliche Gericht ausnahmsweise ein Amtsgericht, entscheidet als zweite Instanz das Landgericht. Das vorstehend Gesagte gilt dann entsprechend.

II. Die mündliche Verhandlung

Die Entscheidung des Gerichts für das Urteilsverfahren und also gegen die Entscheidung, über den eV-Antrag durch **Beschluß** zu entscheiden, ist für den Verfügungsgläubiger nicht selbständig anfechtbar[218]. Wenn das Gericht mündliche Verhandlung anberaumt und der Verfügungsgläubiger die mündliche Verhandlung nicht abwarten will – es gibt Gerichte, die einen Verhandlungstermin erst auf sechs Wochen oder noch mehr Wochen später anberaumen[219] –, hat er nur die Möglichkeit, den eV-Antrag bei diesem Gericht zurückzunehmen und bei einem anderen Gericht einzureichen, falls er noch die Gerichtsstandswahl hat und nicht durch Erhebung der Hauptsache-Klage die Gerichtszuständigkeit bereits festliegt, vgl. B I 2 a Rdn. 26. 95

Von den Regeln zur mündlichen Verhandlung über einen Antrag auf Erlaß einer einstweiligen Verfügung ist für das Wettbewerbsverfahrensrecht folgendes von Bedeutung: 96

1. Einlassungs- und Ladungsfrist

Die Ladungsfrist kann und sollte regelmäßig abgekürzt werden, § 217 ZPO i. V. mit § 224 ZPO; eine Einlassungsfrist gemäß § 274 ZPO gibt es im eV-Verfahren nicht[220], erst recht nicht eine Schriftsatzfrist gemäß § 132 ZPO[221], da in der einzigen und einheitlichen mündlichen Verhandlung auch neuer Sachvortrag erfolgen kann[222]. Hat sich für den Verfügungsschuldner bereits ein beim Gericht zugelassener Anwalt legitimiert – sei es durch eine Schutzschrift, sei es durch eine vom Gericht eingeholte Stellungnahme zu dem eV-Antrag –, wird in aller Regel eine telefonische Abstimmung über Terminstag und -stunde auch mit diesem Anwalt, sonst nur mit dem Verfügungsgläubiger-Vertreter, vorausgehen.

2. Verhandlungstermin

Es findet grundsätzlich nur ein Termin statt, auf welchen das Urteil folgt[223]. Eine Vorbereitung durch förmliches schriftliches Vorverfahren oder frühen ersten Termin 97

---

217 Vgl. OLG München NJW 1974, 1517; a.A. *Pastor* WbProzeß S. 318.

218 Eine Ausnahme (Beschwerde gemäß § 567 ZPO) gilt nur dann, wenn das Gericht entscheidet, daß nach mündlicher Verhandlung über den eV-Antrag entschieden werden soll, und dabei den Verhandlungstermin so spät anberaumt, daß dieses willkürliche Verhalten des Gerichts wie eine Rechtsverweigerung wirkt, vgl. dazu OLG Frankfurt NJW 1974, 1715; OLG Celle NJW 1975, 1230; OLG Schleswig NJW 1982, 246; OLG Stuttgart WRP 1983, 711; *Teplitzky*[6] Kap. 55 Rdn. 17; *Stein/Jonas/Schumann* § 216 ZPO Rdn. 42.

219 Zu Recht mit Schärfe gegen diese Unsitte *Teplitzky*[6] Kap. 55 Rdn. 16 Fn. 38.

220 *Thomas-Putzo* § 274 ZPO Anm. 2; *Teplitzky*[6] Kap. 55 Rdn. 19; *Melullis* Rdn. 103.

221 Vgl. OLG München WRP 1979, 166; *Baumbach/Hefermehl* § 25 Rdn. 23.

222 Dementsprechend gibt es auch keine nachgelassenen Schriftsätze gemäß § 283 ZPO, *Baumbach/Hefermehl* § 25 Rdn. 24.

223 Eine Wiedereröffnung der mündlichen Verhandlung kommt nicht in Betracht, vgl. *Vinck* WRP 1975, 80, 81 f; *Melullis* Rdn. 105 a. Auf die Möglichkeit, zu diesem Termin Zeugen und Sachverständige zu laden oder den Termin als Ortstermin auch außerhalb des Gerichts stattfinden zu lassen, ist oben B III 2 a u. b Rdn. 69, 70, 72 hingewiesen worden.

entfällt[224]. Dementsprechend gibt es auch kein verspätetes Vorbringen[225]. Eine Beweisaufnahme kann nur in diesem Termin stattfinden, § 294 Abs. 2 ZPO, setzt also voraus, daß die Parteien diejenigen Personen, die von ihnen als Zeugen oder Sachverständige in Betracht gezogen werden, zum Termin von sich aus mitbringen[226] oder jedenfalls benachrichtigen, damit sie auf eine entsprechende Ladung des Gerichts zur Verfügung stehen. Wie bereits in Rdn. 69, 70 und 72 gesagt, zeigen viele Gerichte im eV-Verfahren keinerlei Bereitschaft, von sich aus eine Beweisaufnahme durch Ladungen vorzubereiten[227]. Zur Rechtsfindung trägt dies nicht immer bei: Es gibt Zeugen, die durchaus bereit wären, auf Anfordern des Gerichts auch kurzfristig zur Verfügung zu stehen, aber es ablehnen, eine eidesstattliche Versicherung abzugeben oder als „Gefolgsmann" einer der beiden Parteien zum Termin bei Gericht zu erscheinen. Liegen bereits eidesstattliche Versicherungen der potentiellen Zeugen vor, wird das Gericht in aller Regel auf deren Einvernahme verzichten, es sei denn, daß sich aus dem gegnerischen Vorbringen oder den Aussagen oder eidesstattlichen Versicherungen anderer Zeugen oder Sachverständiger ergibt, daß eine ergänzende Befragung geboten ist. Deswegen ist der Anwalt immer gut beraten, eher zu viele als zu wenig präsente Zeugen für die mündliche Verhandlung bereitzuhalten; die **mündliche Verhandlung** spielt im eV-Verfahren eine ganz anders **dominierende Rolle** als üblicherweise im Hauptklageverfahren. Auch ein instruierter Vertreter der Partei sollte regelmäßig an der mündlichen Verhandlung teilnehmen, damit auf (etwa neuen) Vortrag des Gegners sofort sachgerecht erwidert werden kann[228].

98 Will als Ergebnis der mündlichen Verhandlung der Verfügungsschuldner **anerkennen**, so bestehen mehrere Möglichkeiten: Er kann entweder eine **strafbewehrte Unterlassungsverpflichtungserklärung** abgeben – mit der Folge, daß wegen weggefallener Wiederholungsgefahr nach übereinstimmender Erledigungserklärung der Parteien eine Kostenentscheidung gemäß § 91 a ZPO ergeht[229] – oder er kann den vom Verfügungsgläubiger geltend gemachten Anspruch in einem **Anerkenntnis-Urteil** förmlich anerkennen. Im letzteren Fall muß er aber deutlich machen, ob er nur den „Sicherungs"-Anspruch anerkennt oder den materiellen Unterlassungsanspruch[230]. Im ersteren Fall kann er sich wegen des unterschiedlichen Streitgegenstandes von eV- und Hauptklageverfahren[231] gegenüber dem Unterlassungsanspruch im Hauptklageverfahren weiter

---

[224] Vgl. OLG München WRP 1978, 399.

[225] Vgl. OLG Hamburg NJW-RR 1987, 36; *Teplitzky*[6] Kap. 55 Rdn. 19; *Melullis* Rdn. 103; *Baumbach/Hefermehl* § 25 Rdn. 24. In der Literatur wird diskutiert, ob es davon eine Ausnahme gebe, wenn das Vorbringen erst in der mündlichen Verhandlung statt in einem vorbereitenden Schriftsatz offenkundig rechtsmißbräuchlich sei und lediglich zur Überrumpelung des Prozeßgegners diene, vgl. *Schneider* MDR 1988, 1024 f; *Vinck* WRP 1975, 80; *Stein/Jonas/Grunsky* § 922 ZPO Rdn. 23 u. § 925 ZPO Rdn. 14; *Teplitzky* aaO m. Nachw.; vgl. auch OLG Koblenz GRUR 1987, 319. Dem ist entgegenzutreten: Die Parteien müssen sich zum Termin so vorbereiten, daß sie auf neuen Vortrag sofort, gegebenenfalls nach einer Sitzungsunterbrechung von einigen Minuten oder Stunden – je nachdem, wie komplex der neue gegnerische Vortrag ist –, reagieren können. Dem Grundsatz des rechtlichen Gehörs wird damit hinreichend Rechnung getragen, so zutreffend OLG Karlsruhe Ziff. 3.20 bei *Traub* S. 221; OLG München WRP 1979, 166; OLG Hamm GRUR 1989, 931; *Melullis* Rdn. 103.

[226] Vgl. *Stein/Jonas/Grunsky* § 920 ZPO Rdn. 0, *Hirtz* NJW 1986, 110, 112.

[227] Vgl. OLG München WRP 1978, 399; *Krüger* WRP 1991, 68; dagegen mit Recht – wenn auch wohl nur beschränkt auf besondere Fallkonstellationen – *Teplitzky* DRiZ 1982, 41.

[228] *Melullis* Rdn. 105 weist zu Recht darauf hin, daß ein „Bestreiten mit Nichtwissen" durch den Prozeßbevollmächtigten – wie dies leider vielfach geschieht – nicht in Betracht kommt, sofern die Partei selbst Kenntnis hat oder, weil es sich um Vorgänge aus ihrer eigenen Sphäre handelt, Kenntnis haben muß: Auf das Parteiwissen, nicht dasjenige des Anwaltes kommt es an.

[229] Vgl. *Köhler* Vor § 13 B Rdn. 32 ff u. *Jacobs* Vor § 13 D Rdn. 270, jeweils in diesem Kommentar.

[230] Vgl. *Teplitzky*[6] Kap. 55 Rdn. 33; *Melullis* Rdn. 76; *Baumbach/Hefermehl* § 25 Rdn. 36 u. 43, undeutlich § 25 Rdn. 47 a.

[231] Vgl. *Teplitzky*[6] Kap. 53 Rdn. 3; *Melullis* Rdn. 76; *Baumbach/Hefermehl* § 25 Rdn. 4; **a.A.** *Pastor* WbProzeß S. 258 ff.

verteidigen; im letzteren Fall wird man dagegen zugleich in dem Anerkenntnis des Verfügungsschuldners seine abschließende Erklärung sehen müssen, daß er das ergehende Urteil als endgültige Regelung des Streitverhältnisses akzeptiert[232]. Ein etwa bereits anhängiges Hauptklageverfahren ist alsdann für erledigt zu erklären, eine spätere Hauptklage mangels Rechtsschutzinteresse unzulässig. Im Falle der strafbewehrten Unterlassungsverpflichtungserklärung muß der Verfügungsschuldner diese mit der auflösenden Bedingung verbinden, daß im Hauptklageverfahren ein Urteil zu seinen Gunsten ergeht, falls sich seine Unterwerfung nur auf die Sicherung des Unterlassungsanspruches des Verfügungsgläubigers im eV-Verfahren bezieht, nicht aber auf den materiellen Unterlassungsanspruch, vgl. D I 4 Rdn. 135[233].

Will der Verfügungsgläubiger als Ergebnis der mündlichen Verhandlung den Antrag **zurücknehmen**, bedarf dies der Zustimmung des Verfügungsschuldners gemäß § 269 ZPO[234, 235]. Für diese **Zustimmung** wird der Verfügungsschuldner eine Erklärung des Verfügungsgläubigers verlangen, ob die **Rücknahme nur** die **Verfolgung des Anspruches im Sicherungswege** der einstweiligen Verfügung betrifft **oder** ob der **gesamte Unterlassungsanspruch im Hauptklageverfahren** nicht mehr verfolgt werden soll. Die gleiche deutliche Erklärung des Verfügungsgläubigers ist zu verlangen, wenn er auf die Weiterverfolgung des eV-Antrages verzichtet. Nur wenn im Protokoll klargestellt wird, daß der Verzicht nicht nur die Fortsetzung des Sicherungsverfahrens betrifft, sondern den materiellen Anspruch, steht ein alsdann ergehendes Verzichtsurteil gemäß § 306 ZPO einem gleichwohl erhobenen Hauptklageverfahren wegen entfallenen Rechtsschutzinteresses entgegen. Mangels ausdrücklicher Erklärung des Verfügungsgläubigers kann wegen des unterschiedlichen Streitgegenstandes zwischen eV- und Hauptklageverfahren weder in der Rücknahme noch im Verzicht ein Umstand gesehen werden, der die Weiterverfolgung des Unterlassungsanspruchs im Hauptklageverfahren durch Wegfall des Rechtsschutzinteresses hindert[236]. **99**

Vergleichen sich die Parteien im eV-Verfahren – wie häufig – dahingehend, daß **100**
das eV-Verfahren nicht weiter betrieben wird (und der Verfügungsschuldner sich entweder einstweilen an die eV mit der Sanktion der Ordnungsmittel aus § 890 ZPO hält oder der Verfügungsgläubiger einstweilen aus der eV keine Rechte geltend macht) und die **Kostenentscheidung des eV-Verfahrens** später **derjenigen des Hauptklage-**

---

232 Entgegen der Meinung von *Pastor* WbProzeß S. 351 erfaßt keineswegs stets das Anerkenntnis im eV-Verfahren auch das Anerkenntnis des Unterlassungsanspruches selbst, wenn nichts Gegenteiliges ausdrücklich gesagt wird. Vielmehr sind grundsätzlich der Sicherungs- und der Unterlassungsanspruch selbst voneinander zu trennen, so daß mangels Klarstellung beim Anerkenntnis im eV-Verfahren nur dieses, nicht aber der Unterlassungs-Haupt-Anspruch davon betroffen ist, vgl. *Teplitzky*[6] Kap. 55 Rdn. 33; *ders.* WRP 1987, 149, 151; *Spehl* S. 8 ff.

233 Zur Problematik solcher auflösend bedingter Unterwerfungserklärungen vgl. näher *Teplitzky*[6] Kap. 52 Rdn. 11.

234 Vgl. *Pastor* WbProzeß S. 291; *Fürst* BB 1974, 890 (der dies zwar nicht ausdrücklich ausspricht, aber als selbstverständlich unterstellt, da sonst seine Erörterungen darüber, bis wann vor der mündlichen Verhandlung einseitig zurückgenommen werden kann, gegenstandslos sind); **a.A.** die herrschende Meinung, vgl. OLG Düsseldorf WRP 1982, 654; *Ullmann* BB 1975, 236; *Zöller/Stephan* § 269 ZPO Rdn. 15; *Baumbach/Hefermehl* § 25 Rdn. 51; *Thomas-Putzo* § 920 ZPO Anm. 1. Die dieser Auffassung offenbar zugrundeliegende Beurteilung, die maßgebliche Erwägung für das Zustimmungserfordernis sei die, daß der Beklagte Anspruch auf endgültige Klarheit haben wolle, diese Erwägung aber für das eV-Verfahren nicht zutreffe, überzeugt nicht: Der Verfügungsgläubiger kann nach Rücknahme des eV-Antrages erneut einen eV-Antrag stellen, vgl. B I 2 d Rdn. 31. Der Verfügungsschuldner hat ein berechtigtes Interesse daran, daß ein solcher erneuter eV-Antrag nicht ohne einen neuen Sicherungsgrund gestellt werden kann.

235 Der Verfügungsschuldner hat gemäß § 269 Abs. 3 ZPO Anspruch auf eine Kostenentscheidung zu Lasten des Verfügungsgläubigers, vgl. KG GRUR 1985, 325.

236 Vgl. OLG Karlsruhe WRP 1979, 223; *Baumbach/Hefermehl* § 25 Rdn. 51.

Verfahrens folgen soll, erscheint es sinnvoll, das eV-Verfahren damit noch nicht endgültig zu beenden, sondern einen solchen Vergleich nur als Zwischenvergleich abzuschließen[237]: Ergibt sich nämlich, daß das Hauptklageverfahren dann später einen Verlauf nimmt, der keinen sicheren Schluß auf die Kostenentscheidung des eV-Verfahrens zuläßt, weil zum Beispiel die Anträge geändert werden oder eine weitere Partei in den Prozeß einbezogen wird oder wegen eines Vergleiches, der zur Kostenfrage des eV-Verfahrens nicht enthält, das Hauptverfahren gar nicht mit einer Kostenentscheidung endet, kann alsdann das eV-Verfahren wieder aufgenommen werden, um eine Kostenentscheidung des eV-Gerichts gemäß § 91 a ZPO herbeizuführen. Gemäß § 251 Abs. 1 ZPO kann solange das eV-Verfahren zum Ruhen gebracht werden.

3. Aussetzung

101 Eine Aussetzung gemäß § 148 ZPO, die ohnehin im Ermessen des Gerichts steht, kann im eV-Erlaß-Verfahren[238] nicht in Betracht kommen, weil dies dem Charakter des Eilverfahrens widerspricht[239]. Kartellrechtliche Vorfragen hat das Gericht ebenso selbst zu entscheiden wie europarechtliche Fragen[240]. In Betracht kommt allerdings eine Vorlage an das BVerfG dann, wenn das Gericht die Norm, auf die die eV gestützt werden soll, für verfassungswidrig hält, dieses aber, weil es sich um nachkonstitutionelles Recht handelt, nicht selbst entscheiden darf, andererseits aber die eV – wie regelmäßig bei Wettbewerbs-eV'en – die endgültige Regelung im Hauptklage-Verfahren weitestgehend vorwegnehmen würde[241].

III. Inhalt von Beschluß oder Urteil

1. Verbot bestimmten Wettbewerbsverhaltens

102 Mit der einstweiligen Verfügung soll nach dem Wortlaut des § 25 UWG der wettbewerbsrechtliche Unterlassungsanspruch gesichert werden. Das ist der Natur der Sache nach nur mit einem Verbot möglich, die als wettbewerbswidrig angenommene Verhaltensweise fortzusetzen. Also ist der **Tenor** durch ein **Verbot eines bestimmten Wettbewerbsverhaltens** stets auf **eine vorläufige Befriedigung des Verfügungsgläubigers** gerichtet[242]. Denkbar wäre prinzipiell, das Verbot zeitlich zu beschränken, um damit seine „Einstweiligkeit" bereits im Tenor deutlich zu machen[243]. Davon wird jedoch in der

---

[237] Vgl. dazu *Teplitzky*[6] Kap. 55 Rdn. 34.

[238] Im Rahmen der Aufhebungsverfahren gemäß § 926 und 927 ist eine Aussetzung sehr wohl denkbar, da das Gericht hier die Möglichkeit hat, durch einstweilige Maßnahmen (vgl. E VI 7 a Rdn. 233, u. E IX 6 b Rdn. 276) die Vollziehung der eV auszusetzen, so daß übertriebene Rücksichtnahme auf Eilbedürftigkeit nicht erforderlich erscheint; **a.A.** *Melullis* Rdn. 108 u. 140; OLG Düsseldorf NJW 1985, 1966, jedoch Ausnahmen zulassend.

[239] Vgl. OLG Frankfurt GRUR 1981, 905; OLG Düsseldorf GRUR 1983, 79; *Teplitzky*[6] Kap. 55 Rdn. 21; *Stein/Jonas/Schumann* § 148 ZPO Rdn. 34.

[240] Vgl. OLG Köln WRP 1976, 714; OLG Hamburg WRP 1981, 589; OLG Frankfurt WUW/OLG 4505; KG WRP 1981, 275; KG WRP 1986, 31 (die Zweifel an der Rechtslage, die sich daraus ergeben könnten, daß für die Entscheidung über diese Rechtsfragen andere Spruchkörper zuständig sein sollten, können durch Sicherheitsleistung und Auflagen zur Anrufung des zuständigen Gerichts im Hauptverfahren – analog § 942 ZPO – überwunden werden); *Ahrens* S. 180; *Teplitzky* aaO; *Melullis* Rdn. 108; vgl. auch EuGH WRP 1977, 598, 600 zur mangelnden Vorlagepflicht über EG-Fragen im eV-Verfahren.

[241] Vgl. *Teplitzky*[6] Kap. 55 Rdn. 22 unter Hinweis auf BVerfGE 46, 43 ff, 51.

[242] Einhellige Rechtsprechung, vgl. z. B. OLG Köln WRP 1969, 423, die auch in der Literatur nicht angefochten ist; vgl. z. B. *Pastor* WbProzeß S. 411; *Melullis* Rdn. 75; *Baumbach/Hefermehl* § 25 Rdn. 3 u. 4.

[243] Vgl. dazu *Hadding* ZHR 130, S. 21; dagegen *Ahrens* S. 403.

Praxis kein Gebrauch gemacht, sondern der Tenor lautet regelmäßig genau so, wie ein Unterlassungstenor im Hauptverfahren über den Unterlassungsanspruch, der im eV-Verfahren gesichert werden soll, lauten würde[244]. Die **Einstweiligkeit der eV ergibt sich** – wenn sie nicht ausnahmsweise im Tenor selbst durch einen Endzeitpunkt der Wirksamkeit der Verfügung im Hinblick auf besondere Einzelfallumstände, wie z. B. bei Regelungen während Saisonschlußverkäufen oder bei einem Saisonschutz für Modeneuheiten, ausgesprochen ist – **aus den Rechtsbehelfen**, die der Verfügungsschuldner gegen die eV hat: Nämlich dem Widerspruch aus § 924 ZPO – bei eV-Beschlüssen ohne vorherige mündliche Verhandlung –, dem Recht, den Verfügungsgläubiger zur Erhebung der Hauptklage gemäß § 926 zu veranlassen, sowie dem Recht auf Aufhebung der eV wegen veränderter Umstände gemäß § 927 ZPO.

Der Verbotstenor hat sich gemäß § 308 ZPO an dem gestellten Antrag zu orientieren, **103** der – ebenso wie bei der Unterlassungs-Hauptklage – ein genau **bestimmtes Handeln**[245] des Verfügungsschuldners, welches unterlassen werden soll, zum Gegenstand haben muß, § 253 Abs. 2 Nr. 2 ZPO[246]. Es ist umstritten, ob das Gericht freier, als im Hauptklageverfahren, das Verbot gemäß § 938 ZPO abweichend von dem Antrag formulieren darf. Überwiegend wird die Auffassung vertreten, das Gericht habe sich bei den wettbewerblichen Unterlassungs-eV'en an den Anträgen zu orientieren und sei an diese gebunden, die **Tenorierungsfreiheit des § 938 ZPO** gelte also nicht[247]. Diese Auffassung erscheint nicht zutreffend[248], insbesondere entspricht sie nicht der Erfahrung in der täglichen Praxis mit Wettbewerbs-eV'en: § 938 ZPO enthält keine Einschränkung, daß die Tenorierungsfreiheit für bestimmte Arten von eV'en nicht gelten soll[249]. Und es gibt auch keinen Grund, bei einem dem Gericht vorgelegten Sachverhalt, dessen Wettbewerbswidrigkeit des Verfügungsgläubigers möglicherweise etwas anders einstuft (beispielsweise als Rabattverstoß) als das Gericht (welches in dem Sachverhalt eine Zugabe oder einen Verstoß gegen § 1 UWG sehen mag), dem Gericht nicht die Freiheit einzuräumen, das **Verbot** wegen dieses angenommenen Schwerpunktes der Wettbewerbswidrigkeit **umzuformulieren gegenüber dem gestellten Antrag**, der auf der

---

244 Allerdings ist im eV-Verfahren ganz besonders der Grundsatz der Verhältnismäßigkeit zu beachten, also z. B. nicht der Gesamtvertrieb eines Buches zu verbieten, wenn nur einige nebensächliche Fotos darin beanstandet werden, vgl. OLG Frankfurt WRP 1985, 83. Ob es allerdings gerechtfertigt sei, bei einem Gewinnspiel nur die weitere Werbung zu verbieten, nicht dagegen aber die weitere Durchführung und Gewinnverteilung – wie dies OLG Stuttgart WRP 1973, 487 meint – erscheint zweifelhaft.

245 Vgl. dazu insbesondere BGH GRUR 1991, 254, – Unbestimmter Unterlassungsantrag sowie GRUR 1991, 774 – Anzeigenrubrik II; GRUR 1992, 561 – Unbestimmter Unterlassungsantrag II; im einzelnen *Jacobs* Vor § 13 D Rdn. 125 ff in diesem Kommentar.

246 Vgl. OLG Hamburg WRP 1979, 219; OLG Karlsruhe GRUR 1979, 558; OLG Koblenz WRP 1980, 94; OLG Hamm GRUR 1980, 312; OLG Frankfurt GRUR 1980, 318; OLG Celle GRUR 1980, 803; *Pastor* WbProzeß S. 258; *Ahrens* S. 276; *Teplitzky*[6] Kap. 54 Rdn. 38; *Baumbach/Hefermehl* § 25 Rdn. 30.

247 Vgl. OLG Koblenz WRP 1980, 94; OLG Hamm GRUR 1980, 311; OLG Frankfurt GRUR 1980, 318; OLG Celle GRUR 1980, 803; OLG Braunschweig Entsch. v. 25. 10. 1985, zit. bei *Traub* S. 51; *Pastor* WbProzeß S. 258; *Ahrens* S. 156 u. 276; *Baumbach/Hefermehl* § 25 Rdn. 30. *Teplitzky* aaO Rdn. 38 bezeichnet diese Auffassung im Wettbewerbsrecht als die herrschende.

248 Vgl. OLG Frankfurt Zif. 3.1 bei *Traub* S. 101; OLG Karlsruhe Zif. 3.12. bei *Traub* S. 221; *Jestaedt* GRUR 1985, 480.

249 Dementsprechend erscheint zweifelhaft, ob der Hinweis von *Teplitzky* aaO Fn. 91 gegenüber der Auffassung von *Jestaedt*, vgl. Fn. 247, zutreffend ist, der Gesetzgeber habe die extra legem entwikkelte Leistungsverfügung und deren Besonderheiten nicht berücksichtigen können. Im übrigen findet die Wettbewerbs-Unterlassungs-eV gemäß § 25 in den „Regel"-eV'en gemäß §§ 935/940 ZPO ihre Basis, vgl. Rdn. 4 ff, so daß auch deshalb eine Anwendung des § 938 Abs. 1 ZPO in Betracht kommt.

anderen Sicht des Verfügungsgläubigers bzw. seines Anwalts beruhte, solange damit nicht der Streitgegenstand (= Sicherungsgegenstand) eigenmächtig verändert wird[250]. Eine solche **Modifikation** ist auch – entgegen der veröffentlichten Gerichtspraxis – bei allen mit Wettbewerbssachen befaßten großen Landgerichten üblich und an der Tagesordnung. Häufig findet darüber eine vorherige telefonische Abstimmung mit dem Verfügungsgläubiger-Vertreter statt. Wenn der Verfügungsgläubiger sich dann dem Hinweis des Gerichts anschließt und mit der vom Gericht angeregten Tenorierung einverstanden erklärt, kann man darin einen geänderten Antrag unter Rücknahme bzw. Modifikation des ursprünglich gestellten Antrags sehen. Tatsächlich handelt es sich aber – insbesondere dann, wenn nicht vorher telefoniert wird, sondern das Gericht von sich aus die Modifikation vornimmt – um eine Ausübung der richterlichen Befugnis aus § 938 Abs. 1 ZPO[251]. Jedoch darf – was schon aus dem allgemeinen Rechtsgrundsatz des § 308 Abs. 1 ZPO folgt – das **Verbot** an den Verfügungsschuldner **nicht weiter** gehen, als es der Verfügungsgläubiger mit dem Antrag verlangt[252]. Das Gericht darf also z. B. nicht, wenn der Antrag in Verbindung mit den zu seiner Auslegung heranzuziehenden Gründen nur auf eine konkrete Verletzungsform gerichtet ist[253], die zu verbietende Verhaltensweise des Verfügungsschuldners **abstrahieren**, wohl aber eine beantragte Abstrahierung auf die **konkrete Verletzungsform** im Unterlassungstenor beschränken. Diese größere Tenorierungsfreiheit gemäß § 938 Abs. 1 ZPO entspricht dem im Hauptklageverfahren geltenden Hinweis-, Frage- und Aufklärungsgebot des Gerichts gemäß § 139 ZPO und ist daher insbesondere im einseitigen Verfahren ohne mündliche Verhandlung relevant, da in der mündlichen Verhandlung das Gericht die Möglichkeit hat, durch Anwendung seiner Rechte und Pflichten aus § 139 ZPO auf Anträge hinzuwirken, die es für sachdienlich erachtet. Es ist durchaus – auch in eV-Verfahren – zulässig, den Tenor nicht auf die konkrete Verletzungsform zu beschränken, sondern ihn angemessen zu abstrahieren[254] – vorausgesetzt, daß sich ein entsprechendes Begehren wenigstens den zur Antragsauslegung heranzuziehenden Gründen entnehmen läßt und präzise beurteilt werden kann, daß alle unter diesen abstrahierten Tenor fallenden denkbaren Fälle auch wirklich wettbewerbswidrig sind und von der Wiederholungs-Vermutung mitumfaßt werden[255] – und den tatsächlich den Anlaß des Verfahrens bildenden Verletzungsfall als „insbesondere"-Fall zur Ver-

---

[250] Vgl. BGH, Urt. v. 2. 4. 1992 – I ZR 146/90 – Stundung ohne Aufpreis; *Teplitzky*[6] Kap. 46 Rdn. 4 f.

[251] In der praktischen Handhabung scheint zwischen den dogmatisch gegensätzlichen Auffassungen gar kein großer Unterschied zu bestehen, denn auch diejenigen Autoren, die einer Anwendung des § 938 Abs. 1 ZPO kritisch gegenüberstehen, lassen gewisse Modifikationen am Antrag durchaus zu, vgl. *Borck* WRP 1977, 457; *Teplitzky*[6] Kap. 54 Rdn. 38. Vgl. auch die weiteren Ausführungen im Text.

[252] Insbesondere darf dem Verfügungsgläubiger nicht im Wege der eV ein weitergehender Unterlassungsanspruch zugesprochen werden, als er ihn im Wege einer Hauptklage durchsetzen könnte, vgl. OLG Stuttgart GRUR 1970, 186; *Baumbach/Hefermehl* § 25 Rdn. 30.

[253] Eine solche Beschränkung auf die konkrete Verletzungsform ist immer zulässig; der Verfügungsgläubiger kann durchaus ein Interesse haben, nur die konkrete Verletzungsform anzugreifen, weil er deren Wettbewerbswidrigkeit meint, beurteilen zu können, während er bei einer Abstrahierung unsicher sein mag. Das eV-Gericht darf diese Selbstbeschränkung nicht beiseiteschieben, selbst eine Abstrahierung vornehmen und damit – abgesehen vom Verstoß gegen § 308 Abs. 1 ZPO, der auch im Verfügungsverfahren gilt – den Verfügungsgläubiger dem Risiko aussetzen, daß die zweite Instanz oder ein später im Hauptklageverfahren entscheidendes Gericht die Abstrahierung als zu weitgehend oder gar unzulässig einstuft mit der Folge, daß der Verfügungsgläubiger gemäß § 945 ZPO schadensersatzpflichtig ist; dazu OLG Celle WRP 1991, 315 und Anm. *Borck*.

[254] Vgl. OLG Hamburg WRP 1984, 87; OLG Karlsruhe WRP 1985, 574; OLG Koblenz Entsch. v. 17. 9. 1987, zit. bei *Traub* S. 236; OLG Celle WRP 1991, 315.

[255] Vgl. dazu BGH GRUR 1989, 445 – Professorenbezeichnung in der Arztwerbung – und BGH GRUR 1991, 772 – Anzeigenrubrik I.

deutlichung im Tenor hinzuzufügen[256]. Ergibt sich das Wettbewerbswidrige einer verbotenen Verhaltensweise nur aus einer nicht beschreibbaren, sondern nur in Form einer Abbildung darstellbaren Gesamtanmutung, bestehen keine Bedenken, in dem Tenor der eV **bildliche Darstellungen einzukleben** oder der eV als Anlage Prospekte oder Kopien beizufügen[257].

2. Androhung von Ordnungsmitteln

Mit dem Verbotstenor wird auf entsprechenden Antrag des Verfügungsgläubigers, **104**
der in aller Regel gestellt wird[258], der Ausspruch verbunden, daß dem Verfügungsschuldner für den Fall der Zuwiderhandlung die Ordnungsmittel des § 890 ZPO angedroht werden. Ohne diese Androhung kann bei Verstoß gegen das Unterlassungsgebot der eV nicht vollstreckt werden, bis auf entsprechend nachgereichten Antrag des Verfügungsgläubigers die Androhung gemäß § 890 ZPO nachgeholt und dem Verfügungsschuldner gesondert gemäß § 750 ZPO zugestellt ist[259]. „Verstöße" des Verfügungsschuldners, die vor dieser Zustellung liegen, können dann nicht rückwirkend geahndet werden[260].

3. Sicherheitsleistung

Das Gericht hat gemäß §§ 936, 921 ZPO darüber nachzudenken, ob es den Erlaß **105**
der eV von einer Sicherheitsleistung des Verfügungsgläubigers abhängig machen will. Diese Vorschrift gilt auch im Rahmen des § 25 UWG im Wettbewerbs-Verfahrensrecht[261]. Sie führt hier indessen in der gerichtlichen Praxis ein Schattendasein. Dies

---

256 Vgl. ausdrücklich BGH GRUR 1991, 772 – Anzeigenrubrik I (allerdings nicht für eV sondern für Unterlassungs-Hauptklage, was aber hinsichtlich des Verbotstenors keinerlei Unterschied macht). Zur Austauschbarkeit des „Insbesondere"-Falles im Rahmen des eV-Verfahrens bei einer solchen Tenorierung vgl. KG GRUR 1988, 78. Bedenklich OLG Braunschweig Entsch. v. 7. 9. 1984, zit. bei *Traub* S. 52, wonach bei der Fassung des Unterlassungsgebotes an die konkrete Verletzungsform anzuknüpfen sei und dem Verfügungsschuldner zusätzlich „dem Sinne nach gleiche Handlungen" zu verbieten seien, demgegenüber kritisch auch OLG Karlsruhe WRP 1985, 574; WRP 1987, 490; OLG München WRP 1985, 580. Unzulässig ist auch regelmäßig eine so weitgehende Abstrahierung des Verbotes, daß schließlich im Tenor nur noch der Gesetzestext einer Verbotsnorm wiederholt wird, dem Verfügungsschuldner also z. B. verboten wird, „irreführende Werbung" zu betreiben. (Ausnahme z. B. beim Rabattverstoß, weil der Gesetzestext, ein Rabatt dürfte 3% des Preises der Ware oder Leistung nicht überschreiten, nicht noch weiter konkretisiert werden kann).

257 Vgl. OLG Karlsruhe Entsch. v. 10. 4. 1985, zit. bei *Traub* S. 217. Allerdings wird vor Polaroid-Fotos gewarnt, weil diese nach einigen Jahren nicht mehr hinreichend deutlich erkennbar sind.

258 Vgl. *Wedemeyer* NJW 1979, 293. Davon muß nur dann abgesehen werden, wenn die Vollziehung der eV im Ausland (außerhalb des Bereiches der EugÜBK) in Betracht kommt, weil regelmäßig ausländische Vollstreckungsbehörden oder -gerichte Ordnungsmittel „zugunsten" des anderen Staates, von dem die gerichtliche Verfügung stammt, ablehnen; vgl. *Teplitzky*[6] Rdn. 41 Kap. 54 Fn. 94.

259 *Baumbach/Hefermehl* § 25 Rdn. 33. Verfehlt erscheint die Auffassung, daß eine eV ohne Ordnungsmittelandrohung nicht einmal ordnungsgemäß im Sinne des § 929 Abs. 2 ZPO vollzogen sei, so OLG Hamm WRP 1978, 65; WRP 1978, 394; WRP 1991, 336; dagegen *Pastor* WRP 1978, 639, 640; OLG Celle GRUR 1987, 66; vgl. dazu *Wedemeyer* NJW 1979, 293. Ein Verfügungsgläubiger kann nämlich sehr wohl hoffen, daß sich ein Verfügungsschuldner auch ohne Ordnungsmittelandrohung an die eV hält, was in der Tat auch in den allermeisten Fällen zutreffend ist.

260 OLG Hamm WRP 1978, 394; vgl. *Borck* WRP 1977, 556, 561; *Wedemeyer* NJW 1979, 293. Dagegen OLG Celle GRUR 1987, 66; eingehend *Borck* WRP 1989, 360, 364 ff für Urteils-eV'en, dazu ausführlich D IV 2 a Rdn. 158.

261 Vgl. OLG Bremen WRP 1979, 791; OLG München GRUR 1988, 709; OLG Hamm WRP 1989, 116; *Teplitzky*[6] Kap. 55 Rdn. 4; *Melullis* Rdn. 109; *Ulrich* GRUR 1991, 26, 30; vgl. auch *Zöller/Vollkommer* § 936 ZPO Rdn. 2; a. A. *Baumbach/Hefermehl* § 25 Rdn. 6, jedoch relativiert in § 25 Rdn. 32.

mag darauf beruhen, daß die Sicherheitsleistung nach der gesetzlichen Intention primär als Kompensation angelegt ist für nicht hinreichend glaubhaft gemachten Verfügungsgrund oder Verfügungsanspruch. Im Wettbewerbsverfahrensrecht hat aber gemäß § 25 die Glaubhaftmachung eines Verfügungsgrundes (Sicherungsinteresse) ein geringeres Gewicht als bei den „normalen" eV'en gemäß § 935/940 ZPO, vgl. B II 1 Rdn. 36 ff. Wenn aber insoweit eine Glaubhaftmachung nicht zu erfolgen braucht, so kann dieselbe auch nicht fehlen, so daß für eine kompensierende Sicherheitsleistung kein Raum ist[262]. Und auch der Verfügungsanspruch ist häufig weniger streitig als im nichtwettbewerbsrechtlichen eV-Verfahren[263]. Viel häufiger ist nicht der Sachverhalt zweifelhaft und umstritten, sondern die rechtliche Einordnung eines unstreitigen Sachverhalts. Da es in solchen Fällen aber nicht um Glaubhaftmachung, sondern um rechtliche Deduktion geht, ist auch hier für eine **Kompensation mangelnder Glaubhaftmachung** kein Raum. Gleichwohl erscheint es zweifelhaft, ob es der Rechtslage entspricht, daß nur in sehr geringem Umfang im Rahmen des Wettbewerb-eV-Verfahrens von der Anordnung einer Sicherheitsleistung durch den Verfügungsgläubiger Gebrauch gemacht wird. Zum einen kann im tatsächlichen Bereich eine Beurteilung zweifelhaft sein, ob z. B. der Verkehr die streitige Werbeaussage so auffaßt, wie dies die eine oder die andere Partei oder das Gericht annimmt. Zum anderen sieht § 921 Abs. 2 Satz 2 ZPO die Möglichkeit einer Sicherheitsleistung gerade auch für den Fall vor, daß Verfügungsgrund und -anspruch glaubhaft gemacht sind. In diesem Fall ist die Sicherheitsleistung gerade als **Ausgleich für die unsichere Beurteilung der Rechtslage** vorgesehen. Es soll dann das Risiko vermindert werden, daß sich die einstweilige Verfügung später als zu Unrecht erlassen erweist, und zwar nicht aus tatsächlichen sondern aus rechtlichen Gründen. In allen Fällen, in denen sich der geltend gemachte Anspruch nicht als „Selbstgänger" darstellt, insbesondere aber bei der **Vollstreckung aus der eV große Werte auf Seiten des Verfügungsschuldners betroffen** sind[264], sollte das Gericht über die Frage einer Sicherheitsleistung reflektieren[265]. Durch deren Anordnung kann das Risiko einer späteren etwa abweichenden gerichtlichen Entscheidung im eV- oder Hauptklageverfahren eher in Kauf genommen werden, so daß nicht bei jedem verbleibenden Zweifel von dem Erlaß der beantragten eV Abstand genommen werden muß[266]. Damit soll keineswegs dem leichtfertigen Erlaß von eV-Beschlüssen oder Urteilen das Wort geredet werden, jedoch kann die Sicherheitsleistung ein **Mittel** sein, um **zweifelnde** Zaghaftigkeit zu **überwinden**, insbesondere da im eV-Verfahren in jedem Fall dem Gericht eine rasche Entscheidung abverlangt wird. Wenn man insbesondere bedenkt, daß bei erstinstanzlich verurteilenden Hauptklage-Unterlassungsentscheidungen die vorläufige Vollstreckung stets nur nach Sicherheitsleistung erfolgt – der Fall des § 708 Ziffer 11 ZPO wird bei einem wettbewerbsrechtlichen Unterlassungsurteil so gut wie nie vorliegen –, das Gericht dort aber die Sache eingehender erörtern und Beweis erheben konnte, ist nicht rechtlich verständlich, warum im eV-Verfahren vom

---

262 So *Baumbach/Hefermehl* § 25 Rdn. 6.

263 Beispiel einer Sicherheitsleistung wegen nicht hinreichend glaubhaften Sachverhaltsvortrags bei OLG Stuttgart NJW-RR 1989, 1535.

264 Vgl. dazu KG NJW-RR 1986, 1127 (Vollziehung einer eV, mit welcher Produktion oder Vertrieb eines Erzeugnisses – und nicht nur also eine werbliche Begleiterscheinung – verboten wird, sei stets von einer Sicherheitsleistung abhängig zu machen); vgl. auch KG WRP 1984, 476; OLG München GRUR 1988, 709, 710 f; OLG Hamm WRP 1989, 116, 118.

265 Vgl. *Ulrich* GRUR 1991, 26, 30; *Melullis* Rdn. 109.

266 Durchaus erwägenswert erscheint die Auffassung KG WRP 1981, 275, daß das Nicht-Kartellgericht eV'en mit kartellrechtlichen Vorfragen erlassen (statt die Verfahren auszusetzen, vgl. dazu II 3 Rdn. 101) kann, wenn deren Vollziehung von einer Sicherheitsleistung abhängig gemacht wird.

Mittel der Sicherheitsleistung nicht häufiger als bisher in der Praxis üblich Gebrauch gemacht wird.

Wenn das Gericht sich für eine Sicherheitsleistung des Verfügungsgläubigers entscheidet, kann es entweder die **Anordnung** der eV von einer Sicherheitsleistung abhängig machen, also den eV-Beschluß dem Verfügungsgläubiger erst gemäß § 929 Abs. 2 ZPO zustellen, wenn er die Sicherheit – regelmäßig eine Bankbürgschaft – geleistet hat. Diese Möglichkeit kommt allerdings nur bei einem eV-Beschluß, nicht aber bei einem Urteil in Betracht, weil die Verkündung eines Urteils nicht von einer vorherigen Sicherheitsleistung des Verfügungsgläubigers abhängig gemacht werden kann. Oder das Gericht kann die **Vollziehbarkeit** des eV-Beschlusses oder -Urteils daran knüpfen, daß zuvor dem Verfügungsgläubiger Sicherheit geleistet wurde[267]. Diese Sicherheit muß dann innerhalb der Vollziehungsfrist des § 929 Abs. 2 ZPO geleistet sein[268], wobei es der Anordnung einer Sicherheitsleistung nicht entgegensteht, wenn bei Erlaß der eV voraussehbar erscheint, daß der Verfügungsgläubiger die Sicherheit nicht wird leisten können[269]. Dies ist dann sein Risiko der späteren Aufhebung der eV mangels Vollziehung, vgl. E IX 3 b Rdn. 254. **106**

Die **Höhe** der vom Verfügungsgläubiger zu leistenden Sicherheit hängt davon ab, wie hoch der Schaden des Verfügungsschuldners zu veranschlagen ist, wenn später die eV sich als ungerechtfertigt erweist oder wegen Nichterhebung der Hauptklage durch den Verfügungsgläubiger im Rahmen des § 926 aufgehoben wird, § 945 ZPO. Dieser **Schaden** kann im Zeitpunkt der Anordnung der Sicherheitsleistung in aller Regel nur **geschätzt** werden[270]. Auf die Leistungsfähigkeit des Verfügungsgläubigers als Schuldner einer Schadensersatzzahlung gemäß § 945 ZPO kann dabei Rücksicht genommen werden, so daß also bei einem „wohl situierten" Verfügungsgläubiger eine niedrigere Sicherheitsleistung angezeigt erscheinen kann als bei einem Verfügungsgläubiger mit schmaler finanzieller Basis[271]. **107**

---

[267] Vgl. *Melullis* Rdn. 109; *Zöller/Vollkommer* § 921 ZPO Rdn. 3, 4; *Stein/Jonas/Grunsky* § 921 ZPO Rdn. 10; *Ulrich* GRUR 1991, 26, 30.

[268] Vgl. *Pastor* WbProzeß S. 438. OLG Hamm WRP 1982, 609 ist der Auffassung, dies gelte nicht, wenn nur die Zwangsvollstreckung – nicht die Vollziehung – von einer Sicherheitsleistung abhängig gemacht werde. Hier genüge, wenn die Sicherheit erst im Rahmen des Ordnungsmittelantrags zugestellt werde. Das erscheint verfehlt; der Verfügungsschuldner wird sich an die eV halten, weil er ja nicht weiß, ob der Verfügungsgläubiger aus ihr vollstrecken wird, nachdem er zuvor Sicherheit geleistet haben wird. Deswegen besteht für den Verfügungsgläubiger kein Anlaß, aus der eV gegen den Verfügungsschuldner zu vollstrecken, so daß dann auch keine Sicherheit geleistet werden müßte. Der Zweck der Sicherheitsleistung, dem Verfügungsschuldner eine Sicherheit für seinen etwaigen Schadensersatz gemäß § 945 ZPO zu bieten, würde bei dieser Auffassung gerade verfehlt.

[269] Vgl. OLG Köln MDR 1989, 920. Bedenklich OLG Frankfurt GRUR 1992, 212, falls man aus dieser Entscheidung, von der nur der Leitsatz mitgeteilt ist, schließen soll, daß die Sicherheitsleistung nur dann angeordnet werden dürfe, wenn der Verfügungsgläubiger sie auch erbringen kann.

[270] Dabei ist es unangemessen, die Sicherheitsleistung nach der Höhe des – häufig vom Verfügungsgläubiger aus Kosteninteresse zu niedrig angegebenen – Gegenstandswertes zu bestimmen, wie dies häufig in der Praxis zu beobachten ist. Denn der Schaden des Verfügungsschuldners kann möglicherweise deutlich höher sein als das Verbotsinteresse des Verfügungsgläubigers. Insbesondere bei Wettbewerbsverbänden als Verfügungsgläubiger, bei denen die Gegenstandswerte häufig besonders niedrig angesetzt werden, weil diese kein eigenes wirtschaftliches Verbotsinteresse haben, ist diese Diskrepanz zu beachten, vgl. dazu *Borck* WRP 1977, 556, 559. Wenn man den in der Praxis üblichen Einfluß des Streitwerts auf die Höhe der Sicherheitsleistung berücksichtigt, ist die Anregung des BezG Dresden GRUR 1991, 941, den Streitwert nach dem höheren der beiden Interessen der Beteiligten Parteien zu bemessen, durchaus erwägenswert; hiergegen jedoch entschieden *Teplitzky*[6] Kap. 49 Rdn. 7 u. *Gloy* in seiner Anm. zur Entscheidung in EWiR 1991, 1241, 1242.

[271] Vgl. OLG Hamm WRP 1989, 116.

4. Sequestration

108 Neben dem Unterlassungsgebot kann auch eine Sequestration in Betracht kommen, § 938 Abs. 2 ZPO, also eine Sicherstellung derjenigen Gegenstände, in welchen sich das verbotene wettbewerbswidrige Verhalten des Verfügungsschuldners manifestiert[272], soweit ein im Hauptklageverfahren verfolgbarer Vernichtungsanspruch hinsichtlich dieser Gegenstände glaubhaft gemacht wird[273]. Da die eV nur auf Sicherung, nicht aber auf endgültige Entscheidung gerichtet ist, darf dagegen **Unbrauchbarmachung** oder gar **Vernichtung** dieser Gegenstände **nicht angeordnet** werden. Die Sequestration geschieht durch Wegnahme der im Tenor genau zu bezeichnenden Gegenstände durch eine vom Gericht auf Antrag des Verfügungsgläubigers genannte vertrauenswürdige Person – regelmäßig ein Gerichtsvollzieher[274] –, die sie in Verwahrung nimmt, bis die Sequestration durch Aufhebung des Titels oder Vereinbarung zwischen den Parteien des Rechtsstreits oder eine endgültige gerichtliche Entscheidung im Hauptklageverfahren über die sequestrierten Gegenstände beendet wird. Vorsicht ist indessen bei jeder Sequestrationsanordnung geboten: Es kommen dafür nur solche Gegenstände in Betracht, die ihrem Wesen nach nicht in einer Weise bearbeitet werden können, daß sie in nicht wettbewerbswidriger Weise weiter verwendet werden können. Es dürfen also z. B. nicht ganze Kataloge, bei denen nur eine Seite wettbewerbswidrig ist, oder komplette Firmenunterlagen, die mit einer neuen zulässigen Firmierung überklebt werden können, oder verpackte Gegenstände, die umgepackt werden können, nur der Verpackung wegen sichergestellt werden[275]. Würde man dem Verfügungsschuldner all diese Gegenstände entziehen, würde man ihm die Möglichkeit nehmen, **in mildester und kostensparendster Weise** das Verbot wettbewerbswidrigen Verhaltens zu beachten und in seinem Unternehmen umzusetzen. Wegen dieser **Gefahr der Sequestration**[276] ist bei ihrer Anordnung ganz besonders darüber nachzudenken, ob vor ihrer Vollziehung seitens des Verfügungsgläubigers Sicherheit geleistet werden sollte.

109 Wenn sich die sicherzustellenden gemäß der eV als wettbewerbswidrig anzusehenden Gegenstände im Gewahrsam eines **Dritten** befinden, kann die Wegnahme bei dieser Person angeordnet werden, §§ 936, 929 Abs. 1 und Abs. 3 ZPO.

5. Gebotstenor

110 Ein gegenüber dem Verfügungsschuldner auszusprechendes **Gebot zu einem bestimmten Handeln** kommt nur dann in Betracht, wenn dies **nicht auf eine endgültige**

---

[272] Vgl. OLG Stuttgart NJW 1969, 1721; OLG Hamburg WRP 1978, 148; WRP 1982, 668; OLG Nürnberg WRP 1981, 341; OLG Frankfurt GRUR 1983, 753; *Teplitzky*[6] Kap. 41 Rdn. 30 f; *Melullis* Rdn. 93; *Zöller/Vollkommer* § 938 ZPO Rdn. 7.

[273] Vgl. OLG Stuttgart GRUR 1970, 186. Vgl. dazu auch § 25 a WZG, 98 URG, 140 a PatG, die die Vernichtung der rechtswidrig hergestellten oder verbreiteten Gegenstände vorsehen; dem entspricht im eV-Verfahren die Sequestration, vgl. *Wild* in *Schricker* § 98 UrhG Rdn. 13.

[274] Da die Verwahrung nicht zu den gesetzlich geregelten und im GvKostG honorierten Tätigkeiten eines Gerichtsvollziehers gehört, muß der Verfügungsgläubiger mit dem Gerichtsvollzieher, wenn er einen solchen als Sequester benennt, eine Honorar-Sondervereinbarung treffen, um die angeordnete Sequestration vollziehen zu können. Bestellt und überwacht wird der Sequester allerdings vom Gericht, und er übt seine Tätigkeit auch nicht als Auftragnehmer, sondern als Partei kraft Amtes aus, vgl. *Zöller/Vollkommer* § 938 ZPO Rdn. 9 u. 11.

[275] Vgl. *Pastor* WbProzeß S. 412; *Baumbach/Hefermehl* § 25 Rdn. 29.

[276] Im Hinblick hierauf ist es auch keineswegs gerechtfertigt, die Sequestration etwa für jede Unterlassungs-eV aus gewerblichen Schutzrechten mehr oder weniger regelmäßig mit anzuordnen; vielmehr bedarf es einer gesonderten Glaubhaftmachung der Umstände, die die Sequestration geboten erscheinen lassen, durch den Verfügungsgläubiger; a. A. *Wild* in *Schricker* § 98 UrhG Rdn. 13.

Befriedigung des Verfügungsgläubigers ausgerichtet ist[277] oder wenn eine besondere Notlage des Verfügungsgläubigers es rechtfertigt, dem Verfügungsschuldner möglicherweise zeitlich beschränkte z. B. bis zu einem erstinstanzlichen Urteil in der schon anhängigen Hauptklage wirkende Maßnahmen aufzuerlegen, die später ohne nennenswerte Folgen wieder beseitigt werden können, z. B. ein Belieferungsgebot[278]. In die **unternehmerische Freiheit des Verfügungsschuldners**, wie er dem Verbot der eV Rechnung trägt, darf grundsätzlich nicht durch Gebote, die eine Auswahl aus den dem Verfügungsschuldner zur Verfügung stehenden Alternativen treffen, eingegriffen werden. Es darf also z. B. dem Verfügungsschuldner nicht geboten werden, dem Verbotstenor entsprechende irreführende Angaben in einer bestimmten Weise abzuändern, Katalogseiten oder wettbewerbswidrige Produkte, wie vom Verfügungsgläubiger vorgeschlagen und vom Gericht als angemessen angesehen, umzugestalten[279]. Es ist vielmehr seiner unternehmerischen Entscheidungsfreiheit überlassen, ob er diejenigen Gegenstände, die in ihrer konkreten Gestaltung durch die Verbots-eV betroffen sind, ändert, sie zurückhält, vernichtet, an den Verfügungsgläubiger oder mit dessen Zustimmung an einen Dritten verkauft etc.

Denkbar sind Gebotsverfügungen, um dem Verfügungsschuldner den **Umfang des Verbotstenors zu verdeutlichen**[280]. Denn das gerichtliche Verbot kann durch reines Unterlassen möglicherweise gar nicht realisiert werden. Ist z. B. eine ganze Anzeigenserie bestellt worden, kann es der Verfügungsschuldner nicht dabei bewenden lassen, einfach nichts zu tun, also im wahrsten Sinne des Wortes zu unterlassen. Vielmehr muß er nach einer Verbots-eV, die diese Werbung betrifft, sofort die Anzeigen abbestellen oder die nicht mehr abbestellbaren Anzeigen mit abgeändertem Inhalt versehen lassen. Oder er muß, wenn er seinen Vertragshändlern für deren Werbungsprospekte wettbewerbswidrige Druckvorlagen übersandt hat, diese zurückbeordern oder den Händlern jedenfalls Nachricht geben, daß sie diese Druckvorlagen nicht mehr verwenden dürfen[281]. Häufig ist für den Verfügungsschuldner – auch unter Zuhilfenahme **111**

[277] Vgl. dazu *Teplitzky* WRP 1984, 365, 367. Streitig ist insbesondere die Frage, ob der Verfügungsschuldner mittels eV zu einem Widerruf verurteilt werden darf. Diese im Wettbewerbsrecht kaum praktische, dagegen im Presserecht und auf dem Gebiet des allgemeinen Persönlichkeitsrechts wichtige Frage ist mit der herrschenden Meinung für den Regelfall zu verneinen, vgl. *Teplitzky*[6] Kap. 54 Rdn. 11 u. 12 m. Nachw.; für einen Sonderfall bejahend OLG Stuttgart WRP 1989, 202 (weil angeblich Widerruf im dortigen Fall leicht rückgängig gemacht werden konnte).

[278] Vgl. dazu *Melullis* Rdn. 75; OLG Karlsruhe GRUR 1980, 811; in solchem Fall will OLG Stuttgart Entsch. v. 3. 8. 1984, zit. bei *Traub* S. 400, 401 sogar eine Vollstreckung der eV gemäß § 894 ZPO zulassen, um den im Wege der eV gebotenen Vertragsabschluß zur Durchführung zu bringen. Unklar ist allerdings, was denn der auf diese Weise kontrahierte Vertrag dem Verfügungsgläubiger in der Praxis wohl hilft, zumal der Verfügungsschuldner auch noch Preise und Konditionen festzusetzen hat, welche zu bestimmen das OLG Stuttgart im Tenor dem Verfügungsschuldner auferlegt hat.

[279] Bedenklich daher insoweit LG Frankfurt GRUR 1991, 401, falls die Entscheidung so zu verstehen ist, dem Verfügungsschuldner sei ein bestimmter Wortlaut einer Benachrichtigungskarte an seine Kunden vorgeschrieben worden.

[280] Es mag sein – wie *Teplitzky*[6] Kap. 54 Rdn. 21 Fn. 60 (allerdings in anderem rechtlichen Zusammenhang) meint –, daß ein Bedürfnis für ein solches Gebot in der Regel nicht bestehe. Gleichwohl erweist sich eine solche klarstellende Tenorierung häufig als verdeutlichend. So auch *Nirk/Kurtze* Rdn. 223 m. w. N.

[281] Vgl. OLG Köln WRP 1980, 168; OLG Frankfurt WRP 1980, 724; GRUR 1989, 74; GRUR 1989, 298; GRUR 1989, 370; GRUR 1992, 185; OLG Düsseldorf Entsch. v. 16. 1. 1986, zit. bei *Traub* S. 92; OLG Koblenz GRUR 1987, 730; OLG Zweibrücken WRP 1989, 63; OLG Hamburg WRP 1989, 402; GRUR 1989, 150. Vgl. auch BGH GRUR 1977, 614 ff – Gebäudefassung –, wo der Beseitigungsanspruch wie ein Unterlassungsanspruch behandelt wird, weil „die Nichtbeseitigung gleichbedeutend mit der Fortsetzung der Verletzungshandlung wäre". Dementsprechend decke sich der geltend gemachte Hauptanspruch (auf Beseitigung) mit dem Unterlassungsanspruch. Diesen Gedanken wird man auch für das eV-Verfahren anwenden können.

anwaltlicher Beratung – nicht eindeutig, welches Handeln ihm durch einen Verbotstenor, der dem Wortlaut nur auf ein Unterlassen gerichtet ist, abverlangt wird, wann er also durch Nicht-Handeln gegen das Verbot verstößt[282]. Es erscheint daher hilfreich, wenn das Gericht dem Verfügungsschuldner ergänzend deutlich macht, welche bereits bei Erlaß der eV voraussehbaren **Verhaltenspflichten** es als inzident im Unterlassungsgebot enthalten ansehen wird. Das sind diejenigen Verhaltenspflichten, bei deren Nichterfüllung es als Vollstreckungsgericht gemäß § 890 ZPO auf entsprechenden Antrag des Verfügungsgläubigers ein Ordnungsmittelverfahren einleiten würde[283]. Eine solche **ihrem Wesen nach klarstellende Verhaltens-Gebots-Tenorierung** als Auslegungshilfe für das Unterlassungsgebot kann allerdings gemäß § 308 Abs. 1 ZPO nur auf entsprechenden Antrag des Verfügungsgläubigers ergehen, weil durch die **selbständige Gebots-Tenorierung** neben der Vollstreckung gemäß § 890 ZPO dem Verfügungsgläubiger **Vollstreckungsmöglichkeiten gemäß § 887 ff ZPO** eröffnet werden[284], die gerade wegen der Möglichkeit der Ersatzvornahme gemäß § 887 ZPO oft durchschlagenderen Erfolg bringen als die Unterlassungs-Vollstreckung gemäß § 890 ZPO mit der Beschränkung auf das Ordnungsmittelverfahren. Erwirkt zum Beispiel der Verfügungsgläubiger eine eV, durch die es dem Verfügungsschuldner verboten wird, bestimmte Plakate auszuhändigen, so erfolgt die Vollstreckung wenn der Verfügungsschuldner dem Verbot nicht nachkommt und die Plakate hängen läßt, ausschließlich gemäß § 890 ZPO, also nach dem üblichen Zeitverlauf nach Ablauf der Vertragsdauer für die Anmietung der Plakatfläche durch ein gerichtlich festgesetztes Ordnungsgeld. Kann dagegen der Verfügungsgläubiger ein gerichtliches Gebot im Wege der eV erwirken, daß der Verfügungsschuldner die Plakate – dem dogmatischen Grundsatz nach in Auslegung des Unterlassungsgebots – zu überkleben hat und geschieht dies nicht innerhalb einer kurz bemessenen Zeit nach Stellung der eV, so kann gemäß § 887 ZPO dieses Überkleben des wettbewerbswidrigen Teils des Plakates oder des Plakates in seiner Gesamtheit durch einen Dritten erfolgen[285]. Eine **Vollstreckung im Wege der Ersatzvornahme gemäß § 887 ZPO** dürfte dagegen dann nicht in Betracht kommen, wenn die Handlung gegenüber Dritten vorzunehmen ist (z. B. Rückruf von Werbungsmaterial bei Kunden): Wenn in solchem Falle wirksam Ersatzvornahme betrieben werden sollte, müßte nämlich derjenige, der die Ersatzvornahme betreibt, auf die eV hinweisen, um seine

---

[282] Vgl. *Jestaedt* Vor § 13 Rdn. 26 ff in diesem Kommentar. Das BVerfG hat gleichwohl mit Beschluß der 3. Kammer des zweiten Senats eine Bestrafung aus einem Unterlassungstenor für nicht verfassungswidrig gehalten, wenn der Schuldner angemessenen Handlungspflichten nicht nachkommt, Beschluß vom 8. 5. 1991, Aktenzeichen 2 BvR 1654/90.

[283] Hierzu wird auf die eingehend erörterten Verhaltenspflichten aufgrund Unterlassungsgeboten bei *Jestaedt* aaO verwiesen.

[284] Zur Abgrenzung der Vollstreckung aus §§ 887/888 ZPO einerseits und § 890 ZPO andererseits wird verwiesen auf *Jestaedt* Vor § 13 E Rdn. 2 ff, 94 in diesem Kommentar, sowie auf *Teplitzky* WRP 1984, 365. Zweifelhaft ist, ob es sinnvoll ist – wie LG Frankfurt GRUR 1991, 401 dies tenoriert hat –, eine Gebotsverfügung, unverzüglich Benachrichtigungskarten an die Kunden zu versenden, mit der Ordnungsmittelandrohung gemäß § 890 ZPO „für den Fall der Nichtvornahme" zu verbinden.

[285] Soweit ersichtlich, wird in der Praxis von dieser Möglichkeit eine die Verhaltenspflichten aufgrund Unterlassungsgebots verselbständigenden Handlungs-Gebots-Verfügung mit den Vollstreckungsmöglichkeiten aus §§ 887 f bisher kaum Gebrauch gemacht. Auch das LG Frankfurt, welches sehr weitgehend Gebots-Weisungen in Unterlassungs-eV'en sieht (vgl. Fn. 279), scheint für die Vollstrekkung an § 887 ZPO noch nicht zu denken (allerdings scheint ein entsprechender Antrag, der einen Zwang zur Entscheidung bewirkt hätte, auch noch nicht vorgelegen zu haben). So würde es dem Verfügungsgläubiger z. B. im Falle der Messe-eV, mit welcher dem Verfügungsschuldner das weitere Anbieten einer Maschine verboten worden ist, sicherlich mehr nützen, wenn die Maschine tatsächlich – aufgrund einer Gebotstenorierung – gemäß § 887 ZPO durch einen Dritten verhüllt werden würde, als nach Abschluß der Messe ein Ordnungsgeld zu erwirken.

Legitimation gegenüber den Adressaten seines Handelns, welches dem an den Verfügungsschuldner gerichteten Gebot des Gerichts folgt, deutlich machen zu können. Dies aber würde den Anschein der Endgültigkeit bei dem Dritten erwecken und damit in aller Regel den Rahmen einer nur auf Sicherung gerichteten eV sprengen[286].

6. Aufbrauchsfrist

Bei vertraglichen Vereinbarungen zwischen einem Wettbewerbsverletzer und einem 112
den Wettbewerbsverstoß angreifenden Konkurrenten bzw. Verband iS des § 13 Abs. 2 u. 3 UWG in vorgerichtlicher Abmahnungskorrespondenz oder in Vergleichsvereinbarungen zur Beendigung eines gerichtlichen Verfahrens ist es üblich – und es kann sogar als regelmäßiger Inhalt derartiger Vereinbarungen angesehen werden –, dem Wettbewerbsverletzer eine Aufbrauchsfrist einzuräumen, wenn er sich bei Vermeidung einer angemessenen Vertragsstrafe verpflichtet, nach Ablauf dieser Frist die beanstandete Wettbewerbshandlung zu unterlassen. Diese Aufbrauchsfrist kann – je nach Inhalt der Vereinbarung – entweder nur das schon produzierte wettbewerbswidrige Material betreffen oder dem Schuldner auch das Recht einräumen, zur Aufrechterhaltung seines Betriebes bis zur Umstellung oder zur Auslieferung an Kunden aufgrund bereits abgeschlossener Verträge wettbewerbswidriges Material nachzuproduzieren. Ist eine solche Aufbrauchs-, Umstellungs- oder Beseitigungsfrist aber **regelmäßiger Inhalt von Wettbewerbsvereinbarungen** im Wirtschaftsgeschehen, und wird sie auch von Gerichten in gerichtlichen Vergleichsvereinbarungen – und zwar regelmäßig auch in eV-Verfahren – häufig protokolliert bzw. in Unterlassungsurteilen – und zwar auch noch in der Revisionsinstanz – tenoriert[287], ist kein Grund ersichtlich, warum nicht das Gericht auch im eV-Verfahren, von sich aus oder auf einen Antrag des Verfügungsschuldners, sei es aufgrund Schutzschrift oder Einlassung im Erlaß- oder Widerspruchsverfahren, sei es aufgrund Haupt- oder Hilfsantrag[288], eine solche Aufbrauchsfrist festlegen kann[289]. Es ist nämlich zu berücksichtigen: Es gibt nicht selten die Situation, daß der Verfügungsschuldner nur deswegen Rechtsmittel gegen eine einstweilige Verfügung einlegt oder auch schon im Vorfeld sämtliche prozeßverschleppenden „Tricks"

[286] Dieselbe Überlegung wird bei OLG Hamburg GRUR 1986, 564 maßgeblich gewesen sein, einen eV-Antrag für unzulässig zu halten, mit dem der Verfügungsgläubiger erreichen wollte, daß der Verfügungsschuldner alle Vertriebspartner auf die eV hinweist und ihnen empfiehlt, alle noch nicht verkauften Exemplare einer streitgegenständlichen Broschüre an den Verfügungsschuldner zurückzugeben.

[287] Vgl. dazu BGH GRUR 1960, 563 – Sektwerbung; GRUR 1966, 495 – Uniplast; GRUR 1974, 735 – Pharmamedan; GRUR 1977, 614 – Gebäudefassade; GRUR 1985, 930 – JuS-Steuerberatungsgesellschaft; BGH GRUR 1990, 522 – HBV-Familien- und Wohnungsrechtsschutz; vgl. eingehend *Jacobs* Vor § 13 D Rdn. 175 ff in diesem Kommentar; *Teplitzky*[6] Kap. 19 Rdn. 20 u. Kap. 57 Rdn. 17–23; *Ulrich* GRUR 1991, 26; *Kisseler* WRP 1991, 691.

[288] Vgl. BGH GRUR 1982, 420 – BBC/DDC; GRUR 1985, 930 – JuS-Steuerberatungsgesetz; *Ulrich* GRUR 1991, 26, 27; *Teplitzky*[6] Kap. 57 Rdn. 19.

[289] OLG Stuttgart WRP 1989, 832; OLG Düsseldorf Entsch. v. 16. 10. 1985, zit. bei *Traub* S. 93; *Teplitzky*[6] Kap. 57 Rdn. 23, der allerdings auch auf die im Regelfall gegebene Unvereinbarkeit mit dem Dringlichkeitserfordernis hinweist; *Ulrich* GRUR 1991, 26, 29; *Ahrens* S. 56; Hdb WbR/*Samwer* § 73 Rdn. 17 u. Nachtrag zu § 73 unter 2; *Ehlers* GRUR 1967, 77, 81. Dagegen OLG München WRP 1967, 32; OLG Frankfurt GRUR 1988, 46; GRUR 1989, 456; OLG Düsseldorf Entsch. v. 16. 10. 1985, zit. bei *Traub* S. 93; *Baumbach/Hefermehl* § 25 Rdn. 30 u. Einl. UWG Rdn. 487. Einschränkend auch KG WRP 1971, 426; OLG Koblenz WRP 1991, 599; *Pastor* WbProzeß S. 423: Aufbrauchsfrist ja, aber nur bei endgültiger Hinnahme der eV-Entscheidung durch Verfügungsschuldner. Das würde also im Ergebnis dann stets auf eine Unterwerfung in Form eines Vergleiches hinauslaufen und die Zuerkennung einer Aufbrauchsfrist im eV-Beschluß oder -Urteil verhindern.

anzuwenden versucht – unter Umständen sogar gegen eine einstweilige Verfügung verstößt, weil er das Risiko eines Ordnungsgeldes geringer einstuft als den betrieblichen Verlust bei Abbruch seiner Kundenbeziehungen oder einer aufwendigen Werbemaßnahme[290] –, nur deswegen, weil er eine gewisse Zeit für die Umstellung benötigt. Er mag längst akzeptiert haben, daß sein Verhalten wettbewerbswidrig ist, jedenfalls durchaus bereit sein, es dauerhaft zu ändern. Es ist nicht einzusehen, warum das Gericht zur Sicherung des Rechtsfriedens nicht in Ansehung oder Vorausahnung einer solchen Situation ein **Verbot mit Erlaubnisvorbehalt für eine Übergangszeit** soll aussprechen können[291]. Allerdings muß sich die gerichtliche Einräumung einer Umstellungs- bzw. Aufbrauchsfrist gerade im eV-Verfahren auf **Ausnahmefälle** beschränken, darf also nicht etwa zur Regel werden[292]. Im Einzelfall ist stets eine **Interessenabwägung** vorzunehmen, wobei im Grundsatz das Unterlassungsinteresse regelmäßig das dominierende ist. Auch **subjektive Elemente** – z. B. aus früheren Verfahren gekannte besondere Böswilligkeit des Verfügungsschuldners – rechtfertigt natürlich weniger eine Aufbrauchsfrist als eine Situation, in die der Verfügungsschuldner versehentlich und möglicherweise z. B. aufgrund falscher Beratung geraten ist – können dabei Berücksichtigung finden. Über die **Länge der Frist** kann nichts Generalisierendes gesagt werden; dafür sind die Umstände des Einzelfalles zu sehr alleiniges Beurteilungskriterium.

113 Das gegen eine solche Aufbrauchsfrist vorgebrachte **Bedenken**, das Gericht dürfe nicht sehenden Auges durch Einräumung einer solchen Frist erkanntes Wettbewerbs-Unrecht in einem Verfahren, in welchem es um schnelle Unterlassung von Wettbewerbswidrigkeiten gehen soll, legitimieren[293], ist zwar dogmatisch zutreffend, vermag aber gleichwohl in denjenigen Ausnahmefällen, in denen einer Aufbrauchsfrist gemäß Rdn. 112 das Wort geredet wird, nicht zu überzeugen: Zum einen überläßt es die Rechtsordnung mit der Vollstreckung der eV ohnehin dem Verfügungsgläubiger, ob er das „scharfe Schwert“, als welches sich die eV theoretisch darstellt, auch praktisch umsetzt; und die Rechtsordnung hat mit dem wenig schneidigen Ordnungsmittelverfahren des § 890 ZPO als Reaktion auf Verstöße gegen das Unterlassungsgebot nicht viel dazu beigetragen, daß das Urteil auch tatsächlich augenblicklich in die Tat umgesetzt werden kann. Zum anderen: Bei der späteren Vollstreckung der eV gemäß § 890 ZPO kann das Gericht ohnehin mit einem Vollstreckungsaufschub-Antrag des Verfügungsschuldners gemäß § 765 a ZPO konfrontiert werden, der seinerseits im Ergebnis dann eine Aufbrauchsfrist zur Folge hat, wenn das Gericht ihm stattgibt[294]. Dementspre-

---

290 Zutreffend weist *Nieder* WRP 1976, 289 auf solche durchaus üblichen Kalkulationen und Abwägungen zwischen Vorteil und Sanktionen hin.

291 Wenn man bedenkt, daß nach Auffassung einer ganzen Reihe von Oberlandesgerichten die Vollstreckung aus einem gerichtlichen Verbot rückwirkend unzulässig wird, wenn sich die Parteien nachträglich auf eine vertragliche Unterlassungsvereinbarung mit Vertragsstrafeversprechen geeinigt haben, also die (stillschweigende) Aufbrauchsfrist kraft Vollstreckungsverbot eintritt – vgl. *Nieder* WRP 1976, 289 sowie *Jestaedt* Vor § 13 E Rdn. 45 ff in diesem Kommentar und die dort eingehend behandelten Rechtsbehelfe sowie dazu neuerdings eingehend *Ulrich* WRP 1992, 145, 147 ff – ist nicht einsehbar, warum nicht das Gericht von Anfang an eine entsprechende sinnvolle Übergangsregelung soll anordnen können.

292 Vgl. *Ulrich* GRUR 1991, 26, 28.

293 OLG Düsseldorf GRUR 1986, 197; *Baumbach/Hefermehl* § 25 Rdn. 30; *Ahrens* S. 56; *Borck* WRP 1967, 7, 10; *Nirk/Kurtze* Rdn. 293.

294 *Ulrich* GRUR 1991, 26, 27 f hat zwar Recht, daß § 765 a ZPO zunächst einen vollstreckungsfähigen Titel voraussetze, woran es gerade bei Gewährung einer Aufbrauchsfrist während dieser Frist fehle, so daß keine Vergleichbarkeit zwischen der Aufbrauchsfrist und § 765 a ZPO bestehe. Diese theoretische Betrachtung ändert aber an dem praktisch vergleichbaren Ergebnis nichts. Soweit die Auffassung vertreten wird, neben der Möglichkeit des Vollstreckungsschutzes gemäß § 765 a ZPO bedürfe

chend ergibt sich: Bei der Interessenabwägung des Gerichtes, ob es das Sicherungsinteresse des Verfügungsgläubigers auch annehmen soll, obwohl dieser möglicherweise das wettbewerbswidrige Verhalten des Verfügungsschuldners schon wochen- oder monatelang hingenommen hat (vgl. B II 2 a bis c Rdn. 42 ff), ob es mündliche Verhandlung anberaumen oder per Beschluß entscheiden soll (vgl. I 2 Rdn. 82 ff), ob es Sicherheitsleistung anordnet oder nicht (vgl. I 3 Rdn. 105), kann durchaus auch die Überlegung mit eine Rolle spielen, ob dem Verfügungsschuldner mit einer Aufbrauchsfrist geholfen werden kann, dafür aber dem Verfügungsgläubiger mit einer schnellen Entscheidung – z. B. ohne mündliche Verhandlung[295]. Im Ergebnis wird dann immer noch die wettbewerbswidrige Handlung eher beendet sein, als wenn man den Verfügungsgläubiger – etwa deswegen, weil er etwa sich mit einer Aufbrauchsfrist einverstanden erklärt oder gar sie selbst im Hinblick auf einen ihm unangemessen erscheinenden Umstellungsschaden beim Verfügungsschuldner beantragt hat, und weil es ihm deswegen nicht gar so sehr eilig erscheine – auf das Hauptklageverfahren verwiese.

7. Vorläufige Vollstreckbarkeit

Die einstweilige Verfügung ist **kraft ihrer Rechtsnatur ohne besonderen Ausspruch** 114
des Gerichts vollstreckbar – vorausgesetzt, das in aller Regel den Inhalt der eV bildende Unterlassungsgebot enthält die vorstehend Rdn. 104 behandelte Androhung gemäß § 890 ZPO[296]. Eine entsprechende Vollstreckbarkeitsanordnung im Urteil – erst recht im Sinne einer „vorläufigen Vollstreckbarkeit", wie dies gelegentlich in einstweiligen Verfügungen zu lesen ist – hat daher zu unterbleiben[297]. Die Vollstreckbarkeit bedeutet allerdings – bei Beschluß-eV'en ist dies unstreitig – keineswegs, daß sich der Verfügungsschuldner sofort an die eV zu halten hat, also ein Verstoß gegen das ausgesprochene Verbot sogleich dazu führt, daß er ein Ordnungsmittelverfahren riskiert. Vielmehr bedarf es bei Beschluß-eV'en dazu – im Gegensatz zu Urteilen im Hauptklageverfahren – der vorherigen Vollziehung durch den Verfügungsgläubiger, nämlich der Zustellung. Ob dies auch bei Urteils-eV'en gilt, also die Vollstreckbarkeit nicht nur von der Verkündung durch das Gericht, sondern auch von einem weiteren Vollziehungsakt des Verfügungsgläubigers abhängig ist, ist umstritten. Nach Auffassung des Verfassers ist dieses zusätzliche Vollziehungserfordernis für die Vollstreckbarkeit auch bei den Urteils-eV'en zu bejahen, vgl. D IV 2 Rdn. 157.

Wird der **eV-Antrag zurückgewiesen** oder eine ohne mündliche Verhandlung ergan- 115
gene eV im Widerspruchsverfahren wieder aufgehoben, ist die vorläufige Vollstreckbarkeit dieser Entscheidung wegen der Kosten (ohne Sicherheitsleistung) auszusprechen, § 708 Ziffer 6 ZPO. Bei einem Berufungs-Urteil, mit dem die durch das erstinstanzliche Gericht erlassene eV aufgehoben wird, bedarf es des Ausspruchs vorläufiger Vollstreckbarkeit nicht, weil dieses sofort formell rechtskräftig ist; die Revision ist im eV-Verfahren gemäß § 545 Abs. 2 ZPO ausgeschlossen.

---

es keiner Aufbrauchsfrist, hält dem *Ulrich* aaO S. 28 – dort auch Nachweise zur Gegenmeinung – zu Recht entgegen, durch die Aufbrauchsfrist erhalte der Schuldner gerade schon im Erkenntnisverfahren Sicherheit. Im übrigen kann man im eigentlichen Sinne von einer Legitimationswirkung der Aufbrauchsfrist gar nicht sprechen, da die Gewährung einer solchen den Schadensersatzanspruch des Verfügungsgläubigers wegen wettbewerbswidrigen Verhaltens des Verfügungsschuldners während dieser Frist nicht ausschließt, vgl. BGH GRUR 1974, 735 – Pharmamedan; OLG Karlsruhe WRP 1991, 595 u. die w. N. zu dieser hM bei *Teplitzky*[6] Kap. 57 Rdn. 18 in Fn. 39; a. A. allerdings *Jacobs* Vor § 13 D Rdn. 185 u. 242 in diesem Kommentar.

[295] Vgl. zur Schutzfunktion der Aufbrauchsfrist zugunsten des durch die eV häufig „überfallenen" Verfügungsschuldners *Ulrich* GRUR 1991, 26, 29.

[296] Vgl. dazu *Jestaedt* Vor § 13 E Rdn. 40 in diesem Kommentar.

[297] Vgl. *Melullis* Rdn. 109.

8. Kosten

116 Die Entscheidung enthält **stets einen Kostenausspruch**, da dieser notwendig ist, um die Kostenfestsetzung betreiben zu können. Gibt die einstweilige Verfügung dem Antrag statt, trägt der Verfügungsschuldner die Kosten; wird der Antrag zurückgewiesen, trägt sie der Verfügungsgläubiger[298]. Dies gilt unabhängig davon, ob das Gericht durch Beschluß oder Urteil entscheidet. Weicht das Gericht vom Antrag ab und erläßt es die einstweilige Verfügung nur in eingeschränktem Umfang – z. B. nur in einer konkret auf den Verletzungsfall bezogenen Form statt einer vom Verfügungsgläubiger gewünschten Verallgemeinerung des Verbots, vgl. dazu Rdn. 103 –, hat das Gericht gemäß § 92 ZPO die Kosten aufzuteilen. Dasselbe gilt, wenn über mehrere gestellte Anträge zum Teil stattgebend, zum Teil abweisend entschieden wird.

117 Keine Kostenquotierung findet zu Lasten des Verfügungsgläubigers statt, wenn das Gericht **statt** des beantragten **Beschlusses** ohne mündliche Verhandlung die eV erst nach mündlicher Verhandlung durch **Urteil** erläßt. Die Entscheidung des Gerichts, über den Antrag nach mündlicher Verhandlung zu urteilen, ist auch für den Verfügungsgläubiger nicht selbständig anfechtbar, vgl. Rdn. 95. Dagegen ist der Verfügungsgläubiger mit einem **Bruchteil der Kosten** zu belasten, wenn das Gericht den Erlaß oder die Vollziehung der eV von einer **Sicherheitsleistung** abhängig macht, die der Verfügungsgläubiger zu leisten aber nicht selbst beantragt hat, vgl. Rdn. 105 f. Darin liegt nämlich ein teilweises Unterliegen des Verfügungsgläubigers[299]. Eine Kostenquotierung ist auch vorzunehmen, wenn das Gericht dem Verfügungsschuldner ohne entsprechenden Antrag eine **Aufbrauchsfrist** einräumt[300], vgl. Rdn. 112 f.

118 **Einfluß mangelnder Abmahnung auf Kostenentscheidung der eV:** Im **eV-Beschluß** legt das Gericht die Kosten des Verfahrens dem unterlegenen Verfügungsschuldner auch dann auf, wenn das Gericht weiß, daß der Verfügungsschuldner nicht vorprozessual vom Verfügungsgläubiger **abgemahnt** worden ist. Denn die Obliegenheit, den Gegner vor Beantragung einer eV abzumahnen – vgl. dazu D I 1 Rdn. 129 –, hat nur dann kostenmäßige Auswirkungen zu Lasten des nicht abmahnenden Verfügungsgläubigers, wenn der Verfügungsschuldner den Unterlassungsanspruch, der durch eV gesichert ist, sofort anerkennt[301]. Das Gericht kann aber bei Erlaß der eV durch Beschluß nicht wissen, ob der Verfügungsschuldner die eV bzw. den ihr zugrunde liegenden Unterlassungsanspruch anerkennen wird, und es muß daher die Reaktion auf die eV dem Verfügungsschuldner im Widerspruchsverfahren gemäß § 924 ZPO überlassen, vgl. E III Rdn. 178 ff, insbesondere Rdn. 196 ff.

119 Im **eV-Urteilsverfahren** hat das Unterlassen einer vorherigen Abmahnung dagegen Folgen für die Kostenentscheidung, wenn der Verfügungsschuldner in der mündlichen

---

[298] Handelt es sich um einen abweisenden Beschluß, beschränkt sich dieser Ausspruch in aller Regel auf die Gerichtskosten. Wenn allerdings der Verfügungsschuldner vom Gericht angehört worden ist, sind aufgrund des Prozeßrechtsverhältnisses die insoweit dem Verfügungsschuldner entstandenen Kosten vom Verfügungsgläubiger zu erstatten, vgl. *Stein/Jonas/Grunsky* § 922 ZPO Rdn. 15; *Baumbach/Hefermehl* § 25 Rdn. 44. Hinsichtlich der Kosten der Schutzschrift vgl. E I 7 a Rdn. 174.

[299] OLG Stuttgart WRP 1982, 50; *Baumbach/Hefermehl* § 25 Rdn. 32 u. Einl. UWG Rdn. 487; *Ehlers* GRUR 1967, 77, 78.

[300] Vgl. *Baumbach/Hefermehl* Einl. UWG Rdn. 487; *Ulrich* GRUR 1991, 26, 27; dagegen BGH GRUR 1982, 425, 431 – Brillenselbstabgabestellen; undeutlich BGH GRUR 1974, 735, 737 – Pharmamedan; zur Problematik vgl. auch *Teplitzky*[6] Kap. 19 Rdn. 20.

[301] Es entspricht allgemeiner Auffassung der Gerichte, daß die Abmahnungslast nicht Prozeßvoraussetzung ist, vgl. *Kreft* Vor § 13 C Rdn. 5 in diesem Kommentar. Die frühere, z. B. von OLG Frankfurt GRUR 1955, 429, vertretene Auffassung, daß die vorherige Abmahnung Prozeßvoraussetzung für eine eV sei, ist nach den veröffentlichten Entscheidungen inzwischen von allen Gerichten aufgegeben, vgl. aber Rdn. 133; kritisch zu dieser früheren Rechtsprechung vgl. auch *Vogt* NJW 1980, 1499, 1500.

Verhandlung den Unterlassungsanspruch sofort anerkennt – also nicht erst, wenn er vom Gericht in mündlicher Erörterung eingehend belehrt worden ist, denn dann erfolgt das Anerkenntnis nicht mehr „sofort" vgl. E III 5 b Rdn. 196. Dann wird auf Antrag des Verfügungsgläubigers ein entsprechendes **Anerkenntnisurteil** ergehen, jedoch **mit der Kostenfolge aus § 93 ZPO**, also insoweit zu Lasten des mit dem eV-Antrag erfolgreichen Verfügungsgläubigers[302]. Gibt dagegen der Verfügungsschuldner, statt den geltend gemachten eV-Sicherungsanspruch oder den materiellen Unterlassungsanspruch des Verfügungsgläubigers in diesem Verfahrensstadium anzuerkennen, eine strafbewehrte Unterwerfungserklärung ab, vgl. C III 2 Rdn. 98, dann findet nach übereinstimmender Erledigungserklärung[303] der Parteien wegen Wegfalls der Wiederholungsgefahr im Rahmen der Kostenentscheidung gemäß § 91 a ZPO ebenfalls § 93 ZPO sinngemäß Anwendung. Das gilt sowohl für den Fall des/der endgültigen wie auch für den Fall des/der nur das eV-Verfahren erledigenden Anerkenntnisses/Unterwerfungserklärung, vgl. C II 2 Rdn. 98.

Nimmt der Verfügungsgläubiger den eV-Antrag **zurück** – sei es vor oder nach mündlicher Verhandlung[304] –, sind dem **Verfügungsgläubiger** gemäß **§ 269 Abs. 3 ZPO** die **Kosten des Verfahrens** aufzuerlegen[305, 306]. Da ein solcher Kostenausspruch zu Lasten des Verfügungsgläubigers einen Antrag des Verfügungsschuldners voraussetzt[307], kommt eine Kostenentscheidung gemäß § 269 Abs. 3 ZPO nicht in Betracht, wenn der Verfügungsschuldner keine Kenntnis von dem eV-Antrag erlangt. Hat der Verfügungsschuldner Kenntnis vom eV-Antrag durch den Verfügungsgläubiger – mit oder ohne förmliche Zustellung vgl. D IV 1 Rdn. 143 ff – erlangt, oder hat er eine Schutzvorschrift eingereicht, vgl. E 17 Rdn. 174 ff, oder ist er vom Gericht zur Stellungnahme im Rahmen des noch einseitigen Verfahrens aufgefordert worden, vgl. oben I 2 e Rdn. 90, so folgt der Anspruch auf eine Kostenentscheidung gemäß § 269 Abs. 3 ZPO aus dem so begründeten Prozeßrechtsverhältnis[308]. Allerdings gibt es – unabhängig davon, ob man mit der herrschenden Meinung **allein schon in dem Einreichen eines eV-Antrages die Begründung eines Prozeßrechtsverhältnisses sieht**[309] – für eine solche **120**

[302] Allg. Meinung; vgl. die Nachweise bei *Teplitzky*[6] Kap. 41 Rdn. 7 u. Fn. 16; über Ausnahmen von der Abmahnungslast des Verfügungsgläubigers s. Rdn. 130 f.

[303] Undeutlich ist, was *Baumbach/Hefermehl* § 25 Rdn. 47 b damit meinen, das eV-Verfahren müsse in dieser Situation für „vorläufig erledigt" erklärt werden. Es ist nämlich nicht „vorläufig", sondern endgültig erledigt.

[304] Letzterenfalls nur mit Zustimmung des Verfügungsschuldners, vgl. II 2 Rdn. 99.

[305] Als Grundsatz allgemeine Meinung; vgl. z. B.: OLG Hamburg WRP 1977, 495; OLG Frankfurt WRP 1982, 334; OLG Koblenz WRP 1982, 539; OLG Stuttgart Entsch. v. 29. 6. 1988, zit. bei *Traub* S. 400.

[306] Das gilt nicht, wenn die Rücknahme die Folge eines Vergleichs ist, in welchem die Parteien aber keine Kostenregelung getroffen haben. Dann gilt vielmehr § 98 ZPO, vgl. OLG Hamm Entsch. v. 23. 12. 1986, zit. bei *Traub* S. 188; jedoch nicht allg. M.; vgl. – abweichend für den Regelfall – MünchKommZPO/*Lüke* § 269 Rdn. 44; differenzierend *Zöller/Herget* § 98 Rdn. 6 mwN.

[307] Zu Recht läßt allerdings OLG Stuttgart Entsch. v. 29. 6. 1988, zit. bei *Traub* S. 400 eine Kostenaufteilung zwischen zugesprochenem und zurückgenommenem eV-Antrag auch ohne Antrag des Verfügungsschuldners zu, ermöglicht also insbesondere eine Kostenverquotung im Rahmen eines eV-Beschlusses. Dies entspricht auch der gängigen Praxis bei den übrigen großen Landgerichten.

[308] Vgl. OLG Hamburg WRP 1977, 495; WRP 1983, 586; WRP 1989, 737 (allerdings dann kein Antragsrecht, wenn beim Verfügungsschuldner offenkundig keine Kosten entstanden sind); OLG Stuttgart WRP 1979, 818; OLG Düsseldorf WRP 1981, 652; OLG Frankfurt WRP 1982, 334; OLG Koblenz WRP 1982, 539; OLG Karlsruhe WRP 1986, 352; *Teplitzky*[6] Kap. 55 Rdn. 56 f; *Melullis* Rdn. 75; *Baumbach/Hefermehl* § 25 Rdn. 52; *Klaka* GRUR 1979, 593, 599; a. A. OLG Düsseldorf WRP 1980, 561; *Borck* WRP 1978, 262; *Pastor* WbProzeß S. 125 ff.

[309] So die ganz überwiegende Auffassung in Literatur und Rechtsprechung; vgl. dazu die in Fn. 305 genannte Rechtsprechung sowie eingehend *Teplitzky* GRUR 1978, 405, 406; *Bülow* ZZP 98, 274, beide mwN; dagegen *Pastor* WRP 1972, 232, 235.

Kostenentscheidung dann keinen Anlaß, wenn ein eV-Antrag eingereicht und alsbald wegen vom Gericht geäußerter Bedenken zurückgenommen wird, ohne daß irgendeine Beteiligung des Verfügungsgläubigers aus der Gerichtsakte ersichtlich ist. Erfährt in einem solchen Fall der Verfügungsschuldner durch Zufall – etwa durch Versehen der Geschäftsstelle oder im Rahmen eines Hauptklageverfahrens – von dem zurückgenommenen eV-Antrag, und beantragt er nun, dem Verfügungsgläubiger gemäß § 269 Abs. 3 ZPO wegen Rücknahme des eV-Antrags die Kosten des eV-Verfahrens aufzuerlegen – die dann auf Seiten des Verfügungsschuldners regelmäßig in nichts anderem als den Kosten des eben diesen Antrag gemäß § 269 Abs. 3 stellenden Rechtsanwalts bestehen –, so ist dieser Antrag zurückzuweisen. Geht man mit der überwiegenden Meinung davon aus, daß bereits mit der Einreichung des eV-Antrags und ohne jede Beteiligung des Verfügungsschuldners am Verfahren ein Prozeßrechts-Verhältnis entstanden sei, so folgt dies Ergebnis daraus, daß jedenfalls mit der Rücknahme des eV-Antrags das Prozeßrechtsverhältnis wieder beendet ist, so daß der bis zur Rücknahme nicht beteiligte Verfügungsschuldner auch kein Antragsrecht gemäß § 269 Abs. 3 ZPO hat[310]; geht man mit der Mindermeinung davon aus, daß kein Prozeßrechtsverhältnis allein durch die Einreichung einer eV-Antragsschrift entsteht, dann fehlt es schon deswegen an einem Antragsrecht gemäß § 269 ZPO. Erfährt der Verfügungsschuldner durch den erörterten Zufall von dem eV-Antrag, bevor dieses endgültig ohne seine Beteiligung abgeschlossen gewesen ist – dieser Zeitraum kann u. U. außerordentlich lange sein, etwa dann, wenn der Verfügungsgläubiger nach einem den eV-Antrag zurückweisenden Beschluß der 1. Instanz keine (nicht fristgebundene, vgl. D III 1 Rdn. 138) Beschwerde einlegt, den Antrag aber auch nicht zurücknimmt –, kann er sich am Verfahren noch beteiligen (und damit nach der Mindermeinung zum Entstehen des Prozeßrechtsverhältnisses nunmehr ein solches begründen, während es nach der herrschenden Meinung noch fortbesteht) und dann natürlich bei nachfolgender Rücknahme des eV-Antrags durch den Verfügungsgläubiger den Kostenantrag gemäß § 269 Abs. 3 ZPO stellen.

9. Keine endgültigen Regelungen

121 Schadensersatz- und auf deren Vorbereitung ausgerichtete Auskunftsansprüche können in eV-Entscheidungen als endgültige Regelungen des Streitverhältnisses ebenso wenig zuerkannt werden wie Ansprüche auf Löschungen, Vernichtung, Unbrauchbarmachung[311]. Auch eine Veröffentlichungsbefugnis gemäß § 23 UWG kommt – entgegen der hM – nicht in Betracht, weil dies dem lediglich sichernden und also vorläufigen Charakter der einstweiligen Verfügung widerspricht[312].

---

[310] Dieses mangelnde Antragsrecht ist nicht davon abhängig, daß sich der Verfügungsschuldner in Unkenntnis über die Rücknahme des eV-Antrags befindet; so aber OLG Frankfurt WRP 1982, 334.

[311] OLG Hamburg WRP 1962, 369; OLG Celle WRP 1965, 237; KG GRUR 1988, 403; *Teplitzky*[6] Kap. 54 Rdn. 11; *Melullis* Rdn. 75, 93; *Pastor* WbProzeß S. 422; *Baumbach/Hefermehl* § 25 Rdn. 5 u. 29; a. A. OLG Stuttgart Entsch. v. 30. 1. u. 14. 6. 1978, zit. bei *Traub* S. 399 f (für einen Auskunftsanspruch). Soweit das OLG Düsseldorf in WRP 1983, 410 ff als Schadensersatz ein befristetes Belieferungsverbot als Naturalrestitution im eV-Verfahren erlassen hat und dabei die Bedenken gegen den auch von ihm geteilten Grundsatz, daß Schadensersatzansprüche nicht im Wege der eV durchgesetzt werden können, mit Rücksicht auf die dortige besondere Fallkonstellation zurückgestellt hat, handelt es sich gar nicht um einen Sonderfall, weil der Unterlassungsanspruch stets auch eine schadensmindernde Komponente enthält.

[312] Vgl. KG GRUR 1988, 403; *Melullis* Rdn. 75; anders die hM; vgl. RG GRUR 1938, 443, 447 – *Rippketta*; *Teplitzky* § 23 Rdn. 21 (mit weiteren Rechtsprechungsnachweisen in Fn. 18) und *Köhler* vor § 13 B Rdn. 188, beide in diesem Kommentar; *Baumbach/Hefermehl* § 25 Rdn. 9; *Teplitzky*[6] Kap. 26 Rdn. 26; *v. Gamm*, UWG, § 23 Rdn. 23; *Pastor* S. 417 f. Zu Differenzierungen zwischen Urteils- und Beschluß-eV'en vgl. *Teplitzky* aaO in diesem Kommentar.

Mit dem **Produktpirateriegesetz** vom 7. 3. 1990[313] ist in allen gesetzlichen Regelungen des Immaterialgüterrechts eine (gleichlautende) Bestimmung eingeführt worden, wonach der (ebenfalls neu eingeführte) verschuldensunabhängige[314] Anspruch gegen den Schutzrechtsverletzer auf Auskunft der Lieferanten und Abnehmer der Ware, die fremde gewerbliche Schutzrechte verletzt, mittels einer eV durchgesetzt werden kann, nämlich gemäß § 25 b Abs. 3 WZG, § 101 a Abs. 3 UrhG, § 14 a Abs. 3 GeschmMG, § 140 b Abs. 3 PatG, § 24 b Abs. 3 GebrMG § 9 Abs. 2 HalbleiterschutzG, § 37 b Abs. 3 SortenschutzG. Da es sich bei der Gewährung von Auskunftsansprüchen im Wege einer einstweiligen Verfügung um einen Fremdkörper in der juristischen Dogmatik handelt[315], hat der Gesetzgeber angeordnet, daß die **Auskunft** nur dann **im Wege der einstweiligen Verfügung verlangt** werden kann, wenn es sich um **„Fälle offensichtlicher Rechtsverletzung"** handelt. Dies bedeutet, daß das Gericht nach dem glaubhaft gemachten Sachverhalt nahezu überhaupt keinen Zweifel daran haben darf, daß eine Rechtsverletzung vorliegt[316], und daß die Auskunft auch nicht „im Einzelfall unverhältnismäßig" sein darf, was nach den jeweiligen ersten Absätzen der genannten Vorschriften den Auskunftsanspruch ausschließen würde. Der Auskunftsanspruch wird nach zutreffender Ansicht gemäß § 888 ZPO vollstreckt, weil es sich bei der Auskunft um eine höchstpersönliche Erklärung des Verfügungsschuldners handelt[317]. Besonders bei ungeprüften Schutzrechten wird das Gericht **sehr vorsichtig** damit umgehen müssen, Auskunftsansprüche im Wege der einstweiligen Verfügung zuzuerkennen, um nicht auf diese Weise die grundsätzlich bestehende und durch ungeprüfte Schutzrechte oft gefährdete Nachahmungsfreiheit durch Maßnahmen auszuhebeln[318], die sich später, falls im Hauptverfahren die mangelnde Schutzfähigkeit des geltend gemachten Rechtes erkannt werden sollte, nicht wieder rückgängig machen lassen: Der Vertriebsweg zum Lieferanten und zum Kunden des Verfügungsschuldners ist dem Verfügungsgläubiger ein für alle mal offengelegt. In Abhängigkeit davon, ob mehr Mißbrauch mit dieser Auskunftsmöglichkeit im Wege der einstweiligen Verfügung getrieben werden wird oder mehr Fälle bekannt werden, bei denen dank der im Wege der einstweiligen Verfügung erlangten Auskunft schnell wirklichen Rechtsverletzungen Einhalt geboten werden kann, wird in Zukunft bei der jeweiligen Einzelfall-Interessenabwägung auch in anderen Fällen zu entscheiden sein, ob man die 1990 vom Gesetzgeber zugelassene Auskunft im Wege der einstweiligen Verfügung für eine nicht analogiefähige Sonderrechts-Regelung zu halten haben wird oder für ein Vorbild, solche Auskunftsansprüche im Wege der einstweiligen Verfügung auch außerhalb der gewerblichen Schutzrechte im Wege der eV zu gewähren. **122**

IV. Begründung der gerichtlichen Entscheidung

1. Urteil

Wenn das Gericht durch Urteil über einen eV-Antrag entscheidet, versteht sich von selbst, daß die **Entscheidung mit Tatbestand und Gründen** zu versehen ist. Gerade in Wettbewerbssachen wird allerdings relativ häufig von der Möglichkeit des **Verzichts auf Tatbestand und Entscheidungsgründe gemäß § 313 a ZPO** Gebrauch gemacht. Macht das Gericht in der mündlichen Verhandlung seine Auffassung deutlich und **123**

313 BGBl. 1990 I 422 ff.

314 Vgl. *Tilmann* BB 1990, 1565, 1566.

315 *v. Gravenreuth* BB 1988, 1614, 1615.

316 Vgl. *Eichmann* GRUR 1990, 575, 585 f; *Tilmann* BB 1990, 1565, 1566.

317 Vgl. dazu eingehend *Eichmann* GRUR 1990, 575, 580.

318 Vgl. dazu *Hartisch/Nacken* WRP 1989, 1, 3 f.

erscheint für die danach unterliegende Partei die gerichtliche Argumentation überzeugend, reicht beiden Parteien dann die Existenz des Tenors, während die Begründung aus dem Ablauf der mündlichen Verhandlung folgt und diese nicht noch schriftlich abgesetzt werden muß. Der für das Urteil ohne Tatbestand und Entscheidungsgründe notwendige Rechtsmittelverzicht sollte dabei zugleich deutlich machen, ob schlechterdings auf den geltend gemachten materiellen Anspruch bzw. den Abweisungsantrag verzichtet wird, oder ob sich die unterliegende Partei vorbehalten will, im Hauptklageverfahren ihren Rechtsstandpunkt noch weiter zu verfolgen. Erklärt die unterliegende und auf Rechtsmittel verzichtende Partei – bzw. bei wechselseitigem Rechtsmittelverzicht vor Verkündung des Urteils in mündlicher Verhandlung: beide Parteien – insoweit nichts, ist davon auszugehen, daß der Verzicht sich nur auf das eV-Verfahren bezieht, da der Streitgegenstand des eV-Verfahrens mit der verlangten Sicherung nicht derselbe ist wie derjenige des Hauptklageverfahrens[319], welches auf die endgültige Durchsetzung des Unterlassungsanspruchs gerichtet ist.

2. Beschluß

124 Einen gesetzlich normierten **Begründungszwang für Beschlüsse** gibt es nicht. Weist das Gericht einen eV-Antrag ohne mündliche Verhandlung durch Beschluß **zurück**, wird dieser **Beschluß** in der Praxis stets **begründet**[320], um dem Verfügungsgläubiger deutlich zu machen, warum er mit seiner Argumentation in der Antragsschrift keinen Erfolg hat, und um im Falle der Beschwerde seitens des Verfügungsgläubigers der höheren Instanz eine bessere Beurteilungsgrundlage zu bieten.

125 **Erläßt** dagegen das Gericht die beantragte eV ohne mündliche Verhandlung durch Beschluß, ist es keineswegs durchgehend üblich, daß der eV-Beschluß begründet wird. Dies mag einerseits daran liegen, daß die **Antragsschrift** meist die **maßgeblichen rechtlichen Argumente** enthalten wird, so daß sich der Verfügungsschuldner daraus ein Bild machen kann, warum die eV erlassen worden ist. Andererseits wird aber auch die Überlegung maßgeblich sein, der Verfügungsschuldner gelange, wenn er sich gegen die eV zur Wehr setzen will, mit seinem Widerspruch gemäß § 924 ZPO wiederum zu demselben Gericht, welches alsdann durch zu begründendes Urteil zu entscheiden hat und die Gründe seiner vorangegangenen Beschlußentscheidung kennt. Es mag auch noch der durch langjährige Praxis gereifte Erfahrungssatz eine Rolle spielen, daß der Verfügungsschuldner häufig um die Unrechtmäßigkeit seines Wettbewerbsverhaltens sehr wohl weiß und sich gegen die eV gar nicht zur Wehr setzen wird, vgl. C I 2 b Rdn. 83. Diese Erwägungen sind zwar durchaus nachvollziehbar, **können jedoch nicht überzeugen**[321]: Schon gar nicht ist die mangelnde Begründung eines eV-Beschlusses gerechtfertigt, wenn die Antragsschrift überhaupt keine rechtlichen Ausführungen enthält – was zulässig ist, da nur die vorgetragenen Tatsachen glaubhaft gemacht werden müssen, die rechtliche Würdigung aber allein dem Gericht obliegt –, oder wenn die Antragsschrift mehrere rechtliche Aspekte aufweist, die das Verbot rechtfertigen könnten, von denen das Gericht aber nur einen für durchgreifend hält[322], oder wenn

[319] Vgl. *Teplitzky*[6] Kap. 55 Rdn. 33; *Melullis* Rdn. 76; *Baumbach/Hefermehl* § 25 Rdn. 4; **a. A.** *Pastor* WbProzeß S. 258 ff.

[320] Vgl. *Teplitzky*[6] Kap. 55 Rdn. 5.

[321] *Baumbach/Lauterbach/Hartmann* § 922 ZPO Anm. 1 a; **a. A.** *Teplitzky*[6] Kap. 55 Rdn. 5; *Ahrens* S. 177; *Zöller/Vollkommer* § 922 ZPO Rdn. 10.

[322] Vgl. dazu OLG Hamburg Entsch. v. 27. 2. 1984, zit. bei *Traub* S. 158: In einem solchen Fall liegt (zu Recht) keine Teilabweisung vor; gleichwohl ist es geboten, die Entscheidung kurz zu begründen, damit der Verfügungsschuldner sich bei Abänderung seines Wettbewerbsverhaltens an den Erwägungen des Gerichts orientieren kann.

das Gericht mit dem Tenor von dem beantragten Verbot abweicht, vgl. C III 1 Rdn. 103. Jedenfalls in diesen Fällen ist es ein **Gebot der Fairness gegenüber dem Verfügungsschuldner**, daß er erfahren kann, warum gegen ihn eine einstweilige Verfügung erlassen worden ist[323]. In gleicher Weise gilt dies dann, wenn der Verfügungsschuldner vor dem eV-Beschluß durch eine Schutzschrift oder eine schriftliche Stellungnahme, zu der ihn das Gericht aufgefordert hat, eine von der Darstellung des Verfügungsgläubigers abweichende Sicht in tatsächlicher oder rechtlicher Hinsicht vorgetragen hat. Wenn das Gericht dieser Auffassung nicht folgt, sondern die eV gleichwohl ohne mündliche Verhandlung erläßt, gebietet es die **Gleichbehandlung beider Parteien**, daß das Gericht sich mit diesem Vortrag auseinandersetzt, ebenso wie es regelmäßig abweisende eV-Beschlüsse begründet.

Das Mindeste aber ist, daß dem eV-Beschluß die **Antragsschrift beigefügt** wird[324], **126**
damit der Verfügungsschuldner, wenn die eV ihm zugestellt oder auf andere Weise bekannt wird, wenigstens aus ihr die Argumentation des Verfügungsgläubigers gegenüber dem Gericht entnehmen kann. Zwar kann er die Antragsschrift beim Gericht anfordern; damit aber vergeht wertvolle Zeit, in welcher der Verfügungsschuldner durchaus im Unklaren sein kann über die **Interpretation** und damit über den **Verbotsumfang** der einstweiligen Verfügung[325]. Da der Verstoß gegen die eV ordnungsmittelbehaftet ist, erscheint diese Unsicherheit für den Verfügungsschuldner nicht zumutbar, während auf der anderen Seite eine kurze Begründung des Beschlusses und jedenfalls die Beifügung der Antragsschrift an die Ausfertigungen des eV-Beschlusses dem Gericht zumutbar ist. Will das Gericht die Antragsschrift der Ausfertigung selbst nicht mit anfügen, sollte es in den eV-Beschluß der Klarstellung halber aufnehmen, daß die Antragsschrift – mit oder ohne Anlagen, je nach dem, ob die Anlagen für das Verständnis der einstweiligen Verfügung bzw. der Antragsschrift maßgeblich sind – mit dem eV-Beschluß dem Antragsgegner zuzustellen ist.

3. Zweitinstanzliche Entscheidung

Für das OLG als zweitinstanzliches Gericht – bzw. in den seltenen Fällen einer **127**
amtsgerichtlichen Entscheidung in Wettbewerbssachen gemäß § 25: für das Landgericht – gilt folgendes: Gelangt die Sache nach einem erstinstanzlichen Urteil im **Berufungsrechtszug** an das OLG, kann das OLG **Tatbestand und Entscheidungsgründe** gemäß § 543 ZPO **abkürzen** und sich also auf das landgerichtliche Urteil beziehen. Für den Tatbestand gilt das uneingeschränkt – da Revision im eV-Verfahren gemäß § 545 Abs. 2 ZPO ausgeschlossen ist, kommt die Notwendigkeit einer Tatbestandsdarstellung gemäß § 543 Abs. 2 ZPO nicht in Betracht –; für die Entscheidungsgründe gilt dies dagegen nicht, wenn das OLG von den Entscheidungsgründen des landgerichtlichen Urteils abweichen oder diese ergänzen möchte. Trotz dieser gesetzlich ermöglichten Arbeitserleichterung **wirkt** es **auf die Parteien wenig überzeugend**, wenn bei einem Verfahren mit ohnehin nur zwei Instanzen sich das verfahrensabschließende Urteil auf den Satz beschränkt, hinsichtlich Tatbestand und Entscheidungsgründe werde auf das als zutreffend erachtete landgerichtliche Urteil Bezug genommen.

Gelangt die Akte im Wege der **Beschwerde** an das OLG, kann dem nur eine **128**
Beschwerde des Verfügungsgläubigers gegen einen abweisenden oder jedenfalls teil-

---

[323] Vgl. *Borck* WRP 1972, 238, 244; *Klaka* GRUR 1979, 593, 601.

[324] Vgl. *Ahrens* S. 177; *Teplitzky* aaO in Fn. 13; *Zöller/Vollkommer* § 922 ZPO Rdn. 10; *Klaka* GRUR 1979, 593, 601. *Borck* WRP 1972, 238, 244 sieht dies als einen „vertretbaren Kompromiß" an.

[325] Vgl. dazu *Jestaedt* Vor § 13 E Rdn. 24 f in diesem Kommentar.

abweisenden eV-Beschluß des Landgerichts zugrundeliegen. Denn gegen den stattgebenden eV-Beschluß findet nicht Beschwerde statt, sondern Widerspruch gemäß § 924 ZPO. Hier ist also der abweisende Beschluß nach den obigen Ausführungen Rdn. 124 in der Praxis stets zu begründen. Will das **OLG** dem angefochtenen **Beschluß** folgen, kann es sich, da eine Begründung der Entscheidung in der Beschwerdeinstanz nicht vorgeschrieben ist, auf die **Bestätigung der Gründe** des Landgerichts beschränken (analog § 543 Abs. 1 ZPO). Will es in der Begründung, nicht aber im Ergebnis abweichen, muß es dies darlegen, da man dies sonst dem Beschluß, mit dem die Beschwerde zurückgewiesen wird, nicht entnehmen kann. Will das Beschwerdegericht im Ergebnis vom **angefochtenen Beschluß abweichen** – und also dem mit dem angefochtenen Beschluß abgewiesenen eV-Antrag stattgeben oder eine Teil-Abweisung aufheben –, gebietet es der Respekt vor dem erstinstanzlichen Gericht, die **abweichende Entscheidung** zu **begründen**. Erst recht gilt dies, wenn das Beschwerdegericht von der Möglichkeit Gebrauch macht, gemäß § 575 ZPO die Sache mit einer entsprechenden Anordnung an das erstinstanzliche Gericht zurückzuverweisen. Entscheidet das Beschwerdegericht selbst **nach mündlicher Verhandlung** gemäß § 573 Abs. 1 ZPO[326], ist dieser Beschluß als verfahrensabschließende Entscheidung wie ein erstinstanzliches Urteil ebenfalls zu **begründen**, es sei denn, daß die Parteien auf eine solche Begründung analog § 313 a ZPO verzichten.

D. Aktionen und Reaktionen des Verfügungsgläubigers vor und nach der gerichtlichen Entscheidung

I. Abmahnung

129 Die Abmahnung ist eingehend erläutert von *Kreft* in Abschnitt C vor § 13 UWG in diesem Kommentar. Darauf wird hier Bezug genommen. Im Hinblick auf den Zusammenhang mit dem eV-Verfahren wird hieraus lediglich noch einmal folgendes herausgegriffen:

1. Grundsätzliche Abmahnungslast

Der etwaige Verfügungsgläubiger hat sich zu überlegen, ob er den potentiellen Verfügungsschuldner abmahnt, bevor er einen Antrag auf Erlaß einer einstweiligen Verfügung stellt. Dies deswegen, weil es gefestigter Rechtsprechung entspricht, daß **§ 93 ZPO** – auch im Rahmen der Kostenentscheidung gemäß § 91 a ZPO – **zugunsten des Verfügungsschuldners** streitet, wenn der Verfügungsgläubiger nicht vor Antrag auf Erlaß einer eV abgemahnt und also dem Wettbewerbsverletzer Gelegenheit gegeben hat, außergerichtlich **durch Abgabe einer strafbewehrten Unterlassungsverpflichtungserklärung die Wiederholungsgefahr auszuräumen**[327], vgl. C III 8 Rdn. 119. Mahnt dieser Rechtsprechung entsprechend der zum gerichtlichen Angriff entschlossene Verfügungsgläubiger den Wettbewerbsverletzer ab und gibt dieser innerhalb der vom Verfügungs-

[326] Vgl. zur Entscheidungsprozedur beim OLG im Beschwerdeverfahren zweiter Instanz Rdn. 94.

[327] Vgl. BGH GRUR 1990, 381, 382 – Antwortpflicht des Abgemahnten; OLG Köln WRP 1969, 248; OLG Düsseldorf NJW 1970, 335; GRUR 1974, 170; OLG Bremen WRP 1970, 142; OLG München WRP 1971, 77; WRP 1976, 264; OLG Celle WRP 1975, 242; OLG Hamburg GRUR 1976, 444; WRP 1980, 208; OLG Hamm WRP 1977, 349; OLG Koblenz WRP 1979, 226; OLG Oldenburg WRP 1987, 718; GRUR 1990, 548; *Kreft* Vor § 13 C Rdn. 5 in diesem Kommentar; *Teplitzky*[6] Kap. 41 Rdn. 7; *Pastor* WbProzeß S. 14; *Ahrens* S. 132; *v. Gamm* NJW 1961, 1048; *Borck* WRP 1974, 241; *Wedemeyer* NJW 1979, 293, 297; *Klaka* GRUR 1979, 593, 595.

gläubiger gesetzten oder gegebenenfalls angemessen verlängerten Frist eine der Abmahnung entsprechende strafbewehrte Unterlassungsverpflichtungserklärung ab[328], ist damit der Wettbewerbsverstoß erledigt[329].

Gibt der Abgemahnte eine Unterlassungsverpflichtungserklärung erst später ab, so wird zwar auch dadurch die Wiederholungsgefahr für die Zukunft ausgeräumt[330], innerhalb eines bereits anhängig gemachten eV-Verfahrens hat aber diese Unterlassungsverpflichtungserklärung des Abgemahnten keine dem Verfügungsgläubiger im Sinne des § 93 ZPO nachteilige Wirkung mehr: die Unterlassungsverpflichtungserklärung ist dann nämlich nicht „sofort" im Sinne des § 93 ZPO abgegeben worden, und der Verfügungsgläubiger ist, wenn er nach der erfolglos gebliebenen Abmahnung das eV-Verfahren anhängig gemacht hat, nicht ohne, „Veranlassung" im Sinne des § 93 ZPO gerichtlich aktiv geworden[331].

2. Unnötigkeit der Abmahnung

Die Rechtsprechung[332] hält eine **Abmahnung** zur Vermeidung von Kostennachteilen **130**
nur **dann nicht** für **erforderlich**, wenn eine **Warnung** des Wettbewerbsverletzers vor

[328] Der Wettbewerbsverletzer wird sich insbesondere im Hinblick auf die Folgen einer Vertragsstrafeerklärung und unter Berücksichtigung der äußerst scharfen Rechtsprechung zu § 278 BGB im Rahmen der Vertragsstrafeerklärung sehr genau zu überlegen haben, ob er der Abmahnung entspricht, vgl. dazu *Kreft* Vor § 13 C Rdn. 120ff, insbesondere Fn. 168, in diesem Kommentar. Er sollte ferner beachten, daß er Vertragsstrafe dem Abmahnenden schuldet, dagegen etwa wegen eines Verstoßes verhängtes Ordnungsgeld der Staatskasse – was die Begehrlichkeit des Abmahnenden, etwaige Verstöße zu recherchieren, deutlich mindert –, und daß möglicherweise ein Gericht die vom Abmahnenden zu beantragende eV auch gar nicht erläßt bzw. – wenn doch – dann jedenfalls erst später, als die Unterwerfungserklärung abgegeben werden soll. Schließlich ist zu berücksichtigen, daß nach BGH GRUR 1992, 61 – Preisvergleichsliste Unterwerfungserklärungen häufig weiter ausgelegt werden als gerichtliche Titel. All dies führt zu einer zu beobachtenden Tendenz kluger anwaltlicher Berater von „Wettbewerbsverletzern", lieber eine eV entgegenzunehmen und anschließend durch Abschlußerklärung diese als endgültige Regelung anzuerkennen und damit ein Hauptklage-Verfahren auszuschließen, als eine strafbewehrte Unterwerfungserklärung abzugeben. Vgl. dazu *Kreft* Vor § 13 C Rdn. 120 in diesem Kommentar sowie *Teplitzky*[6] Kap. 41 Rdn. 45 und WRP 1990, 26, 28.

[329] Vgl. *Kreft* Vor § 13 C Rdn. 120 in diesem Kommentar mwN.

[330] Vgl. *Köhler* Vor § 13 B Rdn. 36ff in diesem Kommentar mwN.

[331] Demgegenüber wird die Auffassung vertreten, auch eine nicht strafbewehrte Unterlassungsverpflichtungserklärung müssen den Verfügungsgläubiger vom eV-Verfahren abhalten, wenn der Verfügungsschuldner sich in seiner Antwort auf die Abmahnung nicht deutlich genug ausgedrückt habe bzw. mit seiner Erklärung den Verfügungsgläubiger verständigerweise von weiterem Vorgehen abgehalten hätte, vgl. OLG Hamburg WRP 1980, 424; *Baumbach/Hefermehl* § 25 Rdn. 48. Dem ist in aller Regel nicht zu folgen. Nur mit klaren Regelungen ist Wettbewerbsverstößen angemessen zu begegnen. Es geht nicht an, daß der Verfügungsgläubiger bei einer Unterlassungserklärung auch noch werten muß, wie seriös der Gegner ist, bzw. ob dieser sich hinreichend deutlich ausgedrückt hat. Folgen von Undeutlichkeiten in seiner Erklärung muß in jedem Fall der Wettbewerbsverletzer tragen, vgl. *Wedemeyer* NJW 1979, 293, 297; gegebenenfalls muß er sich anwaltlich beraten lassen; zweifelhaft daher OLG Stuttgart WRP 1992, 57. Eine nicht strafbewehrte Unterlassungsverpflichtungserklärung genügt indessen dann, wenn der Abmahnende selbst gar keine Vertragsstrafe, sondern nur eine ungesicherte Unterlassungsverpflichtungserklärung verlangt hat. Will der Abmahnende nach der Erklärung des Abgemahnten dann – entgegen seiner ursprünglichen Forderung – noch eine Sicherung der Unterlassungsverpflichtungserklärung des Wettbewerbsverletzers erreichen, kann er nicht ohne Kostenrisiko gemäß § 93 ZPO nun das Gericht anrufen, sondern muß zunächst ein Vertragsstrafenversprechen nachfordern; vgl. *Kreft* Vor § 13 C Rdn. 19 in diesem Kommentar.

[332] In der Literatur wurde längere Zeit wegen offensichtlicher Erfolglosigkeit der Argumentation gegenüber der übermächtigen Phalanx der offenbar im wesentlichen auf Arbeitsersparnis durch außergerichtliche Erledigung bedachten Rechtsprechung (besonders eindrucksvoll OLG München WRP 1971, 434) kaum noch gegen die überzogenen Vorstellungen der „Abmahnungslast" durch die Gerichte gestritten. Erst jüngst hat *Teplitzky*[6] (Kap. 41 Rdn. 3, Rdn. 31 u. Rdn. 36ff, dort besonders

einem etwaigen späteren Verfahren **unangemessen** erscheint[333] – insbesondere wenn eine **Sequestration** in Betracht kommt und zu befürchten ist, daß der durch die Abmahnung Gewarnte der zu erwartenden Sequestration zuvorkommen und die zu sequestrierenden Gegenstände fortschaffen wird[334] –; oder wenn der Wettbewerbsverletzer **offenbar böswillig** handelt bzw. aus früheren Verfahren gegen denselben Verfügungsschuldner bekannt ist, daß er gegen Unterlassungsverpflichtungserklärungen renitent verstößt[335]; ferner dann, wenn der Verfügungsschuldner den Verfügungsgläubiger ausdrücklich auffordert, gegen ihn eine einstweilige Verfügung zu beantragen und ihm also hinsichtlich eines konkreten „Verletzungsfalles" ausdrücklich Begehungsgefahr mitteilt (eine Situation, die in Wettbewerbssachen durchaus gelegentlich vorkommt); nach Auffassung einiger Gerichte auch dann, wenn ganz kurzfristige Wettbewerbshandlungen, z. B. vorweggenommene Schlußverkäufe, in Rede stehen[336] oder wenn Dritte schon erfolglos abgemahnt haben[337]. Daß eine solche **Ausnahme von der Abmahnungslast** im konkreten Falle vorgelegen habe, ist in einem späteren Streitfall um die Kostenlast bei sofortigem Anerkenntnis des Verfügungsschuldners[338] **vom Verfügungsgläubiger glaubhaft** zu machen, so daß ein Verfügungsgläubiger, wenn es ihm auf Kostenersparnis ankommt, in aller Regel eine Abmahnung aussprechen und die Reaktion des Verfügungsschuldners abwarten sollte, ehe er einen eV-Antrag stellt. Auch die Stellung eines Sequestrationsantrages im eV-Verfahren befreit den Verfügungsgläubiger nicht von der Abmahnungsobliegenheit – mit der Begründung, bei Sequestrationen sei eine vorherige Abmahnung nicht geboten –, wenn das Gericht im eV-Verfahren dem Sequestrationsantrag, z. B. mangels substantiierten Vortrages des Verfügungsgläubigers darüber, welche Gegenstände der Sequestrierung unterliegen sollen, nicht stattgibt. Andernfalls würde jeder Verfügungsgläubiger, der den Wettbewerbsverletzer aus Gründen eines Überraschungseffektes nicht abmahnen möchte, einen – unbegründeten – Sequestrationsantrag stellen.

131 Unnötig ist eine Abmahnung ferner dann, wenn der Verfügungsschuldner in derselben Sache, die Gegenstand des eV-Antrages ist, bereits eine Unterlassungsverpflich-

Rdn. 40) scharf und deutlich gegen diese Übersteigerungen Stellung bezogen. Tatsächlich ist die von *Vogt* NJW 1980, 1499 geäußerte Kritik, niemand wisse im Einzelfall, wann denn nun eine Ausnahme wirklich vorliege, und es sei nicht nur so, daß die Maßstäbe für die Differenzierung schwankten, sondern es gäbe überhaupt keine, nicht ganz von der Hand zu weisen.

333 Vgl. dazu *Kreft* Vor § 13 C Rdn. 84 ff in diesem Kommentar sowie *Teplitzky* aaO Rdn. 30 f.

334 Vgl. OLG Hamburg WRP 1978, 146; OLG Nürnberg WRP 1981, 342; OLG Frankfurt GRUR 1983, 753; KG WRP 1984, 325; *Klaka* GRUR 1979, 593, 595; *Teplitzky* aaO. Der vom OLG Stuttgart NJW 1969, 1721 entschiedene Fall, daß einer Sequestrations-eV eine Unterlassungs-eV vorausgeht, ist eine seltene Ausnahme.

335 Vgl. OLG Stuttgart WRP 1970, 403; OLG Hamburg WRP 1972, 262; WRP 1974, 632; OLG Celle WRP 1974, 155; OLG Frankfurt WRP 1974, 417; WRP 1985, 87; GRUR 1989, 630; OLG Düsseldorf WRP 1977, 267; GRUR 1979, 191; KG WRP 1980, 203; WRP 1984, 325; **a. A.** OLG München WRP 1971, 77; WRP 1975, 48; OLG Hamburg GRUR 1973, 50; OLG Karlsruhe WRP 1986, 165; OLG Oldenburg WRP 1991, 193; näher dazu *Teplitzky* aaO Rdn. 34 ff.

336 Vgl. z. B. OLG Hamburg WRP 1973, 347, 591; WRP 1977, 112; OLG Hamm WRP 1982, 674; *Klaka* GRUR 1979, 593, 595; dagegen scheint OLG München WRP 1971, 77 eine Abmahnung auch in besonders eiligen Sachen schlechterdings für unentbehrlich zu halten. Einschränkend insoweit – im Hinblick auf die Möglichkeit kurzfristiger Abmahnungen per Telefon oder Telefax – auch *Teplitzky* aaO Rdn. 32 f.

337 Vgl. OLG Bremen WRP 1970, 142; OLG Frankfurt WRP 1982, 589; OLG Saarbrücken WRP 1990, 548; dagegen OLG München WRP 1976, 331; OLG Hamm WRP 1979, 805; differenzierend *Teplitzky* aaO Rdn. 27.

338 Z. B. im Rahmen des Kostenwiderspruchs bzw. einer Kostenentscheidung gemäß § 91 a ZPO nach eV-Beschluß und Unterwerfungserklärung des Verfügungsschuldners, vgl. E III 5 a Rdn. 194, bzw. im mündlichen Verhandlungstermin im Verfahren der Urteilsverfügung, vgl. C II 2 u. C III 8 Rdn. 98 u. 119.

tungserklärung abgegeben hat, gegen diese aber verstößt[339]. Dieser **Verstoß zeigt** nämlich, daß die **Unterwerfungserklärung** offenbar trotz der Vertragsstrafeverpflichtung die Wiederholungsgefahr **nicht** (endgültig) **ausgeräumt** hat. In solchem Falle vor Beantragung einer eV erneut abzumahnen, wäre sinnlos[340], da eine strafbewehrte Unterlassungsverpflichtungserklärung, die das Ergebnis einer Abmahnung sein könnte, bereits früher abgegeben worden war und einen Verstoß gleichwohl nicht verhindert hat[341].

3. Verzicht auf Abmahnung

Will der Verfügungsgläubiger auf jeden Fall so schnell wie möglich das Wettbewerbs- **132**
verhalten des Verfügungsschuldners unterbinden und erscheint ihm seine Kostenbelastung für den Fall, daß der Verfügungsschuldner die eV sofort anerkennt, nicht gar so sehr entscheidend, wird er auf eine vorherige Abmahnung vor dem eV-Antrag verzichten. Dies hat auch regelmäßig den Effekt, daß der Verfügungsschuldner keine Schutzschrift beim Gericht hinterlegen wird, die häufig die Folge einer Abmahnung ist, vgl. E 1 Rdn. 165. **Ohne Abmahnung** gelangt der Verfügungsgläubiger also häufig **schneller** zu einer eV, läuft aber auch das **Risiko der Kostenaufbürdung bei sofortigem Anerkenntnis** des Verfügungsschuldners. Eine Alternative zu der vorherigen Abmahnung vor Antrag auf Erlaß einer eV besteht für den Verfügungsgläubiger darin, daß er zunächst eine eV erwirkt, diese aber nicht sofort dem Verfügungsschuldner zustellt, sondern ihn **nach Erlaß der eV** – in Kenntnis dessen, daß das Gericht den eV-Antrag für begründet erachtet – **abmahnt**. Gibt der Verfügungsschuldner daraufhin keine Unterwerfungserklärung ab, kann die eV ohne das Kostenrisiko eines späteren Anerkenntnisses des Verfügungsschuldners zugestellt werden[342]. **Gibt der Verfügungsschuldner** dagegen eine **Unterwerfungserklärung** ab, besteht für die Zustellung der eV **kein Rechtsschutzbedürfnis** mehr, weil durch die Abgabe der Unterwerfungserklärung die Wiederholungsgefahr als Voraussetzung des mit der eV zu sichernden Unterlassungsanspruches weggefallen ist[343]. Der Verfügungsgläubiger muß in solchem Fall **seinen eV-Antrag zurücknehmen** und dem Verfügungsschuldner gegenüber **auf die Rechte aus der eV verzichten**, um nicht das Risiko zu laufen, daß der Verfügungsschuldner, wenn ihm die eV – beispielsweise durch Zustellung der Gerichtskostenrechnung der Gerichtskasse – bekannt wird, wegen der inzwischen abgegebenen Unterwerfungserklärung bzw. nicht erfolgter Zustellung der eV Widerspruch gemäß § 924 ZPO einlegt, vgl. E III 2 a und 5 Rdn. 180 und 193 ff, oder Aufhebungsantrag gemäß § 927 ZPO gegen die eV stellt, vgl. E IX 3 a und b Rdn. 251 ff.

---

339 Vgl. BGH GRUR 1990, 542 – Aufklärungspflicht des Unterwerfungsschuldners; OLG Hamburg WRP 1974, 632; GRUR 1989, 707; OLG Frankfurt WRP 1976, 775; OLG Nürnberg WRP 1981, 290; OLG Köln WRP 1988, 481.

340 Anders *Kreft* Vor § 13 C Rdn. 108 f in diesem Kommentar und die dort mitgeteilte Meinung, die jedoch die Verpflichtung des Wettbewerbers, sich vom Wettbewerbsverletzer „veralbern" zu lassen – so wird dies in der Tat in der Wirtschaft häufig empfunden – und die Gerichte schonen, überspannt; wie hier auch *Teplitzky* aaO Rdn. 37 u. 40.

341 Wenn gleichwohl in solchen Fällen der Verletzte – möglicherweise neben einer Vertragsstrafe, die er wegen des Verstoßes verlangt – noch einmal abmahnt, erscheint es nicht unangemessen, wenn der Abmahnende sich nunmehr eine Vertragsstrafe in mindestens doppelter Höhe gegenüber der erstversprochenen Vertragsstrafe zusichern läßt, um daraus die Folgerung ziehen zu können, daß die Wiederholungsgefahr erneut ausgeräumt ist, vgl. BGH GRUR 1990, 534 – Abruf-Coupon; *Teplitzky* aaO Rdn. 37.

342 OLG Hamburg Entsch. v. 7. 11. 1985, zit. bei *Traub* S. 170; OLG Düsseldorf WRP 1988, 107.

343 Vgl. *Köhler* Vor § 13 B Rdn. 34 in diesem Kommentar.

133 Es gibt allerdings einige Gerichte, die eine eV ohne mündliche Verhandlung oder vorherige schriftliche Anhörung des Verfügungsschuldners nicht erlassen, wenn eine **Abmahnung nicht vorausgegangen** ist und die Reaktion des Verfügungsschuldners darauf nicht mit der Antragsschrift eingereicht wird[344]. Bei diesen Gerichten wird der Verfügungsgläubiger also mit seiner taktischen Linie, erst die eV zu beantragen und – wenn sie erlassen ist – danach abzumahnen, keinen Erfolg haben. Diese hier berücksichtigte Rechtsprechung ist **insofern richtig**, als die Frage, ob eine **Abmahnung** vorausgegangen ist, bei der **Abwägung** des Gerichts, ob es auf einen eV-Antrag hin mündlich verhandelt oder jedenfalls dem Verfügungsschuldner Gelegenheit zur Stellungnahme geben will, eine Rolle spielen kann, vgl. C I 2 b u. e Rdn. 83, 84, 90. Die **Automatik, ohne** in der Antragsschrift vorgetragene **Abmahnung nie ohne vorherige Stellungnahme** und ohne mündliche Verhandlung eine eV zu erlassen, erscheint dagegen **ungerechtfertigt**: Sie wirkt sich dann nämlich letztlich so aus, daß die Abmahnung nicht nur eine kostenmäßig relevante Obliegenheit des Verfügungsgläubigers ist, sondern wie eine Prozeßvoraussetzung wirkt[345], die eine sofort erlassene und auf der Stelle wirkende eV schlechterdings verhindert.

4. Modifikation der Unterwerfungserklärung gegenüber der Abmahnung

134 Wenn auf die Abmahnung hin der Abgemahnte eine **Teil**-Unterlassungsverpflichtungserklärung abgibt, muß der eV-Antrag, wenn der Verfügungsgläubiger den darüber hinausgehenden Teil noch weiterverfolgen will, entsprechend eingeschränkt werden. Dasselbe gilt, wenn der Abgemahnte sich selbst eine **Aufbrauchsfrist** einräumt, mit der der Abmahnende nicht einverstanden ist[346]. Hier kann der Verfügungsgläubiger nur noch zeitlich beschränkt für die Dauer der Aufbrauchsfrist eine eV erwirken – falls nicht das Gericht die vom Abgemahnten für sich in Anspruch genommene Frist selbst für angemessen hält und eine solche auch von sich aus eingeräumt hätte[347], vgl. C III 6 Rdn. 112 f –, weil er für die Zeit danach durch die Unterwerfungserklärung gesichert ist. Gibt der Abgemahnte eine Unterwerfungserklärung **nur für einen bestimmten Zeitraum** ab und behält sich ausdrücklich oder durch die Befristung schlüssig vor, danach die beanstandete Wettbewerbshandlung wieder aufzunehmen, stellt sich die Frage, ob der Abmahnende für die Zeit nach Ablauf dieser Frist eine eV beantragen kann. Hier muß man differenzieren: Ist die **Frist** für deren Dauer sich der Abgemahnte strafbewehrt unterwirft, relativ **kurz** und läßt die Erklärung des Abgemahnten auch erkennen, daß er die so kurz bemessene Frist für eine einstweilige Unterwerfung nicht

[344] Vgl. OLG Hamm WRP 1976, 795; vgl. dazu auch *Engelschall* GRUR 1972, 103, 104; so wohl auch *Baumbach/Hefermehl* § 25 Rdn. 26. Gelegentlich hat man auch bei gerichtlichen Verfahren den Eindruck, als wenn die Gerichte die früher vertretene Auffassung, die Abmahnung wie eine Prozeßvoraussetzung zu behandeln, vgl. OLG Frankfurt GRUR 1955, 429 und dazu kritisch *Vogt* NJW 1980, 1499, 1500, doch noch nicht ganz aufgegeben haben, vgl. jedoch Rdn. 118, oder jedenfalls es quasi als „unmoralisch" empfinden, einen Wettbewerbsverletzer gleich mit einem gerichtlichen Verbot zu überziehen statt ihn außergerichtlich abzumahnen. Zu einer solchen „Moral"-Verdammung besteht nicht die geringste Veranlassung: Wenn ein Verfügungsgläubiger das Kostenrisiko tragen will, braucht er auf die „Arbeitskraft und die Zeit der Gerichte", die geschont werden sollten, keine Rücksicht zu nehmen, so aber OLG München WRP 1976, 264; dagegen mit Recht kritisch *Vogt* NJW 1980, 1499, 1500 sowie neuestens *Teplitzky*[6] Kap. 41 Rdn. 3 (i. V. mit Rdn. 2).

[345] Dies soll aber die Abmahnungslast nach allgemeiner Ansicht nicht sein, vgl. *Kreft* Vor § 13 C Rdn. 5 in diesem Kommentar mwN sowie Rdn. 118.

[346] Vgl. dazu OLG Frankfurt NJW-RR 1987, 37; *Kreft* Vor § 13 B Rdn. 126 in diesem Kommentar mwN u. *Teplitzky*[6] Kap. 8 Rdn. 10 f.

[347] Hier liegt also ein gewisses Risiko des Abmahnenden, wenn er nach einer Unterwerfungserklärung mit Aufbrauchsfrist gegen den Abgemahnten gerichtlich vorgeht, vgl. *Kreft* aaO.

grundlos, sondern aus sinnvoller Veranlassung gewählt hat – zum Beispiel um die Rechtslage in Ruhe prüfen zu können oder die Rückkehr seines Anwalts abzuwarten, auf dessen Rat er vertraut –, ist es dem Abmahnenden nach **Treu und Glauben**[348] zuzumuten, mit einem eV-Antrag solange zu warten, bis die Frist, binnen derer er durch die zeitlich beschränkte Unterwerfungserklärung gesichert ist, abgelaufen ist[349]. Einem gleichwohl gestellten Antrag, bereits jetzt für die Zeit nach Ablauf der Frist eine eV zu erlassen, wird das Gericht mangelndes Sicherungsinteresse entsprechend den Ausführungen B II 1 Rdn. 38 entgegenhalten können. Würde sich in einem solchen nach Ablauf der relativ kurzen Frist gestellten eV-Verfahren der Verfügungsschuldner auf den Standpunkt stellen, durch den **Ablauf dieser Frist** sei nunmehr die nach Wochen oder Monaten strikt bemessene **Eilbedürftigkeit fortgefallen**, kann das Gericht diesem Einwand ebenfalls mit dem Hinweis auf Treu und Glauben – nunmehr auf Seiten des Verfügungsschuldners – und mit Hinweis auf die Überlegungen gemäß B II 2e Rdn. 62 entgegentreten. Allerdings muß der Abgemahnte, wenn er sich eine solche **Bedenkfrist mittels einer zeitlich beschränkten strafbewehrten Unterwerfungserklärung** verschafft, ferner eine weitere – kürzer bemessene – Frist benennen, bis zu der er sich erklärt, ob er die Unterwerfungserklärung über den zunächst ausgesprochenen Zeitraum hinaus verlängert. Denn nur dann ist das Risiko für den Abmahnenden entfallen, daß unmittelbar am Tage des Ablaufs der Frist der Abgemahnte erklärt, er werde die Unterwerfungserklärung nicht verlängern und dann – noch ehe der Abmahnende eine eV nunmehr beantragen kann – mit einer für diesen Tag geplanten Werbeaktion das als unzulässig abgemahnte Verhalten wieder aufnimmt bzw. fortsetzt. Diesem denkbaren Effekt, der das Sicherungsinteresse des Abmahnenden für den Zeitraum nach der befristeten Unterwerfungserklärung gar nicht erst entfallen lassen würden, kann jedenfalls mit einer **Zwischenfrist** im beschriebenen Sinne entgegengewirkt werden[350]. Wird dagegen die zeitlich beschränkte Unterlassungs-Verpflichtungs-Erklärung für einen **längeren Zeitraum** von zum Beispiel einem Jahr und länger abgegeben, hat der Abmahnende kein Sicherungsinteresse, noch eine eV für den (ungesicherten) Zeitraum danach zu erwirken; denn bis dahin kann er bereits in einem Hauptklageverfahren zum Erfolg gelangen, was das Sicherungsinteresse für eine eV entfallen läßt[351], vgl. B II 1 Rdn. 38. Problematisch erscheint am ehesten die Frage, wie der Abmahnende im Hinblick auf einen von ihm erwogenen eV-Antrag reagieren soll, wenn der Abgemahnte eine Unterwerfungserklärung mit einer Befristung abgibt, die zwischen den beiden vorerörterten Zeiträumen liegt. Entweder kann für eine solche Befristung beim Abgemahnten die Überlegung eine Rolle spielen, daß nach Ablauf des Unterwerfungszeitraums der Sachverhalt sich verändert, danach also möglicherweise sich sein Verhalten als wettbewerbsrechtlich nicht zu beanstanden darstellen werde; oder der Abgemahnte will die beanstandete Wettbewerbsmaßnahme einstweilen einstellen, nach einem gewissen Zeitraum wieder aufnehmen und solange den Abmahnenden in Sicherheit wiegen. Man könnte in solchen Fällen erwägen, daß die Wiederholungsgefahr einstweilen durch die zeitlich beschränkte und für diesen Zeitraum unbedingt abgegebene Unterwerfungserklärung entfallen sei, so daß der Abmahnende die Frist abwarten müsse, um anhand des Wettbewerbsverhaltens des Abgemahnten nach Ablauf

---

348 Zur Geltung von Treu und Glauben im Rahmen eines Abmahnungs- und später auch eines Prozeßrechtsverhältnisses vgl. ständige Rspr. d. BGH, z. B. GRUR 1990, 542 – Aufklärungspflicht des Unterwerfungsschuldners.

349 Vgl. *Baumbach/Hefermehl* Einl. UWG Rdn. 273; gegen jede Wirkung befristeter Unterwerfungserklärungen jedoch *Teplitzky*[6] Kap. 8 Rdn. 13.

350 Vgl. *Wedemeyer* NJW 1979, 293, 297.

351 Vgl. OLG Bremen WRP 1973, 337.

der Frist festzustellen, ob Begehungsgefahr oder – durch einen erneuten Verstoß begründet: Wiederholungsgefahr – bestehe, und dann mit einem alsdann zu stellenden eV-Antrag zu reagieren; für einen eV-Antrag trotz abgegebener zeitlich befristeter Unterwerfungserklärung und vor deren Ablauf fehle es indessen an der Dringlichkeit. Dieser Erwägung steht aber entgegen, daß die Dringlichkeit kein selbständiges Kriterium des eV-Verfahrens gemäß § 25, sondern lediglich im Rahmen des Sicherungsinteresses zu berücksichtigen ist, vgl. B II 1 Rdn. 37. Und das **Interesse des Abmahnenden, dauerhaft und eben nicht nur zeitlich befristet gesichert** zu sein, wird durch eine solche zeitlich beschränkte Unterwerfungserklärung nicht befriedigt. Der Abmahnende muß nicht mit seinem eV-Antrag abwarten, wie der Abgemahnte sich nach Ablauf der Frist verhält. Die Gefahr, daß der Abgemahnte das beanstandete Wettbewerbsverhalten nach Ablauf der Frist fortsetzt, liegt bereits jetzt offen zu Tage – sonst hätte der Abgemahnte nämlich die Unterwerfungserklärung nicht nur befristet abgegeben.

135 Wieder anders stellt sich die Rechtslage dar, wenn der Abgemahnte eine **bis zur Rechtskraft des Urteils in einem Hauptklageverfahren befristete Unterwerfungserklärung** abgibt, oder diese unbefristet abgibt, aber an die **auflösende Bedingung** knüpft, daß in einem Hauptklageverfahren zwischen den Parteien geklärt wird, daß das beanstandete Wettbewerbsverhalten nicht rechtswidrig war[352]. Durch eine solche Unterlassungsverpflichtungserklärung ist der Abmahnende nämlich in gleicher Weise **gesichert wie durch eine eV**. Denn auch diese kann vom Verfügungsschuldner wieder zur Aufhebung gebracht werden, wenn in einem Hauptklageverfahren zwischen den Parteien das beanstandete Wettbewerbsverhalten als nicht rechtswidrig beurteilt wird, vgl. E IX 3 d Rdn. 262 ff. Also besteht in einem solchen Falle überhaupt **kein Sicherungsinteresse mehr für eine eV**. Im Gegenteil ist der Abmahnende in einem solchen Fall durch diese auflösend bedingte oder zeitlich unbestimmt bis zur rechtskräftigen Entscheidung im Hauptklageverfahren befristete Unterlassungsverpflichtungserklärung des Abgemahnten günstiger gesichert als durch eine eV. Er braucht nämlich – sollte in einem Hauptklageverfahren das beanstandete Wettbewerbsverhalten rechtskräftig als nicht rechtswidrig beurteilt werden – nicht Schadensersatz gemäß § 945 ZPO zu leisten, was er im Falle einer der Unterwerfungserklärung entsprechenden und vollzogenen eV müßte. **Zweifelhaft** kann im Falle einer solchen Unterwerfungserklärung die Frage sein, ob durch sie die Wiederholungsgefahr aus der Sicht des Abmahnenden endgültig entfallen ist, also nicht nur das Sicherungsinteresse für eine eV, sondern auch der **Unterlassungsanspruch selbst fortgefallen** ist. Denkbar erscheint die Argumentation, der Abmahnende könne gar kein Rechtsschutzinteresse an der Durchsetzung des Unterlassungsanspruchs mehr haben, da er – wenn es nicht zu einem rechtskräftigen Urteil im Hauptklageverfahren komme – durch die dementsprechend dann dauerhaft wirksame Unterwerfungserklärung endgültig gesichert sei. Klagebefugt sein könne vielmehr in einer solchen Fallkonstellation nur der Abgemahnte: Nämlich zu dem Zwecke, um die auflösende Rechtsbedingung (rechtskräftiges Urteil im Hauptklageverfahren) eintreten zu lassen und damit von der Unterwerfungserklärung wieder loszukommen. Eine solche Argumentation, die dem Abmahnenden die Klagemöglichkeit entziehen und die Initiative für eine negative Feststellungsklage allein dem Abgemahnten überlassen würde, mag dogmatisch auf den ersten Blick überzeugend erscheinen,

[352] Vgl. dazu BGH GRUR 1965, 368 – Kaffee C *Baumbach/Hefermehl* Einl. UWG Rdn. 273; *Wedemeyer* NJW 1979, 293, 297 f; *Klaka* in Anm. zu BGH GRUR 1983, 604; zur Problematik solcher Erklärungen vgl. *Teplitzky*[8] n. Kap. 52 Rdn. 11.

dürfte aber im Ergebnis nicht zutreffend sein[353]: Wenn der Abmahnende, statt abzumahnen, gleich eine eV beantragt und erwirkt, hält er einen Titel in Händen, der in aller Regel ein zeitlich unbefristetes Unterlassungsgebot ausspricht, vgl. C III 1 Rdn. 102. Dieser Titel des eV-Verfahrens hindert aber nicht, daß der Verfügungsgläubiger gleichwohl Hauptklage erhebt. Im Gegenteil: Der Verfügungsschuldner kann gemäß § 926 ZPO den Verfügungsgläubiger mittelbar zu dieser Hauptklage zwingen, vgl. E VI Rdn. 207 ff. Die **Unterlassungshauptklage** wird also von der Rechtsordnung als das **primäre Verfahren** angesehen, **um über die rechtliche Beurteilung eines Wettbewerbsverhaltens entscheiden** zu lassen. Das vorprozessuale Abmahnungsverfahren ist von der Rechtsprechung in Anwendung des § 93 ZPO installiert und ausgestattet worden, um die gerichtliche Inanspruchnahme zu schonen. Dieser „Schoneffekt" tritt durch eine Unterwerfungserklärung, die im Hauptklageverfahren wegen ihrer zeitlichen Befristung bzw. wegen der mit ihr verbundenen auflösenden Bedingung noch überprüfbar ist, nicht ein. Gibt der Abgemahnte eine Unterwerfungserklärung ab, die das Hauptklageverfahren nicht ersparen, sondern den Abmahnenden nur bis zum rechtskräftigen Abschluß des Hauptklageverfahrens sichern soll, dann ist dies eine freiwillige Unterlassungsverpflichtung, die dem materiellen Tenor einer eV entspricht, verbunden mit einem Vertragsstrafenversprechen, wie sie dem Ordnungsmitteltenor der eV entspricht. Und die **auflösende Bedingung** bzw. die **zeitlich unbestimmte Befristung** bis zur Entscheidung im Hauptklageverfahren **ist §§ 926, 927 ZPO nachgebildet.** Also steht der Abmahnende mit einer in solcher Weise eingeschränkten Unterlassungs-Verpflichtungs-Erklärung gleich da wie mit einer eV. Folglich kann er auch von sich aus im Hauptklageverfahren auf Unterlassung klagen, um eine endgültige Streiterledigung herbeizuführen, und er ist nicht darauf angewiesen, sich vom Abgemahnten nach dessen Belieben in eine Klage auf Feststellung hineinziehen zu lassen, daß das abgemahnte Verhalten nicht wettbewerbswidrig sei. Eine solche Unterwerfungserklärung schont also die Arbeitskraft der Gerichte, wenn auch nur hinsichtlich des eV-, nicht des Hauptklage-Verfahrens.

II. Entscheidung für eV und/oder Hauptsacheklage

Erreicht der Abmahnende mit der vorprozessualen Abmahnung das Ziel einer endgültigen Unterlassungsverpflichtungserklärung des Abgemahnten nicht, kann er den **eV-Antrag zugleich mit der Hauptklage** bei Gericht einreichen[354]. Er kann auch das eV-Verfahren zunächst ohne Hauptklageverfahren betreiben (Dies ist in der Praxis der Regelfall). Wann und ob er während oder nach der eV die Hauptklage erhebt, unterliegt seiner freien Entscheidung. Das eV-Verfahren begründet gegenüber dem **136**

[353] Vgl. dazu (ähnliche aber nicht identische Fallkonstellationen) BGH GRUR 1991, 76 – Abschlußerklärung; OLG Hamm Entsch. v. 1. 10. 1985, zit. bei *Traub* S. 182; es erscheint auch zweifelhaft, ob eine solche Argumentation, die zur Umkehrung des prozessualen Initiativrechts führt, mit Treu und Glauben, worauf es im Rahmen des § 162 Abs. 2 BGB – Herbeiführung des Eintritts der Bedingung durch die Partei, zu deren Vorteil er gereicht – primär ankommt, zu vereinbaren wäre. Die Problematik ist eingehend erörtert, aber letztlich offengelassen von OLG Düsseldorf GRUR 1992, 208. Näher dazu auch *Teplitzky*[6] Kap. 52 Rdn. 11.

[354] Vgl. BGH GRUR 1957, 506 – Doppelexport; GRUR 1967, 611 – Jägermeister; GRUR 1973, 384 – Goldene Armbänder; OLG Köln WRP 1987, 188; **dagegen** OLG Hamm WRP 1986, 111 (aber wie hier und von dieser früheren Rechtsprechung abrückend in GRUR 1991, 336); *Pastor* WbProzeß S. 499 ff; vgl. auch OLG Stuttgart Entsch. v. 30. 12. 1976, zit. bei *Traub* S. 399 (Verfügungsgläubiger sollen Kostennachteile nicht entstehen, weil er gleichzeitig oder kurz nacheinander eV und Hauptsache-Klage eingereicht hat. Für den Fall der letztgenannten Reihenfolge heute wohl die Rechtsentwicklung zum Abschlußschreiben überholt, vgl. oben im Text).

Hauptklageverfahren keine Rechtshängigkeit und nimmt dem Hauptklageverfahren auch nicht das Rechtsschutzbedürfnis[355]. Allerdings läuft der Verletzte, wenn er nach der eV die Hauptklage erhebt, ohne zwischendurch eine Abschlußerklärung des Verfügungsschuldners anzufordern, das Risiko einer Kostenbelastung, wenn der Verfügungsschuldner im Hauptklageverfahren sofort anerkennt, vgl. unten F I 3 Rdn. 290. Der Abmahnende kann schließlich aber auch das Hauptklageverfahren zuerst einleiten und einen eV-Antrag danach stellen[356]. Es gibt **keinen Rechtsgrundsatz**, daß der Verfügungsgläubiger etwa **zunächst mit einer Sicherungs-eV** gemäß § 25 UWG versuchen müsse, zu einer endgültigen Befriedigung zu gelangen[357] (so wie ihn aus Kostengründen nach der einhelligen Rechtsprechung die Obliegenheit trifft, grundsätzlich den Versuch zu unternehmen, vorprozessual mit einer Abmahnung zum Erfolg zu gelangen[358]). Im Gegenteil geht § 927 Abs. 1 ZPO im Grundsatz davon aus, daß Hauptklage und eV-Verfahren parallel betrieben werden. Das zeitgleiche Beschreiten von Hauptklage und eV-Verfahren hat den Vorteil, daß möglicherweise ein vorläufig vollstreckbares erstinstanzliches Urteil im Hauptklageverfahren bereits vorliegen kann, falls im eV-Verfahren das zweitinstanzliche Gericht die in der ersten Instanz gewährte eV wieder aufheben sollte. Im Hauptklageverfahren kann der Verfügungsgläubiger als Kläger sämtliche Beweismittel ausschöpfen, während er möglicherweise mit der Glaubhaftmachung nicht durchdringt[359]. Allerdings hat das gleichzeitige Erheben der Hauptklage den Effekt, daß damit gemäß § 937 Abs. 1 ZPO der Gerichtsstand für das eV-Verfahren festliegt. Der Verfügungsgläubiger kann also nicht, falls er mit seinem eV-Antrag bei Gericht nicht den gewünschten Erfolg hat, den Antrag zurücknehmen und bei einem anderen gemäß § 24 UWG zuständigen Gericht noch einmal einreichen, vgl. B I 2 d Rdn. 31.

III. Rechtsmittel des Verfügungsgläubigers gegen abweisende eV-Entscheidung

137 Der Verfügungsgläubiger kann, wenn und soweit er in der ersten Instanz mit seinem **eV-Antrag abgewiesen** worden ist – das gilt auch dann, wenn, entgegen dem Antrag des Verfügungsgläubigers z. B. Sicherheitsleistung[360] oder eine Aufbrauchsfrist in der eV angeordnet worden ist, bei **Entscheidung ohne mündliche Verhandlung Beschwerde**

---

355 BGH GRUR 1973, 384 – Goldene Armbänder; allgemeine Meinung, vgl. z. B. *Melullis* Rdn. 119, 151 u. 278. Wann das Gericht zu der Überzeugung gelangen sollte, der Verfügungsgläubiger handele in solchem Fall nur rechtsmißbräuchlich, um den Gegner mit Kosten zu belasten, vgl. § 13 Abs. 5 UWG, ist schwer auszumachen. Insofern geht der an sich richtige Gedanke des OLG Hamburg WRP 1980, 208 u. OLG Düsseldorf Entsch. v. 17. 2. 1988, zit. bei *Traub* S. 90, solche Mißbräuche seien nicht schutzwürdig, wohl ins Leere.

356 Vgl. *Melullis* Rdn. 89. Der Umstand, daß der Verfügungsgläubiger zunächst die Hauptsacheklage und dann den eV-Antrag eingereicht hat, nimmt dem eV-Antrag nicht die Dringlichkeit. Man kann nicht sagen, daß der Verfügungsgläubiger durch Einreichen der Hauptklage deutlich gemacht habe, ihm sei die Sache nicht eilig, so aber OLG Hamm GRUR 1985, 454; *Baumbach/Hefermehl* § 25 Rdn. 18 a. Es kann z. B. auch die Erwägung eine Rolle spielen, das Gericht der Hauptsache im Sinne des § 919 ZPO zu bestimmen, ehe der Verfügungsschuldner dem etwa mit einer negativen Feststellungsklage zuvorkommt, vgl. B I 2 d Rdn. 31 u. E II Rdn. 177.

357 Vgl. BGH GRUR 1964, 274 – Möbelrabatt; GRUR 1967, 611 – Jägermeister; GRUR 1973, 208 – Neues aus der Medizin; OLG Köln WRP 1987, 188; *Melullis* Rdn. 99 u. 119; dagegen *Pastor* WbProzeß S. 225 f, 499 ff.

358 Abmahnungslast, vgl. *Kreft* Vor § 13 C Rdn. 5 in diesem Kommentar u. D I Rdn. 129.

359 Zur Frage einer doppelten Sanktion aus etwa nebeneinander bestehenden Unterlassungstiteln im eV- und Hauptklageverfahren vgl. unten E IX 3 d Rdn. 262 f.

360 Vgl. OLG Stuttgart WRP 1982, 50; *Ulrich* GRUR 1991, 26, 31; *Stein/Jonas/Grunsky* § 921 ZPO Rdn. 11; *Zöller/Vollkommer* § 921 ZPO Rdn. 6.

und bei **Entscheidung nach mündlicher Verhandlung Berufung** einlegen. Hat dagegen das in zweiter Instanz bereits zuständige Hauptsachegericht über den eV-Antrag entschieden, ist ein Rechtsmittel gegen diese Entscheidung nicht gegeben, vgl. B I 2 a Rdn. 27.

1. Beschwerde

Die Beschwerde ist als **einfache Beschwerde** gegen den dem Verfügungsgläubiger vom Gericht gemäß § 329 Abs. 2 ZPO formlos mitgeteilten Beschluß **unbefristet** zulässig – allerdings mit der Maßgabe, daß der Verfügungsgläubiger nicht durch zögerliches Einlegen dieses Rechtsmittels das Sicherungsinteresse für eine eV verlieren darf[361], vgl. B II 2 f Rdn. 53. Sie kann beim Gericht, dessen Entscheidung angefochten wird, oder auch beim nächstinstanzlichen Gericht eingelegt werden. Letzteres ist zwar nur „in dringenden Fällen" möglich, § 569 Abs. 1, 2. Halbsatz ZPO; aber man sollte in Wettbewerbssachen mit der Annahme, daß ein **„dringender Fall"** im Sinne des § 569 Abs. 1 ZPO vorliegt, nicht allzu zurückhaltend sein. Nur sie macht eine Übersendung der Beschwerde durch das Beschwerdegericht zu den „iudex a quo" (zum Zwecke der Abhilfeprüfung gemäß § 571 ZPO) entbehrlich. Insbesondere dann, wenn das Gericht, von dem die erstinstanzliche Entscheidung stammt, nicht am selben Ort liegt wie das zweitinstanzliche Gericht, geht mit einer solchen Abhilfeprüfung viel Zeit verloren[362]. Überhaupt sollte das Beschwerdegericht von dieser Möglichkeit nur dann Gebrauch machen, wenn mit der Beschwerde **neuer Tatsachenvortrag oder neue Glaubhaftmachung** erfolgt. Entscheidet sich der Verfügungsgläubiger dafür, die Beschwerde beim „iudex a quo" einzulegen, hat er die Möglichkeit, das erstinstanzliche Gericht – ggflls. in mündlicher Verhandlung, die das erstinstanzliche Gericht anordnen kann[363] – davon zu überzeugen, daß die angefochtene Entscheidung falsch gewesen ist. Dies wird ihm allerdings in aller Regel nur mit neuem Vortrag bzw. neuer Glaubhaftmachung gelingen[364]. Über das weitere Verfahren im Beschwerde-Rechtszug vgl. C I 5 Rdn. 94. Es erscheint zweifelhaft, ob neben der Möglichkeit, Beschwerde einzulegen, über die das den eV-Antrag abweisende Gericht dann noch einmal entscheiden kann, die in der Praxis gelegentlich vorkommende und in einigen Kreisen der Anwaltsschaft anscheinend beliebte Möglichkeit, formlos **Gegenvorstellung** gegen den abweisenden Beschluß zu erheben, zulässig ist: Es fragt sich nämlich, ob für einen solchen außerförmlichen Rechtsbehelf ein Rechtsschutzinteresse besteht, wenn mit der förmlichen Beschwerde derselbe Effekt – nämlich die nochmalige Beschäftigung des Gerichts mit dem eV-Antrag, den es gerade zurückgewiesen hat – erreicht werden kann. Anderer- 138

---

361 Die Länge der insoweit dem Verfügungsgläubiger zur Verfügung stehende Frist hängt davon ab, wie lange er bereits bis zum eV-Antrag zugewartet hatte, vgl. OLG Stuttgart Entsch. v. 26. 11. 1976, zit. bei *Traub* S. 396, und auch davon, ob der Verfügungsgläubiger etwa mit der Beschwerde neues Glaubhaftmachungsmaterial vorlegt, welches er erst beschaffen muß.

362 A. A. *Pastor* WbProzeß S. 317, der eine Abhilfeentscheidung in jedem Fall für erforderlich hält, obwohl er gleichzeitig annimmt, in Wettbewerbssachen sei immer ein dringender Fall gegeben.

363 Vgl. KG GRUR 1991, 944.

364 Zweifelhaft ist, inwieweit der Verfügungsgläubiger in der Beschwerde- bzw. in der Berufungsinstanz sein Rechtsbegehren austauschen und eine andersartige Begründung für den geltend gemachten Unterlassungsanspruch geltend machen kann (Beispiel: In erster Instanz wird Anspruch auf Entfernung eines Werbeträgers des Konkurrenten vor der eigenen Ladentür mit der Argumentation sittenwidriger Abwerbung begründet, in zweiter Instanz mit dem Hinweis darauf, der Werbeträger des Konkurrenten behindere die Einfahrt). Hier nimmt OLG Hamm GRUR 1989, 924 funktionelle Unzuständigkeit des zweitinstanzlichen Gerichts an; denkbar erscheint aber auch, eine zulässige Änderung im Sinne einer Klageänderung anzunehmen, die auch in zweiter Instanz möglich erscheint.

seits könnte man erwägen, daß ein außerförmlicher minderer Rechtsbehelf wie eine Gegenvorstellung nicht deswegen unzulässig ist, weil es einen schwererwiegenden, unter Umständen auch die nächste Instanz einbeziehenden, förmlichen Rechtsbehelf gibt. Praktisch dürfte die Frage nicht relevant sein: Das Gericht kann auch dann, wenn ein Schriftsatz als Gegenvorstellung bezeichnet wird, diesen als Beschwerde behandeln[365].

2. Berufung

139 Für das Berufungsverfahren gegen ein erstinstanzliches Urteil gelten die allgemeinen Fristen des Berufungsverfahrens – allerdings mit der Maßgabe, daß nach einigen Entscheidungen von Oberlandesgerichten zögerliches Verhalten in der Berufungsinstanz, insbesondere eine Verlängerung der Berufungsbegründungsfrist, zu einem Wegfall des Sicherungsinteresses für das eV-Verfahren (Verfügungsgrund) führt, B II 2 f Rdn. 52. Das Gericht hat auch im Berufungsverfahren **zügig zu terminieren** unter Berücksichtigung dessen, daß es sich um ein Eilverfahren handelt[366].

140 Ebenso wie im Beschwerde-, so ist auch im Berufungs-Verfahren neues Vorbringen oder ergänzende Glaubhaftmachung unbeschränkt zulässig[367]: Eine Zurückweisung **neuen Vortrags** kommt gemäß § 528 Abs. 1 ZPO nicht in Betracht, weil eine erstinstanzliche Fristversäumnis, wie sie in § 528 Abs. 1 ZPO Voraussetzung ist, im eV-Verfahren mangels Verbindlichkeit derartiger erstinstanzlicher Fristsetzungen ausgeschlossen ist. Eine Zurückweisung neuen Vorbringens gemäß § 528 Abs. 2 ZPO kommt nicht in Betracht, weil auch in der zweiten Instanz im eV-Verfahren nur ein mündlicher Verhandlungstermin stattfindet, in welchem sämtliche Beweismittel, die den Parteien relevant erscheinen, präsent sein müssen, § 294 ZPO, vgl. C II 2 Rdn. 97. Neues Vorbringen in der Berufungsinstanz kann also lediglich dazu führen, daß dieser Termin länger dauert als ohne dieses Vorbringen. Dies ist aber keine „Verzögerung" im Sinne des § 528 Abs. 2 ZPO[368].

141 War die ursprünglich durch Beschluß erlassene **eV im Widerspruchsverfahren aufgehoben** worden, hat das Berufungsgericht, wenn es anderer Meinung ist, eine **neue** eV zu erlassen[369]. Das Berufungsgericht kann dagegen **nicht** im Wege **einstweiliger Maßnahmen** gemäß §§ 719, 707 ZPO die gerade im Widerspruchsverfahren **aufgehobene eV dadurch wieder herstellen**, daß es die im Widerspruchsverfahren ergangene Entscheidung der Aufhebung der Beschluß-eV wieder aussetzt: Denn durch die Aufhebung der eV im Widerspruchsverfahren ist die eV des ohne mündliche Verhandlung ergangenen Beschlusses beseitigt und der eV-Antrag in gleicher Weise zurückzuweisen, als wenn das Gericht sogleich nach mündlicher Verhandlung per Urteil den eV-Antrag zurückgewiesen hätte[370]. Auch kann die eV nicht als Eilmaßnahme ohne mündliche

---

[365] Vgl. *Zöller/Schneider* § 569 ZPO Rdn. 7.

[366] Vgl. *Teplitzky*[6] Kap. 55 Rdn. 36.

[367] Zur Frage der funktionellen Zuständigkeit des Berufungsgerichts, wenn in der zweiten Instanz des eV-Erlaßverfahrens der Streitgegenstand erweitert wird, vgl. OLG Hamm GRUR 1989, 457 u. 924.

[368] A. A. *Schneider* MDR 1988, 1024, 1025.

[369] Vgl. OLG Karlsruhe WRP 1980, 222, 574; *Teplitzky*[6] Kap. 55 Rdn. 14 mit umfangreichen Nachweisen in Fn. 31; *Baumbach/Hefermehl* § 25 Rdn. 69. In der Gerichtspraxis üblich ist allerdings, daß die die Beschluß-eV aufhebende Widerspruchsentscheidung im Berufungsverfahren abgeändert und die eV gemäß dem vorher ergangenen Beschluß bestätigt wird, vgl. KG WRP 1982, 95; OLG Düsseldorf WRP 1981, 278; OLG Celle GRUR 1987, 66. Im Ergebnis ist das unschädlich.

[370] Vgl. *Teplitzky* aaO sowie WRP 1987, 149 f, jeweils mwN; *Melullis* Rdn. 144; *Ahrens* S. 187 gegen *Zöller/Vollkommer* Rdn. 11; *Stein/Jonas/Grunsky* § 925 ZPO Rdn. 19 (die allerdings an gleicher Stelle sagen, es müsse aufgrund der Widerspruchsverhandlung bei ungerechtfertigt erlassener eV zu einer wirklichen Aufhebung kommen, und insoweit inkonsequent erscheinen).

Verhandlung vom zweitinstanzlichen Gericht erlassen werden, sondern erst nach ordentlicher mündlicher Verhandlung durch Urteil.

Der Verfügungsgläubiger soll – wie auch bei der Beschwerde vgl. C I 5 Rdn. 94 – **142**
nach herrschender Auffassung[371] auch dann mit dem Ziel, die Hauptsache für erledigt zu erklären, Berufung einlegen können, wenn nach abweisendem oder eine bereits im Beschlußwege erlassene eV im Widerspruchsverfahren wieder aufhebendem Urteil der Verfügungsschuldner noch **vor Einlegung der Berufung** eine **strafbewehrte Unterlassungsverpflichtungserklärung** abgegeben hat. Formal ändert sich zwar nunmehr in der Berufungsinstanz der Streitgegenstand, weil nur noch eine Erledigung der Hauptsache, die der Verfügungsgläubiger nach Annahme der Unterwerfungserklärung beantragen wird, in Rede steht[372]. Der Sache nach geht es aber darum, daß nunmehr der Verfügungsgläubiger sein Begehren, wegen des Wettbewerbsverhaltens des Verfügungsschuldners eine Unterlassungs-eV oder -Erklärung zu erhalten, erreicht hat und **nur noch um die Kosten** streitet. Mit dieser Berufung wird also letztlich eine Abänderung der Kostenentscheidung erster Instanz seitens des Verfügungsgläubigers auf dem Weg über § 91 a ZPO angestrebt. Die Auffassung, daß eine solche Berufung nicht gegen § 99 Abs. 1 ZPO verstoße, scheint zweifelhaft: nichts anderes als eine Änderung der Kostenentscheidung der ersten Instanz wird nämlich angestrebt[373].

IV. Vollziehung der eV, Zustellung

Die **Vollziehung** der eV dient **primär** dazu, die eV gegenüber dem Verfügungsschuld- **143**
ner **durchzusetzen** und **sekundär** dazu, sie gegenüber dem Aufhebungsantrag gemäß § 929 Abs. 2 ZPO wegen mangelnder Vollziehung **bestandskräftig** zu machen[374]. Da in aller Regel der Verfügungsschuldner nicht gegen die eV bzw. das darin regelmäßig enthaltene Unterlassungsgebot verstößt, kann eine Vollstreckung gemäß § 890 ZPO als einzige iS des § 929 Abs. 2 ZPO maßgebliche Vollziehungsmaßnahme nicht in Betracht kommen[375]. Würde man als „Vollziehungsmaßnahme" dasjenige verstehen, was sich bei unbefangener Betrachtung als erstes aufdrängt – nämlich eine Vollstreckung des Verbots –, würden die meisten Unterlassungs-eV'en nach Ablauf der Vollziehungsfrist des § 929 Abs. 2 ZPO von einem Monat wieder aufzuheben sein. Deswegen genügt als Vollziehung der Wettbewerbs-Unterlassungs-eV deren **Zustellung an den Verfügungsschuldner**[376]. Wenn aber schon einmal ein Verstoß des Verfügungsschuldners gegen das Verbot der eV in Betracht kommt und der Verfügungsgläubiger dieserhalb Ordnungsmittelantrag gemäß § 890 ZPO stellt, so ist dies in mindestens gleichstarkem Maße

---

371 Vgl. BGH NJW 1975, 539; OLG Düsseldorf WRP 1982, 318; OLG Hamburg WRP 1983, 425; OLG Hamm GRUR 1984, 68; OLG Karlsruhe WRP 1985, 102; *Baumbach/Hefermehl* § 25 Rdn. 49. Dagegen *Baumbach/Lauterbach/Hartmann* § 91 a ZPO Anm. 7 m. N.

372 Erledigung der Hauptsache ist nach hM Streitgegenstandsänderung, vgl. BGH GRUR 1990, 530 – Unterwerfung durch Fernschreiben.

373 Zur parallelen Situation bei der Beschwerde wird auf OLG Frankfurt NJW-RR 1992, 493; OLG Hamm WRP 1985, 227; *Baumbach/Hefermehl* § 25 Rdn. 40 hingewiesen, vgl. C I 5 Rdn. 94.

374 Die Vollziehung hat daher eine Doppelnatur, vgl. *Teplitzky*[6] Kap. 55 Rdn. 37.

375 Allg. M.; vgl. *Melullis* Rdn. 110.

376 Ganz allgemeine Meinung (die Streitfrage, ob die Zustellung im Parteibetrieb oder per Amtszustellung zu erfolgen hat, wird im folgenden im Text erörtert): vgl. OLG Schleswig NJW 1972, 1056; OLG Frankfurt WRP 1974, 346; WRP 1979, 726; GRUR 1988, 847; OLG Hamburg WRP 1976, 58; OLG Hamm WRP 1977, 816; KG WRP 1979, 547; OLG Köln WRP 1979, 817; WRP 1980, 226; OLG Koblenz WRP 1980, 643; OLG München WRP 1982, 602; OLG Düsseldorf NJW-RR 1987, 763; *Melullis* WRP 1982, 249 u. Rdn. 110; *Teplitzky*[6] Kap. 55 Rdn. 41 u. 39; *Ahrens* S. 182; *Schmidt-v. Rhein* NJW 1976, 792; *Borck* WRP 1977, 556, 557 f; *Pastor* WRP 1978, 639 f u. WbProzeß S. 429; *Wedemeyer* NJW 1979, 293.

wie die Zustellung ein Hinweis darauf, daß der Verfügungsgläubiger die eV gegen den Verfügungsschuldner **durchsetzen** will. Es gilt daher auch als Vollziehung, wenn statt der eV – die möglicherweise nicht ordnungsgemäß zugestellt wurde – ein **Ordnungsmittelantrag** des Verfügungsgläubigers dem Verfügungsschuldner vom Gericht zugestellt wird[377].

1. Beschluß-eV

144 a) **Monatsfrist des § 929 Abs. 2 ZPO.** Gemäß § 922 Abs. 2 in Verbindung mit § 936 ZPO hat der Verfügungsgläubiger den Beschluß, mit dem eine eV erlassen wird, dem **Verfügungsschuldner im Parteibetrieb zustellen** zu lassen; die Zustellung erfolgt durch den Gerichtsvollzieher nach den Regeln der §§ 166 ff ZPO[378]. **Fehlt** an dem zugestellten Schriftstück ein **maßgeblicher Teil**, auf den im Tenor Bezug genommen wird – z. B. ein in den Beschluß eingeklebtes Foto der verbotenen Wettbewerbshandlung, in welchem das zugestellte Beschluß-Exemplar lediglich eine Photokopie enthält, die den wesentlichen Verletzungsgehalt gar nicht erkennen läßt, oder eine an den Beschluß angehängte Anlage z. B. ein verbotenes Prospektblatt, vgl. C III 1 Rdn. 103, welches dem zugestellten Schriftstück nicht beilag –, so ist die Zustellung unwirksam. Gleichwohl ist die Zustellung des Beschlusses, soweit er andere Tenorierungen enthält, von diesem Mangel nicht betroffen[379]. Enthält die eV die Anordnung, daß die Antragsschrift mit dem Beschluß zusammen zugestellt werden muß, ist die Zustellung nur wirksam, wenn dieser gerichtlichen Anordnung entsprochen wird[380]. Liegen die Anlagen der Antragsschrift nicht bei, ist dies allerdings kein Mangel, der die Zustellung unwirksam macht, es sei denn, daß das Gericht im Beschluß genau angeordnet hat, welche Anlagen der Antragsschrift mit zugestellt werden sollen und diese Anlagen (oder Teile davon) nicht mit zugestellt werden[381]. Ausreichend ist die Zustellung einer vom Gerichtsvollzieher oder dem Prozeßbevollmächtigten des Verfügungsgläubigers beglaubigten Abschrift der eV[382]. Unverzichtbar ist der **Ausfertigungsvermerk** oder Beglaubigungsvermerk der Geschäftsstelle des Gerichts, um dem eV-Beschluß die notwendige gerichtliche Legitimation zu geben[383]; und geboten ist auch, daß der Beglaubigungsvermerk auf

---

377 Vgl. BGH WRP 1989, 514; OLG Karlsruhe WRP 1982, 44; OLG Düsseldorf WRP 1983, 410; *Teplitzky* aaO Rdn. 42 mwN; *Melullis* Rdn. 110. Kritisch dazu *Ulrich* WRP 1991, 361 ff.

378 Vgl. dazu insbesondere zu etwaigen förmlichen Zustellungsmängeln, die ZPO-Kommentare. Im folgenden werden nur die für das Wettbewerbs-eV-Verfahrensrecht typischen Probleme erörtert.

379 Vgl. OLG Köln GRUR 1987, 404.

380 Vgl. OLG Frankfurt WRP 1974, 346; OLG Koblenz GRUR 1982, 571; OLG Düsseldorf GRUR 1984, 78; *Melullis* Rdn. 112; *Baumbach/Hefermehl* § 25 Rdn. 57 a; **a. A.** OLG Stuttgart Entsch. v. 16. 6. 1979, zit. bei *Traub* S. 401; OLG Celle WRP 1984, 149 bei Verfügungen, die ein aus sich heraus verständliches Unterlassungsgebot aussprechen (diese Qualifikation sollte eigentlich jeder gerichtliche Tenor erfüllen).

381 Vgl. OLG Frankfurt WRP 1974, 346; *Schmidt-v. Rhein* NJW 1976, 792 (a. A. OLG Koblenz WRP 1983, 40: Fehlende Urkunden trotz entsprechender gerichtlicher Anordnung in der Zustellung unschädlich). Nicht zutreffend erscheint allerdings die weitergehende Annahme *Schmidt-v. Rheins*, S. 792 f, wenn der Beschluß nicht aus sich heraus verständlich sei, bedürfe es auch der Zustellung der Antragsschrift nebst Anlagen, auch wenn dies selbst nicht im Beschluß mit angeordnet sei. Die Ordnungsmäßigkeit der Zustellung als eines förmlichen Aktes der Vollziehung, mit der die Frist des § 929 Abs. 2 ZPO gewahrt werden soll, sollte nicht davon abhängig gemacht werden, ob der Titel interpretationsfähig ist oder nicht bzw. ob ein später mit der Aufhebung der eV wegen angeblich mangelnder Vollziehung befaßtes Gericht der Meinung ist, der Tenor sei in einem solchen Maße interpretationsfähig, daß die Vollziehung ohne Zustellung der Antragsschrift nicht wirksam sei.

382 Vgl. OLG Düsseldorf Entsch. v. 15. 10. 1987, zit. bei *Traub* S. 84. Es genügt aber nicht die beglaubigte Abschrift einer einfachen Abschrift, vgl. OLG Hamm GRUR 1992, 133; OLG Karlsruhe WRP 1989, 744.

383 Vgl. BGH NJW 1965, 104; OLG Hamburg WRP 1976, 58; OLG Hamm WRP 1978, 65; WRP 1988, 552; WRP 1989, 262; OLG Koblenz WRP 1980, 643; OLG München WRP 1982, 602; OLG Düsseldorf GRUR 1989, 542; *Wedemeyer* NJW 1979, 293, 294. Zum Erfordernis der richterlichen Unterschriften vgl. OLG Hamm WRP 1984, 335; WRP 1989, 262.

der letzten Seite des Gesamtschriftstücks angebracht ist, um dem Verfügungsschuldner die Sicherheit zu geben, daß das zugestellte Schriftstück vollständig ist[384]. Die Zustellung der **Verbots-eV ohne Ordnungsmittelandrohung** ist als solche wirksam[385], kann aber ohne nachträgliche Zustellung eines weiteren Androhungsbeschlusses nicht vollstreckt werden, vgl. C III 2 Rdn. 104.

Der eV-Beschluß wird **nicht von Amts wegen** dem Verfügungsschuldner zugestellt, **145**
nicht einmal von der Geschäftsstelle bekanntgemacht[386]. Der Beschluß wird vielmehr vom Gericht dem Verfügungsgläubiger zugestellt, § 922 Abs. 2 ZPO, und es wird diesem überlassen, ob er daraus Rechte gegen den Verfügungsschuldner herleiten will[387]. Für diese **Entscheidung für oder gegen die Vollziehung der eV** durch Zustellung derselben an den Verfügungsschuldner oder für einen auf ihre Durchsetzung gerichteten Ordnungsmittelantrag hat der Verfügungsgläubiger **maximal einen Monat Zeit**, denn gemäß § 929 Abs. 2 ZPO ist die Vollziehung unstatthaft, wenn seit dem Tage der Zustellung des Beschlusses vom Gericht an den Verfügungsgläubiger ein Monat verstrichen ist[388]. Die Zustellung/Vollziehung ist zwar auch noch nach Ablauf dieses Monats technisch möglich, weil der zustellende Gerichtsvollzieher den Fristablauf bzw. die Fristeinhaltung mangels Kenntnis vom Datum der Zustellung des Beschlusses vom Gericht an den Verfügungsgläubiger nicht selbst überprüfen kann. Diese Zustellung hat aber keine Rechtsfolgen mehr, da der **Ablauf der Monatsfrist ohne vorherige Vollziehung/Zustellung** an den Verfügungsschuldner den **eV-Beschluß ohne weiteres wirkungslos macht**[389]. Der Verfügungsschuldner braucht sich also an eine ihm verspätet zugestellte eV nicht zu halten. Gegen eine verspätet erfolgende Zustellung kann sich der Verfügungsschuldner sowohl im Widerspruchs- und Aufhebungsverfahren gemäß §§ 924, 927 ZPO[390] als auch gemäß § 766 ZPO durch Erinnerung wehren[391].

Die Monatsfrist des § 929 Abs. 2 ZPO nutzt der Verfügungsgläubiger in der Wettbe- **146**
werbs-Praxis häufig dazu, mit dem Verfügungsschuldner **Verhandlungen** zu führen und auf eine vergleichsweise Beseitigung der Folgen der Verletzungshandlung hinzuwirken[392]. Die Existenz des eV-Beschlusses macht dem Verfügungsschuldner deutlich, wie das erstinstanzliche Gericht den Sachverhalt rechtlich beurteilt, und zwingt die Parteien dazu, sich rasch um eine Verständigung zu bemühen, weil innerhalb des Monats der Verfügungsgläubiger die Entscheidung treffen muß, ob er die einstweilige Verfügung

---

[384] Vgl. OLG Karlsruhe WRP 1992, 339 (für den insoweit gleichzubehandelnden Fall des in der Mitte eines ganzen Konvoluts angebrachten Beglaubigungsvermerks des Gerichtsvollziehers).

[385] Vgl. OLG Celle GRUR 1987, 66; *Pastor* WRP 1978, 639, 640; **a. A.** OLG Hamm WRP 1978, 65, 394; WRP 1991, 336; vgl. auch *Wedemeyer* NJW 1979, 293.

[386] Anders allerdings, wenn der Verfügungsgläubiger schriftlich angehört worden ist. Dann sollte die Entscheidung dem Verfügungsschuldner auch mitgeteilt werden, vgl. *Teplitzky*[6] Kap. 55 Rdn. 5; *Zöller/Vollkommer* § 922 ZPO Rdn. 1.

[387] Sollte versehentlich der eV-Beschluß vom Gericht dem Verfügungsschuldner zugestellt worden sein, genügt dies noch weniger als die Zustellung des eV-Urteils durch das Gericht (siehe unten 2), um als ordnungsgemäße Vollziehung angesehen werden zu können, vgl. *Baumbach/Hefermehl* § 25 Rdn. 56 a m. Nachw.

[388] Die Kürze dieser Frist ist angemessen, weil die eV Ausdruck dessen ist, daß eine eilige Maßnahme geboten erscheint. Dann soll auch der Verfügungsgläubiger alsbald davon Gebrauch machen, vgl. BVerfG NJW 1988, 314; *Melullis* Rdn. 110.

[389] Vgl. *Teplitzky*[6] Kap. 55 Rdn. 50; *Stein/Jonas/Grunsky* § 929 ZPO Rdn. 16; *Baumbach/Hefermehl* § 25 Rdn. 63.

[390] Vgl. OLG Hamm WRP 1980, 42; GRUR 1989, 931; OLG Koblenz GRUR 1981, 91; *Teplitzky* aaO; *Baumbach/Hefermehl* § 25 Rdn. 63; allerdings kommt entgegen *Baumbach/Hefermehl* aaO eine Aufhebung wegen fehlender Vollziehung nicht auf dem Wege über § 926 Abs. 2 ZPO in Betracht, denn diese Vorschrift bezieht sich nur auf die nicht erhobene Hauptklage.

[391] Vgl. OLG Düsseldorf GRUR 1984, 385.

[392] Vgl. *Baumbach/Hefermehl* § 25 Rdn. 62.

zustellt und demgemäß möglicherweise später einem Schadensersatzanspruch gemäß § 945 ZPO ausgesetzt ist, oder ob er die einstweilige Verfügung nicht zustellt und auf die Rechte aus der eV gegenüber dem Verfügungsschuldner verzichtet[393]. Gibt im Laufe dieses Monats der Verfügungsschuldner eine **strafbewehrte Unterlassungsverpflichtungserklärung** ab, entfällt dadurch die Wiederholungsgefahr, so daß das **Rechtsschutzinteresse an der Vollziehung des eV-Beschlusses entfällt**[394]. Auch dies kann der Verfügungsschuldner im Wege des Widerspruches gemäß § 924 ZPO, innerhalb des Berufungsverfahrens oder durch Aufhebungsantrag gemäß § 927 ZPO geltend machen. Der Verfügungsgläubiger sollte also in der mit dem Verfügungsschuldner zu treffenden **Unterlassungs-Vereinbarung** auf die **Rechte aus der eV verzichten**; anderenfalls droht dem Verfügungsgläubiger, daß später vom Verfügungsschuldner Aufhebungsantrag gemäß § 927 ZPO gestellt wird, vgl. E IX 3 a Rdn. 251, und dem Verfügungsschuldner, daß er bei einem Verstoß gegen die Unterlassungsverpflichtung bzw. das – möglicherweise doch innerhalb der Monatsfrist ordnungsgemäß zugestellte – Unterlassungsgebot einerseits Vertragsstrafe und andererseits Ordnungsgeld gemäß § 890 ZPO zahlen muß[395].

147 b) **Keine Wirksamkeit vor Vollziehung.** Erfährt der Verfügungsschuldner anders als durch Vollziehung/Zustellung von dem eV-Beschluß – etwa durch die vorstehend dargestellten Verhandlungen mit dem Verfügungsgläubiger –, braucht er dem Verbot des Beschlusses noch nicht nachzukommen. Als **Verstoß gegen den eV-Beschluß** ist vielmehr ein **Wettbewerbsverhalten** erst dann zu werten, **wenn vorher die Zustellung** erfolgt ist[396], und zwar mit Ordnungsmittelandrohung gemäß § 890 ZPO[397]. Es geht also nicht an, daß der Verfügungsgläubiger formlos dem Verfügungsschuldner den eV-Beschluß zur Kenntnis gibt, dann einige Wochen zuwartet, wie der Verfügungsschuldner darauf reagiert, ihm alsdann kurz vor Ablauf der Monatsfrist des § 929 Abs. 2 ZPO den Beschluß zustellt und wegen zwischenzeitlich begangener Verletzungshandlung Ordnungsmittelantrag stellt. **Hält sich der Verfügungsschuldner freiwillig an das Verbot der eV** – möglicherweise, weil er das Erfordernis der Zustellung nicht kennt –, **geschieht dies auf sein Risiko.** Auch wenn später die eV aufgehoben wird oder der Verfügungsgläubiger auf die Rechte aus der eV verzichtet, bevor diese noch zugestellt worden ist, ist der Verfügungsgläubiger dem Verfügungsschuldner für den durch Einhalten des eV-Verbotes entstandenen Schaden nicht gemäß § 945 ZPO schadensersatzpflichtig[398], siehe unten G I 3, Rdn. 326 f.

148 c) **Vollziehung durch Sequestration.** Eine andere Art der Vollziehung als durch Zustellung per Gerichtsvollzieher im Parteibetrieb kommt in Betracht, wenn der

---

393 Stellt der Verfügungsgläubiger nicht innerhalb dieses Monates zu, verzichtet aber auch nicht auf die Rechte aus der eV, ist der Verfügungsschuldner berechtigt, den Beschluß im Widerspruchsverfahren gemäß § 924 ZPO, vgl. E III 2 a Rdn. 180, im Aufhebungsverfahren gemäß § 927 ZPO, vgl. E IX 3 b Rdn. 254, oder innerhalb des Berufungsverfahrens, vgl. OLG Hamm WRP 1980, 42; *Melullis* Rdn. 118, wegen mangelnder Zustellung aufheben zu lassen.

394 Vgl. OLG Hamm WRP 1979, 563; *Melullis* Rdn. 111; *Köhler* Vor § 13 C Rdn. 34 in diesem Kommentar; *Baumbach/Hefermehl* § 25 Rdn. 55.

395 Vgl. dazu *Jestaedt* Vor § 13 E Rdn. 78 ff in diesem Kommentar.

396 Vgl. *Jestaedt* Vor § 13 E Rdn. 41 in diesem Kommentar; *Borck* WRP 1989, 360, 365.

397 Vgl. OLG Hamm WRP 1978, 65; GRUR 1991, 336; *Wedemeyer* 1979, 293; a. A. OLG Celle GRUR 1987, 66. Diese Auffassung ist kein Gegensatz zu der oben am Ende von Rdn. 144 vertretenen Auffassung, die Zustellung ohne Ordnungsmittelandrohung sei wirksam. Dort geht es um die Frage, ob eine ordnungsgemäße Vollziehung erfolgt ist, um die Frist des § 929 Abs. 2 ZPO einzuhalten. Diese Frage steht zwar im Zusammenhang mit der Vollstreckbarkeit, ist aber nicht identisch.

398 Dies ist bei der Beschluß-eV gänzlich zweifelsfrei; zur umstrittenen Rechtslage bei der eV in Urteilsform vgl. nachfolgend Rdn. 158.

Beschluß neben dem Verbot eine Sequestration ausspricht[399]. Hier kann gemäß § 929 Abs. 3 ZPO die **Vollziehung** – also das auf Wegnahme der zu sequestrierenden Gegenstände gerichtete Verwaltungshandeln des Gerichtsvollziehers – **bereits vor der Zustellung beim Verfügungsschuldner wirksam erfolgen**, bleibt aber nur wirksam, wenn die Zustellung nach diesem anderweitigen Vollziehungsakt innerhalb der noch laufenden Monatsfrist gemäß §§ 929 Abs. 2 und Abs. 3 ZPO nachgeholt wird. Da der Gerichtsvollzieher, bevor oder während er eine Sequestration durchführt oder durchzuführen versucht, den Beschluß, der die Sequestrationsanordnung enthält, regelmäßig zustellen wird, kommt diese zeitlich versetzte Vollziehung gemäß § 929 Abs. 3 ZPO im wettbewerbsrechtlichen eV-Verfahren praktisch nur in Betracht, wenn die **Sequestration bei einem Dritten** erfolgt oder im Betrieb des Verfügungsschuldners zwar eine Sequestration durchgeführt werden kann, aber keine zur Entgegennahme der Zustellung gemäß §§ 170 ff ZPO legitimierte Person vorhanden ist[400] oder etwa die Zustellung an den Prozeßbevollmächtigten des Verfügungsschuldners (siehe nachfolgend d Rdn. 149 ff, sowie 2 c Rdn. 160) vorzunehmen ist.

d) **Zustellung an Anwalt.** Die Zustellung hat gemäß § 176 ZPO nicht an die Partei **149**
sondern an ihren Prozeßbevollmächtigten zu erfolgen, wenn es sich um eine Zustellung „in einem anhängigen Verfahren" handelt. Dem Grundsatz nach ist das **Verfahren**, welches bis **zum eV-Beschluß** ohne mündliche Verhandlung stattfindet, ein einseitiges Verfahren. Also gibt es dort **grundsätzlich keinen „Prozeßbevollmächtigten"** in einem anhängigen Rechtsstreit" gemäß § 176 ZPO. Etwas anderes gilt, wenn das Gericht den Verfügungsschuldner zur schriftlichen Stellungnahme unter Übersendung der Antragsschrift aufgefordert hat und diese Stellungnahme durch einen Rechtsanwalt erfolgt ist. Damit ist der Verfügungsschuldner am eV-Verfahren beteiligt und sein Anwalt Prozeßbevollmächtigter i. S. d. § 176 ZPO. Dasselbe könnte auch gelten, wenn der Verfügungsschuldner eine **Schutzschrift** durch einen Rechtsanwalt hat einreichen lassen und der Anwalt sich darin für das eV-Verfahren legitimiert hat[401]. Die **überwiegende Auffassung** ist der Meinung, in diesen Fällen habe die Zustellung der eV an diesen Rechtsanwalt als Prozeßbevollmächtigten zu erfolgen[402]. Diese Auffassung wird den Besonderheiten des eV-Beschluß-Verfahrens nicht gerecht und **verkennt den Sinn des § 176 ZPO**, in einem ordentlichen Hauptverfahren, bei dem die Bestimmung des „Prozeßbevollmächtigten" in aller Regel nicht auf Schwierigkeiten stößt, die **Zustellung zu** erleichtern, nicht aber letztere zu erschweren[403] und anwaltlichen „Tricks" sowie Mißverständnissen der Gerichts-Geschäftsstelle Tür und Tor zu öffnen: Oft wird im

---

[399] Vgl. *Teplitzky*[6] Kap. 55 Rdn. 40; *Baumbach/Hefermehl* § 25 Rdn. 56 a.

[400] Vgl. *Teplitzky* aaO.

[401] *Pastor* WRP 1972, 299, 230 ist zwar der Meinung, eine solche Bestellung als Prozeßbevollmächtigter des Verfügungsschuldners sei in einer Schutzschrift unzulässig; es ist aber nicht zu erkennen, warum das so sein soll. Mit Recht weist aber *Borck* WRP 1978, 262, 263 darauf hin, daß es jedenfalls im Hinblick auf die Zustellungsmöglichkeit beim Anwalt untunlich sein kann, daß dieser sich in der Schutzschrift als Prozeßbevollmächtigter für das eV-Verfahren bestellt.

[402] Vgl. OLG Hamm MDR 1976, 407; OLG Hamburg JurBüro 1980, 771; WRP 1987, 121; GRUR 1984, 79; OLG Karlsruhe WRP 1986, 166; WRP 1987, 45; *Teplitzky*[6] Kap. 55 Rdn. 43; *Baumbach/Hefermehl* § 25 Rdn. 56 a, 59; *Schütze* BB 1978, 589; demgegenüber weist OLG Frankfurt WRP 1988, 273 mit Recht darauf hin, daß dies jedenfalls dann nicht gelten könne, wenn der Verfügungsgläubiger die Schutzschrift gar nicht gesehen habe. Zum Teil wird einschränkend die Auffassung vertreten, die Zustellung müsse jedenfalls dann an den für das eV-Verfahren legitimierten Anwalt des Verfügungsschuldners erfolgen, wenn dieser Anwalt beim eV-Gericht zugelassen sei, vgl. KG WRP 1979, 547; OLG Hamburg GRUR 1981, 90; OLG Düsseldorf WRP 1982, 531; OLG Stuttgart Entsch. v. 23. 3. 1987, zit. bei *Traub* S. 394/396; vgl. auch im einzelnen *Melullis* WRP 1982, 249, 250 sowie Rdn. 113; *Teplitzky* aaO.

[403] Wie hier: *Melullis* WRP 1982, 249 ff.

eV-Beschluß der Rechtsanwalt, der eine Schutzschrift eingereicht hat, als Prozeßbevollmächtigter des Verfügungsschuldners im Passivrubrum aufgeführt, obwohl er für das Verfahren gar kein Mandat hat, sondern sich dieses nur auf das Einreichen der Schutzschrift bezieht[404]. Häufig wird der **Anwalt** aber auch, **obwohl** er sich als (zukünftiger) **Prozeßbevollmächtigter** in der Schutzschrift legitimiert hat und obwohl er möglicherweise auch am eV-Gericht zugelassen ist[405], **nicht im Rubrum genannt**, weil das Gericht davon ausgeht, die Bevollmächtigung beziehe sich nur auf das Einreichen der Schutzschrift, nicht auch auf Vertretung des Verfügungsschuldners im erwarteten eV-Verfahren; oder weil die Geschäftsstelle nur vergessen hat, den Anwalt – möglicherweise auch denjenigen, der für den zur Stellungnahme vom Gericht aufgeforderten Verfügungsschuldner eine solche abgegeben hat und also unzweifelhaft Prozeßbevollmächtigter i. S. d. § 176 ZPO ist – im Passivrubrum des eV-Beschlusses aufzunehmen[406]. Auch bei demjenigen Rechtsanwalt, der in einer von einem auswärtigen Anwalt eingereichten Schutzschrift etwa als zukünftiger Prozeßbevollmächtigter am Gerichtsort für den Fall der Anberaumung einer mündlichen Verhandlung genannt wird – damit das Gericht sich hinsichtlich Terminstag und -stunde mit ihm abstimmen kann, vgl. C II 1 Rdn. 96 und unten K IV Rdn. 355 –, fragt es sich, ob er dadurch schon Prozeßbevollmächtigter für das einseitige Verfahren wird, so daß unklar ist, ob an ihn zugestellt werden kann. Auch insoweit kann es Auslegungsprobleme geben, zumal Rechtsanwälte im Hinblick auf § 88 Abs. 2 ZPO, letzter Halbsatz, in aller Regel keine Vollmacht vorlegen, aus der sich der Umfang ihres Mandates ersehen ließe[407]. Gelegentlich kommt es auch vor, daß im **Passivrubrum ein Rechtsanwalt genannt** ist, von dem die Geschäftsstelle weiß, daß er regelmäßig den Verfügungsschuldner vertritt, obwohl er sich zu dieser Akte überhaupt nicht gemeldet hat. Dieser Rechtsanwalt ist sicherlich, obwohl er im Passivrubrum steht, nicht Prozeßbevollmächtigter im Sinne des § 176 ZPO[408]. Zweifellos auch nicht Prozeßbevollmächtigter ist derjenige Anwalt, der für den Abgemahnten vorgerichtlich Korrespondenz geführt hat[409]. Er wird es auch nicht dadurch, daß der Verfügungsgläubiger ihn im Rubrum seines Antrags als Prozeßbevollmächtigten des Verfügungsschuldners aufführt[410]. Dagegen soll der Anwalt, der als bei Gericht zugelassener Anwalt eine Schutzschrift eingereicht hat, auch dann einzig legitimierter Zustellungsempfänger sein, wenn er nicht im Rubrum benannt ist, gleichwohl aber der Verfügungsgläubiger von der Schutzschrift Kenntnis hat[411].

150 Der **Unsicherheit**, die sich aus der Meinungsvielfalt ergibt, kann der Verfügungsgläubiger aus dem Wege gehen, indem er die eV sicherheitshalber **doppelt zustellen** läßt[412]: Zum einen an den im Rubrum als Prozeßbevollmächtigten des Verfügungsschuldners genannten Rechtsanwalt, zum anderen aber auch an den Verfügungsschuldner selbst –

---

404 Vgl. dazu *Borck* WRP 1978, 262, 263; *Melullis* WRP 1982, 249, 251; *Deutsch* GRUR 1990, 327, 329; vgl. auch OLG Stuttgart Entsch. v. 11. 12. 1981, zit. bei *Traub* S. 396. Deswegen sieht OLG Düsseldorf GRUR 1984, 79 nur den Anwalt als richtigen Zustellungsempfänger an, der sich „unmißverständlich und eindeutig" als Prozeßvertreter legitimiert hat.

405 Vgl. zu dieser Differenzierung nach zugelassenen und nicht-zugelassenen Anwälten OLG Hamburg GRUR 1981, 90; OLG Koblenz WRP 1982, 352; *Melullis* WRP 1982, 249, 250 f.

406 In diesen Fällen soll die Zustellung an den Verfügungsschuldner direkt genügen, so OLG Düsseldorf GRUR 1984, 79; OLG Hamburg GRUR 1987, 66; OLG Frankfurt GRUR 1988, 80; vgl. eingehend *Melullis* WRP 1982, 249 f.

407 Vgl. OLG Düsseldorf GRUR 1984, 79; *Deutsch* GRUR 1990, 327, 329.

408 Vgl. OLG Stuttgart Entsch. v. 23. 3. 1987, zit. bei *Traub* S. 394.

409 Vgl. OLG Frankfurt WRP 1988, 273.

410 Vgl. BGH MDR 1981, 126; undeutlich insoweit OLG Hamburg GRUR 1987, 66.

411 Vgl. OLG Stuttgart Entsch. v. 17. 8. 1987, zit. bei *Traub* S. 396; weitere Nachweise bei *Teplitzky*[6] Kap. 55 Rdn. 43 in Fn. 92.

412 So *Deutsch* GRUR 1990, 327, 330.

letzteres für den Fall, daß der im Rubrum benannte Anwalt tatsächlich gar nicht Prozeßbevollmächtigter im anhängigen Verfahren ist. Sicherheitshalber kann der Gläubiger auch in der Gerichtsakte kontrollieren, ob sich in ihr ein Schreiben eines Rechtsanwalts befindet, welches als Anzeige einer Bevollmächtigung des Verfügungsschuldners für das anhängige eV-Verfahren verstanden werden könnte, ohne daß dieser Anwalt im Rubrum genannt ist[413]. An Letzteren wird der Verfügungsgläubiger dann sicherheitshalber auch noch zustellen. **Eine der mehrfachen Zustellungen** – an Partei und (vermeintliche) Prozeßbevollmächtigte – ist dann **wenigstens wirksam, die andere jedenfalls unschädlich**[414].

Mit Mehrfachzustellung wird allerdings die Frage nicht gelöst, wer denn nun 151
wirklich Zustellungsempfänger ist. Für den Fall einer vom Gericht im Beschluß-Verfahren eingeholten **Stellungnahme des Verfügungsschuldners** ist dies derjenige Anwalt, der sich für den Verfügungsschuldner gemeldet hat. Denn durch diese Stellungnahme ist das Verfahren ein zweiseitiges Verfahren (allerdings ohne mündliche Verhandlung) geworden, und der **Prozeßbevollmächtigte des Verfügungsschuldners Zustellungsbevollmächtigter** i. S. d. § 176 ZPO. Für die übrigen Fälle, namentlich also für die Fälle einer von einem Anwalt für den Verfügungsschuldner eingereichten **Schutzschrift**, gilt: Um den Verfügungsgläubiger nicht zum Opfer des Verfügungsschuldners, seines Anwaltes oder des Gerichts bzw. der Geschäftsstelle bei der Frage zu machen, wer **richtiger Zustellungsempfänger** ist, kann praktisch nur die Auffassung richtig sein, daß der Verfügungsgläubiger jedenfalls immer dann richtig zustellt, wenn er beim Verfügungsschuldner selbst zustellt[415]. Daneben ist auch die Zustellung bei dem Rechtsanwalt wirksam, wenn dieser tatsächlich als Prozeßbevollmächtigter zur Akte legitimiert ist[416].

Die hier vertretene Auffassung steht zwar dann mit dem **Wortlaut des § 176 ZPO** 152
im Widerspruch[417], wenn der die Schutzschrift einreichende Anwalt tatsächlich das Mandat für den Verfügungsschuldner des eV-Verfahrens hatte; denn dann ist er „Prozeßbevollmächtigter in einem anhängigen Rechtsstreit" i. S. d. § 176 ZPO, weil das eV-Verfahren mit Einreichung der eV-Antragsschrift „anhängig" ist. **Nach dem Sinn des** § 176 ZPO, der auf Erleichterung der Zustellung und auf bessere Kontrolle

[413] OLG Hamburg, zit. bei *Melullis* WRP 1982, 249, sieht in der Tat auch den Anwalt als ausschließlichen Zustellungsbevollmächtigten an, von dem mangels seines Erscheinens im Passivrubrum des eV-Beschlusses der Verfügungsgläubiger gar keine Kenntnis haben kann. Von der herrschenden Meinung wird diese Recherchetätigkeit zu Recht nicht verlangt, die vom Verfügungsgläubiger nicht zu vertretende Unkenntnis über die Prozeßbevollmächtigten-Stellung eines Anwalts soll vielmehr unschädlich sein, vgl. OLG Düsseldorf GRUR 1984, 79; OLG Hamburg GRUR 1987, 66; OLG Frankfurt GRUR 1988, 80; KG Entsch. v. 3. 4. 1990, zit. bei *Traub* S. 28. Allerdings weisen *Deutsch* GRUR 1990, 327, 329 und *Melullis* Rdn. 113 darauf hin, daß die Frage des Zustellungsadressaten gemäß § 176 ZPO nicht eine solche der Kenntnis des Prozeßgegners, sondern der objektiven Erkenntnis des Gerichtes sei.

[414] Vgl. dazu OLG Karlsruhe WRP 1986, 166; WRP 1987, 45. Die Landgerichte stellen regelmäßig Ladungen an den Schutzschrift-einreichenden Anwalt des Verfügungsschuldners zu, wenn sie über einen eV-Antrag nach mündlicher Verhandlung entscheiden wollen.

[415] *Melullis* WRP 1982, 249, 252 sowie Rdn. 113. Dadurch werden auch Zustellungsvereitelungen vermieden, die sich sonst leicht ergeben können, wenn der als Zustellungsadressat angenommene Anwalt tatsächlich nicht für das eV-Verfahren vom Verfügungsschuldner legitimiert ist und das Empfangsbekenntnis nicht zurückgibt, vgl. *Deutsch* GRUR 1990, 327, 330; oder – wie im Fall BGH WRP 1989, 514 – sich trotz seiner Legitimation weigert, das Empfangsbekenntnis zu unterzeichnen.

[416] Warum sich ein Rechtsanwalt für seinen Mandanten nicht schon für den Fall eines späteren zweiseitigen Verfahrens soll legitimieren und damit zu Lasten seines Mandanten eine Zustellungsmöglichkeit an sich selbst soll begründen können – wie *Melullis* WRP 1982, 252 meint, der ausschließlich die Zustellung an den Verfügungsschuldner selbst für zulässig hält –, ist nicht einzusehen.

[417] Vgl. *Deutsch* GRUR 1990, 327, 329.

von durch Zustellungen in Lauf gesetzte Fristen ausgerichtet ist, nicht aber der Erschwerung der Beachtung von Förmlichkeiten für den Prozeßgegner dient, muß jedoch der „Schutzschrift-Anwalt", dessen Existenz und insbesondere Mandats-Umfang dem Verfügungsgläubiger als dem die Zustellung Betreibenden zumeist gar nicht bekannt ist, als Zustellungsempfänger außer Betracht bleiben[418].

153 e) **Vollziehung bei Sicherheitsleistung.** Ist mit dem eV-Beschluß eine Sicherheitsleistung angeordnet worden, muß diese **innerhalb der Vollziehungsfrist erbracht** sein, um die Vollziehung wirksam zu machen[419]. Vor Leistung der Sicherheit kann der Verfügungsschuldner nicht gegen die eV verstoßen, weil sie noch nicht wirksam ist. Die Sicherheitsleistung ist also nicht nur zur Durchführung eines Ordnungsmittelverfahrens (wegen vorher begangener Verstöße) erforderlich, sondern Voraussetzung dafür, daß der Verfügungsschuldner verpflichtet ist, sich dem Tenor des Beschlusses zu unterwerfen[420].

154 f) **Vollziehung im Ausland.** Handelt es sich beim Verfügungsschuldner um ein ausländisches Unternehmen, dessen Wettbewerbsverhalten in Deutschland Anlaß für die eV gewesen ist, **genügt** für die Wahrung der Monatsfrist des § 929 Abs. 2 ZPO – ebenso wie bei öffentlicher Zustellung – die **Einreichung des Zustellungsersuchens**[421]. Gemäß § 207 ZPO gilt dies zwar nur dann, wenn die darauf erfolgende Zustellung demnächst bewirkt wird. „Demnächst" in diesem Sinne ist aber stets auch dann anzunehmen, wenn die alsbaldige Zustellung durch Umstände verhindert worden ist, die nicht vom Verfügungsgläubiger zu vertreten sind[422].

155 g) **Beginn der Monatsfrist.** Die Monatsfrist des § 929 Abs. 2 ZPO beginnt regelmäßig mit der **Zustellung** des eV-Beschlusses an den Verfügungsgläubiger bzw. dessen Anwalt[423]. Grundsätzlich beginnt also die Frist nicht schon, wenn dem Anwalt des Verfügungsgläubigers oder dessen Gerichtsboten die eV in der Gerichts-Geschäftsstelle formlos mit Empfangsbekenntnis übergeben wird, wie dieses in den großen „Wettbewerbs-Landgerichten" allgemein üblich ist. Das Erfordernis der Zustellung für den Beginn der Monatsfrist ergibt sich nicht nur aus dem klaren Wortlaut des § 929 Abs. 2 ZPO, sondern folgt auch aus dem Rechtsgedanken des § 329 Abs. 2 Satz 2 ZPO, wonach ein nicht verkündeter Beschluß, wenn diese Entscheidung eine Frist in Lauf setzt, zuzustellen ist. Nun setzt zwar der eV-Beschluß selbst keine Frist in Lauf, sondern erst seine Zustellung an den Verfügungsgläubiger bzw. seinen Vertreter, aber der Gedanke der Rechtsklarheit durch Nachprüfbarkeit des Fristbeginns gilt hier in gleicher Weise[424]. Es kommt jedoch gelegentlich **regelwidrig** vor, daß das **Empfangsbekenntnis** vom Verfügungsgläubiger-Anwalt **nicht zur Gerichtsakte zurückgelangt.** Wenn sich in einem solchen Falle gesichert aus der Gerichtsakte entnehmen läßt, wann der eV-Beschluß dem Verfügungsgläubiger bzw. seinem Anwalt – im Verfahren gemäß § 25 UWG sind die Verfügungsgläubiger zu nahezu 100% durch Anwälte vertreten –

[418] So zutreffend *Melullis* WRP 1982, 249, 252; *Pastor* WbProzeß S. 438.

[419] Vgl. OLG Karlsruhe NJW 1965, 47; OLG Hamburg, MDR 1969, 931; OLG Frankfurt WRP 1980, 423; OLG Hamm WRP 1982, 609 (anders dagegen, wenn nicht die Vollziehung, sondern die Zwangsvollstreckung von einer Sicherheitsleistung abhängig gemacht wird. Die Unterscheidung erscheint verfehlt); OLG Stuttgart Entsch. v. 24. 6. 1983, zit. bei *Traub* S. 401; OLG München Entsch. v. 15. 3. 1984, zit. bei *Traub* S. 415; *Pastor* WbProzeß S. 483; *Baumbach/Hefermehl* § 25 Rdn. 65 a.

[420] Vgl. OLG Bremen WRP 1979, 791; *Pastor* WbProzeß S. 438.

[421] Vgl. OLG Hamm GRUR 1991, 944.

[422] Vgl. *Zöller/Stephan* § 207 ZPO Rdn. 3.

[423] Vgl. OLG Koblenz WRP 1980, 643; WRP 1981, 286; *Fritze* Festschrift Schiedermair S. 141, 164; *Stein/Jonas/Schumann* § 329 ZPO Rdn. 60; *Baumbach/Hefermehl* § 25 Rdn. 56.

[424] Vgl. *Wedemeyer* NJW 1979, 293, 294; *Baumbach/Hefermehl* § 25 Rdn. 34 u. 56.

ausgehändigt worden ist, muß dieses Datum als für den Beginn der Vollziehungsfrist des § 929 Abs. 2 ZPO maßgeblich angesehen werden[425], da es andernfalls der Verfügungsgläubiger in der Hand hätte, die Vollziehbarkeit des eV-Beschlusses in die Länge zu ziehen. Dies würde dem Sinn der Vollziehungsfrist widersprechen, den Schuldner davor zu bewahren, zu einem beliebig späteren Zeitpunkt mit einer vor längerer Zeit erlassenen eV überrascht zu werden[426]. Wenn allerdings die Zustellung an den Gläubiger erfolgt ist und diese **Zustellung dieselben förmlichen Fehler** (beispielsweise kein Ausfertigungsvermerk, keine Richterunterschrift, fehlende Antragsschrift, vgl. 1a Rdn. 144) enthält **wie die spätere Parteizustellung** an den Verfügungsschuldner, ist die **Zustellung beim Verfügungsgläubiger** als genauso **unwirksam** anzusehen wie diejenige beim Verfügungsschuldner, so daß in solchen Fällen die Frist des § 929 Abs. 2 ZPO nicht beginnt. Andernfalls würde man den Verfügungsgläubiger, der den Zustellungsmangel nicht bemerkt hat, schlechter behandeln als den Verfügungsschuldner, der nachträglich die Aufhebung der eV gemäß § 927 ZPO herbeiführen kann, vgl. E IX 3b Rdn. 254ff. Dafür besteht kein Anlaß[427].

h) **Mehrfache Zustellung von Teil-Beschlüssen.** Ist dem Antrag des Verfügungsgläubi- 156
gers im eV-Beschluß nur zum Teil stattgegeben worden und geht er mit dem abgewiesenen Teil in die Beschwerde, muß gleichwohl derjenige Teil-Beschluß, der bereits dem Antrag stattgegeben hat, zugestellt werden. **Die Monatsfrist** läuft **für jeden Beschluß, mit dem einem Teil des eV-Antrags stattgegeben wird, gesondert**[428]. Hat der Verfügungsgläubiger mit der Beschwerde Erfolg, muß der die eV erweiternde Beschluß – z.B. Aufhebung einer Sicherheitsleistung, weitergehendes Verbot als im angefochtenen Beschluß, Aufhebung oder Verkürzung einer Aufbrauchsfrist – erneut innerhalb der für diesen Beschluß geltenden Monats-Vollziehungsfrist des § 929 Abs. 2 ZPO vollzogen werden. Der Verfügungsgläubiger kann also mit der Zustellung nicht so lange warten, bis er im Beschwerdeverfahren erfährt, wie die endgültige Entscheidung in der zweiten Instanz ausfällt – es sei denn, es gelingt ihm, die Beschwerdeentscheidung so rechtzeitig in Händen zu haben, daß die Vollziehungsfrist auch für den bereits in der ersten Instanz erwirkten Beschluß noch läuft. Dann kann er die erstinstanzliche Teil- und die zweitinstanzliche End-Entscheidung gemeinsam zustellen lassen.

2. Urteils-eV

Ergeht die einstweilige Verfügung durch Urteil, so wird dieses Urteil nach münd- 157
licher Verhandlung verkündet und von Amts wegen gemäß § 317 ZPO beiden Parteien zugestellt. Umstritten ist, ob auch die Urteils-eV der Vollziehung bedarf und – bejahendenfalls – in welcher Form diese Vollziehung bei ihr zu erfolgen hat. Während eine Mindermeinung die Vollziehung der Urteils-eV – entgegen dem Gesetzeswortlaut – für überhaupt entbehrlich hält und § 929 Abs. 2 ZPO deshalb als unanwendbar ansieht[429] und eine weitere Mindermeinung eine Vollziehung auch der Urteils-eV zwar

---

[425] OLG Düsseldorf GRUR 1984, 76; *Stein/Jonas/Grunsky* § 929 ZPO Rdn. 3; *Zöller/Vollkommer* § 929 ZPO Rdn. 5; *Baumbach/Lauterbach/Hartmann* § 929 ZPO Anm. II B b bb; a. A. *Fritze* Festschrift Schiedermair S. 141, 146f; *Wedemeyer* 1979, 293, 294.

[426] Vgl. dazu *Baumbach/Hefermehl* § 25 Rdn. 55.

[427] Vgl. *Wedemeyer* NJW 1979, 293, 294; *Fritze* Festschrift Schiedermair S. 141, 146f.

[428] Vgl. *Teplitzky*[6] Kap. 55 Rdn. 9.

[429] OLG Hamburg WRP 1973, 346; WRP 1980, 341; (nicht jedoch bei Gegendarstellungsgebotsverfügungen, OLG Köln AfP 1982, 25); OLG Bremen WRP 1979, 791; OLG Oldenburg WRP 1992, 412. Soweit der BGH (WRP 1989, 514, 516) dieser Auffassung – ohne ihr ausdrücklich zuzustimmen, vielmehr bleibt die wahre Auffassung des BGH zum Parteizustellungs-Erfordernis ziemlich dun-

für grundsätzlich erforderlich hält, aber als bereits durch die Amtszustellung bewirkt ansieht[430], verlangt die bislang hM auch bei der Urteils-eV die Vollziehung durch Zustellung des Titels an den Schuldner im Parteibetrieb[431].

Demgegenüber wird neuerdings zunehmend vertreten, daß eine Vollziehung der Urteils-eV (jedenfalls zur Erhaltung ihres Bestands über die Monatsfrist des § 929 Abs. 2 ZPO hinaus) zwar unerläßlich sei, daß es hierfür aber nicht notwendigerweise der Parteizustellung bedürfte, sondern auch andere deutliche Manifestationen des Willens des Gläubigers, von der eV tatsächlich Gebrauch zu machen, genügen könnten[432]. Letzteres erscheint bedenklich. Im Hinblick auf die im Schuldnerinteresse[433] erforderliche Klarheit und Eindeutigkeit der jeweiligen Rechtslage ist der hM zuzustimmen und Vollziehung in der jeden Zweifel ausschließenden Form der Parteizustellung zu fordern. Die Notwendigkeit, auch eine Urteils-eV (eindeutig) zu vollziehen, ergibt sich sowohl aus dem Wortlaut als auch aus Sinn und Zweck des § 929 Abs. 2 ZPO[434]; Differenzierungen zwischen Beschluß- und Urteils-eV'en finden darin keine Rechtfertigung. Auch aus der Sicht des Verfügungsgläubigers ist es geboten, hinsichtlich der Vollziehung nicht zwischen Urteils- und Beschluß-eV zu differenzieren. Denn der Verfügungsgläubiger hat kaum Einfluß darauf, ob seinem Antrag mit oder ohne mündliche Verhandlung stattgegeben wird. § 929 Abs. 2 ZPO eröffnet ihm aber gerade die Möglichkeiten, nach Erlaß des eV noch einmal über die Vollziehung derselben – auch zur etwaigen Vermeidung eines Schadensersatzausspruchs gemäß § 945 ZPO – nachzudenken.

---

kel – „beachtliche Gründe" zubilligt, bezieht sich dies wohl darauf, daß es nach ihr (auch) keiner Vollziehung als Voraussetzung eines Schadensersatzes bedarf. Dieses Problem liegt – wegen der Unterschiedlichkeit der Interessenlage – etwas anders als die Frage nach dem Vollziehungserfordernis des § 929 Abs. 2 ZPO zur Bestandserhaltung; vgl. dazu näher *Teplitzky*[6] Kap. 36 Rdn. 42 u. Kap. 55 Rdn. 38 mit Fn. 78; vgl. auch GI 3c Rdn. 328.

430 OLG Stuttgart WRP 1981, 291; WRP 1983, 647 (Ls.); OLG Celle NJW-RR 1990, 1088; Castendiek WRP 1979, 527. In der Praxis würde übrigens etwa die Hälfte der Urteils-eV'en wegen Nicht-Einhaltung der Frist des § 929 Abs. 2 ZPO wiederaufgehoben werden, wenn man es nur auf die Amts-Zustellung abstellen würde, weil die Urteile im eV-Verfahren zumeist am Schluß der Sitzung verkündet werden und die begründete Ausfertigung, die dann von Amts wegen zugestellt wird, häufig mehr als einen Monat auf sich warten ließe. Bei vielen Gerichten ist es nur durch intensives Drängen der an der Parteizustellung interessierten Verfügungsgläubiger-Vertreter um eine kurze Ausfertigung des Urteils möglich, die Vollziehungsfrist gemäß § 929 Abs. 2 ZPO einzuhalten.

431 KG WRP 1979, 307; WRP 1988, 301; OLG München WRP 1979, 398; WRP 1982, 602; OLG Köln WRP 1979, 817; OLG Koblenz GRUR 1980, 1022; OLG Karlsruhe WRP 1983, 696; WRP 1986, 232; OLG Frankfurt WRP 1983, 212; GRUR 1988, 847; OLG Düsseldorf WRP 1985, 640; WRP 1987, 633; OLG Celle GRUR 1989, 541; OLG Hamm GRUR 1989, 931; OLG Braunschweig Entsch. v. 5. 7. 1985, zit. bei *Traub* S. 52; *Pastor* WbProzeß S. 430; *Ahrens* S. 181; *Stein/Jonas/Grunsky* § 929 ZPO Rdn. 31; *Borck* WRP 1977, 556, 559 ff; *Klaka* GRUR 1979, 593, 601; *Teplitzky* DRiZ 1982, 41, 46; WRP 1987, 149, 150; *Ulrich* WRP 1991, 361 ff; weitere Nachweise bei *Teplitzky*[6] Kap. 55 Rdn. 38 in Fn. 80.

432 Vgl. schon OLG Düsseldorf WRP 1983, 410, 411; OLG Karlsruhe WRP 1982, 44 u. NJW-RR 1988, 1469, 1470; OLG Frankfurt MDR 1981, 680; *Teplitzky*[6] Kap. 55 Rdn. 38 (unter Hinweis auf BVerfG NJW 1988, 3141 in Fn. 80) und in Rdn. 42; *Zöller/Vollkommer* § 929 ZPO Rdn. 12; *Baumbach/Lauterbach/Hartmann* § 936 ZPO Anm. 2 zu § 929 A; *Bork* WRP 1989, 360, 364 (letzterer besonders eingehend); auch der BGH (WRP 1989, 514, 517) läßt andere Vollziehungsformen gelten. Soweit er aaO die Frage der Unerläßlichkeit einer Vollziehung ausdrücklich offen läßt, bezieht sich dies nur auf das Vollziehungserfordernis als Voraussetzung eines Schadensersatzanspruchs des Schuldners gemäß § 945 ZPO, nicht auch als Voraussetzung der Bestandserhaltung iS des § 929 Abs. 2 (so zutreffend *Ulrich* WRP 1991, 361, 365 f; ebenso und zum Unterschied eingehender *Teplitzky*[6] Kap. 36 Rdn. 42 u. Kap. 55 Rdn. 38 mit Fn. 78); ablehnend zu anderen Vollziehungsformen als der der Parteizustellung *Baumbach/Hefermehl* § 25 Rdn. 56 a u. *Ulrich* aaO.

433 Vgl. zu diesem BVerfG NJW 1988, 3141.

434 Dazu sehr eingehend *Bork* WRP 1989, 360, 364 f; ferner *Teplitzky*[6] Kap. 55 Rdn. 38; *Ulrich* WRP 1991, 361, 362 u. 366.

a) Vollziehungsfrist ab Verkündung. Bei der Urteils-eV erscheint es sachgerecht, die Vollziehungsfrist des § 929 Abs. 2 ZPO mit der Verkündung des Urteils beginnen zu lassen, weil die Existenz der Urteils-eV hier beiden Parteien in gleicher Weise bekannt wird wie im einseitigen Verfahren die Beschluß-eV dem Verfügungsgläubiger durch die an ihn erfolgte Zustellung[435]. Der Verfügungsgläubiger kann hier also nicht auf die an ihn erfolgende Zustellung des Urteils gemäß § 317 ZPO warten und sich von diesem Zeitpunkt an die Vollziehungsfrist gemäß § 929 Abs. 2 ZPO ausrechnen, sondern er muß sich selbst um eine **Urteilsausfertigung** – gegebenenfalls ohne Tatbestand und Entscheidungsgründe – **gemäß § 317 Abs. 2 ZPO** bemühen, um von der Verkündung an innerhalb eines Monats die Verfügung zustellen zu können[436]. **Bis zu dieser Zustellung im Parteibetrieb** – und gegebenenfalls bis zur Erbringung der angeordneten Sicherheitsleistung – **verstößt der Verfügungsschuldner entgegen einer starken Gegenansicht trotz Verkündung des Urteils nicht gegen die eV**, wenn er sein Wettbewerbsverhalten fortsetzt[437] – es sei denn der Wille des Verfügungsgläubigers, aus dem Urteil Rechte gegen den Verfügungsschuldner unter Inkaufnahme des Risikos aus § 945 ZPO herleiten zu wollen, ist dem Verfügungsschuldner auf andere Weise als durch Zustellung mittels eines formalen Aktes des Verfügungsgläubigers[438] bekanntgeworden, vgl. dazu 3 Rdn. 162 zur Heilung von Zustellungsmängeln gemäß § 187 ZPO sowie G I 3 c und d Rdn. 328 f zur korrespondierenden Frage des Schadensersatzes aus § 945 ZPO. Es erschiene ungerecht, dem Verfügungsschuldner aufzuerlegen, sich sogleich nach der Verkündung der eV in mündlicher Verhandlung an diese zu halten, den Verfügungsgläubiger aber für die dem Verfügungsschuldner daraus entstandenen Schäden nicht gemäß § 945 ZPO – sollte sich die eV später als ungerechtfertigt erweisen – haften zu lassen, weil dieser wegen der Einhaltung des Tenors durch den Verfügungsschuldner keine Anstalten zu treffen braucht, das eV-Urteil durchzusetzen[439]. Für den Verfügungsgläubiger wäre es möglich, risikolos im Hinblick auf § 945 ZPO zuzusehen, 158

[435] Vgl. OLG Hamburg WRP 1980, 341; OLG Stuttgart WRP 1981, 291; KG WRP 1983, 341; OLG Hamm GRUR 1987, 853; *Borck* WRP 1989, 364 f; *Ahrens* S. 183 f; *Baumbach/Hefermehl* § 25 Rdn. 60.

[436] Vgl. *Ulrich* WRP 1991, 361, 364; *Melullis* Rdn. 116. Erhält der Verfügungsgläubiger vom Gericht keine kurze (geschweige denn eine lange) Ausfertigung des Urteils innerhalb der Monatsfrist, verfällt damit die Vollziehungsmöglichkeit, auf Verschulden kommt es nicht an, vgl. OLG Düsseldorf NJW-RR 1987, 763; OLG Hamm GRUR 1987, 853: Die Zustellung des Protokolls über die mündliche Verhandlung, welches die Urteilsformel enthält, genügt nicht, OLG Hamm GRUR 1987, 853.

[437] Vgl. OLG Hamm GRUR 1978, 394 u. 611; KG WRP 1979, 307; OLG Köln WRP 1979, 817; OLG Koblenz GRUR 1980, 70; OLG Schleswig WRP 1982, 49; OLG München WRP 1982, 602; OLG Frankfurt WRP 1983, 212; OLG Karlsruhe WRP 1983, 696; OLG Düsseldorf WRP 1985, 640; *Jestaedt* Vor § 13 E Rdn. 41 in diesem Kommentar; *Borck* WRP 1977, 556, 559 ff; *Wedemeyer* NJW 1979, 293; vgl. auch *Teplitzky* DRiZ 1982, 41, 46; undeutlich *Baumbach/Hefermehl* § 25 Rdn. 60; **a. A.** (bereits ab Verkündung des eV-Urteils liegt ein ahndbarer Verstoß seitens des Verfügungsschuldners bei Zuwiderhandlung gegen den Unterlassungstenor vor) OLG Hamburg WRP 1973, 346; OLG Karlsruhe WRP 1976, 489; OLG Bremen WRP 1979, 791; OLG Hamm WRP 1980, 42; OLG Koblenz WRP 1980, 45; OLG Stuttgart WRP 1981, 291; *Teplitzky*[6] Kap. 55 Rdn. 35, der diese Auffassung – allerdings unter scharfer Abgrenzung zum hiervon zu trennenden Vollziehungserfordernis – (unter Bezugnahme auf die umfangreichen Nachweise bei *Bork* WRP 1989, 360, 364 in Fn. 38) als „herrschend" bezeichnet; *Pastor* WRP 1978, 639, 640; *Castendiek* WRP 1979 527; eingehend *Bork* WRP 1989, 360 ff; *Ulrich* WRP 1991, 361, 368. Offengelassen vom BGH WRP 1989, 514 (dort war das Urteil zwar nicht im Parteibetrieb vor dem „Verstoß" des Verfügungsschuldners zugestellt worden, jedoch mit dem Ordnungsmittelantrag des Verfügungsgläubigers dem Verfügungsschuldner der Wille des Gläubigers, aus dem Urteil Rechte herzuleiten, formal bekannt geworden). Vgl. auch C III 2 Rdn. 104.

[438] Dafür reicht allerdings ein einfaches Schreiben des Verfügungsgläubigers, er wolle nun aus der eV Rechte geltend machen, nicht aus, vgl. *Ulrich* WRP 1991, 361, 366.

[439] Die insbesondere von *Bork* WRP 1989, 360, 365 f eingehend begründete Gegenansicht, wonach die eV bei einem Urteil ab Verkündung zu beachten

wie der Verfügungsschuldner sich an das Verbot der eV hält, und abzuwarten, ob das eV-Urteil innerhalb der Frist des § 929 Abs. 2 ZPO von Amtswegen zugestellt wird (oder es am letzten Tag der Vollziehungsfrist im Parteibetrieb zuzustellen), um – sollte die Vollziehung nicht rechtzeitig erfolgen – auf die Rechte aus der eV zu verzichten und abzuwarten, ob der Verfügungsschuldner diejenigen Wettbewerbshandlungen wieder aufnimmt, die er im Hinblick auf die eV gerade eingestellt hatte – vielfach geschieht dies nicht –, um dann möglicherweise einen neuen eV-Antrag zu stellen.

159 b) **Abänderndes Urteil.** Ergeht im eV-Verfahren ein Urteil, welches gegenüber einem vorher ergangenen Urteil oder Beschluß eine **Abänderung im zuerkennenden Tenor** enthält – sei es ein mehr oder weniger[440] oder die Anordnung einer Sicherheitsleistung[441] –, muß der Verfügungsgläubiger stets **erneut** dieses Urteil innerhalb der Vollziehungsfrist **zustellen** – und gegebenenfalls eine neu angeordnete Sicherheitsleistung erbringen –, um damit dem Verfügungsschuldner zu verdeutlichen, daß er auch von dieser eV Gebrauch machen will[442]. Wird dagegen die bereits ergangene **eV im Urteil nur bestätigt** – aufgrund Widerspruchs nach einem eV-Beschluß in der ersten Instanz oder nach Berufung in der zweiten Instanz –, bedarf es **keiner neuen Parteizustellung**[443], weil ein solches Urteil keinen selbständigen neuen vollziehbaren Verfügungsinhalt hat. Notwendig sein dürfte eine neue Zustellung allerdings dann, wenn die **Bestätigung** wegen eines erst im Widerspruchs- bzw. Berufungsverfahren vorgetragenen Sachverhaltes und eben gerade **aus anderen Gründen** als denjenigen, die für den Erlaß der eV maßgeblich gewesen sind, erfolgt[444]. Wird im Urteil die vorher ergangene eV aufgehoben oder eine beantragte eV abgelehnt, bedarf es der Parteizustellung – in diesem Falle: durch den Verfügungsschuldner – ebenfalls nicht, weil hier lediglich ein

---

sei, bemüht sich deswegen um eine erweiternde Auslegung von § 945 ZPO, um dadurch dem im Text genannten Effekt entgegenzuwirken. Danach soll eine Schadensersatzhaftung des Verfügungsgläubigers gemäß § 945 ZPO bereits dann in Betracht kommen, wenn der Verfügungsschuldner sich an die eV hält, weil ihre Zustellung droht. Da dieses Drohen aber gerade immer die typische Situation nach einem eV-Urteil ist – ob man nun eine Partei- oder Amtszustellung für geboten hält, vgl. Rdn. 157 –, wird damit § 945 ZPO entschieden zu weit ausgelegt, vgl. G I 3 c Rdn. 328, aber auch – ausführlicher zur Gegenmeinung – *Teplitzky*[6] Kap. 36 Rdn. 40–44.

440 Man kann darüber streiten, wann eine Klarstellung genannte Modifikation in Wahrheit bereits eine Abänderung ist. Das OLG Celle Entsch. v. 8. 9. 1982, zit. bei *Traub* S. 73, ebenso OLG Hamm Entsch. v. 19. 7. 1983, zit. bei *Traub* S. 189, sowie OLG Koblenz ZIP 1990, 1517, 1573 sprechen davon, ein Urteil brauche nicht neu zugestellt zu werden, wenn die eV „ohne wesentliche inhaltliche Veränderung" bestätigt werde, vgl. auch OLG Hamm WRP 1991, 406: Streichung des konkretisierenden „insbesondere"-Falles aus dem die Verletzungsform abstrahierenden Tenor ist keine relevante Abänderung; zu geringfügigen oder unwesentlichen Abänderungen im Urteil gegenüber dem Beschluß (oder im zweitinstanzlichen gegenüber dem erstinstanzlichen Urteil) vgl. OLG Düsseldorf WRP 1981, 150; WRP 1983, 410; OLG Karlsruhe WRP 1986, 232; OLG Koblenz aaO sowie *Teplitzky* WRP 1987, 149. 150. Wegen Abgrenzungsschwierigkeiten, wann eine Änderung „unerheblich" und wann „erheblich" ist, ist diese Differenzierung wenig praktikabel. Es ist für den Verfügungsgläubiger daher in jedem Falle einer auch nur geringfügigen Abänderung ratsam, das Urteil (noch einmal) im Parteibetrieb zustellen zu lassen.

441 Vgl. OLG Frankfurt WRP 1900, 423, OLG Stuttgart Entsch. v. 24. 6. 1983, zit. bei *Traub* S. 401.

442 Vgl. OLG Hamm WRP 1981, 222; GRUR 1989, 931; OLG Düsseldorf WRP 1983, 401; GRUR 1984, 75; OLG Köln WRP 1986, 353 (dagegen keine Vollziehung nötig, wenn die Einschränkung des Tenors auf einer Teilrücknahme des Antrags des Verfügungsgläubigers beruht, im übrigen aber der verbliebene Tenor unverändert ist, vgl. OLG Köln, WRP 1982, 669); OLG Celle GRUR 1989, 541; *Wedemeyer* NJW 1979, 293, 294; *Klaka* GRUR 1979, 593, 601; *Melullis* Rdn. 140; *Zöller/Vollkommer* § 929 ZPO Rdn. 15; *Baumbach/Hefermehl* § 25 Rdn. 61.

443 Vgl. OLG Koblenz WRP 1980, 576; OLG Düsseldorf WRP 1981, 151; OLG Hamm WRP 1981, 222; OLG Bremen Entsch. v. 22. 11. 1983, zit. bei *Traub* S. 60; OLG Stuttgart Entsch. v. 1. 6. 1988, zit. bei *Traub* S. 401; *Wedemeyer* NJW 1979, 293, 294; *Teplitzky*[6] Kap. 55 Rdn. 48; *Baumbach/Hefermehl* § 25 Rdn. 56 a u. 61.

444 Vgl. KG Entsch. v. 2. 11. 1989, zit. bei *Traub* S. 28; vgl. auch OLG Hamm WRP 1981, 222.

Kostenausspruch, nicht aber ein sicherndes Ge- oder Verbot in Rede steht. Wenn das **Berufungsgericht** die in erster Instanz per Beschluß erlassene, dann im Widerspruchsverfahren aufgehobene **eV neu erläßt** (bzw. unter Abänderung der Widerspruchsentscheidung bestätigt)[445], **muß diese** durch den Verfügungsgläubiger im Parteibetrieb **zugestellt** werden[446], da es sich, nachdem die ursprünglich per Beschluß erlassene eV im Widerspruchsverfahren aufgehoben worden war, um ein neu erlassenes Verbot bzw. Gebot handelt und der Verfügungsgläubiger also ebenso wie bei einer erstinstanzlichen eV den Entschluß, diese gegenüber dem Verfügungsgläubiger durchzusetzen, nach außen bestätigen muß.

c) **Zustellung an Rechtsanwalt.** Im Gegensatz zum einseitigen eV-Verfahren, siehe C IV 1 d Rdn. 149 ff, stellt im Urteilsverfahren die Frage, ob ein Anwalt Prozeßbevollmächtigter im Sinne des § 176 ZPO ist, kein Problem dar. Denn durch die mündliche Verhandlung, bei welcher vor dem Landgericht Anwaltszwang herrscht, siehe unten K IV Rdn. 355, ist für den Verfügungsgläubiger ersichtlich, wer Prozeßbevollmächtigter ist und daher als Zustellungsempfänger gemäß § 176 ZPO an die Stelle der Partei tritt[447]. **160**

3. Heilung von Zustellungsmängeln[448]

Werden aufgetretene **Zustellungsmängel innerhalb der Vollziehungsfrist gemäß § 929 Abs. 2 ZPO geheilt**, ist die Monatsfrist des § 929 Abs. 2 ZPO gewahrt, da durch einen – mißlungenen – Zustellungsversuch die Vollziehbarkeit der eV nicht entfallen ist[449]. Wird dagegen erst nach Fristablauf der mißlungene Zustellungsversuch wiederholt oder eine Zustellung erstmals betrieben, kann durch einen solchen Akt die **Vollziehungsfrist nicht** mehr **gewahrt** werden[450]. Die gesetzliche Schärfe dieser weder vom Gericht noch von den Parteien verlängerbaren Frist[451] erlaubt es nicht, daß noch **161**

---

[445] Vgl. zu diesen beiden Möglichkeiten C III 2 Rdn. 141.

[446] Vgl. OLG Karlsruhe WRP 1980, 574; *Wedemeyer* NJW 1979, 293, 294; *Teplitzky* WRP 1987, 149, 150; a. A. OLG Celle WRP 1986, 612; *Melullis* Rdn. 114; *Zöller/Vollkommer* § 929 ZPO Rdn. 15.

[447] Vgl. OLG Stuttgart WRP 1983, 647; OLG Karlsruhe WRP 1983, 696; OLG Celle GRUR 1989, 541; vgl. auch OLG Düsseldorf Entsch. v. 21. 3. 1985, zit. bei *Traub* S. 83 f, wonach an den erstinstanzlichen Prozeßbevollmächtigten die eV zugestellt werden muß, auch wenn nach Verweisung des erstinstanzlichen Gerichts das Verfahren zum zweitinstanzlichen Gericht gelangt und dort die eV erlassen worden ist, soweit sich dort noch kein zweitinstanzlicher Anwalt legitimiert hat. Die ordnungsgemäß quittierte Zustellung von Anwalt zu Anwalt heilt etwaige bei einer parallelen Parteizustellung aufgetretene Zustellungsmängel, vgl. OLG Hamm WRP 1988, 552. Vgl. aber auch den umgekehrten Fall OLG Hamm GRUR 1991, 638: eV an Partei förmlich durch Parteizustellung zugestellt, an Anwalt dagegen nur Amtszustellung; hier soll keine Heilung gemäß § 187 ZPO vorliegen, weil der eigentlich Zustellungsberechtigte (Anwalt) die Verfügung nicht im Original, sondern nur als Kopie zu Gesicht bekommen habe. Das erscheint verfehlt, wenn berücksichtigt wird, daß es nur darauf ankommt, dem Verfügungsschuldner formal deutlich zu machen, daß Verfügungsgläubiger aus der eV Rechte geltend machen will.

[448] Vgl. dazu eingehend *v. Nereé* WRP 1978, 524 ff m. Nachw.

[449] Allgemeine Meinung, vgl. z. B. *Baumbach/Hefermehl* § 25 Rdn. 57 b.

[450] Vgl. OLG Hamburg WRP 1976, 58; OLG Koblenz GRUR 1980, 943; *Ulrich* WRP 1991, 361, 366; *Zöller/Vollkommer* § 929 ZPO Rdn. 3; *Stein/Jonas/Grunsky* § 929 ZPO Rdn. 20; *Teplitzky*[6] Kap. 55 Rdn. 46 (es erscheint zweifelhaft, ob die von *Teplitzky* aaO u. Rdn. 47 vorgenommene Differenzierung zwischen Urteils- und Beschluß-eV betreffend Heilungsmöglichkeit gemäß § 187 ZPO gerechtfertigt ist: Die in Rdn. 157 dargestellte Gleichwirkung von Urteils- und Schluß-eV verlangt auch eine Gleichbehandlung bei der Problematik der Heilung).

[451] Vgl. OLG Koblenz GRUR 1980, 943; *Teplitzky*[6] Kap. 55 Rdn. 50; *Pastor* WbProzeß S. 442; *Zöller/Vollkommer* § 929 ZPO Rdn. 3; *Ulrich* WRP 1991, 361, 366.

nach ihrem Ablauf die bis dahin versäumten Akte der Zustellung nachgeholt werden können. Wenn die **Frist versäumt** ist[452], wird vielmehr unwiderleglich vermutet, daß das **Sicherungsinteresse** des Verfügungsgläubigers, welches durch die eV gewahrt werden sollte, **nicht vorhanden** war – vorbehaltlich der Heilung einer nur fehlerhaften Zustellung gemäß § 187 ZPO gemäß nachfolgend Rdn. 162. Es kommt auch wegen Fristversäumung **keine Wiedereinsetzung in den vorigen Stand** in Betracht[453]; die Frist des § 929 ZPO ist keine Notfrist[454], § 223 Abs. 3 ZPO, so daß nicht § 233 ZPO, sondern der Grundsatz des § 230 ZPO gilt.

162 Sehr umstritten ist die Frage der **Heilung** eines Zustellungsmangels gemäß **§ 187 ZPO**[455]. Richtigerweise muß man differenzieren: § 187 ZPO sieht zwar vor, daß das zuzustellende Schriftstück, wenn es nachweisbar in der Zustellungsfrist den Prozeßbeteiligten (also dem Verfügungsschuldner, seinem Zustellungs-Repräsentanten oder seinem Anwalt) zugegangen ist, als zugestellt angesehen werden kann, auch wenn sich die förmliche Zustellung nicht nachweisen läßt. Angesichts des IV 1 a Rdn. 146 dargestellten üblichen Verfahrensablaufs des Bemühens um eine endgültige Beilegung des Streitverhältnisses innerhalb der Monatsfrist des § 929 Abs. 2 ZPO wäre es **sachwidrig,** diese **Verhandlungen,** innerhalb deren die eV regelmäßig auch ausgehändigt wird, als **Zustellungsersatz** im Sinne des § 187 ZPO **anzusehen.** Das Gesetz erlaubt diese Möglichkeit der Interpretation des § 187 ZPO, indem es die Vorschrift als „Kann"-Bestimmung ausgebildet hat[456]. Im Zusammenhang mit § 929 Abs. 2 ZPO trifft dieses „Können" in solchen Fällen nicht zu. Wenn indessen der Verfügungsgläubiger auf andere Weise, nämlich z. B. durch einen dem Verfügungsschuldner zugestellten **Ordnungsmittelantrag** oder durch den **Versuch** einer förmlichen **Zustellung, deutlich** gemacht hat, daß er die eV durchsetzen will, **kann eine Heilung** gemäß § 187 ZPO sowohl hinsichtlich des Zustellungsaktes wie auch hinsichtlich des Zustellungsinhalts[457] in Betracht kommen[458].

---

452 Auf ein Verschulden des Verfügungsgläubigers kommt es dabei nicht an. Auch dann also, wenn die Mängel nicht in seiner Sphäre liegen (sondern etwa beim Gerichtsvollzieher oder beim Gericht), ist die Frist versäumt, vgl. OLG Düsseldorf WRP 1987, 633; *Melullis* Rdn. 116; vgl. aber auch nachstehend Rdn. 162.

453 Vgl. *Zöller/Vollkommer* § 929 ZPO Rdn. 3.

454 Vgl. OLG Köln WRP 1980, 226; OLG Frankfurt WRP 1984, 486; OLG Düsseldorf Entsch. v. 15. 10. 1987, zit. bei *Traub* S. 84; **a. A.** OLG München Entsch. v. 21. 7. 1988, zit. bei *Traub* S. 315 (Frist des § 929 Abs. 2 ZPO ist wie eine Notfrist zu behandeln).

455 **Für Heilungs**möglichkeit BGH NJW 1965, 104; BGH NJW 1978, 426; BGH WM 1989, 238 (§ 187 ZPO ist „weit auszulegen"); OLG Frankfurt WRP 1974, 346; WRP 1984, 486; OLG München WRP 1976, 566; WRP 1983, 46; WRP 1986, 696; OLG Köln WRP 1980, 226; OLG Celle Entsch. v. 14. 11. 1983, zit. bei *Traub* S. 74; OLG Karlsruhe WRP 1986, 166; OLG Düsseldorf Entsch. v. 9. 4. 1987, zit. bei *Traub* S. 84; OLG Stuttgart NJW-RR 1989, 1534; *von Nereé* WRP 1978, 525; *Stein/Jonas/Leipold* § 187 ZPO Anm. II 3; HdBWbR/*Spätgens* § 86 Rdn. 20. **Gegen Heilungs**möglichkeit: OLG München NJW 1965, 447; OLG Hamm MDR 1976, 407; OLG Hamburg WRP 1976, 58; OLG Koblenz WRP 1980, 643; OLG Karlsruhe WRP 1989, 744; WRP 1981, 286; *Schütze* BB 1978, 589; *Fritze* Festschrift für Schiedermair, S. 141, 151; *Wedemeyer* NJW 1979, 293, 294; *Stein/Jonas/Grunsky* § 929 ZPO Rdn. 20; differenzierend zwischen Beschluß- und Urteils-eV (vgl. dazu Fn. 438): *Teplitzky*[6] Kap. 55 Rdn. 45 ff. Offengelassen bei BGH WRP 1989, 514.

456 Auf die Bedeutung von § 187 ZPO als Ermessensvorschrift weist, wenn auch mit anderem Ergebnis, von *Neree* WRP 1978, 526 hin.

457 Vgl. OLG Karlsruhe WRP 1987, 44; OLG Köln GRUR 1987, 404 (jedoch streng prüfend, ob der Verfügungsschuldner persönliche Kenntnis erlangt hat); OLG Düsseldorf Entsch. v. 15. 10. 1987, zit. bei *Traub* S. 84.

458 Vgl. BGH WRP 1989, 514; OLG Nürnberg NJW 1976, 1101; OLG Frankfurt WRP 1979, 799; OLG München WRP 1983, 46; WRP 1986, 696; OLG Düsseldorf WRP 1983, 410; OLG Karlsruhe WRP 1986, 166; WRP 1987, 45; OLG Hamburg WRP 1987, 121; KG Entsch. v. 27. 5. 1988, zit. bei *Traub* S. 28. Auf die Ausführungen Rdn. 143, Rdn. 147, Rdn. 158 wird verwiesen, ferner auch auf die korrespondierende Problematik, ob der Verfügungsgläubiger gemäß § 945 ZPO Schadensersatz zu leisten hat, wenn der Verfügungsgläubiger sich an die eV hält, obwohl sie nicht ordnungsgemäß zugestellt ist, und die eV sich nachträglich als ungerechtfertigt erweist, vgl. unten G I 3 c u. d Rdn. 328 f.

Die **Glaubhaftmachungslast** für die **Heilung** eines Zustellungsmangels gemäß § 187 ZPO hat – da er sich auf eine Ausnahmevorschrift beruft – der **Verfügungsgläubiger**[459].

4. Zweite eV nach Fristversäumung

Wird die Vollziehungsfrist des § 929 Abs. 2 ZPO versäumt und bleibt damit die einstweilige Verfügung ohne Wirkung (vgl. 1 a Rdn. 144), kann der Verfügungsgläubiger in einem neuen Verfahren erneut einen Antrag auf Erlaß einer eV stellen. Da ein anhängiger eV-Antrag ein zweites eV-Verfahren mit demselben Streitgegenstand ausschließt (vgl. B I 2 d, Rdn. 31), muß der Verfügungsgläubiger zunächst den ersten eV-Antrag zurücknehmen[460] bzw. auf die Rechte aus der ersten eV verzichten, falls diese dem Verfügungsschuldner trotz nicht erfolgter ordnungsgemäßer Zustellung – beispielsweise durch Verhandlungen mit diesem, vgl. IV 1 a Rdn. 146, oder durch einen erfolglosen Zustellungsversuch – bekannt geworden ist. **Ob** dann **für** das **zweite eV-Verfahren** noch ein **Sicherungsinteresse** gegeben ist, ist in diesem zweiten Verfahren nach den B II Rdn. 36 ff dargestellten Kriterien zu prüfen. Der Umstand, daß der Verfügungsgläubiger die **Vollziehungsfrist des ersten eV-Verfahrens versäumt hat**, mag dabei berücksichtigt werden, **muß** aber **nicht das Rechtsschutzinteresse an** der durch eine weitere eV gewährten Sicherung **ausschließen**[461]. Im übrigen bleibt es dem Verfügungsgläubiger selbstverständlich unbenommen, Hauptsacheklage zu erheben bzw. dieselbe, wenn sie bereits anhängig ist, weiterzuführen[462]; denn das Schicksal der eV hat auf das Schicksal der Hauptklage keinen Einfluß, vgl. D II Rdn. 136. Zur Frage, ob dieser zweite eV-Antrag auch im Rahmen des ersten, mit Zustellungsmängeln behafteten, eV-Verfahrens gestellt werden kann, vgl. unten E IX 3 b Rdn. 255. **163**

V. Hinsichtlich der **Vollstreckung** der einstweiligen Verfügung wird auf die Ausführungen von *Jestaedt* in diesem Kommentar, Vorbemerkung E vor § 13 UWG, verwiesen. Es ist hinsichtlich der Vollstreckungsmaßnahmen, deren Interpretation, Schutzumfang und Schranken, gleichgültig, ob es sich um einen Titel im Hauptklageverfahren oder um eine einstweilige Verfügung handelt. **164**

E. Rechtsbehelfe des Verfügungsschuldners

I. Schutzschrift

Wird der **Verfügungsschuldner** vom Verfügungsgläubiger wegen des beanstandeten Wettbewerbsverhaltens **abgemahnt**, bevor der Verfügungsgläubiger einen eV-Antrag bei Gericht einreicht (oder rechnet er aus anderen Gründen mit einem gerichtlichen Vorgehen eines Wettbewerbers oder eines anderen gemäß § 13 UWG Aktivlegitimierten), kann der potentielle Verfügungsschuldner – wenn er nicht die Wettbewerbshand- **165**

---

459 Umgekehrt hat in vergleichbarer Situation einer nicht wirksam vorgenommenen Zustellung der Verfügungsschuldner die Beweislast, wenn er Schadensersatz gemäß § 945 ZPO geltend macht, weil ein der „Vollziehung" im Sinne des § 945 ZPO analoger Fall vorliege, welcher bei ungerechtfertigter einstweiliger Verfügung einen Schaden verursacht habe, vgl. G I 3 d Rdn. 329.

460 Vgl. OLG Koblenz GRUR 1980, 1022; GRUR 1981, 91; vgl. auch OLG Düsseldorf GRUR 1984, 385; a. A. OLG Frankfurt WRP 1983, 212; *Zöller/Vollkommer* § 929 ZPO Rdn. 23.

461 Vgl. *Melullis* Rdn. 118. Wenn KG NJW-RR 1992, 318 meint, es müsse für eine zweite eV ein noch gewichtigerer Grund für eine eV vorliegen als bei Erlaß der ersten eV, so wird dies dem Sinn des § 25 UWG, wonach es gerade auf eine besondere Gefährdung nicht ankommt, vgl. A III Rdn. 16, jedenfalls in dieser Allgemeinheit nicht gerecht.

462 In diesem Fall muß allerdings die neue eV beim Gericht der Hauptklage beantragt werden, vgl. B I 2 a Rdn. 26

lung einstellen will und also, gegebenenfalls mit Modifikationen, vgl. D I 4 Rdn. 134 f, eine Unterlassungsverpflichtungserklärung mit Vertragsstrafeversprechen abgibt – beim Gericht eine Schutzschrift hinterlegen. Dieser im Gesetz nicht vorgesehene, vorweggenommene Rechtsbehelf hat sich allgemein durchgesetzt[463]. Die Schutzschrift ist insbesondere im Wettbewerbsverfahren gemäß § 25 UWG sachgerecht, weil aus den C I 2 Rdn. 82 ff erörterten Gründen die mit Wettbewerbssachen vielfach befaßten Gerichte dazu neigen, ohne mündliche Verhandlung und überwiegend auch ohne schriftliche Anhörung des Verfügungsschuldners zu entscheiden[464].

1. Sinn der Schutzschrift

166 Die Schutzschrift dient dazu, dem Gericht den streitigen Sachverhalt aus der Sicht des Abgemahnten (und also potentiellen Verfügungsschuldners) darzustellen und die nach seiner Beurteilung gebotenen Rechtsfolgen zu erörtern[465]. Das **Petitum**, mit dem sich der Verfügungsschuldner an das Gericht wendet, wird also regelmäßig dahin lauten, das **Gericht möge** den **eV-Antrag** des Verfügungsgläubigers, mit dem nach Ablauf der Abmahnungsfrist zu rechnen sein wird, **zurückweisen, hilfsweise** über den Antrag **mündliche Verhandlung anberaumen**. Dies entspricht der heute ganz herrschenden Auffassung[466] und Praxis. Entgegen gelegentlich, insbesondere aus der Anwaltschaft, geäußerten Vorstellungen[467] gibt es aber **keinen Rechtsgrundsatz**, daß das Gericht auf jeden Fall im Hinblick auf eine **Schutzschrift mündliche Verhandlung** anberaumen müsse und keinen eV-Beschluß erlassen dürfe[468]. Und es gibt auch keinen Rechtsgrundsatz, daß das Gericht aus der Schutzschrift nur denjenigen Vortrag zu beachten habe, der dem Verfügungsschuldner günstig ist[469]. Das **Gericht** ist vielmehr

---

[463] Vgl. *Teplitzky*[6] Kap. 55 Rdn. 52 f mit umfangreichen Nachweisen; *Baumbach/Hefermehl* § 25 Rdn. 26; *Pastor* WRP 1972, 229 ff; *Klaka* GRUR 1979, 593, 595; *Teplitzky* NJW 1980, 1667; *Deutsch* GRUR 1990, 327 ff ebenfalls m. umfangreichen Nachw.; vgl. insbesondere auch die Dissertationen von *May*, 1983 und *Hilgard*, 1985.

[464] Dies ist auch der Grund, warum die Schutzschrift auf dem Gebiet des Wettbewerbsverfahrensrechts entwickelt worden ist, obwohl sie in anderen Rechtsmaterien in gleicher Weise sinnvoll eingesetzt werden könnte und sich inzwischen auch in arbeits- und gesellschaftsrechtlichen Auseinandersetzungen allgemein durchgesetzt hat; vgl. dazu *Teplitzky* NJW 1980, 1667 f; zum heutigen Meinungsstand vgl. ferner *Stein/Jonas/Grunsky* § 920 ZPO Rdn. 9 u. § 937 ZPO Rdn. 7; *Zöller/Vollkommer* § 937 ZPO Rdn. 4; *Hilgard* S. 1; *Hirte*, Eine Schutzschrift in der Freiwilligen Gerichtsbarkeit – zu Rechtsnatur und kostenrechtlicher Behandlung, MDR 1988, 639 ff.

[465] Vgl. *Teplitzky* NJW 1980, 1667; *Deutsch* GRUR 1990, 327, 328.

[466] Vgl. OLG Hamburg MDR 1965, 755; OLG Düsseldorf WRP 1981, 652; OLG München WRP 1983, 385; *Hilgard* S. 12 ff; *Ahrens* S. 200 f; *Teplitzky*[6] Kap. 55 Rdn. 52; *Deutsch* GRUR 1990, 327, 328. Dagegen wollte *Pastor* WRP 1972, 229 ff u. WbProzeß S. 113 sowie *Borck* WRP 1978, 262 die Schutzschrift darauf beschränken, daß um mündliche Verhandlung gebeten wird, dementsprechend soll nach dieser Mindermeinung aus der Schutzschrift nur derjenige Inhalt beachtlich sein, der diesem Antrag dient. Darüber hinaus ist *Pastor* WRP 1972, 229, 231 der Auffassung, daß Schutzschriften dann irrelevant sind, wenn es sich um eV-Anträge gemäß § 3 UWG oder wegen Werbemaßnahmen des Verfügungsschuldners handele, oder wenn als Verfügungsgläubiger ein Wettbewerbsverein tätig sei. Für eine derartige einschränkende Beachtung der Schutzschrift gibt es keinen Anlaß.

[467] Vgl. z. B. *Vinck* WRP 1975, 80.

[468] Vgl. *Deutsch* GRUR 1990, 327, 328. Zu Recht weist *Pastor* WRP 1972, 229, 231 darauf hin, trotz Schutzschrift habe die Beschlußverfügung für das Wettbewerbsrecht ohne Rücksicht auf das Verhalten des Antragsgegners die nicht wegzudenkende und im Interesse lauteren Wettbewerbs dringend gebotene Funktion, Wettbewerbsverstöße auf der Stelle abzustellen. Bedenklich daher, wenn *Melullis* Rdn. 101 sagt, bei Vorliegen einer Schutzschrift sollte nur nach mündlicher Verhandlung über einen eV-Antrag entschieden werden. Ebenso bedenklich, wenn OLG Karlsruhe WRP 1980, 222 wegen der Schutzschrift eine mündliche Verhandlung im Beschwerdeverfahren für obligatorisch hält.

[469] Vgl. OLG Köln NJW 1973, 2071; OLG Hamburg WRP 1977, 498; OLG Nürnberg WRP 1977, 596; *Teplitzky* NJW 1980, 1667; **a. A.** *Pastor* WRP 1972, 229, 234.

in der Wertung des Inhalts der Schutzschrift in gleicher Weise **frei**, als wenn es sich um eine Stellungnahme handeln würde, zu der das Gericht den Verfügungsschuldner nach Eingang eines eV-Antrages vor Entscheidung über diesen aufgefordert hat[470].

2. Inhalt der Schutzschrift

167 a) **Vortrag.** Da die Schutzschrift gesetzlich nicht, dementsprechend insbesondere auch nicht restriktiv, geregelt und darüber hinaus Ausprägung des Grundsatzes möglichst umfassenden rechtlichen Gehörs ist[471] und also als eine Kompensation dafür wirkt, daß im eV-Beschluß-Verfahren das rechtliche Gehör des Verfügungsschuldners erst im Widerspruchsverfahren nachgeliefert wird, vgl. C I 2 d Rdn. 88, gibt es **keinerlei Einschränkung** dessen, was **Inhalt der Schutzschrift** sein kann[472]. Der Verfügungsschuldner kann also bereits mit der Schutzschrift Unterlagen vorlegen, die dem erwarteten Sachvortrag des Verfügungsgläubigers – wie er sich z. B. aus der Abmahnung ergibt – entgegentreten. Er kann das Sicherungsinteresse für eine eV bestreiten und dazu seinerseits vortragen. Er kann einen ihm etwa bei Erlaß und Vollziehung einer eV drohenden, besonders hohen Schaden darstellen, um etwa eine Sicherheitsleistungs-Anordnung zulasten des Verfügungsgläubigers oder die Einräumung einer Aufbrauchsfrist durch das Gericht zu erreichen oder gar unter Berücksichtigung des Grundsatzes der Verhältnismäßigkeit eine ihn weniger belastende Tenorierung erreichen als vom Verfügungsgläubiger beantragt, vgl. dazu C III Rdn. 102, 105 ff, 112 f.

168 b) **Glaubhaftmachung.** Regelmäßig wird der Verfügungsschuldner seinen **Sachvortrag** in der Schutzschrift auch **zugleich glaubhaft machen**[473], um beim Gericht sogleich die notwendige Überzeugung zu begründen bzw. jedenfalls die Glauhaftigkeit des erwarteten Vortrages in der eV-Antragsschrift zu erschüttern[474]. Gelegentlich wird der Verfügungsschuldner aber auch davon absehen, den von ihm in der Schutzschrift vorgetragenen Sachverhalt bereits glaubhaft zu machen und also z. B. eidesstattliche Versicherungen von Zeugen oder Sachverständigen einzureichen; sondern er wird diese nur **für eine mündliche Verhandlung ankündigen.** So geht man als Verfügungsschuldner primär taktisch dann vor, wenn zu erwarten ist, daß das Gericht die Schutzschrift dem

470 *Teplitzky* NJW 1980, 1667; *Deutsch* GRUR 1990, 327, 328 weisen zu Recht darauf hin, daß es sich bei der Schutzschrift um eine Form der Gewährung rechtlichen Gehörs handelt; vgl. auch OLG Frankfurt NJW 1955, 1194; OLG Hamburg MDR 1965, 755; OLG Stuttgart WRP 1979, 818; *Stein/Jonas/Grunsky* § 920 ZPO Rdn. 9 u. § 937 ZPO Rdn. 7. Aus dem Grundsatz des rechtlichen Gehörs folgt zugleich umgekehrt, daß das Gericht nicht aufgrund glaubhaft gemachten Vortrags in der Schutzschrift den an sich schlüssigen und möglicherweise ebenfalls glaubhaft gemachten eV-Antrag zurückweisen darf, ohne dem Verfügungsgläubiger Gelegenheit zur Stellungnahme zur Schutzschrift zu geben, vgl. OLG Frankfurt Zif. 3.6 bei *Traub* S. 103; näher hierzu *Teplitzky*[6] Kap. 55 Rdn. 52.

471 Vgl. dazu näher *Teplitzky* WRP 1980, 373; NJW 1980, 1667 und – mit weiteren neueren Nachweisen – GRUR 1988, 405, 406.

472 Vgl. OLG Hamburg WRP 1977, 495; OLG Stuttgart WRP 1979, 818; OLG Düsseldorf WRP 1980, 561; *Teplitzky* NJW 1980, 1667; *Deutsch* GRUR 1990, 327, 328; vgl. auch *Ahrens* S. 199 f; **a. A.** *Pastor* WRP 1972, 229, 230 f, 234; *Borck* WRP 1978, 262, 263; *Melullis* WRP 1982, 249, 250, die davon ausgehen, zulässiger Inhalt einer Schutzschrift könne nur sein, was für die Entscheidung des Gerichts, ob über einen eV-Antrag mündlich verhandelt werden soll oder nicht, von Bedeutung sein könne. Weitergehender sachlicher Vortrag in der Schutzschrift sei unbeachtlich, siehe vorstehend Rdn. 166.

473 Vgl. *Vinck* WRP 1975, 80; *Teplitzky*[6] Kap. 55 Rdn. 52; NJW 1980, 1667, 1668.

474 Der Auffassung *Pastors* WRP 1972, 229, 230 ff, den Vortrag und die Glaubhaftmachung des Verfügungsschuldners brauche das Gericht nicht zu berücksichtigen, wenn der Verfügungsgläubiger seinerseits seinen gesamten Vortrag glaubhaft zu machen habe, ist *Teplitzky* NJW 1980, 1667, 1668 mit Nachdruck überzeugend entgegengetreten: Auch einem glaubhaft erscheinenden Vortrag der einen Partei kann mit glaubhaft gemachten Vortrag des Gegners entgegengetreten werden.

Verfügungsgläubiger zustellen wird – dazu sogleich Rdn. 170 – und der Verfügungsgläubiger sich dann seinerseits auf diese Glaubhaftmachungs-Mittel aus der Schutzschrift einstellen und darauf gezielt mit eigener Glaubhaftmachung reagieren kann[475]. Denkbar ist auch, daß die eigene Glaubhaftmachung vom Verfügungsschuldner nicht als gar so überzeugend angesehen wird. Dann kann nämlich der dezidiert dargelegte, mit Glaubhaftmachung schon untermauerte Vortrag des Verfügungsschuldners in der Schutzschrift das Gericht zu der Überzeugung gelangen lassen, der Vortrag aus der Schutzschrift werde den vom Verfügungsgläubiger geltend gemachten Unterlassungsanspruch nicht zu Fall bringen. Dies kann dann die unbeabsichtigte aber **keineswegs seltene Folge haben, daß das Gericht geradezu von einer mündlichen Verhandlung abrückt und die eV durch Beschluß erläßt**, weil es aus der Schutzschrift ohnehin schon weiß, was der Verfügungsschuldner vorzutragen hat, und dies nicht überzeugend erscheint[476].

3. „Zuständiges Gericht"

169 Zweifelhaft kann es häufig für den Schuldner sein, bei welchem Gericht er die von ihm beabsichtigte Schutzschrift einreichen soll[477]. Da gemäß § 24 UWG nicht nur das Gericht am Sitz des Schuldners als Gericht des eV-Verfahrens in Betracht kommt, sondern jedes Gericht des Verletzungsortes, also bei überregionaler Wettbewerbshandlung nahezu jedes deutsche Gericht („fliegender Gerichtsstand"), muß der potentielle Verfügungsschuldner, wenn er die Kenntnis des Gerichts von der Schutzschrift vor Eingehen eines eV-Antrags des Verfügungsgläubigers sicherstellen will, bei jedem Gericht eine Schutzschrift hinterlegen[478]. Das ist zwar theoretisch ohne weiteres denkbar – und geschieht auch gelegentlich bei besonders wichtig erscheinenden Angelegenheiten –, erscheint aber in der Praxis für den Regelfall überzogen. Der Abgemahnte

---

[475] Hier ist es dann besonders wichtig, daß der Verfügungsschuldner für die mündliche Verhandlung mit präsenten Zeugen hinreichend gewappnet ist, vgl. *Vinck* WRP 1975, 80, 81. Auf die parallele Situation der prozeßtaktischen Überlegungen des Verfügungsgläubigers D III 2 a Rdn. 66 und auf die Darstellung des Ablaufs des Verhandlungstermins C II 2 Rdn. 97 wird verwiesen.

[476] Vgl. *Deutsch* GRUR 1990, 327, 328. Auch wenn man – entgegen der hM – *Pastor* WRP 1972, 229, 234 darin folgte, aus einer Schutzschrift dürfe der sachliche Vortrag des Antragsgegners nicht berücksichtigt werden – insbesondere nicht zu Ungunsten des Verfügungsschuldners –, würde gleichwohl das Gericht diesen Inhalt lesen, da Ausführungen, die die Dringlichkeit des § 937 ZPO betreffen, auch nach Auffassung *Pastor's* zu berücksichtigen sind. Da häufig Vortrag zur Sache und zur Dringlichkeit miteinander verbunden sind, bleibt es gar nicht aus, daß das Gericht auch von ersterem Kenntnis nimmt und davon auch beeinflußt wird. Wie *Pastor* insoweit auch *Melullis* WRP 1982, 249, 250. Wie hier dagegen die ganz hM, vgl. etwa OLG Hamburg WRP 1977, 495; MDR 1978, 151; OLG Nürnberg WRP 1977, 596; *Teplitzky* WRP 1980, 373; *Deutsch* GRUR 1990, 327; *Hilgard* S. 12 ff jeweils mwN.

[477] Vgl. *Teplitzky*[6] Kap. 55 Rdn. 52.

[478] *Herr* GRUR 1986, 436 schildert plastisch, zu welcher Papier-Ansammlung bei dem noch so abgelegenen Gericht ein solches Verfahren führt. Sein Vorschlag, den Verfügungsgläubiger kraft Gesetzes zu verpflichten, die Abmahnung und die darauf ergehende Antwort des Abgemahnten der Antragsschrift mit beizulegen, ist bisher nicht realisiert worden und wird hoffentlich auch niemals realisiert werden; würde er doch aus der nur kostenmäßig relevanten Abmahnungslast eine Abmahnungspflicht machen, worauf *Deutsch* GRUR 1990, 327 zutreffend hinweist. Gleichwohl wird sein eigentlichen Petitum, Schutzschriften dadurch zu ersparen, daß eine vorgerichtliche Abmahnungskorrespondenz dem Gericht mit dem eV-Antrag vorgelegt wird, häufig beherzigt: Wo abgemahnt wurde und eine Antwort erteilt wurde, tut der Verfügungsgläubiger gut daran, die Korrespondenz vorzulegen. Geschieht dies nicht, sondern unterdrückt der Verfügungsgläubiger-Anwalt die etwa schon gewechselte Korrespondenz, und erfährt das Gericht dies durch den Vortrag des Verfügungsschuldners später, ist das Renomee des Verfügungsgläubiger-Anwalts gefährdet, da die Gerichte sich durch solchen verschwiegenen Vortrag – in aller Regel zu Recht – hintergangen fühlen.

wird sich daher in der Regel auf diejenigen **Gerichte** als **Adressaten** seiner Schutzschrift beschränken, **wo er selbst** und der **Abmahnende** seinen **Sitz** hat und wo derjenige **Anwalt**, der eine Abmahnung für den potentiellen Verfügungsgläubiger ausgesprochen hat, seinen **Kanzleisitz** hat[479]. In Betracht kommt auch das Gericht, wo regelmäßig der potentielle Verfügungsgläubiger in Wettbewerbssachen zu prozessieren pflegt, falls der Abgemahnte dies weiß, oder ein Gericht, welches erfahrungsgemäß bei Beurteilung derjenigen Rechtsfragen, auf die es im konkreten Fall wahrscheinlich besonders ankommen wird, besonders großzügig ist (die im Wettbewerbsrecht erfahrenen Anwälte kennen solche „Spezialisierungen" der im Wettbewerbsrecht besonders häufig urteilenden Gerichte meist recht genau oder bilden sich dies jedenfalls ein). Wenn der potentielle Verfügungsschuldner diese Gerichte mit seiner Schutzschrift abdeckt, und zwar die Zivilkammern und die Kammern für Handelssachen, vgl. B III Rdn. 35 – in Betracht kommt dabei die buchstabenmäßig oder, soweit vorhanden, die für Wettbewerbssachen zuständige Kammer oder bei rotierendem Zuständigkeitssystem die gemeinsame Einlaufstelle des Gerichts –, kann er mit großer Wahrscheinlichkeit davon ausgehen, daß er auch dasjenige Gericht erreicht, welches über den eV-Antrag des Verfügungsgläubigers zu befinden haben wird[480]. Da die **Schutzschrift** regelmäßig **vor der erwarteten eV-Antragsschrift** des Abmahnenden bei Gericht eingeht, ist eine Befassung des Gerichts mit diesem Schriftsatz im Zeitpunkt des Eingangs bei Gericht unnötig. Denn die Schutzschrift enthält keinen eigenständigen Antrag, sondern einerseits nur die Mitteilung von Kriterien, die das Gericht bei seiner Entscheidung über einen zu erwartenden eV-Antrag des Gegners berücksichtigen möge, und andererseits einen bedingten Antrag, der erst wirksam wird, falls das Gericht mündliche Verhandlung anberaumen sollte. Wenn der erwartete eV-Antrag, den der Verfügungsgläubiger in der Abmahnung in Zweifel bereits angekündigt hat, kurzfrist nach der Schutzschrift eingeht, ist die Wahrscheinlichkeit groß[481], daß Richter oder Geschäftsstelle den eV-Antrag einer schon vorliegenden Schutzschrift richtig zuordnen. Dann wird die **Schutzschrift gemeinsam mit dem eV-Antrag dem Richter vorgelegt**. Wenn aber eine gewisse zeitliche Differenz zwischen Schutzschrift-Eingang und Eingang des eV-Antrages bei Gericht liegt[482], besteht ein gewisses Risiko, daß die Schutzschrift nicht zusammen mit einem eV-Antrag dem Richter vorliegt und dementsprechend ihren Zweck nicht erreicht[483]. Der Abgemahnte ist folglich gut beraten, wenn er **nicht nur** als Reaktion auf die Abmahnung eine **Schutzschrift** bei Gericht einreicht, **sondern dem Abmahnenden** auf die Abmahnung **mit dem Inhalt der Schutzschrift auch antwortet**. Bei seriösen Anwälten ist die Wahrscheinlichkeit, daß diese Antwort im Rahmen des eV-Antrags

---

479 Vgl. dazu *Pastor* WRP 1972, 228, 236 u. neuerdings *Teplitzky*[6] Kap. 55 Rdn. 52 mit deutlicher Zurückweisung der Kritik *Herrs* in Fn. 119.

480 Vgl. dazu im einzelnen *Pastor* WRP 1972, 229, 232 f; zur entsprechenden Aktenordnung der Geschäftsstelle vgl. *Deutsch* GRUR 1990, 327, 328.

481 Im Zeitalter des Computers müßte es an sich möglich sein, daß nach allen möglichen Suchbegriffen die Schutzschrift katalogisiert ist und dann also mit Sicherheit dem entsprechenden eV-Antrag zugeordnet wird. Erfahrungsgemäß ist das aber nicht der Fall, ohne daß daraus etwa der gerichtlichen Organisation ein Vorwurf gemacht werden müßte. Denkbar ist z. B., daß eine Herstellungsgesellschaft abgemahnt, die anderslautende – gleichwohl aber konzernmäßig verbundene – Vertriebsgesellschaft aber im Passivrubrum des eV-Antrags genannt wird; oder daß statt einer abgemahnten GmbH deren Geschäftsführer im eV-Antrag als Verfügungsschuldner genannt ist.

482 Trotz der relativ kurzen Frist für das Sicherungsinteresse des Verfügungsgläubigers können immerhin zwischen erster Abmahnung und dem dann tatsächlich gestellten eV-Antrag mehrere Monate vergehen, vgl. II 1 Rdn. 41 ff. Ist die Schutzschrift unmittelbar nach der ersten Abmahnung bei Gericht eingereicht worden, ist die Suchsicherheit des gerichtlichen Aktenerfassungssystems gelegentlich schon beeinträchtigt.

483 Vgl. *Pastor* WRP 1972, 229, 233; *Deutsch* GRUR 1990, 327, 328 f.

als Vorkorrespondenz zum Streitgegenstand mit der Antragsschrift zur Gerichtsakte eingereicht wird, groß. Angesichts dessen, daß eine z.B. ans „falsche" Gericht adressierte Schutzschrift dem Gericht bei Befassung mit dem eV-Antrag des Verfügungsgläubigers letztlich nicht vorliegen wird, sollte auf eine eingehende Antwort auf die Abmahnung gegenüber dem Abmahnenden jedenfalls nicht im Hinblick auf eine als sicher vorgestellte Berücksichtigung der Schutzschrift in einem späteren eV-Verfahren verzichtet werden.

4. Behandlung der Schutzschrift

170 a) **Zuleitung an Verfügungsgläubiger vor eV-Antrag.** Es gibt **keinen** vernünftigen **Grund**, warum das Gericht, bei dem es noch keinen korrespondierenden eV-Antrag gibt, die **Schutzschrift sogleich** dem in ihr genannten potentiellen **Verfügungsgläubiger zustellen** sollte[484]. Zwar spricht auch kein durchschlagendes dogmatisches Argument dagegen, da die Schutzschrift Ausdruck des vorweggenommenen rechtlichen Gehörs ist, gemäß diesem Grundsatz aber auch die andere Seite zu Wort kommen sollte. Jedoch möchte derjenige, der die Schutzschrift einreicht, damit **erst und nur dann rechtliches Gehör finden, wenn der Gegner tatsächlich einen eV-Antrag einreicht.** Entgegen der Übung einiger Landgerichte sollte daher die Schutzschrift nicht vor einem eV-Antrag dem in ihr genannten potentiellen Verfügungsgläubiger zugeleitet werden. Dafür sprechen folgende praktischen Erwägungen: Zum einen könnte der potentielle Verfügungsgläubiger, dem eine Schutzschrift zugeleitet wird, **gerade deswegen** sich **für ein anderes Gericht** entscheiden, um dort eher zu einem eV-Erfolg ohne Schutzschrift zu gelangen. Solche prozeßtaktischen Manöver sollten nicht durch gerichtliche Maßnahmen unterstützt werden[485]. Zum anderen hat sich möglicherweise der Abmahnende mit der Äußerung des Abgemahnten zufrieden gegeben, oder die Parteien haben sich anderweitig geeinigt, oder der Abmahnende ist noch nicht endgültig entschlossen, ob er einen eV-Antrag einreichen will. In solchen Fällen würde die Übersendung der Schutzschrift an den in ihr genannten potentiellen Verfügungsgläubiger den **gegenteiligen Effekt** dessen, wozu sie dienen soll, bewirken, nämlich z.B. den Abmahnenden, der die Sache gerade nicht weiterverfolgen wollte, zu einer möglichen Reaktion geradezu herausfordern können.

171 b) **Zuleitung an Verfügungsgläubiger nach eV-Antrag.** Kommt es dagegen zu einem eV-Antrag, hat das Gericht nicht nur von dem Inhalt der Schutzschrift Kenntnis zu nehmen[486], sondern sollte sie auch **dem Verfügungsgläubiger zur Kenntnis bringen**[487].

---

[484] *Pastor* WRP 1972, 233 tendiert aus praktischen Gründen zu Recht dahin, eine Zuleitung an den potentiellen Antragsteller abzulehnen.

[485] Vgl. *Pastor* WRP 1972, 229, 233.

[486] Vgl. OLG Hamburg WRP 1977, 495; OLG Nürnberg WRP 1977, 596; OLG Düsseldorf WRP 1981, 652; *Pastor* WRP 1972, 229, 233f; *Teplitzky*[6] Kap. 55 Rdn. 53; NJW 1980, 1667; *Deutsch* GRUR 1990, 327, 328; *Baumbach/Hefermehl* § 25 Rdn. 26; a. A. *Borck* WRP 1978, 262, 263.

[487] Vgl. *Spätgens* HdbWbR § 80 Rdn. 22 u. 26; *Deutsch* GRUR 1990, 327, 330. Demgegenüber ist *Pastor* WRP 1972, 229, 235 der überholten Auffassung, der Verfügungsgläubiger erfahre von der Schutzschrift und deren Inhalt nur, wenn er in die Gerichtsakte einsehe. Diese Auffassung findet eine gewisse Erklärung darin, daß *Pastor* der Meinung ist, aus der Schutzschrift dürfe der Vortrag zur Sache gar nicht berücksichtigt werden. Wenn man dagegen mit der heute herrschenden Auffassung davon ausgeht, der Schutzschriftinhalt sei vom Gericht auch insoweit zu berücksichtigen, ist es unvertretbar, die berücksichtigte Schutzschrift dem Verfügungsgläubiger nicht zugänglich zu machen, insbesondere dann, wenn das Gericht im Hinblick auf deren Inhalt eine dem Verfügungsgläubiger ungünstige Entscheidung trifft (rechtliches Gehör für den Verfügungsgläubiger). OLG Hamburg WRP 1981, 109 will nur dann die Schutzschrift dem Verfügungsgläubiger zustellen, wenn der die Schutzschrift einreichende Rechtsanwalt bei dem Gericht zugelassen ist. Für diese Differenzierung besteht kein Anlaß, vgl. *Deutsch* GRUR 1990, 327, 330.

Dies ergibt sich aus dem (jedenfalls) durch den eV-Antrag und die Schutzschrift über den identischen Streitgegenstand zustandegekommenen **Prozeßrechtsverhältnis**[488] zwischen den Parteien. Erläßt das Gericht trotz oder gerade wegen des Inhalts der Schutzschrift die eV oder weist es den eV-Antrag – und zwar unabhängig vom Inhalt der Schutzschrift, sonst muß es dem Verfügungsgläubiger zuvor **rechtliches Gehör** gewähren – per Beschluß zurück, ist die Schutzschrift dem Verfügungsgläubiger erst zusammen mit dem Beschluß zuzustellen. Entscheidet sich das Gericht ohne Rücksicht auf den Inhalt der Schutzschrift zur mündlichen Verhandlung, stellt es die Schutzschrift dem Verfügungsgläubiger zusammen mit der Ladung zum Verhandlungstermin zu. **Beabsichtigt das Gericht**, im Hinblick auf den **Inhalt der Schutzschrift** mündliche Verhandlung über den eV-Antrag anzuberaumen, wo es möglicherweise ohne die Schutzschrift die eV ohne mündliche Verhandlung erlassen hätte, sollte es zuvor entscheiden, ob es dem Verfügungsgläubiger vor der Entscheidung zur mündlichen Verhandlung rechtliches Gehör gewährt. Diese Ermessensentscheidung, vgl. C I 2 e Rdn. 90, wird davon beeinflußt sein, ob in der Schutzschrift Sachverhalt vorgetragen bzw. glaubhaft gemacht ist, auf den die Antragsschrift bereits eine Stellungnahme bzw. Gegenglaubhaftmachung enthält, oder ob es sich um in der Antragsschrift nicht behandelten Vortrag handelt. Will das Gericht den eV-Antrag unter Verwertung des Schutzschriftinhalts **ohne mündliche Verhandlung zurückweisen**[489], so muß es, um dem Gebot der Gewährung rechtlichen Gehörs zu genügen, die Schutzschrift vorher dem Gläubiger (kurzfristig) zur Stellungnahme zuleiten[490].

5. Behandlung des eV-Antrags nach Schutzschrift

Die **Schutzschrift rechtfertigt es nicht**, dem **Verfügungsschuldner** in jedem Fall von **172**
dem Eingang desjenigen **eV-Antrags**, gegen den sich die Schutzschrift prophylaktisch wehrte, **Mitteilung** zu machen, also auch dann, wenn der Verfügungsschuldner dies gar nicht verlangt. Eine solche Automatik würde bei einem abweisenden eV-Beschluß oder dann, wenn der Verfügungsgläubiger den eV-Antrag zurückgenommen haben sollte, dem Rechtsgedanken des § 922 Abs. 3 ZPO widersprechen und hat deswegen zu unterbleiben[491]. Fragt aber der Verfügungsschuldner von sich aus später[492] mit

[488] Nach herrschender Meinung beginnt das Prozeßrechtsverhältnis im eV-Verfahren mit dem Eingang des eV-Antrages bei Gericht, vgl. OLG Köln NJW 1973, 2071; OLG Hamburg WRP 1977, 495, 498; OLG Nürnberg WRP 1977, 596; OLG Karlsruhe WRP 1981, 39; OLG Düsseldorf WRP 1981, 652; OLG Frankfurt WRP 1982, 334; OLG München WRP 1983, 358; *Teplitzky*[6] Kap. 55 Rdn. 1; NJW 1980, 1667 f; *Baumbach/Hefermehl* § 25 Rdn. 44; *Deutsch* GRUR 1990, 327, 328; *Zöller/Vollkommer* § 920 ZPO Rdn. 12; **a. A.** OLG München NJW 1955, 1803; *Pastor* WRP 1972, 229, 232, 235; *Borck* WRP 1978, 262; *Melullis* WRP 1982, 249, 251 f, die ein Prozeßrechtsverhältnis vor Zustellung des eV-Antrags durch das Gericht an den Verfügungsschuldner ablehnen.

[489] Was entgegen OLG Frankfurt (nach *Traub*, S. 103 unter 3.6) zulässig ist, vgl. *Teplitzky*[6] Kap. 55 Rdn. 52 mwN.

[490] Vgl. *Teplitzky*[6] aaO mwN.

[491] Vgl. *Melullis* WRP 1982, 249, 252; jedoch nicht unproblematisch vom Standpunkt der (von Melullis abgelehnten) hM, die bei Vorliegen einer Schutzschrift mit dem Eingang der eV ein zweiseitiges Verfahren annimmt, vgl. dazu besonders *Teplitzky* in Anm. zu OLG Düsseldorf GRUR 1988, 404, 405 mwN sowie eingehend *Bülow* ZZP 98 (1985), 274 ff.

[492] Um das Verfahren nicht über die Schutzschrift hinaus durch (weitere) Maßnahme des Verfügungsschuldners zu beeinflussen, sondern das Ermessen des Gerichts darüber unbeeinträchtigt zu lassen, ob es den eV-Antrag dem Verfügungsschuldner zur Stellungnahme übersendet, sollte eine solche Anfrage vom Gericht jedenfalls erst beantwortet werden, wenn entweder der Verfügungsgläubiger den eV-Antrag zurückgenommen hat oder der eV-Antrag zurückgewiesen worden ist und mindestens 6 Wochen seit dem zurückweisenden Beschluß vergangen sind (etwa längstens angemessene Beschwerdefrist, vgl. D III 1 Rdn. 138) oder seit der Zustellung des eV-Beschlusses an den Verfügungsgläubiger mindestens die Monatsfrist des § 929 Abs. 2 ZPO vergangen ist, damit dem Verfügungsgläubiger die sich daraus ergebende Überlegungsfrist unbehelligt verbleibt.

gesondertem Schriftsatz danach, ob ein eV-Antrag in derjenigen Sache, in der er die Schutzschrift eingereicht hat, gestellt worden sei, hat er **trotz § 922 Abs. 3 ZPO** einen Anspruch darauf, dies zu erfahren und durch **Akteneinsicht** gemäß § 299 ZPO von dem weiteren Schicksal dieses eV-Antrags Kenntnis zu erhalten[493]. Denn (jedenfalls) durch das Einreichen der Schutzschrift einerseits und den auf denselben Streitgegenstand bezogenen eV-Antrag andererseits ist zwischen den Parteien ein Prozeßrechtsverhältnis begründet worden[494], aufgrunddessen der Verfügungsschuldner gemäß §§ 91, 269 ZPO – je nach dem, ob der eV-Antrag zurückgewiesen oder zurückgenommen wird – einen Anspruch auf Kostenentscheidung und alsdann auch auf Kostenerstattung für die Einreichung der Schutzschrift hat[495]. Diese **Kostenauferlegung** zulasten des Verfügungsgläubigers kann der **Verfügungsschuldner** aber nur dann geltend machen, wenn er **erfährt**, ob der Verfügungsgläubiger durch Einreichung eines eV-Antrags ein **Prozeßrechtsverhältnis** begründet hat. Es wäre unnötige Förmelei, den Verfügungsschuldner statt des einfachen Weges über die Anfrage bei Gericht nach einem zurückgewiesenen oder zurückgenommenen eV-Antrag in dieser Sache auf eine Anfrage oder gar Auskunftsklage gegen den Verfügungsgläubiger zu verweisen, um auf diesem Wege unter Hinweis auf die **durch die** (regelmäßig vorangegangene) **Abmahnung entstandene konkretisierte Rechtsbeziehung unter den Parteien**[496] zu erfahren, ob dieser einen solchen eV-Antrag gestellt hat, nur um dann im eV-Verfahren Kostenerstattung geltend machen zu können[497]. § 922 Abs. 3 ZPO verlangt diese unnötige Prozedur nicht, da die Vorschrift die absolute Verhinderung, daß der Verfügungsschuldner von dem zurückweisenden Beschluß Kenntnis erlangt, ohnehin nicht bewirken kann[498]. Wenn nämlich im Verfahren der Beschwerde des Verfügungsgläubigers gegen den zurückweisenden Beschluß das zweitinstanzliche Gericht den Verfügungsschuldner zur Stellungnahme auffordert, mündliche Verhandlung anberaumt oder die beantragte eV erläßt, erfährt der Verfügungsschuldner auch von dem zunächst zurückgewiesenen Beschluß.

6. Schutzschrift ohne Abmahnung

173 Die Schutzschrift wird zwar regelmäßig durch eine vorherige Abmahnung veranlaßt: Gleichwohl ist es denkbar, daß eine **Schutzschrift** auch **ohne** eine solche **Veranlassung**

---

[493] Vgl. *Deutsch* GRUR 1990, 328, 330 f; **a. A.** *Melullus* WRP 1982, 252 (gegen Akteneinsichtsrecht im nach seiner Auffassung trotz Schutzschrift noch einseitig gebliebenen eV-Verfahren).

[494] **A. A.** *Pastor* WRP 1972, 232, 235, der der Auffassung ist, der Verfügungsschuldner könne im Beschlußverfahren ein Prozeßrechtsverhältnis überhaupt nur durch Einlegung des Widerspruchs begründen, das Beschlußverfahren sei im übrigen streng einseitig und begründe kein Prozeßrechtsverhältnis; vgl. auch *Borck* WRP 1978, 262; *Melullis* WRP 1982, 249, 251 f gegen die herrschende Meinung, vgl. oben Rdn. 171 Fn. 485 u. 486.

[495] Nahezu einhellige Auffassung; vgl. eingehend m. umfangr. Nachw. *Teplitzky* Anm. GRUR 1988, 405 zur – abweichenden – Auffassung des OLG Düsseldorf GRUR 1988, 404; *Deutsch* GRUR 1990, 327, 331.

[496] Vgl. *Kreft* Vor § 13 C Rdn. 44 ff, 51 f in diesem Kommentar.

[497] Allerdings rechtfertigt allein die Einreichung eines eV-Antrags – also ohne vorheriges Vorliegen einer Schutzschrift – nicht, dem Verfügungsschuldner Auskunft zu erteilen. Das Abmahnungsverhältnis ist dafür kein hinreichender Anlaß. Es kommt durchaus nicht selten vor, daß das Gericht noch in der Entscheidungsfindung über den eV-Antrag begriffen ist. Es gibt keinen Grund – § 922 Abs. 3 ZPO verfolgt vielmehr geradezu die gegenteilige Intention –, dem Verfügungsschuldner in dieser Situation Auskunft über den eV-Antrag zu erteilen, nur damit er sich dann noch mit einer Schutzschrift am Verfahren beteiligen kann. Gleichwohl geben die gerichtlichen Geschäftsstellen auf eine Anfrage hin regelmäßig bereitwillig Auskunft.

[498] Vgl. *Deutsch* GRUR 1990, 327, 331; *Spätgens* HdBWbR § 80 Rdn. 26.

vom potentiellen Verfügungsschuldner eingereicht wird[499]. Dazu kann es kommen, wenn ein Wettbewerbsteilnehmer eine Wettbewerbshandlung aufnimmt, von der er annimmt, daß irgendein Konkurrent oder ein sonst gemäß § 13 UWG Aktivlegitimierter sie möglicherweise auch ohne vorherige Abmahnung angreifen wird; oder wenn er weiß, daß ein bestimmter Konkurrent oder gemäß § 13 UWG Aktivlegitimierter eine vergleichbare Wettbewerbshandlung bereits früher angegriffen hat, oder wenn er über einen Informanten oder auf sonstige Weise erfährt, daß ein eV-Antrag gegen ihn möglicherweise kurz bevorsteht. Für den Fall eines solchen etwaigen eV-Antrags möchte der mögliche Verfügungsschuldner bereits vor einer Abmahnung prophylaktisch dem Gericht seine Sicht der Dinge darstellen[500]. Im ersteren Fall weiß der die Schutzschrift Einreichende gar nicht, wen er in seiner Schutzschrift als etwaigen Verfügungsgläubiger benennen soll; im zweitgenannten Fall weiß er dies zwar schon, kann aber mangels Abmahnung auf eine bestimmte Argumentation seines potentiellen Prozeßgegners gar nicht reagieren. In beiden Fällen ist die Wahrscheinlichkeit, daß die Schutzschrift sachgerechte Ausführungen enthält und zur rechten Zeit bei dem schließlich über einen eV-Antrag eines tatsächlichen Verfügungsgläubigers entscheidenden Gericht vorliegt, geringer als oben unter 3 Rdn. 169 dargestellt.

7. Kosten der Schutzschrift

a) **Erstattung gemäß § 91 ZPO.** Ist die Schutzschrift durch die Abmahnung oder **174**
sonstige konkrete Hinweise des späteren Verfügungsgläubigers veranlaßt worden (also m. E. nicht im Falle einer Schutzschrift, die keinen potentiellen eV-Antrag-Steller im Rubrum enthält und also „namenlos" im Sinne von Rdn. 173 ist – eine Unterscheidung, die allerdings von den meisten Vertretern der in Fn. 496 belegten hM nicht vorgenommen wird –), so hat der Verfügungsgläubiger, der es nicht nur bei der Abmahnung beläßt, sondern auch das Gericht mit einem eV-Antrag anruft, mit diesem aber keinen Erfolg hat und entweder den Antrag **zurücknimmt oder** einen **abweisenden Beschluß** erhält, regelmäßig die dem **Verfügungsschuldner entstehenden Kosten der Schutzschrift** gemäß §§ 91, 269 Abs. 3 ZPO zu erstatten[501]. Die Schutzschrift-Kosten sind nämlich Kosten der Rechtsverfolgung und stets notwendig im Sinne des § 91 ZPO, weil es kraft unwiderleglicher Vermutung sachgerecht ist, daß sich eine Partei einen

---

[499] Vgl. *Teplitzky*[6] Kap. 55 Rdn. 52; *Klaka* GRUR 1979, 593, 595.

[500] Insbesondere im ersteren der beiden genannten Fälle weiß der die Schutzschrift einreichende denkbare Wettbewerbsverletzer noch viel weniger, als in Rdn. 169 dargestellt, an welches Gericht er sich mit seiner Schutzschrift wenden soll. Hier bleibt ihm wohl nur das von *Herr* GRUR 1986, 436 und *Deutsch* GRUR 1990, 327 mit statistischem Zahlenmaterial plastisch geschilderte Verfahren, die Schutzschrift bei allen denkbaren Gerichten zu hinterlegen, zumal es auch Verfügungsgläubiger gibt, die ohne Abmahnung mit ihrem Antrag von Gericht zu Gericht ziehen – insbesondere auch gern zu unerfahrenen Gerichten –, bis sie eines gefunden haben, welches ihrem Antrag stattgibt, vgl. B I 2 d Rdn. 31. Dies ist sicherlich ein Auswuchs des „fliegenden Gerichtstandes" des § 24 UWG, der keine Billigung verdient.

[501] Ganz hM, vgl. OLG Frankfurt WRP 1982, 334; OLG Köln NJW 1973, 2071; GRUR 1988, 725; OLG Hamburg WRP 1977, 495; OLG Hamburg JurBüro 1983, 1819; MDR 1978, 151; OLG Nürnberg WRP 1977, 596; OLG Hamm MDR 1979, 683; OLG Stuttgart WRP 1979, 818; KG Rpfl. 1980, 437, GRUR 1985, 325; WRP 1988, 240; OLG Düsseldorf WRP 1981, 652; OLG Koblenz WRP 1982, 539; OLG München WRP 1983, 358; OLG Köln GRUR 1988, 725; *Teplitzky*[6] Kap. 55 Rdn. 56 mwN in Fn. 126 sowie GRUR 1988, 405, 406; *Zöller/Vollkommer* § 922 ZPO Rdn. 3; *Stein/Jonas/Grunsky* § 937 Rdn. 7; HdbWbR/*Spätgens* § 80 Rdn. 30; *Bülow* ZZP 98 (1985), S. 274 ff; *Klaka* GRUR 1979, 593, 595 f; *Deutsch* GRUR 1990, 329, 331; a. A. *Pastor* WRP 1972, 229, 237; *Borck* WRP 1978, 262, 264, die ein Prozeßrechtsverhältnis zwischen den Parteien eines eV-Beschlußverfahrens ablehnen, vgl. Rdn. 171 u. 172, und folgerichtig auch eine Kostenerstattung ablehnen.

Rechtsanwalt nimmt[502] – andere Kosten als das an den Anwalt zu zahlende Honorar werden so gut wie nie geltend gemacht[503] – und durch diesen innerhalb des eV-Verfahrens oder gerade zur Vermeidung desselben vertreten läßt[504]. Die **Erstattungsfähigkeit der Schutzschrift-Kosten** gemäß §§ 91, 269 Abs. 3 ZPO kann auch **nicht davon abhängig** gemacht werden, ob die eV-Antragsschrift **vor** oder **nach** der Schutzschrift eingeht[505]. Denn es ist ein vom Abgemahnten nicht beeinflußbarer Zufall, ob die Schutzschrift vor oder möglicherweise gerade eben nach Einreichen des eV-Antrags bei Gericht eingeht. Das durch den eV-Antrag und die Schutzschrift entstandene **Prozeßrechtsverhältnis**, vgl. Rdn. 171, 172, welches die Kostenerstattungspflicht des unterlegenen Verfügungsgläubigers nach sich zieht, differenziert nicht danach, welcher der beiden Schriftsätze (eV-Antrag oder Schutzschrift) vor dem anderen das Gericht erreicht hat. Eine Erstattung der Kosten der Schutzschrift kommt allerdings dann nicht in Betracht, wenn die Schutzschrift erst nach Rücknahme des eV-Antrags oder erst nach endgültiger gerichtlicher Entscheidung bei Gericht eingeht[506]. Da die Schutzschrift nur einen bedingten Sachantrag enthält, vgl. E I 1 Rdn. 166, und es zu einem unbedingten Sachantrag im Falle der Zurücknahme bzw. der Zurückweisung des eV-Antrags nicht kommt, ist vom Verfügungsgläubiger gemäß **§ 32 BRAGO eine halbe Prozeßgebühr** zu erstatten[507]. Kommt es im Rahmen des eV-Verfahrens später zur Entstehung einer gemäß § 31 BRAGO vollen Anwaltsgebühr für den die Schutzschrift einreichenden Anwalt – weil der Verfügungsschuldner vom Gericht angehört oder mündliche Verhandlung anberaumt wird oder der Verfügungsschuldner Widerspruch einlegt –, so geht die Gebühr gemäß § 32 BRAGO in der Gebühr gemäß § 31 BRAGO auf[508].

175 **b) Erstattung außerhalb eines eV-Antrags.** Stellt der Abmahnende keinen eV-Antrag, sondern verfolgt die Abmahnung nicht weiter oder stellt den eV-Antrag bei einem anderen Gericht als dort, wo der Abgemahnte eine Schutzschrift eingereicht

---

502 Vgl. OLG Nürnberg WRP 1977, 596; *Deutsch* GRUR 1990, 327, 331; es ist dabei unerheblich, ob das Gericht den Inhalt der Schutzschrift verwertet hat, vgl. OLG Hamburg MDR 1978, 151; OLG Stuttgart WRP 1979, 818. *Borck* WRP 1978, 262, 266 hält die Einschaltung eines Rechtsanwalts zur Einreichung einer Schutzschrift nur nach denselben Kriterien für geboten, die bei Hinzuziehung eines Korrespondenzanwalts geboten seien. Für eigenständige Prüfungspflicht der Kostenfestsetzungsorgane über die Notwendigkeit der Anwaltseinschaltung vgl. auch OLG Düsseldorf WRP 1981, 652.

503 Diese aber können auch dann in Betracht kommen, wenn der Abgemahnte schließlich keine Schutzschrift eingereicht hat, sondern der Anwalt ihm nach entsprechender Beratung aufgrund der Abmahnung gerade davon abgeraten hat, vgl. KG WRP 1988, 240.

504 *Vinck* WRP 1975, 80 weist auf den in der Tat ernstzunehmenden Gesichtspunkt hin, daß eine Schutzschrift auch durchaus zugunsten des Verfügungsgläubigers der Schadensminderung dienen kann, nämlich der Verhinderung einer ungerechtfertigten eV und des Schadensersatzrisikos aus § 945 ZPO.

505 So aber OLG Düsseldorf WRP 1986, 331; GRUR 1988, 404; MDR 1989, 549; *Baumbach/Hefermehl* § 25 Rdn. 44, die eine Erstattung der Schutzschriftkosten nur dann bejahen, wenn die Schutzschrift nach dem eV-Antrag eingereicht worden ist. Dagegen mit Recht und entschieden *Teplitzky* GRUR 1988, 405 (Urteilsanmerkung zu OLG Düsseldorf aaO); *Deutsch* GRUR 1990, 327, 331.

506 Vgl. OLG Karlsruhe WRP 1981, 39; OLG Frankfurt GRUR 1986, 564; *Teplitzky*[6] Kap. 55 Rdn. 58; *Deutsch* GRUR 1990, 329, 331.

507 Vgl. OLG Hamm MDR 1979, 683; OLG Frankfurt WRP 1982, 334; WRP 1987, 114; OLG München MDR 1986, 329; OLG Köln GRUR 1988, 725; *Baumbach/Hefermehl* § 25 Rdn. 44. **A. A.** *Borck* WRP 1978, 262, 263; *Melullis* WRP 1982, 249, 251, die §§ 31/32 BRAGO überhaupt nicht für anwendbar halten, so daß danach nur die Erstattung gemäß nachfolgend d Rdn. 175 in Betracht kommt, also außerhalb eines Kostenfestsetzungsverfahrens. **A. A.** auch OLG Stuttgart NJW 1956, 426 u. JurBüro 1985, 401; OLG Nürnberg WRP 1977, 596; *Teplitzky*[6] Kap. 55 Rdn. 57; *Deutsch* GRUR 1990, 327, 332, die von einer vollen Gebühr gemäß § 31 BRAGO ausgehen, wenn die Schutzschrift mehr enthält als nur einen Antrag, mündliche Verhandlung anzuberaumen.

508 Vgl. *Pastor* WRP 1972, 229, 236.

hat[509], kommt es nicht zu einem Prozeßrechtsverhältnis, in welchem die Schutzschrift eine Rolle spielen könnte. Folglich sind die für die Schutzschrift-Einreichung entstandenen Kosten in solchem Falle auch nicht gemäß § 91 ZPO erstattungsfähig[510]. Hier kommt eine Erstattung der Kosten für die Schutzschrift nach denjenigen Kriterien in Betracht, die für die Erstattung der Anwaltskosten bei unberechtigter Abmahnung gelten[511]. Wenn insoweit eine Anspruchsgrundlage gegeben ist, berechnet sich das vom Abmahnenden an den Abgemahnten zu ersetzende **Anwaltshonorar gemäß § 118 BRAGO**[512]. Es kann also zwischen einer halben und einer vollen Anwalts-Gebühr liegen. In jedem Falle hat der mit der Schutzschrift-Einreichung beauftragte **Rechtsanwalt gegen seinen Mandanten** diesen **Anspruch gemäß § 118 BRAGO** – und nicht etwa einen gemäß § 32 BRAGO geminderten Anspruch –, da zum Zeitpunkt der Mandatserteilung an diesen Anwalt gerade unsicher war, ob es überhaupt zu einem eV-Antrag kommen würde[513] und sich die Tätigkeit des Anwalts nicht nur auf das Einreichen der Schutzschrift, sondern auch auf die Beratung, ob und wo eine Schutzschrift einzureichen ist und welches der Inhalt sein sollte, bezogen hat.

c) **Verhältnis zwischen a) und b)**. Ist **zunächst** beim Abgemahnten ein **Kostenerstat- 176**
tungsanspruch nach den Kriterien der **unberechtigten Abmahnung** entstanden, der sich auf eine 5/10 bis 10/10 Gebühr gemäß § 118 BRAGO beläuft, vgl. b Rdn. 175, und **vermindert** sich dieser später, weil der Abmahnende einen – **erfolglosen** – **eV-Antrag** stellt, auf eine halbe Gebühr gem. § 32 BRAGO, vgl. a Rdn. 174, so bleibt der über diese halbe Gebühr etwa hinausgehende Erstattungsanspruch unberührt, da der Abgemahnte keinerlei Einfluß hat, ob es durch einen eV-Antrag des Abmahnenden zu einem die Anwaltsgebühr gemäß § 32 BRAGO auslösenden Prozeßrechtsverhältnis kommt. Allerdings kann der Abgemahnte diesen übersteigenden Erstattungsanspruch nicht im Wege des Kostenfestsetzungsverfahrens geltend machen[514].

II. Negative Feststellungsklage des Abgemahnten vor eV-Antrag

In einer Abmahnung liegt eine Berühmung des Abmahnenden, daß ihm ein Unterlas- **177**
sungsanspruch gegen den Abgemahnten zustehe. Dem kann der Abgemahnte bereits vor weiterer Aktivität des Abmahnenden, insbesondere also vor einem eV-Antrag, mit einer negativen Feststellungsklage begegnen[515], daß dem Abmahnenden ein solcher

509 *Borck* WRP 1978, 262, 263 weist zutreffend darauf hin, daß die Geschäftsstellen dem anrufenden Antragsteller zwar die Schutzschriften nicht aushändigen, vgl. oben 4 a Rdn. 170, aber bereitwillig telefonisch darüber Auskunft geben, ob eine Schutzschrift vorliegt. Das führt dann leicht zu dem Effekt, daß der Verfügungsgläubiger ein anderes Gericht für seinen eV-Antrag aussucht.

510 Vgl. *Borck* WRP 1978, 262, 263; *Melullis* WRP 1982, 249, 251 f.

511 Vgl. zu diesen Kriterien *Kreft* Vor § 13 C Rdn. 194 ff in diesem Kommentar; *Melullis* WRP 1982, 249, 251.

512 Der Gegenstandswert dürfte dabei derselbe sein wie derjenige der Abmahnung bzw. des eV-Antrages, vgl. *Deutsch* GRUR 1990, 327, 332; zweifelnd insoweit *Borck* WRP 1978, 262, 265 f.

513 Bei diesem Anspruch des Anwalts gegen seinen eigenen Mandanten verbleibt es in jedem Fall auch insoweit, als mehrere Schutzschriften bei mehreren Gerichten eingereicht werden und dadurch höhere Gebühren als die vom Gegner erstattungsfähigen Kosten entstehen (über deren Höhe der Anwalt seinen Mandanten vorher aufzuklären hat). Denn sowohl im Rahmen des § 91 ZPO wie auch im Rahmen der außerprozessualen Kostenerstattung kann nur eine Schutzschrift-Gebühr Berücksichtigung finden.

514 Vgl. *Melullis* WRP 1982, 249, 252.

515 BGH NJW 1978, 2157 unter Abkehr von einer früheren insoweit einschränkenden Annahme, eine solche negative Feststellungsklage sei dann unzulässig, wenn der Abmahnende bereits eine eV erwirkt habe (dieser Fall wird später unter VII behandelt) in BGH JZ 1961, 292; vgl. auch *Baur* S. 80; *Lindacher* BB 1984, 639, 640; u. Festschrift *v. Gamm*, S. 83, 86; *Teplitzky*[6] Kap. 52 Rdn. 10 m. Fußn. 16; *Stein/Jonas/Grunsky* § 926 ZPO Rdn. 2.

Unterlassungsanspruch nicht zustehe[516]. Diese negative Feststellungsklage kann der Abgemahnte bei jedem Gericht anhängig machen, welches gemäß § 24 UWG auch für die mit der Abmahnung vorbereitete Unterlassungsklage zuständig wäre, also bei überregionaler Wettbewerbshandlung des Abgemahnten bei dem Gericht seiner Wahl, insbesondere aber bei demjenigen Gericht, bei dem er seinen allgemeinen Gerichtsstand hat, vgl. B I 2 b Rdn. 29. Ist diese **negative Feststellungsklage** anhängig, ist dieses Gericht für den Streitgegenstand des vom Abmahnenden geltend gemachten Unterlassungsanspruches das **Gericht der Hauptsache gemäß § 919 ZPO**[517]. Diesen Zuständigkeitseinwand kann alsdann der Verfügungsschuldner erheben, wenn der Verfügungsgläubiger an einem anderen Gerichtsstand einen eV-Antrag einreicht. Das vom Verfügungsgläubiger mit dem eV-Antrag gewählte Gericht mag zwar auch grundsätzlich Gericht der Hauptsache im Sinne des § 919 ZPO sein – nämlich dasjenige Gericht, wo der Unterlassungsanspruch als Hauptsache erhoben werden könnte –; es ist es aber dann nicht, wenn die Hauptsache – hier in Form der negativen Feststellungsklage – tatsächlich bei einem anderen Gericht anhängig gemacht ist. Durch diese Hauptsache-Anhängigkeit reduziert sich die Zahl der an sich möglichen Hauptsache-Gerichte auf eben dieses eine[518]. Das eV-Gericht hat das **eV-Verfahren** in diesem Fall auf Antrag des Verfügungsgläubigers an das Gericht zu **verweisen**, bei welchem der Verfügungsschuldner die negative Feststellungsklage erhoben hat. Dies gilt allerdings dann nicht, wenn der Verfügungsgläubiger seinerseits ebenfalls mit dem von ihm geltend gemachten Unterlassungsanspruch die Hauptsacheklage erhebt. Diese (aktive) Unterlassungsklage ist gegenüber der negativen Feststellungsklage als Hauptsache im Sinne des § 919 ZPO wiederum vorgreiflich[519]. Die **Gerichtsstands-Verteidigung** des Verfügungsschuldners durch sofortige Erhebung der negativen Feststellungsklage nach Abmahnung kann also vom Verfügungsgläubiger unterlaufen werden, ist aber gleichwohl häufig opportun, weil es den Abmahnenden durchaus davon abhalten kann, seinerseits einen eV-Antrag – zumal auch noch bei einem anderen Gericht und erst nach Erhebung einer eigenen Unterlassungshauptklage – zu stellen.

III. Widerspruch gemäß § 924 ZPO

1. Rechtsbehelf zeitlich unbefristet möglich

178 Ist eine eV ohne mündliche Verhandlung erlassen, kann der Verfügungsschuldner dagegen Widerspruch gemäß §§ 936, 924 ZPO einlegen. Der Widerspruch kann vom

---

516 Allerdings läuft er ein gewisses Kostenrisiko, weil es Gerichte gibt, die annehmen, vor einer negativen Feststellungsklage müsse der Beklagte, also der Abmahnende, zunächst zur Rücknahme der Abmahnung aufgefordert werden, vgl. KG WRP 1980, 206; WRP 1984, 561; OLG München GRUR 1985, 161; KG Köln GRUR 1989, 542. Wenn also auf die negative Feststellungsklage der Beklagte (Abmahnende) sofort anerkenne, habe der klagende Abgemahnte die Kosten gemäß § 93 ZPO zu tragen. Das erscheint als eine Überspannung der Abmahnungslast: durch die Ursprungsabmahnung ist schließlich hinreichend deutlich geworden, daß der „Angreifer" es ernst meint. Dementsprechend hat er im Sinne des § 93 ZPO „Veranlassung gegeben"; vgl. OLG Frankfurt GRUR 1972, 670; WRP 1981, 282; GRUR 1989, 705; OLG Köln WRP 1983, 172; OLG Hamm GRUR 1985, 84; OLG Stuttgart WRP 1985, 449; *Melullis* Rdn. 539; *Zöller/Schneider/Herget* § 93 ZPO Rdn. 6, Stichwort „Wettbewerbsstreitigkeiten"; und eingehend *Lindacher*, Festschr. *v. Gamm* S. 83, 87; etwas differenzierend – im Regelfall keine Gegenabmahnungslast – *Teplitzky*[6] Kap. 41 Rdn. 73 f.

517 Vgl. *Stein/Jonas/Grunsky* § 919 ZPO Rdn. 3; *Melullis* Rdn. 92 unter Hinweis auf OLG Hamburg WRP 1981, 325.

518 Nur auf die Anhängigkeit, nicht auf die Rechtshängigkeit kann es zur Begründung der Gerichtsstandsbeschränkung ankommen, vgl. B I 2 a Rdn. 26.

519 Der Einwand der Rechtshängigkeit gemäß § 261 Abs. 3 Nr. 1 ZPO steht dieser später erhobenen Unterlassungsklage des Verfügungsgläubigers nicht entgegen, da zwar dieselbe „Streitsache" betroffen ist, aber nur im Wege der Unterlassungsklage der Gläubiger einen vollstreckbaren Titel erstreiten kann, während die negative Feststellungsklage nicht zu einem Unterlassungstenor führt, vgl. dazu im einzelnen unten VII 2 Rdn. 240.

Verfügungsschuldner unbefristet eingelegt werden[520], der Verfügungsgläubiger kann den Verfügungsschuldner auch nicht zu einer Erklärung zwingen, ob dieser Widerspruch einlegen oder darauf verzichten will. Will der Verfügungsgläubiger eine endgültige Entscheidung herbeiführen und damit die gerade **durch die zeitliche Unbefristetheit** der Rechtsbehelfe aus §§ 924, 926, 927 ZPO bestehende **„Einstweiligkeit"** der eV beseitigen, kann er dies nur durch eine rechtskräftige Entscheidung in der Hauptsache-Unterlassungs-Klage zu seinen Gunsten erreichen.

2. Nachgeholte mündliche Verhandlung

Der Widerspruch gemäß §§ 924, 936 ZPO führt dazu, daß das Gericht die mündliche **179**
Verhandlung, die es vor Erlaß der eV nicht für erforderlich gehalten hat, nunmehr nachzuholen hat[521]. Mit dem Widerspruch kann in der mündlichen Verhandlung **jeder denkbare Einwand gegen den eV-Beschluß** erhoben werden, ob dieser sich nun gegen die Zulässigkeit der Verfolgung des Unterlassungsanspruches, das Sicherungsinteresse für die einstweilige Verfügung (Verfügungsgrund, Dringlichkeit), die Gerichtszuständigkeit, die mangelnde Vollziehung innerhalb der Frist des § 929 Abs. 2 ZPO oder den materiellen Anspruch wendet, eine dem Verfügungsgläubiger aufzuerlegende Sicherheitsleistung oder die Geltendmachung einer Aufbrauchsfrist anstrebt[522].

a) **Grundsätzliche Maßgeblichkeit des Zeitpunktes der mündlichen Verhandlung.** **180**
Das Gericht hat bei der Entscheidung über den Widerspruch grundsätzlich nach der Sach- und Rechtslage zum Schluß der mündlichen Verhandlung zu entscheiden[523]. Es geht mit dem Widerspruch also **nicht** um eine Überprüfung der **Rechtsmäßigkeit der eV bei ihrem Erlaß, sondern** um die Frage, ob diese **nach dem Ergebnis der mündlichen Verhandlung zu bestätigen** ist. Der Verfügungsschuldner kann also sämtliche seit dem Erlaß der eV bis zur mündlichen Verhandlung im Widerspruchsverfahren **eingetretenen veränderten Umstände** zu seinen Gunsten geltend machen[524] und von einem geänderten Sachverhalt die Entscheidung, wann er Widerspruch einlegen will, abhängig machen. (Beispiel: Früher war das Unternehmen des Verfügungsschuldners nicht „das größte am Platz", und deswegen ist ihm die entsprechende Aussage durch eV verboten worden, zum Zeitpunkt der Widerspruchsverhandlung ist es aber tatsächlich das größte am Platz und darf dies dementsprechend auch werblich herausstellen). Dies gilt z. B. auch für die inzwischen eingetretene Verjährung eines etwa vorher begründeten Unterlassungsanspruches, vgl. IX 3 c Rdn. 257 f, oder für die möglicherweise nicht erfolgte ordnungsgemäße Vollziehung innerhalb der Monatsfrist des § 929 Abs. 2 ZPO, vgl. D IV 1 a Rdn. 144[525]. Dagegen ist es **kein Widerspruchsgrund**, daß der

---

520 Eine zeitliche Grenze bildet allenfalls die Verwirkung, vgl. OLG Celle GRUR 1980, 945; OLG Frankfurt Entsch. v. 12. 07. 1984, zit. bei *Traub* S. 107; KG GRUR 1985, 237 (2½ Jahre nach Beschluß-eV ist, wenn nicht besondere Umstände vorliegen, das Widerspruchsrecht verwirkt). Dagegen führt das Abwarten der Verjährung und das Einlegen des Widerspruchs nach Ablauf der Verjährungsfrist unter gleichzeitiger Erhebung der Verjährungseinrede, siehe dazu nachfolgend Rdn. 180, nicht zur Verwirkung, KG Entsch. v. 26. 02. 1988 zit. bei *Traub* S. 28; vgl. zur Verwirkung des Widerspruchsrechts auch *Teplitzky*[6] Kap. 55 Rdn. 8; *Mädrich* S. 18; *Vinck* WRP 1975, 80, 81.

521 Der Widerspruch ist daher das als Ausfluß des Rechts auf rechtliches Gehör gerechtfertigte Verlangen, die bisher unterbliebene mündliche Verhandlung nachzuholen, vgl. *Stein/Jonas/Grunsky* § 924 ZPO Rdn. 9; *Mädrich* S. 17; *Spehl* S. 18 f.

522 Vgl. dazu *Baumbach/Hefermehl* § 25 Rdn. 65.

523 Ganz einhellige Auffassung, vgl. z. B. *Baumbach/Hefermehl* § 25 Rdn. 68; *Mädrich* S. 25 f.

524 Vgl. *Zöller/Vollkommer* § 924 ZPO Rdn. 11; *Mädrich* S. 26, undeutlich S. 17 ff.

525 Vgl. OLG Celle Entsch. v. 14. 08. 1981, zit. bei *Traub* S. 74; OLG Düsseldorf GRUR 1984, 385; OLG Frankfurt GRUR 1988, 847; OLG Koblenz GRUR 1989, 373; OLG Hamm Entsch. v. 05. 09 1989, zit. bei *Traub* S. 187.

Verfügungsgläubiger trotz Aufforderung gemäß § 926 Abs. 1 ZPO **nicht Hauptklage erhoben** hat. Die Nichterhebung der Hauptklage ändert an der Berechtigung für die eV nämlich nichts. Dieses Versäumnis des Verfügungsgläubigers kann der Verfügungsschuldner nur im Rahmen eines Aufhebungsverfahrens gemäß § 926 Abs. 2 ZPO geltend machen; dies ist auch wegen der speziellen Schadensersatzwirkung im Rahmen des § 945 ZPO geboten, um deretwillen deutlich sein muß, daß eine Aufhebung der eV gemäß § 926 ZPO erfolgt, vgl. G I 1 Rdn. 317. Allerdings kann im Rahmen eines anhängigen Widerspruchsverfahrens auf den Einwand des Verfügungsschuldners, der Verfügungsgläubiger habe die Hauptklage trotz Fristsetzung gemäß § 926 Abs. 1 ZPO nicht erhoben, das Gericht das Widerspruchsverfahren in ein Aufhebungsverfahren gemäß § 926 Abs. 2 ZPO – mit nunmehr umgekehrten Parteirollen[526] – **umwandeln** – der Gang des Verfahrens ist beim Widerspruch und bei dem Aufhebungsverfahren gemäß § 926 ZPO mit mündlicher Verhandlung und anschließendem Urteil gleich – und aussprechen, daß die eV gemäß § 926 Abs. 2 ZPO wegen Nichterhebung der Hauptklage aufgehoben wird[527]. Zur Folge einer nach dem eV-Beschluß seitens des Verfügungsschuldners abgegebenen Unterlassungsverpflichtungserklärung vgl. 5 Rdn. 193 ff.

181 Will der Verfügungsgläubiger einem zum Zeitpunkt der mündlichen Verhandlung über den Widerspruch gegenüber dem Zeitpunkt des Erlasses der einstweiligen Verfügung **veränderten Umstand** Rechnung tragen, muß er die Hauptsache (des eV-Verfahrens) für erledigt erklären. Das Gericht hat dann – falls der Verfügungsschuldner sich dieser Erledigungserklärung anschließt – gemäß § 91 a ZPO nach billigem Ermessen über die Verfahrenskosten zu entscheiden. Erfolgt die übereinstimmende Erledigungserklärung der Parteien – wie in der Praxis häufig – im Hinblick auf die inzwischen seit Erlaß der eV eingetretene **Verjährung** des Unterlassungsanspruchs[528] oder im Hinblick auf die mangelnde Vollziehung der eV innerhalb der Vollziehungsfrist[529],

---

[526] Vgl. *Zöller/Vollkommer* § 926 Rdn. 22.

[527] Vgl. *Mädrich* S. 27, 54; vgl. auch VI 5 a Rdn. 223; die Rechtsprechung ist hier allerdings wenig förmlich und berücksichtigt den Aufhebungsgrund auch unmittelbar im Widerspruchsverfahren (vgl. OLG Hamburg WRP 1978, 907 f u. OLG Koblenz WRP 1983, 108, 109).

[528] Den Eintritt der Verjährung sehen OLG Frankfurt WRP 1979, 799; WRP 1982, 422; OLG Nürnberg WRP 1980, 232; OLG Düsseldorf MDR 1980, 1027; OLG Hamburg WRP 1982, 161; OLG Celle Entsch. v. 09. 10 1981, zit. bei *Traub* S. 74 f; OLG Karlsruhe WRP 1985, 288; OLG München WRP 1987, 267; *Thesen* WRP 1981, 304, 305; *Teplitzky*[6] Kap. 55 Rdn. 32 mit umfangreichen Nachweisen in Fn. 65; *Stein/Jonas/Leipold* § 91 a ZPO Rdn. 6 u. jetzt – unter Aufgabe seiner in GRUR 1982, 14, 19 f vertretenen früheren Meinung – auch *Ulrich* WRP 1990, 651, 652 f als erledigenden Umstand an; dagegen OLG Hamm WRP 1977, 199; OLG Koblenz WRP 1982, 657; OLG Celle GRUR 1987, 716; *Borck* WRP 1978, 519, 521; *Ulrich* GRUR 1982, 14, 19 f; *Zöller/Vollkommer* § 91 a ZPO Rdn. 58, Stichwort „Verjährung", nicht. Letzteres leuchtet nicht ein, da Verjährungseintritt auch ein „veränderter Umstand" im Sinne des § 927 ZPO ist, vgl. IX 3 c Rdn. 257 ff, und der Verfügungsgläubiger im Zeitpunkt des eV Antrags, wenn der Anspruch dann noch nicht verjährt ist, auch gar nicht wissen kann, ob der Verfügungsgläubiger den Verjährungseintritt geltend machen wird, vgl. *Thesen* WRP 1981, 304, 305; *Hase* WRP 1985, 254, 255.

[529] Die mangelnde Vollziehung der eV innerhalb der Frist des § 929 Abs. 2 ZPO ist nach ganz hM, vgl. z. B. OLG Celle MDR 1970, 936; OLG Köln WRP 1979, 817; OLG Frankfurt Zif. 4.15 bei *Traub* S. 111; *Ulrich* GRUR 1982 14, 20; *Teplitzky*[6] Kap. 55 Rdn. 25 m. Fußn. 56 u. Rdn. 50 m. Fußn.113; *Baumbach/Hefermehl* § 25 Rdn. 63 kein erledigender Umstand. Das dürfte nach der Vorstellung des Gesetzes, wonach die eV mit Versäumung der Vollziehungsfrist als unwirksam und also quasi mit ex-tunc-Wirkung nie wirksam geworden angesehen wird, zutreffend sein, wenngleich bei rein zeitlicher Betrachtung die Vollziehungsfrist-Versäumnis erst einen Monat nach Existenz des eV-Beschlusses eintritt. Dieser rein praktische zeitliche Ablauf ist auch der Grund, warum die Parteien oft eine praktikable Lösung mit der übereinstimmenden Erledigungserklärung suchen, statt sich – möglicherweise über zwei Instanzen – über die oft sehr formale Frage der Ordnungsmäßigkeit oder der Mängel einer Zustellung oder deren Heilung gemäß § 187 ZPO zu streiten, vgl. dazu C IV Rdn. 144, 149 ff, 161 f.

wird die Kostenentscheidung in aller Regel zu Lasten des Verfügungsgläubigers ausfallen[530]. Bei verändertem Sachverhalt ist dagegen häufig eine Kostenverquotung – Differenzierung zwischen Erlaß- und Widerspruchskosten – angemessen. Schließt sich der Verfügungsschuldner der Erledigungserklärung nicht an, ist mit Kostennachteil gemäß § 91 ZPO zulasten des Verfügungsschuldners die Erledigung im Tenor festzustellen, wenn der Antrag vor der Erledigung zulässig und begründet war; war er es nicht bzw. ergibt sich die Unwirksamkeit der eV aus der inzwischen eingetretenen Versäumung der Vollziehungsfrist[531], ist die eV mit Kostennachteil zulasten des Verfügungsgläubigers aufzuheben. Erklärt der Verfügungsgläubiger trotz inzwischen veränderter Umstände, die die eV zum Zeitpunkt der Widerspruchsverhandlung nicht mehr rechtfertigen, das eV-Verfahren nicht für erledigt, wird die eV auf Antrag des Verfügungsschuldners durch Urteil aufgehoben und der auf ihren Erlaß gerichtete Antrag zurückgewiesen[532].

b) **Ausnahme für eV-Sicherungsinteresse.** Diese von der ganz einhelligen Auffassung einschränkungslos angenommene Maßgeblichkeit des Zeitpunktes der mündlichen Verhandlung im Widerspruchsverfahren gilt allerdings **nur eingeschränkt für das eV-Sicherungsinteresse** des Verfügungsgläubigers. Das Gericht hat also nicht zu prüfen und prüft auch in der Praxis trotz des dogmatischen Ansatzes, es komme auf den Zeitpunkt der mündlichen Verhandlung an, nach Kenntnis des Verfassers grundsätzlich nicht, ob zum Zeitpunkt der mündlichen Verhandlung dieses Sicherungsinteresse des Verfügungsgläubigers noch gegeben wäre, wenn er jetzt einen eV-Antrag stellen würde[533]. Hier muß vielmehr die Prüfung auf den früheren Zeitpunkt des Antrags, der zum eV-Beschluß geführt hat, zurückbezogen sein[534]. Es kommt also zum Beispiel 182

---

530 Vgl. zur Verjährung OLG Koblenz GRUR 1981, 91; OLG Hamburg WRP 1982, 161; GRUR 1989, 296; OLG Celle Entsch. v. 08. 04. 1981, zit. bei *Traub* S. 74; OLG Düsseldorf NJW-RR 1987, 763; OLG Hamm GRUR 1989, 931; *Wedemeyer* NJW 1979, 283, 295; *Melullis* Rdn. 122; *Teplitzky*[6] Kap. 55 Rdn. 32; *Zöller/Vollkommer* § 91a ZPO Rdn. 58, Stichwort „Verjährung". Dagegen ist *Hase* WRP 1985, 254, 257 der Meinung, daß die Kosten bei Verjährung gleichmäßig auf Verfügungsgläubiger und Verfügungsschuldner zu verteilen seien; dahin tendierend auch OLG Braunschweig Zif. 4.12 bei *Traub* S. 53. Dagegen meint OLG Celle WRP 1983, 96, der Verfügungsschuldner habe die Kosten zu tragen, wenn er den Widerspruch gegen den eV-Beschluß erst nach Eintritt der Verjährung eingelegt habe und sich dann darauf berufe. Das erscheint verfehlt. OLG Frankfurt WRP 1979, 799 hält den Verfügungsschuldner dann für kostenerstattungspflichtig, wenn der Verfügungsgläubiger nach Erhebung der Verjährungseinrede sofort auf die eV verzichtet, § 93 ZPO analog, vgl. auch OLG Karlsruhe WRP 1980, 713. Dagegen mit Recht ausdrücklich OLG Hamburg GRUR 1989, 296; vgl. zur parallelen Situation des Aufhebungsverfahrens gemäß § 927 ZPO bei nach Erlaß der einstweiligen Verfügung eingetretener Verjährung unten IX 3 c sowie IX 7 b Rdn. 257, 279.

531 S. Fußn. 523.

532 Vgl. dazu *Baumbach/Hefermehl* § 25 Rdn. 68 u. 95.

533 Vgl. *Mädrich* S. 27. Er erscheint daher nicht zutreffend, wenn überwiegend die Auffassung vertreten wird, sowohl im Widerspruchs- wie auch im Rechtsmittelverfahren müsse auf den Zeitpunkt der mündlichen Verhandlung geprüft werden, ob der eV-Antrag jetzt noch dringlich sei, vgl. z. B. *Melullis* Rdn. 78; oder wenn angenommen wird, es müsse ggfls. wegen inzwischen durch Zeitablauf weggefallenen Sicherungsinteresses das eV-Verfahren in der Hauptsache für erledigt erklärt werden, vgl. *Stein/Jonas/Grunsky* § 925 ZPO Rdn. 9; *Teplitzky*[6] Kap. 55 Rdn. 26.

534 Die von *Teplitzky* aaO in Betracht gezogene Situation des zögerlichen Prozeßverhaltens des Verfügungsgläubigers, welches nachträglich das Sicherungsinteresse (Verfügungsgrund) entfallen lasse, kann im Widerspruchs-Verfahren regelmäßig (zu denkbaren Ausnahmen vgl. Fn. 535) nicht praktisch werden, denn hier hat der Gläubiger seinen Unterlassungsanspruch bereits gesichert; außerdem hat es allein der Verfügungsschuldner in der Hand, wann er Widerspruch einlegt, auf den hin das Gericht unverzüglich Termin zur mündlichen Verhandlung anzuberaumen hat. Versucht der Verfügungsgläubiger durch zögerliches Verhalten, die Durchführung der mündlichen Verhandlung zu hintertreiben, ist es Sache des Verfügungsschuldners und des Gerichts, dem entgegenzutreten. Ein Indiz für mangelndes Sicherungsinteresse kann hierin nicht gesehen werden, weil diesem bereits durch den Beschluß-Titel genügt ist; vgl. OLG Karlsruhe WRP 1986, 232. Bedenklich daher auch LG Frank-

nicht darauf an, ob seit der Kenntnis des Verfügungsgläubigers von der angegriffenen Wettbewerbshandlung bis zur mündlichen Verhandlung soviel Zeit vergangen ist, daß das Sicherungsinteresse fortgefallen ist, vgl. B II 2 Rdn. 42 ff; sondern entscheidend bleibt hier der Zeitpunkt, in welchem der eV-Antrag gestellt wurde, bzw. derjenige des eV-Beschlusses bzw. seiner Vollziehung[535]. Würde man in der mündlichen Verhandlung prüfen, ob jetzt noch – unterstellt, daß eine eV bisher noch gar nicht ergangen wäre – ein Sicherungsinteresse des Verfügungsgläubigers bestehen würde, hätte es der Verfügungsschuldner stets in der Hand, durch allein von seiner Entscheidung, wann er Widerspruch einlegen will, abhängiges zögerliches Verhalten das eV-Sicherungsinteresse zu beseitigen, ohne daß sich an der maßgeblichen Sach- und Rechtslage etwas geändert hat. Der Verfügungsgrund (richtig: das **Sicherungsinteresse**) kann allerdings auch **nachträglich wegfallen,** z. B. bei einem zeitlich befristeten, etwa auf eine bestimmte Jubiläumswerbung bezogenen **Verbot**. Wenn dieser Zeitraum abgelaufen ist, wird regelmäßig das Sicherungsinteresse weggefallen sein, mit der Folge, daß im Widerspruchsverfahren nach entsprechender Erledigungserklärung der Parteien gemäß § 91 a ZPO zu entscheiden ist[536]. Und wenn der Verfügungsschuldner eine **Unterwerfungserklärung** abgibt, die **allein auf das eV-Verfahren bezogen** ist, also seine Verteidigung in einem Hauptklageverfahren oder eine eigene negative Feststellungsklage des Verfügungsschuldners nicht ausschließt, vgl. D I 4 Rdn. 135, ist damit das Sicherungsinteresse nachträglich weggefallen, ohne daß die eigentliche Hauptsache – nämlich der zu sichernde Unterlassungsanspruch – erledigt ist[537]. Eine solche nur das eV-Verfahren betreffende Unterwerfungserklärung ist also auch nur ein die Hauptsache des eV-Verfahrens, nicht die Hauptsache des Hauptklageverfahrens erledigendes Ereignis, welches dann zu einer Kostenentscheidung gemäß § 91 a ZPO führt, in Abhängigkeit davon, wie ohne dieses erledigende Ereignis zu entscheiden gewesen wäre.

3. Keine eV-Aufhebung nach Sicherheitsleistung

183 Im Gegensatz zum Arrestverfahren, bei dem im Arrestbefehl gemäß § 923 ZPO bereits ein Geldbetrag festzulegen ist, durch dessen Hinterlegung die Vollziehung aus dem Arrestbefehl gehemmt und der Arrestschuldner befugt ist, (durch Widerspruch) die Aufhebung des Arrestbefehls zu verlangen, ist diese Aufhebung als Folge einer Sicherheitsleistung gemäß § 939 ZPO im eV-Verfahren eine äußerst seltene Ausnahme[538]. Dies findet seinen Grund darin, daß es im Arrestverfahren ausschließlich um Geldforderungen oder solche Forderungen geht, die in Geldforderungen übergehen

---

furt GRUR 1991, 787, wonach das Sicherungsinteresse für die eV nachträglich weggefallen sein soll, weil der Verfügungsgläubiger im Widerspruchstermin nicht erschienen war; gegen LG Frankfurt deswegen auch mit Recht *Ahrens* in der Anm. GRUR 1991, 788 f.

[535] Es kann allerdings durchaus vorkommen, daß zwischen dem eV-Antrag und dem eV-Beschluß oder dessen Vollziehung das bei Antragstellung noch vorhandene Sicherungsinteresse wegfällt, z. B. dann, wenn bei Antragstellung gerade eben die Frist für den Wegfall des Sicherungsinteresses noch nicht abgelaufen war, der Verfügungsgläubiger dann im einseitigen Verfahren auf Veranlassung des Gerichts noch zögerlich weitere Glaubhaftmachung vorlegt, daraufhin eine Beschluß-eV ergeht und der Verfügungsgläubiger alsdann mit der Vollziehung bis zum letzten Tag der Vollziehungsfrist zuwartet. Solches zögerliche Verhalten des Verfügungsgläubigers vor Wirksamwerden des eV-Beschlusses durch seine Vollziehung/Zustellung ist selbstverständlich im Widerspruchsverfahren zu berücksichtigen. Insoweit erscheint die Meinung *Teplitzky* aaO zutreffend.

[536] Vgl. OLG Stuttgart BB 1972, 1026; vgl. aber auch WRP 1982, 604.

[537] Gegen eine solche Möglichkeit allerdings jetzt *Teplitzky*[6] Kap. 55 Rdn. 26 in Fn. 57 mwN (im Gegensatz zu seiner Meinung vor der Vorauflage Kap. 55 Rdn. 25).

[538] Vgl. *Zöller/Vollkommer* § 939 ZPO Rdn. 1.

können (§ 916 ZPO). Wenn diese Forderung gesichert werden soll, genügt es, wenn der Arrestschuldner entsprechende Sicherheit leistet. Im eV-Verfahren geht es dagegen regelmäßig um andere als Geldforderungen, und bei diesen ist die Sicherheitsleistung des Verfügungsschuldners gerade keine hinreichende Sicherungs-Befriedigung. Insbesondere **im Rahmen der wettbewerbsrechtlichen** eV gemäß § 25 UWG kommt aus den A II 2 Rdn. 12 ff, erörterten Gründen eine **Sicherheitsleistung des Verfügungsschuldners**, gegen die die eV wieder aufzuheben ist, **nicht in Betracht**[539]. Denn diese Sicherheitsleistung kann allenfalls eine den Schadensersatzanspruch des Verfügungsgläubigers sichernde Wirkung haben. Es ist aber gerade die maßgeblichen Motivationen für die Regelung des § 25 UWG, es auf den Schadensersatzanspruch als nachträgliche Kompensation für eine Wettbewerbsverletzung, die sich regelmäßig gegenüber einer Vielzahl von Betroffenen auswirkt, möglichst gar nicht erst ankommen zu lassen, vgl. A II 2 b Rdn. 14.

4. Verfahren

a) **Zuständigkeit.** Der Widerspruch ist bei dem Gericht einzulegen, welches die eV **erlassen** hat. Das gilt auch, wenn die eV vom zweitinstanzlichen Gericht erlassen worden ist, weil dieses Gericht als Gericht der Hauptsache, die dort in der zweiten Instanz anhängig war, gemäß §§ 936, 919 ZPO zuständig war[540]. Wird dagegen die eV vom zweitinstanzlichen Gericht aufgrund Beschwerde des Verfügungsgläubigers gegen einen den eV-Antrag zurückweisenden Beschluß des erstinstanzlichen Gerichts erlassen, ist der **Widerspruch beim erstinstanzlichen Gericht** einzulegen[541], weil es sich bei dem Beschluß des zweitinstanzlichen Gerichts um eine „verlängerte" Entscheidung der ersten Instanz handelt, vgl. C I 5 Rdn. 94. Das erstinstanzliche Gericht entscheidet in diesem Fall über den Widerspruch nach mündlicher Verhandlung, ohne an die Rechtsauffassung des zweitinstanzlichen Gerichts gebunden zu sein[542]. **184**

b) **Termin zur mündlichen Verhandlung.** Legt der Verfügungsschuldner gegen einen eV-Beschluß Widerspruch ein, hat das Gericht nicht nur gemäß §§ 936, 924 Abs. 2 ZPO von Amts wegen Termin zur mündlichen Verhandlung anzuberaumen – sondern dies hat auch **unverzüglich** zu geschehen, und zwar regelmäßig, zu Ausnahmen siehe Rdn. 187, auf den nächsten Sitzungstag oder jedenfalls einen der nächsten Sitzungstage. Da der Verfügungsgläubiger die eV ohne mündliche Verhandlung erwirkt hat, also äußerst zügig und in aller Regel bei den ständig in Wettbewerbssachen tätigen Kammern der großen Landgerichte innerhalb 24 Stunden seit der Einreichung der Antragsschrift – wenn nicht dem Verfügungsschuldner vorher Gelegenheit zur schriftlichen Stellungnahme gegeben worden ist, vgl. C I 2 Rdn. 90 –, gebietet es die **Waffengleichheit** und insbesondere der Grundsatz des (nachzuholenden) **rechtlichen Gehörs**, daß **185**

---

539 Vgl. *Mädrich* S. 29 u. *Teplitzky*[6] Kap. 57 Rdn. 44 mit Fn. 111.

540 Vgl. *Stein/Jonas/Grunsky* § 924 ZPO Rdn. 17; *Zöller/Vollkommer* § 924 ZPO Rdn. 6; *Mädrich* S. 22. Hat das erstinstanzliche Hauptklagegericht die eV erlassen und befindet sich das Hauptverfahren im Zeitpunkt der Entscheidung über das Widerspruchsverfahren bereits in der zweiten Instanz, entscheidet über den eV-Widerspruch gleichwohl dasjenige Gericht, welches die eV erlassen hat, also das erstinstanzliche Hauptsachegericht, vgl. *Mädrich* aaO.

541 Vgl. *Stein/Jonas/Grunsky* § 924 ZPO Rdn. 18; *Mädrich* S. 22 ff; *Melullis* Rdn. 123, *Baumbach/Hefermehl* § 25 Rdn. 66.

542 Vgl. *Baumbach/Hefermehl* § 25 Rdn. 66. Anschauliches Beispiel OLG Hamburg WRP 1992, 123: bei unstreitigem Sachverhalt wurde eV-Antrag vom LG zurückgewiesen, auf Beschwerde wurde eV vom OLG erlassen; im Widerspruchsverfahren wurde eV vom LG wieder aufgehoben und auf Berufung hin wieder bestätigt (richtigerweise hätte die eV im Berufungsrechtszug neu erlassen werden müssen, vgl. D III 2 Rdn. 141).

der Verfügungsschuldner mit seinem Widerspruchs-Anliegen, die eV aufzuheben oder abzuändern, ebenfalls zügig die Aufmerksamkeit des Gerichts findet. Da dies nur in mündlicher Verhandlung möglich ist, ist diese **schleunigst** – möglichst unter Abkürzung der Ladungsfrist, vgl. für den parallelen Fall der Anberaumung einer mündlichen Verhandlung auf den eV-Antrag C II 1 Rdn. 97 – anzuberaumen. Es ist eine unerträgliche[543] Usance einiger Gerichte – gegen die es allerdings außer der Dienstaufsichtsbeschwerde keinen Rechtsbehelf gibt –, auf einen sofort gegen einen dem Verfügungsschuldner zugestellten eV-Beschluß eingelegten Widerspruch erst Verhandlungstermin 4 oder 6 oder gar noch mehr Wochen später anzuberaumen. Dies kann auch nicht gerechtfertigt sein, um dem Verfügungsgläubiger die Möglichkeit zu geben, auf den Vortrag des Verfügungsschuldners in der Widerspruchsbegründung zu reagieren. Denn es gibt auch im **Widerspruchsverfahren**, wie auch im Erlaßverfahren bei einer Urteils-Verfügung, siehe oben Rdn. 96 f, **keine Schriftsatzfristen**[544].

186 Zwar verlangt § 924 Abs. 2 ZPO, daß der Verfügungsschuldner seinen Widerspruch **begründet**. Das kann aber nicht so verstanden werden, daß etwa der Verfügungsschuldner im Widerspruchsschriftsatz seine Einwendungen bereits umfassend geordnet vortragen muß. **Notwendig** ist lediglich, daß sich das Gericht für eine Termins-planung eine **Vorstellung** darüber bilden kann, was etwa der Verfügungsschuldner geltend machen will. Der Verfügungsschuldner kann **dann bis zur Widerspruchsverhandlung** seine Einwendungen gegen die eV **ergänzend** vortragen, begründen und – gegebenenfalls im Termin durch präsente Zeugen, vgl. oben zur parallelen Situation der mündlichen Verhandlung aufgrund eines eV-Antrags, C II 2 Rdn. 97 – glaubhaft machen[545]. Es wäre eine unangemessene Einschränkung seiner Rechtsposition und ein Verstoß gegen den Grundsatz des rechtlichen Gehörs gemäß Art. 101 Abs. 1 GG, wenn man dem Verfügungsgläubiger gestatten würde, bis zur mündlichen Verhandlung neuen Sachverhalt vorzutragen und glaubhaft zu machen, den Verfügungsschuldner aber auf den Vortrag beschränken würde, der in seinem Widerspruchsschriftsatz enthalten ist[546].

187 Wird lediglich **Kostenwiderspruch** eingelegt – siehe unten 5. – oder erhebt der Verfügungsschuldner erst **längere Zeit**, nachdem ihm der eV-Beschluß zugestellt worden ist, Widerspruch, kann der Verhandlungstermin vom Gericht etwas herausgeschoben werden, da hier **besondere Eile nicht mehr geboten** erscheint. Dasselbe gilt, wenn der Verfügungsschuldner zunächst nur gegen einen Teil der eV Widerspruch eingelegt hatte[547], sich einen Widerspruch gegen den Rest oder weitere Teile der eV vorbehalten hatte und dann den zweiten Teil-Widerspruch deutlich später einlegt oder wenn der Verfügungsschuldner **zunächst Widerspruch** eingelegt, diesen dann aber – ohne Verzicht auf das Widerspruchsrecht – **vor der mündlichen Verhandlung wieder zurückgenommen** hatte, was wegen der Unbefristetheit des Rechtsbehelfs zulässig erscheint[548],

---

[543] So zutreffend[6] *Teplitzky* Kap. 55 Rdn. 8 Fn. 21 unter Hinweis auf den verfassungsrechtlichen Grundsatz, daß ein im Eilverfahren nur vorläufig berechtigtermaßen unterlassenes rechtliches Gehör schnellstmöglich nachzuholen sei (vgl. BVerfGE 9, 84, 91).

[544] Vgl. OLG München WRP 1979, 166; *Baumbach/Hefermehl* § 25 Rdn. 67.

[545] Hinsichtlich der Glaubhaftmachung durch den Verfügungsschuldner kann auf die obigen Ausführungen zur Glaubhaftmachung durch den Verfügungsgläubiger verwiesen werden, die entsprechend gelten, vgl. B III 2 Rdn. 65 ff.

[546] Vgl. dazu *Vinck* WRP 1975, 80, 81 f; zu Einschränkungen des Begründungszwangs auch *Teplitzky*[6] Kap. 55 Rdn. 8 mwN in Fn. 17.

[547] Ein solcher Teil-Widerspruch ist angesichts der Unbefristetheit dieses Rechtsbehelfs bedenkenlos zulässig, vgl. *Baumbach/Hefermehl* § 25 Rdn. 65; *Melullis* Rdn. 125.

[548] Vgl. *Baumbach/Hefermehl* § 25 Rdn. 67; nach mündlicher Verhandlung im Widerspruchsverfahren dürfte aber die Rücknahme nur nach Zustimmung des Verfügungsgläubigers möglich sein; vgl. zu der parallelen Situation der Rücknahme des eV-Antrages C II 2 Rdn. 99, anders wohl die dort behandelte hM.

dann aber nach einiger Zeit erneut Widerspruch einlegt. Hier erscheint Eile ebenfalls nicht mehr geboten.

c) **Einstellung gemäß § 924 Abs. 3 ZPO.** In Abhängigkeit von der Terminierungspraxis des Gerichts entscheidet sich die Frage, ob eine einstweilige Einstellung der Vollstreckung aus der eV gemäß § 924 Abs. 3 in Verbindung mit § 707 ZPO in Betracht kommt[549]. Wenn das Gericht auf Widerspruch hin zügig terminiert, besteht nur ein geringer Bedarf für eine Vorabentscheidung über die Einstellung der Vollstreckung. Sollte aber das Gericht nicht alsbaldigen Termin zur mündlichen Verhandlung über den Widerspruch anberaumen, besteht auf entsprechenden Antrag des Verfügungsschuldners sehr wohl **Anlaß, über die vorläufige Einstellung** – mit oder ohne Sicherheitsleistung – zu **entscheiden** oder die **Fortsetzung der Vollstreckung** aus der eV von einer **Sicherheitsleistung** des Verfügungsgläubigers abhängig zu machen[550]. Sinnvoll ist es dabei nur, über den Einstellungsantrag ohne vorherige mündliche Verhandlung zu entscheiden, § 707 Abs. 2 ZPO. Könnte nämlich ein Verhandlungstermin über den Einstellungsantrag nach der Geschäftslage des Gerichts alsbald anberaumt werden, könnte dann stattdessen gleich über den Widerspruch verhandelt werden. Die Möglichkeit, die Vollstreckung aus der eV vorläufig ohne mündliche Verhandlung einzustellen, darf das Gericht aber nicht dazu führen, diese Entscheidung zu treffen und dafür die mündliche Verhandlung über den Widerspruch länger hinauszuschieben. Denn damit würden die Interessen des Gläubigers, dem an der Vollstreckbarkeit seines Titels liegt, vernachlässigt, und auch für die geschäftsinternen Maßnahmen des Verfügungsschuldners ist es ein **wesentlicher Unterschied**, ob nur eine **einstweilige Einstellung** der Vollstreckung aus der eV erfolgt oder ob die **eV selbst** nach Verhandlung über den Widerspruch durch Urteil **aufgehoben** wird. **188**

d) **Inhalt des Urteils.** Hinsichtlich der möglichen Urteils-Inhalte und der Vollziehung dieses Urteils durch den Verfügungsgläubiger wird auf C III Rdn. 102 ff und D IV Rdn. 143 ff, verwiesen. Wird die eV bestätigt, trägt der Verfügungsschuldner auch die weiteren – nämlich die durch den Widerspruch entstandenen – Kosten des Verfahrens; **189**

---

549 *Klette* GRUR 1982, 471, 473 meint, § 924 Abs. 3 ZPO sei nur für den Fall der Sicherungsverfügung, nicht aber denjenigen der (vorläufigen) Befriedigungsverfügung vorgesehen, worum es sich aber bei den Wettbewerbs-Unterlassungs-eV'en handele. Das leuchtet nicht ein. Im Gegenteil: Wenn schon bei Sicherungsverfügungen, die den Antragsgegner viel weniger belasten, eine vorläufige Einstellung in Betracht kommt, muß dies erst recht bei der Befriedigungs-Verfügung gelten. Und daß allein einseitiger Vortrag (und Glaubhaftmachung) des Antragsgegners zur Einstellung führe, vgl. *Klette* aaO, kann ebenfalls kein Argument gegen die Einstellung sein; denn schließlich wird die eV auch aufgrund einseitigen Vortrags (und Glaubhaftmachung) erlassen.

550 Vgl. *Ulrich* GRUR 1991, 26, 29; vgl auch Anklänge in diese Richtung bei *Engelschall* GRUR 1972, 103, 104; *Borck* WRP 1972, 238, 244; *Vinck* WRP 1975, 80, 81. **Anders** allerdings die **hM**; vgl. OLG Koblenz WRP 1981, 545; OLG Köln GRUR 1982, 504; OLG Frankfurt GRUR 1989, 456; *Pastor* WbProzeß S. 374 f; *Melullis* Rdn. 129; *Baumbach/Hefermehl* § 25 Rdn. 54; *Teplitzky*[6] Kap. 57 Rdn. 44; *Klette* GRUR 1982, 471 ff. Jedoch gibt es keinen Rechtsgrundsatz, daß eine Einstellung der Zwangsvollstreckung aus eV'en grundsätzlich nur unter ganz erschwerten Umständen möglich sei, etwa nur dann, wenn feststeht, daß die eV keinen Bestand haben kann, so *Pastor* aaO u. WRP 1972, 229, 230, oder dies wenigstens sehr wahrscheinlich ist (so *Teplitzky* aaO unter Hinweis auf OLG Koblenz WRP 1990, 366); noch weitergehend OLG Köln WRP 1973, 665; OLG Nürnberg WRP 1983, 177, die schlechthin eine einstweilige Einstellung bei Unterlassungsverfügungen ablehnen. Wenn eV'en gerade in Wettbewerbssachen erleichtert und oft ohne mündliche Verhandlung und relativ zügig erlassen werden, gibt es überhaupt keinen Anlaß, warum sie dann nicht auch bei aufgetretenen Zweifeln an der Rechtslage vorläufig außer Vollzug gesetzt oder von Sicherheitsleistung vor Fortsetzung der Vollstreckung abhängig gemacht werden können sollen. Daß durch eine gegenüber der üblichen Praxis etwa erleichterte Annahme der Einstellung etwa das ganze Instrument der Wettbewerbs-eV gefährdet sei, wie *Klette* GRUR 1982, 471, 472 meint, erscheint weit übertrieben.

wird die eV aufgehoben, trägt der Verfügungsgläubiger die gesamten Kosten des Verfahrens[551]. Ferner gilt: Selbstverständlich ist das **Gericht in seiner Widerspruchsentscheidung nicht an die Rechtsauffassung** gebunden, die seinem eV-Beschluß zugrunde gelegen hatte[552]. Eine Aufhebung des eV-Beschlusses kommt also nicht nur bei abweichendem Sachverhalt oder besserer Glaubhaftmachung des Verfügungsschuldners in Betracht, sondern auch dann, wenn sich das Gericht bei gleichbleibendem Sachverhalt davon überzeugen läßt, daß seine Rechtsauffassung aus dem eV-Beschluß sich nicht halten läßt. Dies gilt auch hinsichtlich des Sicherungsinteresses[553].

190 Das Urteil, mit welchem die vorher erlassene eV **aufgehoben oder eingeschränkt** wird, wirkt **sofort** und ist **ohne Sicherheitsleistung** des Verfügungsschuldners **vorläufig vollstreckbar**, § 708 Ziff. 6 ZPO, bedarf also nicht zu seiner aufhebenden oder einschränkenden Wirkung der vorherigen Zustellung an den Verfügungsgläubiger[554]. Dies ist schon deswegen notwendig, damit der Verfügungsgläubiger aus der gerade aufgehobenen eV nicht mehr weiter vollstrecken kann, der Verfügungsschuldner also die mit der aufgehobenen eV **verbotene Wettbewerbshandlung wieder aufnehmen** kann. Denn natürlich muß diejenige Entscheidung, die das Gericht nach der mündlichen Verhandlung aufgrund des nunmehr zweiseitig geprüften Sachverhaltes trifft, vorgreiflich sein gegenüber der vorher im einseitigen Verfahren ohne mündliche Verhandlung getroffenen Entscheidung[555].

191 Das Urteil, mit dem die eV **bestätigt** wird, ist hinsichtlich seines materiellen Ausspruchs der Bestätigung einer Vollziehung nicht fähig, weil es bereits Bestehendes lediglich wiederholt, vgl. D IV 2 b, Rdn. 159. Hinsichtlich der weiteren Kosten, die dem Verfügungsschuldner auferlegt werden, ergibt sich die Durchsetzbarkeit aus der Natur der eV als sofort vollziehbarer Vollstreckungstitel ohne Ausspruch vorläufiger Vollstreckbarkeit. Eine **gesonderte Vollziehung dieses Urteils** wegen des Kostenausspruches gemäß § 929 Abs. 2 ZPO ist **nicht notwendig**, weil sich diese Vorschrift nur auf den materiellen Tenor der eV bezieht. Selbstverständlich kann das im Widerspruchsverfahren ergehende Urteil auch die eV zum Teil aufheben, zum Teil aber auch bestätigen[556], wenn mehrere verschiedene Anträge Gegenstand der Entscheidung sind; oder es kann auch eine möglicherweise mit einem zu weiten Inhalt erlassene eV in eingeschränktem Umfang bestätigen und insoweit den überschießenden Teil aufheben. Die Kosten des gesamten Verfahrens sind dann gemäß § 92 ZPO entsprechend zu quotieren.

192 Theoretisch denkbar, in der Praxis aber selten, ist auch, daß das Urteil, welches nach der Widerspruchsverhandlung ergeht, einen **umfassenderen eV-Ausspruch** enthält als der mit dem Widerspruch angegriffene eV-Beschluß. Dies dann, wenn der Verfü-

---

551 Vgl. *Pastor* WbProzeß S. 327; *Baumbach/Hefermehl* § 25 Rdn. 70. Will der Verfügungsgläubiger dies bei zwischen Erlaß der eV und Widerspruchsverhandlung veränderten Umständen vermeiden, weil er sich analog den Kostenregelungen des Aufhebungsverfahrens gemäß § 927 ZPO, siehe dazu IX 7 Rdn. 278 ff, eine günstigere Kostenregelung verspricht, wird er die Hauptsache des Verfahrens für erledigt erklären, vgl. 2 a Rdn. 181.

552 Allgemeine Meinung, vgl. z. B. *Mädrich* S. 28.

553 Vgl. *Mädrich* S. 28, auch wenn es insoweit gemäß 2 e Rdn. 182 häufig nicht auf den Zeitpunkt der mündlichen Verhandlung, sondern auf denjenigen des Erlasses der eV ankommt.

554 Vgl. OLG Hamburg WRP 1976, 777; OLG Düsseldorf WRP 1981, 278; OLG Celle WRP 1986, 612; *Pastor* WbProzeß S. 359; *Mädrich* S. 29 f; *Teplitzky* WRP 1987, 149, 150; Kap. 55 Rdn. 13; *Stein/Jonas/Grunsky* § 25 ZPO Rdn. 19.

555 Vgl. OLG Düsseldorf NJW-RR 1987, 512; das hat entgegen OLG Hamburg WRP 1976, 777; KG WRP 1982, 95; OLG Celle WRP 1986, 612, nichts damit zu tun, daß die ohne mündliche Verhandlung ergangene Beschluß-eV eine vollwertige Entscheidung sei. Nur ist es doch selbstverständlich, daß die nach mündlicher Verhandlung zweiseitig gewordene Überprüfungs-Entscheidung noch vollwertiger sein muß. So auch das gesamte Schrifttum, vgl. eingehend *Teplitzky*[6] Kap. 55 Rdn. 14 f und WRP 1987, 149, 150.

556 Vgl. *Mädrich* S. 29.

gungsgläubiger bis zur mündlichen Verhandlung seinen **eV-Antrag erweitert** hat und das Gericht beschließt, über diesen erweiterten Antrag zugleich mit der Widerspruchs-Verhandlung gegen den schon erlassenen eV-Titel mündlich zu verhandeln und über den Widerspruch und den erweiterten eV-Antrag einheitlich zu entscheiden[557]. Aus Gründen der Übersichtlichkeit erscheint es allerdings sinnvoll, wenn das Gericht über den Widerspruch und über den erweitert gestellten Antrag des Verfügungsgläubigers in getrennten Verfahren entscheidet.

5. Sonderfall: Kostenwiderspruch

Der Verfügungsschuldner, der sich gegen den materiellen Tenor der ihm zugestellten eV gar nicht zur Wehr setzen will – sei es, weil er ihn für gerechtfertigt erachtet, sei es, weil ihn das ergangene Verbot nicht stört, da er meint, die ihm verbotene Wettbewerbshandlung nie begangen zu haben und auch nie ausführen zu wollen –, hat zwei Möglichkeiten, sich gegen die Kostenbelastung, die in dem eV-Beschluß enthalten ist, zur Wehr zu setzen: Er kann **entweder** eine dem materiellen Tenor der eV entsprechende strafbewehrte **Unterlassungsverpflichtungserklärung** abgeben und mit seinem Widerspruch gegen die eV dann lediglich auf eine ihm günstige Kostenentscheidung gemäß § 91 a ZPO hinwirken[558] – beide Parteien werden im Hinblick auf die Unterwerfungserklärung das eV-Verfahren in der Hauptsache für erledigt erklären[559]. Oder der Verfügungsschuldner kann den **materiellen Anspruch der eV anerkennen** – ein förmliches Anerkenntnisurteil gemäß § 307 ZPO kommt nur deswegen nicht in Betracht, weil die eV als Titel in Form des ohne mündliche Verhandlung ergangenen Beschlusses bereits vorhanden ist[560] – und seinen **Widerspruch** sofort **auf den Kostenausspruch** beschränken[561, 562]. Im ersteren Fall kann der Verfügungsschuldner zur 193

557 Da hier im Widerspruchsverfahren dasselbe Gericht wie bei Erlaß der eV entscheidet – allenfalls bei einer im Beschwerdeverfahren vom OLG erlassenen eV dann das funktionell niedriger angesiedelte Landgericht, vgl. Rdn. 184 –, bestehen die B III 2 Rdn. 140 erörterten Bedenken wegen der funktionellen Zuständigkeit des Gerichts, dort im Berufungsrechtszug, nicht.

558 Vgl. OLG München WRP 1976, 264; OLG Hamburg WRP 1989, 325; OLG Hamm MDR 1989, 1001; OLG Köln GRUR 1990, 310; *Baumbach/Hefermehl* § 25 Rdn. 71.

559 Erklärt der Verfügungsgläubiger trotz dieser dem Tenor entsprechenden Unterwerfungserklärung des Verfügungsschuldners (oder, wenn nur eine Teil-Unterwerfungserklärung abgegeben wird, hinsichtlich dieses Teils) nicht für erledigt, ist (insoweit) die eV mangels Fortbestehens der Wiederholungsgefahr aufzuheben, vgl. 2 a Rdn. 180 aE; *Baumbach/Hefermehl* § 25 Rdn. 74.

560 Vgl. *Baumbach/Hefermehl* § 25 Rdn. 71.

561 Vgl. OLG Köln WRP 1975, 173; OLG Hamburg WRP 1977, 112; WRP 1986, 292; OLG Stuttgart WRP 1977, 821; OLG München WRP 1978, 313; OLG Koblenz WRP 1978, 665; OLG Frankfurt WRP 1979, 799; KG WRP 1979, 861; WRP 1982, 465; OLG Düsseldorf WRP 1986, 273; OLG Bremen Entsch. v. 30. 03. 1987, zit. bei *Traub* S. 67; eingehend *Teplitzky*[6] Kap. 55 Rdn. 9–14 und *Nieder* WRP 1979, 350 ff; ferner *Melullis* Rdn. 125; *Pastor* WbProzeß S. 325 f a. A. früher *v. Gamm* NJW 1961, 1048, 1050. Auch die Rechtsprechung verlangt zum Teil, daß der Verfügungsschuldner neben der Einlegung des Kostenwiderspruchs eine ausdrückliche Unterwerfungserklärung abgeben mußte, daß die eV in der Hauptsache akzeptiert wird, vgl. OLG Hamburg MDR 1960, 850; OLG Köln WRP 1970, 186; OLG Stuttgart WRP 1970, 403; OLG Düsseldorf WRP 1972, 257; MDR 1991, 257; OLG München Entsch. v. 17. 01. 1990, zit. bei *Traub* S. 321. Das erscheint unzutreffend: Würde der Verfügungsschuldner eine Unterwerfungserklärung abgeben und dann, weil er gegen den eV-Titel der Sache nach nichts einzuwenden hat, lediglich Kostenwiderspruch einlegen, liefe er bei einem etwaigen späteren Verstoß Gefahr einer doppelten Sanktion durch Ordnungsmittel gemäß § 890 ZPO und Vertragsstrafe, vgl. OLG Hamburg WRP 1989, 325, da grundsätzlich im Verhältnis Vertragsstrafe/Ordnungsmittel keine Kompensation stattfindet, vgl. *Jestaedt* Vor §13 E Rdn. 77 ff in diesem Kommentar. Deswegen ist diese Rechtsprechung inzwischen weitgehend durch die zu Beginn dieser Fn. genannten Entscheidungen aufgegeben worden, und in der Beschränkung auf den Kostenwiderspruch wird überwiegend die Erklärung der Endgültigkeit des eV-Titels auch in der Sache gesehen; vgl. jedoch c Rdn. 198 und zur Frage des materiellrechtlichen Anerkenntnischarakters näher *Teplitzky*[6] Kap. 55 Rdn. 11 f mwN.

562 Der Gegenstandswert für dieses Widerspruchsverfahren ergibt sich aus dem Kosteninteresse unter

Vorbereitung der Kostenentscheidung gemäß § 91 a ZPO sämtliche Einwendungen erheben, die er gegen die materielle Berechtigung der eV, das Sicherungsinteresse des Verfügungsgläubigers und die Kostenaufbürdung – analoge Anwendung von § 93 ZPO innerhalb der Kostenentscheidung gemäß § 91 a ZPO – vorzubringen hat[563]. Denn aus dem Umstand, daß der Verfügungsschuldner eine Unterlassungsverpflichtungserklärung abgegeben hat, darf das Gericht keinesfalls schließen, daß materiell die eV zu Recht ergangen sei[564]. Im letzteren Fall kann dagegen der Verfügungsschuldner nur solche Einwendungen mit Aussicht auf Erfolg geltend machen, die zur Beurteilung des Sachverhalts im Rahmen des § 93 ZPO von Bedeutung sind[565], nämlich zur Frage, ob er zum eV-Antrag Veranlassung gegeben hat[566]. Wenn aber auch die Argumentation des Verfügungsschuldners zur Sache unerheblich ist, so ist sie auf der anderen Seite – entgegen der herrschenden Ansicht, siehe dazu nachfolgend a 1 Rdn. 194 – unschädlich und macht nicht sein Anerkenntnis unglaubwürdig.

194 a) **Keine Veranlassung. a 1) Keine Abmahnung.** Der Verfügungsschuldner kann bei seiner Argumentation im Rahmen des § 93 ZPO geltend machen, er sei nicht vorgerichtlich abgemahnt worden, hätte aber, **wenn er abgemahnt worden wäre, eine vertragsstrafenbewehrte Unterlassungsverpflichtungserklärung abgegeben**[567]. Die Glaubhaftmachungslast dafür, daß eine Abmahnung erfolgt ist, der Verfügungsschuldner also sehr wohl vorgerichtlich abgemahnt worden sei, trägt der Verfügungsgläubiger, wobei er allerdings den Zugang der Abmahnung bei dem Verfügungsschuldner nicht glaubhaft zu machen braucht[568]. Die Glaubhaftmachungslast für die Ausnahmen von der Abmahnungslast – Abmahnung im konkreten Fall entbehrlich – trägt ebenfalls der Verfügungsgläubiger. Auch wenn der Verfügungsschuldner im Rahmen seines Widerspruchs entweder nach Abgabe einer Unterwerfungserklärung oder nach Anerkenntnis zur Hauptsache (des eV-Verfahrens) die Zulässigkeit oder Begründetheit des eV-Antrages bestreitet – was schon deswegen geboten sein kann, weil der Verfügungsschuldner für ein etwaiges späteres Hauptklageverfahren, vgl. dazu Rdn. 98 u. 135, nicht den Eindruck erwecken will, er wolle sich zum materiellen Unterlassungsanspruch nicht

---

Berücksichtigung aller bis zum Urteil des Widerspruchsverfahrens entstandenen Gebühren, vgl. OLG Hamburg MDR 1989, 1002; *Baumbach/Hefermehl* § 25 Rdn. 73.

563 Allerdings muß der Verfügungsschuldner, wenn er die Kostenfolge des § 93 ZPO (analog) für sich in Anspruch nehmen will, die Unterwerfungserklärung „sofort" im Sinne von b Rdn. 196 f abgeben, vgl. OLG Frankfurt WRP 1985, 563; WRP 1987, 116.

564 Vgl. *Teplitzky*[6] Kap. 46 Rdn. 45 mit umfangreichen Nachweisen in Fn. 78. Bedauerlicherweise beobachtet man jedoch immer wieder, auch bei zweitinstanzlichen Gerichten, ein gewisses Vorurteil, daß derjenige, der eine Unterwerfungserklärung abgibt, sich damit bereits mental in die Position des „Verlierers" begebe; ebenso gibt es immer wieder das umgekehrte Vorurteil, daß derjenige, der eine Unterwerfungserklärung ablehnt, damit für die Handlung, die zu unterlassen er sich nicht verpflichten will, Begehungsgefahr begründe, vgl. z. B. OLG Frankfurt WRP 1978, 893.

565 Die für den Verfügungsschuldner günstige Rechtsfolge des § 93 ZPO in Anspruch zu nehmen, ist der eigentliche Sinn des auf die Kosten beschränkten Widerspruches des Verfügungsschuldners, vgl. OLG Hamburg WRP 1976, 180; WRP 1977, 112; OLG Frankfurt WRP 1976, 618; WRP 1985, 563; WRP 1987, 116; KG WRP 1977, 582, 584; OLG Koblenz WRP 1978, 664; *Nieder* WRP 1979, 350.

566 Mit Argumenten zur Sache – also zum Verfügungsanspruch und zum Sicherungsinteresse – hat sich der Verfügungsschuldner durch sein Anerkenntnis selbst präkludiert, vgl. OLG Hamburg Entsch. v. 20. 03. 1987, zit. bei *Traub* S. 170; *Nieder* WRP 1979, 350, 351; *Melullis* Rdn. 126.

567 Vgl. OLG Karlsruhe WRP 1974, 502; OLG Frankfurt WRP 1976, 618; OlG Hamburg WRP 1977, 112; KG WRP 1982, 152; OLG Celle WRP 1983, 157; OLG Bremen WRP 1989, 523. Hinsichtlich seiner Erfolgschance mit diesem Argument kann auf die Ausführungen D I 1 und 2 Rdn. 129 ff verwiesen werden.

568 Vgl. OLG Stuttgart WRP 1992, 185; *Wedemeyer* NJW 1979, 293, 298; eingehend m. Nachw. u. z. T. abweichender Auffassung *Kreft* Vor § 13 C Rdn. 73 ff in diesem Kommentar; wie hier – in differenzierender Auseinandersetzung mit *Kreft* mwN – *Teplitzky*[6] Kap. 41 Rdn. 6 u. 11.

verteidigen –, kann daraus nicht gefolgert werden, er hätte sich auf vorgerichtliche Abmahnung hin nicht sogleich in einer jedenfalls das eV-Verfahren ausschließenden Weise unterworfen[569]. Denn auch eine vorgerichtliche vertragsstrafenbewehrte Unterlassungsverpflichtungserklärung braucht vom Abgemahnten nicht unterwürfig abgegeben zu werden. Die entgegen besserer Erkenntnis abgegebene, gleichwohl ernst gemeinte, Erklärung reicht aus.

a 2) **Kein Verletzungsfall und keine Begehungsgefahr.** Über den in Rdn. 194 erörter- 195
ten Regelfall hinaus stellt sich die Frage, ob der Verfügungsschuldner im Rahmen des Kostenwiderspruchs gemäß § 93 ZPO geltend machen kann, er habe die ihm vorgeworfene Handlung nicht begangen und habe auch keinerlei Anstalten getroffen, sich so, wie ihm in der eV vorgeworfen, verhalten zu wollen (**mangelnde Störereigenschaft und also mangelnde Passivlegitimation**)[570]. Bei dogmatischer Betrachtung müßte man dieses Argument im Rahmen des Kosten-Widerspruches zurückweisen, weil durch das Anerkenntnis, welches – nach vorherrschender Ansicht – im Kosten-Widerspruch enthalten ist, Einwendungen zur materiellen Rechtslage und also zum Grund des mit der eV gesicherten Unterlassungsanspruchs, präkludiert sind, vgl. Rdn. 193, und weil die Frage der Störereigenschaft und damit verbundenen Wiederholungs- bzw. Begehungsgefahr zur materiellen Rechtslage gehören. Gleichwohl fragt sich, ob der Streitgegenstand des nach dem auf die Kosten beschränkten Widerspruch formal auf die Voraussetzungen des § 93 ZPO beschränkten Verfahrens es ausschließt, dieser Frage der „Veranlassung" bzw. der wegen Fehlens der Wiederholungs- bzw. Begehungsgefahr fehlenden Veranlassung nachzugehen. Daß der Verfügungsschuldner das in der eV enthaltene Verbot anerkennt, kann das Gericht nicht verhindern – ebensowenig wie es verhindern kann, daß die Parteien nach einer Unterlassungsverpflichtungserklärung übereinstimmend die Hauptsache des Verfahrens des eV-Verfahrens für erledigt erklären und eine Kostenentscheidung gemäß § 91 a ZPO beantragen. Es fragt sich also, ob es zwingend ist, daß der (verbliebene) Streitgegenstand die Prüfung der Frage, ob abgemahnt worden ist, rechtfertigt, nicht aber der Frage, ob der Verfügungsschuldner überhaupt einen Anlaß für ein Vorgehen des Verfügungsgläubigers gegeben hat. Denn wenn der Verfügungsschuldner sich so nicht verhalten hat, wie der Verfügungsgläubiger ihm vorhält, hat er **zur gerichtlichen Aktivität des Verfügungsgläubigers viel weniger Veranlassung** gegeben, als wenn er sich in der Tat wettbewerbswidrig verhalten hat und lediglich nicht abgemahnt worden ist. Muß gleichwohl, wie es dogmatisch im Hinblick auf den nach Anerkenntnis noch verbliebenen eingeschränkten Streitgegenstand sicher richtig wäre, der Verfügungsschuldner Voll-Widerspruch einlegen, wenn er doch das Verbot zu akzeptieren bereit ist und ihn nur die Kosten stören? Aus Praktiker-Sicht gibt es keinen überzeugenden Grund dafür, daß der Verfügungsschuldner zwar den kostenaufwendigeren Vollwiderspruch einlegen und auch das preiswertere Verfahren der Unterwerfungserklärung und einer darauf folgenden Kostenentscheidung gemäß § 91 a ZPO wählen kann, vgl. Rdn. 193, nicht aber eine gerichtliche Überprüfung seiner „Veranlassung" (Wiederholungs- oder Begehungsgefahr) im Rahmen der Kosten-

569 A. A. OLG Schleswig GRUR 1986, 840; OLG Stuttgart WRP 1987, 406; OLG Bremen Entsch. v. 23. 12. 1986, zit. bei *Traub* S. 68; *Baumbach/Hefermehl* § 25 Rdn. 74. Der BGH differenziert in WRP 1992, 311 im Rahmen der vergleichbaren Fallgestaltung der Verjährung bei der Frage, ob eine Verteidigung zur Sache eine neue Begehungsgefahr begründe, vgl. E IX 3 c Rdn. 259, danach, ob der Verfügungsschuldner deutlich macht, daß er nur zu Argumentationszwecken eine Rechtsauffassung vorträgt, oder ob er sich auch entsprechend seiner Rechtsauffassung verhalten wolle. Das erscheint gerade noch vertretbar.

570 Vgl. dazu OLG Köln WRP 1991, 257; KG WRP 1991, 310.

entscheidung gemäß § 93 ZPO erbitten darf. Zwar könnte man dem Verfügungsschuldner entgegenhalten, wenn er schon anerkenne, hätte er ja auch gleich auf die Abmahnung hin eine dem jetzigen Anerkenntnis entsprechende Unterlassungserklärung abgeben können[571]. Indessen würde dies verkennen, daß der Verfügungsschuldner, dem vom Verfügungsgläubiger in der Abmahnung vorgeworfen wurde, was er nicht getan hat, keinerlei Veranlassung zu sehen brauchte, dem Verfügungsschuldner eine Vertragsstrafe zu versprechen, wenn er gegen eine Verpflichtung verstößt, etwas zu unterlassen, was er schon bisher nicht getan hat[572]. Der Verfügungsschuldner würde sich damit bei der offenkundigen Diskrepanz zwischen Verfügungsgläubiger und Verfügungsschuldner über die Beurteilung, welche Wettbewerbshandlung der Verfügungsschuldner begeht, voraussehbar in einen Vertragsstrafenprozeß mit dem Verfügungsgläubiger begeben, wenn er weiter handelt wie bisher. Es genügt daher in solchem Fall, daß der Verfügungsschuldner dem Verfügungsgläubiger auf dessen Abmahnung hin mitteilte, er habe so, wie ihm vorgehalten, nicht gehandelt[573]. Es ist auch nicht widersprüchlich, wenn der Verfügungsschuldner dann eine gegen ihn erwirkte eV gleichwohl anerkennt – weil sie ihn in seinem Wettbewerbsverhalten nicht tangiert und er kostenbewußt denkt – und sich lediglich auf einen Kostenwiderspruch wegen mangelnder Veranlassung gemäß §§ 924, 93 ZPO beschränkt. Denn die Wahrscheinlichkeit, daß der Verfügungsgläubiger aus dieser eV gegen den Verfügungsschuldner Ordnungsmittelantrag gemäß § 890 ZPO stellt, ist ungleich geringer als die Inanspruchnahme im Rahmen eines Vertragsstrafenverfahrens: Zum einen fließt das Ordnungsgeld gemäß § 890 ZPO in die Staatskasse, bereichert also nicht den Verfügungsgläubiger, was dementsprechend seine Begehrlichkeit, etwaige Verstöße des Verfügungsschuldners zu recherchieren, erfahrungsgemäß deutlich vermindert, vgl. dazu C I 2 b Rdn. 83. Zum anderen geht der Verfügungsschuldner in der hier abgehandelten Situation ja davon aus, daß er im Kosten-Widerspruchsverfahren zur Überzeugung des Gerichts darlegen kann, daß er das, was ihm mit der eV verboten ist, nicht getan hat. Allerdings wird er bei den meisten Gerichten – wie hier nochmals betont werden soll – aus den erörterten Gründen der Beschränkung des Streitgegenstandes im Kostenwiderspruchsverfahren keinen Erfolg haben, bis sich die hier dargelegte Auffassung für diese Fallkonstellation durchgesetzt haben wird.

196 b) **Anerkenntnis sofort.** Das Anerkenntnis muß „sofort" erfolgen, § 93 ZPO, damit der Kostenwiderspruch Aussicht auf Erfolg hat bzw. im Rahmen der Kostenentscheidung gemäß § 91 a ZPO eine entsprechende Anwendung des § 93 ZPO möglich ist. Das bedeutet: Der Kostenwiderspruch ist **nicht mehr aussichtsreich**, wenn der Verfügungsschuldner sich in einer schriftlichen Stellungnahme dem Gericht gegenüber **materiell**[574] **gegen den eV-Antrag verteidigt hat**[575]. Dadurch hat der Verfügungsschuldner

---

571 So die Argumentation des OLG Bremen Fußn. 555; OLG Düsseldorf Entsch. v. 31. 07. 1985, zit. bei *Traub* S. 90.

572 Vgl. zutreffend *Borck* WRP 1984, 583, 587, allerdings in etwas anderem Zusammenhang.

573 Damit wird er seiner Erklärungs- und Aufklärungs-Pflicht gegenüber dem Verfügungsgläubiger – wenn es denn auch in einem solchen Fall eine solche geben sollte – auch nach der Auffassung der Rechtsprechung über des Abgemahnten Pflicht im Rahmen des Abmahnungsverhältnisses, vgl. *Kreft* Vor § 13 C Rdn. 44 ff in diesem Kommentar; OLG Köln WRP 1991, 257; KG WRP 1991, 310 gerecht. Ob es richtig ist, daß jedenfalls derjenige, der auf eine Abmahnung hin überhaupt nicht reagiert, „Veranlassung" im Sinne des § 93 ZPO gegeben hat – wie OLG Frankfurt WRP 1978, 825 meint –, erscheint zweifelhaft, vgl. KG WRP 1991, 310 mwN.

574 Die in Rdn. 195 erörterte Frage der Wiederholungs- oder Begehungsgefahr, die (auch) zum materiellen Teil des Unterlassungsanspruchs gehört, bleibt jetzt wegen der in Rdn. 195 erörterten Abweichung von der hM wieder außer Betracht.

575 Vgl. OLG Celle Entsch. v. 26. 05. 1981, zit. bei *Traub* S. 76; OLG Hamm WRP 1983, 452; OLG Stuttgart WRP 1987, 406.

nämlich deutlich gemacht, daß er auf eine vorgerichtliche Abmahnung hin sich nicht gehörig unterworfen hätte, so daß für den Verfügungsgläubiger Veranlassung zum gerichtlichen Vorgehen bestand. Gleiches gilt, wenn der Verfügungsschuldner gegen die eV zunächst Voll-Widerspruch einlegt und sich erst **später** – möglicherweise erst aufgrund Belehrung durch das Gericht anläßlich der Erörterungen beim Verhandlungstermin[576] – entschließt, den **Widerspruch auf den Kostenausspruch** des eV-Beschlusses zu **beschränken**[577]. Allerdings ist der Widerspruchsschriftsatz daraufhin **auszulegen**, ob damit nicht statt eines Voll-Widerspruches lediglich ein Kostenwiderspruch gemeint sein könnte. Der **Wortlaut** allein ist dafür **nicht entscheidend**. Ergibt sich vielmehr aus den Umständen, daß der Verfügungsschuldner sich nur über die mangelnde Abmahnung und dementsprechend über die Unnötigkeit des gerichtlichen Vorgehens des Verfügungsgläubigers im eV-Verfahren beschwert, obwohl er seinen Schriftsatz uneingeschränkt als „Widerspruch" und auch keinen konkret auf den Kostenausspruch beschränkten Antrag angekündigt hat, kann dieser Schriftsatz durchaus als (lediglich) beschränkter Kostenwiderspruch gewertet werden[578]. Eine Auslegung des Inhalts der Widerspruchserklärung des Verfügungsschuldners ist auch geboten, wenn der Verfügungsschuldner zunächst ohne Antrag Widerspruch gegen den eV-Beschluß einlegt – schon um möglichst bald einen mündlichen Verhandlungstermin zu erreichen – und sich vorbehält, ob dieser Widerspruch als Voll- oder als Kosten-Widerspruch durchgeführt werden soll[579]. Es ist nämlich z. B. durchaus denkbar, daß der vom Verfügungsschuldner beauftragte Rechtsanwalt zunächst das gebotene Rechtsmittel gegen die seinem Mandanten zugestellte eV einlegen, sich dann aber erst mit seinem Mandanten beraten möchte, ob in der Sache oder nur in der Kostenfolge gegen die eV gestritten werden soll. Mit diesem Verhalten macht auch der Verfügungsschuldner bzw. der Anwalt nicht deutlich, daß eine vorherige Abmahnung keine Aussicht auf Erfolg gehabt hätte.

„Sofort" im Sinne des § 93 ZPO bedeutet ferner, daß der Verfügungsschuldner sich **alsbald nach Zustellung des eV-Beschlusses** entscheiden muß, ob er den materiellen Teil der eV akzeptieren und sich gegen die Kostenbelastung zur Wehr setzen will. Auf der anderen Seite erleidet der durch die eV gesicherte Verfügungsgläubiger in der Sache keinen Rechtsnachteil, wenn der Kostenwiderspruch erst nach einigen Wochen oder Monaten eingelegt wird[580], da sich der Verfügungsschuldner an das Verbot der eV halten muß. Eine zeitliche Schranke für die Zulässigkeit des Kostenwiderspruches wird **197**

---

576 OLG München Entsch. v. 14. 05. 1986, zit. bei *Traub* S. 321, läßt allerdings das Anerkenntnis noch als „sofortig" genügen, wenn es nach Einführung des Gerichtes in den Sach- und Streitstand erfolgt.

577 Vgl. OLG Karlsruhe WRP 1974, 502; OLG Stuttgart WRP 1976, 402, 723; WRP 1977, 821; OLG Frankfurt WRP 1976, 618; WRP 1979, 799; KG WRP 1977, 584; WRP 1979, 310; WRP 1982, 152; OLG Schleswig WRP 1979, 399; OLG Hamm WRP 1979, 880; OLG Celle WRP 1983, 147; OLG Hamburg WRP 1985, 88; WRP 1991, 116; OLG Braunschweig Entsch. v. 11. 03. 1988, zit. bei *Traub* S. 55; *Nieder* WRP 1979, 352; *Teplitzky*[6] Kap. 55 Rdn. 9; *Pastor* WbProzeß S. 327 f; vgl. auch *Ahrens* S. 134; **a.A** WRP 1976, 264.

578 Vgl. OLG München WRP 1985, 446; **a. A.** OLG Stuttgart WRP 1976, 402; OLG Frankfurt WRP 1976, 618; OLG Hamm WRP 1989, 743. Undeutlich ist aber die Aussage von OLG Hamm MDR 1989, 1001, und *Zöller/Herget* § 93 Rdn. 6, Stichwort „Kostenwiderspruch", der Widerspruch dürfe nicht mit der Ankündigung des Anerkenntnisses der Hauptsache verbunden werden. Denn genau dies ist der Sinn des auf die Kosten beschränkten Widerspruches.

579 Vgl. KG Urt. v. 4. 11. 1986 u. 3. 5. 1988, zit. bei *Traub* S. 34; **a. A.** OLG Stuttgart WRP 1976, 402; KG WRP 1977, 584; OLG Köln GRUR 1990, 310: Zulässig soll solches Nachdenken danach nur vor Einlegung des Widerspruches sein.

580 Vgl. OLG Köln WRP 1981, 481; WRP 1986, 426; OLG Düsseldorf Entsch. v. 21. 10. 1987, zit. bei *Traub* S. 90.

man[581] sinnvollerweise in etwa in ähnlicher Zeitspanne setzen können wie diejenige, die dem Verfügungsgläubiger zur Verfügung steht, um seit Kenntnis von der wettbewerbswidrigen Handlung des Verfügungsschuldners mit einer eV gegen diesen vorzugehen, also mit etwa bis zu 6 Monaten, vgl. B II 2 b und c, Rdn. 43 ff.

198 c) **Einfluß des Kostenwiderspruchs auf Rechte aus §§ 926, 927 ZPO.** In einem auf die Kostenentscheidung der eV beschränkten Widerspruch, der also den materiellen Ausspruch der eV anerkennt, liegt **kein Verzicht auf die Rechtsbehelfe der §§ 926, 927 ZPO oder auf Verteidigung in einem Hauptklageverfahren**[582]. Der Streitgegenstand des Hauptklageverfahrens und des eV-Verfahrens ist nämlich keineswegs derselbe, sondern der erstere auf Befriedigung, der letztere nur auf Sicherung gerichtet[583]. Zwar erklärt der Verfügungsschuldner mit einem solchen Kostenwiderspruch regelmäßig zugleich, er sei nicht abgemahnt worden und hätte, wenn er abgemahnt worden wäre, sogleich eine Unterlassungsverpflichtungserklärung abgegeben; aber auch eine solche Unterlassungsverpflichtungserklärung hätte – was allerdings sehr streitig ist[584] – der Verfügungsschuldner mit der Maßgabe abgeben können, daß sie nur eine mit einer eV vergleichbare Sicherungswirkung habe, während eine Klärung der maßgeblichen Sach- und Rechtsfragen im Hauptklageverfahren wie aber auch eine Aufhebung wegen veränderter Umstände noch in Betracht kommen, vgl. oben D I 4 Rdn. 135. Folglich kann ein auf den Kostenausspruch beschränkter Widerspruch, wenngleich darin ein Anerkenntnis des materiellen eV-Ausspruchs liegt, ohne eine entsprechende Ausdehnung keine weitergehende Wirkung haben als eben diejenige der Anerkennung der einstweiligen Verfügung – nicht aber des materiellen Unterlassungsanspruchs.

199 d) **Das Kostenurteil und seine Anfechtung.** Ergeht eine Kostenentscheidung gemäß § 91 a ZPO nach übereinstimmender Erledigungserklärung der Parteien, ergeht diese in Form eines Beschlusses. Auf den **Kostenwiderspruch** ergeht dagegen ein **Urteil**, § 925 ZPO[585]. Wenn es dem Verfügungsschuldner nicht gelingt, sein sofortiges Anerkenntnis und seine mangelnde Veranlassung für den eV-Antrag dem Gericht glaubhaft zu machen – unter teilweiser Verlagerung der Glaubhaftmachungslast auf den Verfügungsgläubiger gemäß Rdn. 194 –, lautet das Urteil dahin, daß der Verfügungsschuldner – als unterlegene Partei, § 91 ZPO – auch die weiteren Kosten des Verfahrens trägt. Liegt dagegen mangelnde Veranlassung und sofortiges Anerkenntnis gemäß Rdn. 194 ff vor, lautet das Urteil dahin, daß der Verfügungsgläubiger die gesamten Kosten des eV-Verfahrens trägt, also einschließlich derjenigen des dem Widerspruch vorangegangenen eV-Beschlusses, dessen Kostenentscheidung damit aufgehoben wird[586].

---

[581] Die ZPO-Kommentierungen geben zu dieser Problematik nichts her, weil der Kostenwiderspruch eine typische wettbewerbsrechtliche Erscheinung ist; die wettbewerbsrechtliche Literatur hat sich, soweit ersichtlich, mit dieser Frage bisher nicht beschäftigt.

[582] Vgl. OLG Stuttgart WRP 1980, 102; OLG Hamm Entsch. v. 26. 4. 1979 u. v. 5. 2.1981, zit. bei *Traub* S. 182; *Melullis* Rdn. 125, *Baumbach/Hefermehl* § 25 Rdn. 43 u. 73; a. A. OLG Frankfurt WRP 1976, 618; OLG Hamburg WRP 1977, 112; KG WRP 1977, 582; WRP 1982, 465; OLG Koblenz WRP 1978, 664; KG Entsch. v. 23. 10. 1983, zit. bei *Traub* S. 23; OLG Bremen WRP 1989, 523; *Pastor* WbProzeß S. 326; *Nieder* WRP 1979, 350, 351; differenzierend *Teplitzky*[6] Kap. 55 Rdn. 11 f.

[583] Vgl. *Teplitzky*[6] Kap. 53 Rdn. 3; *Baumbach/Hefermehl* § 25 Rdn. 4; a. A. Pastor WbProzeß S. 258 ff.

[584] Vgl. *Teplitzky*[6] Kap. 8 Rdn. 13 u. Kap. 52 Rdn. 11.

[585] Vgl. OLG Köln WRP 1975, 173; OLG Hamburg WRP 1976, 180; OLG Hamm Entsch. v. 5. 9. 1989, zit. bei *Traub* S. 1988; *Teplitzky*[6] Kap. 55 Rdn. 13; a. A. *Nieder* WRP 1979, 350, 352 (Entscheidung durch Beschluß).

[586] Auch für den Fall, daß das im Kostenwiderspruch liegende Anerkenntnis des eV-Beschlusses sich nicht auf den Unterlassungsanspruch insgesamt bezieht, sondern nur darauf, daß der Verfügungsschuldner sich jedenfalls im eV-Verfahren insoweit nicht streiten will – wohl aber eine Verteidigung im Hauptklageverfahren sich offenhält, Rdn. 198 –, sind die Kosten bei mangelnder Abmah-

Für den Fall, daß das Kostenurteil zulasten des Verfügungsgläubigers lautet und dies eine Folge seiner mangelnden Abmahnung vor seinem eV-Antrag ist, wird diskutiert, ob eine Anrechnung **hypothetischer Abmahnungskosten** des Verfügungsgläubigers in Betracht kommt[587]. Der Verfügungsschuldner hätte, wenn er außerprozessual ordnungsgemäß abgemahnt worden wäre und sich mit einer vertragsstrafenbewehrten Unterlassungsverpflichtungserklärung – jedenfalls zum Ausschluß des eV-Verfahrens – unterworfen hätte, die Kosten der Abmahnung zu tragen gehabt[588]. Daß er nun gleichwohl trotz seines wettbewerbswidrigen Handelns und **trotz der materiell zu Recht** gegen ihn ergangenen einstweiligen Verfügung letztlich **ohne jede Kostenerstattung** an den Abmahnenden obsiegt, kann **unangemessen** erscheinen. Nach überwiegender und zutreffender Ansicht kommt eine **Kostenverrechnung** aber dennoch **nicht** in Betracht, weil in der Tat durch außerprozessuale Abmahnung in diesem Fall keine Kosten entstanden sind und lediglich hypothetische Abmahnungskosten keine Verrechnungsposition bilden[589]. 200

Das **Kosten-Urteil** ist grundsätzlich mit Tatbestand und Entscheidungsgründen zu versehen, vgl. C IV 1 Rdn. 123. Da die Beschränkung auf den Kostenwiderspruch nichts anderes bedeutet, als daß der ohne mündliche Verhandlung ergangene materielle Ausspruch der eV anerkannt wird, vgl. Rdn. 193, ist das auf den Kostenwiderspruch ergehende Urteil ein solches, welches der Entscheidung gemäß § 99 Abs. 2 ZPO entspricht. Folglich ist gegen dieses Urteil ausnahmsweise **nicht Berufung, sondern sofortige Beschwerde** gegeben[590], also nicht eine Monatsfrist gemäß § 516 ZPO, sondern eine **2-Wochen-Frist gemäß § 577 ZPO** für die unterliegende Partei zu beachten[591]. Ist 201

nung grundsätzlich dem Verfügungsgläubiger aufzuerlegen: Denn der Verfügungsschuldner hätte zwar auf eine vorprozessuale Abmahnung hin möglicherweise ebenfalls keine endgültige, sondern nur eine das eV-Verfahren ausschließende Erklärung abgegeben, vgl. D I 4 Rdn. 135; aber nur um die Kosten eben dieses eV-Verfahrens geht es auch bei der hier in Rede stehenden Kostenentscheidung.

587 Vgl. z. B. *Wedemeyer* NJW 1979, 293, 298.

588 Vgl. dazu *Kreft* Vor § 13 C Rdn. 139 ff in diesem Kommentar.

589 Vgl. OLG München WRP 1970, 35; OLG Hamburg WRP 1972, 536; OLG Karlsruhe MDR 1976, 497; OLG Düsseldorf WRP 1980, 416; OLG Celle WRP 1981, 649; OLG Stuttgart WRP 1986, 359; *Baumbach/Hefermehl* § 25 Rdn. 34 u. 74; *Teplitzky*[6] Kap. 41 Rdn. 91; *Wedemeyer* aaO. Dagegen OLG Köln WRP 1974, 565 (aufgegeben in WRP 1986, 426); OLG Koblenz WRP 1983, 242; *Pastor* S. 198 ff.

590 Vgl. OLG Köln WRP 1975, 173; WRP 1983, 43; OLG Düsseldorf WRP 1976, 127; WRP 1986, 273; OLG Hamburg WRP 1976, 180; WRP 1986, 292; OLG Stuttgart WRP 1976, 402; WRP 1977, 821; WRP 1986, 54; KG WRP 1977, 582; OLG Koblenz WRP 1978, 664; OLG Hamm WRP 1978, 225; OLG Schleswig WRP 1979, 399; OLG Celle WRP 1983, 157; OLG Karlsruhe Entsch. v. 8. 6. 1989, zit. bei *Traub* S. 222; *Pastor* WbProzeß S. 395; *Teplitzky*[6] Kap. 55 Rdn. 13; *Nieder* WRP 1979, 350, 352; Klaka WRP 1979, 593, 600. Unzutreffend erscheint dagegen die Auffassung, gegen das Urteil, welches auf Kostenwiderspruch hin ergeht, sei überhaupt kein Rechtsmittel gegeben, so aber OLG München NJW 1972, 954; WRP 1978, 313; GRUR 1985, 327; OLG Oldenburg MDR 1976, 674; WRP 1980, 649; Beschl. v. 18. 4. 1986, zitiert bei *Traub* S. 346 unter 7.5; *Baumbach/Lauterbach/Hartmann* § 925 ZPO Anm. 3. Dies soll sich aus § 99 Abs. 1 ZPO ergeben, wonach die Anfechtung der Entscheidung über den Kostenpunkt unzulässig ist, wenn nicht gegen die Entscheidung in der Hauptsache ein Rechtsmittel eingelegt wird. Dem Wortlaut nach paßt die Vorschrift auf den Fall des von vornherein beschränkten Kostenwiderspruches nicht, weil sie eine Entscheidung voraussetzt, die auch über eine Hauptsache – also nicht nur über die Kosten – befindet. Dies aber tut das Urteil, welches auf Kostenwiderspruch hin ergeht, gerade nicht. OLG München GRUR 1990, 482 hat jetzt seine von der hM abweichende Auffassung aufgegeben.

591 Unschädlich ist allerdings, wenn das Rechtsmittel als Berufung bezeichnet wird; entscheidend ist nur die Rechtzeitigkeit, vgl. *Wedemeyer* NJW 1979, 293, 298. OLG Hamburg WRP 1979, 140 lehnt zu Recht eine Wiedereinsetzung ab, wenn statt der Beschwerde Berufung durch Anwalt eingereicht wird, da Anwälte diese Rechtsprechung kennen müssen. Hat dagegen die Partei im Amtsgerichts-Verfahren keinen Anwalt gehabt und den Anwalt für die Berufung zum Landgericht erst am Ende der angenommenen Berufungsfrist beauftragt, wird man eine Wiedereinsetzung wohl zulassen müssen. Auch mit den Grundregeln der ZPO vertraute Parteien können nicht wissen, daß gegen eine im „Urteil" genannte Entscheidung in dieser besonderen Situation sofortige Beschwerde innerhalb verkürzter Frist eingelegt werden muß.

ein solches Urteil auf einen Kostenwiderspruch hin verbunden mit einem Urteil über einen (anderen) materiellen Teil des eV-Beschlusses – das kann z. B. dann geschehen, wenn der eV-Beschluß zwei unterschiedliche Verbote umfaßt und davon eines vom Verfügungsschuldner akzeptiert wird (er also insoweit nur Kostenwiderspruch eingelegt hat), das andere dagegen nicht (der Verfügungsschuldner insoweit Voll-Widerspruch erhebt) –, sind gegen das einheitliche Urteil zwei unterschiedlich befristete Rechtsmittel möglich[592].

6. Widerspruchsverzicht

202 Hat der Verfügungsschuldner gegenüber dem Verfügungsgläubiger auf die Einlegung des Widerspruchs **verzichtet**, ist ein gleichwohl eingelegter **Widerspruch unzulässig**[593]. Das gilt grundsätzlich auch für den Kostenwiderspruch, es sei denn, daß sich der Verfügungsschuldner den Kostenwiderspruch in seiner Verzichtserklärung ausdrücklich vorbehält oder sich aus den Umständen seiner Erklärung ergibt, daß er sich gegen den Kostenausspruch in dem eV-Beschluß doch zur Wehr setzen will. Legt der Verfügungsschuldner gegen den eV-Beschluß **nur Kostenwiderspruch** ein, so ist dies zugleich als eine Erklärung zu verstehen, daß er die eV in ihrem materiellen Tenor anerkenne, also nicht noch später auch den materiellen Tenor der eV mit dem Widerspruch angreift, vgl. oben 5 Rdn. 193, siehe aber auch Rdn. 198: eine Anerkennung des in der eV lediglich gesicherten materiellen Unterlassungsanspruchs ist mit dieser Erklärung nicht verbunden. Einer ausdrücklichen Erklärung dieses Verständnisses bedarf es dazu nicht. Die Erklärung ist als ein **Verzicht auf den Widerspruch in der Hauptsache** zu werten[594]. Sollte der Verfügungsschuldner ausdrücklich mit der Einlegung des Kostenwiderspruches erklären, er wolle zunächst nur über die Kosten entschieden haben, behalte sich aber später noch einen Widerspruch in der Sache vor, so ist dies dahin zu verstehen, daß er jedenfalls nicht „sofort anerkennt", so daß die Kostenfolge des § 93 ZPO ihm nicht zugute kommen kann, vgl. 5 b Rdn. 196. Wenn er dann nicht zu Beginn der mündlichen Verhandlung den Widerspruch entweder sachlich erweitert oder zurücknimmt, vgl. dazu 4 b Rdn. 187, so hat das Gericht den Widerspruch als unzulässig zu verwerfen, da eine Rechtsgrundlage für eine isolierte Entscheidung über die Kosten bei dieser Fallkonstellation fehlt.

IV. Berufung

203 Für die Details des Berufungsverfahrens gilt für den Verfügungsschuldner nichts anderes als für den Verfügungsgläubiger. Auf D III 2 Rdn. 139 f, kann verwiesen wer-

---

[592] Vgl. OLG München NJW 1970, 761 (für den vergleichbaren Fall einer gemischten Kostenentscheidung gemäß §§ 91, 91 a ZPO); **a. A. hM**, vgl. OLG Hamm MDR 1974, 1023; *Zöller/Vollkommer* § 925 ZPO Rdn. 11; *Zöller/Herget* § 99 ZPO Rdn. 7 (einheitliche Berufungsfrist von einem Monat); vgl. für den parallelen Fall der gemischten Kostenentscheidung gemäß §§ 91, 91 a ZPO KG MDR 1986, 241. Diese hM verwischt jedoch die unterschiedlichen Zielsetzungen der beiden Rechtsmittel und erlaubt es dem in erster Instanz Unterlegenen ohne weiteres, zunächst nach einem Monat Gesamt-Berufung einzulegen und diese dann hinsichtlich der (materiellen) Berufung wieder zurückzunehmen, diejenige wegen der (isolierten Kosten-Entscheidung aufrecht zu erhalten. Dann aber steht dieser Berufungsführer besser als einer, der nur gegen ein Kostenurteil nach einem Monat Berufung einlegt, die als unzulässig zurückgewiesen wird. Es ist daher richtiger, von Anfang an zu differenzieren, wie dies auch dann geboten ist, wenn die eine Partei wegen der Kostenentscheidung, die andere Partei aber wegen der (materiellen) Widerspruchsentscheidung Berufung einlegt. Vgl. auch BGH NJW 1991, 2020 für die Frage der Revision gegen eine gemischte Kostenentscheidung: Soweit sich die Revision nur gegen den § 91 a-Teil des OLG-Urteils richtet, ist sie unzulässig.

[593] Vgl. OLG Hamm WRP 1981, 475; *Baumbach/Hefermehl* § 25 Rdn. 65.

[594] *Melullis* Rdn. 127; *Nieder* WRP 1979, 350, 351.

den, insbesondere können also **sämtliche Einwendungen, die auch im Widerspruchsverfahren geltend gemacht werden können, auch im Berufungsverfahren** seitens des Verfügungsschuldners erhoben werden, und zwar unabhängig davon, ob in der ersten Instanz schon eine Widerspruchsverhandlung stattgefunden hat oder die eV erst nach mündlicher Verhandlung durch Urteil ergangen ist. Auf die Ausführungen zum Widerspruch III 2 Rdn. 179 ff wird verwiesen. Eher als im Widerspruchsverfahren, bei dem tunlichst sofort Termin zur mündlichen Verhandlung auf den Widerspruch anberaumt werden sollte[595] (vgl. E III 4 b Rdn. 185), kommt beim Berufungsgericht eine **vorläufige Entscheidung gemäß § 719 i.V.m. § 707 ZPO**[596] dahingehend in Betracht, daß die Vollstreckung aus der einstweiligen Verfügung einstweilen mit oder ohne Sicherheitsleistung des Verfügungsschuldners ausgesetzt wird oder nur gegen Sicherheitsleistung des Verfügungsgläubigers fortgesetzt werden darf, soweit eine solche Sicherheitsleistung nicht bereits im erstinstanzlichen Urteil enthalten ist[597]. Die Durchführung des Berufungsverfahrens wird nicht dadurch gehindert, daß der Verfügungsschuldner noch vor der Berufungseinlegung eine **strafbewehrte Unterlassungsverpflichtungserklärung** abgibt und damit die Wiederholungsgefahr ausräumt[598]. Dieser Umstand führt vielmehr dazu, daß der Verfügungsgläubiger die Berufung beschränkt auf das Ziel der Hauptsacheerledigung einzulegen in der mündlichen Verhandlung der Berufungsinstanz die Hauptsache für erledigt zu erklären hat, soweit die Unterwerfungserklärung reicht – tut er dies nicht, wird er mit seinem eV-Antrag (insoweit) mangels fortbestehender Wiederholungsgefahr abgewiesen –, mit der Folge, daß gemäß § 91 a ZPO in der Berufungsinstanz über die gesamten Verfahrenskosten durch Beschluß zu entscheiden ist, wenn der Gegner sich der Erledigungserklärung anschließt. Widerspricht der Verfügungsschuldner der Erledigungserklärung mit der Begründung, der eV-Antrag sei von vornherein nicht begründet gewesen, hat das Gericht durch Urteil zu entscheiden und entweder die eV aufzuheben oder die Erledigung der Hauptsache im Tenor festzustellen. Im Gegensatz zu der oben D III 2 Rdn. 142 dargestellten Auffassung, daß die Durchführung des vom Verfügungsgläubiger betriebenen Berufungsverfahrens nach Unterwerfungserklärung des Verfügungsschuldners im Hinblick auf § 99 ZPO problematisch erscheine, gilt dies im hier behandeltend umgekehrten Fall der Berufung des Verfügungsschuldners nicht; denn dieser muß die Möglichkeit haben, die eV in der ersten Instanz aufgehoben zu erhalten, da er sonst Ordnungsmitteln aus der eV und der Vertragsstrafe aus der Unterwerfungserklärung bei einem Verstoß gegen die eV ausgesetzt ist[599].

---

595 Natürlich soll auch im Berufungsverfahren kurzfristig terminiert werden, aber es ist doch zu beachten, daß das Berufungsgericht zunächst die Einlassung des Berufungsbeklagten abwarten sollte und insoweit etwas weiträumiger zu terminieren hat als das erstinstanzliche Gericht; es darf dies auch deshalb eher, weil dem Verfügungsschuldner bereits in der ersten Instanz rechtliches Gehör gewährt worden ist; strenger allerdings auch für das Berufungsverfahren *Teplitzky*[6] Kap. 55 Rdn. 36.

596 Demgegenüber wendet KG NJW-RR 1986, 1127 auch im Erlaß-Berufungsverfahren § 924 Abs. 3 ZPO als maßgebliche Vorschrift für eine vorläufige Entscheidung an, was im Ergebnis aber keinen Unterschied ausmacht.

597 Insoweit einschränkend die herrschende Meinung, vgl. oben III 4 c Rdn. 188. Speziell für das Berufungsverfahren OLG Frankfurt GRUR 1992, 212: Einstellung der Vollstreckung aus Urteilen in nach Widerspruch bestätigten eV-Verfahren nur in extremen Ausnahmefällen. Das soll auch für die nachträgliche Festsetzung einer Sicherheitsleistung gelten. Der üblichen Praxis anderer OLG's entspricht diese rigide Auffassung des OLG Frankfurt m.E. zu Recht nicht; anders aber wohl – ihr zuneigend – *Teplitzky*[6] Kap. 57 Rdn. 44 mwN in Fn. 113.

598 Vgl. OLG Saarbrücken WRP 1987, 571.

599 Zur Konkurrenz dieser beiden Sanktionen gegen Zuwiderhandlungen des Verfügungsschuldners vgl. *Jestaedt* Vor § 13 E Rdn. 78 in diesem Kommentar.

V. Gegen-eV-Antrag

204 Ein in der Praxis häufiges **„Verteidigungsmittel"** des Verfügungsschuldners besteht **im Gegenangriff**[600]. Der Verfügungsschuldner bemüht sich, ebenfalls eine eV gegen Wettbewerbshandlungen des Verfügungsgläubigers zu erwirken, um dadurch eine Verhandlungsposition für einen angestrebten Vergleich mit dem Verfügungsgläubiger zu erlangen. Hier sind die Parteien dann also mit gewechselten Parteirollen tätig. Es stellt sich allerdings die Frage, ob diese zweite (Verteidigungs-)eV mit gewechselten Parteirollen auch mit der ersten im Wege eines Gegen-eV-Verfahrens verbunden werden kann[601]. Das könnte den Vorteil haben, daß bei demselben Gericht – Gerichtsstand der Widerklage gemäß § 33 ZPO – in **einheitlicher Verhandlung** bzw. Widerspruchsverhandlung entschieden wird und insbesondere das ohnehin schon einmal angerufene Gericht, welches die erste eV erlassen hat, eine **gleiche Rechtsauffassung für den Gegen-eV-Antrag** zugrundelegen wird. Grundsätzliche Bedenken gegen einen solchen Gegen-eV-Antrag deswegen, weil hier nicht Klage und Widerklage, sondern Antrag und Gegenantrag in Rede stehen, bestehen nicht[602]. Grundsätzlich gelten die Verfahrensregeln der ZPO für das Hauptklageverfahren auch im eV-Verfahren, soweit sich aus den Sondervorschriften für Arrest und einstweilige Verfügung nichts anderes ergibt. Diese enthalten dazu aber nichts. Zu erwägen ist allerdings folgendes:

1. Zusammenhang gemäß § 33 ZPO

205 § 33 ZPO setzt für die Gerichtsstands-Privilegierung des Widerklägers (hier: Gegen-eV-Antragstellers) lediglich voraus, daß der Gegenanspruch mit dem im Primär-eV-Antrag geltend gemachten Anspruch oder mit den gegen ihn vorgebrachten Verteidigungsmitteln in Zusammenhang steht. Wie sich aus dem Gegensatz zu § 145 ZPO, wo von „rechtlichem Zusammenhang" die Rede ist, ergibt, genügt für diese Gerichtsstands-Privilegierung auch ein anderer als ein rechtlicher Zusammenhang. Ein **wirtschaftlicher Zusammenhang** dürfte dafür genügen, der allerdings mehr sein muß als ein wirtschaftliches Interesse an vergleichbarer wettbewerbsrechtlicher Entscheidungspraxis und Herbeiführung einer Vergleichsposition. Erforderlich erscheint eine so starke Verbindung zwischen den beiden geltend gemachten Ansprüchen, daß die konkreten Rechtsfragen beider Fälle miteinander verzahnt sind. Diese Situation ist in der Wettbewerbspraxis durchaus nicht selten gegeben. Oft wird der „Gegenantrag" nämlich gar nicht aus einem anderen Lebenssachverhalt hergeleitet, sondern der Verfügungsschuldner wendet sich gegen ein vergleichbares Verhalten des Verfügungsgläubigers: Der Verfügungsschuldner meint also – durchaus gelegentlich zu Recht –, daß, wenn sein Wettbewerbshandeln verboten sein sollte, dann dasselbe für Wettbewerbsverhalten des Verfügungsgläubigers, welches der Verfügungsschuldner als vergleichbar ansieht, auch gelten müsse[603]. Es kann sich dabei um Lebenssachverhalte handeln, deren rechtliche

---

600 Vgl. zu Möglichkeiten von „Gegenschlägen" allgemein eingehend *Lindacher* Festschr. *v. Gamm* S. 83 ff.

601 Vgl. dazu *Weber* WRP 1985, 527 ff.

602 *Pastor* WbProzeß S. 340; *Stein/Jonas/Grunsky* Vor § 935 ZPO Rdn. 27; so wohl auch *Weber* GRUR 1985, 527, 528 trotz gewisser Bedenken.

603 Dies ist einer der Gründe, warum in solchen Fällen von den Wettbewerbern gern Verbände zur Bekämpfung unlauteren Wettbewerbs eingeschaltet werden; denn diese Wettbewerber bieten oft selbst vergleichbare Angriffsflächen wie der angegriffene Konkurrent – gerade deswegen sind sie häufig gegen das angegriffene Wettbewerbsverhalten des Konkurrenten besonders „allergisch" – und sollen deswegen als „Angreifer" nicht sichtbar werden. Auch die vom LG Frankfurt GRUR 1991, 787 behandelte Situation, daß ein Verfügungsgläubiger zunächst seine eigene Werbung von einer wettbewerbswidrigen Aussage befreit, ehe er eine vergleichbare Aussage angreift, ist keineswegs untypisch.

Einordnung durchaus von verschiedenen Gerichten unterschiedlich beurteilt werden kann. In solchen Fällen dürfte eine hinreichende „Zusammenhang"-Verknüpfung gegeben sein. Es erscheint daher rechtlich möglich, wirtschaftlich angemessen und pragmatisch, daß über das **vergleichbare Wettbewerbsverhalten beider Parteien**, hinsichtlich dessen für beide Parteien noch Sicherungsinteresse für eine eV gemäß § 25 UWG besteht, nur ein Gericht entscheidet, nämlich dasjenige, welches der Erstangreifer als zuständiges berufen hat[604].

2. Rechtlicher Zusammenhang gemäß § 145 ZPO

Allerdings dürfte es an einem rechtlichen Zusammenhang im Sinne des § 145 ZPO regelmäßig fehlen, nämlich an einem **gemeinsamen Rechtsverhältnis**, welches Anspruch und Gegenanspruch beider Parteien miteinander verbindet[605]. Der Umstand, daß in beiden Fällen vergleichbare oder gar identische rechtliche Erwägungen anzustellen sind, reicht dafür nicht aus[606]. Allerdings verlangt § 145 ZPO nicht, daß bei mangelndem rechtlichen Zusammenhang das Gericht Klage und Widerklage trennt, sondern stellt dies ins **richterliche Ermessen**. Für dieses ist bei dem hier erörterten eV-Antrag und eV-Gegenantrag folgendes maßgeblich: Da einerseits ohnehin nur ein mündlicher Verhandlungstermin mit präsenten Zeugen und Sachverständigen als Beweismitteln stattfindet, vgl. C II 2 Rdn. 97 ff sowie E III 4 b Rdn. 185 f, kann es sinnvoll sein, beide anhängigen Vorgänge im Zusammenhang zu verhandeln[607], was erfahrungsgemäß oft dazu führt, daß das Gericht auf eine angemessene streitabschließende Vereinbarung zwischen den Parteien hinwirken kann. Ein Unterlassen der Prozeßtrennung gemäß § 145 ZPO ist insbesondere dann geboten, wenn der **Gegenantrag nur als Eventual-Antrag** gestellt worden ist, also nur für den Fall als anhängig gemacht anzusehen sein soll, daß die Primär-eV erlassen bzw. bestätigt werden sollte[608]. Ein solches nur bei der Widerklage – bzw. dem vergleichbaren Gegen-eV-Antrag – zulässiges Eventual-Verhältnis entspricht gerade der **„Verteidigungsposition durch Gegenangriff"**, wird dem Gericht aber regelmäßig Anlaß bieten, die Frage des Sicherungsinteresses für das – nur unter Bedingung gestellte – Gegenbegehren besonders sorgfältig zu prüfen. Hat dagegen der Verteidigungs-eV-Antrag mit dem Primär-eV-Antrag keine so starke Vergleichbarkeit, und ist auch von dem Zweit-Antragsteller kein zulässiges Hilfsverhältnis zwischen seinem eV-Antrag und dem Primär-eV-Antrag begründet worden, sollte das Gericht der Übersichtlichkeit halber eine Prozeßtrennung gemäß § 145 ZPO vornehmen[609], vgl. III 4 d Rdn. 192. 206

[604] Diese Erwägung entspricht in etwa derjenigen, die für die Berücksichtigung des Einwandes der „unclean hands", soweit dieser Einwand im Einzelfall durchschlägt, maßgeblich ist, vgl. dazu *Baumbach/Hefermehl* Einl. UWG Rdn. 440 ff.

[605] Vgl. *Zöller/Stephan* § 145 ZPO Rdn. 8.

[606] Vgl. *Baumbach/Lauterbach/Hartmann* § 33 ZPO Anm. 2 B b, bb.

[607] Das Gericht sollte allerdings darauf achten, daß der Verfügungsschuldner das Zweit-(Gegen-)Verfahren, also der Verfügungsgläubiger der Primär-eV, Gelegenheit hat, sich mit dem Gegen-eV-Antrag überhaupt zu beschäftigen, vgl. dazu *Weber* WRP 1985, 527, 529. Wenn der Gegen-eV-Antrag erst in der mündlichen Verhandlung gestellt wird, sollte also eine Prozeßtrennung erwogen werden; das Gericht kann dann auch darüber entscheiden, ob es über den Gegen-eV-Antrag gesondert mit oder ohne mündliche Verhandlung entscheiden will.

[608] Vgl. BGHZ 21, 13; BGH NJW 1965, 440; *Zöller/Stephan* § 145 ZPO Rdn. 8.

[609] *Weber* WRP 1985, 527, 529, weist zu Recht darauf hin, daß anderenfalls mit den verschiedenen Rechtsbehelfen der im Primär- und Gegen-eV-Antrag mit unterschiedlichen Parteirollen agierenden Beteiligten, die möglicherweise jeweils z. T. obsiegen und z. T. unterliegen, erhebliche prozessuale Schwierigkeiten verbunden sein können.

VI. Aufhebungsverfahren gemäß § 926 ZPO

207 Der Verfügungsschuldner hat nicht nur die Möglichkeit, sich gegen die eV im Rahmen des Erlaß-Verfahrens mit Widerspruch und Berufung zur Wehr zu setzen, sondern er kann **unabhängig von seiner Verteidigung im Erlaß-Verfahren** den Verfügungsgläubiger dazu auffordern lassen, innerhalb einer ihm zu setzenden Frist die Hauptsache-Klage zu erheben, § 926 Abs. 1 ZPO[610]. Damit verfolgt der Verfügungsschuldner den Zweck, sein angegriffenes Wettbewerbsverhalten im Hauptverfahren mit allen dort möglichen Beweismitteln bei ausführlicherer Aufbereitung der Rechtsfragen und eben nicht nur im summarischen Verfahren zu verteidigen. Nur im Rahmen einer solchen Hauptsache-Klage besteht auch die Möglichkeit, zum BGH zu gelangen, der als Revisionsinstanz im eV-Verfahren gemäß § 545 Abs. 2 ZPO nicht anrufbar ist. Erhebt der Verfügungsgläubiger trotz der vom Verfügungsschuldner gemäß § 926 Abs. 1 ZPO beantragten gerichtlichen Aufforderung die Hauptsache-Klage nicht fristgerecht, kann der Verfügungsschuldner beantragen, daß die eV aufgehoben wird, § 926 Abs. 2 ZPO. Diese Aufhebung erfolgt dann ungeachtet dessen, ob der im eV-Verfahren geltend gemachte Anspruch materiell gerechtfertigt war, also nur als **Strafsanktion,** weil der Verfügungsgläubiger der Aufforderung zur Hauptklageerhebung nicht nachgekommen ist[611]. Das Gericht hat im Aufhebungsverfahren nur eine **eingeschränkte Prüfungskompetenz,** die nachfolgend unter 4, 5 und 6, Rdn. 218 ff, erläutert wird.

1. Rechtsbehelf zeitlich unbefristet möglich

208 Der Antrag auf Fristsetzung gemäß § 926 Abs. 1 ZPO kann vom Verfügungsschuldner zeitlich unbefristet gestellt werden, ebenso wie nach Ablauf der gemäß § 926 Abs. 1 ZPO gesetzten Frist der Antrag gemäß § 926 Abs. 2 ZPO, die eV aufzuheben; der Antrag kann auch wiederholt (siehe unten 4 a Rdn. 220) und zurückgenommen werden[612]. Der Umstand, daß die eV bereits im Widerspruchs- oder Berufungsverfahren zur Überprüfung anstand, steht einem später erhobenen gesonderten Antrag gemäß § 926 ZPO nicht entgegen, da der Verfügungsschuldner durchaus ein Interesse daran haben kann, zunächst die eV mit reinen im eV-Erlaßverfahren zu prüfenden Gründen anzugreifen, ehe er auf das Recht aus § 926 ZPO übergeht, welches primär nicht auf Aufhebung der eV, sondern auf Durchführung des Hauptklageverfahrens gerichtet ist, in welchem andere prozessuale Möglichkeiten als im eV-Verfahren gegeben sind. Insofern besteht zwischen dem Aufhebungsverfahren gemäß § 926 ZPO einerseits und dem Widerspruchsverfahren gemäß § 924 ZPO im eigentlichen Sinne kein Konkurrenzverhältnis. Erhebt der Verfügungsgläubiger von sich aus **Hauptklage,** wird das Recht des Verfügungsschuldners aus § 926 ZPO **gegenstandslos.**

2. Antrag gemäß § 926 Abs. 1 ZPO vor Erlaß/Zustellung der eV

209 Der Antrag gemäß § 926 Abs. 1 ZPO kann schon vor dem Erlaß bzw. der Zustellung einer einstweiligen Verfügung seitens des Verfügungsschuldners gestellt werden[613], also

---

610 Auch dieses Verfahren gehört noch zum eV-Verfahren, einhellige Meinung, vgl. z. B. OLG Hamm Entsch. v. 29. 11. 1984, zit. bei *Traub,* S. 184; die Regelungen über die mündliche Verhandlung und Glaubhaftmachung C II 1 und 2 Rdn. 96 ff sowie B III 2 Rdn. 65 ff gelten also entsprechend.

611 Vgl. OLG Düsseldorf NJW 1971, 812; OLG Hamburg MDR 1977, 148; eingehend und in Auseinandersetzung mit älterer Rechtsprechung *Mädrich* S. 69 ff.

612 Nach Stellung des Aufhebungsantrags gemäß § 926 Abs. 2 ZPO in der mündlichen Verhandlung allerdings gemäß § 269 ZPO analog nur mit Zustimmung des Verfügungsgläubigers, siehe dazu oben für den umgekehrten Fall der Rücknahme des eV Antrags C II 2 Rdn. 99.

613 Vgl. *Mädrich* S. 57; *Teplitzky*[6] Kap. 56 Rdn. 4; *Stein/Jonas/Grunsky* § 926 ZPO Rdn. 4; *Zöller/Vollkommer* § 926 ZPO Rdn. 9; *Baumbach/Hefermehl* § 25 Rdn. 78.

auch schon im Rahmen einer Schutzschrift[614] oder einer schriftlichen Einlassung vor Erlaß der eV. **Voraussetzung für die gerichtliche Fristsetzung** an den Verfügungsgläubiger ist allerdings, daß die **eV erlassen ist** und noch besteht[615]. Also ist ein bereits vor Erlaß der eV seitens des Verfügungsschuldners gestellter Antrag, den Verfügungsgläubiger zur Erhebung der Hauptklage aufzufordern, ein Eventual-Antrag, der zu einem unbedingten Antrag wird, wenn die eV erlassen ist[616]. Das Gericht hat also in solchem Fall die Anordnung an den Verfügungsgläubiger, Hauptklage zu erheben, zugleich mit dem Erlaß der eV auszusprechen.

a) **eV-Beschluß.** In der Praxis bedeutet dies, daß die Gerichtsakte, nachdem ein eV-Beschluß erlassen ist, dem gemäß § 20 Nr. 14 RPflG **zuständigen Rechtspfleger** zu übergeben ist, der sogleich die Aufforderung gemäß § 926 Abs. 1 ZPO zu erlassen hat, es sei denn, daß das Gericht es für geboten erachtet, die Aufforderung gemäß § 926 Abs. 1 ZPO an den Verfügungsgläubiger gleich selbst mit in die eV aufzunehmen[617], wozu es gemäß § 6 RPflG legitimiert ist[618]. **210**

b) **eV-Urteil.** Wird die eV durch Urteil nach mündlicher Verhandlung erlassen und war der Antrag gemäß § 926 Abs. 1 ZPO bereits vorher gestellt, so erscheint es sinnvoll, daß die Gerichtsakte nach Verkündung des Urteils zunächst dem Rechtspfleger zur Fristbestimmung gemäß § 926 Abs. 1 ZPO übergeben wird, ehe das Gericht die Gründe des eV-Urteils absetzt und schreiben läßt. Denn mit der Verkündung – in aller Regel am Schluß der Sitzung, in welcher über den eV-Antrag verhandelt wird, so daß Tatbestand und Entscheidungsgründe noch gar nicht vorliegen können – kann die eV vom Verfügungsgläubiger gegenüber dem Verfügungsschuldner in verkürzter Ausfertigung gemäß § 317 Abs. 2 ZPO zugestellt und damit wirksam vollzogen werden (siehe oben D IV 2 a Rdn. 158). Es erscheint daher zunächst **wichtiger**, daß als „Verteidigungsmaßnahme" des Verfügungsschuldners zunächst die **Fristsetzung der Hauptklageerhebung** gemäß § 926 Abs. 1 ZPO an den Verfügungsgläubiger herausgeht, **als** daß das **schriftliche Urteil** abgesetzt wird. Der Richter kann auch gemäß § 6 RPflG die Anordnung gemäß § 926 Abs. 1 ZPO selbst treffen[619]. **211**

c) **Nicht beachteter Antrag.** Wird der Antrag gemäß § 926 Abs. 1 ZPO nicht im Rahmen eines gesonderten Schriftsatzes, sondern im Rahmen eines möglicherweise längeren Schriftsatzes mit materiellen Erörterungen (z. B. Schutzschrift, schriftliche Einlassung auf Veranlassung des Gerichts, vgl. C I 2 e Rdn. 94, Widerspruchsbegründung oder Berufungsbegründung bzw. -beantwortung des Erlaßverfahrens) gestellt, **212**

[614] A. A. *Teplitzky*[6] Kap. 56 Rdn. 4, weil sich ein Antrag mit offensiver Stoßrichtung (Antrag nach § 926 Abs. 1 ZPO) nicht mir dem rein defensiven Charakter der Schutzschrift vereinbaren lasse.

[615] Vgl. OLG Hamm MDR 1986, 418; *Teplitzky*[6] Kap. 56 Rdn. 5; *Zöller/Vollkommer* § 926 ZPO Rdn. 9. Möchte der Verfügungsschuldner bei einer nicht erlassenen oder wieder aufgehobenen eV die materielle Rechtsfrage, aus der der Verfügungsgläubiger im eV-Verfahren den Unterlassungsanspruch hergeleitet hatte, geklärt sehen, bleibt ihm die Möglichkeit negativer Feststellungsklage, vgl. VII Rdn. 237 ff.

[616] Das Rechtsschutzinteresse für diesen Antrag fällt weg, wenn die eV wieder aufgehoben wird, siehe unten 5 a, kann aber wieder aufleben, wenn in der Berufungsinstanz dann die eV wieder erlassen werden sollte. Das Rechtsschutzinteresse entfällt ferner, wenn die Hauptklage seitens des Verfügungsgläubigers bereits erhoben ist, z. B. gleichzeitig mit dem eV-Antrag, vgl. D II Rdn. 136.

[617] Da der Adressat der Aufforderung gemäß § 926 Abs. 1 ZPO der Verfügungsgläubiger ist, Adressat der eV dagegen der Verfügungsschuldner, und da die eV vom Verfügungsgläubiger, der Anordnungsbeschluß dagegen von Amts wegen zugestellt wird, sollte davon aber hiervon besser abgesehen und der eV-Beschluß von dem Anordnungsbeschluß gemäß § 926 Abs. 1 ZPO getrennt werden.

[618] Vgl. *Zöller/Vollkommer* § 926 ZPO Rdn. 9.

[619] Im Gegensatz zu der Darstellung beim eV-Beschluß Rdn. 210, erscheint dies in diesem Fall auch sinnvoll, vgl. *Zöller/Vollkommer* § 926 ZPO Rdn. 9, weil die eV durch Verkündung des Urteils beiden Parteien ohnehin bekannt und beiden Parteien auch von Amts wegen zugestellt wird, § 317 Abs. 1 ZPO.

wird er in der Praxis häufig übersehen, weil den Schriftsatz primär der Richter liest, der für den Antrag gemäß § 926 Abs. 1 ZPO nur subsidiär gemäß §§ 6, 8 RPflG zuständig ist, der Rechtspfleger den Schriftsatz aber gar nicht zur Kenntnis erhält. Der Verfügungsschuldner kann dann jederzeit mit einem kurzen Schriftsatz seinen Antrag gemäß § 926 Abs. 1 ZPO wiederholen[620].

3. Fristsetzungs-Antrag nach eV-Zustellung

213 Üblicherweise wird der Antrag auf Fristsetzung gemäß § 926 Abs. 1 ZPO nach Zustellung der eV gestellt. Der Antrag kann **neben dem Widerspruch** gemäß § 924 ZPO, auch im **Berufungsrechtszug** des Erlaßverfahrens, und auch **parallel zu einem Aufhebungsverfahren gemäß § 927 ZPO** gestellt werden[621].

214 a) **Zuständiges Gericht.** Das Gericht, welches gemäß § 20 Nr. 14 RPflG durch seinen Rechtspfleger die Aufforderung gemäß § 926 Abs. 1 ZPO auszusprechen und alsdann auch über den Antrag auf Aufhebung der eV bei Nichterhebung der Hauptklage gemäß § 926 Abs. 2 ZPO zu entscheiden hat, ist **dasjenige, welches die eV erläßt bzw. erlassen hat,** im Wettbewerbsverfahrensrecht also in aller Regel das Landgericht als erstinstanzliches Gericht oder das OLG als zweitinstanzliches Gericht[622], vgl. Rdn. 21 und C I 5 93 f. Letzteres ist aber auch nach der hier vertretenen Mindermeinung für die Aufforderung gemäß § 926 Abs. 1 ZPO und das Aufhebungsverfahren gemäß § 926 Abs. 2 ZPO nur zuständig, wenn es nach mündlicher Verhandlung im Berufungs- oder Beschwerdeverfahren die eV erlassen hat. Hat es dagegen auf die Beschwerde des Verfügungsgläubigers hin ohne mündliche Verhandlung die eV erlassen, handelt es sich dabei trotz der Entscheidung durch das OLG um eine erstinstanzliche Entscheidung, die nur das Beschwerdegericht als „verlängerter Arm" erlassen hat, vgl. C I 5 Rdn. 94 und E III 4 Rdn. 184.

215 b) **Zuständigkeit des Rechtspflegers.** Der Rechtspfleger hat bei seiner Entscheidung über den Antrag gemäß § 926 Abs. 1 ZPO lediglich darauf zu achten, ob sich eine eV in der Akte befindet – also keine Anordnung, wenn die eV im Widerspruchs- oder Berufungsverfahren wieder aufgehoben ist, vgl. Rdn. 223 f und Rdn. 209 – und ferner, ob sich möglicherweise aus der Akte ergibt, daß der Verfügungsschuldner eindeutig auf sein Recht aus § 926 ZPO verzichtet oder eine **einschränkungslose, mit ordnungsgemäßer Vertragsstrafe versehene Unterwerfungserklärung** abgegeben hat[623]. Dann ist keine Anordnung gemäß § 926 Abs. 1 ZPO zu erlassen und der Antrag des Verfügungs-

[620] Bei wiederholter Nichtbeachtung: Dienstaufsichtsbeschwerde.

[621] Vgl. *Teplitzky*[6] Kap. 56 Rdn. 22; *Stein/Jonas/Grunsky* § 926 ZPO Rdn. 17; *Zöller/Vollkommer* § 926 ZPO Rdn. 3; *Mädrich* S. 14.

[622] Demgegenüber hält die ganz allgemeine Meinung stets das erstinstanzliche Gericht für die Fristsetzung gemäß § 926 Abs. 1 ZPO für zuständig, vgl. *Teplitzky*[6] Kap. 65 Rdn. 4; *Zöller/Vollkommer* § 926 ZPO Rdn. 6; *Stein/Jonas/Grunsky* § 926 ZPO Rdn. 5; *Wieczorek/Schütze* § 926 ZPO Bem. B II *Mädrich* S. 64: Mit dem Wortlaut des § 926 Abs. 1 ZPO, wonach „das Arrestgericht" zuständig ist, läßt sich das nicht vereinbaren. Die für diese Auffassung angegebene Begründung, die Befugnis zur Fristbestimmung stehe dem Hauptsachegericht des ersten Rechtszuges zu, weil der zweite Rechtszug mit dem eV-Beschluß bzw. -Urteil beendet sei und alle weiteren die Eilmaßnahmen betreffenden Entscheidungen wiederum in die Zuständigkeit des Untergerichts fallen – so *Mädrich* S. 64 – ist keine Begründung, sondern eine schlichte Behauptung. Auch der Umstand, daß dem Verfügungsschuldner als Antragsteller im Aufhebungsverfahren gemäß § 926 ZPO eine Instanz „verloren" gehen könnte, rechtfertigt es nicht, das erstinstanzliche Gericht stets für das Aufhebungsverfahren für zuständig zu halten: Denn es gibt keinen Rechtsanspruch auf ein mehr-instanzliches Verfahren.

[623] Vgl. *Mädrich* S. 63; ausführlich zum ganzen Problemkreis *Teplitzky*[6] Kap. 56 Rdn. 6 – 16.

schuldners zurückzuweisen[624]. Meint der Rechtspfleger, daß sich aus den Umständen, beispielsweise aus einem Widerspruchs-Verzicht, vgl. III 6 Rdn. 202, oder aus der vom Verfügungsschuldner eingereichten außergerichtlichen Korrespondenz auf ein Abschlußschreiben, ein Verzicht auf das Recht aus § 926 Abs. 1 ZPO durch den Verfügungsschuldner ergäbe, oder dieser eine die Wiederholungsgefahr auch für das Hauptklageverfahren ausschließende Unterwerfungserklärung abgegeben habe, oder meint er, daß die eV nur eine zeitlich beschränkte Wirkung gehabt habe, so daß sie nach Ablauf dieser Wirkungsdauer vom Verfügungsgläubiger nicht mehr vollziehbar sei (vgl. 6 b Rdn. 231 f), so ist es **nicht Aufgabe des Rechtspflegers**, diese oder ähnliche **Zweifelsfragen**[625] im Rahmen seiner Anordnungsbefugnis gemäß § 926 Abs. 1 ZPO zu entscheiden[626]. Vielmehr muß er bei jedem Zweifelsfall **zunächst die Anordnung zur Klageerhebung** aussprechen[627], zumal die Anordnung ohne mündliche Verhandlung zu erfolgen hat, also zügig getroffen werden soll[628]. Die Entscheidung von Zweifelsfragen, ob tatsächlich ein die Hauptklage abschließendes Ereignis nach Erlaß der eV vorliegt, ist Sache des Richters im Rahmen seiner Entscheidung gemäß § 926 Abs. 2 ZPO[629].

---

624 Vgl. BGH NJW 1974, 503; OLG Stuttgart WRP 1981, 231; OLG München GRUR 1982, 321; *Baumbach/Hefermehl* § 25 Rdn. 78; *Teplitzky* aaO Rdn. 8 f; *Mädrich* S. 60, 65.

625 Z. B. Prüfung des Rechtspflegers, ob eine nachträgliche Gestattung des Verfügungsgläubigers hinsichtlich des in der eV verbotenen Wettbewerbsverhaltens des Verfügungsschuldners vorliegt, OLG Hamburg GRUR 1986, 564; *Baumbach/Hefermehl* § 25 Rdn. 78. Schon die im Text angesprochene und der Prüfungskompetenz des Rechtspflegers überlassene Frage, ob eine ordnungsgemäße, mit Vertragsstrafenversprechen versehene, Unterlassungsverpflichtungserklärung abgegeben worden ist, kann im Einzelfall sehr problematisch sein; vgl. dazu auch *Teplitzky* aaO Rdn. 13.

626 Vgl. OLG Hamburg MDR 1965, 49; OLG Köln RPfleger 1981, 26; *Teplitzky* aaO Rdn. 14; *Borck* WRP 1980, 1, 10.

627 *Baumbach/Lauterbach/Hartmann* § 926 ZPO Anm. 20. *Teplitzky*[6] Kap. 56 Rdn. 7 ff u. 13 f hält eine verstärkte Prüfungskompetenz des Rechtspflegers im Rahmen des Anordnungsverfahrens gemäß § 926 Abs. 1 ZPO einerseits für akzeptabel, meint aber andererseits, er erscheine auf den ersten Blick merkwürdig, daß der Rechtspfleger solle über Fragen entscheiden können, die sich gerade im Wettbewerbsrecht als höchst problematisch erweisen können, und gelangt zu dem Ergebnis, daß der Rechtspfleger nur in wirklich zweifelsfreien, offenkundigen Fällen das Rechtsschutzinteresse für den Antrag des Verfügungsschuldners gemäß § 926 Abs. 1 ZPO verneinen könne. Dem ist entgegen *Mädrich* S. 60 ff; *Zöller/Vollkommer* § 926 ZPO Rdn. 8 ff, die eine weitergehende Prüfungskompetenz des Rechtspflegers im Anordnungsverfahren befürworten, zuzustimmen. Damit dürfte sich auch die von *Teplitzky*[6] Kap. 56 Rdn. 10 (implizit) aufgeworfene Frage, ob der Rechtspfleger die (etwa schon erhobene oder noch zu erwartende) Verjährungseinrede im Rahmen des Anordnungsverfahrens gemäß § 926 Abs. 1 ZPO zu beachten habe, beantworten lassen. Da die Frage, ob Verjährung eingetreten ist und welchen Einfluß diese auf das Hauptklageverfahren bzw. auf das eV-Verfahren, z. B. im Rahmen des § 927 ZPO, hat, schwierig zu beantworten ist und im Einzelfall sehr problematisch sein kann, vgl. z. B. dazu BGH GRUR 1981, 447 – Abschlußschreiben; OLG Stuttgart WRP 1981, 231; vgl. auch IX 3 c Rdn. 257 ff, ergibt sich daraus, daß für den Rechtspfleger im Rahmen des Anordnungsverfahrens die Verjährungsproblematik irrelevant ist.

628 Zweifelhaft ist, ob dem Verfügungsgläubiger vor der Entscheidung über den Fristsetzungsantrag gemäß § 926 Abs. 1 ZPO rechtliches Gehör zu gewähren ist, vgl. bejahend *Teplitzky*[6] Kap. 56 Rdn. 17; verneinend *Stein/Jonas/Grunsky* § 926 ZPO Rdn. 5. *Zöller/Vollkommer* § 926 ZPO Rdn. 15 stellen die Anhörung des Verfügungsgläubigers in das Ermessen des Rechtspflegers. Erfahrungsgemäß erfolgt eine solche Anhörung des Verfügungsgläubigers vor Fristsetzung bei den meisten im Wettbewerbsrecht häufig tätigen Gerichten nicht. Dies beruht darauf, daß in der gerichtlichen Praxis die Meinung vorherrscht, es handele sich bei der Entscheidung gemäß § 926 Abs. 1 ZPO um ein Formal-Verfahren, wie dies auch hier vertreten wird. *Teplitzky* Kap. 56 Rdn. 17 weist mit Recht darauf hin, daß man jedenfalls dann, wenn man dem Rechtspfleger im Rahmen des Anordnungsverfahrens verstärkte Prüfungskompetenz zuerkennen wolle, die gebotene Konsequenz ziehen und zur Gewährung rechtlichen Gehörs den Verfügungsgläubiger vor der Anordnung gemäß § 926 Abs. 1 ZPO anhören müsse.

629 Vgl. näher *Teplitzky*[6] Kap. 56 Rdn. 16 sowie Rdn. 223 ff. Der Richter entscheidet auch im Wege der Erinnerung gemäß § 11 RPflG gegen die Anordnung des Rechtspflegers bzw. ihre Verweige-

216 Die **Frist**, die für die Erhebung der Hauptklage gesetzt wird, sollte etwa 4 Wochen betragen[630]. Sie sollte nicht kürzer als zwei Wochen sein[631] und nicht länger als sechs Wochen. Geboten, wenn auch nicht gesetzlich vorgeschrieben (§ 231 Abs. 1 ZPO) ist es, daß der Verfügungsgläubiger darauf hingewiesen wird, der Verfügungsschuldner könne die Aufhebung der einstweiligen Verfügung beantragen, wenn der Verfügungsgläubiger nicht innerhalb der aufgegebenen Frist die Hauptsacheklage erhoben habe[632].

217 Die Aufforderung gemäß § 926 Abs. 1 ZPO wird dem **Verfügungsgläubiger zugestellt**, § 329 Abs. 2 Satz 2 ZPO, dem **Verfügungsschuldner** dagegen **formlos** mitgeteilt, § 329 Abs. 2 Satz 1 ZPO.

4. § 926 Abs. 2 und nachträglich erhobene Hauptklage

218 Die **Fristversäumnis** durch den Verfügungsgläubiger führt **nicht automatisch** zur **Aufhebung der eV**. Vielmehr muß der Verfügungsschuldner die Aufhebung der eV nach Fristablauf gesondert beantragen[633]. Über diesen Antrag gemäß § 926 Abs. 2 ZPO entscheidet nunmehr das 3 a Rdn. 214, gekennzeichnete Gericht[634] nach mündlicher Verhandlung durch Urteil[635]. Dabei prüft das Gericht primär, ob die Hauptsache-Klage erhoben worden ist[636]. Eine Aufhebung der eV gemäß § 926 Abs. 2 ZPO kommt dann nicht in Betracht, wenn der Verfügungsgläubiger die Klage, zu deren Erhebung das

---

rung. Gegen die richterliche Entscheidung wiederum ist Beschwerde möglich, vgl. OLG Bremen Entsch. v. 23. 10. 1986, zit. bei *Traub* S. 60. a. A. OLG Karlsruhe WRP 1983, 104: kein Rechtsbehelf; näher zu Streitfragen *Teplitzky* aaO Rdn. 15 in Fn. 24.

630 In der gerichtlichen Praxis dürften 3 Wochen am meisten verbreitet sein, was gelegentlich zur Vorbereitung der Hauptklage zu kurz ist und zu Fristverlängerungsanträgen führt, vgl. *Teplitzky*[6] Kap. 56 Rdn. 17; *Pastor* WbProzeß S. 483.

631 *Stein/Jonas/Grunsky* § 926 ZPO Rdn. 9; *Zöller/Vollkommer* § 926 ZPO Rdn. 16 unter Hinweis auf § 276 Abs. 1 Satz 2, 277 Abs. 3 ZPO.

632 Wegen Rechtsmitteln der Parteien gegen Fristaufforderung des Rechtspflegers gemäß § 926 Abs. 1 ZPO siehe oben Fn. 629 sowie *Zöller/Vollkommer* § 926 Rdn. 19 ff. Die angebliche Unzulässigkeit der Fristsetzung gemäß § 926 Abs. 1 ZPO durch den Rechtspfleger kann aber darüber hinaus auch im Rahmen des Aufhebungsverfahrens gemäß § 926 Abs. 2 ZPO geltend gemacht werden, vgl. BGH MDR 1987, 492; *Teplitzky*[6] Kap. 56 Rdn. 16 mwN sowie nachfolgend Rdn. 223 ff.

633 Den Antrag gemäß § 926 Abs. 2 ZPO kann der Verfügungsgläubiger auch bereits mit dem Antrag gemäß § 926 Abs. 1 ZPO verbinden oder sonst vor der gemäß § 926 Abs. 1 ZPO gestellten Frist erheben, vgl. *Teplitzky*[6] Kap. 56 Rdn. 22; *Mädrich* S. 65. Das Gericht sollte diesem Antrag aber erst mit Ablauf der Frist Folge leisten und also Termin zur mündlichen Verhandlung über den Aufhebungsantrag gemäß § 926 Abs. 2 ZPO erst anberaumen, falls der Verfügungsgläubiger nicht bis Ablauf der Frist Hauptklage erhoben hat.

634 Im Gegensatz zur allgemeinen, in Rdn. 214 aber abgelehnten Meinung, es sei stets das erstinstanzliche Gericht zuständig, auch wenn die eV von der zweiten Instanz erlassen worden ist, gibt es hier im Rahmen des Aufhebungsverfahrens gemäß § 926 Abs. 2 ZPO wenigstens eine Mindermeinung, die die hier vertretene Auffassung teilt, daß das zweitinstanzliche Gericht, welches nach mündlicher Verhandlung die eV erlassen hat, zuständig sei: OLG Karlsruhe NJW 1973, 1509, *Wieczorek/Schütze* § 926 ZPO Anm. D I. Hinsichtlich der herrschenden, auch zu dieser Frage abweichenden Meinung wird auf Fußn. 622 zu Rdn. 214 verwiesen.

635 Diese Entscheidung kann auch mit einer Entscheidung im Widerspruchsverfahren gemäß § 924 ZPO oder im Aufhebungsverfahren gemäß § 927 ZPO verbunden werden, vgl. Rdn. 208; OLG Hamburg WRP 1978, 907; *Teplitzky*[6] Kap. 56, Rdn. 22; *Stein/Jonas/Grunsky* § 926 ZPO Rdn. 17; jedoch nicht mit der Berufungsentscheidung im Erlaßverfahren, da das Berufungsgericht für das Aufhebungsverfahren gemäß § 926 ZPO nicht zuständig ist, wenn die eV vom erstinstanzlichen Gericht erlassen und nicht im Widerspruchsverfahren aufgehoben worden ist, vgl. Rdn. 214; a. A. OLG Koblenz WRP 1983, 108; *Teplitzky*[6] Kap. 56 Rdn. 22.

636 Die Hauptklage braucht nicht beim Gericht der eV erhoben zu werden, sondern kann auch bei jedem anderen gemäß § 24 UWG zuständigen Gericht erhoben werden, vgl. B I 2 a Rdn. 26; OLG Karlsruhe NJW 1973, 1509; *Teplitzky*[6] Kap. 56 Rdn. 20; *Stein/Jonas/Grunsky* § 926 ZPO Rdn. 11; *Zöller/Vollkommer* § 926 ZPO Rdn. 29.

Gericht ihm eine Frist gesetzt hatte, erhoben hat[637]. Dabei kommt es für die Entscheidung über den Aufhebungsantrag nicht darauf an, ob diese Klage bis zum Fristablauf oder erst danach, aber bis zur Stellung des Aufhebungsantrages gemäß § 926 Abs. 2 ZPO erhoben ist[638]. Denn die vom Rechtspfleger gesetzte Frist ist gemäß § 231 Abs. 2 ZPO keine Ausschlußfrist[639] sondern bewirkt nur, daß vom Fristablauf an der Verfügungsschuldner den Aufhebungsantrag gemäß § 926 Abs. 2 ZPO stellen kann.

Wird die Hauptsache-Klage nach dem Aufhebungsantrag gemäß § 926 Abs. 2 ZPO **219**
erhoben[640], so ist zu differenzieren:

a) **Hauptklage-Erhebung während erster Instanz des Aufhebungsverfahrens.** Erhebt der Verfügungsgläubiger die Hauptsache-Klage, ehe das Urteil im Aufhebungsverfahren gemäß § 926 ZPO ergeht[641], tritt eine Erledigung der Hauptsache des Aufhebungsverfahrens ein, die gemäß § 91 a ZPO zu einer Kostenentscheidung zulasten des Verfügungsgläubigers führen wird[642], da es durch **Fristversäumnis** in seine Sphäre fällt, daß es überhaupt zum Aufhebungsverfahren gemäß § 926 Abs. 2 ZPO kam, welches bis zur Erhebung der Hauptklage zulässig und begründet war. Denn natürlich will das Gesetz mit der Fristsetzung des § 926 Abs. 1 ZPO primär, daß die gesetzte Frist beachtet wird und also die Klage bis zum Ablauf der Frist erhoben wird[643], und **insoweit** es um die **Kostenentscheidung** geht, ist die **Fristversäumnis** des Verfügungsgläubigers **nicht sanktionslos.**

Nimmt der Verfügungsgläubiger die erhobene Hauptklage wieder **zurück** – was **220**
er bis zum Beginn der mündlichen Verhandlung ohne Zustimmung des Verfügungsschuldners als des Beklagten des Hauptklageverfahrens kann, § 269 ZPO –, so kann

[637] Es genügt aus den nachstehend erörterten Gründen der nachträglich erhobenen Hauptklage auch, wenn die Hauptklage noch nicht zugestellt ist, ihre Zustellung aber gemäß § 270 Abs. 3 ZPO demnächst bewirkt wird, vgl. OLG Hamburg WRP 1978, 907; KG Entsch. v. 5. 10. 1984, zit. bei *Traub* S. 19; OLG Düsseldorf GRUR 1988, 65; *Teplitzky*[6] Kap. 56 Rdn. 18; *Mädrich* Seite 67 f; *Melullis* Rdn. 136; *Zöller/Vollkommer* § 926 ZPO Rdn. 32; **a. A.** KG WRP 1976, 376 für den Fall, daß die Aufhebung gemäß § 926 ZPO nicht in einem eigenen Aufhebungsverfahren gemäß § 926 ZPO, sondern im Wege der Berufung zum Erlaßverfahren geltend gemacht wird (bedenklich); vgl. auch KG NJW-RR 1986, 1127. Gerichtskosten-Vorschuß braucht nicht eingezahlt zu sein, BGH NJW 1972, 1948; die Benennung eines Anwaltes, der im eV-Verfahren und gegebenenfalls auch im Abschlußverfahren den Verfügungsschuldner vertreten hat, als Prozeßbevollmächtigter des Beklagten im Hauptklageverfahren ist unschädlich, auch wenn dieser Anwalt für das Hauptklageverfahren kein Mandat des Verfügungsschuldners/Beklagten hat, vgl. OLG Hamburg WRP 1978, 907.

[638] Vgl. OLG Köln NJW 1967, 2063; OLG Frankfurt WRP 1982, 96; *Burchert/Görl* WRP 1976, 661, 662.

[639] Vgl. OLG Frankfurt WRP 1982, 96.

[640] An der grundsätzlichen, allerdings teilweise begrenzten Wirksamkeit auch (noch) einer solchen Klageerhebung bestehen nirgends Zweifel; vgl. *Zöller/Vollkommer* § 926 ZPO Rdn. 33; *Teplitzky*[6] Kap. 56 Rdn. 18 mit Nachw. in Fn. 32.

[641] Damit eine Aufhebung der eV im Aufhebungsurteil gemäß § 926 ZPO vermieden wird, muß nun allerdings die Hauptklage grundsätzlich bis zum Schluß der mündlichen Verhandlung im Aufhebungsverfahren rechtshängig, also zugestellt sein, § 253 Abs. 1 ZPO, vgl. OLG Frankfurt WRP 1982, 96; *Baumbach/Hefermehl* § 25 Rdn. 92. Sind Zustellungsverzögerungen aufgetreten, die der Verfügungsgläubiger nicht zu vertreten hat und bei deren Ausbleiben die Hauptsache-Klage rechtzeitig vor Schluß der mündlichen Verhandlung im Aufhebungsverfahren zugestellt gewesen wäre, sollte das Gericht im Aufhebungsverfahren im Hinblick auf den auch hier analog anwendbaren § 270 Abs. 3 ZPO, siehe *Zöller/Vollkommer* § 926 ZPO Rdn. 32, eine angemessene Vertagung des Aufhebungsurteils in Betracht ziehen, gegebenenfalls unter vorheriger Eilmaßnahme, siehe nachfolgend 7 Rdn. 233; vgl. hierzu und zur Berücksichtigung des § 270 Abs. 3 ZPO eingehend *Burchert/Görl* WRP 1976, 661, 662 f; gegen die Möglichkeit, § 270 Abs. 3 ZPO auch hier anzuwenden, jedoch eine starke Gegenmeinung; vgl. *Teplitzky*[6] Kap. 56 Rdn. 18 mN in Fn. 32.

[642] Vgl. OLG Frankfurt WRP 1982, 96; GRUR 1987, 650; *Vinck* WRP 1975, 80, 82; *Zöller/Vollkommer* § 926 ZPO Rdn. 33; verfehlt demgegenüber KG Entsch. v. 5. 10. 1984, zit. bei *Traub* S. 23 (Antragsteller des Aufhebungsverfahrens soll die Kosten tragen).

[643] Vgl. *Burchert/Görl* WRP 1976, 661 sowie die in Fußnote 637 genannten.

der Verfügungsschuldner gemäß § 926 Abs. 2 ZPO erneut das eV-Aufhebungsverfahren betreiben[644]. Will das Gericht im eV-Aufhebungsverfahren dieses theoretisch denkbare Hin und Her vermeiden, kann es das Urteil im Aufhebungsverfahren in analoger Anwendung des § 148 ZPO so lange aussetzen, bis im Hauptsache-Klageverfahren die Anträge gestellt sind und also der Verfügungsgläubiger ohne Zustimmung des Verfügungsschuldners die Hauptsache-Klage nicht mehr zurücknehmen kann[645].

221 b) **Hauptklage-Erhebung während zweiter Instanz des Aufhebungsverfahrens.** Hat das erstinstanzliche Gericht im Aufhebungsverfahren gemäß § 926 Abs. 2 ZPO wegen Nichterhebung der Hauptklage die eV aufgehoben – dieses Urteil ist ohne Sicherheitsleistung gemäß § 708 Ziffer 6 ZPO vorläufig vollstreckbar –, und erhebt[646] im Laufe des Berufungsrechtszuges zum Aufhebungsverfahren[647] der Verfügungsgläubiger noch die Hauptklage, so gilt – allerdings entgegen der ganz herrschenden Meinung – das zu a Gesagte entsprechend[648] mit folgender Maßgabe: Im Berufungsurteil ist das erstinstanzliche Urteil abzuändern und zur Klarstellung die durch das erstinstanzliche Aufhebungs-Urteil **aufgehobene einstweilige Verfügung wiederherzustellen.** Allerdings hat der Verfügungsgläubiger trotz dieser nun noch erhobenen Hauptklage die **Kosten des gesamten Aufhebungsverfahrens** zu tragen, wenn der Verfügungsschuldner nach der Erhebung der Hauptklage sofort auf die Weiterverfolgung seines Aufhebungsantrages gemäß § 926 Abs. 2 ZPO verzichtet und den Berufungsantrag des Verfügungsgläubigers auf Abänderung des erstinstanzlichen Aufhebungsurteils und Wiederherstellung der

---

644 Vgl. OLG Frankfurt NJW 1972, 1330 mwN; weitere (neuere) Nachweise bei *Teplitzky*[6] Kap. 56 Rdn. 22.

645 Dem steht die Aussage C II 3 Rdn. 101, daß eine Aussetzung gemäß § 148 ZPO im Rahmen des eV-Verfahrens nicht in Betracht komme, nicht entgegen. Denn die dort zur Begründung angegebene Eilbedürftigkeit des eV-Verfahrens gilt primär nur für das Erlaßverfahren, während hier zwar formal noch das eV-Verfahren, der Sache nach aber das Hauptklageverfahren in Rede steht.

646 Hier genügt nun allerdings nicht mehr, daß die Hauptsache-Klage im Sinne des § 270 ZPO demnächst zugestellt wird, sondern sie muß bis zum Schluß der mündlichen Verhandlung in der Berufungsinstanz tatsächlich zugestellt sein, weil es während des durch die zweitinstanzliche Entscheidung abgeschlossenen Aufhebungsverfahrens keine Heilungsmöglichkeit mehr gibt; **a. A.** wohl *Burchert/Görl* WRP 1976, 661, 663 für den Fall, daß innerhalb der Frist des § 926 Abs. 1 ZPO die Klage eingereicht war und im Rahmen des Aufhebungsverfahrens glaubhaft gemacht werde, daß Zustellungsfehler vom Verfügungsgläubiger nicht zu vertreten sind und die Zustellung der Hauptsacheklage „demnächst" (im Sinne des § 270 ZPO) erfolgen werde. Hier dürfte stattdessen besser eine angemessene kurze Vertagung des Verhandlungstermins im Berufungsrechtszug des Aufhebungsverfahrens in Betracht kommen.

647 Sollte das zweitinstanzliche eV-Gericht bereits für das Aufhebungsverfahren als erstinstanzliches Gericht zuständig gewesen sein, siehe 3 a Rdn. 214, gibt es im Aufhebungsverfahren keine Berufungsinstanz.

648 Vgl. OLG Düsseldorf Entsch. v. 27. 11. 1968, zit. bei *Mädrich* S. 68, Fußn. 399. **A. A. hM**, wonach die Hauptklage spätestens bis zum Schluß der mündlichen Verhandlung erster Instanz im Aufhebungsverfahren erhoben, also auch zugestellt sein muß, vgl. KG MDR 1971, 767; OLG Hamburg WRP 1976, 776; MDR 1977, 237; OLG Frankfurt GRUR 1987 650; *Teplitzky*[6] Kap. 56 Rdn. 18 mwN in Fn. 32; *Melullis* Rdn. 136; *Zöller/Vollkommer* § 926 ZPO Rdn. 33; *Mädrich* S. 68; *Burchert/Görl* WRP 1976, 661, 662. Dies wird allerdings dem Wortlaut des § 231 Abs. 2 ZPO nicht gerecht: Die „mündliche Verhandlung" über den Aufhebungsantrag ist nämlich erst „geschlossen" mit dem Ende der Berufungsverhandlung, und bis dahin kann „die versäumte Prozeßhandlung nachgeholt werden", vgl. dazu auch OLG Hamm Entsch. v. 23. 7. 1981, zit. bei *Traub* S. 185. *Burchert/Görl* aaO haben zwar Recht, daß diese erlaubte Nachholung dem legitimen Interesse des Schuldners widerspricht, möglichst schnell eine Entscheidung in der Hauptsache oder den Fortfall der einstweiligen Verfügung herbeizuführen. Allerdings ist in der behandelten Situation der in der Berufungsinstanz des Aufhebungsverfahrens nachträglich erhobene Hauptklage die eV ja durch erstinstanzliches Urteil bereits aufgehoben (und damit das Ziel des Verfügungsschuldners zeitweilig erreicht). Die nachträgliche Wiederherstellung der eV in der Berufungsentscheidung ändert an der Sanktionslosigkeit der „Zuwiderhandlung gegen die (erstinstanzlich aufgehobene) eV" nichts.

eV anerkennt, § 93 ZPO. Gerade in einer solchen Situation kann auch die **Einräumung einer Aufbrauchsfrist** in Betracht kommen, vgl. C III 6 Rdn. 112 ff, wenn der Verfügungsschuldner nach erstinstanzlicher Aufhebung der eV wegen nichterhobener Hauptklage die vorher durch eV verbotene Wettbewerbshandlung wieder aufgenommen hat. Eine Erledigungserklärung in der Hauptsache des Aufhebungsverfahrens kommt allerdings nicht in Betracht, weil bei einem daraufhin gemäß § 91 a ZPO ergehenden Beschluß die einstweilige Verfügung, die gerade – nach Erhebung der Hauptklage nunmehr unzutreffenderweise – erstinstanzlich aufgehoben worden war, nicht wiederhergestellt werden kann.

c) **Hauptklage-Erhebung nach Abschluß des Aufhebungsverfahrens.** Ist auf den 222
Aufhebungsantrag gemäß § 926 Abs. 2 ZPO schließlich die eV formell rechtskräftig aufgehoben, kann diese Folge nicht durch eine später erhobene Hauptsacheklage des Verfügungsgläubigers wieder außer Vollzug gesetzt werden. Diese später erhobene Klage ist zwar als „normale“, also nicht gemäß § 926 ZPO „erzwungene“ Hauptsacheklage zulässig und mag auch begründet sein. Sie kann aber selbst wenn sie es ist, nichts daran ändern, daß wegen der Vollziehung der gemäß § 926 ZPO aufgehobenen eV Schadensersatz gemäß § 945 ZPO, zweite Alternative, zu leisten ist. Über den Umfang der Schadensersatzpflicht in den Fällen der Aufhebung der eV gemäß § 926 ZPO vgl. G I 1 Rdn. 317 ff.

5. Mangelndes Rechtsschutzbedürfnis

Ein mangelndes Rechtschutzbedürfnis für einen Aufhebungsantrag des Verfügungs- 223
schuldners ist in Wettbewerbs-eV-Prozessen ein häufiger Einwand des Verfügungsgläubigers im Aufhebungsverfahren gemäß § 926 Abs. 2 ZPO[649].

a) **eV aufgehoben.** An dem Rechtsschutzbedürfnis des Verfügungsschuldners daran, die eV gemäß § 926 ZPO aufheben zu lassen, fehlt es, wenn die eV bereits aufgehoben ist. Dabei kommt es auf den Zeitpunkt der letzten mündlichen Verhandlung im Aufhebungsverfahren an. Ist die eV also bis zum Schluß der mündlichen Verhandlung im Aufhebungsverfahren aufgehoben worden – sei es im Erlaßverfahren auf Widerspruchs oder Berufung, sei es gemäß § 927 ZPO –, so ist für die Fortsetzung des Aufhebungsverfahrens gemäß § 926 ZPO kein Raum mehr[650]. Jedoch kann der Verfügungsgläubiger gegenüber dem Aufhebungsantrag des Verfügungsschuldners nicht einwenden, der Verfügungsschuldner könne mit der Durchführung des Widerspruches gemäß § 924 ZPO oder mit der Berufung im eV-Erlaß-Verfahren denselben Effekt der Aufhebung der eV erreichen, und deswegen bestehe jedenfalls für das Aufhebungsverfahren gemäß § 926 ZPO kein Raum. Denn dem Verfügungsschuldner stehen die **Rechtsbehelfe aus §§ 924 und 926 ZPO unabhängig voneinander** und also **wahlweise** zur Verfügung[651], und der Verfügungsschuldner hat einen Anspruch darauf, daß eine

---

[649] Nach der hier vertretenen Auffassung, daß sämtliche Zweifelsfragen über das noch bestehende Rechtsschutzinteresse im Rahmen des richterlichen Verfahrens gemäß § 926 Abs. 2 ZPO entschieden werden sollten, vgl. 3 b Rdn. 215, sind diese Einwendungen nicht im Rahmen des Rechtspfleger-Anordnungsverfahrens gemäß § 926 Abs. 1 ZPO relevant.

[650] BGH NJW 1973, 1329; OLG Frankfurt GRUR 1987, 650; *Zöller/Vollkommer* § 926 ZPO Rdn. 23 u. 9; *Baumbach/Hefermehl* § 25 Rdn. 85, vgl. dazu VI 2 Rdn. 209.

[651] *Teplitzky*[6] Kap. 56 Rdn. 22 u. 42; *Stein/Jonas/Grunsky* § 924 ZPO Rdn. 4 u. 5; *Zöller/Vollkommer* § 924 ZPO Rdn. 2; *Mädrich* S. 14; vgl. auch OLG Koblenz GRUR 1989, 373. Allerdings kann das Gericht im Widerspruchs- oder Berufungsverfahren zur eV aussprechen, daß eine Aufhebung gemäß § 926 ZPO erfolge, wenn sich ergibt, daß die Hauptklage trotz Fristsetzung nicht erhoben worden ist. Dann wandelt sich das Erlaß-Widerspruchs- bzw. Berufungs-Verfahren auf Antrag des Verfügungsschuldners der Sache nach in ein Aufhebungsverfahren gemäß § 926 ZPO um, vgl. OLG Düsseldorf WRP 1978, 384, siehe auch III 2 a Rdn. 180 und VI 1 Rdn. 208.

Aufhebung der eV gerade im Aufhebungsverfahren gemäß § 926 ZPO erfolgt, weil dies im etwaigen Schadensersatzprozeß gemäß § 945 ZPO für ihn eine bessere Ausgangslage schafft als eine Aufhebung der eV im Widerspruchsverfahren gemäß § 924 ZPO[652].

224 Ist die eV im Widerspruchsverfahren aufgehoben, hat gegen dieses Urteil der Verfügungsgläubiger Berufung eingelegt und steht in dieser Phase die Entscheidung über das Aufhebungsverfahren an, so ist zwar zur Zeit keine aufzuhebende eV vorhanden, ihre mögliche **Wieder-Inkraftsetzung** durch das Berufungsurteil erscheint aber denkbar[653]. Es erscheint angemessen, in diesem Fall die Entscheidung über das Aufhebungsverfahren gemäß § 148 ZPO auszusetzen, bis im eV-Erlaß-Verfahren über die Berufung entschieden ist[654].

225 Ein Rechtsschutzinteresse des Verfügungsschuldners an der Aufhebung der eV im Aufhebungsverfahren gemäß § 926 ZPO besteht auch dann nicht, wenn die **Wiederholungsgefahr** für den Unterlassungsanspruch – etwa durch Unterwerfungserklärung des Verfügungsschuldners – **weggefallen** ist. Denn der Verfügungsschuldner hat kein schützenswertes Interesse daran, in dieser Situation den Verfügungsgläubiger zu einer **Hauptklage zu zwingen, die offensichtlich unbegründet ist**[655]. Zu einer Aufhebung der eV kann dann der Verfügungsschuldner nur auf dem Weg über § 927 ZPO gelangen, vgl. IX 3 a, Rdn. 251. Die Aufhebung der eV gemäß § 926 ZPO würde dem Verfügungsschuldner den ungerechtfertigten Vorteil erbringen, daß er einen Schadensersatzanspruch gemäß § 945 ZPO hätte, ohne daß die Frage der Ungerechtfertigtkeit der eV noch in einem Hauptverfahren geprüft würde, vgl. dazu unten G I 1, Rdn. 317.

226 b) **Verzicht auf die Rechte aus der eV durch Verfügungsgläubiger.** Ein Rechtsschutzinteresse hat der Verfügungsgläubiger an dem Betreiben bzw. der Fortsetzung des

---

[652] Vgl. nachfolgend b Rdn. 226 und zu § 945 ZPO G I 1 Rdn. 317.

[653] Deswegen sieht in solchem Fall OLG Hamburg WRP 1976, 777 das Rechtsschutzinteresse als fortbestehend an.

[654] Dagegen spricht auch nicht, daß nach herrschender Meinung im eV-Verfahren eine Aussetzung gemäß § 148 ZPO nicht in Betracht kommt, vgl. oben C II 3 Rdn. 101. Das dafür maßgebliche Argument der Eilbedürftigkeit des Verfahrens gilt nämlich primär nur im Erlaßverfahren, dagegen im Aufhebungsverfahren nicht in gleicher Schärfe.

[655] Vgl. BGH NJW 1974, 503; BGH NJW 1973, 1329; OLG Hamburg MDR 1970, 935; OLG Hamm Entsch. v. 17. 8. 1978, zit. bei *Traub* S. 200; OLG Karlsruhe WRP 1980, 713; OLG Stuttgart WRP 1981, 231; NJW-RR 1988, 251; OLG Bremen Entsch. v. 23. 10. 1986, zit. bei *Traub* S. 60; *Teplitzky*[6] Kap. 52 Rdn. 26 u. Kap. 56 Rdn. 9; *Stein/Jonas/Grunsky* § 926 ZPO Rdn. 7; *Mädrich* S. 57 ff, 66; **a. A.** *Schneider* Urteilsanmerkung in MDR 1965, 50. Das bedeutet aber nicht, daß stets dann, wenn offensichtlich die Hauptklage unbegründet sein wird, das Rechtsschutzinteresse zum Aufhebungsverfahren gemäß § 926 ZPO fehlt. Eine durchgehende Überprüfung der materiellen Rechtslage, die alsdann vorgenommen werden müßte, würde vielmehr das Aufhebungsverfahren gemäß § 926 Abs. 2 ZPO sprengen, vgl. Rdn. 228. Vielmehr nimmt die aufgrund der abgegebenen Unterwerfungserklärung weggefallene Wiederholungsgefahr, vgl. dazu Köhler Vor § 13 B Rdn. 36 ff in diesem Kommentar, wegen der damit offensichtlich ausgeschlossenen Möglichkeit, das Hauptklageverfahren noch erfolgreich durchzuführen, eine Sonderstellung ein; **a. A.** offenbar OLG Karlsruhe NJW-RR 1988, 251 und OLG Köln Entsch. v. 5. 8. 1988, zit. bei *Traub*, S. 264 f, welche grundsätzlich annehmen, eine Aufhebungsanordnung bzw. Aufhebung der eV gemäß § 926 ZPO komme dann nicht in Betracht, wenn die Klage nach beiderseitigem Vorbringen nicht gerechtfertigt sein würde, dagegen OLG Stuttgart WRP 1981, 231. Insbesondere nimmt der Umstand, daß bereits Verjährung des Unterlassungsanspruchs eingetreten ist, dem Verfügungsschuldner nicht die Möglichkeit, Aufhebungsantrag gemäß § 926 ZPO zu stellen, vgl. OLG Stuttgart WRP 1981, 231; OLG Hamm Entsch. v. 23. 6. 1983, zit. bei *Traub* S. 185; *Baumbach/Hefermehl* § 25 Rdn. 93 u. 97; vgl. dazu auch BGH GRUR 1981, 447 – Abschlußschreiben, aber auch – mit abweichendem Verständnis dieser Entscheidung und auch im Grundsätzlichen zur Verjährungsberücksichtigung teils **a. A.** *Teplitzky*[6] Kap. 56 Rdn. 11 mwN; vgl. auch IX 3 c Rdn. 257. Aus dem Dilemma, entweder die Aufhebung der eV gemäß § 926 ZPO mit der Schadensersatzfolge des § 945 ZPO zu riskieren oder eine unbegründete Hauptklage erheben zu müssen, kann sich der Verfügungsgläubiger durch Verzicht auf die Rechte aus der eV und Kostenübernahme befreien, vgl. nachfolgend b Rdn. 226. Zur Frage der Unzulässigkeit des Aufhebungsverfahrens gemäß § 926 ZPO wegen Unzulässigkeit der Hauptklage vgl. Rdn. 231 f.

Aufhebungsverfahrens auch dann nicht, wenn der Verfügungsgläubiger verbindlich und endgültig auf die Rechte aus der eV verzichtet[656] und sich zur Kostenübernahme des eV-Erlaß-Verfahrens und gegebenenfalls – wenn der Verzicht erst nach Fristablauf gemäß § 926 Abs. 1 ZPO und nach Erhebung des Aufhebungsantrags gemäß § 926 Abs. 2 ZPO ausgesprochen worden sein sollte – des Aufhebungsverfahrens verpflichtet hat. Damit ist die **fortbestehende Gefahr des Verfügungsschuldners aus der eV** in gleicher Weise **fortgefallen**, als wenn die eV im Erlaß-Verfahren aufgehoben worden wäre. Das Ziel, das der Schuldner mit dem Aufhebungsverfahren letztlich auch nur anstreben könnte, ist damit erreicht, seine Weiterverfolgung somit nicht mehr rechtsschutzfähig. Zwar hätte der Verfügungsschuldner im Falle einer Aufhebung gemäß § 926 ZPO eine bessere Basis für eine spätere Schadensersatzklage gemäß § 945 ZPO als im Falle eines Verzichts auf die Rechte aus der eV durch den Verfügungsgläubiger, weil bei einem Aufhebungsurteil gemäß § 926 ZPO die Schadensersatzpflicht des Verfügungsgläubigers gemäß § 945 ZPO dem Grunde nach feststeht, während im Falle eines Verzichts auf die Rechte aus der eV ein Schadensersatzanspruch gemäß § 945 ZPO nur besteht, wenn festgestellt wird, daß die eV von Anfang an ungerechtfertigt war, vgl. dazu G I 1 und 2 Rdn. 317, 320. Jedoch hat der Verfügungsschuldner keinen Anspruch darauf, daß die für ihn günstigere Ausgangsbasis für einen Schadensersatzanspruch geschaffen wird, wenn der Verfügungsgläubiger freiwillig die weitere Durchsetzbarkeit des eV-Titels durch Verzicht ausschließt[657]. Erklärt der Verfügungsgläubiger nicht mit dem Verzicht auf die Rechte aus der eV die **Kostenübernahme** für das eV- und – gegebenenfalls – das Aufhebungsverfahren, besteht das Rechtsschutzbedürfnis des Verfügungsschuldners fort, die eV in ihrem Kostenausspruch und mit der Kostenfolge der Kostenaufbürdung auf den Verfügungsgläubiger im Wege des Aufhebungsverfahrens gemäß § 926 ZPO aufheben zu lassen. Denn es gibt keinen einfacheren, schnelleren oder billigeren Weg, diesen Effekt der Kostenaufbürdung auf den Verfügungsgläubiger zu erreichen als durch ein **allein auf die Kostenentscheidung beschränktes Aufhebungsurteil** gemäß § 926 Abs. 2 ZPO[658].

c) **Verzicht auf den Aufhebungsanspruch gemäß § 926 ZPO.** Ein Rechtsschutzbedürfnis an der Durchführung bzw. Fortsetzung des Aufhebungsverfahrens gemäß § 926 ZPO hat der Verfügungsschuldner auch nicht, wenn er auf den Rechtsbehelf des § 926 ZPO verzichtet hat[659]. Hat er beispielsweise, etwa aufgrund eines Abschlußschreibens **227**

[656] Vgl. OLG Karlsruhe WRP 1980, 713; OLG Düsseldorf WRP 1988, 247; KG Entsch. v. 16. 8. 1988 u. 9. 2. 1990, zit. bei *Traub*, S. 23, 24, für den analogen Teil der Rückgabe der Titel-Ausfertigung an den Verfügungsschuldner; *Teplitzky*[6] Kap. 56 Rdn. 8; *Baumbach/Hefermehl* § 25 Rdn. 86 u. 87.

[657] Vgl. BGH GRUR 1992, 203 – Roter mit Genever.

[658] Vgl. OLG Köln GRUR 1985, 458; vgl. auch OLG Hamm Entsch. v. 23. 6. 1983, zit. bei *Traub* S. 185; für den vergleichbaren Fall des Aufhebungsverfahrens gemäß § 927 ZPO vgl. auch OLG Celle WRP 1991, 586; a. A. OLG Karlsruhe WRP 1980, 713; OLG Düsseldorf WRP 1988, 247; OLG Bremen Entsch. v. 23. 10. 1986, zit. bei *Traub* S. 60 (allein das Kosteninteresse begründe kein schützenswertes Interesse für ein Aufhebungsverfahren gemäß § 926 ZPO. Das kann man so apodiktisch nicht sagen, da die Kosten der Verfahren gerade auch in Wettbewerbsverfahren eine maßgebliche Rolle spielen können und es einen Rechtsgrundsatz, daß ausschließlich wegen Kosten nicht prozessiert werden dürfe, nicht gibt); *Baumbach/Hefermehl* § 25 Rdn. 87, die auf die Rechtsbehelfe des Widerspruches gemäß § 924 ZPO und der Schadensersatzklage gemäß § 945 ZPO verweisen, was aber nicht zu einer vereinfachten Rechtsverfolgung führt. § 99 Abs. 1 ZPO steht dem nicht entgegen, denn dort ist nur an die Anfechtung der reinen Kostenentscheidung in einem echten Rechtsmittelverfahren gedacht, während hier eine Überprüfung in einem ordentlichen Hauptklageverfahren gegenüber der Entscheidung im lediglich summarischen eV-Verfahren in Rede steht.

[659] Vgl. OLG Hamburg Entsch. v. 14. 9. 1983, zit. bei *Traub* S. 157; zu den – nicht durchschlagenden – Bedenken gegen einen Verzicht auf das Recht aus § 926 ZPO vgl. *Scherf* WRP 1969, 393, 394 f.

des Verfügungsgläubigers, die Erklärung abgegeben, daß er die eV als endgültige Regelung des darin beurteilten Streitverhältnisses anerkenne und/oder auf den Rechtsbehelf des § 926 ZPO verzichte, vgl. F II 1 und 2 Rdn. 291 f, so **fehlt** ihm das **Rechtsschutzinteresse,** diesen Aufhebungsantrag gemäß § 926 Abs. 2 ZPO gleichwohl zu stellen[660].

6. „Richtige" Hauptsache-Klage

228 Das Gericht hat schließlich zu prüfen, ob die vom Verfügungsgläubiger auf die Aufforderung gemäß § 926 Abs. 1 ZPO hin erhobene Klage die „richtige" Hauptsache-Klage ist. **Entspricht** die erhobene **Hauptsache-Klage dem Tenor der eV** und ist also vom Streitgegenstand her identisch – mit Ausnahme dessen, daß die eV auf Sicherung, die Hauptklage dagegen auf endgültige Befriedigung gerichtet ist –, so kann dem **Aufhebungsantrag nicht stattgegeben** werden[661]. Es kommt dabei nicht darauf an, ob die Hauptklage bei einem zuständigen Gericht erhoben ist[662]. Das Gericht hat im **Aufhebungsverfahren nur** zu prüfen, ob die erhobene **Hauptklage zulässig** ist[663], jedoch **nicht,** ob sie **begründet** sein wird. Diese Prüfung steht dem eV-Gericht als Aufhebungsgericht gemäß § 926 Abs. 2 ZPO nicht zu. Dies alles zu prüfen, ist allein Sache des Hauptklagegerichts[664]. Weist dieses dann – aus welchen Gründen auch immer – die Hauptklage endgültig ab, kann der Verfügungsschuldner mit diesem Erfolg im Hauptklageverfahren die Aufhebung der eV gemäß § 927 ZPO erreichen[665], vgl. IX 3 d Rdn. 262, oder – sollte ihm dieser Rechtsbehelf noch offenstehen – mit dem Widerspruch gemäß § 924 ZPO die eV aufheben lassen.

229 Enthält die **Hauptklage** über den Unterlassungsanspruch, der Gegenstand der Sicherungs-eV gemäß § 25 UWG ist, hinaus **noch weitere Anträge** – seien es weitere Unterlassungsanträge, oder Auskunfts-, Schadensersatz oder sonstige ergänzende Anträge –, so ist das für das Aufhebungsverfahren gemäß § 926 ZPO unschädlich[666], denn der Verfügungsschuldner hat keinen Anspruch darauf, daß die Hauptsacheklage

---

660 Jede Unsicherheit insoweit – ob also z. B. der Verzicht nur die Rechtsverteidigung im eV-Verfahren betrifft oder auch diejenige in einem etwaigen Hauptklageverfahren, siehe dazu D I 4 Rdn. 135 und E III 5 c Rdn. 198, muß dazu führen, daß das Gericht den Antrag der Verfügungsschuldner, die eV gemäß § 926 ZPO aufzuheben, zurückweist. Denn der Verfügungsschuldner hat es in der Hand, sich hinsichtlich dessen, worauf er verzichtet, deutlich zu erklären. Man kann nicht dem Verfügungsgläubiger das Risiko aufbürden, entweder eine Hauptklage zu erheben, die möglicherweise vom Gericht als unzulässig abgewiesen wird, weil der Verfügungsschuldner eine endgültige Abschlußerklärung abgegeben habe, oder die Hauptklage nicht zu erheben, mit dem Risiko, daß die eV gemäß § 926 ZPO aufgehoben, wird und der Gläubiger Schadensersatz gemäß § 945 ZPO zu leisten hat, vgl. G I 1 Rdn. 317.

661 Vgl. *Teplitzky*[6] Kap. 56 Rdn. 21.

662 Vgl. OLG Nürnberg, GRUR 1957, 296; *Teplitzky*[6] Kap. 56 Rdn. 20.

663 Vgl. *Teplitzky*[6] Kap. 56 Rdn. 20; *Zöller/Vollkommer* § 926 ZPO Rdn. 31; *Stein/Jonas/Grunsky* § 926 ZPO Rdn. 14.

664 Sollte das eV-Gericht im Aufhebungsurteil gemäß § 926 ZPO die Zulässigkeit der erhobenen Hauptklage anders beurteilen als später das Hauptklagegericht, ist letzteres an die Entscheidung im Aufhebungsurteil nicht gebunden, da die Entscheidung im Verfahren gemäß § 926 ZPO als Entscheidung im eV-Nach-Verfahren nur eine summarische Prüfung erlaubt.

665 Vgl. BGH GRUR 1987, 125 – Berühmung; NJW 1978, 2157; *Teplitzky*[6] Kap. 56 Rdn. 32; *Baumbach/Hefermehl* § 25 Rdn. 81; *Mädrich* S. 56; etwas undeutlich *Pastor* WbProzeß S. 471; *Ahrens* S. 366 f, die in Erwägung ziehen, daß der eV-Titel nach einem abweichenden Hauptsacheurteil im gemäß § 926 ZPO erzwungenen Hauptklage-Verfahren automatisch fortfalle, gleichwohl sich aber für eine deklaratorische Aufhebung (wohl auch im Rahmen des Verfahrens gemäß § 927 ZPO) aussprechen.

666 Vgl. OLG Koblenz WRP 1983, 108; *Teplitzky*[6] Kap. 56 Rdn. 21; *Pastor* WbProzeß S. 480; *Melullis* Rdn. 136; *Zöller/Vollkommer* § 926 ZPO Rdn. 30; *Baumbach/Hefermehl* § 25 Rdn. 81.

im Sinne des § 926 ZPO isoliert erhoben und nicht mit anderen Anträgen, die der Verfügungsgläubiger entschieden zu sehen wünscht, verbunden ist. Zu einer Prüfung, ob die „richtige" Hauptsache-Klage erhoben ist, besteht immer dann Anlaß, wenn der **Hauptklage-Antrag nicht mit dem Tenor der eV übereinstimmt.** Das kann in der Praxis in zweierlei Hinsicht relevant sein:

a) **Konkrete Verletzungsform.** Wettbewerbshandlungen, namentlich Werbeaussa- **230**
gen, gewinnen häufig durch den Zusammenhang, in welchem sie im konkreten Wettbewerbsverhalten eingebettet sind, eine besondere Bedeutung. Die konkrete Wettbewerbshandlung, die Anlaß für die eV gewesen ist, mag als solche wettbewerbswidrig gewesen sein (konkrete Verletzungsform); es sei hier aber einmal unterstellt, daß **nicht** diese **konkrete Verletzungsform,** sondern eine **Abstrahierung** mit der **eV verboten** wurde[667], nämlich einzelne Formulierungen oder einzelne Verhaltensweisen, unabhängig von ihrem konkreten Kontext. (Beispiel: Die Abwerbung von Mitarbeitern durch Konkurrenten ist nur unter ganz besonderen konkreten Umständen wettbewerbswidrig, ohne solche die Sittenwidrigkeit begründenden Umstände aber ohne weiteres erlaubt; oder: Die Werbeaussage „die Konkurrenz in unserer Straße schläft auch nicht" ist als solche ebensowenig zu beanstanden wie die Aussage „wir aber sind richtig ausgeschlafen" – nur im Zusammenhang gesehen ist die Aussage gemäß § 1 UWG zu beanstanden[668]). Unterstellt, der Verfügungsgläubiger konzentrierte sich nun mit der Hauptsacheklage – vorsichtig geworden – auf die konkrete Verletzungsform und beantrage also mit der Hauptklage eine Verurteilung, der Verfügungsschuldner solle sein Wettbewerbsverhalten nur in einem bestimmten Zusammenhang unterlassen, so hat der im Hauptklageverfahren aufgrund des eingeschränkten Antrags allenfalls zu erwartende **Unterlassungstenor einen geringeren Schutzumfang als das Verbot der eV.** Mit einer solchen Hauptsacheklage kommt der Verfügungsgläubiger der gerichtlichen Aufforderung gemäß § 926 ZPO, Klage zur Hauptsache zu erheben, nur unvollständig nach. Es besteht allerdings kein Grund, deswegen die eV wegen nicht erhobener Hauptsacheklage vollständig aufzuheben; vielmehr ist sie nur **insoweit aufzuheben, als die Hauptsacheklage nicht erhoben ist**[669]. Also hat das Gericht im Rahmen des § 926 Abs. 2 ZPO zu entscheiden, die eV werde aufgehoben, soweit die dort verbotene Wettbewerbshandlung über denjenigen Zusammenhang hinausgeht, der sich aus dem bestimmten Kontext des beantragten Hauptklagetenors ergibt. Würde die eV in einem solchen Fall komplett gemäß § 926 Abs. 2 ZPO aufgehoben, würde dies im Hinblick auf § 945 ZPO den Verfügungsgläubiger dazu zwingen, eine inzwischen als zu weitgehend erkannte Klage zu erheben, da er anderenfalls dem Verfügungsschuldner den Schaden ersetzen müßte, der diesem aus der Vollziehung der eV entstanden ist, obwohl die eV möglicherweise in dem konkreten Zusammenhang, in dem der Verfügungsschuldner ausschließlich die verbotene Wettbewerbshandlung begangen hatte und auch nur begehen wollte, völlig zu Recht ergangen war. Denn § 945 ZPO stellt es dem Grunde nach mit dem Schadensersatzanspruch bei gemäß § 926 ZPO aufgehobener eV gar nicht auf die materielle Rechtslage ab, sondern knüpft ausschließlich an diese Aufhebung an, vgl. zu Einschränkungen insoweit aber unten zu § 945 ZPO G I 1 und G II 4 Rdn. 317 ff, 333. Es wäre aber nur schwer mit Gerechtigkeitsvorstellungen zu vereinbaren, dem Verfügungsschuldner einen solchen Schadensersatzanspruch trotz seines eigenen wett-

---

[667] Üblich ist dabei, einerseits eine Verallgemeinerung vorzunehmen, und sie andererseits mit einer Konkretisierung durch die „insbesondere"-Anbindung im Tenor zu verbinden, vgl. z. B. BGH GRUR 1991, 772 – Anzeigenrubrik I; vgl. auch C III 1 Rdn. 103.

[668] Zu einer vergleichbaren Konstellation siehe OLG Celle WRP 1991, 315.

[669] Vgl. OLG Frankfurt NJW 1972, 1330; *Pastor* WbProzeß S. 485; a. A. anscheinend *Teplitzky*[6] Kap. 56 Rdn. 21.

bewerbswidrigen Verhaltens in einem solchen Falle zuzuerkennen[670]. In gleicher Weise aber erscheint es nicht geboten, den Verfügungsgläubiger zu einer Hauptsacheklage zu zwingen, die dem Verfügungsgläubiger hinsichtlich der über die konkrete Verletzungsform hinausgehenden Abstrahierung unbegründet erscheint, nur um der Aufhebung der eV in ihrer Gesamtheit und damit dem Schadensersatzanspruch gemäß § 945 ZPO zu entgehen.

231 b) **Feststellungsklage.** Es gibt eV'en, die nach ihrem **Sinngehalt zeitlich beschränkt** wirken sollen; Beispiele: Mode-Neuheiten, die nicht sondergesetzlich, etwa durch Geschmacksmusterregistrierung, geschützt sind, sind nach der Rechtsprechung nur für ein oder zwei Saisons gegen Nachahmung geschützt[671]; ein bei einem Wettbewerber unrechtmäßig entnommenes Fabrikationsgeheimnis wird demnächst der gesamten Öffentlichkeit offenbart, soll so lange aber noch gemäß § 18 UWG geschützt bleiben; eine Werbung ist nur im Hinblick auf ein erst in Jahren wieder auftretendes Jubiläum oder eine gerade anlaufende aber demnächst beendete Ausstellung wettbewerbsrechtlich relevant. In solchen Fällen enthält sinnvollerweise die eV ein **zeitlich beschränktes Verbot.** Das mag schon der Verfügungsgläubiger von sich aus beantragt haben, möglicherweise hat das Gericht diese zeitliche Schranke aber auch selbst unter Ausnutzung seiner Modifikationsfreiheit gemäß § 938 ZPO tenoriert, vgl. C III 1 Rdn. 103. Enthielte das Verbot diese zeitliche Schranke nicht, wäre das spätere Aufhebungsverfahren gemäß § 927 ZPO – nach Ablauf der verbotenen Zeitspanne – die vorprogrammierte Folge. Da der Verfügungsgläubiger in diesen Fällen nach Ablauf der Zeitspanne, für die die eV Wirkungen entfaltet, keine Unterlassungsklage erheben kann, weil diese ihrer Natur nach in die Zukunft gerichtet ist, fragt sich, ob eine **Feststellungsklage** des Verfügungsgläubigers in Betracht kommt, **daß die eV zu Recht ergangen ist**[672]. Von der herrschenden Meinung wird das für eine solche Feststellungsklage notwendige Feststellungsinteresse verneint[673], was dann im Rahmen des Aufhebungsantrags gemäß § 926 Abs. 2 ZPO zur Folge hat, daß einem solchen Antrag nach Wegfall des Zeitraums, für den die eV Bestand hatte, nicht stattgegeben werden darf, weil der Verfügungsgläubiger nicht zur Erhebung einer unzulässigen Hauptklage „gezwungen" werden darf[674]. Soweit sich die das Feststellungsinteresse des Verfügungsgläubigers in einem solchen Fall bejahende Mindermeinung[675] auf die Argumentation stützt, der Verfügungsgläubi-

---

670 Diese Überlegung dürfte mit maßgeblich gewesen sein für die den Schadensersatzanspruch aus §§ 945, 926 ZPO einschränkende Rechtsprechung des BGH in BGHZ 15, 356, 359 = GRUR 1955, 346 – Progressive Kundenwerbung; BGH GRUR 1981, 295 – Fotoartikel; vgl. auch *Teplitzky*[6] Kap. 56 Rdn. 16 m. Fußn. 26 u. Kap. 36 Rdn. 30; zum Umfang und zur Kritik an dieser Rechtsprechung vgl. unten G I 1 u. G II 4. Im vorliegenden Zusammenhang stellt sich die Problematik dieser Einschränkung des Schadensersatzanspruches deswegen letztlich nicht, weil eine Aufhebung der eV, soweit sie begründet gewesen ist, im vorliegenden Zusammenhang nach der hier vertretenen Auffassung eben nicht in Betracht kommt.

671 Vgl. BGH GRUR 1973, 478 – Modeneuheit; BGH GRUR 1984, 453 – Hemdblusenkleid.

672 Vgl. eingehend *Borck* WRP 1980, 1 ff.

673 So BGH NJW 1973, 1329; NJW 1974, 503; OLG Hamburg MDR 1970, 935; NJW-RR 1986, 1122; LG Aachen MDR 1973, 506; OLG Celle Entsch. v. 23. 03. 1979, zit. bei *Traub* S. 73; OLG Karlsruhe WRP 1980, 713; OLG München WRP 1982, 357; *Melullis* Rdn. 135; *Zöller/Vollkommer* § 926 ZPO Rdn. 31 i.V.m. Rdn. 12; *Stein/Jonas/Grunsky* § 926 ZPO Rdn. 8; *Baumbach/Lauterbach/Hartmann* § 926 ZPO Anm. 2 c; *Teplitzky*[6] Kap. 52 Rdn. 24 – 27.

674 So zutreffend *Teplitzky*[6] Kap. 52 Rdn. 24 – 27; *Stein/Jonas/Grunsky* § 926 ZPO Rdn. 7 f; vgl. auch BGH NJW 1973, 1329; NJW 1974, 503. Vgl. zur Unzulässigkeit des Aufhebungsverfahrens gemäß § 926 ZPO bei offensichtlicher Unbegründetheit der zu erhebenden Hauptklage wegen Wegfall der Wiederholungsgefahr Rdn. 225.

675 So OLG Hamburg MDR 1965, 49; OLG Düsseldorf WRP 1971, 328; LG Hamburg WRP 1972, 600; OLG Hamm WRP 1980, 87; OLG Nürnberg WRP 1980, 443; OLG Frankfurt WRP 1982, 590; *Borck* WRP 1980, 1, 8 f; *Pastor* WbProzeß S. 486, 508 f; *Ahrens* S. 191. Wohl auch in dieser Richtung tendierend, wenn auch etwas undeutlich *Baumbach/Hefermehl* § 25 Rdn. 88.

ger müsse durch die Erhebung der Hauptklage – die in einem solchen Falle nur auf Feststellung der früheren Begründetheit der eV gerichtet sein kann – der Aufforderung gemäß § 926 ZPO des Verfügungsschuldners gerecht werden, kann ihr also nicht gefolgt werden; denn die **Unzulässigkeit der Feststellungsklage** – wenn sie denn unzulässig wäre – hätte zugleich die **Unzulässigkeit des Aufhebungsantrags** zur Folge, so daß insoweit also dem Verfügungsgläubiger keine Gefahr aus § 926 ZPO drohen würde, die sein Feststellungsinteresse begründen könnte[676].

Trotzdem ist mit der Minderauffassung ein **Feststellungsinteresse** für eine solche Feststellungsklage zu bejahen: Zum einen hat der Verfügungsschuldner ein durch § 926 ZPO legitimiertes Interesse daran, daß über die **Kosten** des eV-Verfahrens endgültig nicht nur in einem summarischen Verfahren mit der Beschränkung auf Glaubhaftmachungsmittel entschieden wird, sondern in einem ordentlichen **Verfahren mit sämtlichen Beweismitteln**[677]. Dies ist insbesondere auch der BGH-Entscheidung „Feststellungsinteresse"[678] entgegenzuhalten, welche sich zwar nicht mit einer Feststellungsklage des Verfügungsgläubigers (nach oder auch unabhängig von einem Aufhebungsantrag gemäß § 926 ZPO) befaßt, sondern mit einer negativen Feststellungsklage des Verfügungsschuldners im Hinblick auf die – dem maßgeblichen Zeitraum nach erledigte – eV. Aber für das Feststellungsinteresse an einer derartigen negativen Feststellungsklage sind dieselben Erwägungen maßgeblich wie für eine positive Feststellungsklage des Verfügungsgläubigers. Wenn der BGH sagt, das Rechtsschutzinteresse an der Feststellung (im Hinblick auf das Kosteninteresse) sei schon deswegen zu verneinen, weil der Verfügungsschuldner Widerspruch einlegen und nach Erledigung der Hauptsache aufgrund übereinstimmender Erledigungserklärung eine Kostenentscheidung gemäß § 91 a ZPO erwirken könne, dann wird damit gerade die Möglichkeit, die Beweismittel im Hauptklageverfahren ausschöpfen zu können, nicht hinreichend Rechnung getragen. Der Umstand, daß man in einem summarischen Verfahren rascher und einfacher und wegen der Beschränkung auf das Kosteninteresse auch billiger zu einer Entscheidung gelangen kann – so BGH in der Entscheidung „Feststellungsinteresse" –, kann in Ansehung des § 926 ZPO, der gerade die Überprüfung der eV im Hauptklageverfahren anstrebt, nicht ein entscheidendes Argument sein. Zum anderen aber und vor allem besteht auch unabhängig vom Kosteninteresse ein Feststellungsinteresse, die Begründetheit der eV, auch wenn sie zeitlich befristet war, im Hauptklageverfahren überprüfen zu lassen. So erkennt der BGH in der Entscheidung „Feststellungsinteresse' ein **Feststellungsinteresse** ausdrücklich an, daß der Verfügungsschuldner nach einer eV, die auf das Verbot eines konkreten, inzwischen in der Vergangenheit liegenden Wettbewerbsverhaltens gerichtet war, im Hauptverfahren geklärt sehen will, ob ein **Wettbewerbsver-** 232

[676] Jedoch muß man auch in der Praxis Verständnis dem Verfügungsgläubiger entgegenbringen, der sich einer gerichtlichen Aufforderung, binnen einer Frist Hauptklage wegen der eV zu erheben, entgegensieht (der dafür zuständige Rechtspfleger hat nur ein sehr eingeschränktes Überprüfungsrecht, vgl. Rdn. 215), diese dann in der Form der Feststellungsklage erhebt, um der Aufforderung des Gerichts nachzukommen und der Aufhebung der eV und einem Schadensersatzanspruch gemäß § 945 ZPO entgegenzuwirken, und der dann voller Unverständnis vor den Juristen steht, die ihm sagen, seine Klage sei unzulässig, weil er gar keine Klage habe zu erheben brauchen (so aber die Situation in BGH NJW 1973, 1329). Es wirkt geradezu hämisch, wenn dort der BGH sagt, der Verfügungsgläubiger habe die Feststellungsklage nicht zu erheben brauchen, weil der Verfügungsschuldner den Aufhebungsantrag gemäß § 926 Abs. 2 ZPO nicht mit Erfolg habe stellen können – „wie dieser im übrigen (nachträglich) auch selbst eingeräumt" habe. Das sind sarkastische Worte für eine Partei, die sich an eine gerichtliche Aufforderung zur Klageerhebung gehalten hat, welche wiederum auf Antrag des Verfügungsschuldners ergangen war. Vgl. auch BGH NJW 1974, 503, jedoch nicht ganz so zynisch.

[677] Vgl. *Borck* WRP 1980, 1, 8.

[678] BGH GRUR 1985, 571.

halten, wie es ihm mit der eV verboten worden war, vom Verfügungsgläubiger untersagt werden kann. Dies im Hinblick auf die vorausgegangene einen konkreten Einzelfall betreffende eV im ordentlichen Hauptklageverfahren geklärt zu sehen, habe der Verfügungsschuldner – so sagt der BGH mit Recht – ein berechtigtes Interesse, um sein **wirtschaftliches Verhalten entsprechend einzurichten.** Dagegen soll nach derselben BGH-Entscheidung kein Feststellungsinteresse des Verfügungsschuldners bestehen, im Hauptklageverfahren geklärt zu erhalten, ob die eV von Anfang an ungerechtfertigt war; ein Feststellungsinteresse der Klärung der (Rechts-)Frage der richtigen Rechtsanwendung im konkreten Einzelfall sei nicht anzuerkennen. Es ist schon schwer nachzuvollziehen, warum ein Klageantrag, der darauf gerichtet ist festzustellen, daß der Verfügungsgläubiger einen Unterlassungsanspruch gegen eine Aktion X im Zeitpunkt Y nicht gehabt habe, unzulässig, dagegen ein Klageantrag, der darauf gerichtet ist festzustellen, daß der Verfügungsgläubiger einen Unterlassungsanspruch gegen eine Aktion wie X nicht habe, zulässig sein soll (so aber BGH aaO). Letztlich kann dies aber im hier erörterten Zusammenhang, daß der Verfügungsschuldner einen Fristsetzungsantrag gemäß § 926 Abs. 1 ZPO und möglicherweise auch bereits einen Aufhebungsantrag gemäß § 926 Abs. 2 ZPO gestellt hat und der Verfügungsgläubiger sich zu entscheiden hat, wie er darauf zu reagieren hat, dahinstehen. Man wird nämlich den **Antrag des Verfügungsschuldners gemäß § 926 ZPO so auslegen** müssen, daß er an der **Klärung der wettbewerbsrechtlichen Beurteilung einer solchen Wettbewerbshandlung,** wie sie Gegenstand der eV gewesen ist, für die Einrichtung seines Verhaltens in der Zukunft interessiert ist, so daß darauf gestützt jedenfalls der Verfügungsschuldner eine negative Feststellungsklage erheben könnte. Dann aber muß auch der Verfügungsgläubiger eine eigene Feststellungsklage[679] erheben können, um einer (möglichen) negativen Feststellungsklage des Verfügungsschuldners und einer Aufhebung der eV gemäß § 926 ZPO und einem etwa darauf basierenden Schadensersatzanspruch aus § 945 ZPO[680] zuvorzukommen. Im Aufhebungsverfahren hat also das **Gericht gemäß § 926 Abs. 2 ZPO zu prüfen,** ob die vom Verfügungsgläubiger solchenfalls als Hauptsacheklage **erhobene Feststellungsklage den eV-Tenor zutreffend vollständig wiedergibt.**

7. Vorläufige Maßnahmen und Vollstreckbarkeit

233 a) Im Rahmen des Aufhebungsverfahrens gemäß § 926 Abs. 2 ZPO kann das Gericht, wenn es nicht sofort Termin anberaumt, analog § 924 Abs. 3 ZPO (bzw. das Berufungsgericht gemäß § 719 in Verbindung mit § 707 ZPO) **vorläufige Maßnahmen** treffen[681]. Ist die Hauptklage bis zum Ablauf der vom Rechtspfleger gesetzten Frist vom Verfügungsgläubiger noch nicht erhoben (zu den sich dann ergebenden denkbaren zeitlichen Abläufen vgl. 4 Rdn. 219 ff), erscheint es geboten, daß jedenfalls das im Aufhebungsverfahren gemäß § 926 Abs. 2 ZPO nunmehr angerufene Gericht sofort die weitere Vollstreckung aus der einstweiligen Verfügung von einer Sicherheitsleistung des Verfügungsgläubigers abhängig macht.

234 b) Das Urteil, welches im Aufhebungsverfahren gemäß § 926 ZPO die eV aufhebt, ist gemäß § 708 Ziffer 6 ZPO ohne Sicherheitsleistung **vorläufig vollstreckbar;** Die

[679] Mit dem Antrag „festzustellen, daß der Beklagte bei Erlaß der eV vom ... Aktenzeichen ..., verpflichtet war, ... (Beschreibung der Wettbewerbshandlung) zu unterlassen."

[680] *Pastor* WbProzeß S. 509 spricht ausdrücklich vom Feststellungsinteresse aus dem Zusammenhang des § 945 ZPO; dagegen aber – anders akzentuierend – *Teplitzky*[6] Kap. 52 Rdn. 27.

[681] *Stein/Jonas/Grunsky* § 926 ZPO Rdn. 17; *Zöller/Vollkommer* § 926 ZPO Rdn. 28.

Vollstreckungsmöglichkeiten aus der aufgehobenen eV sind mit dem Erlaß des Aufhebungsurteils beendet[682]. Etwa durchgeführte Sequestrationen sind auf Antrag des Verfügungsschuldners aufzuheben. Das auch nur **vorläufig vollstreckbare Aufhebungsurteil ist** also **gegenüber** der – gegebenenfalls auch im Widerspruchs- oder Berufungsurteils bestätigten – **eV vorrangig**[683], zumal ein Aufhebungsgrund (Nichterhebung der Hauptklage durch Verfügungsgläubiger) maßgeblich ist, der im eV-Erlaß-Verfahren noch gar nicht Gegenstand der gerichtlichen Prüfung war.

8. Kostenentscheidung

a) **Aufhebung der eV.** Ist der Verfügungsgläubiger der gerichtlichen Aufforderung zur Hauptklageerhebung nicht nachgekommen und wird also die eV im Urteil gemäß § 926 ZPO aufgehoben, werden die **gesamten Kosten des eV-Erlaß- und Aufhebungsverfahrens dem Verfügungsgläubiger auferlegt.** Dies ist eine reine **Strafsanktion** dafür, daß er die Hauptklage nicht erhoben hat. Es wird also unwiderleglich vermutet, daß der Verfügungsgläubiger das Risiko scheut, den im eV-Verfahren geltend gemachten und zunächst einmal durch eV gesicherten Unterlassungsanspruch im ordentlichen Verfahren gegen den Verfügungsschuldner zu verfolgen. Daher kommt es auf die ursprüngliche Berechtigung der eV und die Gründe für die Nicht-Erhebung der Hauptklage nicht an[684]. **235**

b) **Zurückweisung des Antrags.** Wird durch Urteil der Aufhebungsantrag zurückgewiesen, trägt der Verfügungsschuldner die Kosten des Aufhebungsverfahrens, während die Kosten des Erlaß-Verfahrens von dieser Entscheidung unberührt bleiben. Wie unter 4 a und b Rdn. 219 ff dargestellt, muß der Verfügungsschuldner allerdings dann nicht die Kosten des Aufhebungsverfahrens gemäß § 926 ZPO tragen, wenn der Verfügungsgläubiger **verspätet**, nämlich nach Ablauf der vom Rechtspfleger gemäß § 926 Abs. 1 ZPO gesetzten Frist, **Hauptklage** erhoben hat und der Verfügungsschuldner darauf im Rahmen des Aufhebungsverfahrens prompt (durch Erklärung der Erledigung dieses Verfahrens) reagiert: Hat der Verfügungsschuldner bereits nach Fristablauf des § 926 Abs. 1 ZPO wegen nicht erhobener Hauptklage Aufhebungsantrag gestellt und kann er mit diesem Aufhebungsantrag wegen der nachträglich, aber noch vor formell rechtskräftiger Aufhebung der eV, erhobenen Hauptklage keinen Erfolg haben, ist es gerechtfertigt, **den Verfügungsgläubiger die Kosten des allein von ihm durch nicht rechtzeitige Erhebung der Hauptklage veranlaßten Aufhebungsverfahrens tragen zu lassen.** Dies kann entweder gemäß § 91 a ZPO i.V.m. § 93 ZPO geschehen oder in direkter Anwendung des § 93 ZPO: Dabei kommt § 91 a ZPO nach Erledigungserklärung der Hauptsache – des Aufhebungsverfahrens – in Betracht, wenn die eV noch nicht erstinstanzlich im Hauptklageverfahren aufgehoben ist. Dagegen kommt § 93 **236**

---

[682] Vgl. *Zöller/Vollkommer* § 926 ZPO Rdn. 14; *Stein/Jonas/Grunsky* § 927 ZPO Rdn. 18, der insoweit eine gleiche Fallgestaltung betrifft; vgl. auch zur vergleichbaren Wirkung der Widerspruchsentscheidung gegenüber der Beschluß-eV II 4 d Rdn. 190. Dementsprechend gibt es auch keine weitere Vollstreckung gemäß § 890 ZPO wegen vor Aufhebung der eV seitens des Verfügungsschuldners begangener Zuwiderhandlungen, vgl. dazu *Jestaedt* Vor § 13 E Rdn. 45 in diesem Kommentar; vgl. dazu auch *Ulrich* WRP 1992, 147 ff und OLG Karlsruhe GRUR 1992, 208.

[683] Anders *Zöller/Vollkommer* § 927 ZPO Rdn. 14 für Arrest-Vollstreckungsmaßnahmen; vgl. aber auch, insoweit wie hier, BGH MDR 1976, 1014, wonach die etwaige Vollstreckungsmaßnahmen aufhebende Wirkung einer Aufhebungsentscheidung nicht von deren Rechtskraft abhängt.

[684] Vgl. OLG Frankfurt WRP 1986, 685; OLG Karlsruhe MDR 1989, 826; *Stein/Jonas/Grunsky* § 926 ZPO Rdn. 18; *Zöller/Vollkommer* § 926 ZPO Rdn. 26; *Baumbach/Hefermehl* § 25 Rdn. 84.

ZPO in Betracht, wenn im erstinstanzlichen Aufhebungsurteil die eV bereits aufgehoben ist und in der Berufungsinstanz des Aufhebungsverfahrens der Verfügungsgläubiger noch die Hauptklage erhebt, das Aufhebungsurteil also wieder beseitigt und das Berufungsgericht daraufhin nach der hier vertretenen, von der herrschenden Meinung abweichenden Auffassung, vgl. 4 b Rdn. 221, das Aufhebungsurteil wieder beseitigt und die schon aufgehobene eV auf Antrag des Verfügungsgläubigers, der in dem Berufungsantrag des Aufhebungsverfahrens immanent enthalten ist, wieder bestätigt, und wenn der Verfügungsschuldner dieses Ergebnis in der mündlichen Verhandlung des Aufhebungs-Berufungsverfahrens sofort anerkennt.

VII. Negative Feststellungsklage nach eV

237 Der Verfügungsschuldner, der im Hauptklageverfahren die Berechtigung der gegen ihn erwirkten eV überprüfen lassen will, ist nicht darauf angewiesen, den Weg des § 926 ZPO zu beschreiten, zumal dieser Rechtsbehelf schließlich doch nicht zum Effekt der Hauptsacheklärung führen muß, sondern nur die eV im Wege des Aufhebungsverfahrens gemäß § 926 Abs. 2 aus der Welt schafft, wenn die Hauptsacheklage vom Verfügungsgläubiger trotz gerichtlicher Aufforderung gemäß § 926 Abs. 1 ZPO nicht erhoben wird. Will der Verfügungsschuldner selbst möglichst zügig geklärt wissen, ob der vom Verfügungsgläubiger geltend gemachte Unterlassungsanspruch, wie er durch die eV gesichert ist, tatsächlich besteht, kann er selbst **eigeninitiativ** werden und seinerseits **negative Feststellungsklage erheben**[685]; ihm kann auch nicht das Rechtsschutzinteresse abgesprochen werden, weil er einfacher im Widerspruchsverfahren gemäß § 924 ZPO zu einer Überprüfung der eV gelangen könne[686]. An dem Feststellungsinteresse gemäß § 256 ZPO dürfte es allerdings dann fehlen, wenn der Verfügungsschuldner gegenüber der in der eV liegenden Berühmung des Verfügungsgläubigers Unterlassungsklage wegen ungerechtfertigter Schutzrechtsverwarnung oder sittenwidriger Schädigung erheben kann[687]. Diese Fälle sind allerdings relativ selten[688].

238 Wird über die negative **Feststellungsklage rechtskräftig im Sinne des Verfügungsschuldners** entschieden, hat der Verfügungsschuldner dann auf dem Wege über das **Aufhebungsverfahren gemäß § 927 ZPO** die Möglichkeit, auch die eV später aufheben zu lassen[689]. Für einen anderen Zeitpunkt, nämlich vor Erlaß der eV, ist die Möglichkeit der negativen Feststellungsklage bereits II Rdn. 177 dargestellt worden. Darauf wird hier verwiesen[690].

---

[685] Vgl. BGH NJW 1978, 2157; BGH GRUR 1985, 571 – Feststellungsinteresse; *Teplitzky*[6] Kap. 52 Rdn. 28; *Stein/Jonas/Grunsky* § 926 ZPO Rdn. 2; *Baur* Studien S. 80; *Lindacher* BB 1984, 639, 640; *Mädrich* S. 56; **a. A.** *Pastor* WbProzeß S. 334 f, 447.

[686] Und zwar – entgegen BGH u. hM – auch dann nicht, wenn es (anscheinend) nur um die Kosten der inzwischen durch Zeitablauf erledigten eV geht. Auf die eingehende Behandlung dieser Problematik in Rdn. 231 f wird hingewiesen.

[687] Siehe dazu *Kreft* Vor § 13 C Rdn. 195 u. 198 in diesem Kommentar, und nachfolgend VIII Rdn. 244. Der BGH weist in GRUR 1985, 571 – Feststellungsinteresse – zu Recht darauf hin, daß die Unsicherheit darüber, ob die Voraussetzungen für eine solche Unterlassungsklage gegeben sind, nicht auf dem Rücken der Verfügungsschuldners im Rahmen der von ihm erhobenen negativen Feststellungsklage ausgetragen werden darf: Bei Zweifeln über die Begründetheit einer gegen die Abmahnung gerichteten Unterlassungsklage bleibt die negative Feststellungsklage jedenfalls zulässig.

[688] Vgl. dazu BGH GRUR 1985, 571 – Feststellungsinteresse; *Melullis* Rdn. 534.

[689] Vgl. OLG Saarbrücken WRP 1981, 118; OLG Koblenz WRP 1985, 439; *Mädrich* S. 56; *Stein/Jonas/Grunsky* § 926 ZPO Rdn. 2; vgl. auch VI 6 Rdn. 228 sowie IX 3 d Rdn. 262 f.

[690] Dort ist auch darauf hingewiesen worden, daß der die negative Feststellungsklage erhebende Abgemahnte ein gewisses Kostenrisiko läuft, wenn er ohne „Gegen-Abmahnung" auf die Abmahnung hin negative Feststellungsklage erhebt. Diese Auffassung ist dort abgelehnt worden. Das gilt erst recht, wenn der „Ursprungs-Abmahnende" es nicht nur bei der Abmahnung hat bewenden lassen, sondern auch noch einen eV-Antrag gestellt hat. Gleichwohl hat das LG Hamburg in einer unveröf-

1. Gerichtsstands-Wahl des Verfügungsschuldners

Diese negative Feststellungsklage hat gegenüber dem Verfahren gemäß § 926 ZPO für den Verfügungsschuldner den Vorteil, daß er sich den Gerichtsstand gemäß § 24 UWG aussuchen kann. Denn jedes Gericht, welches als **Gericht des Verletzungsortes gemäß § 24 UWG** für die – der eV im Tenor entsprechende – Unterlassungsklage des Verfügungsgläubigers in Betracht käme, ist **auch für die negative Feststellungsklage**, in welcher es um dasselbe Rechtsverhältnis geht, **zuständig**[691]. Und durch die eV hat der Verfügungsgläubiger nicht etwa abschließend die Gerichtsstandswahl für dieses Rechtsverhältnis getroffen: Da der Streitgegenstand der eV nur die Sicherung, nicht aber die endgültige Befriedigung des Unterlassungsanspruchs betrifft[692], ist die Zuständigkeit des eV-Gerichts für das Hauptklageverfahren nicht verbindlich, vgl. B I 2 a Rdn. 26. 239

2. Verhältnis zur Unterlassungs-Hauptklage

Allerdings kann der Verfügungsgläubiger dieser negativen Feststellungsklage des Verfügungsschuldners durch eine von ihm erhobene Unterlassungsklage, in welcher dieselben Ansprüche zugrundeliegen, die auch Gegenstand der (reziproken) negativen Feststellungsklage des Verfügungsschuldners sind, den Boden entziehen, vgl. II, Rdn. 177. Ist diese Hauptsache-Unterlassungsklage erhoben und kann sie vom Verfügungsgläubiger nicht mehr ohne Zustimmung des Verfügungsschuldners zurückgenommen werden – also gemäß §§ 269, 137 ZPO nach Stellung der Anträge im Unterlassungs-Hauptsacheverfahren oder auch dann, wenn der Kläger der Unterlassungs-Hauptklage, also der Verfügungsgläubiger, im Klageverfahren verbindlich gegenüber Gericht und Gegenpartei auf die Möglichkeit, die Unterlassungsklage zurückzunehmen, verzichtet –, muß der **Verfügungsschuldner** die von ihm erhobene negative **Feststellungsklage für erledigt** erklären, weil nunmehr das Feststellungsinteresse des Verfügungsschuldners gemäß § 256 ZPO an der Klärung des vom Verfügungsgläubiger durch die eV vorläufig gesicherten Unterlassungsanspruches fortgefallen ist[693]. Der Verfügungsschuldner kann auch der zeitlich nach der Erhebung der negativen Feststellungsklage erhobenen Hauptsache-Unterlassungsklage nicht mit dem Hinweis auf bereits durch die negative Feststellungsklage bestehende Rechtshängigkeit gemäß § 261 240

---

fentlichten Entscheidung auch bei einer solchen Situation zugunsten des „Angreifers" die Kosten gemäß § 93 ZPO dem Klagenden auferlegt, weil er nach dem eV-Verfahren den (im eV-Verfahren erfolglosen) Antragsteller noch einmal zum Verzicht auf den erhobenen Unterlassungsanspruch habe auffordern müssen; ebenso *Baumbach/Hefermehl* Einl. UWG Rdn. 561 mwN; *Kreft* Vor § 13 C Rdn. 202 in diesem Kommentar. Das erscheint verfehlt; so zutreffend OLG Hamburg, Beschluß vom 12. 09. 1991, Aktenzeichen 3 W 96/91; vgl. dazu auch OLG Köln WRP 1986, 428; u. eingehend *Lindacher* Festschr. *v. Gamm* S. 83, 87 f. Eine „Gegen-Abmahnung" vor Erhebung einer negativen Feststellungsklage kann allenfalls dann in Betracht kommen, wenn die Abmahnung erkennbar von falschen tatsächlichen Voraussetzungen ausgegangen ist, vgl. OLG Düsseldorf WRP 1979, 719; KG WRP 1980, 206; OLG Köln WRP 1983, 172; *Teplitzky*[6] Kap. 41 Rdn. 74.

691 Vgl. OLG Köln GRUR 1978, 658; *Erdmann* § 24 Rdn. 4 in diesem Kommentar; *Baumbach/Hefermehl* § 25 Rdn. 7; *Melullis* Rdn. 537; a. A. *Lindacher* Festschr. *v. Gamm* S. 83, 88 f.

692 Vgl. *Teplitzky*[6] Kap. 53 Rdn. 3; *Baumbach/Hefermehl* § 25 Rdn. 4.

693 Vgl. BGHZ 28, 203 = GRUR 1959, 152 – Berliner Eisbein; BGHZ 99, 340 = GRUR 1987, 402 – Parallelverfahren; BGH WM 1990, 695; *Teplitzky*[6] Kap. 52 Rdn. 20. Zweifelhaft kann lediglich sein, ob der Wegfall des Feststellungsinteresses auch dann anzunehmen ist, wenn die negative Feststellungsklage im Zeitpunkt, da die Unterlassungsklage nicht mehr einseitig zurückgenommen werden kann, bereits entscheidungsreif ist, vgl. BGH – Parallelverfahren u. WM 1990, 695 sowie schon NJW 1973, 1500. Zur Problematik einer negativen Feststellungsklage und ihres Verhältnisses zur Unterlassungsklage des Verfügungsgläubigers, wenn der Verfügungsschuldner zur Absendung einer eV eine Unterwerfungserklärung mit auflösender Bedingung eines für ihn günstigen Urteils im Hauptklageverfahren abgegeben hatte, vgl. D I 4 Rdn. 135 sowie OLG Düsseldorf GRUR 1992, 208.

Abs. 3 Nr. 1 ZPO begegnen. Denn es handelt sich zwar bei beiden Klagen materiell um dasselbe Rechtsverhältnis, also dieselbe „Streitsache“ im Sinne von § 261 Abs. 3 Nr. 1 ZPO. Jedoch erwirkt der Verfügungsgläubiger in der von ihm erhobenen **Unterlassungsklage** einen **Unterlassungstitel**, aus dem dann schließlich auch vollstreckt werden kann, während auf die vom Verfügungsschuldner erhobene negative Feststellungsklage nur ein Feststellungsurteil ergehen kann, welches – im Falle des Obsiegens des Verfügungsgläubigers – eine Unterlassungsvollstreckung nicht erlaubt[694]. Es erscheint auch **nicht zutreffend** daß auf die zunächst erhobene negative Feststellungsklage hin die **Unterlassungs-Hauptsache-Klage nur im Wege der Widerklage** erhoben werden könnte[695]; denn dann würde sich wiederum der Verfügungsgläubiger den Gerichtsstand aufdrängen lassen müssen, den der Verfügungsschuldner für seine negative Feststellungsklage gewählt hatte.

241 Durch die **Erledigung der Hauptsache** in der negativen Feststellungsklage durch die Unterlassungs-Hauptklage werden divergierende Entscheidungen zweier Gerichte über denselben Streitgegenstand vermieden. Durch die **Kostenentscheidung gemäß § 91 a ZPO** des Gerichts, das mit der negativen Feststellungsklage angerufen worden war, kann es aber in der Sache sehr wohl – allerdings ohne materielle Rechtskraftwirkung, nämlich nur im Rahmen einer Kostenentscheidung gemäß § 91 a ZPO, und deswegen ist dieses Ergebnis überhaupt vertretbar – zu einer divergierenden Entscheidung zu demjenigen Urteil kommen, welches im Unterlassungs-Hauptsache-Klageverfahren ergeht[696]. Will man dieses wenig befriedigende Ergebnis vermeiden, kann das **Gericht der negativen Feststellungsklage** seine Entscheidung gemäß § 91 a ZPO **gemäß § 148 ZPO aussetzen**, bis über die Unterlassungs-Hauptsache-Klage rechtskräftig entschieden ist.

242 Die beschriebene Vorgreiflichkeit der im Falle ihrer positiven Entscheidung zu einem Verbots-Tenor führenden Unterlassungs-Hauptklage gegenüber der negativen Unterlassungsklage dürfte allerdings nicht gelten für diejenige **positive Feststellungsklage**, die der Verfügungsgläubiger nur noch erheben kann, **wenn die eV wegen zeitlicher Befristung des Unterlassungsanspruches nur zeitlich begrenzt war** und dieser Wirkungs-Zeitraum inzwischen abgelaufen ist, vgl. VI 6 b Rdn. 231 f[697]. Denn hier stehen sich zwei Feststellungsklagen gegenüber, die beide – außer der Kostenentscheidung – keinen vollstreckungsfähigen Inhalt haben, so daß hier § 261 Abs. 3 Nr. 1 ZPO durchgreifen dürfte und also **die eher erhobene Klage der späteren entgegensteht.**

3. Keine Aufhebungswirkung gemäß § 926 ZPO

243 Durch die negative Feststellungsklage kann allerdings der Verfügungsschuldner nicht die Aufhebung der eV wegen Nicht-Erhebung der Hauptklage gemäß § 926 ZPO

694 Es erscheint jedenfalls nicht zutreffend, daß es auf einen solchen Titel nicht ankäme, weil nach der Lebenserfahrung die Parteien sich an den Tenor der negativen Feststellungsklage in jedem Fall auch ohne dessen Vollstreckbarkeit halten würden, so aber BGHZ 28, 203, 207 = GRUR 1959, 152 – Berliner Eisbein. Dies verkennt, mit welcher Intensität und gelegentlich auch „sportlicher Note“ und vor welchem Hintergrund des Einsatzes von Prozessen als Wettbewerbsmittel Rechtsstreitigkeiten gerade im UWG-Bereich häufig geführt werden.

695 So aber *Zöller/Stephan* § 261 ZPO Rdn. 9; *Stein/Jonas/Schumann* § 261 ZPO Rdn. 62 mwN; wie hier dagegen die Rechtsprechung des BGH, vgl. Fußn. 693.

696 Dieses Ergebnis wird vom BGH NJW 1973, 1500; GRUR 1987, 402 – Parallelverfahren; WM 1990, 695 (letztere zum Fall einer zunächst vom Kläger erhobenen (positiven) Feststellungsklage, der dann eine ebenfalls vom Kläger erhobene Unterlassungsklage nachfolgt) akzeptiert, im Falle der bereits bestehenden Entscheidungsreife der negativen Feststellungsklage sogar im Sinne gegenläufiger Urteile in der Sache, vgl. Fußnote 693.

697 Dort ist auch eingehend dargestellt, daß nach der herrschenden Auffassung, namentlich des BGH, derartige Feststellungsklagen nicht zulässig sind. Darauf wird verwiesen.

erreichen. Deswegen kann der Verfügungsschuldner die **negative Feststellungsklage mit dem Antrag gemäß § 926 ZPO verbinden** – letzteres in der Hoffnung, daß der Verfügungsgläubiger die Hauptsacheklage nicht erhebt und die eV auf Antrag des Verfügungsschuldners gemäß § 926 Abs. 2 ZPO dann aufgehoben werden wird. Erhebt der Verfügungsgläubiger dann aber gemäß der Aufforderung nach § 926 ZPO die Hauptklage, und kann er sie auch nicht mehr einseitig zurücknehmen, ist die eigene negative Feststellungsklage des Verfügungsschuldners für erledigt zu erklären, vgl. 2 Rdn. 240 f.

VIII. Unterlassungsklage des Verfügungsschuldners

Neben der vorstehend VII Rdn. 237 ff behandelten Möglichkeit des Verfügungs- **244**
schuldners, gegen den in der eV liegenden wettbewerbsrechtlichen Unterlassungsanspruch negative Feststellungsklage zu erheben, um in einem ordentlichen Hauptsache- und nicht nur im summarischen eV-Verfahren die Begründetheit des vom Verfügungsgläubiger der eV gesicherten Unterlassungsanspruchs überprüfen zu lassen, kommt auch die Möglichkeit in Betracht, daß der Verfügungsgläubiger seinerseits einen Unterlassungsanspruch geltend macht – darauf gerichtet, der Verfügungsgläubiger habe die in dem eV-Antrag inzident liegende **Behauptung, der Verfügungsschuldner handle wettbewerbswidrig, zu unterlassen.** Die Rechtsprechung[698] und das Schrifttum[699] **verneinen** in aller Regel einen **Unterlassungsanspruch** des Abgemahnten, hier also des eV-Verfügungsschuldners, weil es das durch Art. 5 GG grundsätzlich geschützte Recht des Abmahnenden/Verfügungsgläubigers sei, eine (wettbewerbsrechtliche) Auffassung zu haben und diese insbesondere auch einem Gericht – nämlich hier demjenigen, welches die eV erlassen hat – vorzutragen. Nur bei Vorliegen besonderer Umstände, die das Verhalten des Abmahnenden/Verfügungsgläubigers als wettbewerbswidrig iSd. § 1 UWG erscheinen ließen, sei dagegen ein eigener Unterlassungsanspruch denkbar. Diese **grundsätzliche Äußerungsfreiheit** und **nur ausnahmsweise gegebene Wettbewerbswidrigkeit**, die für die Position des Verfügungsgläubigers streitet, ist der Grund dafür, warum die in VII Rdn. 237 ff behandelte negative Feststellungsklage stets zulässig ist, auch wenn ausnahmsweise eine Unterlassungsklage als grundsätzlich gegenüber der Feststellungsklage vorrangige Leistungsklage in Betracht kommen sollte. Denn mit Recht sagt der BGH, daß der Abgemahnte/Verfügungsschuldner sich dem Risiko der Unterlassungsklage nicht auszusetzen brauche, und stattdessen die negative Feststellungsklage erheben dürfe[700]. Lediglich bei der **Verwarnung aus gewerblichen Schutzrechten** oder bei vergleichbaren wettbewerbsrechtlichen Ansprüchen[701] soll der **Unterlassungsanspruch des Verwarnten als Regel-Entgegnung** (wenn die Verwarnte die Verwarnung als ungerechtfertigt ansieht) in Betracht kommen[702], so daß also bei eV'en aus gewerblichen Schutzrechten oder vergleichbaren Ansprüchen aus § 1 UWG ein Unterlassungsanspruch gegen die in der eV enthaltene Verwarnung als gebotene Reaktion des Verfügungsschuldners in Betracht zu ziehen ist. Dies gilt insbesondere ferner dann, wenn die eV bzw. die in ihr enthaltene Abmahnung/Verwarnung nicht nur das

[698] BGH WRP 1965, 97 – Kaugummikugeln; BGH GRUR 1969, 479 – Colle de Cologne; BGH GRUR 1985, 571 – Feststellungsinteresse; OLG Frankfurt WRP 1975, 492; OLG Hamm WRP 1980, 216.

[699] *Kreft* Vor § 13 C Rdn. 194 ff in diesem Kommentar mwN; *Lindacher* Festschr. *v. Gamm* S. 83, 84 f; *Teplitzky*[6] Kap. 41 Rdn. 76–79 (jedoch differenzierend); *Melullis* Rdn. 534.

[700] BGH GRUR 1985, 571 – Feststellungsinteresse.

[701] Vgl. dazu *Kreft* Vor § 13 C Rdn. 198 in diesem Kommentar.

[702] Vgl. BGHZ 38, 200 = GRUR 1963, 255 – Kindernähmaschine; BGHZ 62, 29 = GRUR 1974, 290 – Maschenfester Strumpf; BGH GRUR 1978, 492 – Fahrradgepäckträger II; vgl. auch *Teplitzky*[6] Kap. 41 Rdn. 79.

Verhältnis zwischen Verfügungsgläubiger und Verfügungsschuldner berührt, sondern – wie zum Beispiel bei der **Abnehmerverwarnung**[703] oder bei Mitteilungen des Verfügungsgläubigers über das Wettbewerbsverhältnis zum Verfügungsschuldner an Dritte – **Drittwirkung** zeitigt. In solchem Fall ist ein **Unterlassungsanspruch des Verfügungsschuldners**, der selbst auch im Wege einer eV gesichert werden könnte, naheliegend[704]. Diese Problematik braucht im Rahmen der Behandlung des § 25, nämlich hier der Reaktionsmöglichkeiten des Verfügungsschuldners auf die eV, nicht vertieft zu werden: Denn jedenfalls kann der **Verfügungsschuldner** mit der gerichtlichen Geltendmachung seines etwaigen Unterlassungsanspruchs gegen den Verfügungsgläubiger – sei es im Wege der Klage, sei es im Wege der eV – **den Verfügungsgläubiger nicht daran hindern, seinerseits das von diesem betriebene Verfahren** – sei es nun eV oder auch Unterlassungsklage – **fortzusetzen**[705] (im Gegenteil wäre die vom Verfügungsschuldner eingeleitete Unterlassungsklage – wenn sie nur das Binnenverhältnis zwischen den Parteien beträfe, also nicht irgendeine Drittwirkung zum Gegenstand hätte – nach Erhebung der Unterlassungsklage über dieselbe Streitsache seitens des Verfügungsgläubigers und Antragstellung in jenem Verfahren für erledigt zu erklären[706]): Es wäre schlechterdings mit dem Verständnis eines **geordneten Rechtssystems** nicht zu vereinbaren, wenn der Beklagte/Verfügungsschuldner eines Verfahrens dem Kläger/Verfügungsgläubiger eben dieses Verfahrens durch eine in einem anderen Verfahren ergangene gerichtliche Entscheidung **verbieten** könnte, **seinen Rechtsstreit weiter zu betreiben** bzw. in diesem bestimmte Rechtspositionen einzunehmen oder Sachverhalte vorzutragen[707].

IX. Aufhebungsverfahren gemäß § 927 ZPO

245 Mit dem Aufhebungsantrag gemäß § 927 ZPO macht der Verfügungsschuldner **veränderte Umstände** geltend[708], die also nicht die Frage berühren, ob die eV ursprünglich zu Recht erlassen oder – im Widerspruchsverfahren gemäß § 924 ZPO oder nach Durchführung der Berufung im Erlaßverfahren – bestätigt worden ist[709, 710]. Es geht nur um den Fortbestand der – unterstelltermaßen ursprünglich begründeten – eV[711, 712].

---

703 Vgl. BGH GRUR 1979, 332 – Brombeerleuchte.

704 Vgl. *Pastor* WbProzeß S. 214; eingehend *Lindacher* Festschr. *v. Gamm* S. 83, 85.

705 Ständige Rechtsprechung des BGH, vgl. BGH GRUR 1987, 568 – Gegenangriff mwN; näher dazu *Teplitzky*[6] Kap. 19 Rdn. 16 – 18.

706 Vgl. BGHZ 28, 203 = GRUR 1959, 152 – Berliner Eisbein; OLG Frankfurt GRUR 1989, 705.

707 *Lindacher* Festschr. *v. Gamm* S. 83, 85 f spricht zur Begründung der Unzulässigkeit einer solchen Unterlassungsklage zu Recht von „Rechtsschutzfremdheit"; vgl. auch *Teplitzky*[6] Kap. 19 Rdn. 16 – 18.

708 Zu den „veränderten Umständen" im Sinne des § 927 ZPO vgl. eingehend *Stein/Jonas/Grunsky* § 927 ZPO Rdn. 3 ff.

709 Dementsprechend steht auch der Umstand, daß im eV-Verfahren Anerkenntnisurteil ergangen ist, dem Aufhebungsverfahren gemäß § 927 ZPO nicht entgegen, OLG München WRP 1986, 507, soweit es sich um ein Anerkenntnis handelt, welches erkennbar nur auf das eV-Verfahren bezogen ist, vgl. C II 2 Rdn. 98. Weitergehend *Melullis* Rdn. 137, wonach auch dann ein Anerkenntnis-Urteil des eV-Verfahrens gemäß § 927 ZPO der Aufhebung unterliegt, wenn es als Anerkenntnis des materiellen Unterlassungsanspruchs des Verfügungsgläubigers und also als Ersatz eines Hauptklage-Urteil zu verstehen ist (bedenklich).

710 Auch gegen eine Beschluß-eV kann sofort bei veränderten Umständen Aufhebungsantrag gemäß § 927 ZPO gestellt werden, ohne daß ein Widerspruchsverfahren vorausgegangen ist, vgl. 4 Rdn. 269 ff; OLG Köln WRP 1987, 568; *Zöller/Vollkommer* § 927 ZPO Rdn. 2; *Stein/Jonas/Grunsky* § 927 ZPO Rdn. 1; *Baumbach/Hefermehl* § 25 Rdn. 89; a. A. *Mädrich* S. 41 ff.

711 *Mädrich* S. 38 sagt im Hinblick auf § 927 ZPO zu Recht, die eV stehe als bloß vorläufige Regelung unter der clausula rebus sic stantibus.

712 Auch dieses Aufhebungs-Verfahren gehört noch zum eV-Verfahren. Die Ausführungen über Glaubhaftmachung und mündliche Verhandlung, B III 2 Rdn. 65 ff u. C II 1 u. 2 Rdn. 95 ff gelten also auch hier.

1. Rechtsbehelf zeitlich unbefristet

Wie die Rechtsbehelfe aus §§ 924, 926 ZPO ist auch dieser Rechtsbehelf des Verfügungsschuldners **zeitlich unbefristet möglich und kann parallel zu diesen – oder auch nacheinander – geltend gemacht werden**[713]. Wie der Aufhebungsantrag des Verfügungsschuldners gemäß § 926 ZPO, vgl. VI 4 a Rdn. 220, kann auch der Aufhebungsantrag gemäß § 927 ZPO wiederholt gestellt werden: Geht der Verfügungsschuldner beim ersten Aufhebungsantrag gemäß § 927 ZPO zu Unrecht davon aus, die Umstände hätten sich verändert, und wird er daher mit seinem Antrag zurückgewiesen, kann er den Aufhebungsantrag bei wiederum veränderten Umständen erneut stellen. Der Aufhebungsantrag kann auch zurückgenommen werden, allerdings nach Antragstellung im Aufhebungsverfahren nur mit Zustimmung des Verfügungsgläubigers[714]. Der Verfügungsgläubiger hat nämlich ein Recht darauf, daß über denjenigen veränderten Umstand, den der Verfügungsschuldner geltend gemacht hat, abschließend entschieden wird. Zwar kann der Verfügungsschuldner **später noch einmal einen Antrag gemäß § 927 ZPO stellen, jedoch nicht unter Berufung auf denselben „veränderten Umstand"**. 246

Im Aufhebungs-Antragsrecht des Verfügungsschuldners gemäß § 927 ZPO kommt in ganz besonders starkem Maße die „Einstweiligkeit" der eV zum Ausdruck: Während gegen Urteile in einem Hauptklage-Verfahren nur in eingeschränktem Maße veränderte Umstände gemäß § 767 ZPO im Wege der Vollstreckungsabwehrklage geltend gemacht werden können, und auch dann nur als möglicherweise zeitlich beschränkte Einwendungen (z. B. bei Stundungen des titulierten Zahlungsanspruches) gegen die Vollstreckung des Urteils wirken, das Urteil selbst aber grundsätzlich unberührt lassen[715], führen in eV-Verfahren **veränderte Umstände** zur Aufhebung der eV gemäß § 927 ZPO, **beseitigen** also den **Titel** schlechthin[716]. Das kann durchaus ein nicht nur dogmatischer, sondern auch sehr praktischer Unterschied sein: Sollten sich die Umstände dann nach Aufhebung der eV wieder verändern, so daß eine Sicherung durch die eV wiederum geboten erscheint, kann die aufgehobene eV nicht wieder reaktiviert werden, sondern der Verfügungsgläubiger muß eine neue eV beantragen. (Beispiel: Verfügungsgläubiger erwirkt eine eV, Verfügungsschuldner gibt eine strafbewehrte Unterlassungsverpflichtungserklärung ab und erreicht damit wegen Wegfall der Wiederholungsgefahr die Aufhebung der eV, verstößt dann aber gegen die Unterlassungsverpflichtung: Hier muß der Verfügungsgläubiger eine neue eV beantragen – wenn er sich nicht mit der Vertragsstrafe begnügen will – und kann nicht auf die frühere inzwischen aufgehobene eV zurückgreifen[717]). 247

Wie bei dem Aufhebungsrecht gemäß § 926 ZPO vgl. VI 1 Rdn. 208, hat der Verfügungsgläubiger keine Möglichkeit, den Verfügungsschuldner zum **Verzicht** auf das Recht aus § 927 ZPO oder eine zeitliche Einschränkung dieses Rechts zu zwingen. Er kann nur seinerseits Hauptklage erheben, um den einstweiligen Titel in einen endgültigen Titel umzuwandeln, wenn nicht der Verfügungsschuldner auf das Recht aus § 927 ZPO freiwillig – z. B. im Rahmen einer Abschlußerklärung nach Abschlußschreiben, vgl. F II 4 Rdn. 295 – verzichtet. 248

---

713 Vgl. unten 4 Rdn. 269 ff.

714 Vgl. C II 2 Rdn. 99 für die Rücknahme des eV-Antrags; wie dort auch hier **a. A. die hM**, vgl. *Zöller/Vollkommer* § 927 ZPO Rdn. 9 b; *Stein/Jonas/Grunsky* § 927 ZPO Rdn. 11.

715 Vgl. *Zöller/Vollkommer* § 767 ZPO Rdn. 5 m. Nachw.; *Mädrich* S. 38.

716 Insofern besteht eine gewisse Ähnlichkeit mit dem Abänderungsverfahren gemäß § 323 ZPO, vgl. *Teplitzky* Kap. 56 Rdn. 24.

717 Vgl. dazu ausführlich u. m. Nachw. *Köhler* Vor § 13 B Rdn. 66 in diesem Kommentar.

2. Die „insbesondere"-Fälle des § 927 ZPO

249 Diejenigen veränderten Umstände, die § 927 Abs. 1 ZPO im Rahmen des Arrestverfahrens als „insbesondere"-Fälle nennt, welche zum Aufhebungsantrag berechtigen würden, sind im Rahmen der Anwendung dieser Vorschrift gemäß § 936 ZPO auf das eV-Verfahren, namentlich auf das wettbewerbsrechtliche eV-Verfahren gemäß § 25 UWG, **untypisch**: Das Erbieten des Verfügungsschuldners zur Sicherheitsleistung berechtigt bei der Wettbewerbs-eV gerade gemäß § 939 ZPO in der Regel nicht zur Aufhebung der eV, vgl. III 3 Rdn. 183. Und auch ein nachträglicher **Wegfall des Verfügungsgrundes** – also des Interesses für eine Sicherung des Unterlassungsanspruches durch eV – tritt nach der hier in Rdn. 37 – entgegen der herrschenden Meinung – vertretenen Auffassung gerade im Anwendungsbereich des § 25 **nicht** ein, weil es hier eines besonderen Rechtsgrundes, den wettbewerbsrechtlichen Unterlassungsanspruch zu sichern, nicht bedarf, vgl. B II 1 Rdn. 36 ff, so daß dieser auch in aller Regel nicht wegfallen kann. Im übrigen gilt: **Erklärt der Verfügungsschuldner, er werde nicht mehr so handeln**, wie dies Anlaß für die Sicherung des Unterlassungsanspruches des Verfügungsgläubigers durch die eV gewesen ist, und verbindet er dies **nicht mit einem Vertragsstrafeversprechen**, so ist diese Erklärung im Wettbewerbsrecht, in welchem die Wiederholungsgefahr stets vermutet wird, im Hinblick auf die fortbestehende Wiederholungsgefahr **irrelevant**[718], kann also auch nicht das Sicherungsinteresse an einer eV gemäß § 25 UWG beseitigen. Verbindet aber der Verfügungsschuldner die Unterlassungsverpflichtungserklärung mit einem Versprechen, für den Fall der Zuwiderhandlung eine angemessene Vertragsstrafe zu zahlen, dann ist damit die Wiederholungsgefahr beseitigt und also der Verfügungsanspruch selbst fortgefallen, vgl. 3 a, Rdn. 251 ff. **Vergleichbar mit** der im Arrestverfahren gemeinten Situation der **Erledigung des Verfügungsgrundes** gemäß § 927 Abs. 1 ZPO – der Arrestschuldner bestreitet zwar weiterhin den Arrestanspruch des Arrestgläubigers, begründet aber nach Arresterlaß z. B. wieder in Deutschland einen festen Wohnsitz und wirkt hinreichend vermögend, um einen Anspruch des Arrestgläubigers für den Fall, daß dieser im Hauptklageverfahren obsiegt, befriedigen zu können – ist allenfalls eine Fallgestaltung, bei der der **Verfügungsschuldner eine mit Vertragsstrafeversprechen versehene Unterlassungsverpflichtungserklärung abgibt, die auflösend bedingt ist durch Urteil im Hauptverfahren**[719] vgl. D I 4 Rdn. 135. Diese Situation wird des Zusammenhanges wegen mit dem Einfluß der Unterlassungsverpflichtungserklärung auf das eV-Verfahren sogleich nachfolgend unter 3 a Rdn. 251 ff behandelt werden.

3. Typische Fälle des § 927 ZPO

250 Die typischen Fälle des § 927 ZPO im Rahmen der Wettbewerbs-eV gemäß § 25 UWG sind vielmehr: Wegfall der Wiederholungsgefahr durch Abgabe einer vertragsstrafenbewehrten Unterlassungsverpflichtungserklärung des Verfügungsschuldners gegenüber dem Verfügungsgläubiger (nachfolgend a); mangelnde Vollziehung der eV durch den Verfügungsgläubiger gemäß § 929 ZPO bzw. mangelnde Erbringung einer angeordneten Sicherheitsleistung (nachfolgend b); Eintritt der Verjährung des Unterlassungsanspruches (nachfolgend c); rechtskräftige Beendigung des Unterlassungs-Haupt-

---

[718] Ganz hM, vgl. *Köhler* Vor §13 B Rdn. 32 ff in diesem Kommentar; *Gruber* WRP 1992, 71, 81; beide mwN. Allerdings werden an die Beseitigung einer Begehungsgefahr nach der Rechtsprechung des BGH geringere Anforderungen gestellt als an die Beseitigung einer Wiederholungsgefahr, vgl. dazu zuletzt BGH GRUR 1992, 116 – Topfgucker-schecks.

[719] Dagegen allerdings *Teplitzky*[6] Kap. 56 Rdn. 30.

klage-Verfahrens[720] (nachfolgend d); Änderung der Rechtsprechung bzw. des Gesetzes, die Grundlage der eV waren (nachfolgend e); Änderung des Sachverhaltes (nachfolgend f). Dabei **obliegt** es stets **dem Verfügungsschuldner als demjenigen, der die eV beseitigt sehen möchte, die Voraussetzungen für die Aufhebung,** also insbesondere den veränderten Umstand, auf den er sich beruft, substantiiert darzulegen und im Bestreitensfalle **glaubhaft zu machen**[721]; zur Glaubhaftmachung vgl. B III 2 Rdn. 65 ff.

a) **Unterwerfungserklärung.** Gibt der Verfügungsschuldner nach Zustellung der eV eine ordnungsgemäße mit Vertragsstrafenversprechen versehene Unterlassungsverpflichtungserklärung hinsichtlich seines mit der eV angegriffenen Wettbewerbsverhaltens ab, ist damit die **Wiederholungsgefahr beseitigt**[722], die Voraussetzung für den wettbewerbsrechtlichen Unterlassungsanspruch ist[723]. Eine solche dem Tenor der eV entsprechende (uneingeschränkte) Unterwerfungserklärung führt also nicht nur zur Erledigung der Hauptsache im Rahmen eines anhängigen Hauptklage- oder eV-Erlaß-Verfahrens[724], sondern berechtigt auch zum Antrag des Verfügungsschuldners, gemäß § 927 ZPO die früher erwirkte oder bestätigte eV aufzuheben[725, 726]. Letzteres gilt auch, wenn die **Unterwerfungserklärung** nicht uneingeschränkt abgegeben wird, sondern nur **unter der auflösenden Bedingung eines für den Verfügungsschuldner obsiegenden rechtskräftigen Urteils im Hauptklageverfahren** oder – was der Sache nach dasselbe 251

720 Oder einer negativen Feststellungsklage umgekehrten Rubrums oder eines rechtskräftigen Schadensersatztitels gemäß § 945 ZPO, weil die eV sich als von Anfang an ungerechtfertigt erwiesen hat.

721 Ganz einhellige Auffassung; vgl. *Stein/Jonas/Grunsky* § 927 ZPO Rdn. 14; *Zöller/Vollkommer* § 927 ZPO Rdn. 9; *Baumbach/Lauterbach/Hartmann* § 927 ZPO Anm. 3 A; *Mädrich* S. 55; OLG Frankfurt WuW/OLG 4505.

722 Vgl. *Köhler* Vor § 13 B Rdn. 32 ff in diesem Kommentar; *Teplitzky*[6] Kap. 8; *Gruber* WRP 1992, 71, 81, a. A. *Nieder* WRP 1976, 290 f u. *Lindacher* GRUR 1975, 418, für den Fall, daß der Verfügungsschuldner nach Zustellung der eV sein darin gerade verbotenes Verhalten fortgesetzt hat (so *Nieder* aaO) bzw. vor Erlaß der eV erfolglos abgemahnt worden ist (so *Lindacher* aaO). Die hinter diesen Auffassungen stehende, an sich richtige Überlegung, daß es nicht im freien Ermessen des Verfügungsschuldners stehen könne, wann er nach seiner Willkür schließlich eine strafbewehrte Unterlassungsverpflichtungserklärung abgibt, sollte richtigerweise dadurch berücksichtigt werden, daß bis zur Abgabe der Unterwerfungserklärung begonnene Ordnungsmittelanträge gegen den Verfügungsschuldner fortgesetzt werden können, vgl. *Nieder* WRP 1976, 290 f und die Darstellung von *Jestaedt* Vor § 13 E Rdn. 46 in diesem Kommentar; vgl. dazu auch OLG Karlsruhe GRUR 1992, 208 (für den Fall der übereinstimmenden Erledigungserklärung der Parteien); *Ulrich* WRP 1992, 147.

723 BGH GRUR 1973, 208 – Neues aus der Medizin; BGH GRUR 1980, 241 – Rechtsschutzbedürfnis; BGH GRUR 1983, 186 – Wiederholte Unterwerfung; *Köhler* Vor § 13 B Rdn. 27 in diesem Kommentar; *Baumbach/Hefermehl* Einl. UWG Rdn. 262 ff; *Teplitzky*[6] Kap. 6 Rdn. 7.

724 Nach der Rechtsprechung des BGH (der sich die herrschende Lehre im Grundsatz angeschlossen hat; vgl. z. B. *Köhler* Vor § 13 B Rdn. 54 ff in diesem Kommentar; *Baumbach/Hefermehl* Einl. UWG Rdn. 278; *Teplitzky*[6] Kap. 8 Rdn. 51, sämtlich mwN auch zur Gegenmeinung) unter Umständen auch dann, wenn sie einem Dritten gegenüber abgegeben worden ist, vgl. BGH GRUR 1983, 168 – Wiederholte Unterwerfung; GRUR 1987, 640 – Wiederholte Unterwerfung II; GRUR 1987, 748 – getarnte Werbung II; nach der Rechtsprechung des OLG Hamm WRP 1988, 334 u. WRP 1991, 125 auch dann, wenn Dritten gegenüber eine Abschlußerklärung hinsichtlich einer von diesen Dritten erwirkte eV abgegeben worden ist, vgl. dazu F III 6 Rdn. 303 ff. Das ist bedenklich, weil der Verfügungsgläubiger auf eine Kontrolle eines Dritten zu vertrauen hat, ohne Eigeninitiative ergreifen zu können, den Verfügungsschuldner zur Einhaltung des Verbotes anzuhalten.

725 BGH GRUR 1987, 125 – Berühmung; *Teplitzky*[6] Kap. 56 Rdn. 31; a. A. *Pastor* WbProzeß S. 476, der meint, die eV werde in einem solchen Fall ohne entsprechenden Antrag gegenstandslos. Wieso ein Aufhebungsrecht gemäß § 927 ZPO dagegen für denjenigen Antragsgegner bestehen soll, der die Handlung, die er unterlassen muß, wieder vornehmen will – so *Pastor* aaO –, ist nicht nachvollziehbar.

726 Wird eine Teil-Unterwerfungserklärung abgegeben, was ohne weiteres zulässig ist, so gilt das Gesagte für den entsprechenden abtrennbaren Teil der eV, so daß dieser aufgehoben werden kann, die eV im übrigen aber bestehen bleibt.

ist – zeitlich befristet bis zum rechtskräftigen Abschluß des Hauptklageverfahrens, vgl. 2 Rdn. 249 und D I 4 Rdn. 135. Bei einer solchen **beschränkten Unterwerfungserklärung** bleibt das Hauptsache-Verfahren anhängig, die **eV** aber ist mangels fortbestehenden Sicherungsinteresses – an dessen Stelle ist die befristete bzw. bedingte Unterwerfungserklärung getreten – **auf Antrag gemäß § 927 ZPO aufzuheben**[727].

252 War allerdings der eV eine strafbewehrte Unterlassungsverpflichtungserklärung schon **vorausgegangen**, von der sich durch Verstoß des Verfügungsschuldners gezeigt hat, daß sie den Verfügungsschuldner nicht vom wettbewerbswidrigen Verhalten abhält[728], so genügt die Wiederholung dieser Unterwerfungserklärung nicht, um einen veränderten Umstand gegenüber der eV zu bewirken[729]. Denn der Verfügungsgläubiger ist damit nicht mehr gesichert als durch die erste Unterwerfungserklärung, die eben erkennbar nicht genügt hatte. In solchen Fällen kann allenfalls die Abgabe einer weiteren **Unterwerfungserklärung** mit **deutlich erhöhter**, nämlich je nach den Umständen des Verstoßes gegenüber der ersten Unterwerfungserklärung mindestens verdoppelter, **Vertragsstrafe** zu der Annahme führen, die Wiederholungsgefahr sei für die Zukunft ernsthaft beseitigt[730], und dementsprechend zur Aufhebung der eV gemäß § 927 ZPO.

253 Wendet der Verfügungsgläubiger im Rahmen des Aufhebungsverfahrens nach Abgabe einer Unterwerfungserklärung durch den Verfügungsschuldner dem Aufhebungsantrag des Verfügungsschuldners gegenüber ein, der Verfügungsschuldner habe **erneut** gegen die Unterwerfungserklärung **verstoßen**, so ist dies entweder ein Grund, mit dem das Gericht die Abweisung des auf Aufhebung der eV gerichteten Antrags gemäß § 927 ZPO begründen kann, weil es anhand des Verstoßes gegen die Unterwerfungserklärung der Überzeugung ist, die Unterwerfungserklärung beseitige **mangels Ernsthaftigkeit die Wiederholungsgefahr** nicht[731]; oder auf entsprechenden Antrag des Verfügungsgläubigers kann das Gericht in einem gesonderten Verfahren eine **neue eV erlassen**. In einem solchen Fall kann es ganz besonders geboten sein, die zweite Verbots-eV mit einer Sequestration zu verbinden, soweit eine solche im gegebenen Fall möglich ist; denn es kann der Anschein dafür sprechen, daß der Verfügungsschuldner sich um die von ihm abgegebene Erklärung gar nicht kümmert, sondern die etwa zu zahlende Vertragsstrafe in seine Kalkulation mit einbezieht und ungerührt sein Wettbewerbsverhalten fortsetzt. Dem kann dann bei entsprechender Sachlage am ehesten mit körperlicher Wegnahme des wettbewerbswidrigen Materials und Ingewahrsamsnahme beim Sequester begegnet werden, vgl. C III 4 Rdn. 108 ff.

254 **b) Versäumung der Vollziehungsfrist gemäß § 929 Abs. 2 ZPO. Versäumt** der Verfügungsgläubiger die **Vollziehung** der eV innerhalb der Frist des § 929 Abs. 2 ZPO – sei es, daß er die eV gar nicht zustellt, sei es, daß er die etwa in der eV angeordnete Sicherheitsleistung nicht erbringt[732] –, **so wird die eV damit unwirksam**[733], vgl.

---

727 A. A. *Teplitzky*[6] Kap. 56 Rdn. 30.

728 Vgl. zur Problematik der „Zweitverstöße" eingehend *Gruber* WRP 1991, 279 ff.

729 Vgl. *Köhler* Vor § 13 B Rdn. 66 ff in diesem Kommentar; *Teplitzky*[6] Kap. 8 Rdn. 65; *Gruber* WRP 1991, 279, 284 mwN in Fußn. 60. Auch der Hinweis des Verfügungsschuldners auf eine einem Dritten gegenüber abgegebene Abschlußerklärung, vgl. dazu OLG Hamm WRP 1991, 125, genügt nicht; dazu näher *Teplitzky*[6] Kap. 7 Rdn. 17.

730 So BGH GRUR 1990, 534 – Abruf-Coupon; zweifelnd zur Relevanz einer solchen erneuten Unterwerfungserklärung zu Recht *Köhler* Vor § 13 B Rdn. 67 in diesem Kommentar; *Teplitzky*[6] Kap. 8 Rdn. 65; *Gruber* WRP 1991, 284.

731 Vgl. dazu OLG Hamburg GRUR 1984, 889; *Köhler* Vor § 13 B Rdn. 66 ff in diesem Kommentar.

732 Vgl. dazu OLG Frankfurt WRP 1980, 423; KG Entsch. v. 16. 08. 1988, zit. bei *Traub* S. 23 f.

733 OLG Koblenz GRUR 1980, 70 ist der Auffassung, die Frage der Vollziehung sei von Amts wegen zu beachten. Wenn das bedeuten soll, daß hier andere Beweisgrundsätze gelten sollen als die im eV-Verfahren allgemein geltende Glaubhaftmachung, wäre dem nicht zuzustimmen. Der Verfügungsgläubiger hat vielmehr den Akt der Zustellung als solchen sowie eine etwaige Heilung von Mängeln glaubhaft zu machen, der Verfügungsschuldner etwaige Zustellungsmängel, so auch OLG Koblenz GRUR 1987, 319.

D IV 1 a Rdn. 145. Da die eV gleichwohl noch vorhanden ist, kann sie durch ein **Aufhebungsverfahren gemäß § 927 ZPO** beseitigt werden[734]. Der Verfügungsgläubiger kann nicht im Rahmen des nach Ablauf der Vollziehungsfrist eingeleiteten Aufhebungsverfahrens geltend machen, er habe nunmehr die Zustellung der eV bewirkt bzw. die angeordnete Sicherheit geleistet. Denn die Versäumung der Vollziehungsfrist ist endgültig und kann nicht – auch nicht durch Parteivereinbarung – geheilt werden, vgl. D IV 3 Rdn. 161.

Allerdings kann der Verfügungsgläubiger, soweit noch das Sicherungsinteresse für eine eV gegeben ist, sogleich eine **neue eV** beantragen, nachdem die erste im Verfahren gemäß § 927 ZPO aufgehoben ist, D IV 4 Rdn. 163. Theoretisch denkbar erscheint auch, daß diese **in demselben Verfahren** ergeht, in welchem gerade die **Aufhebung des vorherigen eV** beantragt wird, also in einem einheitlichen Urteil – gegebenenfalls auch in der Berufungsinstanz oder im Widerspruchsverfahren des ersten eV-Verfahrens – zunächst die erste eV aufgehoben und alsdann eine zweite erlassen wird[735]. Eine Bestätigung der ersten wegen fehlender Zustellung aufzuhebenden eV im Hinblick auf den zweiten eV-Antrag[736] kommt dagegen nicht in Betracht: Zum einen wird damit verwischt, daß die erste eV durch mangelnde Vollziehung unwirksam ist, also auch Verstöße des Verfügungsschuldners nicht in Betracht kommen; zum anderen wird im Tenor nicht hinreichend deutlich, daß eine neue Vollziehung erforderlich ist, vgl. D IV 2 b Rdn. 159. Aus Gründen der Übersichtlichkeit ist daher in jedem Fall die Durchführung eines gesonderten Verfahrens zu bevorzugen[737]. 255

Der Verfügungsschuldner kann aber dann nicht mit einem Aufhebungsantrag gemäß 256
§ 929 ZPO durchdringen, wenn er selbst die Voraussetzung für den Aufhebungsantrag

---

[734] Vgl. OLG Hamburg WRP 1976, 58; OLG Hamm WRP 1977, 816; GRUR 1989, 931; OLG Koblenz WRP 1980, 643; GRUR 1981, 91; OLG Düsseldorf WRP 1982, 531; OLG München GRUR 1985, 161; OLG Köln GRUR 1985, 458; WRP 1986, 353; *Teplitzky*[6] Kap. 55 Rdn. 50 u. Kap. 56 Rdn. 28; *Wedemeyer* NJW 1979, 293, 294 f; *Ulrich* GRUR 1982, 14, 20; **a. A.** *Mädrich* S. 79. Ob den Verfügungsgläubiger an der Versäumung der Vollziehungsfrist ein Verschulden trifft, ist unerheblich, vgl. D IV 3 Rdn. 161. Wenn allerdings die Vollziehung an mißbräuchlichem Verhalten des Verfügungsschuldners gescheitert ist, wird von einer Heilung des Zustellungsmangels gemäß § 187 ZPO auszugehen sein mit der Folge, daß der Verfügungsschuldner mit seinem Antrag gemäß § 927 ZPO wegen nicht erfolgter Zustellung innerhalb der Frist des § 929 Abs. 2 ZPO nicht durchdringt, vgl. D IV 3 Rdn. 162.

[735] Vgl. OLG Karlsruhe NJW 1965, 47; LG Wuppertal NJW-RR 1992, 319; *Hegmanns* WRP 1984, 120, 121 f; *Pastor* WbProzeß S. 365 f; *Stein/Jonas/Grunsky* § 929 ZPO Rdn. 18; dagegen OLG Celle Entsch. v. 14. 8. 1981, zit. bei *Traub* S. 74. Zur Frage, ob im Berufungsrechtszug der ersten eV das Berufungsgericht für den Erlaß dieser neuen eV funktional zuständig ist, sind die Auffassungen unterschiedlich, vgl. dazu einerseits *Baumbach/Lauterbach/Hartmann* § 929 ZPO Anm. 2 C c; OLG Koblenz GRUR 1981, 91; OLG Frankfurt MDR 1986, 768 (Zuständigkeit des zweitinstanzlichen Gerichts verneinend) und andererseits *Zöller/Vollkommer* § 929 ZPO Rdn. 23; *Stein/Jonas/Grunsky* § 929 ZPO Rdn. 18; OLG Hamm MDR 1970, 936; LG Wuppertal NJW-RR 1992, 319 (Zuständigkeit des zweitinstanzlichen Gerichts annehmend); vgl. dazu eingehend auch *Hegmanns* WRP 1984, 120 ff. Folgt man der hier vertretenen Auffassung, daß stets ein neues eV-Verfahren eingeleitet werden sollte, kommt es auf diese Streitfrage nicht an, vgl. auch Fußn. 737.

[736] So OLG Celle NJW 1986, 2441; *Pastor* WbProzeß S. 365; *Zöller/Vollkommer* § 929 ZPO Rdn. 23; *Stein/Jonas/Grunsky* § 929 ZPO Rdn. 18; dagegen OLG Schleswig NJW 1972, 1056; OLG Koblenz GRUR 1980, 1022; OLG Düsseldorf GRUR 1984, 385; *Hegmanns* WRP 1984, 120, 121.

[737] Vgl. OLG Köln WRP 1979, 817; OLG Frankfurt WRP 1983, 212; OLG Düsseldorf GRUR 1984, 385; *Teplitzky*[6] Kap. 55 Rdn. 51. Dies gilt insbesondere dann, wenn das Verfahren wegen der ersten eV in der Berufungsinstanz anhängig ist, vgl. OLG Schleswig NJW 1972, 1056; OLG Köln WRP 1979, 817; WRP 1982, 599; OLG Hamm Entsch. v. 14. 8. 1979, zit. bei *Traub* S. 186; OLG Koblenz GRUR 1980, 1022; GRUR 1981, 91; OLG Frankfurt WRP 1983, 212; *Hegmanns* WRP 1984, 120 ff; *Baumbach/Hefermehl* § 25 Rdn. 64 sowie die in Fußn. 716 behandelten Nachweise; zumal nach der hier vertretenen Auffassung das zunächst anhängige eV-Verfahren abgeschlossen oder der Antrag zurückgenommen sein muß, ehe der neue eV-Antrag gestellt wird, vgl. D IV 4 Rdn. 163.

herbeigeführt hat und dieses Verhalten sich als **rechtsmißbräuchlich** darstellt. Zwar wird man den Verfügungsschuldner in der Regel nicht als verpflichtet ansehen können, bei der Zustellung der eV durch Schaffung der Voraussetzungen für eine Zustellbarkeit mitzuwirken. Es besteht aber **kein anerkennenswertes Recht des Verfügungsschuldners, sich mit formellen „Tricks" der Zustellung zu entziehen und diese mangelnde Zustellung dann als Aufhebungsgrund gemäß § 927 ZPO geltend zu machen.** Er darf also z. B. nicht die ihm als vom Gericht angeordnete Sicherheitsleistung vom Verfügungsgläubiger übergebene Bürgschaft an den Verfügungsgläubiger zurückgeben und sich alsdann darauf berufen, die Sicherheit sei nicht mehr geleistet und damit ein veränderter Umstand im Sinne des § 927 ZPO gegeben; und wenn die Zustellung an den Prozeßbevollmächtigten bewirkt wird, dieser aber das Empfangsbekenntnis nicht zurücksendet und deswegen die Vollziehungsfrist ungenutzt verstreicht, kann sich der Verfügungsschuldner darauf nicht berufen[738].

257 c) **Verjährung des Unterlassungsanspruches.** Die Verjährung der meisten[739] wettbewerbsrechtlichen Ansprüche tritt gemäß § 21 UWG bereits sechs Monate nach Kenntniserlangung des Gläubigers von der Handlung und von der Person des Verpflichteten ein; vgl. B II 2 d Rdn. 50. Da diese Kenntnis bei Einreichung des Antrags auf eV, der außer dem Passivrubrum auch die Bezeichnung der Handlung enthält, vorliegt und weder der Erlaß noch die Zustellung einer eV zur Unterbrechung der Anspruchsverjährung führt[740] ist der mit der eV verfolgte Unterlassungsanspruch regelmäßig spätestens sechs Monate nach Antragstellung verjährt, sofern er aus einer abgeschlossenen Einzelhandlung – nicht aus einer fortwirkenden Dauerhandlung[741] – resultiert und nicht Umstände vorliegen, die vorbeugenden Rechtsschutz wegen einer (zusätzlichen) Erstbegehungsgefahr rechtfertigen.[742] Selbstverständlich kann die Verjährung aber auch früher eintreten, wenn Begehung der Handlung und die erforderliche Kenntnis des Gläubigers mehr oder weniger längere Zeit vor Antragseinreichung liegen. Steht eine Dauerhandlung in Rede – wie in Wettbewerbssachen häufig z. B. Plakatwerbung vor der Tür des Geschäftslokals –, die der Verfügungsschuldner nach der Zustellung der eV beseitigt – tut er es nicht, verstößt also gegen die eV und setzt das wettbewerbswidrige

[738] Vgl. dazu auch die parallele Problematik der Heilung von Zustellungsmängeln D IV 3 Rdn. 162, der Ahndbarkeit von Verstößen gegen ein eV-Urteil D IV 2 a Rdn. 158, und des Schadensersatzanspruches aus § 945 ZPO, G I 3 c u. d Rdn. 328 f. An der im übrigen sehr eingehenden Entsch. BGH WRP 1989, 514, bleibt undeutlich, ob der Zustellungsversuch bei Heilung von Zustellungsmängeln als der Zustellung gleichstehend angesehen wird, vgl. dazu eingehend *Ulrich* WRP 1991, 361, 365 f. Es sollte jedoch Gleichklang herrschen zwischen der Entscheidung, ab wann eine Zustellung bewirkt bzw. eine nicht formell richtige Zustellung geheilt ist, wann der Verfügungsschuldner sich an die eV zu halten hat und wann der Gläubiger wegen Vollziehungsversuchs Schadensersatz gemäß § 945 ZPO zu leisten hat; hierzu näher – mit anderem rechtlichen Ansatzpunkt – *Teplitzky*[6] Kap. 55 Rdn. 42 u. *Bork* WRP 1989, 360, 364 ff.

[739] Nicht aller, da beispielsweise zeichen- und firmenrechtliche Ansprüche nach der BGH-Rechtsprechung erst nach drei Jahren verjähren, auch wenn die zugrundeliegenden Handlungen zugleich gegen das UWG verstoßen (vgl. BGH GRUR 1968, 367, 370 – Corrida; BGH GRUR 1984, 820, 822 f – Intermarkt II; näher dazu *Messer* § 21 Rdn. 44 in diesem Kommentar u. *Teplitzky*[6] Kap. 16 Rdn. 20 f).

[740] BGH GRUR 1979, 121 – Verjährungsunterbrechung; GRUR 1981, 447 – Abschlußschreiben; OLG Hamm WRP 1977, 816; OLG Karlsruhe WRP 1981, 405; *Messer* § 21 Rdn. 58–61 in diesem Kommentar; *Borck* WRP 1978, 519, 520; *Wedemeyer* NJW 1979, 293, 295; *Traub* WRP 1979, 186; *Teplitzky* GRUR 1984, 307 ff; a. A. *Dittmar* 1979, 288 ff; *Pastor* WbProzeß S. 289. Auch die Vollstrekkung desKostenfestsetzungsbeschlusses aus der eV wirkt nicht verjährungsunterbrechend, vgl. OLG Hamm GRUR 1979, 326.

[741] Zu den Handlungsformen und ihrer Bedeutung näher *Messer* aaO Rdn. 19 ff u. *Teplitzky* aaO Rdn. 12–14.

[742] In einem solchen Fall tritt nach BGH GRUR 1981, 447 – Abschlußschreiben überhaupt keine Verjährung ein; vgl. dazu näher – auch zu abweichenden Meinungen – *Teplitzky*[6] Kap. 16 Rdn. 4 f.

Verhalten fort, tritt überhaupt keine Verjährung ein, vgl. B II 2 d Rdn. 50 –, tritt Verjährung 6 Monate nach Zustellung der eV ein.

Dieser **Verjährungsgefahr** kann der Verfügungsgläubiger nur mit der rechtzeitigen Erhebung der **Hauptsache-Klage vor Ablauf der Verjährung** begegnen. Versäumt er dies, und kommt es auch nicht zu einer Abschlußerklärung des Verfügungsschuldners innerhalb nicht verjährter Zeit, vgl. F I 1 Rdn. 285 ff, kann der Verfügungsschuldner **wegen der inzwischen eingetretenen Verjährung**[743] **als verändertem Umstand Aufhebung der eV** beantragen[744], abgesehen davon, daß der Verfügungsschuldner auch im Rahmen des Widerspruchs- oder Berufungsverfahrens die Verjährung geltend machen kann, vgl. E III 2 a Rdn. 180, oder auch im Rahmen einer erst nach Verjährungseintritt erhobenen Hauptsache-Klage, und zwar auch dann, wenn er selbst zur Erhebung der Hauptsacheklage gemäß § 926 ZPO Anlaß gegeben hat[745]. 258

Macht der Verfügungsschuldner zugleich mit der Verjährungseinrede allerdings deutlich, daß er die Aufhebung der eV nur anstrebt, um sein Verhalten erneut **in gleicher Weise fortsetzen** zu können wie durch die eV gerade verboten, so kann dadurch eine (neue) **Begehungsgefahr** begründet werden[746]. Diese rechtfertigt die Aufrechterhaltung der gerade diese drohende Handlung verbietenden eV[747]. Mit entsprechender Einlassung kann also der Verfügungsschuldner sein eigenes Aufhebungs-Argument torpedieren. Da es Gerichte gibt, die allein schon in der **Argumentation des Verfügungsschuldners**, sein Wettbewerbsverhalten sei gar nicht wettbewerbswidrig gewesen, **eine (neue) Begehungsgefahr begründet** sehen[748] – diese Auffassung ist zwar falsch[749], da eine Rechtsauffassung keine (aktuelle) Begehungsgefahr begründen kann und der Verfügungsschuldner nach dem Grundsatz der Eventual-Maxime alles zu seiner 259

[743] Theoretisch gilt dies nicht, wenn die Verjährung bereits eingetreten war, bevor die eV erlassen wurde, beispielsweise weil sich im Laufe des eV-Verfahrens ergibt, daß der Verfügungsgläubiger bereits zu dem damaligen Zeitpunkt von dem Wettbewerbsverstoß seit 6 Monaten (Frist des § 21 UWG) Kenntnis hatte und der Wettbewerbsverstoß seitdem nicht wiederholt worden ist. Gleichwohl wird man auch in diesen Fällen den „veränderten Umstand" darin sehen müssen, daß sich der Verfügungsschuldner nunmehr auf den Eintritt der Verjährung beruft, also die Einrede, die Voraussetzung für die Verjährungsrelevanz ist, erhebt, vgl. dazu *Thesen* WRP 1981, 304, 305; *Hase* WRP 1985, 254, 255 f.

[744] Vgl. OLG Hamm Entsch. v. 23. 6. 1983, zit. bei *Traub* S. 185; *Teplitzky*[6] Kap. 56 Rdn. 29; *Baumbach/Hefermehl* § 25 Rdn. 90; a. A. anscheinend *Pastor* WbProzeß S. 476 f.

[745] Vgl. BGH GRUR 1981, 447 – Abschlußschreiben; *Borck* WRP 1978, 519, 520; *Wedemeyer* NJW 1979, 293, 296; *Baumbach/Hefermehl* § 25 Rdn. 93 u. 97, siehe auch Rdn. 225, Fußn. 655.

[746] Vgl. BGH GRUR 1988, 313 – Auto F. GmbH; BGHZ 111, 182 = GRUR 1990, 678 – Herstellerkennzeichen auf Unfallwagen; BGH WRP 1992, 311; OLG Hamburg WRP 1979, 140, WRP 1981, 469; *Traub* WRP 1979, 186; vgl. aber auch die Einschränkungen bei *Teplitzky*[6] Kap. 16 Rdn. 31 f mwN.

[747] Vgl. *Melullis* Rdn. 121, 139.

[748] Vgl. OLG Frankfurt GRUR 1985, 71; OLG Düsseldorf Entsch. v. 3. 12. 1987, zit. bei *Traub* S. 181; *Traub* WRP 1979, 186, 187; vgl. auch BGH GRUR 1987, 125 – Berühmung; BGH GRUR 1992, 404 – Systemunterschiede (Begehungsgefahr liegt bei entsprechender materieller Verteidigung schon immer dann vor, wenn nicht deutlich gemacht wird, daß die Rechtsausführungen ausschließlich aus Gründen der Verteidigung erfolgen); sehr instruktiv OLG Bremen Entsch. v. 17. 7. 1986, zit. bei *Traub* S. 58 (im Falle des § 1 UWG könne geradezu aus der Verteidigung der verbotenen Wettbewerbshandlung auf die Planmäßigkeit des Handelns für die Zukunft geschlossen werden, die möglicherweise ursprünglich zweifelhafte Rechtslage hinsichtlich planmäßigem Verhaltens sei durch diese verteidigende Einlassung nunmehr abgesichert).

[749] Vgl. OLG Hamburg WRP 1981, 469; OLG Koblenz WRP 1986, 113; KG Entsch. v. 22. 4. 1986, zit. bei *Traub* S. 19; OLG Hamm Entsch. v. 18. 8. 1988, zit. bei *Traub* S. 182; *Borck* WRP 1978, 519, 521; WRP 1984, 583, 587; *Teplitzky*[6] Kap. 16 Rdn. 31 f u. GRUR 1984, 307, 308; *Traumann* DB 1986, 262. Allerdings tendiert auch der BGH mit den Entscheidungen GRUR 1988, 313 – Auto F. GmbH; BGHZ 111, 182 = GRUR 1990, 678 – Herstellerkennzeichen auf Unfallwagen; GRUR 1992, 404 – Systemunterschiede in diese hier abgelehnte Richtung.

Verteidigung Sinnvolle sogar vortragen muß –, sollte sich der Verfügungsschuldner im Rahmen des von ihm gemäß § 927 ZPO betriebenen Aufhebungsverfahrens wegen eingetretener Verjährung dessen enthalten, irgend etwas zu seinem in Zukunft beabsichtigten Verhalten zu erklären oder sich damit zu verteidigen, sein mit der eV verbotenes Verhalten sei nach seiner Auffassung gar nicht wettbewerbswidrig gewesen, **ohne sofort hinzuzufügen, gleichwohl wolle er das Verhalten nach Aufhebung der eV nicht wieder aufnehmen**[750].

260 Handelt der Verfügungsschuldner nach Aufhebung der eV **erneut in gleicher Weise** wie durch die gerade aufgehobene eV verboten, kann auf einen entsprechenden Antrag des Verfügungsgläubigers das Gericht **erneut** eine **eV** erlassen **oder** sich auf den Standpunkt stellen, das **Sicherungsinteresse für eine eV** gemäß § 25 UWG sei nunmehr **nicht mehr gegeben**, weil der Verfügungsgläubiger die Chance, die frühere eV durch Erhebung der Hauptklage zur Vermeidung der Verjährungsaufhebung zu erhalten, selbst vertan habe. Bei dieser Entscheidung kommt es auf die Umstände des Einzelfalls an, namentlich auf die Frage, in welchem Maße die Zeit der tatsächlichen Unterbrechung des Wettbewerbsverhaltens des Verfügungsschuldners nach der Verkehrsauffassung als Zäsur und dementsprechend die Neuaufnahme dieses Wettbewerbsverhaltens als neuartiges Handeln verstanden wird, vgl. B II 2 h, h 2 Rdn. 58.

261 Der Verfügungsschuldner ist **nicht verpflichtet** – auch nicht im Sinne einer Obliegenheit zur Vermeidung einer ihn andernfalls treffenden Kostenlast –, den Verfügungsgläubiger auf die demnächst eintretende **Verjährung hinzuweisen**[751] oder ihn etwa gemäß § 926 ZPO zur (rechtzeitigen) Erhebung der Hauptklage aufzufordern. Den Eintritt der Verjährung durch Stillschweigen und Nichtstun abzuwarten, ist, da die Verjährungsunterbrechung nach der Gesetzessystematik in die alleinige Verantwortung des unaufmerksamen Verfügungsgläubigers fällt, nicht rechtsmißbräuchlich[752]. Daher ist dies auch nicht das Betreiben des Aufhebungsverfahrens gemäß § 927 ZPO wegen Verjährungseintritts.

262 d) **Rechtskräftiger Abschluß des Hauptklage-Verfahrens.** Wird das **Hauptsache-Verfahren** über den Unterlassungsanspruch, der durch die eV gemäß § 25 UWG gesichert ist, **oder** das vom Verfügungsschuldner gegen den in der eV gesicherten Unterlassungsanspruch gerichtete **negative Feststellungsverfahren** rechtskräftig entschieden, besteht – wenn der Verfügungsgläubiger nicht nach rechtskräftigem Abschluß des Hauptklageverfahrens auf die Rechte aus dem eV-Titel verzichtet, vgl. dazu 5 b Rdn. 273 und im Falle der rechtskräftigen Abweisung der der eV entsprechenden Hauptklage (bzw. der Zuerkennung des negativen Feststellungsanspruchs) Kostenübernahme auch für das eV-Verfahren erklärt, vgl. dazu 7 b, b 1, Rdn. 279, – ein Anlaß, das Aufhebungsverfahren gemäß § 927 ZPO einzuleiten: Wird die Hauptklage **abgewiesen** bzw. der negativen Feststellungsklage stattgegeben, besteht kein Anlaß für den

---

[750] Vgl. OLG Frankfurt WRP 1979, 469; in einem solchen Falle der Verteidigungs-Einlassung sieht auch *Traub* WRP 1979, 186, 187 keine verjährungsunterbrechende Begehungsgefahr. Vgl. auch BGH GRUR 1992, 404 – Systemunterschiede: Wenn deutlich gemacht wird, daß die Verteidigungsargumentation ausschließlich zu eben diesem Zweck erfolgt, soll keine Begehungsgefahr begründet sein.

[751] Vgl. OLG Hamburg WRP 1989, 403; LG Köln GRUR 1989, 77.

[752] Vgl. BGH GRUR 1981, 447 – Abschlußschreiben; vgl. dazu auch Rdn. 225 Fußn. 655. Verfehlt erscheint daher OLG Bremen Entsch. v. 26. 9. 1985, zit. bei *Traub* S. 59, wonach die Rücknahme der Berufung durch den Verfügungsschuldner als Anerkenntnis gemäß § 208 BGB zu werten und die einige Zeit danach betriebene Aufhebung der eV wegen inzwischen eingetretener Verjährung zu mißbilligen sei. Verfehlt auch OLG Celle WRP 1983, 96, wonach der Verfügungsschuldner die Kosten des eV-Verfahrens tragen soll, wenn er erst nach Ablauf der Verjährungsfrist unter Erhebung der Verjährungs-Einrede Widerspruch gegen die Beschluß-eV eingelegt hat, vgl. III 2 a Rdn. 181.

Fortbestand der eV, da mit dem Abschluß des Hauptsache-Prozesses **rechtskräftig geklärt** ist, **daß der Unterlassungsanspruch**, dessen Sicherung gemäß § 25 UWG die eV diente, **nicht besteht**, so daß es erst recht an der fortbestehenden Veranlassung für dessen Sicherung fehlt[753]. Wird dem Unterlassungsantrag stattgegeben, ergeht also ein dem Tenor der eV entsprechendes rechtskräftiges Unterlassungsurteil, besteht ebenfalls **kein Rechtsschutzinteresse** an einem (neben dem rechtskräftigen Unterlassungsurteil) **zweiten Titel**[754]. Dementsprechend ist auch hier die eV wegen dieses veränderten Umstandes aufzuheben[755]. Wird in einem **Schadensersatzprozeß gemäß § 945 ZPO** zugunsten des Verfügungsschuldners entschieden, daß diesem ein Schadensersatzanspruch zustehe, weil die eV von Anfang an ungerechtfertigt gewesen sei, so hat auch dies eine entsprechende Bindungswirkung für das eV-Verfahren[756] und führt folglich auf Antrag zur Aufhebung gemäß § 927 ZPO. Wird dagegen der Schadensersatzanspruch des Verfügungsschuldners abgewiesen, kommt es auf die Entscheidungsgründe an: Sollte der Grund des Schadensersatzanspruchs festgestellt sein und es nur an einem der Höhe nach bestimmbaren Schaden fehlen, ist ebenfalls eine Aufhebung der eV gemäß § 927 ZPO geboten. Sollte der Hauptklageprozeß nicht durch Urteil abgeschlossen werden, sondern durch Vergleich oder eine übereinstimmende Erledigungserklärung, sollten die Parteien auf jeden Fall zur **Vermeidung eines Aufhebungsverfahrens gemäß § 927 ZPO** wegen dieses Umstandes eine Vereinbarung auch über das Schicksal der eV treffen.

Ist die Entscheidung im Hauptklageverfahren – stattgebendes oder abweisendes Urteil – **noch nicht rechtskräftig,** besteht für ein Aufhebungsurteil gemäß § 927 ZPO grundsätzlich – Ausnahmen und abweichende Auffassungen werden noch im weiteren Text dieser Rdn. dargestellt – noch kein Anlaß[757], weil das Urteil noch mit Rechtsmitteln angreifbar ist[758]. Wird gleichwohl bereits zu diesem Zeitpunkt eines erst- oder zweitinstanzlichen Urteils im Hauptklageverfahren, das noch mit Berufung oder Revision anfechtbar oder bereits angefochten ist, Aufhebung der eV gemäß § 927 ZPO **263**

753 Vgl. *Teplitzky*[6] Kap. 56 Rdn. 32; WRP 1987, 149; *Stein/Jonas/Grunsky* § 927 ZPO Rdn. 6; *Zöller/Vollkommer* § 927 ZPO Rdn. 4. Die eV wird aber in solchem Fall nicht automatisch wirkungslos, sondern bedarf der Aufhebung auf entsprechenden Antrag des Verfügungsschuldners gemäß § 927 ZPO, vgl. BGH GRUR 1987, 125 – Berühmung; NJW 1978, 2157; *Melullis* S. 56; *Teplitzky* WRP 1987, 149; a. A. *Pastor* WbProzeß S. 471 f; *Ahrens* S. 366 f.

754 Allerdings kann das Rechtsschutzinteresse an dem eV-Titel fortbestehen, wenn noch ein Ordnungsmittelverfahren wegen Verstoßes gegen die eV anhängig ist, welches wegen der zeitlichen Reihenfolge der Entscheidungen nicht auf das Hauptklage-Unterlassungsverfahren „übergeleitet“ werden kann, vgl. OLG Düsseldorf GRUR 1990, 547; vgl. auch OLG Hamm WRP 1992, 337: Verzicht auf Rechte aus der eV führt zu Titelfortfall auch bei bis dahin begangenen Verstößen; vgl. zur Problematik eingehend *Ulrich* WRP 1992, 147 ff.

755 Vgl. OLG Hamburg WRP 1979, 135; OLG Hamm Entsch. v. 12. 11. 1987, zit. bei *Traub* S. 185; *Teplitzky*[6] Kap. 56 Rdn. 32; JuS 1981, 435, 436; *Wieczorek/Schütze* § 927 ZPO Anm. B III c 3. Wird allerdings nur im Urteil über eine negative Feststellungsklage festgestellt, daß der Unterlassungsanspruch des Verfügungsgläubigers besteht, also die negative Feststellungsklage abgewiesen – ohne daß ein Unterlassungsgebot tenoriert wird, besteht kein Anlaß für eine Aufhebung der eV, weil der Unterlassungsanspruch sonst, obwohl er rechtskräftig bestätigt ist, nicht tituliert ist.

756 Vgl. *Spehl* S. 25 f.

757 Vgl. BGH GRUR 1957, 506 – Doppelexport; BGH WM 1976, 134; OLG Hamm GRUR 1978, 611; KG WRP 1979, 547; OLG München WRP 1986, 507; OLG Düsseldorf WRP 1987, 252; OLG Frankfurt NJW-RR 1990, 639; *Stein/Jonas/Grunsky* § 927 ZPO Rdn. 6; *Baumbach/Hefermehl* § 25 Rdn. 81 u. 90; *Teplitzky*[6] Kap. 56 Rdn. 32; a. A. *Pastor* WbProzeß S. 475; *Wieczorek/Schütze* § 927 ZPO Anm. B III c 1.

758 Wenn allerdings das eV-Gericht über kartellrechtliche Vorfragen entschieden hat, vgl. C II 3 Rdn. 101, und das Kartellgericht im Hauptklageverfahren diese kartellrechtliche Frage anders entschieden hat, mag eine Aufhebung der eV gemäß § 927 ZPO durchaus schon nach einer erstinstanzlichen Hauptsache-Entscheidung in Betracht gezogen werden, vgl. dazu OLG Köln GRUR 1977, 220.

begehrt, so sollte das Gericht den Verfügungsschuldner auffordern, sein Begehren zurückzustellen, kann aber auch von seinem Ermessen gemäß § 148 ZPO Gebrauch machen und das Aufhebungsverfahren **bis zur rechtskräftigen Entscheidung des Hauptklage-Verfahrens** (bzw. der entsprechenden in Rdn. 262 erörterten insoweit parallelen Verfahren) **aussetzen**[759]. Will das Gericht von dieser Möglichkeit keinen Gebrauch machen – etwa weil es dem Verfügungsschuldner die Möglichkeit einräumen will, im Aufhebungsverfahren in die Berufung zu gehen –, so muß der **Aufhebungsantrag** in der Regel **zurückgewiesen werden**: Entweder das Urteil im Hauptklage-Verfahren ist ein – mit oder ohne Sicherheitsleistung vorläufig vollstreckbares – **obsiegendes Urteil**, so besteht der Sache nach – nämlich wegen übereinstimmender Entscheidung zwischen eV und Hauptklage – kein Anlaß, die eV aufzuheben[760]. Es muß nur vermieden werden, daß bei einem etwaigen Verstoß des Verfügungsschuldners gegen das Verbot dieser doppelt – aus der eV und aus dem Hauptklage-Urteil – mit Ordnungsmitteln gemäß § 890 ZPO belastet wird. Es darf aus den beiden alsdann bestehenden Titeln nur einmal vollstreckt werden, so daß also das jeweils später angerufene Gericht für einen Ordnungsmittelantrag aus § 890 ZPO im Hinblick auf die bereits festgesetzten Ordnungsmittel die Zulässigkeit abzulehnen oder gemäß § 148 ZPO bis zur Entscheidung im zuerst anhängig gemachten Verfahren auszusetzen hat[761]. Oder das Urteil im Hauptklage-Verfahren ist ein noch nicht rechtskräftiges **klageabweisendes Urteil**. Auch hier ist es dogmatisch ungerechtfertigt, diesen Schwebezustand bereits als veränderten Umstand anzunehmen, obwohl „nur" eine andere rechtliche Beurteilung in Rede steht[762]. Sieht allerdings das mit dem Aufhebungsantrag gemäß § 927 ZPO befaßte Gericht das gegen das vorliegende klageabweisende Urteils im Hauptsacheverfahren eingelegte **Rechtsmittel als offenbar aussichtslos an**[763] – darin sollte es allerdings besonders vorsichtig sein, soweit, wie in diesem Verfahrensstadium regelmäßig, siehe unten 6 a Rdn. 275, das angefochtene Urteil gerade von eben diesem Gericht stammt –, oder beruht das noch nicht rechtskräftige Urteil auf einem inzwischen im **Hauptklageprozeß festgestellten** von dem im eV-Verfahren glaubhaft gemachten **abweichenden Sachverhalt**, kann **ausnahmsweise eine Aufhebung gemäß § 927 ZPO trotz noch mangelnder Rechtskraft des Hauptklageurteils** in Betracht kommen[764]. Auch kann das Gericht – in analoger Anwendung von § 924 Abs. 3 ZPO in Verbindung mit § 707 ZPO, vgl. 6 b Rdn. 276 – die eV nur gegen (gegebenenfalls gegenüber einer etwa bereits

---

759 Vgl. OLG Düsseldorf GRUR 1984, 757; GRUR 1985, 160; *Teplitzky* Kap. 56 Rdn. 28; *Melullis* Rdn. 139; *Baumbach/Hefermehl* § 25 Rdn. 90; kritisch dazu OLG München WRP 1986, 507. Der Umstand, daß im eV-Erlaßverfahren eine Aussetzung grundsätzlich nicht in Betracht kommt, vgl. C II 3 Rdn. 101, hindert eine Aussetzung im Aufhebungsverfahren nicht, da die Entscheidung im Aufhebungsverfahren nicht so eilbedürftig ist wie die im Erlaßverfahren.

760 Vgl. KG WRP 1979, 547; **a. A.** *Wieczorek/Schütze* § 927 ZPO Anm. B III c 3.

761 Vgl. *Jestaedt* Vor § 13 E Rdn. 67 in diesem Kommentar mwN.

762 Wenn schon die Einstellung eines vollstreckbaren Urteils im Hauptklageverfahren durch den BGH nicht zum Wegfall des Sicherungsinteresses für eine eV führt, vgl. BGH GRUR 1957, 506 – Doppelexport, so sollte auch ein (nur) vorläufig vollstreckbares Urteil nicht als veränderter Umstand angesehen werden; vgl. KG WRP 1979, 547. Das soll nach KG auch für Beschluß-eV'en gelten, obwohl bei diesen letzteren eine Abwägung wohl eher dazu führen kann, daß ein z. B. zweitinstanzliches Urteil im Hauptklageverfahren mit von der eV abweichender Rechtsauffassung bzw. abweichendem Sachverhalt höher zu bewerten ist, so daß die herrschende Auffassung, s. Fußn. 763, hier eher gerechtfertigt erscheinen mag. **A. A.** *Stein/Jonas/Grunsky* § 927 Rdn. 6: eV ist stets aufzuheben, da der Verfügungsanspruch nicht mehr glaubhaft sei.

763 **A. A. hM**: Freies Ermessen des Aufhebungsgerichts, ob es das Rechtsmittel im Hauptklageverfahren für aussichtsreich hält, soll entscheidend sein, vgl. OLG Düsseldorf GRUR 1985, 160; OLG München MDR 1986, 681; *Teplitzky*[6] Kap. 56 Rdn. 32; WRP 1987, 149.

764 Vgl. dazu OLG Düsseldorf WRP 1987, 252; KG WRP 1990, 330; *Teplitzky* WRP 1987, 149.

angeordneten nunmehr zu erhöhenden) Sicherheitsleistung des Verfügungsgläubigers aufrechterhalten.

e) **Änderung der Rechtsprechung oder des Gesetzes.** Eine Aufhebung gemäß § 927 ZPO kann nicht nur in Betracht kommen, wenn im Hauptsache-Klageverfahren ein rechtskräftiges Urteil über denselben Sachverhalt ergeht, der Gegenstand des eV-Verfahrens ist. Denkbar ist vielmehr auch, daß die **höchstrichterliche Rechtsprechung** anhand eines anders gelagerten aber als vergleichbar anzusehenden Falles ihre Rechtsprechung, die der eV zugrunde lag, aufgibt. Kann angenommen werden, daß auf der Basis dieser Rechtsprechung die eV nicht ergangen wäre, so nimmt die herrschende Meinung in solchem Fall einen „veränderten" Umstand an, der eine Aufhebung der eV gemäß § 927 ZPO rechtfertigen soll[765]. Diese Auffassung erscheint in der Regel nicht zutreffend[766]. Grundsätzlich muß der **„veränderte Umstand" in demjenigen Streitverhältnis** begründet sein, welches die beiden **Parteien des eV-Verfahrens** miteinander verbindet. Es ist auch sonst mit der Unabhängigkeit der Richter nur schwer zu vereinen, daß eine ober- oder höchstrichterliche Rechtsprechung, die in vergleichbaren oder gar parallelen Verfahren ergangen ist, als für das vorliegende Verfahren verbindlich angesehen wird. Dafür spielen die Nuancen der Fallumstände auch bei höchstrichterlichen Entscheidungen doch eine allzu gewichtige Rolle. Würde man den Einwand des Verfügungsschuldners, in einem ähnlichen, vergleichbaren oder parallelen Verfahren habe sich die Rechtsprechung geändert, regelmäßig als „veränderten Umstand" anerkennen, würde die Diskussion darüber, ob dieser andere Fall wirklich vergleichbar war, sowie die unterschiedliche Auffassung, ob dieser vergleichbare Fall zwischen anderen Parteien richtig entschieden worden ist, ein dominierendes Gewicht erlangen, welches mit dem Streitverhältnis der Parteien untereinander gar nichts zu tun hat. Und ferner: Sollte sich diese Berechtigung, sich auf neue Rechtsprechung in vergleichbaren Rechtsstreitigkeiten zwischen anderen Parteien beziehen zu können, nur auf BGH-Entscheidungen beziehen oder auch auf OLG-Entscheidungen? Das wäre, wenn man der Auffassung, solche Rechtsprechungs-Entwicklung in anderen Verfahren sei ein „veränderter Umstand" iSd § 927 ZPO, folgen würde, sicherlich eine in Betracht kommende Fortentwicklung. Diese aber stünde in eklatantem Widerspruch zu der Annahme, daß auch die zweitinstanzliche (also zumeist OLG-)Entscheidung im Hauptklageverfahren über dieselbe Streitsache, die Gegenstand der eV ist, in der Regel nicht als veränderter Umstand iSd § 927 ZPO angesehen wird, vgl. Rdn. 263. Allenfalls dann, wenn es eine wirklich **gefestigte** Rechtsprechung des BGH gibt, die **unerwartet** aufgegeben wird und wenn also mit **absoluter Sicherheit** davon auszugehen ist, daß die eV bei Berichtigung dieser Rechtsprechung nicht ergangen wäre – hypothetisches Beispiel: Änderung der Rechtsprechung dahin, daß die Geringwertigkeitsgrenze des § 1 Abs. 2a der ZugabeVO bis zu DM 10,– Einkaufspreis des Zugebenden reicht –, kann eine Aufhebung einer auf der alten Rechtsprechung basierenden eV, gemäß § 927 ZPO gerechtfertigt sein. Ein solcher Fall wird aber extrem selten sein und kaum praktisch werden. 264

Im übrigen muß der Verfügungsgläubiger bei einer Entwicklung der Rechtsprechung, die nach seiner Auffassung die eV nicht gerechtfertigt hätte, negative Feststellungsklage erheben oder Antrag gemäß § 926 ZPO stellen, um in einem **Hauptklageverfahren** geklärt zu erhalten, ob die ergangene höchstrichterliche Rechtsprechung eine 265

---

[765] KG WRP 1990, 330; *Teplitzky*[6] Kap. 56 Rdn. 34; *Zöller/Vollkommer* § 927 ZPO Rdn. 4; *Stein/Jonas/Grunsky* § 927 ZPO Rdn. 4; undeutlich *Baumbach/Lauterbach/Hartmann* § 927 ZPO Anm. 2 A u. E.

[766] Vgl. *Melullis* Rdn. 139.

andere Beurteilung als die in der eV zugrundegelegte auch für den vorliegenden Fall rechtfertigt. Dieses Hauptklageverfahren, welches nicht nur ein summarisches Verfahren ist, sondern eine umfassende Sachverhalts-Ermittlung erlaubt und auch den Weg zum BGH öffnet, ist dafür der angemessene Weg. Hat der Verfügungsschuldner im Hauptklage-Verfahren dann Erfolg – und wenn die Rechtsprechungsänderung wirklich so eindeutig ist, wie dies der Verfügungsschuldner meint, wird er auch im Hauptklageverfahren relativ rasch zu einem von der eV-Entscheidung abweichenden Urteil gelangen –, wird alsdann der Verfügungsgläubiger auf die eV von sich aus verzichten, andernfalls bleibt der Weg dann über § 927 ZPO gemäß vorstehend d Rdn. 262 f. Ist dagegen das Hauptklageverfahren unter den Parteien dieses Rechtsstreites bereits durchgeführt worden und hat es zu einem anderen Ergebnis geführt als nach der nunmehr geänderten höchstrichterlichen Rechtsprechung wahrscheinlich, bleibt es auch in einem solchen Falle bei der rechtskräftigen Entscheidung des Hauptklageverfahrens, weil hier die **formelle Rechtskraft des Hauptklage-Urteils** der Aufhebung wegen veränderter höchstrichterlicher Rechtsprechung entgegensteht.

266 **Ändert** sich dagegen das der eV zugrundeliegende **Gesetz**, kommt eine Aufhebung gemäß § 927 ZPO in Betracht[767] in gleicher Weise, wie bei rechtskräftig entschiedenem Hauptklage-Verfahren eine solche Änderung des Gesetzes, auf dem die Entscheidung beruht, zu einer Vollstreckungsabwehrklage gemäß § 767 ZPO berechtigen würde[768]. Allerdings muß das Gericht, welches über die Aufhebung gemäß § 927 ZPO befindet, **darüber entscheiden, ob die eV auf dem Gesetz beruhte, welches jetzt geändert wurde.** War die eV auch aus anderen Gründen gerechtfertigt, beispielsweise aus der Generalklausel des § 1 UWG – wenn hier als hypothetisches Beispiel unterstellt wird, daß die der eV zugrundeliegende Vorschrift wie § 7 UWG oder § 1 ZugabeVO in Zukunft irgendwann einmal sinnvoller gefaßt wird oder ganz entfällt –, so kommt eine Aufhebung wegen veränderter Umstände nicht in Betracht, auch wenn die eV bei ihrem Erlaß oder bei ihrer gerichtlichen Bestätigung im Rahmen des eV-Verfahrens mit dieser Generalklausel gar nicht begründet, sondern nur auf die inzwischen abgeänderte Vorschrift gestützt worden ist.

267 f) **Änderung des Sachverhaltes.** Die eV ist schließlich gemäß § 927 ZPO aufzuheben, wenn der **Sachverhalt**, aufgrund dessen die eV ergangen ist, eine **Änderung erfahren** hat und der **jetzige Lebenssachverhalt die eV nicht mehr rechtfertigt**[769]. (Beispiel: Das Schutzrecht, aufgrund dessen die eV ergangen ist, etwa ein Kennzeichenrecht gemäß § 16 UWG, ist nachträglich weggefallen; die eV ist ergangen wegen einer alleinstellenden Werbeaussage, inzwischen hat aber der Verfügungsschuldner die Alleinstellung tatsächlich erreicht, die diese Werbeaussage rechtfertigt; die eV ist ergangen wegen Verletzung eines Fabrikationsgeheimnisses, inzwischen liegt aber eine Benutzungserlaubnis vor). In solchen Fällen hat das Gericht zu **entscheiden, ob tatsächlich eine Änderung des Sachverhalts** erfolgt ist[770]; es darf nicht statt dessen auf eine Überprüfung dieser Veränderung verzichten und sich auf den Standpunkt stellen, die eV sei bei richtiger Würdigung des damaligen Sachverhalts – **unter Beachtung des jetzt vorgetra-**

---

[767] Vgl. *Teplitzky*[6] Kap. 56 Rdn. 34; *Zöller/Vollkommer* § 927 ZPO Rdn. 4.

[768] Vgl. *Zöller/Schneider/Herget* § 767 ZPO Rdn. 12, Stichwort „Gesetzesänderung" m. Nachw. Zur vom BVerfG nachträglich festgestellten Verfassungswidrigkeit der Norm, auf der die eV beruhte, vgl. § 79 Abs. 2 Satz 1 BVerfGG und zu deren Konsequenzen auf das eV-Verfahren BGH GRUR 1988, 787 – Nichtigkeitsfolgen der Preisauszeichnungsverordnung; OLG Köln, GRUR 1985, 458.

[769] Vgl. *Teplitzky*[6] Kap. 56 Rdn. 34; *Baumbach/Hefermehl* § 25 Rdn. 90.

[770] Die Glaubhaftmachungslast insoweit trägt der Verfügungsschuldner.

genen Blickwinkels einer Sachverhaltsvariante – damals **zu Unrecht** ergangen[771]. Damit würde nämlich das Aufhebungsverfahren gemäß § 927 ZPO zu einer versteckten Rechtsmittelinstanz des eV-Verfahrens. Das Gericht muß vielmehr feststellen, daß die **Sachverhaltsänderung kausal** für die veränderte rechtliche Beurteilung ist, die zur Aufhebung gemäß § 927 ZPO führt[772].

Entgegen der herrschenden Meinung[773] reicht es aber **nicht** als veränderter Umstand **268**
im Sinne des § 927 ZPO aus, daß dem Verfügungsschuldner ein **Beweismittel** zur Verfügung steht, welches er im eV-Verfahren noch nicht einführen konnte[774]. Erst recht nicht reicht es als „veränderter Umstand" aus, daß der Verfügungsschuldner nachträglich von im Rahmen der materiellen Beurteilung oder des speziellen Sicherungsrechtschutzinteresses rechtlich erheblichen **Sachverhaltsumständen Kenntnis** erlangt, die er früher nicht hatte[775] oder die er nicht für relevant gehalten und hinsichtlich deren er sich deswegen auch nicht um ihre Aufbereitung und Einbringung in das eV-Verfahren bemüht hatte. Würde man in einem solchen **Fall einer nicht objektiven Veränderung sondern lediglich neuer Beweisbarkeit oder rechtlicher Bewertung** stets eine neue Überprüfung des eV-Sachverhalts vornehmen, wäre dies kaum anders, als wenn der Verfügungsschuldner beispielsweise den Aufhebungsantrag gemäß § 927 ZPO damit rechtfertigen würde, er habe jetzt einen qualifizierten Anwalt, der ihm erstmals deutlich gemacht habe, worauf es für die richtige rechtliche Beurteilung des eV-Sachverhalts ankomme. Erst jetzt sei er zum Beispiel daher in der Lage, ein Meinungsforschungsgutachten vorzulegen. Wenn man bedenkt, daß der Verfügungsschuldner das Verfahren gemäß § 927 ZPO durchaus mehrfach betreiben kann, vgl. XI 1 Rdn. 246, weil sich immer wieder neu „Umstände verändern" können – bis der Verfügungsschuldner schließlich einmal zum Erfolg gelangt und die eV aufgehoben ist –, würde man durch die Zulassung neuer Beweismittel als „veränderten Umstand" eine **dauernde Wiederaufrollung desselben Sachverhalts** mit stets wechselnden Glaubhaftmachungsmitteln als ständig wiederholtem Instanzenzug geradezu provozieren. Gegen diese Auffassung könnte eingewendet werden, wegen der nur geringen Rechtskraftwirkung von eV'en sei es vom Gesetz gerade gewollt, daß die nun summarisch getroffene Entscheidung erleichtert überprüfbar sei[776]. Dem ist jedoch entgegenzuhalten, daß auch die im Aufhebungsverfahren getroffene Entscheidung, da dieses noch zum eV-Verfahren gehört, wiederum nur wieder eine solche aufgrund summarischer Prüfung ist und also keine durch eine eingehende Beweisaufnahme unter Ausschöpfung der Beweismittel abgesicherte Entscheidung. Würde man dem Verfügungsschuldner gestatten, mit stän-

[771] Vgl. dazu *Mädrich* S. 54.

[772] Vgl. *Mädrich* S. 54; a. A. *Stein/Jonas/Grunsky* § 927 ZPO Rdn. 3; *Baumbach/Hefermehl* § 25 Rdn. 90. Das Argument, es sei sachwidrig, den Verfügungsschuldner neben dem Verfahren gemäß § 927 ZPO noch zu einem Widerspruchsverfahren gemäß § 924 ZPO zu zwingen, zieht nicht: Da der Verfügungsschuldner beide Verfahren nebeneinander oder sogar parallel in einem einheitlichen Verfahren betreiben kann – vgl. Rdn. 269 ff –, erleidet er keinen Rechtnachteil. Außerdem kann er, soweit das Widerspruchsverfahren noch möglich ist, auch in diesem einheitlichen Verfahren die unveränderten und die veränderten Umstände geltend machen, vgl. III 2 a Rdn. 180, so daß er dann auf das Aufhebungsverfahren gemäß § 927 ZPO verzichten kann. Ist das eV-Erlaßverfahren abgeschlossen, kann der unveränderte Sachverhalt nicht mehr Gegenstand des eV-Verfahrens sein, zu dem das Verfahren gemäß § 927 ZPO noch gehört. Dann bleibt auch hier nur der Weg über das Hauptklageverfahren, sollte dieses noch nicht durchgeführt worden sein.

[773] *Mädrich* S. 53; *Baur* Studien S. 92; *Teplitzky*[6] Kap. 56 Rdn. 34; *Zöller/Vollkommer* § 927 ZPO Rdn. 4; *Stein/Jonas/Grunsky* § 927 ZPO Rdn. 5; *Baumbach/Hefermehl* § 25 Rdn. 90.

[774] Vgl. OLG Hamburg, MDR 1960, 59; *Wieczorek/Schütze* § 927 ZPO Anm. B III b 3.

[775] A. A. *Baumbach/Hefermehl* § 25 Rdn. 100; *Ahrens* S. 361. Soweit gehen aber wohl die in Fußn. 773 genannten Autoren auch nicht.

[776] So *Teplitzky*[6] Kap. 56 Rdn. 34.

dig neu entdeckten Glaubhaftmachungsmitteln ein Aufhebungsverfahren gemäß § 927 ZPO zu betreiben, so würde man ihm eine wesentlich günstigere Rechtsposition einräumen als dem Verfügungsgläubiger, der seinerseits nicht wieder – auch nicht aufgrund weiterer Glaubhaftmachungsmittel – eine neue eV – wenn die erste wegen der „veränderten Umstände" neu gefundener Glaubhaftmachungsmittel oder sonstiger neuer Beurteilung der Sach- oder Rechtslage aufgehoben sein sollte – beantragen kann, weil hierfür bei unverändert gebliebener Sachlage das Sicherungsinteresse inzwischen fehlen dürfte, vgl. B II 2 Rdn. 41 ff. Eine solche Vorzugsbehandlung des Verfügungsschuldners durch eine solche **extensive Auslegung des Begriffes der „veränderten Umstände" im Sinne einer nur nachträglichen Substantiierung oder Glaubhaftmachung, ohne tatsächliche Änderung der Sachlage**, würde gerade der erleichterten Zulassung von eV'en im wettbewerbsrechtlichen Bereich gemäß § 25 UWG widersprechen.

4. Verhältnis § 927 ZPO zu §§ 924, 926 ZPO

269 Der Rechtsbehelf des § 927 ZPO steht selbständig neben den Rechtsbehelfen aus § 924 ZPO und § 926 ZPO. Alle drei können grundsätzlich **unabhängig** voneinander, zeitlich **nebeneinander**, auch in einem **einheitlichen** Verfahren, oder **nacheinander**, geltend gemacht werden[777]. Da mit dem Aufhebungsantrag gemäß § 926 ZPO ausschließlich geltend gemacht wird, die Hauptklage, zu deren Erhebung der Verfügungsgläubiger gemäß § 926 Abs. 1 ZPO aufgefordert wurde, sei nicht erhoben worden, dies Nichterheben der Hauptklage aber kein veränderter Umstand ist, ergeben sich zwischen den Aufhebungsverfahren gemäß § 926 ZPO und gemäß § 927 ZPO keine Überschneidungen[778]. Sollten in einem Aufhebungsverfahren vom Verfügungsschuldner **gleichzeitig Aufhebungsgründe gemäß § 926 ZPO und gemäß § 927 ZPO** geltend gemacht werden, sollte das Gericht allerdings im **Tenor deutlich** machen, wenn die **eV gemäß § 926 ZPO aufgehoben** wird, weil dies für einen etwaigen Schadensersatzanspruch des Verfügungsschuldners gemäß § 945 ZPO günstigere Voraussetzungen schafft, vgl. G I 1 Rdn. 317 ff.

270 Dagegen können im Rahmen des Widerspruchs- und Berufungsverfahren gegen den Erlaß der eV dieselben Einwendungen erhoben werden wie im Aufhebungsverfahren gemäß § 927 ZPO, da das dort angerufene Gericht den Sachverhalt nach dem Stand der letzten mündlichen Verhandlung prüft und die bis zu diesem Zeitpunkt veränderten Umstände also zu berücksichtigen hat, vgl. III 2 a Rdn. 180 f. Ist im Widerspruchs- oder dem sich daran anschließenden Berufungsverfahren ein veränderter Umstand bereits anhängig (gewesen) oder könnte er dort ohne weiteres geltend gemacht werden, so kann **auf denselben veränderten Umstand** nicht auch noch ein Aufhebungsverfahren gemäß § 927 ZPO gestützt werden. Insofern steht **mangelndes Rechtsschutzinteresse** des Verfügungsschuldners an mehrfachem Betreiben von Verfahren wegen desselben „veränderten Umstands" dem Aufhebungsverfahren gemäß § 927 ZPO entgegen[779]. Ebenso kann ein Widerspruch gemäß § 924 ZPO oder eine Berufung im Erlaßverfahren

---

[777] Vgl. OLG Hamm WRP 1969, 119; OLG Köln WRP 1986, 353; OLG Düsseldorf NJW-RR 1988, 188; *Teplitzky*[6] Kap. 56 Rdn. 22 u. 42; *Stein/Jonas/Grunsky* § 924 ZPO Rdn. 4 u. 5; *Zöller/Vollkommer* § 924 ZPO Rdn. 2; *Mädrich* S. 14.

[778] A. A. *Baumbach/Hefermehl* § 25 Rdn. 90, die in der Nichterhebung der Hauptklage nach Fristsetzung gemäß § 926 Abs. 1 ZPO einen veränderten Umstand im Sinne des § 927 ZPO sehen.

[779] Vgl. OLG Hamm WRP 1978, 394; OLG Düsseldorf WRP 1982, 329; WRP 1987, 676; NJW-RR 1988, 188; OLG München WRP 1982, 602; OLG Koblenz GRUR 1989, 373; *Wedemeyer* NJW 1979, 293, 294; *Teplitzky*[6] Kap. 56 Rdn. 24 u. 42; *Melullis* Rdn. 137; *Ahrens* S. 193; *Stein/Jonas/Grunsky* § 924 ZPO Rdn. 6.

nicht ausschließlich auf einen veränderten Umstand gestützt werden, der gerade in einem (gesondert betriebenen) Aufhebungsverfahren gemäß § 927 ZPO geltend gemacht wird[780]. Der Verfügungsschuldner kann aber sehr wohl neben einem gerade anhängigen Aufhebungsverfahren gemäß § 927 ZPO auch noch Widerspruch bzw. Berufung im Erlaßverfahren einlegen, um dort **andere Aufhebungsgründe als „veränderte Umstände"** geltend zu machen. Und in diesem Verfahren – das Gericht kann auch beide Verfahren miteinander verbinden, wenn es für beide Verfahren zuständig ist – können dann die veränderten Umstände – gegebenenfalls zum zweiten Male – eine entscheidungserhebliche Rolle spielen, weil die einmal zulässige Berufung gegen die eV (bzw. Widerspruch) nicht auf die vom Aufhebungsverfahren abweichenden Gründe beschränkt ist[781], vgl. III 2 a Rdn. 180 f. Und der Verfügungsschuldner kann auch das Aufhebungsverfahren gemäß § 927 ZPO betreiben, obwohl er auch noch Widerspruch gegen die eV einlegen könnte[782].

Weitere veränderte Umstände – auch solche, die im Widerspruchs- oder Berufungsverfahren oder in einem früheren Aufhebungsverfahren gemäß § 927 ZPO schon hätten geltend gemacht werden können, aber nicht geltend gemacht wurden – können in einem späteren Aufhebungsverfahren gemäß § 927 ZPO geltend gemacht werden; die **Konzentrationsmaxime,** wie sie in **§ 767 Abs. 3 ZPO** ausdrücklich geregelt ist, **gilt mangels einer vergleichbaren Regelung in § 927 ZPO nicht**[783]. 271

5. Fehlendes Rechtsschutzbedürfnis

Das **Rechtsschutzbedürfnis für ein Aufhebungsverfahren** gemäß § 927 ZPO **fehlt,** 272
wenn der Verfügungsgläubiger auf die Rechte aus der eV oder der Verfügungsschuldner auf das Recht zum Aufhebungsantrag gemäß § 927 ZPO **verzichtet** hat.

a) **Verzicht auf eV durch Verfügungsgläubiger.** Für den Verzicht auf die eV wird auf die entsprechenden Ausführungen unter VI 5 b Rdn. 226 verwiesen, wo die Folge des eV-Verzichts auf das Aufhebungsverfahren gemäß § 926 Abs. 2 ZPO behandelt ist. Diese Ausführungen gelten auch hier entsprechend. Trotz Verzichts auf den eV-Titel bzw. Rückgabe desselben an den Verfügungsschuldner kann jedoch dann noch **wegen veränderter Umstände eine Aufhebung der eV** in Betracht kommen, wenn aus dem eV-Titel **vollstreckt** worden ist und der Verfügungsschuldner – z. B. nach rechtskräftiger Abweisung der Hauptklage, deren Klageantrag dem eV-Tenor entsprach – den Vollstreckungsschaden rückgängig machen möchte. Dies wird ihm erleichtert, wenn er über ein Urteil verfügt, welches die eV aufhebt. Der Verzicht des Verfügungsgläubigers wirkt insoweit nicht gleich[784].

b) **Verzicht auf Aufhebungsantrag durch Verfügungsschuldner.** Hat der Verfügungs- 273
schuldner auf das Recht, die Aufhebung gemäß § 927 ZPO zu verlangen, verzichtet – zumeist im Rahmen einer Abschlußerklärung, vgl. F II 4 Rdn. 295 – und stellt er dann

---

780 Vgl. OLG Bremen Entsch. v. 27. 9. 1979, zit. bei *Traub* S. 59; wohl auch *Stein/Jonas/Grunsky* § 924 ZPO Rdn. 6; a. A. *Teplitzky* Kap. 56 Rdn. 24.

781 Vgl. OLG Hamm Entsch. v. 12. 2. 1980, zit. bei *Traub* S. 185; genau anders herum aber (kein Rechtsschutzinteresse für zwei Verfahren) OLG Hamm Entsch. v. 24. 4. 1980, zit. bei *Traub* S. 185.

782 Vgl. OLG Köln WRP 1987, 567; demgegenüber ist *Mädrich* S. 41 ff, 45, der Meinung, das Aufhebungsverfahren gemäß § 927 ZPO könne nicht betrieben werden, wenn gegen die Beschluß-eV noch nicht vorher das Widerspruchsverfahren durchgeführt worden sei, vgl. dazu schon oben Rdn. 245 u. näher zum (str.) Meinungsstand *Teplitzky*[6] Kap. 56 Rdn. 42 in Fn. 84.

783 A. A. *Mädrich* S. 53, der bei der von ihm angenommenen Präklusionswirkung von einem allgemeinen Prozeßrechtsgrundsatz spricht.

784 Vgl. BGH GRUR 1992, 203 – Roter mit Genever.

gleichwohl bei veränderten Umständen Aufhebungsantrag gemäß § 927 ZPO, so fehlt diesem Antrag das Rechtsschutzinteresse, und er ist demgemäß vom Gericht zurückzuweisen. Das gilt allerdings nur, **soweit dieser Verzicht des Verfügungsschuldners reicht.** Es ist umstritten, **ob bzw. in welchem Umfang** der **Verfügungsschuldner auf das Recht des § 927 ZPO mit einer entsprechenden Verzichtserklärung wirksam verzichten** kann[785]. Unzweifelhaft ist zunächst, daß der Verfügungsschuldner auf eine Rechtsposition aus denjenigen veränderten Umständen, die bis zum Zeitpunkt der Abgabe seiner Erklärung seit Erlaß der eV eingetreten sind und von denen er weiß, verzichten kann. Wie auch auf sonstige Rechtsbehelfe verzichtet werden kann, so gilt dies auch hier. Zweifelhaft kann nur sein, wie es um einen **Verzicht auf Rechtspositionen aus veränderten Umständen** steht, **die zwar in der Vergangenheit entstanden,** jedoch **noch nicht in die Kenntnis des Verfügungsschuldners gelangt sind,** oder aus **solchen** veränderten Umständen, die **erst in der Zukunft eintreten** werden. Hier muß man differenzieren:

274 Handelt es sich um **solche veränderten Umstände,** deren **Eintreten – in Vergangenheit oder Zukunft** – von jedem verständigen Durchschnitts-Gewerbetreibenden in der Situation des Verfügungsschuldners **zu erwarten** ist oder als **durchaus denkbar** angesehen wird, so erfaßt ein uneingeschränkt ausgesprochener Verzicht auf das Recht zum Aufhebungsantrag gemäß § 927 ZPO auch diese veränderten Umstände (Beispiele: Eintritt der Verjährung; Ergehen eines rechtskräftigen Hauptsacheurteils; Anwachsen des Verfügungsschuldner zum Marktführer, wenn er diese Position nach seiner eigenen Einlassung gerade angestrebt hatte und ihm die Werbung mit der Marktführerschaft gerade deswegen, weil er sie noch nicht erreicht hatte, verboten worden war; Ablauf eines gewerblichen Schutzrechtes oder einer gemäß § 1 UWG geschützten vergleichbaren Rechtsposition, auf welche die eV gestützt ist und die durch Zeitablauf stets ihre Erledigung findet, welchem Umstand aber bei der Tenorierung der eV gerade wegen der Möglichkeit des § 927 ZPO nicht durch eine zeitliche Beschränkung der eV Rechnung getragen worden war). Dagegen ist grundsätzlich **nicht verzichtbar** das Recht, Aufhebung der eV zu verlangen, wenn **gänzlich unerwartete veränderte Umstände eintreten**[786]. (Beispiele: Das Gesetz, auf welchem die eV beruht, wird aufgehoben; ein jahrzehntelang bestehendes Recht des Verfügungsgläubigers, auf dem die eV beruht, wie etwa eine berühmte Marke, mit deren „Auslaufen" nicht zu rechnen ist, fällt wegen unvorhersehbarer wirtschaftlicher Veränderungen plötzlich fort; eine wissenschaftliche revolutionäre technische Entwicklung läßt eine Werbeaussage, welche vorher offensichtlich übertrieben und deswegen verboten worden war, wider Erwarten realistisch erscheinen). Das Recht, sich später auf solche Veränderungen zu berufen, ist grundsätzlich **genauso wenig verzichtbar** wie sonst das Recht, im Rahmen eines Schuldverhältnisses (als welches sich das Prozeßrechtsverhältnis darstellt) sich auf **Treu und Glauben gemäß § 242 BGB** zu berufen. In solchen unerwarteten Fällen veränderter Umstände ist das Bestehenbleiben des Aufhebungsantrags-Recht gemäß § 927 ZPO – trotz eines etwa ausgesprochenen uneingeschränkten Verzichts auf dieses Aufhebungsrecht – nichts anderes als die Berufung auf den **Wegfall der Geschäftsgrundlage** durch den Verfügungsschuldner[787]. Nur wenn der Verfügungsschuldner expressis verbis auf das Recht aus § 927 ZPO im umfassenden Sinne, also auch hinsichtlich aller denkbaren

[785] Vgl. BGH GRUR 1987, 125 – Berühmung; OLG Koblenz GRUR 1986, 94; *Scherf* WRP 1969, 393, 397 f; eingehend *Ahrens* S. 362 ff; *Stein/Jonas/Grunsky* § 927 ZPO Rdn. 11; *Zöller/Vollkommer* § 927 ZPO Rdn. 9 a; *Baumbach/Hefermehl* § 25 Rdn. 100; *Spehl* S. 55 ff.

[786] Vgl. OLG München SJZ 1950, 827; OLG Stuttgart WRP 1983, 586; *Scherf* WRP 1969, 393, 397.

[787] Vgl. *Völp* GRUR 1984, 486, 493; *Baumbach/Hefermehl* § 25 Rdn. 100 u. 101 a mwN; vgl. auch BGH GRUR 1983, 602 – Vertragsstraferückzahlung.

später eintretenden und auch unerwarteter Umstände, verzichtet haben sollte und insoweit auch kein unziemlicher Druck des Verfügungsgläubigers[788], sondern nur mangelnde Beratung des Verfügungsschuldners zugrunde gelegen haben sollte, ist der Verfügungsschuldner an dieser umfassenden Verzichtserklärung festzuhalten[789].

6. Verfahren

a) **Zuständiges Gericht.** Das Gericht entscheidet stets nur auf Antrag, nicht etwa bei Bekanntwerdenden veränderten Umständen von Amts wegen. Das Gericht ist an den **Antrag** des Verfügungsschuldners auch dann **gebunden**, wenn dieser nur eine Teilaufhebung der eV beantragt, das Gericht aber die gesamte eV für aufhebungswürdig hält[790]. Zuständig ist für das Aufhebungsverfahren gemäß § 927 ZPO, wie für das Aufhebungsverfahren gemäß § 926 ZPO, dasjenige Gericht, welches die eV erlassen hat[791], vgl. VI 3 a Rdn. 214 und VI 4 Rdn. 218[792]. Ist aber das Hauptklageverfahren anhängig – sei es in Form der Unterlassungs- oder Feststellungsklage des Verfügungsgläubigers oder sei es in Form einer negativen Feststellungsklage des Verfügungsschuldners[793] –, ist dieses stets **für das Aufhebungsverfahren vorrangig vor dem eV-Gericht zuständig.** Daß insoweit die Zuständigkeitsvorschrift des § 927 ZPO von derjenigen des § 926 ZPO abweicht, beruht darauf, daß gerade bei dem Aufhebungsverfahren gemäß § 926 Abs. 2 ZPO vorausgesetzt wird, die Hauptklage sei nicht anhängig und der Verfügungsgläubiger vergeblich gemäß § 926 Abs. 1 ZPO zu ihrer Erhebung aufgefordert worden[794]. Ist das Hauptsache-Verfahren in der Berufung anhängig, ist das Aufhebungsverfahren beim Berufungsgericht anhängig zu machen, § 943 ZPO. Dies gilt auch dann, wenn das Hauptklageverfahren beim BGH in der Revisionsinstanz anhängig ist[795], weil es sich hier um eine überprüfende Fortsetzung des Berufungsrechtszugs handelt. Der BGH scheidet als zuständiges Gericht für das Aufhebungsverfahren gemäß § 927 ZPO aus. Dies folgt nicht nur aus § 545 Abs. 2 ZPO, wonach im eV-Verfahren, zu welchem auch das Aufhebungsverfahren noch zu rechnen ist, der BGH von der Mitwirkung ausgeschlossen sein soll, sondern insbesondere auch daraus, daß 275

[788] Insoweit würde die Glaubhaftmachungslast im Hinblick auf eine Unwirksamkeit der Verzichtserklärung gemäß §§ 134, 139 BGB beim Verfügungsschuldner liegen.

[789] Vgl. *Lindacher* BB 1984, 639, 643; vgl. auch *Stein/Jonas/Grunsky* § 927 ZPO Rdn. 11; *Zöller/Vollkommer* § 927 ZPO Rdn. 9a (Verzichtbarkeit auf Recht aus § 927 ZPO für das Wettbewerbsverfahrensrecht); vgl. auch OLG Köln GRUR 1986, 94; **a. A.** (nur eingeschränkter oder gar kein Verzicht auf die Rechte aus § 927 ZPO wirksam) *Baumbach/Lauterbach/Hartmann* § 927 ZPO Anm. 1; *Wieczorek/Schütze* § 927 ZPO Anm. B II b; eingehend *Ahrens* S. 362ff mwN.

[790] Vgl. *Stein/Jonas/Grunsky* § 927 ZPO Rdn. 11.

[791] Ob bei Abänderung der eV in der zweiten Instanz des Erlaßverfahrens die eV als eine solche der ersten oder der zweiten Instanz anzusehen ist, hängt von den Einzelfallumständen, insbesondere dem Gewicht der Änderungen gegenüber dem erstinstanzlichen Ausspruch durch das zweitinstanzliche Urteil ab, vgl. dazu KG Entsch. v. 6. 1. 1981, zit. bei *Traub* S. 23.

[792] Dort ist die Auffassung, es sei auch dann das Gericht, welches die eV erlassen hat, für das Aufhebungsverfahren zuständig, wenn es sich um ein zweitinstanzliches Gericht handelt, gegen die herrschende Meinung vertreten worden. Daran wird auch im vorliegenden Zusammenhang festgehalten, vgl *Wieczorek/Schütze* § 927 ZPO Anm. B I b; **a. A. hM**, vgl. OLG Hamm MDR 1987, 593; *Zöller/Vollkommer* § 927 ZPO Rdn. 10; *Stein/Jonas/Grunsky* § 927 ZPO Rdn. 13; *Mädrich* S. 51.

[793] Der etwa schon anhängige Schadensersatzprozeß gemäß § 945 ZPO dürfte allerdings nicht zuständigkeitsbegründend sein, weil hier der Unterlassungsanspruch, der in der eV gesichert war, nur inzident geprüft wird.

[794] An die Möglichkeit, daß trotz Nichterhebung der Hauptklage durch den Verfügungsgläubiger es ein Hauptsache-Gericht geben könnte – nämlich wegen negativer Feststellungsklage des Verfügungsschuldners –, hat der Gesetzgeber nicht gedacht.

[795] Anders die hM, nach der in diesem Fall für das Aufhebungsverfahren gemäß § 927 ZPO wieder das erstinstanzliche Hauptklage-Gericht zuständig ist; vgl. BGH WM 1976, 134; *Teplitzky*[6] Kap. 56 Rdn. 25 mwN.

im Aufhebungsverfahren gemäß § 927 ZPO tatsächliche Fragen zu erörtern sind, ob nämlich die behaupteten veränderten Umstände vorliegen. Ist das Hauptklageverfahren bereits rechtskräftig abgeschlossen, ist für das Aufhebungsverfahren wiederum das eV-Gericht zuständig.

276 b) **Einstweilige Maßnahmen.** Analog § 924 Abs. 3 ZPO kann das Gericht, wenn es nicht sofort terminieren kann, einstweilige Maßnahmen treffen[796], vgl. III 4 c Rdn. 188. Nur dadurch kann vermieden werden, daß trotz der möglicherweise mit dem Aufhebungsantrag glaubhaft gemachten veränderten Umstände die Vollstreckung aus der bis zur Aufhebung bestehenbleibenden eV fortgesetzt werden kann.

277 c) **Urteil.** Das nach obligatorischer mündlicher Verhandlung ergehende Urteil lautet entweder auf Aufhebung der eV[797] und ist alsdann ohne Sicherheitsleistung vorläufig vollstreckbar, § 708 Ziffer 6 ZPO[798]; oder es lautet auf Zurückweisung des Antrags mit der Vollstreckbarkeitsfolge aus § 708 Ziffer 11 oder § 711 ZPO, je nach Höhe der hier ausschließlich im Streit befindlichen Kosten[799]. Gegen das im Aufhebungsverfahren ergehende Urteil ist **Berufung** möglich[800], jedoch nicht, wenn das Berufungsgericht als Hauptsache-Gericht über das Aufhebungsverfahren entscheidet. Hat das erstinstanzliche Gericht die eV aufgehoben, ist dagegen das Berufungsgericht der Auffasung, daß keine die Aufhebung rechtfertigenden veränderten Umstände vorliegen, hat das **Berufungsgericht** nicht nur das erstinstanzliche Urteil aufzuheben, sondern **zur Klarstellung die aufgehobene eV wiederherzustellen**, vgl. dazu für den Parallelfall des § 926 ZPO VI 4 b Rdn. 221.

7. Kosten des Aufhebungsverfahrens

278 a) **Grundsatz.** Im Verfahren gemäß § 927 ZPO geht es nicht um die Frage, ob die eV zu Recht oder zu Unrecht erlassen bzw. bestätigt worden ist, sondern es geht ausschließlich um deren Fortbestand. Folglich hat das Gericht **im Aufhebungsverfahren gemäß § 927 ZPO grundsätzlich nur über die Kosten des Aufhebungsverfahrens zu entscheiden**[801], im Gegensatz zu der regelmäßigen Kostenentscheidung im Aufhebungs-

---

[796] Vgl. *Zöller/Vollkommer* § 927 ZPO Rdn. 9 c; *Stein/Jonas/Grunsky* § 927 ZPO Rdn. 15; *Mädrich* S. 55.

[797] Es erscheint nicht geboten, die Aufhebungswirkung im Tenor auf einen bestimmten Zeitraum zu beschränken, von dessen Beginn an der Aufhebungsgrund greift, wie *Melullis* Rdn. 140 vorschlägt; vgl. auch OLG Hamm Entsch. v. 12. 11. 1987, zit. bei *Traub* S. 185. Notwendig wäre dies nur, wenn das Gericht im Ordnungsmittelverfahren wegen Verstoßes gegen die eV oder im Prozeß über einen Schadensersatzanspruch gemäß § 945 ZPO aus der unterschiedlichen Tenorierung Rechtsfolgen herleiten müßte. Dies ist aber nicht der Fall, vgl. für das Ordnungsmittelverfahren eingehend *Jestaedt* Vor § 13 E Rdn. 46 in diesem Kommentar und für den Schadensersatzanspruch gemäß § 945 ZPO unten G I 2 d Rdn. 324.

[798] Zur Wirkung dieses Urteils auf die Vollstreckung der eV vgl. die Darstellung zur parallelen Situation des § 926 ZPO oben VI 7 b Rdn. 234.

[799] Je nach Fallumständen kann auch eine Teil-Entscheidung in Betracht kommen, wenn die Aufhebung entgegen dem Antrag des Verfügungsschuldners nur einen Teil der eV betrifft.

[800] Richtet sich das Aufhebungsverfahren gegen eine reine Kostenentscheidung, die aufgrund Kostenwiderspruchs, siehe oben III 5 Rdn. 193 ff, im Erlaßverfahren ergangen ist – das erscheint durchaus möglich, weil im lediglich auf die Kostenentscheidung beschränkten Widerspruch in der Regel kein Verzicht auf den Rechtsbehelf des § 927 ZPO zu sehen ist, vgl. Rdn. 198 und zur Wirkung des in dem Kostenwiderspruch liegenden Anerkenntnisses Rdn. 98, dagegen allerdings *Zöller/Vollkommer* § 927 ZPO Rdn. 9 b –, soll analog dem dort gegebenen Rechtsmittel, siehe III 5 d Rdn. 201, auch gegen das Aufhebungsurteil zu dieser Kostenentscheidung die sofortige Beschwerde statt der Berufung zulässig sein, so KG NJW-RR 1987, 981; zweifelhaft.

[801] Vgl. OLG Frankfurt WRP 1980, 423; WRP 1982, 295; OLG Hamm WRP 1986, 620; OLG Düsseldorf Entsch. v. 3. 10. 1985, zit. bei *Traub* S. 82; OLG Koblenz GRUR 1989, 75; *Teplitzky*[6] Kap. 56

verfahren gemäß § 926 ZPO also nicht über die Kosten des Erlaßverfahrens, vgl. VI 8 a Rdn. 235. Dabei lautet der Grundsatz des § 91 ZPO, daß die Kosten des Aufhebungsverfahrens der Verfügungsgläubiger zu tragen hat, wenn die eV aufgehoben wird, dagegen der Verfügungsschuldner, wenn der Aufhebungsantrag zurückgewiesen wird.

b) Davon sind folgende **Ausnahmen** beachtlich: **b 1) Rechtskräftige Klageabweisung im Hauptverfahren.** Liegt der veränderte Umstand darin, daß das Hauptklageverfahren rechtskräftig abgewiesen wurde, folgt daraus zugleich, daß die **eV von vornherein mangels eines Verfügungsanspruches ungerechtfertigt gewesen ist.** Es gibt dann keinen Grund, warum der Verfügungsschuldner in solchem Fall die Kosten des Erlaßverfahrens zu tragen haben soll[802]. Der „veränderte Umstand" im Sinne des § 927 ZPO ist nämlich hier in Wahrheit kein objektiv veränderter Umstand, sondern macht die Unbegründetheit der eV nur nachträglich deutlich. 279

b 2) Mangelnde Vollziehung der eV. Wird die eV wegen des „veränderten Umstandes" aufgehoben, daß die eV nicht zugestellt oder eine angeordnete Sicherheit nicht geleistet worden ist, so mag die eV zwar bei ihrem Erlaß nach der materiellen Rechtslage gerechtfertigt gewesen sein, jedoch hat der Verfügungsgläubiger selbst es **verabsäumt**, daß die **eV durch Vollziehung wirksam** wurde. Denn zur Durchsetzbarkeit der eV gehört nicht nur deren Erlaß durch das Gericht, sondern auch die Zustellung durch den Verfügungsgläubiger an den Verfügungsschuldner bzw. die rechtzeitige Erbringung der angeordneten Sicherheit, vgl. D IV 1 a und b Rdn. 143 ff. Auch in diesem Fall ist es daher nicht gerechtfertigt, daß der Verfügungsschuldner die Kosten des Erlaßverfahrens zu tragen hat, denn die **Veränderung ist hier gerade nicht nach der Wirksamkeit der eV eingetreten**[803]. Das Gericht konnte bei seiner Kostenentscheidung im Erlaßverfahren dieses Versäumnis des Verfügungsgläubigers auch nicht berücksichtigen. 280

b 3) Neue Erkenntnis als veränderter Umstand. Würde man mit der oben unter 3 f Rdn. 268 abgelehnten verbreiteten Auffassung der Meinung sein, daß als „veränderter Umstand" im Sinne des § 927 ZPO auch ein nachträglich aufgefundenes Beweismittel in Betracht kommt, mit dem der Verfügungsschuldner nachträglich glaubhaft machen kann, daß der eV-Antrag hinsichtlich des Sicherungsinteresses und/oder Verfügungsanspruchs zwar schlüssig aber von Anfang an nicht begründet war, läge es nahe, dann auch bei einer Aufhebung wegen solchen „veränderten Umstands" nicht nur die Kosten des Aufhebungsverfahrens, sondern zugleich auch des Erlaßverfahrens dem 281

Rdn. 37; *Pastor* WbProzeß S. 476; *Baumbach/Hefermehl* § 25 Rdn. 92. Das ändert nichts daran, daß die Kostenentscheidung im Rahmen des Widerspruchsverfahrens gemäß § 924 ZPO oder in der Berufung über den Erlaß der eV eine einheitliche Kostenentscheidung ist, auch wenn derselbe Grund, der in einem Aufhebungsverfahren gemäß § 927 ZPO geltend gemacht werden könnte, im Widerspruchs- oder Berufungsverfahren geltend gemacht wird, vgl. OLG Frankfurt WRP 1980, 423; OLG Karlsruhe WRP 1981, 285; OLG Stuttgart Entsch. v. 24. 6. 1983, zit. bei *Traub* S. 401; *Zöller/Vollkommer* § 927 ZPO Rdn. 12 u. § 925 ZPO Rdn. 8.

802 Vgl. OLG Hamburg GRUR 1979, 190; OLG Koblenz GRUR 1980, 1022; WRP 1988, 389; OLG Köln WRP 1982, 288; GRUR 1985, 485; OLG Stuttgart Entsch. v. 9. 11. 1982, zit. bei *Traub* S. 395; OLG Hamm GRUR 1985, 84; OLG Celle WRP 1991, 586; *Teplitzky*[6] Kap. 56 Rdn. 38; *Baumbach/Hefermehl* § 25 Rdn. 92; *Stein/Jonas/Grunsky* § 927 ZPO Rdn. 16.

803 Vgl. OLG Hamm WRP 1978, 395; GRUR 1985, 84; OLG Frankfurt WRP 1980, 423; KG Entsch. v. 6. 1. 1981, zit. bei *Traub* S. 23; Entsch. v. 16. 8. 1988, zit. bei *Traub* S. 23 f; OLG Köln WRP 1983, 702; GRUR 1985, 458; OLG Düsseldorf GRUR 1985, 160; OLG Koblenz WRP 1988, 389; *Teplitzky*[6] Kap. 55 Rdn. 50 u. Kap. 56 Rdn. 38; *Wedemeyer* NJW 1979, 293, 294 f; a. A. OLG Karlsruhe WRP 1981, 285; OLG München NJW-RR 1986, 999; zweifelnd *Zöller/Vollkommer* § 927 ZPO Rdn. 12.

Verfügungsgläubiger aufzuerlegen sind, denn auch hier läge – wie zu b 1 Rdn. 279 dargestellt – gar **keine gegenüber dem Erlaßverfahren veränderte Situation, sondern nur ein nachträglich verbesserter Erkenntnisstand vor**, der deutlich (bzw. glaubhaft) macht, daß die eV von vorneherein nicht begründet war. Daß diese Auffassung gleichwohl, soweit ersichtlich, nicht vertreten wird, beruht wohl darauf, daß die „verspätete" Geltendmachung dieses Beweismittels (nämlich als „veränderter Umstand") im Verantwortungsbereich des Verfügungsschuldners liegt, der dementsprechend diese Kostenvergünstigung nicht verdiene. Ob dieses Argument aber immer zutreffend ist, erscheint zweifelhaft: Wenn zum Beispiel eine Werbung wegen Verstoß gegen § 3 UWG mit der eV verboten wird, ohne daß die Irreführung mittels einer Meinungsumfrage glaubhaft gemacht wird, Widerspruch und/oder Berufung dagegen, die etwa auf mangelnder Passivlegitimation des Verfügungsschuldners gestützt sind, erfolglos bleiben und dann eine Meinungsumfrage, die der Verfügungsschuldner eingeholt hat, ergibt, daß die verbotene Werbung gar nicht irreführend ist, erschiene es – wenn man dies als „veränderten Umstand" überhaupt akzeptieren will – durchaus plausibel, mit der Aufhebung der eV dann auch die Kostenentscheidung des eV-Verfahren zulasten des Verfügungsgläubigers abzuändern; denn ein „Verspätungs"-Vorwurf dürfte ihn hier kaum treffen. Im Gegenteil erweist sich, daß der Verfügungsgläubiger zu Unrecht nicht selbst denjenigen Sachverhalt glaubhaft gemacht hat, der seinen Unterlassungsanspruch hätte rechtfertigen können.

282 b 4) **Mangelnde „Abmahnung" vor Aufhebungsantrag.** Auch dort, wo nach dem oben dargestellten Grundsatz der Verfügungsgläubiger die Kosten des Aufhebungsverfahrens bzw. nach den zu b 1 – b 3 Rdn. 279 ff erörterten Grundsätzen die Kosten des Aufhebungs- und des Erlaßverfahrens zu tragen hat, kann eine **Kostentragung des Verfügungsschuldners** unter Befreiung des Verfügungsgläubigers von Kostenbelastung für das Aufhebungsverfahren dann in Betracht kommen, **wenn der Verfügungsgläubiger auf den Aufhebungsantrag hin die „veränderten Umstände" sofort anerkennt, indem er auf die Rechte aus der eV** und, sofern gemäß b 1 bis b 3 Rdn. 279 ff auch eine Tragung der Kosten des Erlaßverfahrens durch den Verfügungsgläubiger geboten ist, auch auf die Rechte aus der Kostenentscheidung der eV **verzichtet**[804] und die bereits vom Verfügungsschuldner im Rahmen des Erlaßverfahrens erstatteten Kosten zurückzuerstatten sich verpflichtet[805]. Nach Abgabe dieser Verzichtserklärung des Verfügungsgläubigers fehlt dem Verfügungsschuldner das Rechtsschutzinteresse zur weiteren Verfolgung des Aufhebungsantrages, vgl. 5 a Rdn. 272, so daß die Hauptsache des Aufhebungsverfahrens für erledigt zu erklären sein wird. Es fragt sich, ob bei der Kostenentscheidung gemäß § 91 a ZPO alsdann der **Rechtsgedanke des § 93 ZPO** heranzuziehen ist[806]. Dieselbe Frage nach der Berücksichtigung des § 93 ZPO stellt sich auch, wenn der Verfügungsgläubiger den Aufhebungsantrag **sofort anerkennt** und nur meint,

[804] Vgl. OLG Köln WRP 1982, 288; GRUR 1985, 458. Das hat, damit die Erklärung „sofort" erfolgt, spätestens vor der mündlichen Verhandlung zu geschehen, sonst ist die Analogie zu dem „sofort" zu erklärenden Anerkenntnis im Kostenwiderspruch-Verfahren nicht gewahrt, vgl. E III 5 b Rdn. 196. Zu großzügig daher OLG Frankfurt WRP 1979, 799: Verzicht kann auch noch kostengünstig nach Erörterung des Sach- und Streitstandes ergehen.

[805] Vgl. zur Notwendigkeit dieser Kostenübernahme-Verpflichtung OLG Hamm GRUR 1985, 84; OLG Celle WRP 1991, 586.

[806] OLG Braunschweig Entsch. v. 19. 7. 1985, zit. bei *Traub* S. 55, ist allerdings der Meinung, auf die Situation des eV-Verzichts nach Geltendmachung des Aufhebungsgrundes durch den Verfügungsschuldner sei der Rechtsgedanke des § 93 ZPO grundsätzlich nicht anwendbar. Das überzeugt nicht, zumal das OLG aaO durchaus konstatiert, daß der Verfügungsgläubiger damit anerkennt, daß die Beklagte insoweit einen Aufhebungsanspruch hat.

keine Veranlassung zum Aufhebungsverfahren gegeben zu haben, also sich analog der Einlassung des Verfügungsschuldners im Kostenwiderspruch gegen die eV verteidigt, vgl. III 5 a Rdn. 194. Es stellt sich also die Frage, ob der Verfügungsschuldner vor Einleitung eines Aufhebungsverfahrens gemäß § 927 ZPO den Verfügungsgläubiger außerprozessual **zum Verzicht auf die Rechte aus der eV auffordern muß**, wenn er eine Kostenbelastung vermeiden will. Man kann die Frage **nicht einheitlich** beantworten, etwa in dem Sinne der wohl herrschenden Auffassung[807], daß der Verfügungsgläubiger einen gleichen „Anspruch auf Abmahnung", auf die Rechte aus der eV zu verzichten und den eV-Titel herauszugeben, habe wie in der Regel der Verfügungsschuldner, bevor er mit einer eV überzogen wird, vgl. D I 1 Rdn. 129 und zum Kostenwiderspruch III 5 a, a 1 Rdn. 194. Denn zum einen ist es auch sonst nicht üblich, daß innerhalb eines Prozeßrechtsverhältnisses die eine Partei der anderen ankündigen muß, daß sie einen Rechtsbehelf einlegen, eine Einrede erheben oder ein Angriffs- oder Verteidigungsmittel anwenden wolle. Zum anderen hat der Verfügungsgläubiger durch Erwirkung der eV, die gezielt gegen den Verfügungsschuldner gerichtet ist und nur gegen ihn wirkt, in ganz anderer Weise für die Reaktion des Verfügungsschuldners durch Aufhebungsantrag Veranlassung gegeben als der Verfügungsschuldner durch sein in aller Regel nicht gegen einen einzelnen Konkurrenten zielgerichtetes Wettbewerbsverhalten, welches vor Einleitung eines eV-Verfahrens bei der Problematik der Abmahnungslast in Rede steht. Daraus ergibt sich:

Es wäre eine **Überspannung** der Ausnahmevorschriften **des § 93 ZPO**, wenn man den **283**
Verfügungsgläubiger mit Kostennachteilen „strafen" würde, wenn er nach inzwischen eingetretener **Verjährung, mangelnder Vollziehung** gemäß § 929 Abs. 2 ZPO oder **rechtskräftiger Entscheidung im Hauptklageverfahren** vor dem Aufhebungsantrag den Verfügungsgläubiger nicht zum Verzicht auf die Rechte aus der eV aufgefordert hätte[808]. Der Verfügungsgläubiger, der das eV-Verfahren selbst in Gang gesetzt hat, muß wissen, daß derartige Reaktionen des Verfügungsschuldners, die das Ziel der Aufhebung der eV verfolgen, zu erwarten sind. Handelt es sich dagegen um einen **veränderten Umstand, der in der Sphäre des Verfügungsschuldners** liegt (Beispiel wie oben 3 f, Rdn. 267: Der Verfügungsschuldner wird Marktführer und seine vorher wettbewerbswidrige Werbung mit diesem Hinweis wird daher zulässig), oder um einen solchen, bei dem der Verfügungsgläubiger **nicht** damit **rechnen** kann, daß der Verfügungsschuldner diesen zum Anlaß für einen Aufhebungsantrag nehmen wird (Beispiel wie oben 3 d Rdn. 263: erst- oder zweitinstanzliches aber noch nicht rechtskräftiges klageabweisendes Urteil in der Hauptsache), wird man eine Aufforderung des Verfügungsschuldners an den Verfügungsgläubiger, auf die Reche aus der eV zu verzichten, erwarten können. Das gilt **auch dann, wenn der Verfügungsschuldner eine Unterwerfungserklärung abgibt**, worauf der **Verfügungsgläubiger keinerlei Einfluß** hat; auch hier geht es nicht an, daß zugleich mit der Unterwerfungserklärung des Verfügungsschuldner sogleich einen Aufhebungsantrag gemäß § 927 ZPO stellt, ohne dem Verfügungsgläubiger

[807] Vgl. OLG Frankfurt WRP 1979, 799; WRP 1982, 422; OLG Karlsruhe WRP 1980, 713; OLG Köln WRP 1982, 288; OLG Stuttgart Entsch. v. 9. 11. 1982, zit. bei *Traub* S. 395; OLG München WRP 1984, 434; OLG Hamm GRUR 1985, 84; OLG München GRUR 1985, 161; *Teplitzky*[6] Kap. 56 Rdn. 37; *Melullis* Rdn. 140 f; *Baumbach/Hefermehl* § 25 Rdn. 92; *Stein/Jonas/Grunsky* § 927 ZPO Rdn. 16. Gegen die hM *Pastor* WbProzeß S. 477 (allerdings mit unzutreffender Begründung: Der Umstand, daß die Aufhebung immer nur durch Urteil ergehen könne, spricht nämlich nicht für oder gegen die Anwendung des Rechtsgedankens des § 93 ZPO), differenzierend die in Fußn. 808 angegebene Rspr.; undeutlich *Zöller/Vollkommer* § 927 ZPO Rdn. 12.

[808] Vgl. OLG Koblenz WRP 1986, 298; LG Köln GRUR 1989, 77; OLG Hamburg WRP 1989, 403; *Stein/Jonas/Leipold* § 93 ZPO Rdn. 1.

Gelegenheit zu geben, außerprozessual auf die Rechte aus der eV zu verzichten. Auch dort, wo der **veränderte Umstand nicht in die Sphäre einer der beiden Parteien fällt** (Beispiel wie oben 3 e, Rdn. 265: Änderung der Rechtsprechung oder des Gesetzes, welches der eV zugrundeliegt), erscheint es angemessen, daß der Verfügungsschuldner **vor** einem **Aufhebungsantrag** den Verfügungsgläubiger **zum Verzicht** auf die Rechte aus der eV **auffordert**, da übermäßige Eile nicht geboten zu sein scheint. Hier ist also, wenn diese Aufforderung unterbleibt, eine Anwendung der Rechtsgedanken des § 93 ZPO geboten, wenn der Verfügungsgläubiger im Aufhebungsverfahren gemäß § 927 ZPO sofort auf die Rechte aus der eV verzichtet und den Titel herausgibt oder den Aufhebungsantrag anerkennt[809].

284 In allen unter b 4 behandelten Fällen ist die Kostenentscheidung durch **sofortige Beschwerde** anfechtbar: Entweder gegen die nach übereinstimmender Erledigungserklärung ergehende Kostenentscheidung gemäß § 91 a ZPO oder bei einem auf Aufhebung der eV gerichteten Anerkenntnisurteil gemäß § 99 Abs. 2 ZPO[810].

F. Abschlußschreiben und Abschlußerklärung

I. Problemstellung

285 Die **Vorläufigkeit der eV** durch die dem Verfügungsschuldner zeitlich **unbefristet** zur Verfügung stehenden **Rechtsbehelfe** der §§ 924, 926, 927 ZPO, vgl. E III 1 Rdn. 178, E VI 1 Rdn. 208 und E IX 1 Rdn. 246, und die **mangelnde Sicherung** des durch sie titulierten Anspruchs **wegen Verjährung**, vgl. E IX 3 c Rdn. 257 ff, legen es in der Praxis nahe, nach einem Weg zur endgültigen Erledigung des in der eV behandelten Streitverhältnis durch einen den Verfügungsgläubiger befriedigenden Unterlassungstitel zu suchen, ohne daß der Verfügungsgläubiger noch ein teures und langwieriges Hauptklageverfahren betreiben muß. Dazu bietet sich die Möglichkeit an, den **eV-Titel** aufzuwerten und ihn zu einem **vollwertigen Titel** zu machen, dem die genannten Schwächen nicht mehr anhaften[811]. Der Verfügungsschuldner kann eine diese Endgültigkeit bewirkende Erklärung von sich aus abgeben, um die Durchführung des Hauptklageverfahrens, von dem er sich keine Obsiegens-Chance versprechen mag, zu vermeiden (**Abschlußerklärung**). Der Verfügungsgläubiger kann den Verfügungsschuldner auch zu einer solchen Erklärung auffordern (**Abschlußschreiben**) und von der Reaktion des Verfügungsschuldners abhängig machen, ob sich die Hauptsacheklage erübrigt[812] bzw., wenn die entsprechende Hauptklage bereits anhängig sein sollte – zum Nebeneinander von eV- und Hauptklageverfahren vgl. D II Rdn. 136 –, ob das Hauptklageverfahren für erledigt zu erklären ist. Wie die **vorprozessuale Abmahnung** in der Rechtsprechung zu einer **Obliegenheit des Verfügungsgläubigers** ausgestaltet worden ist, vgl. D I 1 Rdn. 129, hat die Rechtsprechung unter fast einhelliger Anerkennung

[809] OLG Stuttgart Entsch. v. 7. 8. 1987, zit. bei *Traub* S. 399.

[810] Vgl. die in Fußn. 800 Genannten; a. A. OLG Köln GRUR 1985, 485; Berufung.

[811] Vgl. aus der Literatur zum Abschlußverfahren insbesondere *Ahrens* S. 356 ff; *Teplitzky* Kap. 43; besonders eingehend *Spehl*, durchgehend; *Lindacher* BB 1984, 639 ff; *Scherf* WRP 1969, 393 ff.

[812] Das Abschlußschreiben, das sich in der Praxis alsbald nach der BGH-Entscheidung „Verjährungsunterbrechung" in GRUR 1979, 121, entwickelt hat, ist weitgehend an die Stelle der mit dem eV-Antrag zugleich zum Zwecke der Verjährungsunterbrechung erhobenen Hauptklage getreten. Die ursprünglich nach der genannten BGH-Entscheidung geäußerte Befürchtung, die Gläubiger würden nun sicherheitshalber stets zugleich mit dem eV-Antrag eine Hauptklage erheben, vgl. *Traub* WRP 1979, 186, hat sich erfreulicherweise nicht bestätigt.

der Literatur sich dahingehend entwickelt, dem Verfügungsgläubiger die vorherige **Versendung eines Abschlußschreibens zur Vermeidung von Kostennachteilen** abzuverlangen, ehe er nach einer eV zu deren Absicherung Hauptklage erhebt[813]. Im einzelnen:

1. Verjährungsproblematik

Im UWG gilt für die Unterlassungsansprüche, um deren Sicherung es im Rahmen der eV gemäß § 25 UWG geht, grundsätzlich die 6-monatige Verjährungsfrist gemäß § 21 UWG. Mit der eV wird in aller Regel erreicht, daß der Verfügungsschuldner das Wettbewerbsverhalten, welches ihm verboten wird, tatsächlich auch unterläßt. Dementsprechend gibt es keine neuen entsprechenden Wettbewerbsverstöße des Verfügungsschuldners, so daß im Falle des Gehorsams des Verfügungsschuldners gegenüber dem Verbot der eV **spätestens nach Ablauf von 6 Monaten seit** Kenntnis des Gläubigers von der letzten (beendeten) Verletzungshandlung bzw. nach Zustellung der eV beim Verfügungschuldner der Unterlassungsanspruch verjährt. Im einzelnen vgl. dazu B II 2 d Rdn. 50, E III 2 a Rdn. 180 und E IX 3, c Rdn. 257. **Erlaß und Zustellung der eV unterbrechen die Verjährung nicht**, wie im einzelnen Rdn. 257 ausgeführt. Zwar wird darüber gestritten, ob ein Ordnungsmittelantrag gemäß § 890 Abs. 1 ZPO oder auch nur ein Ordnungsmittelandrohungsantrag gemäß § 890 Abs. 2 ZPO die Verjährung gemäß § 209 Ziffer 5 BGB unterbricht, vgl. Rdn. 257, aber ein solcher kommt ernsthaft nur in Betracht, wenn der Verfügungsschuldner gegen die eV verstößt, womit er ohnehin eine neue Wettbewerbshandlung begehen würde, die eine (neue) 6-monatige Verjährungsfrist in Lauf setzen würde[814]. In mindestens 90% der wettbewerbsrechtlichen eV'en kommt es aber gar nicht zu einem Verstoß und dementsprechend auch nicht zu einem Ordnungsmittelverfahren gemäß § 890 ZPO. 286

Der Verfügungsgläubiger hat also ein eminentes **Interesse**, der dem Verfügungsschuldner in verschiedenen Verfahrensstadien möglichen **Einrede der Verjährung zu entgehen.** Im Rahmen des Widerspruches oder der Berufung im eV-Erlaßverfahren würde die Erhebung der Einrede der Verjährung durch den Verfügungsschuldner zur Erledigung der Hauptsache und einer für den Verfügungsgläubiger ungünstigen Kostenentscheidung gemäß § 91 a ZPO führen oder – falls der Verfügungsgläubiger trotz der Verjährungseinrede die Hauptsache nicht für erledigt erklärt – zu einer eV-Aufhebung und Abweisung des eV-Antrags mit der Kostenfolge des § 91 ZPO zulasten des Verfügungsgläubigers, vgl. E III 2 a Rdn. 181. Im Aufhebungsverfahren gemäß § 926 ZPO würde entweder der Verfügungsgläubiger Hauptklage erheben – um dem Aufhebungsurteil gemäß § 926 Abs. 2 ZPO zu entgehen – und dann dort wegen inzwischen eingetretener Verjährung nach Erhebung der Verjährungseinrede abgewiesen werden; oder der Verfügungsgläubiger würde die Hauptklage gar nicht erst erheben, dann aber die Aufhebung der eV gemäß § 926 Abs. 2 ZPO akzeptieren müssen, 287

---

813 Vgl. z. B. OLG Hamburg WRP 1980, 208 unter Aufgabe der früheren, solches Abschlußschreiben nicht verlangenden, Rechtsprechung GRUR 1971, 282; GRUR 1973, 49; weitere Nachweise bei *Teplitzky*[6] Kap. 43 Rdn. 27 f.

814 Zu Recht hält *Traub* WRP 1979, 186, die Methode, zunächst nur die eV (ohne Ordnungsmittelantrag) zuzustellen und dann den Ordnungsmittelantrag – ohne konkreten Anlaß – hinterher gesondert zuzustellen, für „trickreich". In Wahrheit dürfte solches Verhalten, da Ordnungsmittelantrag und Unterlassungsgebot ohne weiteres miteinander verbunden werden können und auch regelmäßig miteinander verbunden werden, vgl. C III 2 Rdn. 104, nicht nur trickreich, sondern im Normalfall, also bei Fehlen eines besonderen Anlasses für dieses Auseinanderziehen eines einheitlichen Vorgangs, mangels Rechtsschutzinteresse unzulässig sein; gegen Unterbrechungswirkungen einer selbständigen Ordnungsmittelandrohung auch *Teplitzky*[6] Kap. 16 Rdn. 46.

vgl. E IX 3 c Rdn. 258. Und im Aufhebungsverfahren gemäß § 927 ZPO würde die inzwischen eingetretene Verjährung zur Aufhebung der eV wegen veränderter Umstände führen, und der Verfügungsgläubiger würde die Kosten des Aufhebungsverfahrens zu tragen haben, vgl. E IX 3 c Rdn. 258.

288 Der Verfügungsgläubiger kann zur Verjährungsunterbrechung, § 209 BGB, sogleich die Hauptklage erheben, oder er kann eine andere die Verjährungseinrede des Verfügungsschuldners verhindernde Wirkung herbeiführen. Dafür dient in der Praxis einerseits eine **Vereinbarung** unter den Parteien, daß der **Verfügungsschuldner** die **Verjährungseinrede einstweilen nicht erhebt**, was trotz der Regelung des § 225 BGB nach Treu und Glauben dazu führt, daß die gleichwohl erhobene Einrede der Verjährung unzulässig wird[815]. Eine solche Vereinbarung wird häufig für den **Zeitraum des Widerspruchs- oder Berufungsverfahren im eV-Erlaßverfahren** getroffen, z. B. dahingehend, daß der Verfügungsschuldner bis zum Ablauf von einigen Wochen nach Vorliegen der Entscheidung des Berufungsgerichts im eV-Erlaß-Verfahren auf die Einrede der Verjährung verzichtet. Dies ist sinnvoll, damit beide Parteien die begründete Auffassung des OLG kennenlernen und sich in Ruhe ihre Chancen für einen Hauptsacheprozeß überlegen können[816]. Da sich aber der Verfügungsschuldner von einer solchen Verjährungs-Vereinbarung im Hinblick auf § 225 BGB jederzeit lossagen kann und eine solche Verpflichtung ohnehin nicht für einen längeren Zeitraum eingehen wird, ist ein **Einrede-Verzicht keine Dauerlösung**, die dem Verfügungsgläubiger eine **endgültige Befriedigung seines Unterlassungsanspruchs** schafft, der durch den eV-Titel nur vorläufig gesichert ist, obwohl dies im Tenor der eV in aller Regel nicht deutlich wird, vgl. C III Rdn. 102. Eine **dauerhafte Erledigung** des Streitfalls ohne Hauptklage-Prozeß tritt dagegen dann ein, wenn der **Unterlassungsanspruch** des Verfügungsgläubigers vom Verfügungsschuldner **endgültig anerkannt** wird, § 208 BGB. Daher bietet sich an, daß auf der Grundlage der eV – falls dieser ein erfolgloser Versuch des Verfügungsgläubigers, durch Abmahnung außerprozessual zu einer Unterwerfungserklärung des Verfügungsschuldners zu gelangen, nunmehr also: erneut – der Versuch gemacht wird, ohne Haupt-Klageverfahren eine endgültige Erledigung des Streitverhältnisses herbeizuführen[817]. Dazu dient eine nach Zustellung der eV erfolgende **„zweite Abmahnung"**, für die sich – insbesondere dann, wenn die Aufforderung dazu dient, daß der nunmehr vorläufige Titel als endgültig akzeptiert wird, und nicht dazu, daß der Verfügungsschuldner eine strafbewehrte Unterlassungs-Verpflichtungs-Erklärung hinsichtlich des Streitverhältnisses abgibt, vgl. dazu III 7 Rdn. 305 – in der Praxis der Begriff **„Abschlußschreiben"** durchgesetzt hat[818].

2. Mangelnde Frist der Rechtsbehelfe aus §§ 924, 926, 927 ZPO

289 Die **Rechtsbehelfe der §§ 294, 296 und 297 ZPO** können vom Verfügungsschuldner geltend gemacht werden, **ohne daß irgendwelche Fristen** zu beachten wären. Ist eine

---

815 Vgl. BGH NJW 1974, 1285; NJW 1979, 866.

816 Auch der entsprechend anwendbare § 852 Abs. 2 BGB, wonach Vergleichsverhandlungen über den Schadensersatz die Verjährung hemmen, ist zu beachten; so überzeugend *Teplitzky* GRUR 1984, 307, 308 f.

817 Die Annahme, daß die Verweigerung des Anerkenntnisses durch den Verfügungsschuldner die Begehungsgefahr für weitere entsprechende Wettbewerbsverstöße des Verfügungsschuldners begründe und also eine erneute Verjährungsfrist in Lauf setze, vgl. *Traub*, WRP 1979, 186, 187; *Baumbach/Hefermehl* § 25 Rdn. 97, erscheint eine Überspannung der Verpflichtung des Verfügungsschuldners, überhaupt zu antworten, vgl. BGH GRUR 1981, 447 – Abschlußschreiben; *Pastor* WbProzeß S. 462 und zur Antwortpflicht des Abgemahnten allgemein – was hier entsprechend gilt – *Kreft* Vor §13 C Rdn. 44 ff, 118 ff in diesem Kommentar.

818 Vgl. dazu Fußn. 811 sowie *Baumbach/Hefermehl* § 25 Rdn. 102 ff und *Teplitzky*[6] Kap. 43 Rdn. 16 ff; ferner für die Rechtsprechung die jeweiligen Nachweise der OLG Entscheidung unter Gliederungspunkt 2.a) bei *Traub* Wettbewerbliche Verfahrenspraxis. Zu anderen Benennungen dieses Rechtsinstituts vgl. *Spehl* S. 39.

eV ohne mündliche Verhandlung ergangen, kann der Verfügungsschuldner also das Erlaßverfahren durch zeitlich unbefristeten Widerspruch ad infinitum in der Schwebe halten; bei Erlaß der eV durch Urteil ist dagegen das Erlaßverfahren zeitlich übersehbar, da die Berufung nur befristet eingelegt werden kann, § 516 ZPO. Auch in diesem Falle bleiben aber die beiden Aufhebungsmöglichkeiten gemäß § 926, 927 ZPO zeitlich unbefristet bestehen. Der Verfügungsgläubiger kann aber – unabhängig von der unter 1 Rdn. 286 ff behandelten Verjährungsproblematik – ein Interesse daran haben, den Unterlassungsanspruch endgültig und nicht nur vorläufig – nämlich durch die zeitlich unbefristeten Rechtsbehelfe bedroht – durch die eV gesichert zu haben. Demzufolge ist er daran interessiert, den Verfügungsschuldner zum Verzicht auf diese Rechtsbehelfe gegen die eV aufzufordern. Wie unter E III 1 Rdn. 178, E VI 1 Rdn. 208 und E IX 1 Rdn. 246 dargestellt, besteht ein Zwang des Verfügungsschuldners nicht, sich auf eine entsprechende Aufforderung zur Rechtsbehelfsausübung bzw. zum -verzicht zu erklären. Der Verfügungsgläubiger kann daher neben der **„Drohung“**, daß er bei mangelndem Titel-Anerkenntnis durch Verzicht auf die sogenannten Rechtsbehelfe seitens des Verfügungsschuldners Hauptsache-Klage erheben werde, wie in der Praxis häufig, als **„Lockmittel“** anbieten, daß er dem Verfügungsschuldner etwa eine Aufbrauchsfrist einräumt, auf Schadensersatzansprüche, Auskunftsansprüche etc. ganz oder teilweise verzichtet, wenn im Gegenzuge der Verfügungsschuldner durch den gebotenen **Rechtsbehelfsverzicht** dafür sorgt, daß der **eV-Titel** zu einem **endgültigen Titel** wird. Diesem Zweck, den Verfügungsschuldner auf seine Rechtsbehelfe gegen die eV verzichten zu lassen und zu einer abschließenden Vereinbarung über das in der eV gesicherte Rechtsverhältnis zu gelangen, dient ebenfalls das Abschlußschreiben.

3. (Zweite) Abmahnung vor Hauptsache-Klage

So wie es für den Verfügungsgläubiger **zur Vermeidung von Kostennachteilen** bei **290**
sofortigem Anerkenntnis des Verfügungsschuldners geboten ist, vor der prozessualen Geltendmachung eines wettbewerbsrechtlichen Unterlassungsanspruchs – meist durch einen eV-Antrag – den Verfügungsschuldner **abzumahnen – Abmahnungslast**, vgl. D I 1 Rdn. 129 ff –, so wird überwiegend die Auffassung vertreten, der Verfügungsgläubiger müsse – wiederum zur Vermeidung von Kostennachteilen bei sofortigem Anerkenntnis des Verfügungsschuldners im Hauptklageverfahren – den Verfügungsschuldner grundsätzlich noch einmal **„abmahmen“, ehe** er **Klage zur Hauptsache** erhebt, nachdem er ohne vorherige oder gleichzeitige Erhebung der Hauptsache-Klage eine eV gegen den Verfügungsschuldner erwirkt hat[819]. Dies wird damit begründet, daß **durch die eV** eine **neue Situation** gegenüber der – der eV möglicherweise vorangegangenen – außerprozessualen Abmahnung entstanden sei, weil der Verfügungsschuldner nun wisse, daß jedenfalls das eV-Gericht den geltend gemachten Unterlassungsanspruch als begründet betrachtet[820]. Der Verfügungsschuldner müsse daher noch einmal Gelegenheit haben, den Unterlassungsanspruch des Verfügungsgläubigers im Sinne des § 93 ZPO „sofort anzuerkennen“. Diese Auffassung leuchtet zwar

[819] Vgl. BGH GRUR 1973, 384 – Goldene Armbänder; OLG München WRP 1970, 447; OLG Hamm WRP 1978, 393; WRP 1980, 482; OLG Koblenz GRUR 1979, 248; OLG Düsseldorf WRP 1979, 862; WRP 1983, 568; OLG Hamburg WRP 1980, 208 (unter Aufgabe der bis dahin dem Abschlußschreiben gegenüber kritischen Rechtsprechung GRUR 1971, 282 und GRUR 1973, 49); KG WRP 1981, 145; WRP 1984, 549; OLG Braunschweig Entsch. v. 30. 12. 1985, zit. bei *Traub* S. 50; OLG Bremen Entsch. v. 18. 9. 1986, zit. bei *Traub* S. 58; OLG Köln WRP 1987, 188; *Teplitzky*[6] Kap. 43 Rdn. 27 f; JuS 1981, 435, 437; *Baumbach/Hefermehl* § 25 Rdn. 102.

[820] Vgl. OLG Hamburg WRP 1980, 208; LG Berlin WRP 1978, 317.

nicht ein, da der Verfügungsgläubiger auch nach einer vorprozessualen Abmahnung gleichzeitig eine eV beantragen und Hauptklage erheben kann[821], und weil der Verfügungsschuldner im Hinblick auf die eV sofort negative Feststellungsklage erheben[822] und den Verfügungsgläubiger seinerseits ohne vorherige Ankündigung durch den Rechtspfleger zur Erhebung der Hauptklage gemäß § 926 ZPO auffordern lassen kann. Es ist daher nicht einzusehen, warum nicht der Verfügungsgläubiger nach seinem Belieben die zeitliche Abfolge von Hauptklage und eV soll bestimmen können, und warum also nicht die **einmalige vorprozessuale Abmahnung sowohl das eV-Verfahren wie auch das Hauptklage-Verfahren** in dem Sinne **abdeckt**, daß der Verfügungsgläubiger nicht bei sofortigem Anerkenntnis des Verfügungsschuldners die Kosten des Verfahrens zu tragen hat. Gelegentlich entsteht der Eindruck, daß dem **Wettbewerbsverletzer allzuviel Nachsicht von der Rechtsprechung** entgegengebracht wird. Und die Vorstellung der Rechtsprechung, die gerichtliche Inanspruchnahme durch das Erfordernis der „ersten" (vorprozessualen) bzw. „zweiten" Abmahnung (Abschlußschreiben nach eV) zu vermindern[823] – gelegentlich wird auch noch eine „dritte" Abmahnung gefordert[824] –, dürfte sich kaum erfüllt haben. Das Schwergewicht einer Vielzahl von Wettbewerbsprozessen ist vielmehr zu einer Streiterei über die Kosten von Abmahnung und Interpretation von Abschluß- oder Unterwerfungserklärungen statt über die materiellen wettbewerbsrechtlichen Fragen ausgeartet, die die Gerichte in mindestens gleicher Weise beschäftigen wie dies sinnvollerweise die eigentlichen wettbewerbsrechtlichen Probleme tun sollten. Auf der anderen Seite ist diese **herrschende Auffassung** jedenfall **kaum schädlich,** da der Verfügungsgläubiger durch die eV hinsichtlich seines Unterlassungsanspruchs immerhin gesichert ist; jedoch darf die Frist, die der Verfügungsgläubiger dem Verfügungsschuldner zur Erklärung auf das Abschlußschreiben setzen muß

---

[821] Vgl. BGH GRUR 1957, 506 – Doppelexport; GRUR 1967, 611 – Jägermeister; GRUR 1973, 384 – Goldene Armbänder; OLG Köln WRP 1987, 188; KG WRP 1984, 547; *Nirk/Kurtze* Rdn. 154; *Baumbach/Hefermehl* § 25 Rdn. 47 a u. 99. Gegen die Gleichzeitigkeit von eV und Hauptsache und für Vorrangigkeit der eV (offenbar nicht nur im Sinne eines Kostenproblems bei späterer sofortiger Anerkennung der Klage, sondern sogar im Sinne fehlenden Rechtsschutzinteresses für die gleichzeitig erhobene Hauptklage) *Pastor* WbProzeß S. 499 ff; für die Vorrangigkeit der eV auch (aber nur im Sinne einer Kostenproblematik im Sinne des § 93 ZPO) OLG Hamm WRP 1986, 111. Diese Auffassung hat OLG Hamm in GRUR 1991, 336 aufgegeben. Vgl. auch D II Rdn. 136.

[822] Dann soll er allerdings nach einem Teil der Rechtsprechung auch seinerseits die Kosten zu tragen haben, wenn der Verfügungsgläubiger seinerseits auf die negative Feststellungsklage hin anerkennt. Dem ist bereits oben E II Rdn. 177 u. E VII Rdn. 238 entgegengetreten worden.

[823] Besonders ausgeprägt OLG München WRP 1971, 434: Es sollen nicht Kosten gespart, sondern „Zeit und Arbeitskraft der Gerichte geschont" werden.

[824] Vgl. OLG Hamburg WRP 1986, 289; OLG Düsseldorf GRUR 1991, 479; *Baumbach/Hefermehl* § 25 Rdn. 103: Dann, wenn nach Beschluß-eV ein (erstes) Schreiben erfolglos versandt worden ist, und alsdann die eV im Urteilsverfahren bestätigt worden ist, soll der Verfügungsgläubiger noch ein weiteres Abschlußschreiben versenden müssen, um kein Kostenrisiko einzugehen. Das erscheint übertrieben, wie hier KG WRP 1984, 545; LG Berlin WRP 1978, 317. Ebenso wäre es als unangemessen anzusehen, wenn die Rechtsprechung sich dahin entwickeln würde, daß nach einem ersten Abschlußschreiben, je nach Reaktion des Verfügungsschuldners, noch weitere Korrespondenz mit dem Verfügungsschuldner bzw. dessen Anwalt geführt werden muß, was er wohl gemeint habe bzw. wie die Rechtslage sei. Es ist solchen Ansätzen, wie sie bei der vorprozessualen Abmahnung in der Rechtsprechung zu beobachten sind (vgl. z. B. OLG Köln WRP 1983, 42; OLG Frankfurt GRUR 1984, 164; OLG Stuttgart WRP 1985, 51; WRP 1992, 57; KG GRUR 1988, 567; weitere eindrucksvolle Beispielsfälle aus der Entscheidungspraxis der OLGe bei *Traub*, jeweils unter dem Gliederungspunkt 7.7.; a. A. wohl OLG Hamburg WRP 1986, 292) energisch entgegenzutreten: Die Gerichte sind – worauf jüngst auch *Teplitzky*[6] Kap. 41 Rdn. 3 u. Rdn. 40 deutlich hingewiesen hat – nicht dazu da, um sich selbst zur Ersparung von Arbeitskraft und Zeit aus dem Verkehr zu ziehen. Und nachdem in der hier behandelten Situation des Abschlußschreibens schon einmal eine eV ergangen ist, weiß der Verfügungsschuldner schließlich bereits genau, was Gegenstand der Auseinandersetzung ist.

und die der Verfügungsgläubiger verstreichen lassen muß, ehe er die Hauptklage erheben kann, ohne Nachteile für den Fall des dann doch noch erfolgenden Anerkenntnisses des Verfügungsschuldners befürchten zu müssen, nicht zu lang bemessen sein, vgl. IV 1 Rdn. 306.

II. Inhalt der mit dem Abschlußschreiben angestrebten Abschlußerklärung

Mit dem Abschlußschreiben weist der Verfügungsgläubiger den Verfügungsschuldner auf die dem Verfügungsgläubiger zugestellte eV hin und macht ihm deutlich, daß das darin ausgesprochene Verbot, obwohl es in aller Regel zeitlich unbefristet tenoriert ist, vgl. C III 1 Rdn. 102, „nur" eine eV ist. Er – der Verfügungsgläubiger – wolle eine endgültige Regelung herbeiführen und sie zur Vermeidung der Wiederaufhebung der eV gezwungen, innerhalb der noch laufenden Verjährungsfrist Hauptklage zu erheben[825]. Diese Hauptklage werde er folglich erheben, falls es nicht mit dem Verfügungsschuldner innerhalb einer angemessenen Frist, vgl. IV 1 Rdn. 306, zu einer endgültigen Regelung gekommen sei. Zu dieser **endgültigen Regelung** gehört, daß der Verfügungsschuldner das eV-Erlaß-Verfahren nicht weiter betreibt, also weder Widerspruch – falls die eV ohne mündliche Verhandlung ergangen ist – noch Berufung einlegt. Ferner muß der Verfügungsschuldner darauf verzichten, den Verfügungsgläubiger zur Erhebung der Hauptklage gemäß § 926 ZPO auffordern zu lassen – was dann die selbstverständliche Folge hat, daß der Verfügungsschuldner auch keinen Aufhebungsantrag gemäß § 926 Abs. 2 ZPO stellen kann, vgl. E VI 5 c Rdn. 227. Der Verfügungsschuldner soll auch selbst keine negative Feststellungsklage wegen des mit der eV vorläufig geregelten Wettbewerbsverhältnisses erheben können, da der Sinn der durch das Abschlußschreiben angestrebten Abschlußerklärung des Verfügungsschuldner ist, daß das Streitverhältnis durch den endgültig gemachten eV-Titel seine abschließende Erledigung findet. Ferner soll der Verfügungsschuldner auf das Recht verzichten, wegen veränderter Umstände Aufhebungsantrag gemäß § 927 ZPO zu stellen[826], jedenfalls soweit es diejenigen veränderten Umstände angeht, auf deren Geltendmachung der Verfügungsschuldner regelmäßig verzichten kann, siehe dazu oben E IX 5 b Rdn. 273 ff. **291**

1. Anerkennung der eV als endgültige Regelung

Also soll der Verfügungsschuldner das Verbot, welches in der eV tenoriert ist, anerkennen – das schließt für den Fall der Beschluß-eV ein, daß der Verfügungsschuldner auch auf das Recht zum Widerspruch gemäß § 924 ZPO verzichtet, und für Beschluß- und Urteils-eV'en[827] ferner auch die Durchführung der Berufung[828]. Dabei **292**

---

825 Nach *Baumbach/Hefermehl* § 25 Rdn. 102 braucht zwar die Hauptsache-Klage nicht angedroht zu werden, dies ist aber zur Klarstellung und als Druckmittel jedenfalls sinnvoll; *Teplitzky*[6] Kap. 43 Rdn. 24 und *Spehl* S. 79 sehen die Androhung als unverzichtbar an.

826 Vgl. BGH GRUR 1989, 115 – Mietwagen-Mitfahrt; OLG Koblenz GRUR 1986, 94; *Scherf* WRP 1969, 393, 398; *Lindacher* GRUR 1975, 413, 414; *Teplitzky*[6] Kap. 43 Rdn. 6–8; DRiZ 1982, 41, 47; *Baumbach/Hefermehl* § 25 Rdn. 100; eingehend *Spehl* S. 55 ff mwN.

827 Die Differenzierung zwischen eV-Beschluß und eV-Urteil, die *Spehl* S. 55, 69 ff vornimmt – die Frage nach dem Inhalt der Abschlußerklärung stelle sich bei der Urteilsverfügung bis zur Rechtskraft des Urteils nicht, S. 72 –, leuchtet nicht ein: Die Urteils-eV ist – mit Ausnahme des entfallenen Widerspruchs – ein in gleicher Weise vorläufiger Titel wie eine Beschluß-eV.

828 Vgl. HdbWbR/*Spätgens* § 94 Rdn. 3; dagegen gehen *Pastor* WbProzeß S. 457 sowie *Nirk/Kurtze* Rdn. 323 davon aus, der Verfügungsgläubiger dürfe vom Verfügungsschuldner nicht verlangen, auf die Berufung zu verzichten, und in diesem Zeitraum dürfe er auch keinen Verzicht auf das Recht aus § 926 ZPO verlangen. Das leuchtet schon deswegen nicht ein, weil die Berufungsinstanz sich oft länger als die Verjährungsfrist hinzieht und deswegen aus Sicht des Verfügungsgläubigers eine endgültige Streit-Erledigung geradezu geboten ist.

soll der Verfügungsschuldner das Verbot nicht nur als eV-Verbot anerkennen, sondern als **endgültige Regelung des in der eV behandelten Unterlassungsanspruchs des Verfügungsschuldners**[829]. Damit ist nicht nur die **Verjährung des Unterlassungsanspruches unterbrochen,** § 208 BGB, sondern zugleich auch wegen eines damit bereits endgültig bestehenden Unterlassungstitels, der gemäß § 890 ZPO vollstreckt werden kann, das Rechtsschutzinteresse für eine Hauptsache-Klage des Verfügungsgläubigers weggefallen[830].

2. Folge für § 926 ZPO und Rechtsbehelfe des Erlaß-Verfahrens

293 Erklärt der Verfügungsschuldner dieses endgültige Anerkenntnis, **entfällt** damit auch das **Recht** des Verfügungsschuldners gemäß § 926 ZPO, da der Verfügungsschuldner **kein Rechtsschutzinteresse** daran hat, den Verfügungsgläubiger zu einer Hauptklage zwingen zu wollen, deren Erhebung mangels Rechtsschutzinteresse im Hinblick auf den bereits vorhandenen endgültig gemachten Verbotstitel unzulässig ist, vgl. dazu E VI 5 b Rdn. 225. Gleichwohl dient es der Klarheit – auch gegenüber dem etwa noch gemäß § 926 Abs. 1 ZPO angerufenen Rechtspfleger, vgl. E VI 3 b, Rdn. 215 –, daß der Verfügungsschuldner **auf das Recht gemäß § 926 ZPO ausdrücklich verzichtet**[831]. In der vorbehaltslos erklärten Anerkennung der eV in ihrem augenblicklichen Verfah-

---

829 Zutreffend sagt *Pastor* WbProzeß S. 447, die auf diese Weise durch Abschlußerklärung endgültig gemachte Beschluß-Verfügung (für die Urteils-Verfügung gilt dasselbe) stehe einem rechtskräftigen Hauptsache-Urteil gleich und äußere dessen Rechtskraftwirkungen. Wenn dagegen *Ahrens* S. 389 und *Lindacher* B.B. 1984, 641 äußern, durch Parteivereinbarung könne man keine Rechtskraftwirkung herbeiführen, so leuchtet dieses rechtstheoretische Argument nicht ein: Auch in einem laufenden Hauptklage-Verfahren können die Parteien durch Rechtsmittel-Verzicht-Vereinbarung die Rechtskraft eines an sich nur vorläufig vollstreckbaren Urteils herbeiführen. *Spehl* S. 8 ff legt dar, daß die Anerkennung der eV (wegen des anderen Streitgegenstandes des eV-Verfahrens gegenüber der Hauptklage) nicht genüge, um eine endgültige Regelung herbeizuführen. Dementsprechend genüge – entgegen der Auffassung *Pastor* WbProzeß S. 351 – ein Anerkenntnis im eV-Verfahren nicht, um den Titel aus einem vorläufigen Verfahren einem endgültigen Titel gleichzustellen; vgl. auch *Teplitzky*[6] Kap. 55 Rdn. 33 Fußn. 68. Nichts spricht aber dagegen, daß der Verfügungsschuldner eben nicht nur den eV-Titel anerkennt, sondern den durch diesen Titel lediglich gesicherten Unterlassungsanspruch des Verfügungsgläubigers in seiner Gesamtheit. Warum ein solches Anerkenntnis des materiellen Unterlassungsanspruchs nicht verlangt werden könne, wie *Spehl* S. 67 sagt, ist nicht recht verständlich: Allein der Umstand, daß mit dem Verzicht auf die Rechtsbehelfe gemäß §§ 924, 926, 927 ZPO und der Anerkennung der eV dem Verfügungsgläubiger – Interesse hinreichend Rechnung getragen werde und mit dem Verlangen nach materieller Anerkennung des Unterlassungsanspruchs „doppelt genäht" werde, rechtfertigt nicht die Unzulässigkeit dieses Verlangens; vgl. aber auch den teilweise abweichenden Lösungsvorschlag *Teplitzky*[6] Kap. 43 Rdn. 8.

830 BGH GRUR 1989, 115 – Mietwagen-Mitfahrt; GRUR 1991, 776 – Abschlußerklärung; BGH GRUR 1990, 530, 532 – Unterwerfung durch Fernschreiben; OLG Hamm WRP 1982, 592; *Teplitzky*[6] Kap. 43 Rdn. 8; *Baumbach/Hefermehl* § 25 Rdn. 102. Auf eine in der Praxis gelegentlich anzutreffende Erklärung des Verfügungsschuldners, er erkenne die einstweilige Verfügung als (endgültige) Regelung des Streitverhältnisses an, dieses Anerkenntnis verliere aber seine Wirksamkeit, wenn in einem Hauptklage-Verfahren rechtskräftig festgestellt werden, daß die in der eV verbotene Wettbewerbshandlung tatsächlich zulässig sei, braucht der Verfügungsgläubiger sich nicht einzulassen, weil ihm mit einer solchen Erklärung die endgültige Klärung im Hauptklage-Verfahren aus der Hand geschlagen und allein dem Verfügungsschuldner die weitere Initiative überlassen würde: Nur dieser könnte nämlich negative Feststellungsklage am Gerichtsstand seiner Wahl erheben, während der Verfügungsgläubiger weder für eine eigene Hauptsache-Unterlassungsklage noch für eine positive Feststellungsklage zur endgültigen Klärung des auflösend bedingt abgegebenen Anerkenntnisses ein Rechtsschutzinteresse hätte, vgl. D I 4 Rdn. 135. Auch auf eine Abhängigkeit der Wirksamkeit einer Abschlußerklärung von der rechtskräftigen Entscheidung in einer (auch unter denselben Parteien anhängigen) anderweitigen Hauptsache braucht sich der Verfügungsgläubiger nicht einzulassen, vgl. BGH GRUR 1991, 76 – Abschlußerklärung.

831 Ganz allgemeine Meinung; vgl. *Teplitzky*[6] Kap. 43 Rdn. 8; HdbWbR/*Spätgens* § 94 Rdn. 2 u. 3, *Baumbach/Hefermehl* § 25 Rdn. 103.

rensstadium, in welchem sie sich zum Zeitpunkt des Abschlußverfahrens gerade befindet, liegt inzident zugleich auch ein **Rechtsbehelfsverzicht** des Verfügungsschuldners **im weiteren eV-Erlaß-Verfahren,** also auf Widerspruch gemäß § 924 ZPO und Berufung[832]. Auch insoweit dient es aber der Eindeutigkeit des Erklärungsinhaltes der verlangten Abschlußerklärung des Verfügungsschuldners, wenn dieser auf eben diese Rechtsbehelfe ausdrücklich verzichtet und also der Verfügungsschuldner nicht später argumentieren kann, er sei der Meinung gewesen, sein Anerkenntnis gelte nur für den Fall, daß die eV im Erlaß-Verfahren endgültig und nicht mehr anfechtbar bestätigt werde und wolle also möglicherweise nur das Hauptklageverfahren entfallen lassen.

3. Folge für eigene Klagen des Verfügungsschuldners

Die Abschlußerklärung, die der Verfügungsgläubiger mit dem Abschlußschreiben verlangt, sollte auch sicherstellen, daß der Verfügungsschuldner nicht seinerseits das Ergebnis des eV-Verfahrens noch wieder in Frage stellen kann, nämlich durch eine **negative Feststellungsklage** oder durch eine **Schadensersatzklage gemäß § 945 ZPO.** Es ist umstritten, ob dogmatische Bedenken gegen eine Vereinbarung zwischen den Parteien des eV-Verfahrens bestehen, wonach der Verfügungsschuldner sich verpflichtet, keine negative Feststellungsklage wegen des in der eV geregelten Streitverhältnisses zu erheben[833]; und es ist auch umstritten, ob in einer Anerkennung der Endgültigkeit eines eV-Titels zugleich auch logisch zwingend die Erklärung liegt, daß der Verfügungsschuldner die Frage, ob die eV von Anfang an ungerechtfertigt war, nicht noch einmal im Rahmen eines Schadensersatzanspruches gemäß § 945 ZPO aufgreift[834], vgl. III 2 Rdn. 299 und III 3 Rdn. 300. Man mag sich darauf verlassen, daß bei einer globalen Formulierung des Anerkenntnisses des eV-Titels als vollwertiger endgültiger Titel das jeweils entscheidende Gericht einer gleichwohl seites des Verfügungsschuldners erhobenen negativen Feststellungsklage oder Schadensersatzklage gemäß § 945 ZPO das Rechtsschutzinteresse abspricht[835]. Man kann sich allerdings als Verfügungsgläubiger dessen keineswegs sicher sein, weil die Rechtsprechung mit den Fallgestaltungen stets erst dann konfrontiert wird, wenn die gewechselte Korrespondenz abgeschlossen und aus retrospektiver Sicht zu beurteilen ist, ob eine Klage des Verfügungsschuldners (Schadensersatz- oder negative Feststellungsklage) oder des Verfügungsgläubigers (Hauptsache-Klage, weil ihm die Abschlußerklärung des Verfügungsschuldners zur endgültigen Absicherung seiner Rechtsposition nicht genügend zu sein scheint) zulässig ist. Der Verfügungsgläubiger muß sich also entscheiden, bevor er die Abschlußerklärung 294

[832] Hinsichtlich des Verzichts auf den Widerspruch gemäß § 924 ZPO ist dies gänzlich unbestritten, hinsichtlich der Berufung vgl. Fußn. 828.

[833] Gegen eine solche Klageausschlußvereinbarung vgl. *Ahrens* S. 366 f; keine Bedenken erkennt dagegen – wohl zu Recht – *Lindacher* BB 1984, 639, 641 f. Letztlich erscheint diese dogmatische Streitfrage nicht gar so sehr entscheidend, da BGH-Rechtsprechung und hM heute weniger auf Einzelverpflichtungen, sondern auf die Anerkennung der Gleichwertigkeit des Verfügungstitels mit einem endgültigen Titel abstellen; vgl. dazu näher – mit Nachweisen – *Teplitzky*[6] Kap. 43 Rdn. 8.

[834] *Scherf* WRP 1969, 393, 396 geht davon aus, daß ein solcher Inzident-Verzicht auf Schadensersatz gemäß § 945 ZPO in einer Erklärung, die eV als endgültige Regelung anzuerkennen, nicht enthalten sei; so auch OLG Stuttgart WRP 1984, 32; gegenteiliger Ansicht sind *Teplitzky*[6] Kap. 43 Rdn. 11 u. *Baumbach/Hefermehl* § 25 Rdn. 99: nach dem Sinn der Abschlußerklärung sei eine solche Schadensersatzklage gemäß § 945 ZPO ausgeschlossen, so wohl auch OLG Köln GRUR 1970, 204 und – eindeutig – *Fischer*, Hat das im einstweiligen Rechtsschutz ergangene rechtskräftige Urteil Bedeutung für den Schadensersatzanspruch aus § 945 ZPO?, Festschrift für Merz, 1992, S. 81, 91. *Spehl* S. 63 f hält eine gesonderte Regelung über den Ausschluß des Schadensersatzanspruchs gemäß § 945 ZPO für geboten.

[835] Vgl. *Teplitzky*[6] Kap. 43 Rdn. 8 sowie *Jacobs* Vor § 13 D Rdn. 70 in diesem Kommentar.

formuliert, die er von dem Verfügungsschuldner verlangt. Er muß also aus der schwierigen vorausschauenden Sicht beurteilen, ob er dem Verfügungsschuldner lieber eine umfassende Formulierung expressis verbis vormulierter Verzichte abverlangt – mit der sogleich Rdn. 297 ff behandelten Problematik, welche Konsequenzen es hat, wenn der Verfügungsschuldner von den gewünschten Formulierungen abweicht –, oder ob er eine globale Formulierung wählt, die möglicherweise der Verfügungsschuldner eher akzeptiert – vielleicht auch deswegen, weil er die Reichweite seiner Erklärung nicht zutreffend einschätzt –, die aber nicht eindeutig klärt, worauf der Verfügungsschuldner verzichtet, sondern dies einer späteren Auslegung überläßt. Welche Entscheidung der Verfügungsgläubiger bei Formulierung seines Abschlußschreibens wählt, ist eine Frage der Risikobereitschaft. Will er absolut sicher gehen, daß mit der Abschlußerklärung auch eine negative Feststellungsklage oder eine Schadensersatzklage des Verfügungsschuldners gemäß § 945 ZPO nicht mehr in Betracht kommen kann, sollte er einen solchen **Verzicht auf diese beiden Klagen ausdrücklich verlangen**.

4. Folge für § 927 ZPO

295 In welchem Umfang der Verfügungsgläubiger verlangen kann, daß der Verfügungsschuldner auf das Recht aus § 927 ZPO, wegen veränderter Umstände Aufhebung des eV-Titels zu verlangen, verzichtet, ist umstritten; auf die Darstellung E IX 5 b Rdn. 273 ff wird insoweit hingewiesen. Man muß dementsprechend differenzieren zwischen denjenigen veränderten Umständen, die bereits bis zum Tage der endgültigen Anerkenntniserklärung des Verfügungsschuldners eingetreten sind – auf diese ist zu verzichten[836] – und solchen, die erst danach entstehen[837]. Hinsichtlich der regelmäßigen Umstände, die im Wettbewerbsrecht einen Aufhebungsantrag gemäß § 927 ZPO rechtfertigen können – vgl. E IX 3 Rdn. 250 ff – gilt insoweit: Die **Verjährung** soll – das ist gerade einer der Hauptzwecke des Anerkenntnisses des eV-Tenors als eines endgültigen vollwertigen Titels durch die Abschlußerklärung – nur noch in gleicher Weise geltend gemacht werden können, wie wenn ein rechtskräftiger Titel in einem Hauptklageverfahren vorläge (§ 218 BGB); insoweit kann der Eintritt der Verjährung **als „veränderter Umstand"** nicht mehr in Betracht kommen. Die **Hauptklage** – mit **welchem Ergebnis auch immer – kann nicht mehr durchgeführt werden, ihr Ergebnis** kann also auch **nicht** mehr **einen „veränderten Umstand" bilden**. Eine etwaige möglicherweise unbemerkt gebliebene **Vollziehungsfrist-Versäumnis** ist wegen der endgültigen Anerkennung des Unterlassungstenors und dementsprechend der nunmehr durch Vereinbarung aufgehobenen Einstweiligkeit, welche der Grund für die Monatsfrist des § 929 Abs. 2 ZPO ist[838], nicht mehr relevant[839]; bei etwaigem späteren Verstoß des

---

[836] Vgl. BGH GRUR 1989, 115 – Mietwagen-Mitfahrt; OLG Hamm Entsch. v. 11. 2. 1982 u. 6. 3. 1986, zit. bei *Traub* S. 182; OLG Koblenz WRP 1985, 439; KG Entsch. v. 3. 10. 1986, zit. bei *Traub* S. 19; *Scherf* WRP 1969, 393, 397; *Teplitzky* GRUR 1984, 307, 308; dagegen *Ahrens* S. 362 ff; *Lindacher* B.B. 1984, 639, 642 f, beide aus unterschiedlichen dogmatischen Denkansätzen; differenzierend jetzt *Teplitzky*[6] Kap. 43 Rdn. 6.

[837] *Spehl* S. 55 ff spricht sich zwar für einen unbeschränkten Verzicht auf das Aufhebungsrecht gemäß § 927 ZPO aus, gelangt aber S.124 ff über die dem Verfügungsschuldner verbleibende Möglichkeit, sich auf Wegfall der Geschäftsgrundlage zu berufen, zu vergleichbaren Ergebnissen, wie hier angenommen.

[838] Vgl. *Baumbach/Hefermehl* § 25 Rdn. 55.

[839] Zwar mag es dogmatisch erstaunlich erscheinen, daß ein mangels Wirksamkeitsvoraussetzung – Vollziehung innerhalb der Vollziehungsfrist – selbst als eV-Titel nicht vollstreckbarer Titel durch Parteivereinbarung (wieder) zu einem wirksamen Vollstreckungstitel gemacht werden kann. Jedoch ist bereits unter D IV 3 Rdn. 161 f dargestellt wor-

Verfügungsschuldners gegen den Titel kann dann später eine Titelzustellung gemäß § 750 ZPO immer noch erfolgen. Ebenso kann durch die Endgültigkeit des Titel-Anerkenntnisses eine etwa seitens des Verfügungsgläubigers nicht erbrachte Sicherheitsleistung nicht mehr relevant sein. Es verbleiben also als noch denkbare **„veränderte Umstände"** im Sinne des § 927 ZPO nur solche, die auch einem rechtskräftigen Titel eines Unterlassungs-Hauptklage-Verfahrens **wie eine weggefallene Geschäftsgrundlage**[840] **gemäß § 767 ZPO** entgegengehalten werden könnten[841], nämlich die E IX 3 e und f Rdn. 264 ff behandelten Situationen der später eintretenden Gesetzes-, Rechtsprechungs- und Sachverhaltsänderungen. Allerdings führt die Vollstreckungsabwehrklage gemäß § 767 ZPO nicht zum Fortfall des Titels, sondern nur zu einem – möglicherweise dauerhaften – Einwand gegen dessen Vollstreckung, während das Aufhebungsverfahren gemäß § 927 ZPO die Aufhebung des Titels bezweckt, vgl. E IX 1 Rdn. 247. Soll nun der Titel des eV-Verfahrens gerade zu einem endgültigen Titel gemacht werden – unter Ersparung eines gerichtlichen Hauptklageverfahrens –, dann muß dieser Titel **auch im Sinne der erhalten bleibenden Einwendungen aus „veränderten Umständen" des § 927 ZPO so behandelt werden, als läge ein rechtskräftiger Hauptklage-Unterlassungstitel vor**[842]. Die genannten wie ein Wegfall der Geschäftsgrundlage der Abschlußvereinbarung wirkenden „veränderten Umstände" führen dann also nicht mehr zur Aufhebung gemäß § 927 ZPO, sondern zu einem Vollstreckungsabwehranspruch gegen den Titel analog § 767 ZPO[843].

5. Wortlautvorschlag

Das Abschlußschreiben könnte also auf die Hergabe einer Abschluß-Erklärung des **296**
Verfügungsschuldners gerichtet sein[844], daß dieser die eV als endgültige Regelung des in ihrem Titel gesicherten Unterlassungsanspruchs anerkennt, auf das Recht zur Erhebung des Widerspruches gemäß § 924 ZPO bzw. der Berufung gegen das eV-Urteil verzichtet – je nach Fall-Lage –, ferner auf das Recht zur Erzwingung der Hauptklage bzw. Aufhebung der eV gemäß § 926 ZPO verzichtet, auch selbst keine negative Feststellungsklage wegen dieses Rechtsverhältnisses erhebt, keinen Schadensersatzan-

---

den, daß die Vollziehungsfrist des § 929 Abs. 2 ZPO im engen Zusammenhang damit steht, ob ein Sicherungsinteresse an einer vorläufigen Regelung in Form einer eV besteht; (vgl. zu eingeschränkter Vollstreckungsmöglichkeit aus einem – ordnungsgemäß zugestellten – Arrest BGHZ 112, 356). Hier geht es nun gerade um eine Dauerregelung wie bei einem Hauptklage-Titel. Die Schutzfunktion zugunsten des Verfügungsschuldners kann daher, nachdem der Verfügungsschuldner den Titel als endgültige Regelung anerkannt hat, zurücktreten.

840 Vgl. dazu *Köhler* Vor 13 B Rdn. 107 ff in diesem Kommentar; *Spehl* S. 124 ff.

841 Vgl. *Teplitzky*[6] Kap. 43 Rdn. 6; *Baumbach/Hefermehl* § 25 Rdn. 101 a; *Völp* GRUR 1984, 486, 493.

842 Dementsprechend gibt es dann jedenfalls keinen Schadensersatzanspruch aus § 945 ZPO mehr, wenn nach endgültigem Anerkenntnis des Unterlassungsanspruchs des Verfügungsgläubigers und des eV-Titels als eines vollwertigen Titels wegen Zuwiderhandlung gegen den Verfügungsschuldner vollstreckt worden ist, vgl. *Baumbach/Hefermehl* § 25 Rdn. 99; undeutlich *Scherf* WRP 1969, 393, 396.

843 Vgl. zur Problematik der „Rechtskraftersetzung durch Parteivereinbarung" *Ahrens* S. 356 ff, u. *Lindacher* BB 1984, 639 ff, sowie II 1 Rdn. 292.

844 Die folgende ins einzelne gehende Formulierung ist mit *Ahrens* S. 367 f, 371, unbedingt einer schlichten Erklärung vorzuziehen, man wolle mit der verlangten Abschlußerklärung einen Zustand herstellen, als ob die einstweilige Verfügung mit der Rechtskraft eines ordentlichen Urteils ausgestattet sei, so aber *Lindacher* BB 1984, 639, 643 und wohl auch *Teplitzky* Kap. 43 Rdn. 7. Jede verallgemeinernde Erklärung birgt mehr Auslegungsmöglichkeiten und damit Undeutlichkeiten, vgl. dazu nachfolgend III 4 Rdn. 301. *Lindacher* selbst schlägt aber auch Formulierungen vor, die der hier vorgeschlagenen nahekommen. Vgl. auch den Formulierungsvorschlag von *Spehl* S. XI des Anhangs und die Kommentierungen von sieben in der Praxis üblichen Abschlußschreiben, die nach der Kritik von *Spehl* (S. I – X des Anhangs) sämtlichst nicht den notwendigen Erfordernissen gerecht werden.

spruch gemäß § 945 ZPO geltend macht und schließlich wegen veränderter Umstände keinen Aufhebungsantrag stellt, sondern sich bei denjenigen Umstandsveränderungen, die sich nach der Abgabe seiner Abschlußerklärung ergeben, auf die Geltendmachung von nicht vorhersehbaren Veränderungen im Rahmen des § 767 ZPO beschränkt, nicht aber Aufhebung des Titels verlangt. Enthält die eV neben dem regelmäßigen Verbotstenor auch noch ein an den Verfügungsschuldner gerichtetes **Gebot** oder ist aufgrund der eV eine **Sequestration** erfolgt, ist der Verfügungsschuldner ergänzend aufzufordern, auch das Gebot als endgültig verbindlich zu akzeptieren und – wenn nicht im Korrespondenzweg eine andere gemeinschaftliche Regelung erzielbar ist – zuzustimmen, daß die sequestrierten Gegenstände vernichtet werden. Es wird nicht verkannt, daß die **Kumulation** dieser Forderungen es dem Verfügungsschuldner nicht gerade erleichtern, die geforderte Abschlußerklärung abzugeben. Deswegen begnügt sich die Praxis – wohl überwiegend im Anschluß an *Teplitzky* und *Baumbach/Hefermehl*[845] – in der Regel mit der Forderung im Abschlußschreiben, der Verfügungsschuldner solle auf die Rechte aus §§ 924, 926, 927 ZPO verzichten. In einer Vielzahl der Fälle erreicht man mit einer solchen simplen Erklärung auch das **gewünschte Ziel**, daß nach der eV durch deren Existenz Ruhe eintritt und das Streitverhältnis damit seine endgültige Befriedigung findet, im Ergebnis also der **Verfügungsschuldner dauerhaft die wettbewerbswidrige Handlung unterläßt**. Das ist indessen kein Argument dafür, die umpräzisere Formulierung zur Regel zu machen. Denn in der nahezu gleichen Vielzahl der Fälle würde überhaupt jeglicher Verzicht auf ein Abschlußschreiben und auf eine Abschlußerklärung – daß eine **Abschlußerklärung ohne vorherige Aufforderung durch ein Abschlußschreiben** vom Verfügungsschuldner aus freien Stücken abgegeben wird, **ist eine in der Praxis äußerst seltene Ausnahme**[846] – in gleicher Weise endgültigen Rechtsfrieden bewirken, weil der Kaufmann als Verfügungsschuldner kaum auf die Idee käme, mit dem von ihm überwiegend so empfundenen „juristischen Tricks" die eV, die er nun einmal hingenommen und in der weit überwiegenden Zahl der Fälle auch mental akzeptiert hat, wieder aus den Angeln zu heben. Das ist auch der Grund dafür, warum es den Beratern so schwer fällt, den Parteien die Notwendigkeit der Abschlußerklärung bzw. des Abschlußschreibens nahe zu bringen. Man erlebt in der täglichen Praxis stets aufs Neue, auf welches Unverständnis es bei den Parteien im eV-Verfahren stößt, daß nach der eV, an die sich der Verfügungsschuldner auch folgsam hält – sonst würde er in aller Regel sofort von sich aus gegen die eV aktiv werden –, nun noch ein weiterer als unnötig und provokativ empfundener Akt notwendig ist. Der Verfügungsschuldner soll nämlich nicht nur ein gerichtliches Verbot akzeptieren, sondern er soll obendrein auch noch ausdrücklich erklären, daß er diesen ihm schon zugestellten und nach dem Wortlaut als dauerhaft erscheinenden Titel anerkennt und nicht noch einmal angreift. Damit wird ihm viel mehr abverlangt als mit der vorprozessualen Abmahnung, wo er durch die Unterwerfungserklärung lediglich ein gerichtliches Verbot verhindern soll, und mit einem Anerkenntnis in einem ordentlichen Verfahren, durch das er nur zu einem Titel beiträgt. Gerade wegen dieser mentalen Probleme der Abschlußerklärung (und darauf beruhend des Abschlußschreibens) wird

---

[845] *Teplitzky* in der Vorauflage Kap. 43 Rdn. 7; *Baumbach/Hefermehl* § 25 Rdn. 100; anders jetzt *Teplitzky*[6] Kap. 43 Rdn. 8, der nun sogar noch allgemeiner gehaltene Formulierungen für ausreichend und sinnvoll hält; ihm folgend auch *Jacobs* Vor § 13 D Rdn. 70 in diesem Kommentar.

[846] Woher *Ahrens* S. 356 die Kenntnis nimmt, die Abschlußerklärung werde „tagtäglich eingesetzt", ist, – soweit er damit eine Regel-Betätigung von Verfügungsschuldnern, und zwar unabhängig von einer entsprechenden Aufforderung durch den Verfügungsgläubiger, meint –, nicht nachvollziehbar; jedenfalls deckt sich diese Annahme nicht mit den Erfahrungen der Praxis.

die Korrespondenz zwischen Verfügungsgläubiger und Verfügungsschuldner bzw. den beteiligten Anwälten oft in diesem Stadium besonders zäh[847]. Dann aber erscheint es richtiger, sich so genau wie möglich auszudrücken, als es auf spätere Auslegungsschwierigkeiten ankommen zu lassen. Daß über die Probleme der Auslegung von Abschlußschreiben relativ wenig bei Gericht gestritten wird, ist keineswegs ein Hinweis darauf, daß die Juristen brauchbares Handwerkszeug zur endgültigen Streitbereinigung bereitgestellt haben, sondern mehr darauf, daß es den Betroffenen in aller Regel nicht lohnend erscheint, über die ihnen von ihren anwaltlichen Beratern aufgezeigten Probleme zu streiten.

III. Modifikationen in der Abschlußerklärung des Verfügungsschuldners

Wenn der Verfügungsschuldner diesem Abschlußschreiben Rechnung trägt und die **297** verlangte Abschlußerklärung abgibt, ist damit das eV-Verfahren beendet und ein Hauptklageverfahren über denselben Unterlassungsanspruch, der durch die eV gesichert ist, mangels Rechtsschutzinteresse des Verfügungsgläubigers an einem weiteren Titel ausgeschlossen, vgl. Rdn. 292. Gibt der Verfügungsschuldner nur eine modifizierte Erklärung ab, so kommt es für die Frage, in welchem Maße der Verfügungsgläubiger abschließend gesichert ist und gegebenenfalls noch Hauptsacheklageverfahren erheben kann bzw. sollte, auf den Inhalt und die Auslegung der Erklärung des Verfügungsschuldners an:

1. Modifikation hinsichtlich der Rechtsbehelfe im Erlaßverfahren sowie des Anerkenntnisses

Erklärt der Verfügungsschuldner, er würde die **eV als endgültige Regelung des darin 298 beurteilten Streitverhältnisses anerkennen, verzichtet** er aber **nicht auf Rechtsmittel gegen die eV**, wird man eine solche etwas undeutliche Erklärung wohl so verstehen müssen, daß der Verfügungsschuldner die eV erst dann als endgültige Regelung anerkennen will, wenn sie nach Überprüfung im Erlaß-Verfahren bestätigt ist[848]. Der Verfügungsgläubiger kann dann ohne weitere Ankündigung Hauptklage erheben[849]. Erklärt umgekehrt der Verfügungsschuldner, daß er auf die **Rechtsbehelfe aus § 924, 926, 927 ZPO verzichte,** gibt aber **keine Anerkenntnis** – sei es des materiellen Unterlassungsanspruchs, sei es des eV-Titels als endgültige Regelung – ab[850], dann

---

[847] Vgl. zu dieser „mentalen Problematik" *Traub* WRP 1979, 186, 187 m. Fußn. 15.

[848] Vgl. dazu OLG Hamm WRP 1988, 334. In II 1 Rdn. 293 ist in gewisser Weise gerade gegenteilig argumentiert worden, daß im Anerkenntnis der Rechtsbehelfsverzicht inzident enthalten sei. Gleichwohl ist in Rdn. 293 dann gesagt worden, zur Sicherheit solle man den Rechtsbehelfsverzicht in das Abschlußschreiben noch mit aufnehmen. Man kann an der Entscheidung des OLG Hamm deutlich sehen, mit welchen Formulierungsschwierigkeiten und Auslegungsproblemen die Beteiligten in der Praxis zu rechnen haben.

[849] Vgl. KG WRP 1986, 87. Der Auffassung, es müsse nun seitens des Verfügungsgläubigers eine nochmalige Wiederholung des Abschlußschreibens erfolgen oder Aufklärungsarbeit gegenüber dem Verfügungsschuldner betrieben werden, ist bereits oben Rdn. 290 entgegengetreten worden. Darauf wird hier verwiesen. Etwas anderes kann allenfalls dann in Betracht kommen, wenn – wie in der Praxis selten – der Verfügungsschuldner unmittelbar nach der Zustellung der eV von sich aus eine Erklärung abgibt, er erkenne die eV als endgültige Regelung an, bevor er vom Verfügungsgläubiger zu einer – vom Wortlaut her weitgehenden – Erklärung im Abschlußschreiben aufgefordert worden ist. Diese Erklärung des Verfügungsschuldners könnte nämlich in dieser Situation in der Tat so ausgelegt werden, daß der Verfügungsschuldner überhaupt nicht streiten, also auch keine Rechtsbehelfe im Erlaßverfahren einlegen will.

[850] Ein solches Anerkenntnis wird von *Teplitzky*[6] Kap. 43 Rdn. 8 in Fn. 31; *Baumbach/Hefermehl* § 25 Rdn. 100 und von *Spehl* S. 64ff u. Anhang S. XI nicht für notwendig erachtet.

sollte diese Erklärung deswegen als ausreichend angesehen werden, weil der Verfügungsschuldner gerade wegen des Verzichts auf die genannten Rechtsbehelfe gar keine Möglichkeit mehr hat, den eV-Titel zu beseitigen, so daß es auf sein Anerkenntnis gar nicht mehr ankommt. Andererseits ist aus der Sicht des Verfügungsgläubigers zu bedenken, daß die Frage, ob auf das Recht gemäß § 927 ZPO und auf das Recht des Verfügungsschuldners, selbst negative Feststellungsklage zu erheben, wirksam verzichtet werden kann, streitig ist, vgl. Rdn. 294 und Rdn. 302, so daß der Verfügungsgläubiger keineswegs sicher sein kann, ob ein später mit der Sache befaßtes Gericht nicht doch – und sei es auch wegen Wegfalls der Geschäftsgrundlage, vgl. Rdn. 295 – den gerade als endgültig angesehenen Titel wieder außer Kraft setzt. Gerade für einen solchen möglichen Prozeß ist es eine äußerst nützliche Interpretations- und Argumentationshilfe, wenn der Verfügungsschuldner ein Anerkenntnis abgibt, auch wenn es nach richtiger Auffassung entbehrlich sein mag.

2. Modifikation hinsichtlich § 926 ZPO und negativer Feststellungsklage

299 Erklärt der Verfügungsschuldner, er erkenne die eV an und verzichte auf Rechtsmittel gegen die eV, verzichtet aber nicht auf das Recht aus § 926 ZPO, ist damit klargestellt, daß er sich sehr wohl noch in einem Hauptsacheverfahren verteidigen will, also die **eV zwar als Sicherungs-, nicht aber als endgültigen Titel akzeptiert**[851]. Der Verfügungsgläubiger kann dann auch seinerseits Hauptklage erheben, er braucht nicht auf die Aufforderung gemäß § 926 ZPO zu warten. Dasselbe gilt auch dann, wenn der Verfügungsschuldner zwar auch auf das Recht aus § 926 ZPO verzichtet[852], sich aber eine **negative Feststellungsklage vorbehält**. Problematisch erscheint im Anschluß an die Darlegung Rdn. 293 u. 296 die Frage, ob der Verfügungsschuldner negative Feststellungsklage erheben kann, wenn er zwar auf die Rechte aus § 926 ZPO (bzw. auch – wie häufig – auf alle Rechte aus §§ 924, 926, 927 ZPO) verzichtet, jedoch zu einer etwaigen **negativen Feststellungsklage keine Erklärung** abgibt, dazu aber auch nicht aufgefordert worden ist – sei es, weil seiner Erklärung kein Abschlußschreiben des Verfügungsgläubigers vorausgegangen ist, sei es weil das Abschlußschreiben die Fragestellung der negativen Feststellungsklage nicht enthalten hat. Hier scheint die herrschende Meinung[853] auf dem Standpunkt zu stehen, im Hinblick auf die Verzichtserklärung zu § 926 ZPO habe der Verfügungsschuldner kein Feststellungsinteresse für die negative Feststellungsklage. Das erscheint nicht zutreffend[854]. Der Verfügungsschuldner kann mit dem Verfahren gemäß § 926 ZPO eine Überprüfung des Unterlassungsanspruchs des Verfügungsgläubigers im Hauptklageverfahren nicht durchsetzen, da er allenfalls die Aufhebung der eV – mangels einer vom Verfügungsgläubiger erhobenen Hauptklage – erreichen kann. Möchte er aber die **Berechtigung des Unterlassungsverlangens endgültig in einem Klageverfahren** mit allen Beweismöglichkeiten und mit der Möglichkeit der Anrufung des BGH **geklärt sehen**, woran er angesichts des vom Verfügungsgläubiger geltend gemachten Unterlassungsanspruchs ein gerechtfertigtes Interesse hat, vgl. E VII Rdn. 237[855], bleibt ihm gar keine andere

---

[851] Vgl. BGH GRUR 1964, 274 – Möbelrabatte; OLG Hamm WRP 1976, 252; WRP 1977, 818.

[852] Vgl. BGH GRUR 1989, 115 – Mietwagen-Mitfahrt.

[853] Vgl. Ahrens S. 366 f; *Teplitzky*[6] Kap. 43 Rdn. 8; *Baumbach/Hefermehl* § 25 Rdn. 100.

[854] Auch BGH GRUR 1989, 115 – Mietwagen-Mitfahrt scheint in der Erklärung, auf das Recht aus § 926 ZPO zu verzichten, nicht automatisch den Verzicht auf die negative Feststellungsklage durch den Verfügungsschuldner enthalten zu sehen; allerdings stand dort nicht diese Frage, sondern die möglicher Einwendungen gemäß § 927 ZPO im Vordergrund.

[855] Vgl. auch insbesondere BGH GRUR 1985, 571 – Feststellungsinteresse.

Möglichkeit als die eigene **negative Feststellungsklage.** Folglich ist nicht einzusehen, warum in dem Verzicht auf das ein anderes Rechtsschutzziel – nämlich die Aufhebung der eV – anstrebendes Recht gemäß § 926 ZPO zugleich ein Verzicht auf eine negative Feststellungsklage liegen soll. Allenfalls kann man über mangelndes Rechtsschutzinteresse für die negative Feststellungsklage des Verfügungsschuldners dann nachdenken, wenn er neben dem Verzicht auf § 926 ZPO auch noch die Erklärung abgegeben hat, daß der die eV als endgültige Regelung (sei es des materiellen Unterlassungsanspruchs, sei es des eV-Titels) anerkenne (wie unter II 5 Rdn. 296 vorgeschlagen). Hier wird man in der Tat regelmäßig annehmen können, daß die Erklärung gerade darauf hinzielt, **keinerlei gerichtliche Entscheidung über das in der eV vorläufig geregelte Streitverhältnis mehr herbeizuführen.** Indessen ist auch dieses Verständnis keineswegs gesichert. Es erscheint vielmehr durchaus denkbar, daß ein Gericht argumentiert, wenn neben der Erklärung, die eV als endgültige Regelung anzuerkennen, noch ein Rechtsbehelfsverzicht ausdrücklich ausgesprochen sei bzw. im Abschlußschreiben verlangt sei, dann seien eben damit gerade expressis verbis nur die genannten Rechtsbehelfe gemeint gewesen, nicht aber sämtliche denkbaren. Folglich bleibe die negative Feststellungsklage zulässig. Und wenn der Verfügungsgläubiger ausdrücklich im Abschlußschreiben auch den Verzicht auf die negative Feststellungsklage verlangt habe, gerade diese Erklärung vom Verfügungsschuldner aber nicht abgegeben worden sei, dann bleibe der Verfügungsschuldner insoweit, als er mit seiner Abschlußerklärung vom Abschlußschreiben abgewichen sei, berechtigt. Diese denkbare Auslegung der möglich bleibenden negativen Feststellungsklage (Umkehrschluß statt Analogieschluß, der den Wegfall des Rechtsschutzinteresses begründen würde[856]) müßte dann konsequenterweise dazu führen, daß der Verfügungsgläubiger seinerseits zur Hauptklage trotz der Abschlußerklärung berechtigt bleibt, weil mit der möglich bleibenden negativen Feststellungsklage des Verfügungsschuldners die Abschlußerklärung nicht den endgültigen Rechtsfrieden hinsichtlich des der eV zugrunde liegenden Unterlassungsanspruchs sichert[857].

3. Modifikation hinsichtlich Schadensersatzanspruch gemäß § 945 ZPO

Verlangt, wie in Rdn. 294 erörtert und in Rdn. 296 vorgeschlagen, der Verfügungsgläubiger im Abschlußschreiben einen Verzicht des Verfügungsschuldners auf einen Schadensersatzanspruch gemäß § 945 ZPO, und gibt der Verfügungsschuldner die verlangte Abschlußerklärung ab, jedoch ohne diesen Verzicht auf den Anspruch aus § 945 ZPO – oder gar mit dem ausdrücklichen Vorbehalt, einen Schadensersatzanspruch gemäß § 945 ZPO noch geltend machen zu können –, stellt sich die Frage, ob einerseits dieser – ausdrückliche oder stillschweigende – Vorbehalt wirksam ist und ob andererseits der Verfügungsgläubiger im Hinblick auf diesen Vorbehalt berechtigt bleibt, seinerseits trotz der Abschlußerklärung des Verfügungsschuldners Hauptklage zu erheben. Auch wenn man in einer einschränkungslos gegebenen Abschlußerklärung, die eV als endgültige Regelung des Streitverhältnisses anzuerkennen und auf sämtliche denkbaren Rechtsbehelfe gegen sie zu verzichten, einen Verzicht auch auf die Schadensersatzforderung gemäß § 945 ZPO sehen will[858], wird man einen ausdrücklich **300**

---

856 Vgl. *Teplitzky*[6] Kap. 43 Rdn. 8.

857 Gerade darauf aber stellt es BGH GRUR 1989, 115 – Mietwagen-Mitfahrt maßgeblich ab, soweit es um die Frage geht, ob der Zulässigkeit der Hauptklage des Verfügungsgläubigers die Abschlußerklärung des Verfügungsschuldners entgegensteht; allerdings sagt er nichts näheres über Form und Inhalt der Erklärung, woraus *Teplitzky*[6] Kap. 43 Rdn. 8 ganz andere Folgerungen zieht als hier vertreten.

858 So *Teplitzky*[6] Kap. 43 Rdn. 11, jedoch mit anderer Akzentuierung.

erklärten Vorbehalt des Verfügungsschuldners hinsichtlich des Schadensersatzanspruchs gemäß § 945 ZPO oder einen sich aus dem Gegensatz zum Abschlußschreiben ergebenden stillschweigenden **Vorbehalt hinsichtlich des Schadensersatzanspruchs aus § 945 ZPO** nicht als treuwidrig oder gar arglistig und deswegen im Hinblick auf den Sinn der Abschlußerklärung zur Streitvermeidung unbeachtlich ansehen können[859]: Die Abschlußerklärung dient dazu, aus dem vorläufigen eV-Titel einen endgültigen zu machen, vgl. Rdn. 285. Das kann aber nur gelten, soweit der Inhalt dieses Titels reicht, betrifft also **nur das in die Zukunft wirkende Unterlassungsgebot**. Weder ist damit der Schadensersatzanspruch des Verfügungsgläubigers wegen wettbewerbswidrigen Verhaltens des Verfügungsschuldners betroffen, noch ist – vice versa – ein Schadensersatzanspruch des Verfügungsschuldners berührt, der damit begründet ist, daß die eV von Anfang an ungerechtfertigt gewesen sei. Der Verfügungsschuldner kann durchaus **für die Zukunft das Unterlassungsgebot als endgültige Regelung akzeptieren** – zum Beispiel weil er die zu unterlassenden Wettbewerbsmaßnahmen nicht fortsetzen will –, gleichwohl aber die eV für unberechtigt halten. Trotz dieser dann also **bestehen bleibenden Schadensersatzforderung** des Verfügungsschuldners kann der Verfügungsgläubiger in Ansehung einer solchen Abschlußerklärung mit Schadensersatz-Vorbehalt nicht seinerseits Hauptklage erheben, weil er nicht abschließend gesichert sei. Denn wenn der Verfügungsschuldner anstelle einer Abschlußerklärung eine strafbewehrte Unterlassungs-Verpflichtungs-Erklärung abgegeben hätte, wäre dadurch der Verfügungsgläubiger ebenfalls an der Durchführung eines Unterlassungs-Hauptklage-Verfahrens gehindert, vgl. 7 Rdn. 304, ohne daß der Verfügungsschuldner dadurch hinsichtlich eines Schadensersatzanspruchs gemäß § 945 ZPO präjudiziert wäre. Einen weitergehenden **Anspruch** als denjenigen, **hinsichtlich des eV- und des entsprechenden Hauptklage-Verfahrens weiteres Prozessieren gegenstandslos zu machen**, hat aber der Verfügungsgläubiger in Ansehung der Abschlußerklärung nicht[860]. Es kann sich also ergeben, daß die Erwähnung des Schadensersatzanspruchs gemäß § 945 ZPO im Abschlußschreiben eine geradezu kontraproduktive Wirkung hat – dann nämlich, wenn der Verfügungsschuldner sich eben diesen bei seiner Abschlußerklärung vorbehält, während der Verfügungsgläubiger, wenn er insoweit nichts verlangt und der Verfügungsschuldner in der Abschlußerklärung auch gar keine Erklärung zum Schadensersatzanspruch gemäß § 945 ZPO abgibt, davon ausgehen kann, daß der Verfügungsschuldner tatsächlich keinen Schadensersatzanspruch mehr geltend machen wird. Gleichwohl **wird für den Regelfall** an der Empfehlung gemäß Rdn. 294 und 296 festgehalten, weil die Wahrscheinlichkeit, daß der Verfügungsschuldner dann auf den Schadensersatzanspruch gemäß § 945 ZPO tatsächlich verzichtet, nach den Erfahrungen der Praxis groß erscheint und dann auch insoweit endgültige Klarheit herrscht.

4. Modifikation hinsichtlich Unterlassungsanspruchs des Verfügungsschuldners

301 Behält sich der Verfügungsschuldner lediglich eine **Unterlassungsklage** vor, die sich gegen die **Verbreitung** von nach seiner Auffassung falschen geschäftlich verletzenden

[859] A. A. *Teplitzky*[6] Kap. 43 Rdn. 11 u. *Fischer*, Festschr. Merz, S. 81, 91, die einen solchen Vorbehalt für mit dem Sinn einer Abschlußerklärung schlechthin unvereinbar halten und deshalb auch einen ausdrücklichen Verzicht auf Rechte aus § 945 ZPO als überflüssig ansehen. Dagegen hält *Spehl* S. 63 f den Verzicht auf den Schadensersatzanspruch gemäß § 945 ZPO für – als Voraussetzung der Wirksamkeit – geboten.

[860] A. A. *Teplitzky*[6] Kap. 43 Rdn. 8 mit Fn. 25 u. Rdn. 11 sowie *Fischer*, Festschr. Merz, S. 81, 91, – und zwar mit der Begründung, daß Sinn der Abschlußerklärung sei, den eV-Titel einem endgültigen Titel in jeder Hinsicht gleichwertig zu machen. Da es bei letzterem keine Schadensersatzansprüche aus § 945 ZPO gebe, müßten solche auch durch eine Abschlußerklärung ausgeschlossen werden.

Tatsachenbehauptungen im eV-Antrag des Verfügungsgläubigers **gegenüber Dritten** zur Wehr setzt, gibt aber im übrigen die vom Verfügungsgläubiger verlangte Abschlußerklärung ab, so ist der Verfügungsgläubiger nicht berechtigt, wegen des in der eV tenorierten Unterlassungsanspruches Hauptsache-Klage zu erheben, da er insoweit abschließend befriedigt ist. Denn die vom Verfügungsschuldner offengehaltene Unterlassungsklage betrifft wegen der behaupteten Drittwirkung einen anderen Streitgegenstand als denjenigen, um dessen Sicherung es im eV-Verfahren ging, vgl. E VIII Rdn. 244. Allenfalls kann der Verfügungsgläubiger in Betracht ziehen, seinerseits wegen des vom Verfügungsschuldner offengehaltenen Unterlassungsanspruches negative Feststellungsklage gegen den Verfügungsschuldner zu erheben.

5. Modifikation hinsichtlich § 927 ZPO

Behält sich der Verfügungsschuldner das Recht zur Aufhebung der eV gemäß § 927 ZPO vor oder verzichtet er nicht wenigstens insoweit darauf, als es bis zur Abschlußerklärung bereits entstandene **„veränderte Umstände"** angeht, vgl. II 4 Rdn. 295, kann der Verfügungsgläubiger seinerseits Hauptklage erheben, weil er sich nur dadurch einen sicheren und nicht vom Aufhebungsverfahren bedrohten Titel beschaffen kann[861]. Bleibt aus der Erklärung des Verfügungsschuldners **undeutlich, auf welche „veränderten Umstände"** er als Argument, gemäß § 927 ZPO Aufhebung der eV zu verlangen, **verzichtet**, geht dies zulasten des Verfügungsschuldners[862]; es geht nicht an, daß das Hauptsache-Gericht dem Verfügungsgläubiger, der wegen Zweideutigkeiten in der Abschlußerklärung Hauptsache-Klage zur endgültigen Absicherung seiner Rechte erhoben hat, mangelndes Rechtsschutzinteresse entgegenhält, weil dieses Gericht meint, die vorhandenen Undeutlichkeiten im Sinne des Verfügungsschuldners als doch gerade noch hinreichend klar interpretieren zu können. Sollte dann im Hauptklage-Verfahren der Verfügungsschuldner als Beklagter den Unterlassungsanspruch anerkennen und im Rahmen der Kostenentscheidung – Frage der Anwendbarkeit des § 93 ZPO – geltend machen, er habe eine eindeutige und ausreichende Abschlußerklärung abgegeben, ist ihm wegen der Undeutlichkeit seiner Erklärung entgegenzuhalten, daß er zur Erhebung der Hauptklage „Veranlassung" iSd § 93 ZPO gegeben hat. **302**

6. Modifikation hinsichtlich Kostenwiderspruchs

Der Verfügungsschuldner kann sich allerdings in seiner Abschlußerklärung das Recht vorbehalten, gegen die eV Kostenwiderspruch einzulegen[863], vgl. dazu E III 5 Rdn. 193 ff. Wenn er sich darauf beschränkt, macht er nämlich lediglich geltend, er sei vor der eV nicht abgemahnt worden, während er im übrigen die eV als endgültige Regelung akzeptiert und auch für die Zukunft an der Streitvermeidung mitwirkt. **303**

---

[861] Vgl. BGH GRUR 1989, 115 – Mietwagen-Mitfahrt; OLG Karlsruhe WRP 1984, 705; KG Entsch. v. 3. 10. 1986, zit. bei *Traub* S. 19; *Teplitzky*[6] Kap. 43 Rdn. 5 ff; *Spehl* S. 55 ff; a. A. anscheinend *Lindacher* BB 1984, 639, 642 f; OLG Celle Entsch. v. 23. 5. 1979, zit. bei *Traub* S. 75: Widerspruchsverzicht und Verzicht auf das Recht aus § 926 ZPO genügen, um das Rechtsschutzbedürfnis für eine Hauptklage entfallen zu lassen. Vgl. dazu eingehend II 4 Rdn. 295.

[862] Vgl. dazu BGH WRP 1989, 572 – Bioäquivalenz-Werbung; BGH GRUR 1991, 76 – Abschlußerklärung; OLG Hamm WRP 1979, 662; KG WRP 1986, 87.

[863] Vgl. *Baumbach/Hefermehl* § 25 Rdn. 100. Erklärt er aber insoweit nichts, sondern verzichtet er uneingeschränkt auf Widerspruch, ist auch späterer Kostenwiderspruch ausgeschlossen, vgl. E III 6 Rdn. 202; vgl. auch OLG Hamm WRP 1981, 475.

7. Modifikation durch Unterwerfungserklärung

304 Der Verfügungsschuldner kann auch, statt die verlangte Abschlußerklärung abzugeben, eine ordnungsgemäß mit Vertragsstrafeversprechen gesicherte **Unterlassungsverpflichtungserklärung** abgeben[864, 865]. Dadurch **entfällt** für die Zukunft die **Wiederholungsgefahr,** so daß eine vom Verfügungsgläubiger gleichwohl erhobene Hauptsache-Klage unbegründet wäre[866]. Verändern sich dann später die Umstände in einer Weise, die gemäß § 927 ZPO zur Aufhebung der eV führen würde, kann dies nur im Wege der Berufung auf Wegfall der Geschäftsgrundlage vom Verfügungsschuldner geltend gemacht werden[867]. Als ein solcher veränderter Umstand kann aber nicht angesehen werden, wenn sich der Verfügungsschuldner in seiner Unterwerfungserklärung vorbehalten hat, seinerseits in einem Hauptverfahren feststellen zu lassen, daß der von dem Verfügungsgläubiger geltend gemachte Unterlassungsanspruch tatsächlich nicht besteht. Eine solche auflösende Bedingung bzw. Wirksamkeitsbeschränkung der Unterwerfungserklärung braucht sich der Verfügungsgläubiger nicht aufdrängen zu lassen, weil ihm damit das Recht, eigeninitiativ eine endgültige Erledigung des Streitverhältnisses herbeiführen zu können, genommen wäre, vgl. D I 4 Rdn. 135. Gibt der Verfügungsschuldner nach der eV eine **Unterlassungsverpflichtungserklärung** ab, **verzichtet** er aber

---

864 Vgl. OLG Hamm WRP 1982, 592; dagegen *Spehl* S. 42 ff, 45 mwN, ohne daß allerdings deutlich wird, warum er mit großer Intensität den Unterschied zwischen Abmahnung und Abschlußschreiben bzw. zwischen Unterwerfungserklärung und Abschlußerklärung herausstellt. Es kommt primär darauf an, daß für die Zukunft ein endgültiger Titel vorliegt, und als „Titelersatz" hat sich nun einmal nach allgemeiner Auffassung eine mit Vertragsstrafenversprechen versehene Unterlassungsverpflichtungserklärung durchgesetzt; wie hier auch *Teplitzky*[6] Kap. 43 Rdn. 37.

865 Dadurch kann der Verfügungsschuldner allerdings ein Ordnungsmittelverfahren gemäß § 890 ZPO wegen etwaiger Verstöße gegen die eV, die in der Vergangenheit lagen, nicht aus der Welt schaffen, vgl. *Jestaedt* Vor § 13 E Rdn. 50 in diesem Kommentar; OLG Karlsruhe GRUR 1992, 208.

866 Vgl. *Köhler* Vor § 13 B Rdn. 36 ff in diesem Kommentar. Nach der Rechtsprechung des BGH kann dafür uU auch eine Unterwerfung gegenüber einem Dritten genügen, vgl. BGH GRUR 1983, 186 – Wiederholte Unterwerfung; GRUR 1987, 640 – Wiederholte Unterwerfung II; GRUR 1987, 714 – Getarnte Werbung II, was dann zu einer entsprechenden Aufklärungspflicht des Abgemahnten (hier: Verfügungsschuldner) über diese Drittunterwerfung führt, vgl. BGH GRUR 1987, 54 – Aufklärungspflicht des Abgemahnten; GRUR 1988, 716 – Aufklärungspflicht gegenüber Verbänden; GRUR 1990, 381 – Antwortpflicht des Abgemahnten; GRUR 1990, 542 – Aufklärungspflicht des Unterwerfungsschuldners; OLG Frankfurt WRP 1991, 243. Diese Rechtsprechung führt zu der verblüffenden Konsequenz, daß ein gerichtlicher Titel – nämlich die eV – dadurch im Widerspruchs- oder im Verfahren gemäß § 927 ZPO zur Aufhebung gebracht werden kann, daß der Verfügungsschuldner gegenüber einem Dritten eine Unterwerfungserklärung abgegeben hat. Nach OLG Hamm WRP 1988, 334; WRP 1991, 125; OLG Karlsruhe WRP 1991, 595 – ablehnend dazu allerdings *Teplitzky*[6] Kap. 43 Rdn. 38 –, soll eine gegenüber einem Dritten abgegebene Abschlußerklärung nach einer seitens des Dritten erwirkten eV in gleicher Weise ausreichend sein und die Wiederholungsgefahr als Voraussetzung für ein eigenes Hauptklageverfahren des Verfügungsgläubigers entfallen lassen. Das leuchtet noch weniger ein als die Rechtsprechung des BGH zur Drittunterwerfung, weil dem Verfügungsgläubiger die Eigeninitiative bzw. Überprüfbarkeit vollständig aus der Hand genommen wird und die Bereitschaft des Dritten, etwaige Verstöße des Verfügungsschuldners zu unterbinden, bei einer Abschlußerklärung noch geringer erscheint als bei einem mit der Unterwerfungserklärung verbundenen Vertragsstrafeversprechen, weil die Vertragsstrafe wenigstens in die eigene Tasche (des Dritten) fließt anstatt – wie das Ordnungsgeld gemäß § 890 ZPO – in die Staatskasse. Zur Unterwerfungserklärung, die unter der auflösenden Bedingung des für den Abgebenden positiven Ausganges eines Parallelprozesses steht, und deren Einfluß auf die Wirksamkeit der Abschlußerklärung, vgl. BGH GRUR 1991, 76 – Abschlußerkärung.

867 Vgl. dazu BGH GRUR 1983, 602; *Völp* GRUR 1984, 490 ff; *Spehl* S. 126. Im Effekt führt dies in der Regel zu vergleichbaren Ergebnissen wie die Anwendung von § 927 ZPO oder § 767 ZPO. Geht man mit *Völp* aaO S. 492 davon aus, daß die Unterwerfungsverpflichtungserklärung auch aus wichtigem Grunde bei veränderten Umständen gekündigt werden könne, wird bei einer solchen Kündigung auch wieder das Recht des Verfügungsgläubigers begründet, seinerseits trotz der abgegebenen Unterlassungsverpflichtungserklärung Hauptklage zu erheben.

gleichzeitig – wie vom Verfügungsgläubiger verlangt – auf das Recht zur **Aufhebung der eV gemäß § 927 ZPO**, sollte er die Unterlassungsverpflichtungserklärung und das Vertragsstrafeversprechen davon abhängig machen, daß der **Verfügungsgläubiger auf die Rechte aus der eV verzichtet**: Andernfalls liegen nämlich mit der eV und der Unterwerfungserklärung zwei „Titel“ gegen ihn vor, aus denen der Verfügungsgläubiger gegen ihn für den Fall eines Verstoßes vorgehen könnte[868].

Auch der **Verfügungsgläubiger** kann von vornherein, statt eine Abschlußerklärung **305**
durch Abschlußschreiben gemäß vorstehend II Rdn. 291 ff zu verlangen, zu einer derartigen strafbewehrten **Unterlassungsverpflichtungserklärung** auffordern[869] – und zwar unabhängig davon, ob er mit einer früheren Abmahnung vor der eV schon einmal eine solche Unterlassungsverpflichtungserklärung gefordert hatte. Der Verfügungsgläubiger wird von dieser Alternative des Abschlußschreibens[870] gern dann Gebrauch machen, wenn er einen etwaigen Verstoß des Verfügungsschuldners gegen den eV-Titel bzw. die Unterwerfungserklärung erwartet und die Vertragsstrafe, die er selbst einkassiert, ihm dann lieber ist als das Ordnungsgeld als Folge eines Ordnungsmittelverfahrens gemäß § 890 ZPO, welches der Staatskasse anheimfällt[871]. Verstößt der Verfügungsschuldner tatsächlich gegen die Unterwerfungserklärung, wird nicht nur die Vertragsstrafe fällig, sondern der Verfügungsgläubiger kann dann erneut mit einer eV gegen den Verfügungsschuldner vorgehen, da durch den Verstoß ein neuer Unterlassungsanspruch begründet wird[872].

IV. Fristen des Abschlußschreibens

1. Erklärungsfrist im Abschlußschreiben

Das Abschlußschreiben soll dem Verfügungsschuldner Gelegenheit geben, sich in **306**
Kenntnis dessen, daß ein Gericht auf der Basis des ihm vorgetragenen Sachverhalts eine eV gegen ihn erlassen, *Klarheit* zu verschaffen, oder er **im Hauptklageverfahren oder mit den Rechtsmitteln des eV-Verfahrens Chancen** sieht, zu einem für ihn günstigeren Ergebnis zu gelangen. Dafür erscheint ein **Zeitraum von einigen Wochen** angemessen. Ein so langer Zeitraum wie er zur Vorbereitung eines eV-Antrags (siehe oben bei den Erörterungen zum Sicherungsinteresse des Verfügungsgläubigers an einer einstweiligen Verfügung B II 2, insbesondere d Rdn. 41 ff) geboten erscheint, ist nicht notwendig, weil der Verfügungsschuldner einstweilen keine gerichtlichen Maßnahmen innerhalb der Frist vorzubereiten, sondern nur eine Entscheidung zu treffen braucht, ob er der Aufforderung des Abschlußschreibens entsprechend eine Abschlußerklärung abgeben will oder nicht. Allerdings wird der Verfügungsgläubiger, solange die im

---

868 Vgl. *Jestaedt* Vor § 13 E Rdn. 77 ff in diesem Kommentar.

869 Vgl. OLG Hamm WRP 1982, 592. Eingehend behandelt *Spehl* S. 43 ff bei der Darlegung der Unterschiede zwischen Abmahnung und Abschlußschreiben die Frage, ob der Verfügungsgläubiger eine Vertragsstrafenerklärung fordern könne. Das lehnt *Spehl* aaO ab, allerdings ohne überzeugende Begründung. Er meint aber anscheinend nur die Frage, ob der Verfügungsgläubiger zuzüglich zur Abschlußerklärung noch eine Vertragsstrafe verlangen könne. Das lehnt *Spehl* allerdings zu Recht ab, weil der Verfügungsgläubiger dadurch doppelt gesichert wäre.

870 Mit Entschiedenheit gegen jede Beziehung oder Ähnlichkeit zwischen Abmahnung und Abschlußschreiben *Spehl* S. 44 f mwN; zu solchen Ähnlichkeiten dagegen *Teplitzky*[6] Kap. 43 Rdn. 19, 29 und 35 f. In der Praxis ist diese Differenzierung kaum relevant.

871 Eine Ordnungsmittelfestsetzung gemäß § 890 ZPO wegen Verstoßes in der Vergangenheit bleibt auch dann möglich, vgl. *Jestaedt* Vor § 13 E Rdn. 50 in diesem Kommentar; vgl. auch *Ulrich* WRP 1992, 147 ff.

872 Vgl. *Köhler* Vor § 13 B Rdn. 66 ff in diesem Kommentar, vgl. auch E IX 3 a Rdn. 252.

Abschlußschreiben gesetzte Frist läuft, davon abgehalten, seinerseits Hauptsacheklage zu erheben und den bisher nur durch die eV gesicherten Unterlassungsanspruch endgültig durchzusetzen. Deshalb darf die im Abschlußschreiben gesetzte Frist auch nicht allzulang bemessen sein. Der Verfügungsgläubiger läuft nämlich das Risiko, daß möglicherweise – wenn der Verfügungsschuldner keine Abschlußerklärung abgibt – im weiteren eV-Verfahren die eV wieder aufgehoben wird und er noch kein Urteil im Hauptverfahren erlangt hat, was er möglicherweise bereits hätte erlangen können, wenn er sofort die Hauptsacheklage erhoben hätte. Gleichwohl wäre es unangemessen, nur eine so kurze Frist zur Erklärung auf das Abschlußschreiben zu gewähren, wie sie bei der vorprozessualen Abmahnung üblich ist[873]; denn anders als bei der (Erst)-Abmahnung ist hier der **Verfügungsgläubiger durch die eV gesichert,** so daß eine ganz **eilige Maßnahme nicht geboten** erscheint. Bei Abwägung aller Umstände dürfte in der Regel eine Frist von 2 bis 3 Wochen angemessen sein, die der Verfügungsgläubiger dem Verfügungsschuldner zur Abschlußerklärung zu setzen hat[874]. **Droht Verjährung,** kann eine **kürzere Frist** angemessen sein[875].

2. Frist vor Abschlußschreiben

307 Es erscheint dagegen **unangemessen,** daß der Verfügungsgläubiger noch eine **Frist zwischen der Zustellung der eV und dem Absenden des Abschlußschreibens** abzuwarten hat, damit der Verfügungsschuldner von sich aus Gelegenheit hat, eine Abschlußerklärung ohne vorheriges Abschlußschreiben des Verfügungsgläubigers abzugeben[876] – eine Fallgestaltung, die allerdings in der Praxis nur selten vorkommt, weil in aller Regel der Verfügungsschuldner, wenn er nicht der weit verbreiteten Auffassung zuneigt, er habe nichts, jedenfalls nichts Eiliges (außer sich der eV entsprechend zu verhalten) zu veranlassen, vgl. zur Situationsbeschreibung Rdn. 296, zunächst eine Gesprächsmöglichkeit mit dem Verfügungsgläubiger sucht, etwaige „Gegenangriffe" erwägt oder hofft, daß der Verfügungsgläubiger das Abschlußschreiben vergißt – was in der Praxis sehr häufig vorkommt – und dann die Möglichkeit besteht, die eV wegen Verjährung im Wege des Verfahrens gemäß § 927 ZPO zur Aufhebung zu bringen. Diese **„Vorfrist"** wird erwogen, um dem Verfügungsschuldner auch noch die dem Verfügungsgläubiger zu erstattenden Kosten des Abschlußschreibens, vgl. VII 1 Rdn. 313, zu ersparen. Es

---

[873] Vgl. *Kreft* Vor § 13 C Rdn. 27 in diesem Kommentar.

[874] Vgl. OLG Frankfurt WRP 1982, 365; LG Hamburg WRP 1981, 58; *Thesen* Urteilsanm. WRP 1978, 670 (1–2 Wochen); *Teplitzky*[6] Ka.p. 43 Rdn. 22 f (ein Monat ab Verfügungszustellung, jedenfalls aber zwei Wochen ab Schreibenseingang, jedoch mit weiteren Differenzierungen); *Lindacher* BB 1984, 639, 643 f; **a. A.** OLG Karlsruhe WRP 1977, 117; KG WRP 1978, 213; *Baumbach/Hefermehl* § 25 Rdn. 104 (4 Wochen bzw. ein Monat). *Spehl* S. 95 ff (kategorisch 1 Monat, ohne Einzelfall-Flexibilität).

[875] Vgl. *Teplitzky*[6] Kap. 43 Rdn. 22 f; *Baumbach/Hefermehl* § 25 Rdn. 104; für Verkürzung der Frist bei besonderen Umständen auch OLG München WRP 1982, 542.

[876] So aber OLG Karlsruhe WRP 1977, 117; KG WRP 1978, 213 u. 451; OLG Frankfurt WRP 1982, 365; OLG Köln GRUR 1986, 96; LG Berlin WRP 1979, 240; WRP 1983, 119, LG Hamburg WRP 1981, 58; *Baumbach/Hefermehl* § 25 Rdn. 104; *Pastor* WbProzeß S. 461 f; *Teplitzky*[6] Kap. 45 Rdn. 31 („hM"); *Spehl* S. 88 ff, 92 (1 Monat). Wie hier BGH GRUR 1973, 384 – Goldene Armbänder; OLG Stuttgart WRP 1984, 230; HdbWR/*Spätgens* § 94 Rdn. 4. – *Teplitzky*[6] Kap. 43 Rdn. 22 ff hält eine längere, nämlich mindestens 4-wöchige Frist für angemessen, wenn das Abschlußschreiben – unter Inkaufnahme der nach hM damit verbundenen Kostennachteile – zugleich mit der eV oder gleich danach zugestellt wird, während er für den „Normal"-Fall der späteren Zusendung eine mindestens 2-wöchige Frist für angemessen hält. Diese Differenzierung erscheint sinnvoll; allerdings kann es entgegen der Annahme *Teplitzkys* nach den Erfahrungen der Praxis nicht als „häufig" betrachtet werden, daß das Abschlußschreiben in unmittelbarem zeitlichen Zusammenhang mit der Zustellung der eV versandt wird.

erscheint jedoch in der Regel **nicht geboten, auf die Interessen des Verfügungsschuldners** auch noch in dieser Weise **Rücksicht zu nehmen**. Immerhin ist er derjenige, der durch wettbewerbswidriges Verhalten die eV und das Abschlußschreiben veranlaßt hat[877]; in aller Regel war er darüber hinaus auch schon vor dem Erlaß bzw. der Zustellung der eV vom Verfügungsgläubiger abgemahnt worden, ohne daß er darauf mit einer Unterwerfungserklärung reagiert hätte. In Ausnahmefällen kann es nach den Fallumständen einmal geboten sein, mit der Versendung des Abschlußschreibens einige Zeit abzuwarten, wenn etwa der Verfügungsschuldner – wie dem Verfügungsgläubiger bekannt – in vergleichbaren Fällen Abschlußerklärungen ohne entsprechende Aufforderung abgegeben hat und Verjährung offensichtlich noch nicht droht.

3. Hauptsache-Klage vor Fristablauf

Erhebt der Verfügungsgläubiger vor Fristablauf Hauptsache-Klage, ist diese nicht **308**
etwa unzulässig; denn **weder** ist die **Versendung eines Abschlußschreibens** überhaupt **noch** das **Verstreichenlassen** einer im Abschlußschreiben gesetzten – nicht zu kurz bemessenen[878] – **Frist Prozeßvoraussetzung** für die Hauptsacheklage; insoweit kann auf die Darstellung zur vorprozessualen Abmahnung D I 3 Rdn. 133 verwiesen werden[879]. Vielmehr läuft der **Verfügungsgläubiger** solchenfalls nur das **Kostenrisiko**, daß er die Kosten des Hauptklage-Verfahrens gemäß § 93 ZPO oder §§ 91 a, 93 (analog) ZPO zu tragen hat, wenn der Verfügungsschuldner die Klage sofort anerkennt oder eine Unterwerfungserklärung abgibt[880]. Entgegen diesem Grundsatz erleidet der Verfügungsgläubiger, obwohl er die im Abschlußschreiben gesetzte Frist nicht abwartet bzw. ein Abschlußschreiben vor Erhebung der Hauptklage gar nicht erst versendet, dann **keinen Kostennachteil**, wenn der Verfügungsschuldner gegen die eV nicht nur auf die Kosten beschränkten Widerspruch[881] oder Berufung im Erlaßverfahren einlegt oder seinerseits negative Feststellungsklage erhebt oder wenn der Verfügungsschuldner gegen die eV verstößt[882]. In allen diesen Fällen **zeigt** der **Verfügungsschuldner** nämlich, daß er die eV jedenfalls nicht sofort als endgültige Regelung des in ihr behandelten Unterlassungsanspruchs anerkennen will[883] und hat alsdann **„Veranlassung"** im Sinne des § 93 ZPO gegeben, wenn der Verfügungsgläubiger Hauptsache-Klage erhebt und der Verfügungsschuldner diese später anerkennen sollte.

---

877 Dementsprechend geht es auch nicht an, daß der Verfügungsgläubiger sich auch noch auf Verlängerungsgesuche des Verfügungsschuldners einlassen muß, so aber (allerdings dort nur ausgesprochen für als zu kurz bemessen angesehene Fristen) OLG Hamburg WRP 1989, 325; GRUR 1991, 80. Das gilt insbesondere dann, wenn innerhalb der erbetenen verlängerten Frist Verjährung eintritt, vgl. dazu OLG Hamm WRP 1977, 814.

878 Ist die Frist zu kurz, soll der Verfügungsgläubiger ebenfalls die Kosten gemäß § 93 ZPO zu tragen haben, vgl. LG Berlin WRP 1979, 240; dazu kritisch *Klaka* GRUR 1979, 593. 602. Nach OLG Frankfurt NJW-RR 1987, 37 soll die zu kurz bemessene Abmahnungsfrist nicht eine angemessene in Lauf setzen, so daß der Verfügungsschuldner überhaupt nicht zu reagieren brauche, sondern die Klage – auch wenn sie erst nach angemessener Frist erhoben wird – abwarten und dann kostenfrei anerkennen könne. Das erscheint nicht zutreffend.

879 Vgl. dazu *Kreft* Vor § 13 C Rdn. 5 in diesem Kommentar.

880 Vgl. OLG Hamm WRP 1978, 393; OLG Düsseldorf WRP 1988, 107; weitere Nachweise bei *Teplitzky*[6] Kap. 43 Rdn. 27 u. Fn. 60.

881 Vgl. KG Entsch. v. 8. 11. 1983, zit. bei *Traub* S. 18; OLG Hamburg GRUR 1989, 458; a. A. OLG Düsseldorf WRP 1983, 568 (das Widerspruchsverfahren muß zunächst abgewartet werden, um dem Verfügungsschuldner die Möglichkeit zu geben, auf die im eV-Urteil geäußerte Rechtsauffassung des Gerichts ggf. mit einer Abschlußerklärung zu reagieren).

882 KG Entsch. v. 4. 11. 1983, zit. bei *Traub* S. 36; WRP 1984, 547; vgl. auch *Baumbach/Hefermehl* § 25 Rdn. 103.

883 Vgl. OLG Bremen Entsch. v. 30. 4. 1985, zit. bei *Traub* S. 68; OLG Hamburg GRUR 1989, 458.

V. Form des Abschlußschreibens und der Abschlußerklärung

309 Wie auch die vorprozessuale Abmahnung, der das Abschlußschreiben gewissermaßen als „zweite Abmahnung" nach der eV – wenn auch mit anderer Zielsetzung, nämlich einen bereits vorläufigen Titel zu einem vollwertigen endgültigen zu machen[884] – nachempfunden ist, sollte das Abschlußschreiben **sowohl per normale Post wie auch per Einschreiben/Rückschein**[885] oder – insbesondere z. B. bei einem Adressaten im Ausland – per Telefax mit Empfangsquittung[886] (besser als per Fernschreiben, weil dies mehr Manipulationsmöglichkeiten hinsichtlich des Absendenachweises ermöglicht, als das inzwischen auch viel weiter verbreitete Telefax) versandt oder durch Boten überbracht werden[887]. Eine lediglich **mündliche** oder fernmündliche Abschlußforderung gegenüber dem Verfügungsschuldner erscheint – auch wenn man eine solche bei einer (ersten) vorprozessualen Abmahnung in besonders dringlichen Eilfällen für geboten oder zulässig erachtet[888] – hier in der Regel **nicht ausreichend**[889]. Zum einen ist eine **ganz besondere Eilbedürftigkeit nicht mehr gegeben**, nachdem eine eV zugestellt worden ist[890]. Zum anderen ist der Erklärungsinhalt einer (ersten) Abmahnung für den in der Regel mit den Feinheiten eines wettbewerbsrechtlichen eV-Verfahrens nicht vertrauten Verfügungsschuldner bedeutend einfacher zu erfassen als derjenige eines Abschlußschreibens, **dessen Sinn und Feinheiten** sich demjenigen, dem bereits eine eV mit einem regelmäßig nicht befristet tenorierten Verbot, vgl. C III 1 Rdn. 102, zugestellt worden ist, **bei lediglich mündlicher oder fernmündlicher Erklärung trotz der dabei bestehenden Erläuterungsmöglichkeiten kaum offenbart**[891]: Der Verfügungsschuldner muß schon nachlesen können, welche Erklärung der Verfügungsgläubiger von ihm erwartet. Die Praxis von Telefonaten auch zwischen in Wettbewerbs-

---

[884] Vgl. zu dieser unterschiedlichen Zielsetzung *Spehl* S. 42 ff.

[885] Das Einschreiben dient dazu, die Absendung des Abschlußschreibens erleichtert beweisen zu können (Beweislast für die Absendung des Abschlußschreibens – nicht für die Auskunft beim Adressaten – hat der Absendende, vgl. OLG Hamburg WRP 1982, 437; OLG Frankfurt Entsch. v. 1. Februar 1990, zit. bei *Traub* S. 94). Wenn der Einschreiben/Rückschein nicht rechtzeitig zurückkommt oder das Einschreiben beim Empfänger nicht zugestellt werden kann und von der Post zurückgesandt wird, ermöglicht wenigstens der abgesandte Brief dem Verfügungsgläubiger den Beweis, daß er der Abmahnungslast (nach der eV) nachgekommen ist; vgl. OLG Düsseldorf GRUR 1974, 170; OLG Hamburg GRUR 1976, 444; OLG Koblenz WRP 1982, 437; OLG Frankfurt WRP 1984, 79; OLG Hamm WRP 1984, 220; OLG Saarbrücken WRP 1990, 373.

[886] Vgl. OLG Düsseldorf GRUR 1990, 310.

[887] Vgl. OLG Hamburg WRP 1989, 33.

[888] Vgl. dazu OLG Frankfurt WRP 1984, 560; OLG Karlsruhe WRP 1986, 421; *Wedemeyer* NJW 1979, 293, 297; *Kreft* Vor § 13 C Rdn. 116 f in diesem Kommentar; dagegen OLG Hamburg WRP 1973, 347; WRP 1974, 283.

[889] Zutreffend weist *Spehl* S. 80 ff, 82 zwar darauf hin, daß es einen gesetzlichen Formzwang nicht gebe (ebenso auch HdbWR/*Spätgens* § 94 Rdn. 2 in Fn. 7). Darum geht es aber auch gar nicht. Entscheidend ist allein die Frage, ob der Verfügungsgläubiger bei späterem Anerkenntnis des Verfügungsschuldners im Hauptklageverfahren und dessen Kostenantrag gemäß § 93 ZPO nachweisen kann, daß er ein „richtiges" Abschlußschreiben gesandt habe.

[890] Eine Ausnahme mag gerechtfertigt sein, wenn der Verfügungsgläubiger unmittelbar vor Ablauf der Verjährungsfrist auf die bevorstehende Verjährung aufmerksam wird – beispielsweise durch Halbjahresvormerkung im anwaltlichen Fristenkalender – und dann vor Erhebung der verjährungsunterbrechenden Hauptsache-Klage noch schnell eine Abschlußerklärung des Verfügungsschuldners (oder zwischenzeitlich einen kurzfristigen Verzicht des Verfügungsschuldners auf die Einrede der Verjährung, vgl. F I 1 Rdn. 288) erreichen will. Auch dann erscheint allerdings die Benutzung des Telefax-Gerätes – ggf. verbunden mit einer Eil-Postzustellung vom Adressaten-Postamt zum Empfänger, falls dieser kein eigenes Telefax-Gerät hat, – aus Gründen der Beweisbarkeit empfehlenswert.

[891] Zutreffend weist *Traub* WRP 1979, 186, 187 Fn. 15, darauf hin, zahlreiche Verletzer seien zwar bereit, eine eV zu akzeptieren, wollten sich aber einem Abschlußschreiben nicht unterwerfen, weil sie in ihm ein Element der Demütigung empfinden. Diese Erkenntnis gilt, obwohl sich das Abschlußschreiben inzwischen durchgesetzt hat, noch immer; auf die entsprechende praktische Erfahrung, wie sie in Rdn. 296 dargestellt ist, wird hingewiesen.

sachen versierten Anwälten zeigt, in welchem Maße bei mangelnder schriftlicher Fixierung Mißverständnisse möglich sind. Der Verfügungsgläubiger braucht den **Zugang des Abschlußschreibens** nicht nachzuweisen, um vom Kostenrisiko des „sofortigen Anerkenntnisses" befreit zu sein. Wie bei der Abmahnung genügt auch beim Abschlußschreiben der Nachweis der Absendung im regelmäßigen Postverkehr[892].

Für die Wirksamkeit einer Abschlußerklärung genügt eine mündliche Erklärung des 310
Schuldners nicht[893]. Dies folgt nicht nur aus denselben Gründen, die nach der hier vertretenen Meinung schon gegen ein mündliches Abschlußschreiben sprechen, sondern auch aus der Zielsetzung der Abschlußerklärung, dem Gläubiger einen endgültigen Vollstreckungstitel zu verschaffen[894]. Den damit verbundenen Anforderungen an Klarheit, Eindeutigkeit, Bestimmtheit und Beweisbarkeit[895] kann eine mündliche Erklärung nicht genügen. Dagegen genügt die Fernschreiben- bzw. **Telefax-Übermittlung**, da auch mit dessen modernen Kommunikationsmitteln die Ernsthaftigkeit einer Erklärung durchaus übermittelt werden kann und gesetzliches Schriftform-Erfordernis nicht in Rede steht[896].

VI. Adressat des Abschlußschreibens

Das **Abschlußschreiben** gehört nach mittlerweile ganz herrschend gewordener zu- 311
treffender Meinung[897] nicht mehr zum eV-Verfahren, sondern ist **Teil des Hauptklage-Verfahrens**, weil es gerade dazu dient, den Versuch zu unternehmen, das Hauptklage-Verfahren unnötig zu machen, indem dem eV-Titel endgültige Wirkung zuerkannt wird. Adressat des Abschlußschreibens ist daher der **Verfügungsschuldner selbst**, nicht sein Anwalt, der sich für ihn im eV-Verfahren legitimiert hat. Denn es ist ungewiß, ob das Mandat des Anwalts sich nur auf das eV-Verfahren bezieht oder auch auf das später folgende Hauptsacheverfahren (siehe oben Parallele beim Anwalt, der eine Schutzschrift eingereicht hat, D IV 1 Rdn. 149). Anderes gilt nur, wenn der Anwalt – etwa in der Antwort auf eine der eV vorausgegangenen Abmahnung – deutlich

---

892 Vgl. OLG Hamburg GRUR 1976, 444; OLG Düsseldorf WRP 1979, 862; OLG Frankfurt WRP 1980, 84; OLG Koblenz WRP 1982, 437; OLG Köln WRP 1984, 40; OLG Hamm WRP 1984, 220; OLG Stuttgart WRP 1992, 199 (für Abmahnschreiben); *Baumbach/Hefermehl* § 25 Rdn. 104; *Teplitzky*[6] Kap. 43 Rdn. 29; Die Entscheidung OLG Hamm GRUR 1991, 254, die – mit der herrschenden Meinung – klarstellt, daß für die Wirksamkeit einer Unterwerfungserklärung deren Zugang beim Gläubiger nachgewiesen werden müsse, besagt nichts Gegenteiliges. Denn es ist ein Unterschied, ob eine Erklärung mit rechtsgestaltender Wirkung (Unterwerfungserklärung führt zum Wegfall der Wiederholungsgefahr) in Rede steht oder eine Aufforderung, die lediglich dazu dient, einer von der Rechtsprechung entwickelten „Last zur Vermeidung von Kostennachteilen" gerecht zu werden (Abschlußschreiben).

893 HM; vgl. KG WRP 1991, 237; HdbWR/*Spätgens* § 93 Rdn. 4; *Pastor* WbProzeß S. 456; *Teplitzky*[6] Kap. 43 Rdn. 14; eingehend aber a. A., *Spehl* S. 82 ff mwN. Richtig weist *Spehl* darauf hin, daß es hier nicht im eigentlichen Sinne um ein gesetzliches Schriftformerfordernis geht, weil man auch einen Rechtsmittelverzicht formlos aussprechen kann. Es geht vielmehr um die Beweisbarkeit; ähnlich *Teplitzky* aaO unter Hinweis auf – vergleichbar – BGH GRUR 1990, 530, 532 – Unterwerfung durch Fernschreiben.

894 Vgl. BGH GRUR 1991, 76, 77 – Abschlußerklärung.

895 Vgl. zu solchen Anforderungen BGH WRP 1989, 572 – Bioäquivalenzwerbung; BGH GRUR 1990, 530 – Unterwerfung durch Fernschreiben; *Teplitzky*[6] Kap. 43 Rdn. 14.

896 So zutreffend *Spehl* S. 86 f; vgl. dazu auch die Fälle BGH aaO – Unterwerfung durch Fernschreiben und BGH GRUR 1991, 76 – Abschlußerklärung.

897 BGH GRUR 1973, 384 – Goldene Armbänder; OLG Karlsruhe WRP 1981, 406; OLG Hamburg WRP 1981, 470; OLG München WRP 1982, 542; OLG Stuttgart WRP 1984, 230; OLG Frankfurt GRUR 1989, 374; *Teplitzky*[6] Kap. 43 Rdn. 30; *Baumbach/Hefermehl* § 25 Rdn. 105; a. A. *Ahrens* S. 219; *Pastor* WbProzeß S. 464 ff für Beschlußverfügung (es gibt aber keinen Anlaß, für das Abschlußverfahren, bei dem es um die Endgültigkeit eines eV-Titels geht, zwischen Beschluß und Urteils-eV zu differenzieren).

erklärt, daß er sowohl für ein vom Abmahnenden in Erwägung gezogenes eV-Verfahren wie auch für ein Hauptklage-Verfahren für den Abgemahnten bevollmächtigt sei. Eine solche eindeutige Erklärung ist aber selten. Sinnvollerweise wird daher das Original des Abschlußschreibens an den Verfügungsschuldner übersandt und dem Anwalt eine Durchschrift übermittelt.

VII. (Teil-)Abschlußerklärung und (weiteres) Hauptklage-Verfahren

312 Hat der Verfügungsschuldner auf das Abschlußschreiben die **Abschlußerklärung vollständig** abgegeben, **entfällt das Rechtsschutzinteresse an einem Hauptklage-Verfahren, da die eV nunmehr wie ein rechtskräftiger Titel im Hauptklage-Verfahren wirkt**, vgl. Rdn. 297. Eine Klage mit weiteren Ansprüchen, die nicht bereits im eV-Verfahren geltend gemacht worden sind, bleibt von dem Abschlußverfahren unberührt. Insbesondere kann der Verfügungsgläubiger Schadensersatz-, Auskunfts- und Löschungsanträge, die im eV-Verfahren nicht geltend gemacht werden konnten, siehe oben C III 9 Rdn. 121, im Wege der Hauptklage verfolgen, ohne daß ein „Abschlußverfahren" – eben mangels eines entsprechenden eV-Titels, der endgültig gemacht werden könnte – in Betracht kommt. Hat der Verfügungsschuldner die Abschlußerklärung nur auf einen **Teil der eV**, z. B. nur auf konkrete Verletzungsform seines tatsächlichen Wettbewerbsverhaltens, **beschränkt**, während die eV darüber hinaus das Wettbewerbsverhalten des Verfügungsschuldners abstrakt – also losgelöst von dem konkreten Zusammenhang – verboten hat (vgl. zur Problematik im anderen Zusammenhang oben E VI 6 a Rdn. 230), bewirkt dies, daß der Verfügungsgläubiger aus diesem Titel auch nur in diesem eingeschränkten Umfang im Sinne eines vollwertigen Titels Gebrauch machen – also gegebenenfalls Vollstreckung betreiben – kann, während der überschießende Teil des Titels ein eV-Titel bleibt. Der Verfügungsschuldner kann dabei aber mit der Abschlußerklärung wirksam nur ein „Minus" aus dem eV-Urteil anerkennen, unter keinen Umständen aber ein „Aliud". Denn das Gericht bleibt bei Vollstreckungsmaßnahmen an den Titel gebunden, der dementsprechend zwar **eingeschränkt, aber nicht abgeändert perpetuiert** werden kann. Bleiben insoweit Undeutlichkeiten über den Umfang der endgültigen Anerkennung des Titels durch die Abschlußerklärung bzw. darüber, ob das, was anerkannt ist, noch ein **hinreichend bestimmter, vollstreckungsfähiger Titel** ist, ist der Verfügungsgläubiger seinerseits frei, hinsichtlich des gesamten in der eV vorläufig geregelten Streitverhältnisses Hauptklage zu erheben[898]. In einem solchen – bzw. bei einem wirksam beschränkten Anerkenntnis wegen des überschießenden Restes vom Verfügungsgläubiger betriebenen – **Hauptklageverfahren** bleibt der **Verfügungsschuldner** hinsichtlich dieses Restes, den er also nicht anerkannt hat, **frei**, sich zu verteidigen bzw. **sämtliche Rechtsbehelfe gegen die eV** zu ergreifen. Er kann also insbesondere in diesem Zusammenhang auch vortragen und argumentieren, auch hinsichtlich desjenigen Teils, den er als endgültige Regelung anerkannt hat, sei die eV zu Unrecht ergangen, um daraus für den von ihm angegriffenen Teil der eV bzw. des im Hauptklageverfahren verfolgten Unterlassungsanspruches Schlüsse zu ziehen. Diese Verteidigung ist ihm deswegen nicht verwehrt, weil sein (Teil-)Anerkenntnis der eV als endgültige Regelung keineswegs auf einer entsprechenden rechtlichen Einsicht beruhen muß, die seine dieser entgegenstehende Verteidigung rechtsmiß-

[898] Vgl. zu Folgen von Undeutlichkeiten der Abschlußerklärung eingehend BGH WRP 1989, 572 – Bioäquivalenz-Werbung.

bräuchlich erscheinen lassen könnte, sondern auch auf geschäftspolitischen Motiven (z. B. Kostenersparnis oder Vermeidung von Rechtstreitigkeiten mit dem Verfügungsgläubiger) beruhen kann[899]. Das Gericht kann also einen nach der Abschlußerklärung noch offenen Streitpunkt durchaus mit Argumenten zulasten des Verfügungsgläubigers entscheiden, die auch zur Zurückweisung des mit der Abschlußerklärung endgültig anerkannten Unterlassungsantrags geführt hätten[900]. Beide **Parteien der „Abschlußkorrespondenz" bemühen sich** regelmäßig zur Vermeidung eines solchen unbefriedigenden Urteils, welches in der Sache anders wertet als die vorausgegangene eV und als der Verfügungsschuldner in der Abschlußerklärung, **die Nebenansprüche zum Unterlassungsanspruch – wie Schadensersatz-, Auskunfts-, Löschungs- oder Vernichtungsansprüche – sogleich mit im Abschlußverfahren endgültig zu regeln**, vgl. I 2 Rdn. 289.

VIII. Kosten des Abschlußverfahrens

1. Anwaltskosten des Verfügungsgläubigers

In aller Regel wird das Abschlußschreiben von dem auf seiten des Verfügungsgläubi- **313**
gers tätigen Rechtsanwalts versandt. Da das Abschlußschreiben nicht zum eV-Verfahren gehört[901], erhält der Rechtsanwalt dafür eine **Geschäftsgebühr gemäß § 118 BRAGO**[902], die nicht gemäß § 118 Abs. 2 BRAGO durch die Prozeßgebühr des eV-Verfahrens kompensiert wird[903]. Innerhalb des Gebührenrahmens erscheint in der Regel eine **Mittelgebühr von 7,5/10** nach dem angenommenen Gegenstandswert des – durch das Abschlußverfahren gerade zu verhindernden – Hauptsache-Prozesses[904] angemessen[905]: Einerseits ist eine spezialisierte Kenntnis des Abschlußverfahrens nach einer wettbewerbsrechtlichen eV notwendig, um ein Abschlußschreiben sinnvoll zu formulieren und gegebenenfalls die sich auf die Antwort des Verfügungsschuldners ergebende Korrespondenz mit diesem optimal zu führen und seine Abschlußerklärung richtig zu interpretieren; und wenn die Abschlußkorrespondenz sinnvoll geführt ist, hat

[899] Vgl. zu einer ähnlichen Situation einer Unterwerfungserklärung oder Anerkennung im eV-Verfahren bei gleichzeitigem Vortrag, der Unterlassungsanspruch sei in Wahrheit nicht gegeben, E III 5 a, al, Rdn. 194.

[900] Ob diese Entscheidung in einem späteren Hauptklage-Verfahren auf das Schicksal der Teil-Abschlußerklärung im Sinne von „veränderten Umständen" Einfluß hat, hängt von den Umständen des Einzelfalles, namentlich dem Umfang des Verzichts auf die Rechte aus § 927 ZPO in der Abschlußerklärung ab, siehe III 5 Rdn. 302 sowie E IX 3 e, f Rdn. 264 ff. Hat dagegen das Gericht in einem Hauptklage-Verfahren, welches wegen der im eV-Verfahren nicht geltend gemachten Ansprüche (wie Schadensersatz, Auskunft etc.) geführt wird, in Anwendung einer anderen Rechtsauffassung entschieden als das Gericht in der eV, die mit der Abschlußerklärung endgültig gemacht worden ist, so führt dies nicht zu einer Beeinträchtigung der Abschlußerklärung. Denn der Streitgegenstand, über den das Hauptklage-Urteil entschieden hat, ist ein anderer, und die Rechtskraftwirkung erfaßt demgemäß nicht den Unterlassungstenor der eV, den der Verfügungsschuldner mit der Abschlußerklärung als endgültigen Titel anerkannt hat.

[901] Vgl. Fn. 897.

[902] Es sei denn, dem Anwalt ist bereits unbedingter Klageauftrag erteilt worden, dann soll § 32 BRAGO anwendbar sein, vgl. BGH GRUR 1973, 384 – Goldene Armbänder; OLG Hamburg WRP 1981, 470.

[903] Kompensiert wird gemäß § 118 Abs. 2 BRAGO die Abschlußschreiben-Gebühr mit der Prozeßgebühr im Hauptklage-Verfahren, OLG Hamburg WRP 1982, 477; zur Problematik der Kompensationswirkung zwischen erster Abmahnung vor eV und Abschlußschreiben vgl. LG Hamburg WRP 1981, 60.

[904] Vgl. HdbWR/*Spätgens* § 94 Rdn. 12; a. A. *Pastor* WbProzeß S. 464 ff (Honorar wird nach dem Gegenstandswert des eV-Verfahrens berechnet).

[905] Vgl. OLG Karlsruhe WRP 1981, 405; OLG Hamburg WRP 1981, 470; OLG Frankfurt WRP 1982, 335; LG Hamburg WRP 1983, 239. Für 5/10-Gebühr OLG Hamburg WRP 1980, 629; LG Hamburg WRP 1981, 60; vgl. auch OLG München WRP 1982, 542; OLG Stuttgart WRP 1984, 230 (Zuerkennung von 5/10-Gebühr, da nicht mehr verlangt wurde).

sie durch die mögliche Ersparung eines möglicherweise mehrinstanzlichen Hauptklage-Verfahrens für den Verfügungsgläubiger eine große wirtschaftliche Bedeutung. Andererseits ist die materiellrechtliche Beurteilung des Wettbewerbsverhaltens des Verfügungsschuldners durch die bereits vorliegende eV vorgeklärt und die Aufbereitung des Sachverhalts, wie er in der eV-Antragsschrift seinen Niederschlag gefunden hat, bereits durch das Honorar für das eV-Verfahren abgegolten.

314 Kommt es aufgrund des Abschlußschreibens zu einer entsprechenden Abschlußerklärung des Verfügungsschuldners und damit zu einer endgültigen Befriedigung des Unterlassungsanspruchs des Verfügungsgläubigers ohne Durchführung eines Hauptklageverfahrens, kann der Verfügungsgläubiger das dem Rechtsanwalt geschuldete **Honorar** nach denselben Grundsätzen des Schadensersatzes und der Geschäftsführung ohne Auftrag **von dem Verfügungsschuldner ersetzt** verlangen[906] wie das Honorar für die vorprozessuale Abmahnung[907] – selbstverständlich nur unter der Voraussetzung, daß materiellrechtlich ein Unterlassungsanspruch, wie er in der eV vorläufig gesichert ist, tatsächlich besteht[908]. Der Verfügungsschuldner kann, auch wenn er dem Abschlußschreiben entsprechend die eV als endgültige Regelung anerkannt hat, der Forderung des Verfügungsgläubigers nach Erstattung des Anwaltshonorars für das Abschlußschreiben entgegenhalten, der Unterlassungsanspruch sei unbegründet, vgl. VII Rdn. 312. Darüber wird gegebenenfalls in einem um die Kosten für das Abschlußschreiben geführten Rechtsstreit entschieden. Wird der **Erstattungsanspruch als Schadensersatzanspruch** geltend gemacht – wie regelmäßig dann, wenn zwischen den Parteien ein Wettbewerbsverhältnis besteht, weil dann die nach Auffassung des Verfügungsgläubigers wettbewerbswidrige Handlung des Verfügungsschuldners in der Regel zugleich Schadensersatzbegründend ist –, ist für diesen **Honoraranspruch örtlich jedes Gericht zuständig**, welches für den – durch das Abschlußschreiben erledigten – **Unterlassungsanspruch Gericht der Hauptsache** wäre, also jedes Gericht, welches nach dem Gerichtsstand des § 24 UWG zuständig ist[909]. Wird dagegen der **Honoraranspruch aus GoA** geltend gemacht[910] – bei Wettbewerbsvereinen und Verbänden gemäß § 13 Abs. 2 UWG ist dieses in der Regel die einzige Anspruchsgrundlage –, finden § 24 UWG oder § 32 ZPO keine Anwendung, so daß also nur am **allgemeinen Gerichtsstand** des Verfügungsschuldners geklagt werden kann[911]. Im Hinblick auf die Höhe des Anwaltshonorars ist häufig sachlich das **Amtsgericht** zuständig, sofern nicht der Anwaltshonorar-Erstattungsanspruch mit anderen noch nicht geklärten Nebenansprüchen zu dem durch die Abschlußerklarung erledigten Unterlassungsanspruch – wie Schadensersatz- und Auskunftsanspruch – verbunden und damit zumeist die sachliche Zuständigkeit des Landgerichts wieder begründet wird.

2. Anwaltskosten des Verfügungsschuldners

315 Fraglich ist, ob auch ein Erstattungsanspruch des Verfügungsschuldners gegenüber dem Verfügungsgläubiger in Betracht kommt, weil der Verfügungsschuldner seinen

---

[906] Vgl. BGH GRUR 1973, 384 – Goldene Armbänder; OLG Hamburg WRP 1982, 477; *Teplitzky*[6] Kap. 43 Rdn. 30 ff mwN; a. A. *Spehl* S. 137 ff mwN und Hinweis auf *Roth* DB 1982, 1916, die die Erstattungsfähigkeit für Kosten des Abschlußschreibens durch den Verfügungsschuldner schlechthin ablehnen.

[907] Vgl. dazu *Kreft* Vor § 13 C Rdn. 139 ff, 180 ff in diesem Kommentar.

[908] Auch die Anwaltskosten für Wettbewerbsvereine bei deren Beratung über ein Abschlußschreiben sind zu erstatten; vgl. OLG Hamburg WRP 1982, 477; LG Lübeck WRP 1981, 62; LG Berlin WRP 1983, 119; LG Köln GRUR 1987, 655; dagegen LG Hamburg WRP 1982, 434.

[909] Vgl. LG Konstanz WRP 1978, 566; *Kreft* Vor § 13 C Rdn. 181 in diesem Kommentar.

[910] Vgl. dazu *Kreft* Vor § 13 C Rdn. 140 ff in diesem Kommentar.

[911] Vgl. LG Berlin WRP 1979, 823; *Kreft* Vor § 13 C Rdn. 181 in diesem Kommentar; HdbWR/*Gloy* § 63 Rdn. 42.

Anwalt beauftragen muß, um das Abschlußschreiben des Verfügungsgläubigers sinnvoll beantworten zu können. Materiell ist ein solcher Anspruch nur denkbar, wenn sich die eV und die Aufforderung des Verfügungsgläubigers im **Abschlußschreiben** als **ungerechtfertigt** erweisen. Auch hier steht regelmäßig eine **7,5/10 Gebühr** nach dem angenommenen Gegenstandswert gemäß § 118 Abs. 1 Nr. 1 BRAGO in Rede. Ein solcher Erstattungsanspruch kommt sowohl dann in Betracht, wenn der Verfügungsschuldner dem Abschlußschreiben entsprechend die eV als endgültige Regelung anerkannt, aber zugleich deutlich gemacht hat, daß er den Unterlassungsanspruch materiell als nicht gerechtfertigt ansieht. Und er kommt auch in Betracht, wenn der Verfügungsschuldner die Abgabe der Abschlußerklärung abgelehnt oder der Aufforderung des Verfügungsgläubigers nur teilweise entsprochen hat und die Anwaltsgebühr des Verfügungsschuldner-Vertreters nicht ihrerseits in späteren Prozeßgebühren für ein Hauptklage-Verfahren im Wege der Anrechnung gemäß § 118 Abs. 2 BRAGO enthalten sind. In beiden Fällen stellt sich die Frage nach der Anspruchsgrundlage eines **Kostenerstattungsanspruchs des Verfügungssschuldners** in ähnlicher Weise **wie bei dem Kostenerstattungsanspruch wegen ungerechtfertigter Abmahnung**[912]. Bei den Kosten des zur Beantwortung des Abschlußschreibens eingeschalteten Anwalts, dessen Honorar der Verfügungsschuldner vom Verfügungsgläubiger ersetzt verlangt, kommt allerdings hinzu, daß der Kostenverursachung – nämlich Versendung des Abschlußschreibens – **stets ein eV-Verfahren vorausgegangen** ist, welches ein **Prozeßrechtsverhältnis** zwischen den Parteien begründet hat[913]. Aus diesem Prozeßrechtsverhältnis besteht – dies ist allerdings bislang nur Meinung des Verfassers; in Rechtsprechung und Literatur wird es sonst nicht vertreten – ein Unterlassungsanspruch des Verfügungsschuldners gegenüber dem Verfügungsgläubiger, daß dieser dem Verfügungsschuldner nicht rechtsgrundlos ein Abschlußschreiben sendet. Der Verstoß begründet den Kostenerstattungsanspruch des Verfügungsschuldners – und zwar **unabhängig** davon, ob dem Verfügungsgläubiger bei der Versendung des Abschlußschreibens **Verschulden** zur Last fällt. Denn es ergibt sich aus der Regelung des § 945 ZPO – auch wenn diese Vorschrift nicht unmittelbar einschlägig ist, weil die Versendung des Abschlußschreibens keine Vollziehung der eV im eigentlichen vollstreckungsrechtlichen Sinne ist, vgl. G I 3 a Rdn. 326 –, daß dem **Verfügungsgläubiger**, wenn er ein eV-Verfahren betreibt, eine **Risikohaftung** trifft und er sich bei den Fragen aus dem eV-Verfahren nicht darauf berufen kann, er habe die materielle Rechtslage nicht richtig beurteilen können. Und da der Verfügungsgläubiger es auch nicht bei der eV (mit oder ohne Zustellung) belassen hat, sondern mit dem Abschlußschreiben diese eV zur endgültigen Regelung machen will, hat er auch deutlich gemacht, daß er von der eV im Verhältnis zum Verfügungsschuldner „Gebrauch“ machen will und damit die Risikohaftung akzeptiert.

G. Schadensersatzanspruch gemäß § 945 ZPO

I. Anspruchsgrund

§ 945 ZPO begründet eine verschuldensunabhängige[914] Schadensersatzhaftung[915] 316
des Verfügungsgläubigers für zwei Fälle: Zum einen normiert § 945 ZPO einen Scha-

---

[912] Vgl. dazu *Kreft* Vor § 13 C Rdn. 194 ff in diesem Kommentar.

[913] Vgl. OLG Hamburg WRP 1977, 495; OLG Düsseldorf WRP 1981, 652; OLG Frankfurt WRP 1982, 334; OLG München WRP 1983, 358; *Teplitzky* NJW 1980, 1667 f; *Deutsch* GRUR 1990, 327, 328; a. A. *Pastor* WbProzeß S. 120; *Borck* WRP 1978, 262; *Melullis* WRP 1982, 249, 251 f.

[914] Vgl. BGHZ 54, 76 ff, 80; *Teplitzky*[6] Kap. 36 Rdn. 4 mwN.

[915] Der Schadensersatzanspruch ist hinsichtlich der Verjährung wie ein Anspruch aus unerlaubter Handlung zu behandeln und verjährt in der Regel erst drei Jahre nach Abschluß des eV-Verfahrens, BGHZ 75, 1 ff.

densersatzanspruch des Verfügungsschuldners gegen den Verfügungsgläubiger für den Fall, daß die **eV mangels Erhebung der Hauptsacheklage** durch den Verfügungsgläubiger trotz entsprechender gerichtlicher Aufforderung **gemäß § 926 ZPO aufgehoben** wird[916]. Zum anderen wird eine Schadensersatzpflicht des Verfügungsgläubigers für den Fall begründet, daß die **eV sich als von Anfang an ungerechtfertigt erweist**[917]. In beiden Fällen ist der aus der Vollziehung der eV dem Verfügungsschuldner entstandene Schaden zu ersetzen. Dieser ist ganz besonders groß, wenn schlechterdings der gesamte Vertrieb eines Produktes verboten wird, nicht nur also ein bestimmtes Werbeverhalten[918]. Im einzelnen ist folgendes zu bemerken:

1. Schadensersatz wegen Aufhebung der eV gemäß § 926 ZPO

317 Der Schadensersatzanspruch wegen Nichterhebung der Hauptklage gemäß § 926 ZPO hat **Sanktionscharakter** und setzt deshalb keine Prüfung voraus, ob der in der eV gesicherte Unterlassungsanspruch dem Verfügungsgläubiger zuerkannt worden wäre, wenn dieser die Hauptsache-Klage erhoben hätte; er **knüpft** vielmehr ausschließlich **an** das im Verfahren gemäß § 926 ZPO ergehende **Aufhebungsurteil an**[919]. Da allerdings nach der Rechtsprechung[920] **kein Schadensersatzanspruch des Verfügungsschuldners** besteht, soweit sein **Verhalten** – völlig unabhängig vom eV-Verfahren – **wettbewerbswidrig** war, weil es insoweit an einem zu ersetzenden Schaden fehlt, muß das Schadensersatzgericht in vielen Fällen dann doch die Chancen des Verfügungsgläubigers prüfen, wenn er denn auf die Aufforderung gemäß § 926 ZPO die Hauptklage erhoben hätte[921]. Die Anwendbarkeit dieser Rechtsprechung auf Fälle der Aufhebung gemäß § 926 ZPO erscheint jedoch mit dem Wortlaut und dem Sanktionssinn dieser Vorschrift unvereinbar[922]. Sie sollte daher mindestens insoweit nicht angewendet wer-

[916] Der Fall der insoweit gemäß § 945 ZPO gleich zu behandelnden Aufhebung gemäß § 942 ZPO kommt im Wettbewerbsverfahrensrecht so selten vor, daß er vernachlässigt werden kann. Im übrigen gilt hier dasselbe wie nachfolgend zu § 926 ZPO dargestellt.

[917] Die in § 945 ZPO ferner behandelte Variante, daß ein Schaden dadurch entsteht, daß der Verfügungsschuldner Sicherheit leistet, um die Vollziehung abzuwenden oder die Aufhebung der Maßregel zu bewirken, kommt im Rahmen des Wettbewerbsverfahrensrechts gemäß E III 3 Rdn. 183 kaum vor und kann daher vernachlässigt werden.

[918] Darauf weist *Borck* WRP 1977, 559 zu Recht hin. Häufig ist ein Angreifer deshalb gut beraten, wenn er mit der eV nicht den Vertrieb eines beanstandeten Protokolls, sondern nur die Werbung dafür oder aus der Werbung nur diejenige angreift, die nicht auf dem Produkt selbst aufgedruckt ist, sondern nur auf der Faltschachtel etc.; oder wenn er jedenfalls eine weitergehende eV nicht vollzieht, sondern deren über die Werbung hinausgehenden, das Produkt selbst betreffenden Titel nur zu Verhandlungszwecken verwendet, vgl. D IV 1 a Rdn. 146.

[919] Vgl. *Stein/Jonas/Grunsky* § 945 ZPO Rdn. 33; *Baumbach/Hefermehl* § 25 Rdn. 109; *Teplitzky* NJW 1984, 850, 852.

[920] BGHZ 15, 356, 359 = GRUR 1955, 346 – Progressive Kundenwerbung; BGH GRUR 1981, 295 – Fotoartikel; BGH GRUR 1992, 203 – Roter mit Genever; ablehnend dazu allerdings *Stein/Jonas/Grunsky* § 945 ZPO Rdn. 28.

[921] Vgl. *Stolz* S. 9 (der allerdings zu Unrecht davon ausgeht, die – im dogmatischen Ansatz wegen des Sanktionscharakters bei Aufhebung gemäß § 926 ZPO sicher zutreffende – Gegenmeinung werde nur (noch) von *Mädrich* vertreten; ferner *Baumbach/Hefermehl* § 25 Rdn. 110; *Teplitzky*[6] Kap. 56 Rdn. 16; NJW 1984, 850, 852; *Zöller/Vollkommer* § 945 ZPO Rdn. 14; **a. A.** *Stein/Jonas/Grunsky* § 945 ZPO Rdn. 33; *Mädrich* S. 138 f; *Baur* S. 103.

[922] Anders allerdings auch insoweit der BGH, der seinen Rechtsgedanken, daß aus rechtswidrigem Verhalten kein ersatzfähiger Schaden erwachsen könne, zwar in einem Fall entwickelt hat, in dem es nicht um eine Aufhebung nach § 926 ZPO ging (vgl. BGHZ 15, 356, 359 = GRUR 1955, 356), der ihn mittlerweile aber mehrfach ohne Bedenken auch auf solche Aufhebungsfälle angewandt hat; vgl. BGH GRUR 1991, 295, 296 – Fotoartikel; BGH GRUR 1992, 203, 206 – Roter mit Genever; ihm zustimmend auch die in Fn. 921 genannte Literatur, soweit sie nicht grundsätzlich a. A. ist, sowie *Fischer* Festschr. Merz S. 81, 88.

den, als derjenige Schaden infrage steht, der gerade als Folge der sofortigen Wirksamkeit der eV entstanden ist, also in dem Zeitraum bis zum (fiktiven) Erlaß eines Hauptsacheurteils, der möglich gewesen wäre, wenn der Verfügungsgläubiger zum Vollziehungszeitpunkt Hauptklage erhoben hätte. Im Falle der Aufhebung gemäß § 926 ZPO soll es nach dem Gesetzeswortlaut nämlich gerade nicht auf die materielle Rechtslage ankommen, sondern eine Sanktion dafür eintreten, daß der Verfügungsgläubiger vor der Hauptklage „gekniffen" hat. Würde auch hier die Argumentation mangelnden Schadensersatzes bei materieller Rechts- oder Wettbewerbswidrigkeit voll zugunsten des „kneifenden" Verfügungsgläubigers durchgreifen, wäre damit das **Sanktionssystem der Aufhebungswirkung gemäß § 926 ZPO** und dementsprechend der Sinn dieses auf § 926 ZPO bezogenen Teils des § 945 ZPO aufgehoben, vgl. E VI 5 a Rdn. 223. Und ferner wird man dem Sanktionsgedanken des § 945 ZPO im Falle der Aufhebung gemäß § 926 ZPO nur gerecht, wenn dem Verfügungsgläubiger im Schadensersatzprozeß gemäß § 945 ZPO jegliche Beweislast dafür obliegt, ob und inwieweit das Verhalten des Verfügungsschuldners wettbewerbswidrig war, wenn er mit diesem Einwand zu einer Schadensminderung oder zu einer Schadensreduzierung auf Null gelangen will.

Das **Gericht** hat auch zu **prüfen**, ob das Aufhebungsurteil zutreffend davon ausgegangen ist, daß ein **Fall der Versäumnis** der Hauptsache-Klage gemäß § 926 ZPO vorliegt; denn wenn das Aufhebungsurteil zu Unrecht z. B. davon ausgegangen ist, daß etwa eine zulässige Hauptklage unzulässig gewesen sei oder eine bei einem unzuständigen Gericht erhobene Hauptklage keine „richtige" Hauptklage gewesen sei, vgl. E VI 4 Rdn. 218, und VI b Rdn. 231 f, würde wegen eines im summarischen Aufhebungsverfahren ergangenen Aufhebungsurteils der Verfügungsgläubiger zu einem ungerechtfertigten Schadensersatz verurteilt werden[923]. **318**

Wird die Klage auf Schadensersatz gemäß § 945 ZPO erhoben, **bevor das Aufhebungsurteil gemäß § 926 ZPO rechtskräftig** ist, kann das Schadensersatzgericht die Rechtskraft des Aufhebungsurteils abwarten und den Schadensersatzprozeß gemäß § 148 ZPO aussetzen. Weist dann das Berufungsurteil im Aufhebungsverfahren gemäß § 926 ZPO den Aufhebungsantrag zurück, weil nach seiner Auffassung der Verfügungsgläubiger innerhalb der gemäß § 926 Abs. 1 ZPO gesetzten Frist die Hauptsacheklage erhoben habe, ist alsdann die Schadensersatzklage – jedenfalls soweit sie auf den Aufhebungsgrund des § 926 ZPO gestützt ist – abzuweisen. Wird dagegen der Berufung des Verfügungsgläubigers im Aufhebungsverfahren stattgegeben, weil er die Hauptsacheklage nach Ablauf der gemäß § 926 Abs. 1 ZPO gesetzten Frist – nach hier vertretener, nicht hM entsprechender Auffassung möglicherweise erst in der Berufungsinstanz, vgl. E VI 4 b Rdn. 221 – erhoben habe, ist die Schadensersatzklage gemäß § 945 ZPO für erledigt zu erklären mit der Kostenfolge gemäß § 91 a ZPO zulasten des Verfügungsgläubigers: Da er die vom Gericht gesetzte Frist hat verstreichen lassen, hat er die maßgebliche Ursache dafür gesetzt, daß der Verfügungsschuldner die Schadensersatzklage erhoben hat, vgl. E VI 8 b Rdn. 236. Wird dagegen die Hauptsacheklage vom Verfügungsgläubiger erst nach rechtskräftiger Aufhebung der eV gemäß § 926 ZPO erhoben, kann der Verfügungsgläubiger damit nicht mehr den Schadensersatzanspruch aus § 945 ZPO abwenden, vgl. E VI 4 c Rdn. 222. **319**

---

923 Vgl. *Zöller/Vollkommer* § 945 ZPO Rdn. 12; *Stein/Jonas/Grunsky* § 945 ZPO Rdn. 35.

2. Schadensersatz wegen anfänglicher Unbegründetheit der eV

320 Ist ein Schadensersatzanspruch im Streit, weil die eV von Anfang an[924] ungerechtfertigt gewesen sei, hat das Schadensersatzgericht diese **Frage der ursprünglichen Begründetheit oder Unbegründetheit der eV grundsätzlich von sich aus zu prüfen**[925], vgl. b und c Rdn. 322 f sowie II 4 Rdn. 333.

321 a) **Keine Bindungswirkung der eV-Entscheidung.** Eine Bindungswirkung an eine im eV-Verfahren ergangene Entscheidung tritt nicht ein[926]: Diese lediglich im summarischen Verfahren mit beschränkten Beweismöglichkeiten ergangene **eV-Entscheidung** – sie sie Beschluß oder Urteil, sei sie erst- oder zweitinstanzlich – entscheidet **lediglich über die Sicherung** und damit über einen anderen Streitgegenstand als das für den Schadensersatzanspruch gemäß § 945 ZPO angerufene Hauptsachegericht[927]. Dieses kann im ordentlichen Verfahren alle Beweismittel ausschöpfen und hat bei seiner Entscheidung nicht nur über diejenigen Sachverhalte und rechtlichen Argumente, die im eV-Verfahren erörtert worden sind, zu befinden, sondern kann auch im eV-Verfahren nicht glaubhaft gemachte oder gar nicht vorgetragene Sachverhaltsdetails oder rechtliche Überlegungen berücksichtigen[928]: Das **Schadensersatzgericht** hat nämlich nicht als Superrevision zu entscheiden, ob das eV-Gericht richtig entschieden hat, sondern es hat **unter Berücksichtigung aller Umstände** zu entscheiden, ob die **eV von Anfang an ungerechtfertigt** war. Es kann sehr wohl sein, daß das eV-Gericht zunächst die einstweilige Verfügung erlassen hat, diese dann aber im Widerspruchs- oder Berufungsverfahren wieder aufgehoben worden ist, und daß gleichwohl die eV unter Berücksichtigung des im Schadensersatzprozeß ermittelten Sachverhaltes aus anderen

---

[924] Zur Frage einer Schadensersatzhaftung gemäß § 945 ZPO bei nachträglich rückwirkender Unbegründetheit der ursprünglich bei ihrem Erlaß begründeten eV (Beispiel: eV wird wegen Patentverletzung erlassen, nachträglich aber entfällt der vorläufige Schutz aus § 30 Abs. 1 S. 2 PatG aF, oder das Patent wird nachträglich rückwirkend für nichtig erklärt) vgl. *Zöller/Vollkommer* § 945 ZPO Rdn. 8; *Stein/Jonas/Grunsky* § 945 ZPO Rdn. 19 mwN. Bei nachträglich wegen Verfassungswidrigkeit entfallender Norm, auf der die eV beruhte, wird Schadensersatz gemäß § 945 ZPO geschuldet, vgl. BGH NJW 1970, 1459; KG GRUR 1987, 940.

[925] Vgl. BGH NJW 1988, 3268; KG GRUR 1987, 940; *Teplitzky*⁶ Kap. 36 Rdn. 21 ff; *Zöller/Vollkommer* § 945 ZPO Rdn. 9; *Baumbach/Hefermehl* § 25 Rdn. 108. Im einzelnen z. T. sehr streitig, vgl. eingehend mwN zum Meinungsstand *Teplitzky* aaO sowie NJW 1984, 850, 852; WRP 1987, 149, 151; *Stein/Jonas/Grunsky* § 945 ZPO Rdn. 23 ff. Die nachfolgende Darstellung Rdn. 321 ff dürfte sich mit der inzwischen wohl, jedenfalls im Wettbewerbsrecht, überwiegend vertretenen Auffassung decken; anders allerdings neuestens BGH (IX. Zs.) WM 1992, 1191 und *Fischer* Festschr. Merz S. 81, 82 mwN zur weiteren Gegenmeinung in Fn. 4.

[926] Dies gilt gänzlich unbestritten für Beschlußentscheidungen jeglicher Art sowie Verfügungsurteile, durch die der zu sichernde Anspruch bejaht wird (zu letzteren BGH GRUR 1985, 571, 572 – Feststellungsinteresse; zum Meinungsstand allgemein *Zöller/Vollkommer* § 945 Rdn. 10). Dagegen ist die Frage der Bindungswirkung von formell rechtskräftigen Urteilsentscheidungen, durch die entweder das Sicherungsinteresse oder der Anspruch verneint wird, in hohem Maße streitig. Gegen jede Bindungswirkung auch insoweit OLG Karlsruhe GRUR 1984, 156; KG GRUR 1987, 940; *Melullis* Rdn. 76 und 147; *Stein/Jonas/Grunsky* § 945 ZPO Rdn. 29 und 32; *Baumbach/Hefermehl* § 25 Rdn. 108; HdbWR/*Spätgens* § 96 Rdn. 9. Für Bindungswirkung allein hinsichtlich der Verneinung des Sicherungsinteresses (vgl. dazu aber auch nachfolgend Rdn. 323) BGH VersR 1985, 335 und *Teplitzky*⁶ Kap. 36 Rdn. 27 – 30; für Bindungswirkung der den Verfügungsantrag (formell rechtskräftig) zurückweisenden Urteilsentscheidung schlechthin neuestens der IX-Zivilsenat BGH WM 1982, 1191 sowie *Fischer* Festschr. Merz, S. 81, 86; (dagegen hat der für das Wettbewerbsrecht zuständige I. Zs. die Streitfrage im Urteil BGHZ 15, 356, 358 – Progressive Kundenwerbung ausdrücklich offengelassen). Zum aktuellen Meinungsstand insgesamt und mit umfangreichen weiteren Nachweisen *Teplitzky*⁶ Kap. 36 Rdn. 13 – 30.

[927] Vgl. *Teplitzky*⁶ Kap. 53 Rdn. 3; *Melullis* Rdn. 76; *Baumbach/Hefermehl* § 25 Rdn. 4.

[928] Vgl. so ausdrücklich BGH GRUR 1992, 203 – Roter mit Genever.

rechtlichen Gründen zu Recht ergangen ist[929]. Dann „erweist sich die eV nicht als von Anfang an ungerechtfertigt". Umgekehrt kann es sein, daß die eV per Beschluß erlassen, im Widerspruch und auch im Berufungsverfahren bestätigt worden ist, gleichwohl alle diese Entscheidungen sich aber im Schadensersatzprozeß „als von Anfang an ungerechtfertigt erweisen", weil – wie sich möglicherweise durch eingehende Beweisaufnahme im Schadensersatzanspruch herausgestellt, oder weil dies möglicherweise im Hauptklageverfahren unstreitig wird – von einem falschen Sachverhalt ausgegangen oder eine unvollständige rechtliche Bewertung vorgenommen wurde[930].

b) **Bindungswirkung des Hauptsache-Urteils.** Bindungswirkung hat jedoch das Ur- 332
teil im Hauptsacheprozeß[931], gleichgültig, ob es sich dabei um einen solchen handelt, den der Verfügungsgläubiger von sich aus erhoben oder zu dem er vom Gericht auf Antrag des Verfügungsschuldners gemäß § 926 ZPO aufgefordert worden ist, oder um eine negative Feststellungsklage des Verfügungsschuldners[932]. In dieser Hauptsacheklage wird, soweit der Tenor der eV und der beantragte Tenor der Hauptklage sich decken, (bzw. der gleiche Unterlassungsanspruch des Verfügungsgläubigers nach dem Klageantrag des Verfügungsschuldners materiell Gegenstand des Rechtsstreits ist), **abschließend und mit Rechtskraftwirkung über den Unterlassungsantrag entschieden,** um dessen Sicherung es in der eV ging. Da das Schadensersatzgericht an dieses Urteil im Hauptklageprozeß gebunden ist, kann es insoweit auch nicht unter Berücksichtigung etwa noch neu vorgetragenen Sachverhaltes zu dem Ergebnis gelangen, über diesen Unterlassungsanspruch sei im Hauptsacheprozeß falsch entschieden worden; wohl aber kann im Schadensersatzprozeß geltend gemacht werden, im Zeitpunkt des Arresterlasses sei die Rechtslage eine andere gewesen als zum Zeitpunkt der letzten mündlichen Verhandlung im Hauptklageverfahren[933]. Wird dagegen im Hauptsacheprozeß über einen anderen – sei es engeren oder weiteren oder sonst abweichenden – Unterlassungsanspruch als im eV-Verfahren geurteilt, ist das Schadensersatzgericht mangels Rechtskraftwirkung dieser Entscheidung für die Frage, ob der in der eV gesicherte Unterlassungsanspruch von Anfang an bestand oder nicht, frei, soweit nicht im Hauptsache-Prozeß diese Frage abschließend entschieden ist. (Beispiel: In der Hauptklage geht es um die Frage, ob ein Firmenschlagwort – aus der konkreten Firmierung des Verfügungsschuldners herausgenommen – in jeder beliebigen Verwendungsform zu unterlassen ist; in der eV dagegen ging es um die ganz konkrete vollständige Firmierung des Verfügungsschuldners[934]. Hier kann aus dem Umstand, daß in der Hauptklage eine Verurteilung zur Unterlassung des Schlagwortes nicht erfolgt ist, nicht geschlossen werden, daß auch die eV mit dem engeren Schutzumfang von Anfang an ungerechtfertigt gewesen ist. Oder: In der Hauptklage ging es nur um die konkrete

---

[929] Vgl. OLG Karlsruhe WRP 1984, 102; *Zöller/Vollkommer* § 945 ZPO Rdn. 9; *Stein/Jonas/Grunsky* § 945 ZPO Rdn. 29; *Baumbach/Hefermehl* § 25 Rdn. 108; *Teplitzky* NJW 1984, 850f; a. A. RGZ 143, 118; *Baumbach/Lauterbach/Hartmann* § 945 ZPO Anm. 3 Ca.

[930] Vgl. *Baur* S. 106; *Mädrich* S. 144; *Zöller/Vollkommer* § 945 ZPO Rdn. 9, 10; *Stein/Jonas/Grunsky* § 945 ZPO Rdn. 32; *Teplitzky*[6] Kap. 36 Rdn. 22f; *Baumbach/Hefermehl* § 25 Rdn. 108.

[931] Vgl. BGH NJW 1988, 3268; NJW 1989, 106; *Zöller/Vollkommer* § 945 ZPO Rdn. 11; *Stein/Jonas/Grunsky* § 945 ZPO Rdn. 26; *Teplitzky*[6] Kap. 36 Rdn. 14f u. NJW 1984, 850; *Melullis* Rdn. 146; *Baumbach/Hefermehl* § 25 Rdn. 108.

[932] Dies gilt auch für ein Urteil in einem Unterlassungsverfahren, welches der Verfügungsschuldner gegen die in der Abmahnung des Verfügungsgläubigers steckende Verwarnung erhoben hatte und in dem über die Begründetheit oder Unbegründetheit dieser Abmahnung/Verwarnung entschieden worden ist.

[933] Vgl. *Stein/Jonas/Grunsky* § 945 ZPO Rdn. 26; *Teplitzky*[6] Kap. 36 Rdn. 14.

[934] Vgl. etwa BGH GRUR 1982, 420 – BBC/DDC; in dem dortigen Fall lag die hier als Beispiel angegebene Konstellation nicht vor; der Fall macht aber Unterschiede zwischen abstrakter und konkreter Firmenverwendung deutlich.

Verletzungsform, hinsichtlich derer ein Unterlassungsanspruch des Verfügungsgläubigers zuerkannt worden ist. Daraus kann nicht geschlossen werden, daß die eV, die über die konkrete Verletzungsform hinaus eine Abstrahierung verboten hatte, von Anfang an gerechtfertigt war, siehe auch unten II 5 Rdn. 334.)

323 c) **Keine Bindungswirkung hinsichtlich eV-Sicherungsinteresse.** Die Entscheidung im Hauptsacheprozeß hat keine Bindungswirkung hinsichtlich des Sicherungsinteresses für die eV (Verfügungsgrund), weil über diesen im Unterlassungs-Hauptsache-Prozeß gar nicht befunden wird[935]. Das Sicherungsinteresse für die eV könnte nur dann Gegenstand eines – gesondert darüber geführten – Hauptklage-Prozesses sein, wenn ein Feststellungsinteresse für Verfügungsgläubiger oder Verfügungsschuldner bestünde, gerade diese Frage nach dem speziellen Sicherungsinteresse für das eV-Verfahren im Hauptklage-Verfahren geklärt zu erhalten. An diesem Feststellungsinteresse aber fehlt es[936]. Denn durch ein Urteil in diesem Verfahren würde keine Frage geklärt werden können, die nicht auch durch den Schadensersatzprozeß gemäß § 945 ZPO geklärt werden könnte. Im übrigen **kommt** es **für den Schadensersatzanspruch auf** die Frage, ob ein **eV-Sicherungsinteresse** (Verfügungsgrund) bestanden hat, in aller Regel **überhaupt nicht an**[937]: Ist der Unterlassungsanspruch begründet gewesen, hat der Verfügungsschuldner auch dann keinen erstattungsfähigen Schaden, wenn das eV-Sicherungsinteresse zu Unrecht angenommen worden sein sollte[938]. Ist der Unterlassungsanspruch aber nicht begründet gewesen, war schon deswegen – also unabhängig von der Frage des eV-Sicherungsinteresses – die eV von Anfang ungerechtfertigt.

324 d) **Keine Bindungswirkung des Aufhebungsurteils gemäß § 927 ZPO.** Das Schadensersatzgericht ist auch nicht an eine Entscheidung im Aufhebungsverfahren gemäß § 927 ZPO gebunden: Zum einen ist das Aufhebungsverfahren Teil des eV-Verfahrens, so daß die Aufhebungsentscheidung im summarischen Verfahren mit beschränkten Beweismitteln ergeht und schon deswegen keine Bindungswirkung haben kann, vgl. Rdn. 321. Zum anderen geht es im Schadensersatzanspruch gemäß § 945 ZPO gerade nicht um später veränderte Umstände, sondern darum, ob die eV von Anfang an ungerechtfertigt war. Darüber wird im Aufhebungsverfahren gemäß § 927 ZPO gar keine Entscheidung getroffen, vgl. E IX 3 f Rdn. 267. Allerdings ist ein **Schadensersatzanspruch** des Verfügungsschuldners zu erwägen von demjenigen **Zeitpunkt** an, in welchem der **veränderte Umstand** zur Aufhebung der eV hätte führen müssen, dies aber im summarischen Aufhebungsverfahren gemäß § 927 ZPO nicht oder nicht rechtzeitig zutreffend beurteilt worden ist. Die gesetzliche Regelung des § 945 ZPO enthält einen solchen Schadensersatzanspruch nicht, da in der hier behandelten Situation die eV gerade nicht sich „als von Anfang an ungerechtfertigt erweist", sondern erst von einem späteren Zeitpunkt an. Jedoch erscheint eine **analoge** Behandlung durchaus geboten: Vollzieht der Verfügungsgläubiger trotz veränderter Umstände die eV weiter, befindet er sich in einer vergleichbaren Situation schadensgeneigter Ausnutzung eines lediglich vorläufigen gerichtlichen Titels. Der BGH hat allerdings – wenn-

---

935 Vgl. *Teplitzky*[6] Kap. 36 Rdn. 15 u. 28; *Zöller/Vollkommer* § 945 ZPO Rdn. 11.

936 Vgl. dazu auch BGH GRUR 1985, 571 – Feststellungsinteresse.

937 Deswegen ist auch die umstrittene Frage, ob insoweit eine Bindung des Gerichts, das über den Schadensersatzanspruch gemäß § 945 ZPO entscheidet, an die abschließende Entscheidung über den Verfügungsgrund (eV-Sicherungsinteresse) in dem eV-Verfahren besteht, vgl. dazu Fn. 926, irrelevant.

938 Vgl. BGHZ 15, 356, 359 = GRUR 1955, 346 – Progressive Kundenwerbung; BGH GRUR 1981, 295, 296 – Fotoartikel; BGH WRP 1989, 514, 519; BGH GRUR 1992, 203 – Roter mit Genever; a. A. *Stein/Jonas/Grunsky* § 945 ZPO Rdn. 28.

gleich in anderem Zusammenhang – die Möglichkeit einer Ausweitung der Haftung gemäß § 945 ZPO im Wege der Analogie abgelehnt[939].

e) **Bindungswirkung bei Sequestration.** Hat die eV neben dem Unterlassungsgebot auch eine Sequestration angeordnet, wird über diese bzw. die Vernichtung oder sonstige endgültige Behandlung der sequestrierten Gegenstände aber nicht im Hauptsacheprozeß entschieden, ist das Schadensersatzgericht in seiner rechtlichen Beurteilung, ob diese Sequestration zu Recht in der eV angeordnet war, mangels Rechtskraftwirkung des Hauptklageurteils frei. Auch ein **Dritter**, bei dem etwa die Sequestration durchgeführt worden ist, vgl. D IV 1 c Rdn. 148, kann einen solchen Schadensersatzanspruch wegen ungerechtfertigter Vollziehung der eV geltend machen. **325**

3. Schadensersatz aus Vollziehung

a) **Kein Ersatz des Schadens aus Existenz der eV.** Zu erstatten ist – entgegen einer für die Urteils-eV (nicht für die Beschluß-eV) vertretenen nachfolgend c Rdn. 328 dargestellten Gegenmeinung – nur ein **Schaden**, der dem Verfügungsschuldner **aus der Vollziehung** entstanden ist, also **nicht** derjenige **aus der schlichten Existenz des Titels**[940]. Demgemäß ist weder ein etwaiger Schaden wegen des Bekanntwerdens der eV bei Dritten aus § 945 ZPO zu erstatten noch ein Schaden, der dem Verfügungsschuldner dadurch entstanden ist, daß er in einer Unsicherheitsphase zwischen dem Erlaß der eV und ihrer Vollziehung durch Zustellung sich geschäftlich anders organisiert hat, als er dies ohne eV getan hätte[941]. (Beispiel: Der Verfügungsschuldner legt mit der – noch nicht zugestellten – eV verbotenes Prospektmaterial nicht neu auf, weil er unsicher ist, in welchem Maße er es in der Zukunft noch verwenden könne, nachdem die eV zugestellt sein würde). Derartige Schäden aus der Existenz der eV, nicht aber ihrer Vollziehung, sind nur nach den allgemeinen Regeln der §§ 823 ff BGB zu erstatten[942], primär also nur gemäß § 826 BGB, da grundsätzlich die Inanspruchnahme eines gerichtlichen Verfahrens nicht schadensersatzpflichtig macht[943]. **326**

b) **Vollstreckung unerheblich.** Es kommt für den Schadensersatzanspruch wegen Vollziehung der eV nicht darauf an, ob der Verfügungsschuldner nachweisen kann, daß der Verfügungsgläubiger, wenn der Verfügungsschuldner gegen die eV verstoßen hätte, aus der eV gemäß § 890 ZPO vollstreckt hätte[944]. Zum einen wird der Verfügungsschuldner einen solchen Beweis so gut wie nie führen können. Zum anderen stellt § 945 ZPO auf die **Vollziehung, nicht** aber eine unmittelbare bevorstehende **Vollstreckung** ab und macht damit deutlich, daß die **abstrakte Gefährdung**, die sich **327**

---

939 Vgl. BGH GRUR 1992, 203, 205 – Roter mit Genever.

940 Vgl. BGH NJW 1988, 3268; *Stein/Jonas/Grunsky* § 945 ZPO Rdn. 6; *Zöller/Vollkommer* § 945 ZPO Rdn. 14; *Baumbach/Hefermehl* § 25 Rdn. 106; im einzelnen – auch zu den Streitfragen – *Teplitzky*[6] Kap. 36 Rdn. 38–44.

941 **A. A.** *Melullis* Rdn. 148 (danach sollen alle Nachteile ersetzt werden, die daraus erwachsen, daß der Schuldner unter dem Druck der Strafandrohung des Verbotes sein Wettbewerbsverhalten ein- oder umgestellt habe), vgl. dazu nachfolgend Rdn. 328.

942 Vgl. *Zöller/Vollkommer* § 945 ZPO Rdn. 14.

943 Vgl. BGHZ 36, 18.

944 Eine schadensersatz-auslösende Zustellung ist daher auch eine solche, die lediglich das Verbot enthält, nicht aber zugleich auch eine Ordnungsmittelandrohung gemäß § 890 ZPO. Der sich an das Verbot nach Zustellung der eV haltende Schuldner kann Schadensersatz verlangen, wenn er auch nicht bei Verstoß „bestraft" werden kann, vgl. oben C III 2 Rdn. 104; **a. A.** *Teplitzky*[6] Kap. 36 Rdn. 41; *Bork* WRP 1989, 360, 366; *Wedemeyer* NJW 1979, 293; auch dem Rechtsgedanken nach BGH GRUR 1976, 715 – Spritzgießmaschine (zum vergleichbaren Fall des § 717 Abs. 2 ZPO); aber wer sich an eine gerichtliche Verbotsverfügung hält, die ihm vom Verfügungsgläubiger förmlich zugestellt worden ist, kann kein Verständnis dafür aufbringen, daß er diese nicht habe zu beachten brauchen, vgl. auch D IV 1 a Rdn. 144.

aus der zugestellten eV ergibt, als Ursache für den Schadensersatzanspruch ausreicht, ohne daß auch noch eine Konkretisierung der Gefährdung durch unmittelbar bevorstehende Vollstreckung hinzukommen muß[945].

328 c) **Schaden nach Verkündung eines eV-Urteils.** Über den Wortlaut des § 945 ZPO hinaus wird die Auffassung vertreten, der Verfügungsgläubiger hafte dem Verfügungsschuldner auch für den **Schaden,** der letzterem dadurch entstanden ist, daß er eine **durch Urteil** ergangene, also nach mündlicher Verhandlung in öffentlicher Sitzung **verkündete, eV befolgt habe,** obwohl diese **noch** gar **nicht zugestellt** war[946]. Diese Auffassung erscheint unzutreffend[947], da der Verfügungsschuldner gerade nach Erlaß einer eV – ob nun durch Urteil oder Beschluß, worauf der Verfügungsgläubiger keinerlei Einfluß hat, vgl. C II Rdn. 95 und D IV 2 Rdn. 157 – einen Monat, nämlich die Frist zur Vollziehung der eV gemäß § 929 Abs. 2 ZPO, Zeit haben soll, eine Entscheidung zu treffen, ob er von der eV durch Vollziehung Gebrauch machen will, oder ob er im Verhandlungswege mit dem Verfügungsschuldner versuchen will, das Streitverhältnis zu bereinigen, vgl. D IV 1 a und 2 Rdn. 146, 157. Wenn in dieser Zeit stets schon Schadensersatz für den Fall, daß die eV sich später als ungerechtfertigt erweist, gezahlt werden müßte, würden solche Bemühungen zerstört. Es besteht auch **kein Grund zur unterschiedlichen Behandlung** in dem Sinne, das Urteil werde in öffentlicher Verhandlung verkündet, verlange also sofort Gehorsam, während die Beschluß-eV dem Verfügungsschuldner offiziell erst mit der Vollziehung zur Kenntnis gelange[948]. Denn auch die Beschluß-eV wird häufig vor der Zustellung dem Verfügungsschuldner zur Kenntnis gebracht, und nichts hindert den Verfügungsschuldner daran, dem Verfügungsgläubiger nach Verkündung einer Urteils-eV deutlich zu machen, daß er sich noch nicht, sondern erst nach Zustellung an das Verbot der eV halte.

---

945 BGH WRP 1989, 514 läßt daher zu Recht den Beginn der Vollziehung als schadensersatz-auslösendes Element genügen, vgl. dazu eingehend *Ulrich* WRP 1991, 361, 365, 368. Zu Recht betont *Baur* S. 108, man müsse nicht erst die Zwangsvollstreckung über sich ergehen lassen, um des Schadensersatzanspruches aus § 945 ZPO nicht verlustig zu gehen.

946 Vgl. OLG Bremen WRP 1979, 791; OLG Hamburg WRP 1980, 341; OLG Koblenz GRUR 1980, 70; OLG Stuttgart WRP 1981, 291; *Baumbach/Hefermehl* § 25 Rdn. 110; *Teplitzky*[6] Kap. 36 Rdn. 42; *Bork* WRP 1989, 360, 364 ff; *Ulrich* WRP 1991, 361, 362, 364; die drei letztgenannten jedoch nur für den Fall einer fristgerecht nachfolgenden Vollziehung, die sie auch bei Urteilsverfügungen zur Bestandserhaltung für erforderlich halten (offengelassen von BGH WRP 1989, 514, 516), dann aber auch für die Zeit zwischen Verkündung und Vollziehung des Urteils; ebenso auch *Stein/Jonas/Münzberg* § 890 ZPO Rdn. 20 mit Fn. 102 u. *Zöller/Vollkommer* § 945 ZPO Rdn. 14. Vgl. auch eingehend BGH WRP 1989, 514 zur Haftung aus einer Urteils-eV, die zwar noch nicht im Parteibetrieb zugestellt war, hinsichtlich derer aber der Verfügungsgläubiger gegenüber Gericht und Gegner durch einen Zustellungsversuch und einem Ordnungsmittelantrag innerhalb der Frist des § 929 Abs. 2 ZPO und vor dem schadensbegründenden Ereignis deutlich gemacht hatte, daß er die eV tatsächlich gegen den Verfügungsschuldner durchsetzen wolle. Vgl. auch BGH GRUR 1975, 390 – Fall Bittenbinder/Panorama, wo ausgesprochen wird, daß die mangelnde Vollziehung einer auf Gegendarstellung gerichteten eV nicht dem Schadensersatzanspruch gemäß § 945 ZPO entgegenstehe.

947 So die ebenfalls stark vertretene Meinung, nach der es Schadensersatz gemäß § 945 ZPO auch bei der Urteilsverfügung erst ab Vollziehung geben soll; vgl. HdbWR/*Spätgens* § 96 Rdn. 4; *Stein/Jonas/Grunsky* § 938 ZPO Rdn. 30 u. § 945 ZPO Rdn. 6; *Jauernig* ZuVR § 37 Anm. VII; *Wedemeyer* NJW 1979, 293; offengelassen von OLG München WRP 1982, 602, 603. Ob „Vollziehung" in diesem Sinne auch ein Vollziehungsversuch ist, wird unter d Rdn. 329 erörtert.

948 Hierin sieht *Ulrich* WRP 1991, 361, 362, den maßgeblichen Unterschied zwischen der Beschluß und Urteils-eV; vgl. auch – ähnlich und eingehend – *Teplitzky*[6] Kap. 36 Rdn. 42 f u. *Bork* WRP 1989, 360, 364 f. Aber auch ein in einem Hauptklageverfahren erstinstanzlich ergehendes und also für vorläufig vollstreckbar erklärtes Urteil wird öffentlich verkündet und zwingt auch nicht den so Verurteilten zu sofortigem entsprechenden Verhalten, vgl. *Grunsky* in Urteils-Anm. NJW 1975, 936; *Baumbach/Lauterbach/Hartmann* § 717 ZPO Anm. 26.

d) **Vollziehungsversuch.** Unternimmt der Verfügungsgläubiger einen **Zustellungsversuch**, der sich aber später wegen Nichteinhaltens von Zustellungsförmlichkeiten als **nicht wirksam erweist**, ist nach dem Wortlaut des § 945 ZPO ein Schadensersatzanspruch nicht gegeben, weil es an der (wirksamen) Vollziehung fehlt. Wohl aber ist nach dem offenkundigen Sinn des § 945 ZPO ein Schadensersatzanspruch auch in diesem Fall gegeben[949], da durch den Zustellungsversuch mit dem nicht erkannten förmlichen Fehler der Verfügungsgläubiger deutlich gemacht hat, daß er von der eV nunmehr Gebrauch machen will und dadurch also diejenige **Risikoschwelle überschritten** hat, die seine verschuldensunabhängige Schadensersatzhaftung gemäß § 945 ZPO auslöst: vgl. dazu auch die Ausführungen zur Heilung von Zustellungsmängeln D IV 3 Rdn. 162, zur Ahndbarkeit von Verstößen gegen ein eV-Urteil ohne förmliche Zustellung D IV 2 a Rdn. 158 sowie zur Aufhebung der einstweiligen Verfügung gemäß § 927 ZPO wegen nicht ordnungsgemäßer Zustellung gemäß § 929 Abs. 2 ZPO E IX 3 b Rdn. 256. 329

II. Schadenshöhe

Es ist jeder Schaden zu ersetzen, der dem Verfügungsschuldner adäquat kausal durch die Vollziehung der eV bis zu demjenigen Zeitpunkt, in welchem die eV aufgehoben oder der Verfügungsgläubiger auf die Rechte aus der eV verzichtet hat, entstanden ist. Welcher Schaden dies im einzelnen ist, kann schwer verallgemeinert werden. Folgendes ist zu beachten: 330

1. Kein Schaden bei Irrtum über Schutzumfang des eV-Tenors

Wenn der Verfügungsschuldner lediglich meint, sein Wettbewerbsverhalten sei ihm durch die eV verboten und dieses Wettbewerbsverhalten einstellt, obwohl bei objektivem Verständnis die eV dieses Verhalten nicht erfaßte, ist grundsätzlich der Schaden des Verfügungsschuldners nicht zu erstatten[950]. Denn es kommt auf den **objektiv zu ermittelnden Schutzumfang der eV** an, nicht auf besondere Empfindlichkeit eines möglicherweise besonders ängstlichen Verfügungsschuldners. Das gilt allerdings dann nicht, wenn der Verfügungsschuldner **gerade dasjenige Wettbewerbsverhalten** unterläßt, welches nach der eV-Antragsschrift bzw. nach der Begründung der eV **alleiniger Anlaß für das entsprechende Verbot** gewesen ist und sein Handeln in der Antragsschrift auch zutreffend wiedergegeben ist. Wenn der Verfügungsschuldner nach der Zustellung der eV gerade dieses Verhalten einstellt, von dem er davon ausgehen mußte, daß Gericht und Verfügungsgläubiger ihm dieses Verhalten verbieten wollten, wäre es unverständlich, wenn ihm im Schadensersatzprozeß entgegengehalten würde, sein Verhalten sei durch den Tenor gar nicht gedeckt. Vielmehr hat sich hier genau dasjenige Risiko verwirklicht, für welches der Verfügungsgläubiger nach dem Sinn des § 945 ZPO haftet.

2. Schaden bei Verstoß gegen eV

Hat der Verfügungsschuldner **trotz des Verbots der eV sein Wettbewerbsverhalten fortgesetzt**, besteht kein Schadensersatzanspruch gemäß § 945 ZPO[951]. Die Unsicher- 331

---

[949] Vgl. *Zöller/Vollkommer* § 945 ZPO Rdn. 14; *Ulrich* WRP 1991, 361, 365 f; ebenso dann, wenn der Verfügungsgläubiger durch Ordnungsmittelantrag oder durch ausdrückliche Erklärung gegenüber Gericht und Gegner erklärt, die eV durchgesetzt wissen zu wollen, vgl. dazu BGH GRUR 1975, 390; BGH WRP 1989, 514.

[950] Vgl. OLG Hamm GRUR 1989, 296; *Melullis* Rdn. 148; *Zöller/Vollkommer* § 945 ZPO Rdn. 14; *Baumbach/Hefermehl* § 25 Rdn. 110. A. A. *Stein/Jonas/Münzberg* § 890 ZPO Rdn. 47.

[951] Vgl. *Zöller/Vollkommer* § 945 ZPO Rdn. 14.

heit, ob und wann der Verfügungsgläubiger über die Vollziehung der eV hinaus aus ihr vollstreckt, begründet keinen Schadensersatzanspruch. Hat der Verfügungsgläubiger **Ordnungsgeld gemäß § 890 ZPO** festsetzen lassen und ist dies bereits vollstreckt, ist dieser Schaden **nicht ausgleichspflichtig**[952]: Hier handelt es sich zwar auch um einen Schaden des Verfügungsschuldners, der ohne Vollziehung der eV nicht entstanden wäre. Jedoch wird mit dem Ordnungsgeld gerade dem Ungehorsam des Verfügungsschuldners Rechnung getragen, so daß der Schutzzweck des § 945 ZPO, der den Verfügungsschuldner schützt, wenn und weil er gegenüber der eV gehorsam ist, nicht eingreift.

3. Kosten des eV-Verfahrens

332 Zu dem erstattungsfähigen Schaden gehören jedenfalls die vom Verfügungsgläubiger beim Verfügungsschuldner **beigetriebenen Kosten des eV-Verfahrens**[953]. Bei den Kosten, die im eV-Verfahren dem Verfügungsschuldner – außer den an den Verfügungsgläubiger zu erstattenden Kosten – entstanden sind, ist zu differenzieren. Die **vor dem Erlaß der eV entstandenen Kosten** – sollte der Verfügungsschuldner in diesem Verfahren überhaupt schon, zum Beispiel durch Schutzschrift oder schriftliche Stellungnahme vor Beschluß-eV oder Verhandlung vor Urteils-eV, vertreten gewesen sein – **sind Kosten der Anordnung, nicht aber Folgen der Vollziehung** der eV; sie sind daher nicht zu erstatten[954]. Dies gilt auch für etwaige weitere Kosten, die bis zur Zustellung der eV beim Verfügungsschuldner entstanden sind. Sämtliche anderen dem Verfügungsschuldner entstandenen Kosten – also insbesondere das von ihm selbst getragene Honorar seines eigenen Anwalts, soweit es nach Zustellung der eV angefallen ist – sind nach herrschender Meinung nicht unter § 945 ZPO erstattungsfähig, weil sie nicht als Folge der Vollziehung, sondern noch als Folge der Anwendung der eV entstanden seien[955]. Das ist rechtsdogmatisch sicher zutreffend. Erwägenswert und im Ergebnis befriedigender ist aber auch, diese Kosten als Folge der Vollziehung anzusehen, weil ohne Vollziehung der Verfügungsschuldner sofort die Aufhebung der eV wegen Versäumung der Frist des § 929 Abs. 2 ZPO entweder noch im eV-Erlaß-Verfahren oder im Rahmen eines Aufhebungsverfahrens nach § 927 ZPO hätte beantragen können (E III 2 a Rdn. 180 f und E IX 3 b Rdn. 254), mit der Folge, daß die eV wieder aufgehoben worden wäre und die Kosten vollständig dem Verfügungsgläubiger auferlegt worden wären, vgl. E IX 7 b b.2 Rdn. 280. Also sind die nach der Zustellung der eV dem Verfügungsschuldner **entstandenen Kosten mittelbare Folgen der Vollziehung**[956].

---

[952] Vgl. RGZ 75, 311; KG GRUR 1987, 571; *Jestaedt* Vor § 13 E Rdn. 74 mwN; *Melullis* Rdn. 148; *Wieczorek/Schütze* § 945 ZPO Anm. B III c. Diese Frage ist zu trennen von der Frage, ob von der Staatskasse eingetriebene Ordnungsgelder zurückzuerstatten sind, vgl. OLG Celle WRP 1991, 586 u. *Teplitzky*[6] Kap. 36 Rdn. 47 f mit Fn. 72.

[953] Vgl. BGHZ 45, 251 mwN; *Teplitzky*[6] Kap. 36 Rdn. 46; *Baumbach/Hefermehl* § 25 Rdn. 110. Ob OLG Köln WRP 1991, 507 auch diese seitens des Verfügungsschuldners im eV-Verfahren an den Verfügungsgläubiger erstatteten Kosten für gemäß § 945 ZPO nicht erstattungsfähig hält, ist der Entscheidung nicht deutlich zu entnehmen, weil aus ihr nicht klar ersichtlich ist, ob der Kläger des Verfahrens gemäß § 945 ZPO dort nur seine eigenen Kosten des vorangegangenen eV-Verfahrens ersetzt verlangt oder auch die im eV-Verfahren an den Verfügungsgläubiger (Beklagter des Schadensersatzprozesses) erstatteten Kosten.

[954] BGHZ 45, 251; OLG Köln WRP 1991, 507; LG Berlin WRP 1977, 742; *Borck* WRP 1977, 556; *Teplitzky*[6] Kap. 36 Rdn. 46; *Baumbach/Hefermehl* § 25 Rdn. 111; a. A. *Stein/Jonas/Grunsky* § 945 ZPO Rdn. 6.

[955] BGHZ 45, 251; OLG Köln WRP 1991, 507; *Stolz* S. 116 ff; *Teplitzky* aaO; *Zöller/Vollkommer* § 945 ZPO Rdn. 14; *Baumbach/Hefermehl* § 25 Rdn. 111; *Baumbach/Lauterbach/Hartmann* § 945 ZPO Anm. 4 B a mwN.

[956] So – und sogar darüber hinausgehend sämtliche Kosten des eV-Verfahrens als gemäß § 945 ZPO erstattungsfähig betrachtend – *Baur* S. 107 f; *Stein/Jonas/Grunsky* § 945 ZPO Rdn. 6. Zu einem ähnlichen Ergebnis gelangt *Teplitzky*[6] Kap. 36 Rdn. 46, indem er das dem Verfügungsschuldner günstige Urteil des Schadensersatzprozesses als „veränderten Umstand" gemäß § 927 ZPO ansieht und nach entsprechender Aufhebung der eV dann § 788 Abs. 2 ZPO anwendet.

4. Kein Schaden bei unrechtmäßigem Verhalten

Soweit der Verfügungsschuldner durch die eV-Vollziehung von einem Wettbewerbsverhalten abgehalten wird, welches (aus anderen Gründen als in der eV angenommen) unrechtmäßig war, kommt ein Schadensersatzanspruch aus § 945 ZPO[957] nicht in Betracht[958]. Deswegen gibt es **keinen Schadensersatzanspruch aus § 945 ZPO**, wenn das Schadensersatz-Gericht z. B. feststellt, daß zwar die im eV-Verfahren vorgelegte Glaubhaftmachung vom eV-Gericht nicht als ausreichend hätte angesehen werden dürfen, der **Unterlassungsanspruch des Verfügungsgläubigers aber tatsächlich bestand**[959]. Dasselbe gilt, wenn etwa ein unzuständiges Gericht über die eV entschieden haben sollte[960]. Denn ein im Rahmen des § 945 ZPO erstattungsfähiger Schaden liegt **nur dann** vor, wenn der **Verfügungsschuldner durch Vollziehung der eV von rechtmäßigem Verhalten abgehalten** wird[961]. Aus diesem Grund braucht das Schadensersatz-Gericht auch der Frage, ob im eV-Verfahren das Sicherungsinteresse zu Recht oder zu Unrecht angenommen worden ist, nicht nachzugehen[962], vgl. I 2c Rdn. 323. 333

5. Schadensersatz bei zu weitem eV-Tenor

Ergeht eine eV mit einem zu weiten Verbotstenor, die dementsprechend im Schadensersatzprozeß sich als von Anfang an ungerechtfertigt erweist, war aber das aufgrund der zugestellten eV dann unterlassene **Wettbewerbsverhalten des Verfügungsschuldners in der konkreten Verletzungsform unzulässig** und hätte folglich auch, wenn der Tenor enger gefaßt worden wäre, bestandskräftig per eV verboten werden können (Beispiel: Die eV ging auf Verbot eines Firmenschlagwortes, richtigerweise hätte aber nur verboten werden dürfen die Gesamtfirmierung, weil das Firmenschlagwort – in einen anderen Zusammenhang einer Gesamtfirma gebracht – möglicherweise nicht hätte beanstandet werden können[963], tatsächlich aber benutzte der Verfügungsschuldner auch nur diese Gesamtfirmierung), gibt es für den Verfügungsschuldner keinen Schadensersatzanspruch. Wohl aber kann ein Schadensersatzanspruch dafür geltend 334

---

957 Zur besonderen Situation bei Aufhebung der eV gemäß § 926 ZPO vgl. aber I 1 Rdn. 317.

958 Vgl. BGHZ 15, 356, 359 = GRUR 1955, 346 – Progressive Kundenwerbung; BGH GRUR 1981, 295 – Fotoartikel; BGH WRP 1989, 514, 519; BGH GRUR 1992, 203 – Roter mit Genever; einschränkend OLG Hamburg WRP 1989, 256: ein etwaiger Verstoß gegen öffentlich-rechtliche Ordnungsvorschriften kann nicht das Entfallen des zivilrechtlichen Schadensersatzanspruchs gemäß § 945 ZPO begründen; die BGH-Auffassung scharf ablehnend („unhaltbar") *Stein/Jonas/Grunsky* § 945 ZPO Rdn. 28; im übrigen stimmt die Literatur dem BGH weitgehend zu; vgl. *Baumbach/Hefermehl* § 25 Rdn. 110; *Zöller/Vollkommer* § 945 Rdn. 14; *Teplitzky*[6] Kap. 36 Rdn. 30.

959 Vgl. *Baur* S. 105; *Baumbach/Hefermehl* § 25 Rdn. 107; *Stein/Jonas/Grunsky* § 945 ZPO Rdn. 22.

960 Vgl. *Baur* S. 104 f; *Stein/Jonas/Grunsky* § 945 ZPO Rdn. 21.

961 Vgl. BGH aaO (Fn. 949); *Zöller/Vollkommer* § 945 ZPO Rdn. 14.

962 Es wird zwar dem Verfügungsschuldner, der Schaden aus der Vollziehung einer eV erlitten hat, für die es ersichtlich kein Sicherungsinteresse (Verfügungsgrund) gab, nicht einleuchten, daß dieser – möglicherweise eklatante – Fehler des Gerichts, das die eV erlassen hat, sanktionslos bleibt, nur weil der Sache nach der Verfügungsgläubiger Recht hatte, nämlich der Verfügungsschuldner wettbewerbswidrig handelte, möglicherweise aus ganz anderen Gründen, als den in der eV zugrundegelegten, hinsichtlich derer auch möglicherweise gar kein eV-Sicherungsinteresse mehr vorlag. Das ist aber eine von der gefestigten Rechtsprechung des BGH aaO (Fn. 958), und früher bereits des RG, offenbar gewollte Folge dessen, daß es nur auf die materielle Rechtslage, nicht dagegen auf die Problematik der Eilbedürftigkeit ankommt, so ausdrücklich BGHZ 15, 356 ff, 359 = GRUR 1955, 346 – Progressive Kundenwerbung.

963 Vgl. BGH GRUR 1982, 420 – BBC/DDC.

gemacht werden, daß der Verfügungsschuldner durch den zu weiten Tenor davon abgehalten worden ist, leicht abgeändertes Wettbewerbsverhalten anstelle des unzulässigen zu wählen, welches möglicherweise weniger Umstellungskosten gekostet bzw. mehr Gewinn gebracht hätte, als diejenige Ausweichform, die er tatsächlich nach Zustellung der eV gewählt hat, um sich aus ihrem – zu weiten – Verbotstenor herauszuhalten. Im Rahmen der Schadensschätzung gemäß § 287 ZPO ist dabei nachzuprüfen, wie der Verfügungsschuldner wohl tatsächlich gehandelt hätte, wenn ein hinreichend eng begrenztes Verbot ergangen wäre[964].

6. Schadensschätzung gemäß § 287 ZPO

335 Der gemäß § 945 ZPO zu ersetzende Schaden kann überhaupt häufig nur sinnvoll mit großzügiger Anwendung des § 287 ZPO ermittelt bzw. geschätzt werden. Eine **extensive Auslegung** dieser Vorschrift statt eines restriktiven Verständnisses, wie es insbesondere bei den unteren Instanzen häufig anzutreffen ist, erscheint geboten[965]. Denn fast nie läßt sich auf Heller und Pfennig oder auch nur annähernd präzise ermitteln, wie sich das Geschäftsergebnis des Verfügungsschuldners dargestellt hätte, wenn nicht durch die Zustellung der eV eine Änderung im Wettbewerbsverhalten des Verfügungsschuldners erfolgt wäre[966]. Das gilt insbesondere auch für die **Zurechnung** des beim Verfügungsschuldner entstandenen **Schadens**, wenn im Wege der einstweiligen Einstellung das Gericht die **Vollstreckung** der einstweiligen Verfügung **ausgesetzt** oder von einer **Sicherheitsleistung** abhängig gemacht hat, vgl. E III 4 c Rdn. 188, E VI 7 Rdn. 233, E IX 6 b Rdn. 276. Der Verfügungsschuldner kann in solchem Falle meist nicht von heute auf morgen auf frühere Wettbewerbsverhalten zurückgehen, sondern muß sein Handeln, auf welches er nach der eV-Zustellung ausgewichen ist, zumeist jedenfalls einen gewissen Zeitraum fortsetzen, um sich dann in seinem Unternehmen neu zu organisieren. In welchem Maße dieser **fortwirkende Schaden** noch als **kausal auf die Vollziehung begründet** anzusehen und der Höhe nach zu erstatten ist, kann nur im Wege freier Schadensschätzung von dem Schadensersatzgericht beurteilt werden.

336 Der Verfügungsschuldner sollte aber zur optimalen Unterfütterung seines häufig nur mit § 287 ZPO begründbaren Schadensersatzanspruches **so genau wie möglich festhalten**, welchen **Aufwand** einerseits das unmittelbare **Reagieren** auf die eV durch Beendigung des verbotenen Wettbewerbsverhaltens und andererseits für die **betriebsinterne Überwachung** der Einhaltung des Verbots und etwa die **Information von Kunden** verschlungen und wieviel Kosten er schließlich in die schnelle Erarbeitung und Umsetzung eines neuen Wettbewerbskonzeptes gesteckt hat. Je genauer diese Aufstellung erarbeitet wird, desto eher läßt sich ein der Höhe nach einigermaßen befriedigender Schadensersatzanspruch gemäß § 945 ZPO durchsetzen.

---

964 Vgl. BGH GRUR 1981, 295, BGH GRUR 1985, 397 – Fotoartikel I und II.

965 Vgl. überzeugend und mit Vehemenz gegen die Unwilligkeit vieler Gerichte, § 287 ZPO sinnvoll anzuwenden, *Teplitzky* GRUR 1987, 215 sowie jetzt auch – deutlich großzügiger zu Fragen der Schadensschätzung – BGH, Urt. v. 17. 6. 1992 – I ZR 107/90 – Tchibo/Rolex II.

966 In welchem Maße die Gerichte häufig von der Schadensersatz-Klägerin nicht zu erbringende substantiierte Darlegungen erwarten, wieso der Schaden gerade durch das Verbot der Wettbewerbshandlung und die daraufhin notwendige Umstellung des Wettbewerbsverhaltens entstanden und wieso gerade die vom Verfügungsschuldner vorgenommene Umstellung geboten gewesen ist, zeigt deutlich OLG Köln WRP 1991, 507.

III. Mitverschulden des Verfügungsschuldners

337 Im Rahmen des Schadensersatzanspruches gemäß § 945 ZPO findet § 254 BGB Anwendung[967], da es sich bei dem Anspruch gemäß § 945 ZPO um einen Schadensersatzanspruch aus unerlaubter Handlung im weiteren Sinne handelt, vgl. I Rdn. 316. Hier kommen vor allem folgende Fallgestaltungen in Betracht:

1. Verzögerte Rechtsbehelfe

338 Der Verfügungsschuldner hat nicht alsbald, sondern erst nach längerer Zeit, ohne daß dazu Veranlassung bestand, Rechtsbehelfe gegen die eV eingelegt, also insbesondere Widerspruch und Berufung[968]. Es ist allerdings auch zu berücksichtigen, daß durch ein solches Rechtsbehelfsverfahren Kosten entstehen, so daß ein **angemessener Entscheidungsfindungs- und Kalkulationszeitraum** dem Verfügungsschuldner nicht angelastet werden darf. Geht es nur um die rechtliche Beurteilung eines unstreitigen Sachverhaltes, wird man vom Verfügungsschuldner im Rahmen des Mitverschuldens weniger eine schnelle Gegenwehr gegen die eV erwarten können als dann, wenn der Sachverhalt aus der Sicht des Verfügungsschuldners sich anders darstellt als vom Verfügungsgläubiger in der Antragsschrift geschildert, und dem Verfügungsschuldner auch entsprechende Glaubhaftmachungsmittel für die richterliche Überzeugungsbildung zur Verfügung stellen. Dann ist nämlich eher mit einer Entscheidung des Gerichts zu rechnen, die die eV wieder aufhebt.

2. Kein Antrag auf Sicherheitsleistung

339 Hat der Verfügungsschuldner keinen Antrag gestellt – weder im Rechtsbehelfsverfahren noch im Rahmen vorläufiger Maßnahmen gemäß §§ 924 Abs. 3, 719 ZPO, vgl. E III 4 c Rdn. 188, E VI 7 Rdn. 233, E IX 6 b Rdn. 276 –, dem Verfügungsgläubiger Sicherheitsleistung aufzuerlegen, in deren Rahmen er zur Höhe seines Schadens, an dem sich die **Höhe der Sicherheit** zu orientieren hat, vgl. C III 3 Rdn. 107, hätte vortragen können, und tritt der Verfügungsschuldner nach Aufhebung der eV mit einem **exzeptionell hohen Schadensersatzanspruch** hervor, der bereits **zu Beginn des Schadenseintrittes im Ansatz übersehbar** war, so wird man dem Verfügungsschuldner ein gewisses Mitverschulden an der Höhe des ihm entstandenen Schadens anlasten müssen[969], sofern nachweisbar ist, daß ein solcher Antrag Erfolgsaussicht hätte (diese Kausalitätsfrage beantwortet allerdings im Rahmen der Erwägungen zum Mitverschulden retrospektiv das Schadensersatzgericht, nicht das damals tatsächlich zuständig gewesene eV-Gericht). Dasselbe gilt, wenn er sich überhaupt nicht darum bemüht hat, mit dem Verfügungsgläubiger, der möglicherweise selbst Gesprächsbereitschaft signalisiert hatte, ins Gespräch zu kommen und Vollstreckungsmodalitäten zu erörtern.

3. Unternehmerisches Fehlverhalten

340 Hat der Verfügungsschuldner nicht die üblichen unternehmerischen Mittel ausgeschöpft, den Schaden so gering wie möglich zu halten, beispielsweise eine leere

---

967 Vgl. BGH MDR 1974, 130; BGH NJW 1990, 2689; OLG Karlsruhe GRUR 1984, 156, 158; *Teplitzky*[6] Kap. 36 Rdn. 49 f; *Melullis* Rdn. 150; *Zöller/Vollkommer* § 945 ZPO Rdn. 13; *Stein/Jonas/Grunsky* § 945 ZPO Rdn. 9.

968 **A. A.** insoweit *Teplitzky*[6] Kap. 36 Rdn. 50. Vergleichbares gilt, wenn der Verfügungsschuldner diejenigen Umstände, die zu einer zu seinen Gunsten ergehenden Entscheidung im eV-Verfahren geführt hätten, zunächst nicht vorgetragen hat, vgl. *Teplitzky* aaO (insoweit gleicher Ansicht); *Baumbach/Hefermehl* § 25 Rdn. 110; *Stein/Jonas/Grunsky* § 945 ZPO Rdn. 9.

969 Vgl. *Stein/Jonas/Grunsky* § 945 ZPO Rdn. 9.

Anzeigenseite in einer teuren Illustrierten erscheinen lassen, anstatt eine noch vorhandene Anzeige aus einer früheren Serie zu schalten, die durchaus auch noch aktuell war, so wird man dies dem Verfügungsschuldner als Mitverschulden anrechnen müssen[970]. Allerdings muß es sich dabei schon um exzeptionelle Fälle unternehmerischen „Fehl"-Verhaltens handeln, da **grundsätzlich der Verfügungsschuldner sich nicht seine Geschäftspolitik vom Verfügungsgläubiger beeinflussen** lassen muß, zumal nicht im Rahmen einer eV, die schließlich sich auch noch als ungerechtfertigt erweist[971]. Natürlich kommt erst Recht nicht ein Mitverschulden deswegen in Betracht, weil der Verfügungsschuldner schließlich die eV zur Aufhebung gebracht habe, statt sich mit einer – vielleicht vom Verfügungsgläubiger angebotenen – Aufgebrauchsfrist dem Verfügungsgläubiger gegenüber zu unterwerfen. Auch mit der ergänzenden Argumentation, ein solches Verhalten sei dem Verfügungsschuldner auch zuzumuten gewesen, weil das aufgrund der eV nunmehr umgestellte Wettbewerbsverhalten des Verfügungsschuldners werbewirksamer sei als das mit der eV verbotene Wettbewerbsverhalten, kann der Verfügungsgläubiger keinen Mitverschuldenseinwand begründen. Eine Obliegenheit des mit einer ungerechtfertigten eV überzogenen Verfügungsschuldners, sich dem Verfügungsgläubiger gegenüber zu unterwerfen und sich von diesem sagen zu lassen, welches Wettbewerbsverhalten denn das geschäftspolitisch erfolgreichere sei, kann nicht anerkannt werden: Eine solche Annahme ließe die Psychologie des Wettbewerbsstreites und die unternehmerische Freiheit, das eigene Wettbewerbsverhalten selbst zu bestimmen, unberücksichtigt.

4. Kein Mitverschulden bei unterlassenem Verstoß gegen eV

341 Man wird vom Verfügungsschuldner nicht verlangen können, das Risiko eines Ordnungsmittelverfahrens in Kauf zu nehmen. Folglich kommt ein Mitverschulden deswegen, weil der Verfügungsschuldner nicht das im Ergebnis vielleicht billigere Ordnungsmittelverfahren statt einer Veränderung seines Wettbewerbskonzepts gewählt habe, nicht in Betracht.

IV. Verfahren

1. Zuständiges Gericht

342 Der Schadensersatzanspruch ist ein „normaler" Hauptsache-Prozeß[972] und wird daher, je nach Höhe des Schadens, beim Landgericht oder Amtsgericht anhängig gemacht. Örtlich zuständig ist das Gericht am Wohnsitz des Verfügungsgläubigers, ferner überall dort, wo ein **Gerichtsstand des § 32 ZPO** begründet ist, also wo die Vollziehung der eV erfolgte. Das dürfte jedenfalls dort sein, wo der Verfügungsschuldner seinen allgemeinen Geschäftssitz hat – in der Zentrale werden die maßgeblichen Entscheidungen getroffen, die auch der Zustellung der eV geboten sind –, und ferner auch dort, wo die eV zugestellt worden ist: Zustellung als maßgeblicher Akt der Vollziehung. Dagegen ist nicht etwa die gerichtliche Zuständigkeit überall dort gegeben, wo das aufgrund der zugestellten eV abgeänderte Wettbewerbsverhalten des Verfügungsschuldners stattgefunden hatte und wo also nach der Vollziehung der eV das

---

[970] Vgl. *Teplitzky*[6] Kap. 36 Rdn. 50.

[971] Bedenklich könnte daher OLG Köln WRP 1991, 507 sein. Mangels hinreichender Sachverhalts-Mitteilung im abgedruckten Urteil kann das nicht abschließend beurteilt werden.

[972] Vgl. *Zöller/Vollkommer* § 945 ZPO Rdn. 6; *Baumbach/Hefermehl* § 25 Rdn. 106.

Wettbewerbsverhalten verändert worden war. Diese lediglich mittelbare Folge der eV-Vollziehung in Form der unterbleibenden Wettbewerbshandlung des Verfügungsschuldners begründet nicht mehr die für eine Zuständigkeit gemäß § 32 ZPO notwendige Aussage, die Vollziehungshandlung des Verfügungsgläubigers sei an diesen Plätzen begangen[973].

2. Klage aus § 945 ZPO als Widerklage zur Hauptsache-Klage

Wird die Schadensersatzklage als Widerklage zur Hauptsache-Unterlassungs-Klage **343**
des Verfügungsgläubigers geltend gemacht, ist stets ein rechtlicher Zusammenhang zwischen Klage und Widerklage gegeben. Es wird damit der Gerichtsstand für die Widerklage gemäß § 33 ZPO begründet, eine Prozeßtrennung gemäß § 145 Abs. 2 ZPO ist nicht gerechtfertigt. Wird die Schadensersatzklage aus § 945 ZPO mit einer negativen Feststellungsklage des Verfügungsschuldners verbunden, kann es angemessen sein, zunächst über die negative Feststellungsklage durch Teil-Urteil zu entscheiden und die Entscheidung über den Schadensersatzanspruch, insbesondere seine Höhe, zurückzustellen.

3. Keine Verbindung mit Aufhebungsverfahren

Mit den Aufhebungsverfahren gemäß §§ 926, 927 ZPO kann der Schadensersatzan- **344**
spruch gemäß § 945 ZPO nicht verbunden werden, weil die Aufhebungsverfahren noch zum eV-Verfahren gehören, der Schadensersatzanspruch dagegen in einer Hauptsacheklage zu verfolgen ist[974], in welcher auch sämtliche Beweismittel und nicht nur Glaubhaftmachung zugelassen sind.

4. Mitwirkung des BGH

Da es sich bei dem Schadensersatzanspruch gemäß § 945 ZPO um ein ordentliches **345**
Hauptklageverfahren und nicht um einen nachgeordneten Teil des eV-Verfahrens handelt, kann demgemäß der nicht gemäß § 545 Abs. 2 ZPO ausgeschlossene BGH in diesen Prozessen zu Fragen des eV-Verfahrens Stellung nehmen, zu dessen Interpretation ihm sonst die Mitwirkung versagt ist.

H. Umfang der Anwendbarkeit des § 25 UWG

I. UWG und Nebengesetze

Nach seinem Wortlaut ist § 25 UWG mit seiner Erleichterung des eV-Verfahrens **346**
für Unterlassungsansprüche nur anwendbar auf Ansprüche aus dem UWG. Unstreitig ist jedoch, daß die Ansprüche aus den **Nebengesetzen**, wie z. B. ZugabeVO und RabattG, ebenfalls durch § 25 UWG erleichtert durchsetzbar sind, da es sich hier um Regelungsgehalte handelt, die der Sache nach zu § 1 UWG gehören und nur durch gesetzgeberische Zufälligkeiten nicht im UWG geregelt sind[975]. Bei allen Verletzungen von Rechtsnormen, die über die **Umsetzungsnorm des § 1 UWG** zu wettbewerbsregelnden Vorschriften werden – wie z. B. HWG, LMBG, Eich- und Verpackungs- sowie

---

[973] Vgl. *Zöller/Vollkommer* § 945 ZPO Rdn. 6 i. V. m. § 32 Rdn. 3 mwN.

[974] Vgl. *Zöller/Vollkommer* § 945 ZPO Rdn. 7; *Stein/Jonas/Grunsky* § 945 ZPO Rdn. 36.

[975] Vgl. OLG Hamburg WRP 1974, 641; OLG Karlsruhe WRP 1977, 419; *Teplitzky*[6] Kap. 54 Rdn. 19; *Baumbach/Hefermehl* § 25 Rdn. 5.

Kennzeichnungs-Vorschriften, Personenbeförderungsgesetz etc. – folgt die Anwendbarkeit des § 25 UWG daraus, daß der zivilrechtliche Unterlassungsanspruch der Wettbewerber bzw. sonst gemäß § 13 UWG Aktivlegitimierten gegen Verletzungen der primär öffentlich-rechtlichen Normen aus § 1 UWG hergeleitet wird.

II. WZG, GeschmMG, UrhG

347 Auch für **warenzeichenrechtliche** Unterlassungsansprüche aus §§ 24, 31 WZG ist § 25 UWG anwendbar, da es keinen relevanten Unterschied zwischen den kennzeichnungsrechtlichen Unterlassungsansprüchen aus § 16 UWG und aus dem WZG gibt[976]. Daß das WZG in einem gesonderten Gesetz geregelt ist, belegt nicht einen Unterschied hinsichtlich der Durchsetzbarkeit der Unterlassungsansprüche, sondern folgt daraus, daß das förmliche Warenzeichen-Anmelde- und Eintragungsverfahren mit den Widerspruchs- und Löschungsansprüchen das UWG überfrachtet hätte. Auch für **geschmacksmusterrechtliche** und sonstige **urheberrechtliche** Unterlassungsansprüche[977], die sich gegen Wettbewerber richten, ist § 25 UWG anwendbar[978]. Es ist nämlich nicht sinnvoll, auf wettbewerbsrechtliche Unterlassungsansprüche gemäß § 1 UWG wegen nachahmender Übernahme von z. B. Modeneuheiten bzw. sonstigen Gegenständen mit gewisser wettbewerbsrechtlich relevanter Originalität § 25 UWG anzuwenden, dagegen auf die vergleichbaren gesetzlichen Primäransprüche aus Geschmacksmuster- und Urheberrechtsgesetz zwischen denselben Wettbewerbern diese eine regelmäßig schnelle Anspruchssicherung herbeiführende Möglichkeit des § 25 UWG nicht anzuwenden. Aber auch dann, wenn man § 25 UWG für nicht-anwendbar hält, kann man durchaus in Anwendung von §§ 935, 940 ZPO zur Zulässigkeit einer eV gelangen; der Verfügungsgläubiger muß dann allerdings den Verfügungsgrund, also eine besondere Eilbedürftigkeit, substantiiert darlegen und glaubhaft machen[979].

---

976 Vgl. OLG Hamburg WRP 1976, 483; OLG Karlsruhe WRP 1977, 419; OLG München WRP 1983, 643; OLG Frankfurt Ziff. 3.7.3 bei *Traub* S. 104; *Baumbach/Hefermehl* § 25 Rdn. 5; *Pastor* WbProzeß S. 256. A.A. *Teplitzky*[6] Kap. 54 Rdn. 19 u. 29 wegen Unterschiedlichkeit von Normzweck und Interessenlage. Daran ist richtig, daß die gewerblichen Schutzrechte Ausdruck von Individualinteressen sind, so daß die in A II 2 b Rdn. 14 genannte Vielzahl der Betroffenen nicht unmittelbar erkennbar ist. Indessen ist dies bei diversen Ansprüchen aus dem UWG, vgl. z. B. §§ 12, 14, 16 und vielen Fällen des § 1 UWG auch nicht anders, und gleichwohl ist es auch dort wie bei den gewerblichen Schutzrechten gerechtfertigt, die eV-erleichternde Norm des § 25 UWG anzuwenden, weil die Herkunftstäuschung im Grunde eine Ausprägung der Irreführung ist.

977 Aus der Sondervorschrift des § 61 Abs. 6 Satz 2 UrhG, die eV'en erleichtert, kann man für die urheberrechtlichen Unterlassungsansprüche allerdings nichts schließen, weil es sich hier nur um den Sonderfall einer durch eV durchsetzbaren Lizenzeinräumung handelt.

978 Vgl. OLG Frankfurt Ziff. 3.7.3 bei *Traub* S. 104; vgl. auch OLG Hamburg GRUR 1983, 436, wonach § 25 UWG zwar nicht direkt gelte, wohl aber die Eilbedürftigkeit nach den gleichen Grundsätzen zu beurteilen sei, wie bei einer wettbewerbsrechtlichen Auseinandersetzung. A. A. OLG Hamm GRUR 1981, 130; *Baumbach/Hefermehl* § 25 Rdn. 5; *Melullis* Rdn. 79; *Teplitzky*[6] Kap. 54 Rdn. 19, 20. Das von *Teplitzky* vorgetragene Argument, die zum Schutz des Verfügungsschuldners dienenden Vorschriften bedürften besonderer Beachtung gegenüber besonders schneidigen eV-Angreifern, trifft zu, kann aber auch im Rahmen des § 25 UWG Berücksichtigung finden.

979 *Teplitzky*[6] Kap. 54 Rdn. 21 weist mit Recht darauf hin, daß die Frage der Anwendbarkeit des § 25 UWG so sehr große Bedeutung in der Praxis nicht habe. Das gilt allerdings nur dann, wenn man zu denjenigen Gerichts-Spruchkörpern gelangt, die kraft Geschäftsverteilung mit eV'en mit gewisser Regelmäßigkeit zu tun haben. Der Unterschied zwischen dem Umgang der Gerichte mit eV-Anträgen und Einlassungen von Verfügungsschuldnern besteht nämlich weniger zwischen §§ 25 UWG und §§ 935, 940 ZPO als zwischen den Gerichten, die häufig und denen, die selten mit eV-Verfahren befaßt sind.

III. Patent- und GebrMG

Umstritten ist besonders, ob § 25 UWG auch auf Unterlassungsansprüche aus **Patenten** und **Gebrauchsmustern** anwendbar ist[980]. Für die Anwendung spricht, daß zwischen Unterlassungsansprüchen aus technischen Schutzrechten einerseits und wegen sklavischer wettbewerbswidriger Nachahmungen im Rahmen von § 1 UWG oder wegen wettbewerbswidriger Übernahme von Fabrikationsvorlagen oder Betriebsgeheimnissen im Rahmen von §§ 17, 18 UWG andererseits oft nur schwer zu unterscheiden ist. Gegen die Anwendung von § 25 UWG spricht, daß hier im eigentlichen Sinne keine Öffentlichkeitsinteressen, sondern Individualinteressen betroffen sind[981] – was allerdings im Rahmen der UWG-Tatbestände durchaus auch häufig der Fall ist –, und daß die Entscheidung von Patentverletzungsstreitigkeiten ein hohes Maß an technischem Verständnis und Einarbeitung erfordert, so daß es bei eV-Verfahren für die Geltendmachung von **Patentverletzungsansprüchen häufig** an der **Glaubhaftmachung** dessen **fehlt**, daß ein dauerhaft bestandswürdiges Schutzrecht einerseits und ein Verletzungsfall andererseits vorliegt[982]. Wenn man die eV bei patent- und gebrauchsmusterrechtlichen Unterlassungsansprüchen nur bei technisch übersichtlichen Fällen und bei wortlautgemäßer Verletzung anwendet und von der Möglichkeit, **Sicherheitsleistung** anzuordnen, Gebrauch macht, und wenn man auf der anderen Seite bei allen zweifelhaften Sachverhalten – sowohl im Hinblick auf die Rechtsbeständigkeit des Schutzrechts wie auch im Hinblick auf den Verletzungsfall – davon ausgeht, der Unterlassungsanspruch sei nicht zur hinreichenden Überzeugungsbildung des Gerichts glaubhaft gemacht[983], dürfte dies eine sinnvolle Kompromißlinie sein, an der sich das Gericht im Einzelfall orientieren kann. 348

IV. Vertragliche und zivilrechtliche Ansprüche

Es wird die Auffassung vertreten, § 25 UWG sei auch auf **bürgerlich-rechtliche Ansprüche** anwendbar, soweit diese mit wettbewerbsrechtlichen Ansprüchen zusammentreffen[984]. Diese Aussage erscheint nicht sinnvoll: Entweder ist ein wettbewerbsrechtlicher Anspruch gegeben, neben dem dann die möglicherweise darüber hinaus in der Antragsschrift ergänzend noch mitgenannten bürgerlichrechtlichen Ansprüche (z. B. § 12 BGB neben § 16 UWG; § 823 Abs. 1 BGB (Recht am Unternehmen) neben § 24 WZG; § 824 BGB neben § 14 UWG; § 826 BGB neben § 1 UWG) als **subsidiär** zurücktreten oder jedenfalls an der durch die wettbewerbsrechtlichen Ansprüche begründeten Anwendbarkeit des § 25 UWG nichts zu ändern vermögen[985]; oder die UWG- (oder Nebengesetz-)Norm, auf die sich der Verfügungsschuldner stützt, greift nicht – etwa weil es am Handeln im Wettbewerb oder an einer Wettbewerbsabsicht auf seiten 349

980 Dafür LG Düsseldorf GRUR 1980, 989; *Pastor* WbProzeß S. 256 f; vgl. auch OLG Düsseldorf Entsch. v. 13. 2. u. 2. 10. 1986, zit. bei *Traub* S. 83; dagegen OLG Karlsruhe GRUR 1978, 116; *Melullis* Rdn. 79; *Teplitzky*[6] Kap. 54 Rdn. 20; *Baumbach/Hefermehl* § 25 Rdn. 5; *Klaka* GRUR 1979, 593, 596.

981 Dieses Argument kann allerdings eV-Anträgen aus gewerblichen Schutzrechten, wenn sie denn nicht auf § 25 UWG sondern auf §§ 935, 940 ZPO gestützt sind (vgl. etwa OLG Karlsruhe GRUR 1979, 700 u. 1982, 169), wofür sich *Fritze* GRUR 1979, 290, 291 f ausspricht, nicht entgegengehalten werden.

982 Der Meinungsstand und die Argumente sind dargestellt bei *Schultz-Süchting* GRUR 1988, 571 einerseits und *Meier-Beck* GRUR 1988, 861 andererseits.

983 Vgl. dazu OLG Karlsruhe GRUR 1979, 700; GRUR 1988, 900; OLG Frankfurt GRUR 1981, 905; GRUR 1988, 686; GRUR 1989, 932; OLG Hamburg GRUR 1987, 899.

984 Vgl. *Pastor* WbProzeß S. 256; wohl auch – durch Hinweis auf § 1004 BGB u. *Pastor* – *Baumbach/Hefermehl* § 25 Rdn. 5.

985 So mit Recht *Teplitzky* Kap. 54 Rdn. 20 m. Fn. 57; vgl. auch OLG Karlsruhe WRP 1972, 263.

des Verfügungsschuldners fehlt, also nur bürgerlichrechtliche Ansprüche in Betracht kommen. Dann kann **§ 25 UWG nicht** deswegen **Anwendung** finden, weil der Verfügungsgläubiger – wie in Antragsschriften in der Praxis sehr beliebt – § 1 UWG mit erwähnt hat. Es bleibt dann vielmehr bei §§ 935/940 ZPO[986]. Es erscheint auch nicht zutreffend, § 25 UWG auch auf **vertragliche Ansprüche** aus wettbewerb-regelnden Vereinbarungen anzuwenden[987]. Die Erleichterung der eV durch § 25 UWG findet gerade ihren Grund in der Gefährdung, die Wettbewerbshandlungen für eine oft breitere Öffentlichkeit mit sich bringen, vgl. A II 2, Rdn. 12 ff. Solche Gefährdungen sind bei Vertragsverletzungen, die gerade eine Zweier-Beziehung individuell regeln sollen, untypisch. Deswegen ist es geboten, im vertragsrechtlichen Bereich bei den gesetzlichen Regel-Vorschriften der §§ 935, 940 ZPO zu verbleiben. Auch mit diesen Vorschriften kann eine schnelle Sicherung durchaus erreicht werden.

J. Streitwert des eV-Verfahrens

350 Der eingehenden Darstellung von *Jestaedt* vor § 23 a, 23 b in Rdn. 5 ff (zur Unterlassungsklage) und Rdn. 28 ff (zur eV im Verhältnis zur Hauptklage)[988], soll hier nichts hinzugefügt werden. Lediglich in der Gewichtung der Abwägungs-Kriterien, die *Jestaedt* vollständig darstellt, soll hier mehr die Auffassung der OLG'e Hamburg und Köln (und entgegen der Darstellung *Jestaedts*: auch München[989]) das Wort geredet werden, wonach regelmäßig der Gegenstandswert der eV mit demjenigen der auf Unterlassung gerichteten Hauptklage gleich zu bewerten sei[990]: Natürlich kommt es für den Gegenstandswert gemäß §§ 4 ZPO, 15 KG auf das zum Zeitpunkt der Einreichung des eV-Antrags bestehende **objektiv zu ermittelnde** und also nicht vom subjektiven Werteempfinden des Verfügungsgläubigers geprägte **wirtschaftliche Interesse des Verfügungsgläubigers** an; und deswegen ist es richtig, wenn *Jestaedt* Rdn. 30 sagt, man wisse bei Antragstellung noch nicht, ob die beantragte eV zur endgültigen Erledigung des Streitverhältnisses führe; es bestehe allenfalls eine gewisse Chance, jedoch keine Gewißheit. Gleichwohl ist es nicht geboten, daraus den Schluß zu ziehen, mit der von *Jestaedt* als herrschend bezeichneten Auffassung sei der Wert des eV-Verfahrens im Regelfall niedriger anzusetzen als der Wert der Hauptsache. Wenn man berücksichtigt, daß nach praktischer Erfahrung deutlich mehr als die Hälfte aller Wettbewerbsstreitigkeiten, bei denen es zu gerichtlichen Verfahren kommt, mit der erlassenen eV oder einer Abschlußerklärung oder nachträglichem Vergleich auf der Basis der gerichtlichen eV-Entscheidung endet und es zum Hauptverfahren überhaupt nicht kommt, ist jedenfalls eine **erhebliche Wahrscheinlichkeit bei eV-Antragstellung gegeben, daß dieses Verfahren den Streit endgültig beendet.** Das wirtschaftliche Interesse des Verfügungsgläubigers an **sofortiger** oder jedenfalls **alsbaldiger Beendigung** des als wettbewerbswidrig angesehenen Verhaltens des Verfügungsschuldners ist dabei in aller Regel als sehr hoch anzusehen[991] und dürfte bei der ohnehin in der Praxis[992] kaum an realen Wert

[986] *Teplitzky* aaO.

[987] Dies zieht OLG Hamburg Entsch. v. 27. 3. 1986, zit. bei *Traub* S. 157 in Erwägung, läßt die Entscheidung aber letztlich offen.

[988] Hierzu vgl. auch die Aktualisierungen des Meinungsstands bei *Teplitzky*[6] Kap. 49 Rdn. 26 – 29.

[989] OLG München WRP 1985, 661.

[990] Zit. bei *Jestaedt* Vor §§ 23 a, 23 b Rdn. 29 in diesem Kommentar: OLG Hamburg WRP 1980, 209; WRP 1981, 470; OLG Köln WRP 1983, 118; WRP 1984, 169; (letzteres allerdings anders seit Beschl. v. 28. 12. 1988, zitiert bei *Traub* S. 297 unter 8.10.) Gegen diese Rechtsprechung jetzt besonders *Teplitzky*[6] Kap. 49 Rdn. 26 – 29.

[991] So auch zutreffend *Jestaedt* aaO Rdn. 30, ohne daraus allerdings die geboten erscheinende Konsequenz zu ziehen.

[992] Es ist immer wieder verblüffend, wie unterschiedlich hoch die Gerichte bei völlig identischen Sachverhalten und völlig identischem Vortrag der Parteien die Streitwerte festsetzen: Unterschiedliche Streitwertfestsetzungen, die von Gericht zu Gericht um das Zehnfache differieren, sind keineswegs selten.

zu orientierenden Streitwertfestsetzung (Schätzung gemäß § 3 ZPO) die – relativ geringe – Wahrscheinlichkeit, daß es neben dem eV-Verfahren noch zu einem Hauptklageverfahren kommt, kompensieren. Und wenn sich ergeben sollte, daß die Streitwertfestsetzung – aus welchen Gründen auch immer, und sei es deswegen, weil das eV-Verfahren nicht zur endgültigen Erledigung geführt hat und die eV im Ergebnis nur eine kurze Regelungsdauer hatte – sich nachträglich als zu hoch erweist, kann eine Änderung des Streitwerts dann immer noch, gegebenenfalls auch in Anwendung des § 23 a UWG, erfolgen[993].

K. Mitwirkung von Anwälten

I. Kein Anwaltszwang für eV-Antrag

Grundsätzlich herrscht beim Landgericht Anwaltszwang, § 78 Abs. 1 ZPO. Die **351**
Landgerichte sind zu nahezu 100% diejenigen, die in eV-Verfahren gemäß § 25 UWG als Gerichte erster Instanz entscheiden, vgl. B I 1 a Rdn. 21, die OLG'e als Berufungs- bzw. Beschwerdegerichte, vgl. D III Rdn. 138. Die Parteien lassen sich ebenfalls zu nahezu 100% durch Anwälte vertreten, jedoch nicht durchgehend von Anwälten, die bei dem Gericht, bei welchem die eV anhängig gemacht wird, zugelassen sind. Die Tätigkeit dieser „auswärtigen" Anwälte im Rahmen des eV-Verfahrens ohne sofortiges Mitwirken eines am Gericht zugelassenen Anwaltes wird ermöglicht durch §§ 936, 920 Abs. 3, 78 Abs. 3 ZPO, wonach es für die Anbringung eines eV-Antrages weder der Mitwirkung eines Anwaltes noch erst recht eines bei diesem Gericht zugelassenen Anwalts bedarf. Folglich kann der **Verfügungsgläubiger** auch **selbst** bei Gericht mit einem eV-Antrag aktiv werden. Will er dies nicht, kann er sich durch **jeden Anwalt seiner Wahl** – gleichgültig, wo dieser zugelassen ist – beim eV-Antrag vertreten lassen[994]. Durch die ab 1. 4. 1991 geltende Neuregelung des § 91 a Abs. 1 sowie des § 281 Abs. 2 ZPO (vgl. Art. 1 Ziff. 4 und 17 des Rechtspflege-Vereinfachungsgesetzes vom 17. 12. 1990) ist nun auch klargestellt, daß eine Erledigungserklärung gemäß § 91 a ZPO und ein Verweisungsantrag gemäß § 281 ZPO ohne Hinzuziehung eines bei dem entsprechenden Gericht zugelassenen Anwalts erfolgen kann. Ergibt sich also durch eine schriftliche Einlassung des Verfügungsschuldners im noch einseitigen eV-Verfahren oder z. B. durch eine nach eV-Zustellung abgegebene Unterlassungsverpflichtungserklärung bzw. Zuständigkeitsrüge des Verfügungsschuldners, daß die Hauptsache als erledigt anzusehen ist bzw. das Gericht nicht zuständig erscheint, so bedarf es nicht der – in der Tat dann unnötigen – Einschaltung eines beim Prozeßgericht zugelassenen Rechtsanwaltes.

II. Patentanwälte als Parteivertreter

Insbesondere in Patent- und Warenzeichensachen, aber auch bei sonstigen Sachver- **352**
halten mit technischem oder warenzeichenrechtlichem Hintergrund oder bei sonstigen Ansprüchen aus gewerblichen Schutzrechten, z. B. Geschmacksmustern, ziehen die

---

993 Vgl. dazu *Zöller/Schneider* § 3 ZPO Rdn. 16, Stichwort „Abänderung", jedoch auch – zu allem abweichend u. mwN – *Teplitzky*⁶ Kap. 49 Rdn. 26–29.

994 Die von OLG Karlsruhe WRP 1988, 184 vorgenommene Einschränkung, den ortsfremden „Hausanwalt" dürfe der Verfügungsgläubiger für den eV-Antrag (nur) dann nehmen, wenn die Erwartung nicht unberechtigt sei, daß der Verfügungsschuldner die eV ohne Widerspruch hinnehmen würde, ist mißverständlich. Hier geht es nur um die Frage der Kostenerstattung, nicht aber um die Postulationsfähigkeit.

Parteien oft Patentanwälte zu, die auf diesem Gebiet gemäß § 3 PatentanwaltsG[995] ausdrücklich legitimiert sind. Da es – Rdn. 351 – im Verfahrensstadium der Einreichung eines Antrags auf Erlaß einer einstweiligen Verfügung der Zuziehung eines Rechtsanwaltes nicht bedarf, kann auch der **Patentanwalt** insoweit die **Vertretung** des Mandanten übernehmen und den **eV-Antrag** für den Verfügungsgläubiger beim Gericht **einreichen.** Soweit nach den folgenden Ausführungen auch der Verfügungsschuldner keines beim Gericht zugelassenen Anwalts bedarf, gilt dasselbe auch für die Patentanwalts-Mitwirkung auf seiten des Verfügungsschuldners.

III. Vertretung des Verfügungsschuldners bis zur mündlichen Verhandlung

353 Dieselben Personen wie unter I und II Rdn. 351 f erwähnt – also sowohl die Partei selbst wie auch jeder beliebige Vertreter und insbesondere bei dem Gericht auch nicht zugelassene Anwälte – können für die Parteien Schutzschriften einreichen[996] und, wenn das erstinstanzliche Gericht außerhalb einer mündlichen Verhandlung zur Vorbereitung seiner Entscheidung zu einer **schriftlichen Stellungnahme** auffordert, vgl. C I 2 e Rdn. 90, eine solche Stellungnahme abgeben[997]. Ergeht die eV ohne mündliche Verhandlung und ist die Antragsschrift der zugestellten eV nicht beigefügt, vgl. C IV 2 Rdn. 126, wird der Verfügungsschuldner zunächst erfahren wollen, was in der Antragsschrift steht, um auf diese Weise einerseits eine mögliche Interpretation des Tenors – sollte dieser unklar sein – zu erhalten, andererseits aber auch festzustellen, ob der Verfügungsgläubiger von einem unstreitigen Sachverhalt ausgegangen ist[998]. Der Anspruch auf **Aushändigung** der bei der Gerichtsakte verbliebenen **Durchschriften des eV-Antrages** ergibt sich aus § 299 ZPO. Angesichts dessen, daß es sich hier noch um das einseitige Verfahren handelt, bedarf der Verfügungsschuldner zum **Akteneinsichtsantrag** bzw. zum Antrag auf Übersendung der bei der Gerichtsakte verbliebenen Durchschriften der Antragsschrift keines bei dem Gericht zugelassenen Anwalts, sondern kann diesen Antrag auch selbst stellen bzw. auch jeden auswärtigen Anwalt einschalten.

354 Legt der Verfügungsschuldner **Widerspruch** gegen die einstweilige Verfügung gemäß § 924 ZPO ein, führt dies zwar unmittelbar zur mündlichen Verhandlung, vgl. E III 2 Rdn. 179. Dementsprechend wird überwiegend vertreten, daß für die Einlegung des Widerspruchs Anwaltszwang bestehe, also der Verfügungsschuldner schon für die Einlegung des Widerspruches einen bei Gericht zugelassenen Anwalt beauftragen müsse[999]. Im Sinne einer **Waffengleichheit** der Parteien erscheint dies nicht zutreffend: Wenn der Verfügungsgläubiger ohne einen beim entscheidenden Gericht zugelassenen Anwalt eine eV beantragen kann und erst für eine etwa anberaumte mündliche Verhandlung einen dort zugelassenen Anwalt bestellen muß, erscheint es angemessen, wenn auch der Verfügungsschuldner für die Einlegung des **Widerspruches keinen** beim Gericht zugelassenen **Anwalt benötigt**; sondern den Widerspruch z. B. durch seinen **Hausanwalt sofort** einlegen kann, ehe er sich dann bei einem ihm möglicherweise

[995] Vgl. BGBl. I 1966, 557 ff, erweitert auch auf Halbleiter-Topographien und Datenverarbeitungsprogramme, vgl. BGBl. I 1987, 2294 ff, 2299, sowie BGBl. I 1989, 2135 ff, 2142; auch die Kostenerstattungsvorschriften für die Mitwirkung von Patentanwälten in § 143 Abs. 5 PatG, 32 Abs. 5 WZG, 15 Abs. 5 GeschmMG machen dies deutlich.

[996] Vgl. *Pastor* WRP 1972, 229, 235; *Deutsch* GRUR 1990, 327, 328 f.

[997] Vgl. *Deutsch* GRUR 1990, 327, 328; **a. A.** anscheinend *Melullis* Rdn. 95.

[998] Vgl. dazu OLG Stuttgart WRP 1976, 402; KG WRP 1977, 584.

[999] Vgl. OLG Koblenz GRUR 1980, 931; *Stein/Jonas/Grunsky* § 924 ZPO Rdn. 30; *Zöller/Vollkommer* § 924 ZPO Rdn. 7; HdbWR/*Spätgens* § 88 Rdn. 4; *Deutsch* GRUR 1990, 327, 328; undeutlich *Melullis* Rdn. 95.

fremden Gericht einen dort zugelassenen Anwalt für die mündliche Verhandlung aussucht. Dafür muß er möglicherweise Erkundigungen einziehen, die durchaus einige Tage dauern können. In Verfahren von wirklich erheblicher wirtschaftlicher Brisanz kann es auf diese Tage durchaus ankommen, zumal Gerichte oft dazu neigen, um so schneller Widerspruchsverhandlung anzuberaumen, je eher der Widerspruch postwendend der Zustellung der eV folgt. Wenn schon der „fliegende Gerichtsstand" des § 24 UWG dem Verfügungsgläubiger die Wahl des Gerichtsstandes ermöglicht und davon auch durch den Gerichtsstand des Verfügungsgläubigers bzw. seines vertrauten Anwalts Gebrauch gemacht wird, der Verfügungsgläubiger also insoweit in einem prozessualen Wettbewerbsvorteil ist, gibt es keinen Grund, den Verfügungsschuldner auch noch dadurch zu benachteiligen, daß er sich schon zur Einlegung des Widerspruchs auf die Suche nach einem geeigneten Anwalt in einem ihm fremden Bezirk begeben muß.

IV. Anwaltszwang bei mündlicher Verhandlung

In der mündlichen Verhandlung beim Landgericht müssen die Parteien durch dort **355** zugelassene Anwälte vertreten sein. Denn die Befreiung vom Anwaltszwang gemäß §§ 936, 920 Abs. 3 in Verbindung mit § 78 Abs. 3 ZPO bezieht sich nur auf „das Gesuch" – also den eV-Antrag und eine etwaige Stellungnahme im einseitigen Verfahren –, nicht aber auf die mündliche Verhandlung[1000]. Dementsprechend muß – falls der eV-Antrag bzw. die schriftliche Stellungnahme im noch einseitigen Verfahren von einem auswärtigen Anwalt eingereicht worden sein sollte – ein beim Gericht zugelassener Anwalt als Prozeßbevollmächtigter bestellt werden. Es ist sinnvoll, sich der Bereitwilligkeit der Mandatsübernahme eines solchen am Gericht zugelassenen Anwaltes rechtzeitig zu vergewissern und ihn bereits in der eV-Antragsschrift (Verfügungsgläubiger) bzw. in der schriftlichen Stellungnahme bzw. Schutzschrift (Verfügungsschuldner) dem Gericht mitzuteilen, damit kurzfristig für eine etwa vom Gericht beschlossene mündliche Verhandlung eine Terminsabstimmung erfolgen und geladen werden kann, vgl. C II 1 Rdn. 96.

V. Anwalt für Zustellung

Ergeht die eV ohne mündliche Verhandlung, ohne daß ein beim eV-Gericht zugelas- **356** sener Anwalt beteiligt gewesen ist, kann es zur Beschleunigung der Vollziehung dieser eV sinnvoll sein, daß die eV nicht an den Verfügungsgläubiger bzw. den auswärtigen Anwalt per Post versandt wird, sondern ein Anwalt am Gerichtssitz die Vollziehung in die Wege leitet, also die einstweilige Verfügung dem Gerichtsvollzieher zum Zwecke der Zustellung an den Verfügungsschuldner auf kürzestem Wege übergibt[1001]. Dieser nur für die **Besorgung der Zustellung** beauftragte Rechtsanwalt sollte in der Antragsschrift dem Gericht gleich mitgeteilt werden, damit die Geschäftsstelle für den Fall des Erlasses der einstweiligen Verfügung ohne mündliche Verhandlung diesen beauftragen kann, den Beschluß sogleich bei der Geschäftsstelle gegen Empfangsbekenntnis abzuholen[1002]. Es handelt sich hier regelmäßig um denselben Anwalt wie denjenigen, den der Verfügungsgläubiger dann für den Fall der mündlichen Verhandlung als Prozeßbevollmächtigten beauftragen wird, vgl. IV Rdn. 355.

[1000] Allgemeine Meinung, vgl. z. B. *Zöller/Vollkommer* § 78 ZPO Rdn. 48

[1001] OLG Karlsruhe WRP 1988, 184 hält die Kosten dieses Anwalts in besonders eiligen Fällen zu Recht für erstattungsfähig.

[1002] Die Honorierung dieses „Zustellungs-Anwaltes" erfolgt gemäß § 57 BRAGO mit einer 3/10 Gebühr, vgl. OLG Frankfurt GRUR 1991, 948.

VI. Anwaltszwang für Vollstreckungsverfahren

357 Ist die eV ausnahmsweise beim Amtsgericht erwirkt worden, ist für das Vollstreckungsverfahren gemäß § 890 ZPO oder allenfalls §§ 887, 888 ZPO – andere Vollstreckungsvorschriften kommen regelmäßig nicht in Betracht, vgl. C III Rdn. 102 ff – ebenfalls das Amtsgericht als Prozeßgericht zuständig, so daß insoweit kein Anwaltszwang besteht. Dagegen besteht beim Landgericht als dem regelmäßigen Prozeßgericht erster Instanz in Wettbewerbs-eV-Verfahren, vgl. B I 1 a Rdn. 21, **auch im Vollstreckungsverfahren Anwaltszwang gemäß der Grundregelung gemäß § 78 Abs. 1 ZPO**[1003]. Dies gilt auch dann, wenn die eV selbst ohne mündliche Verhandlung und gemäß §§ 936, 920 Abs. 3, 78 Abs. 3 ZPO ohne Mitwirkung eines bei Gericht zugelassenen Anwalts ergangen sein sollte[1004], Rdn. 351. Eine Regelung, daß Vollstreckungsanträge zu Protokoll der Geschäftsstelle gestellt werden können – wie in § 920 Abs. 3 ZPO –, was dann gemäß § 78 Abs. 3 ZPO die Befreiung vom Anwaltszwang zur Folge hätte, fehlt in §§ 887 ff ZPO.

VII. Anwaltszwang bei Aufhebungsverfahren

358 Für die Aufhebungsanträge gemäß § 926 Abs. 2 ZPO bzw. § 927 ZPO besteht beim Landgericht Anwaltszwang, weil über diese Anträge stets nach mündlicher Verhandlung entschieden wird, insoweit also eine Freistellung gemäß § 78 Abs. 3 ZPO nicht in Betracht kommt[1005].

VIII. Anwaltszulassung beim OLG

359 Gelangt das eV-Verfahren im einseitigen Verfahren über die **Beschwerde** – oder im Falle einer ohne mündlichen Verhandlung ergangenen Entscheidung gemäß § 91 a ZPO über die **sofortige Beschwerde** – zum OLG oder wird beim OLG ein eV-Antrag eingereicht, weil das OLG als mit der Hauptsache befaßtes Gericht für das eV-Verfahren zuständig ist, vgl. B I 2 a Rdn. 27, C I 5 Rdn. 93, D III 1 Rdn. 138, so besteht auch beim OLG **kein Anwaltszwang**[1006]. Dies gilt auch dann, wenn die Beschwerde nicht, wie als Grundsatz in § 569 Abs. 1 ZPO vorgesehen, beim Landgericht als

---

[1003] Vgl. OLG Nürnberg MDR 1984, 58; OLG Koblenz GRUR 1985, 573; OLG Düsseldorf MDR 1987, 506; *Jestaedt* Vor § 13 E Rdn. 55 in diesem Kommentar mwN; *Baumbach/Hefermehl* Einl. UWG Rdn. 589; *Zöller/Stöber* § 887 ZPO Rdn. 4; *Teplitzky*[6] Kap. 57 Rdn. 30; a. A. OLG Köln NJW-RR 1988, 254; OLG Düsseldorf DB 1965, 891; LG Berlin WRP 1976, 194 (im Verfahren gemäß § 890 ZPO ist auf seiten des Schuldners keine anwaltliche Vertretung notwendig).

[1004] Vgl. *Jestaedt* Vor § 13 E Rdn. 55 in diesem Kommentar mwN, auch zur Gegenmeinung.

[1005] Für eine entsprechende Anwendung des Gedankens, den Antrag selbst noch durch einen bei Gericht nicht zugelassenen Anwalt bzw. die Partei selbst stellen zu lassen – wie unten IV Rdn. 354 für die Widerspruchseinlegung vertreten – besteht im Rahmen der Aufhebungsanträge gemäß §§ 926, 927 ZPO kein Raum: Hier ist nicht in gleicher Weise wie bei Widerspruchseinlegung Eile geboten. Dem Antrag auf Aufhebung gemäß § 926 Abs. 2 ZPO muß zunächst die Fristsetzung gemäß § 926 Abs. 1 ZPO vorausgehen, für deren Beauftragung kein Anwaltszwang besteht; während der dem Verfügungsgläubiger gesetzten Frist hat der Verfügungsschuldner genügend Zeit, sich am Gerichtsort einen Anwalt seiner Wahl zu suchen. Und für den Antrag gemäß § 927 ZPO müssen sich zunächst die „Umstände verändert" haben, was in aller Regel nicht von einem Tag auf den anderen geschieht.

[1006] Vgl. OLG Koblenz WRP 1981, 40; OLG Hamburg WRP 1981, 588; OLG München NJW 1984, 2414; OLG Celle Entsch. v. 13. 7. 1981, zit. bei *Traub* S. 73; OLG Stuttgart Entsch. v. 11. 5. 1983, zit. bei *Traub* S. 395; *Melullis* Rdn. 95; *Zöller/Schneider* § 573 ZPO Rdn. 14; *Thomas/Putzo* § 569 ZPO Anm. 3 b aa; *Baumbach/Hefermehl* § 25 Rdn. 40; a. A. OLG Frankfurt NJW 1981, 2203; GRUR 1987, 574; OLG Stuttgart WRP 1982, 604; OLG München Entsch. v. 12. 4. 1988, zit. bei *Traub* S. 313.

erstinstanzlichem Gericht eingelegt wird, sondern direkt beim OLG[1007]. Es bleibt nämlich die Beschwerde auch dann noch eine nicht automatisch zur mündlichen Verhandlung führende Prozeßhandlung, die gemäß § 569 Abs. 2 ZPO zu Protokoll der Geschäftsstelle erklärt werden kann und dementsprechend vom Anwaltszwang gemäß § 78 Abs. 3 ZPO befreit ist. Folglich können auch Gegenerklärungen des Verfügungsschuldners im noch einseitigen OLG-Verfahren ohne einen beim OLG zugelassenen Anwalt eingereicht werden[1008]. Erst wenn das OLG mündliche Verhandlung im Beschwerdeverfahren anberaumt, vgl. C I 5 Rdn. 94, ist die Mitwirkung eines beim OLG zugelassenen Anwaltes geboten[1009]. Dasselbe gilt, wenn es sich um eine **Beschwerde im Vollstreckungsverfahren** handelt, die unmittelbar beim OLG eingelegt wird. Hier hat der Anwaltszwang, vgl. Rdn. 357, zur Folge, daß ein beim Gericht, bei dem die Beschwerde eingelegt wird, zugelassener Anwalt tätig werden muß[1010]. Eine Mitwirkung eines **beim OLG zugelassenen Anwalts** ist ausnahmslos auch im **Berufungsverfahren geboten**, weil die Berufung gemäß § 525 ZPO zur mündlichen Verhandlung führt und die vom Anwaltszwang befreiende Vorschrift des § 78 Abs. 3 ZPO nicht gilt.

§ 26 (aufgehoben)

[1007] Vgl. *Zöller/Vollkommer* § 78 Rdn. 21; *Zöller/Schneider* § 569 ZPO Rdn. 13; a. A. *Pastor* WbProzeß S. 317.

[1008] Argument der Waffengleichheit, siehe vorstehend III Rdn. 354.

[1009] *Melullis* Rdn. 95 nimmt demgegenüber an, Anwaltszwang bestehe bereits, wenn das OLG den Verfügungsschuldner zur schriftlichen Stellungnahme auffordere.

[1010] Vgl. OLG Koblenz WRP 1985, 292.

FSC
www.fsc.org
MIX
Papier | Fördert
gute Waldnutzung
FSC® C083411

Kolibri 360 GmbH
Ferdinand-Jühlke-Straße 7
99095 Erfurt, Deutschland
produktsicherheit@kolibri360.de